朱 巍/著

论互联网的精神

——创新、法治与反思

LUN HULIANWANG DE JINGSHEN

— CHUANGXIN FAZHI YU FANSI

中国政法大学出版社

2018·北京

图书在版编目（ＣＩＰ）数据

论互联网的精神/朱巍著.—北京：中国政法大学出版社,2018.4
ISBN 978-7-5620-8239-2

Ⅰ.①论…　Ⅱ.①朱…　Ⅲ.①互联网络－科学技术管理法规－研究－中国　Ⅳ.①D922.174

中国版本图书馆CIP数据核字(2018)第087057号

出 版 者	中国政法大学出版社
地　　址	北京市海淀区西土城路25号
邮寄地址	北京100088信箱8034分箱　邮编100088
网　　址	http://www.cuplpress.com（网络实名：中国政法大学出版社）
电　　话	010-58908586(编辑部) 58908334(邮购部)
编辑邮箱	zhengfadch@126.com
承　　印	北京朝阳印刷厂有限责任公司
开　　本	710mm×1000mm　　1/16
印　　张	28.75
字　　数	520千字
版　　次	2018年4月第1版
印　　次	2018年4月第1次印刷
定　　价	88.00元

序 重思"法的精神"

段永朝

说互联网是这个时代最大的变革力量，恐怕不会有太大的歧义。从国家战略到社会生活、经济发展、政治文化生态，互联网已成为构建未来生存与发展空间，不可或缺的结构性要素。

过去十年以来，从社交网络、自媒体、移动互联网，到人工智能、区块链、虚拟现实，越来越多的新型商业模式、智能科技、手机应用，一波又一波地冲击着人们的认知和行为，极大地改变了产业格局、经济活动、日常生活、健康教育等多个领域的样貌。

在全球网民数量，以及中国网民数量均达到自然人口一半的时候，互联网已经不只是一种技术存在，而是一种社会存在、经济存在、政治存在。

今天的互联网是一个高度泛化的概念。这个术语有太多的内涵，包括认知科学、脑科学、智能科技、生物技术、虚拟社会、信息经济、信息安全和全球治理等诸多领域。

日新月异的现象，强烈呼唤对互联网思想的全面梳理、思考和探究，特别从东西文化融合的角度，深入系统探究互联网思想的源流、动因、冲击以及对"后天"的终极想象。在这一伟大历史进程中，重思互联网新时代"法的精神"，是互联网思想重要的组成部分。

这正是朱巍教授这部著作的意义所在。

从1993年全球开启互联网商业化进程以来，已经过去了25年。四分之一世纪的蓬勃发展，极大地释放了"信息""数据"，以及"连接"的巨大能量。这一能量不断地重构着生产方式、生活方式和组织方式。互联网已经深刻地改变了这个世界的模样，从日常生活到社会形态，从生产制造到流通交易，从公共服务到健康娱乐，从商业机构到政府组织。

可以说，世界已进入智能互联的"后人类时代"，正经历前所未有的"认知重启"。互联网无疑是当代最重要的影响之源、社会变革最重要的驱动之轮。互联网，正在塑造一个前所未有的世界，前所未有的未来。

然而，伴随互联网巨大的产业革命、生活重塑、组织变革的，是日益严峻的信息安全、网络安全挑战，是错综复杂的网络主权、国家主权之争，以及模式冲突、监管缺失、法律滞后带来的诸多挑战。

互联网世界已经积累了太多的现象、纠纷、争议、冲突、质疑和忧虑之声，从数据互联互通到隐私保护，从数字资产管理到数字权利确权，从虚拟世界侵权责任到数字身份的人格特征。所有这一切都超越了以往的知识体系、基本原理和认知基础。特别是互联网法治思想的探索，已经到了迫切需要从历史、社会、经济和文化多个维度，从法学思想、法理精神、法律实践多个层面展开系统思考的历史时期。

可以说，互联网重塑历史观、世界观、生命观、伦理观和价值观的伟大历程，才刚刚开始。

过去 25 年来，中国网信事业在各个行业和领域取得的卓著成就，充分见证和显示了互联网、信息技术的价值和变革力量。伴随 20 余年中国互联网在技术、商业、生活、社交、创新创业等领域的伟大实践，这片土地正孕育着一股全新的思想冲动，试图毅然决然地面对新时代的挑战，重新以更加自信的方式，思考理论问题、道路问题、制度问题和文化问题，积极探索互联网跨文化交流中的中国声音和中国主张。

这一思想探索的时代意义，超越 500 年前欧洲文艺复兴、超越工业资本主义以及旧的全球化历史进程，是从新时代中国特色社会主义的高度，从长周期历史视角和思想深处，领会时代变革、把握历史进程的重要时期。

谈到新时代互联网法治思想的探索，就不能不提到孟德斯鸠（1689~1755 年）。

2018 年，恰好是法国思想家孟德斯鸠《论法的精神》首次出版 270 周年。作为法国勃艮第葡萄酒庄园主继承人的孟德斯鸠，他所生活的年代恰逢法国封建主义和君主专制从巅峰走向没落的时期。

《论法的精神》这部比较法学的皇皇巨著，秉持法国启蒙运动的精髓，处处透着英国培根的实证科学、法国笛卡尔的理性主义精神，运用大量历史、现实的资料，广泛结合自然资源、经济文化、意识形态，以及国家政治的背景，阐释了资本主义法学精神的内在逻辑，是一部法学思想史上的经典巨著。

发端于法国百科全书派的启蒙运动，无疑在西方近代史具有重要的作用，甚至可以说启蒙运动铸造了当今西方世界的文化基石。这一基石也是西方主流思想津津乐道的"自由、平等、博爱"价值理念的源泉。

然而，了解互联网思想的历史渊源，就不能简单地将互联网所带来的深层变革，视为资本主义工业革命的自然延伸，更不能简单将互联网所孕育的未来可能，完全奠基在启蒙运动以来的西方主流思想的基础之上。

为什么这么说？一个简略的回答就是，互联网所蕴含的巨大变革能量，超越了以往任何时期的历史变革，超越了西方自文艺复兴以来的文化基调，也超越了以往既有的知识谱系、认知基础。

西方法学思想是古希腊先哲政治学思想的延续。这一思想高扬人的理性精神，捍卫理性的纯洁性和正当性，并以此作为"人为自然立法（康德）"的精神依据。这"几乎"是对的。但是不够。

不够在哪里？西方文艺复兴以来的思想脉络，走出了一条从神权阴影下解放人权的道路。这一道路的基本支撑是三个：一个是人的理性精神，一个是科学的实践能力，再一个是对人性的基本假设。换句话说，西方对人的个体的关注，基本落实在"自利"的人性和"自律"的德性两个方面的基本假设和均衡期待。

过去半个世纪以来，西方资本主义发展几经波折，事实上已经陷入了理论困境和道路困境。这一困境最为根本的特征，在法兰克福学派主将马尔库塞看来，就是资本主义注定开启了"单向度的社会"，是"人之死亡"（福柯语）。英国历史学家尼尔·弗格森更是在《西方的衰落》中，将其归之于"制度的衰落"。

应该说，波澜壮阔的互联网展开了另外一幅画面，显示了另外一种可能，即"连接""关系""交互"的重要性日益凸显之下，复杂世界重构秩序的新可能。这种新可能，奠基于相互连接和交互的社群状态，奠基于人与人、人与机器、机器与机器广泛而深度的互联状态，而这些恰恰是生态型社会的重要基础。过去 25 年来互联网的爆炸式增长，正从更深的层面提醒人们，传统西方经济学、社会学、政治学、传播学、法学、心理学等学科的学理基础，正在经受底层的挑战，在多样性、异质性、复杂性的世界中，日益显示出无法解释新物种、新世界、新时代的种种困顿与苍白。

这某种程度是西方理性精神中，特有的简化论、还原论、原子论、两分法思想方法带来的难以逾越的思想遮蔽，也是互联网这一新生力量带来的巨大挑战。这是思想升维的巨大挑战，也是迫切需要融合东西方智慧的巨大挑战。

孟德斯鸠在《论法的精神》第29章第11节中指出："要判断这些法律中哪一些最合乎情理，就不应当逐条逐条地比较；而应要把它们作为一个整体来看，进行整体的比较。"这是一个清醒的判断。对互联网法治精神的探索和思考，当然也不是陷入东西之辩、体用之争的旧框架中，不是"非此即彼""非黑即白"的线性思维的延伸，而是站在"人类命运共同体"的高度，对既往意识形态纷争的超越。

互联网将带来法学思想上的何种巨变？这是法学家所肩负的历史使命，也是这个时代提出的重大命题。一个充分连接的世界，它的秩序建构、法理基础是什么？特别在互联网时代，这一法理基础又面临何种挑战？这是一个全新的问题。认识这一问题，需要更大的历史尺度，需要东西方文化、东西方智慧的深度融合。

孟德斯鸠《论法的精神》出版100年后的1848年，《共产党宣言》正式出版。在这部马克思和恩格斯为国际共产主义同盟起草的纲领性文件的第四章中，有这样一句话："一切坚固的东西，都烟消云散了。"这句话用在重新思考互联网带来的认知重启、思想重建，无疑具有极大的激励的力量。

我想，朱巍教授这部著作的出版，一定会成为大家探索面向"人类命运共同体"的新时代法学思想的征程中，所贡献的一小块朴素的奠基石吧。

自 序

作为法学学者，我研究互联网产业及其法律已有十年时间，说实话，至今为止，仍无法看清楚互联网的真实面目，就好比是在深夜中行走之人，点的灯笼也只能照清楚脚下的路。

不可否认，我们生活的真实世界正在经历一次前所未有的产业革命，不管人们是否对此有所察觉，所有人的生活都将因此而改变或者正在经历着变化。作为学者能够做的，就是研究这一切产生的原因，并记录下观察这一切的结果。

记录、检讨、反思和启迪都需要时间，若有可能，我宁可将这本书搁置起来，直至这次产业革命彻底结束。也许那样做，才会让这本书配得上书的名字。不过，纵观整个行业，至今也未能有人预测出大概时间，与其枕戈待旦，不如闻鸡起舞，先将本书付梓，供诸君参阅。

这本书的写作时间大约用了八年左右，基本记录了这些年我国互联网法律变迁的小历史。虽然这些记录或多或少带有我片面和不周全的些许观点，但也算是夜行者前进时留下来的路标，不论是对是错，踏雪留痕，都算是对未来发展的一点参照。

本书的名字我想了很久，最后决定叫《论互联网的精神》，主要原因有三个。

其一，本书写作和出版时间段正是互联网勃兴之时，类似于孟德斯鸠男爵撰写《论法的精神》这本书，在文艺复兴之后与第一次工业革命之前的时代大背景。互联网并非仅是技术，更重要的是它是一种思维方式和哲学，它改变的并非仅是法律，还有人的品德与社会经济模式。互联网的挑战，源自旧思维与旧制度，但它挑战的不仅是过去，更多的是未来。

其二，我痴迷于孟德斯鸠男爵的写作风格，本书系致敬之作。且不论内容，单从写作叙述风格看，孟氏写作看似缺乏逻辑，东一块，西一块。孟氏《波斯人的信札》如此，《孟氏旅行记》也是如此，《论法的精神》更是如此。看似杂乱无章的风格，恰恰反映出写作时代变迁的发展速度，逻辑严密的鸿篇巨著无法及时呼应时代的日新月异。就是这大杂烩般的论著，却起到了灯塔的效果。

其三，互联网的精神并非单一，从科技、制度和法律到人性、品德和思维，从理性、宽容和热情，到傲慢、偏见和残酷，从宇宙万物到包罗万象，都深受这种精神的影响，甚至是左右。归根到底，互联网也是一种技术，现实制度必须与之相适应，制度与技术就成为一个硬币的两个方面，相互制约。技术走得太快，法律就会跟不上，所反射的技术之光就会失去界限，没有了规矩的人性，就如同暗室，君子才能慎独，社会大众能称得上君子的寥寥，缺乏法律的技术产生的恶，远比善要可怕。若法律制度走得更快，技术之光就会湮灭，法律本应具备保守的思维方式，与技术天生活跃很难相映成趣。因此，我尽力做到管中窥豹，基于法律的本质属性，来探测互联网的基本精神。

这本书的内容，源自本人这些年参与国家各部门立法、执法和司法的调研、研讨、论证、制定、完成课题等真实过程，源自无数次业内研讨、产业调研、企业走访的经历，源自在高校开设相关专业课的教学经验，源自作为律师、媒体评论员、各协会和学会等兼职的观察和研究结果，源自作为用户、玩家和消费者的相关体验。即便我尽力避免主观性对所观察的世界的影响，但也不可避免的让本书内容存在一定的偏见、错误和固执。如果本书中存在出乎我意料而冒犯他人的话，请你们相信，那绝不是我故意放进去的。如果本书的观点，确实存在谬误，希望您能不吝赐教及时指出。

本书的出版要感谢中国政法大学出版社的尹树东社长和丁春晖老师，本人生性懒散，若非出版社多次催促和精心排版，本书真有可能再拖个一年半载。

本书出版要感谢信息社会50人论坛的各位老师，我本来是研习法律为业，目光所及尽是条框，正是论坛的各位经济学泰斗，破格吸纳我成为成员，才有幸尝试以经济学和社会学角度重新看待这个世界。

　　本书出版要感谢各位媒体同仁，这些年各位同仁对我的催稿和采访压力，转变为科研动力，这几十万字的书稿才最终有了着落。

　　最后，当然要谢谢互联网江湖，或明或暗、或真或假、或生或死都将成为这个时代的标记，正是因为有了你们，才有了这本书。

朱 巍

2018 年 3 月

CONTENTS
目 录

序　　　重思"法的精神" ………………………………… 001

自　序 …………………………………………………………… 005

第一章　新时期我国互联网发展观综述 …………………… 001

第一节　十九大报告是网信事业全面发展的重要指引 …… 001

第二节　十三五规划与"互联网+" ……………………… 004

第三节　习近平构建互联网思想的辩证法 ……………… 007

第四节　网络空间命运共同体 …………………………… 012

第五节　"4·19"重要讲话的网络安全观与方法论 …… 014

第六节　构建良好秩序的互联网治理体系 ……………… 016

第七节　互联网的国际合作 ……………………………… 019

第二章　互联网创新与挑战 ………………………………… 023

第一节　科技创新思维 …………………………………… 023

第二节　"互联网+"就是活力与空间 ………………… 025

第三节　数字经济带来的法治化挑战与对策 …………… 030

第四节　突出立法先行的指引作用 ……………………… 035

第五节　网络打假的协同创新 …………………………… 048

第六节　直播在线答题是伪创新 ………………………… 051

第七节　互联网+银行 …………………………………… 055

第八节　虚拟财产的继承伦理与对策 …………………… 058

第九节　红包照片的创新边界 ………………………………… 065

第十节　网络算法应纳入法治轨道 …………………………… 067

第十一节　网络时代学术评价体系反思 ……………………… 069

第三章　互联网立法解读与趋势 …………………………… 071

第一节　"互联网+"对民法典编撰的影响 ………………… 071

第二节　民法总则的中国特色与时代趋势 …………………… 087

第三节　人格权立法应独立成编 ……………………………… 091

第四节　《网络安全法》解读 ………………………………… 093

第五节　《微博客信息服务管理规定》解读 ………………… 104

第六节　《互联网直播管理规定》解读 ……………………… 107

第七节　《移动互联网应用程序信息服务管理规定》解读 … 111

第八节　《电子商务法》（二审稿）的四大立法遗憾 ……… 117

第九节　《互联网论坛社区服务管理规定》解读 …………… 119

第十节　《互联网新闻信息服务新技术新应用安全评估管理规定》

　　　　解读 …………………………………………………… 121

第十一节　《互联网信息搜索服务管理规定》解读 ………… 124

第十二节　《互联网组群信息服务管理规定》解读 ………… 129

第十三节　《互联网用户账号管理规定》解读 ……………… 132

第十四节　网络实名制解读 …………………………………… 133

第十五节　中韩实名制比较分析 ……………………………… 143

第十六节　立法必须加强对刷单行为的治理 ………………… 148

第十七节　中国互联网定型化契约示范稿 …………………… 149

第四章　数据安全与隐私保护 …………………………… 154

第一节　我国网络个人信息保护立法趋势 …………………… 154

第二节　个人信息与大数据合法使用边界 …………………… 165

第三节　漏洞门频发的法律反思 ……………………………… 170

第四节　网络直播与隐私权的冲突与平衡 …………………… 176

第五节　苹果"后门泄密事件"的法律思考 …………………… 189

第六节　网络精准营销与隐私权保护 ……………………………… 192

第七节　互联网+征信中的安全 …………………………………… 196

第八节　美国"艳照门事件"法律反思 …………………………… 197

第九节　硬件安全是"互联网+"发展的保障 ………………… 200

第十节　个人数据安全是互联网医疗发展的前提 ……………… 203

第十一节　支付平台必须严查实名认证 ………………………… 206

第五章　互联网内容安全与法治 …………………………………… 208

第一节　"标题党"危害新闻真实性 ……………………………… 208

第二节　不实报道与点击量的悖论 ……………………………… 212

第三节　三方联动应对遏制互联网诈骗 ………………………… 218

第四节　网盟三无网站治理 ……………………………………… 219

第五节　民事法律在网络反恐中发挥的作用 …………………… 221

第六节　网络不当言论的界限 …………………………………… 223

第七节　网络公关公司的违法特点 ……………………………… 225

第八节　网络虚假求助与诈骗行为 ……………………………… 227

第九节　FBI"解锁门"的反思 ………………………………… 229

第六章　分享经济法治问题 ………………………………………… 232

第一节　分享经济与用户权益保护 ……………………………… 232

第二节　专车新政的不破不立 …………………………………… 237

第三节　管制与俘虏理论 ………………………………………… 246

第四节　共享单车与路权改革 …………………………………… 251

第五节　共享单车新政解读 ……………………………………… 253

第六节　共享单车残局的反思 …………………………………… 256

第七章　网络侵权法律适用 ………………………………………… 258

第一节　网络侵权的双重身份性质 ……………………………… 258

第二节 网络侵权责任的几种重要类型 …………………… 266

第三节 网络侵权司法解释适用的重要问题 …………………… 285

第四节 诉前禁令制度与网络侵害人格权 …………………… 290

第五节 互联网账号行为 …………………… 291

第六节 P2P 技术中立的例外 …………………… 297

第七节 云计算与存储器法律性质辨析 …………………… 298

第八节 不雅照中自由底线与责任分担 …………………… 301

第九节 人肉搜索的反向思考 …………………… 303

第十节 网络相约自杀责任反思 …………………… 306

第十一节 网络侵权如何应对法不责众 …………………… 307

第十二节 群主共犯责任的认定 …………………… 308

第八章 网络消费者权益保护 …………………… 310

第一节 网络消费中用户权益保护综述 …………………… 310

第二节 被遗忘权 …………………… 320

第三节 账户注销权 …………………… 323

第四节 网络安宁权 …………………… 326

第五节 网络返利模式反思 …………………… 327

第六节 消费者海淘权益保护 …………………… 330

第七节 网络时代的假货应对制度 …………………… 332

第八节 XP 停止服务与霸王条款 …………………… 333

第九节 社交化电商与用户权益 …………………… 334

第十节 网络传销式投票反思 …………………… 337

第十一节 网络游戏与未成年人权益 …………………… 339

第十二节 手游分级制度的讨论 …………………… 342

第九章 网络平台的竞争秩序 …………………… 344

第一节 反商业诋毁自律 …………………… 344

第二节 水军与网络传播法治化 …………………… 347

第三节　新经济背景下适用竞争法的争议 ················ 348

第四节　腾讯诉 oppo 竞争案反思 ···················· 354

第五节　菜鸟顺丰之战反思 ························ 357

第六节　商业秘密与科技企业核心价值 ················ 359

第七节　新时期网络平台垄断的认定 ················· 361

第八节　新浪微博胜诉脉脉案的反思 ················· 363

第九节　IACC 中止阿里资格的反思 ················· 367

第十章　网络著作权的新问题 ····················· 371

第一节　媒体融合背景下新闻作品版权保护 ·············· 371

第二节　媒体的转载审核义务 ······················ 376

第三节　网络版权侵权认定与法律适用 ················ 382

第四节　直播短视频版权的三大问题 ················· 389

第五节　数字版权技术与法律适用 ··················· 392

第六节　司法应对网络著作权的建议 ················· 399

第七节　微博版权的讨论 ·························· 401

第八节　琼瑶诉于正案的反思 ······················ 403

第十一章　互联网广告治理 ······················· 405

第一节　新《广告法》的代言禁区 ··················· 405

第二节　网络广告发布者责任构成的特殊性分析 ··········· 408

第三节　付费搜索法律性质反思 ···················· 411

第四节　互联网广告新规解读 ······················ 420

第五节　新规背景下付费搜索性质变化 ················ 424

第六节　网络违法广告的处罚 ······················ 425

第七节　自媒体广告反思 ·························· 428

第八节　网络广告噱头的法治化思考 ················· 431

第九节　互联网广告联盟法律责任类型化 ··············· 433

第一章
新时期我国互联网发展观综述

第一节 十九大报告是网信事业全面发展的重要指引

2017年10月18日，中国共产党第十九次全国代表大会胜利召开。习近平总书记代表第十八届中央委员会向大会作了题为《决胜全面建成小康社会，夺取新时代中国特色社会主义伟大胜利》的报告。该报告对中国现代互联网产业经济和未来发展方向作出了提纲挈领的科学指引，必将成为中国未来网信事业全面发展的重要指引。

一、互联网是新时代新发展理念和建设现代化经济体系的重要基础

十九大报告明确指出，中国"要加快建设制造强国"，未来一段时间将成为达到中国制造2025目标的攻坚阶段。制造业强国指的是实体经济，互联网技术既是实体经济的重要组成部分，同时也是实体经济新的发展模式和理念。十九大报告提出的互联网带动"新产能"，既突出了网络时代新的经济增长点，也侧重肯定了新形势下市场结构性调整的新变化。

中高端消费、创新引领、绿色低碳、共享经济、现代供应链、人力资本服务等新经济形态中，互联网、大数据、人工智能等技术和理念已经将产业、技术、市场和监管辩证的融合统一，集中在"培育新增长点、形成新动能"的着力点之上，目标就是加快建设制造强国。

十九大报告对新经济的阐述中，特别引人关注的一点是明确回应了新经济与实体经济之间的辩证关系。互联网、大数据和人工智能等新技术与新经济，并非是要完全独立于实体经济，也不是完全成为实体经济的附庸。新经济应该与传统的实体经济"深度融合"，以新技术和新经济带动新动能，新动能作用于市场，促进传统实体经济变革，最后合二为一，在技术上、理念上、市场中和经济构成中深度融合，互相促进的迎接中国已经到来的工业4.0产

业革命。

值得注意的是，十九大报告再次将建设"网络强国"作为国家基本战略。中国通过最近二十多年的发展，特别是十八大以来网信事业的勃兴，在网民数量和基础设施建设方面已经成了网络大国。但是，网络大国并不等于网络强国，强国的标准中更注重的是技术创新和理论创新层面，拥有自主知识产权的技术才能打上中国创造的烙印，才能成为拥有核心技术的强国，才能在技术上、市场上和国防上不受制于人。十九大报告明确指出，要加快"应用基础研究"，在新技术领域中，我们关心的不能仅是市场效益，那些具有共性的关键技术、颠覆性的技术创新、前沿引领技术和工程技术，都应成为中国未来核心竞争力的构成要件。因此，网络强国战略是对未来中国网信事业和产业发展的指引，也是对互联网技术发展方式和理念的重要指引。

二、互联网是文化自信的重要阵地

网络是新时代信息传播的主要渠道，从信息交互到舆情引导，从内容发布到文化引领都离不开网络传播。十九大报告提出了"文化自信"的网络传播要求，这既是对中国新时代社会主义文化繁荣兴盛的刚性需求，也是对近年来网络文化实践工作的深刻总结。文化自信是一个国家和民族自信的根源，是社会凝聚力和社会主义核心价值观的重要基础。互联网是文化传播的重要阵地，网络传播所反映出来的舆论传播力、引导力、影响力和公信力既是社会知情权的可靠保障，也是文化正确方向的核心基础。特别是在意识形态领域，要警惕外来不良思潮的涌入，这就需要落实意识形态工作责任制，建立阵地意识和责任观念。

不过，十九大报告也强调，注意区分"政治原则问题、思想认识问题、学术观点问题"。政治原则问题是底线性问题，在任何时候都丝毫不能松懈；思想认识问题是素养和观念问题，需要包括各级党组织在内的全社会共同努力提高；学术观点问题属于学术领域，应该倡导言之有据科学严谨的立论，要坚决抵制各种错误观点。网络文化领域的阵地意识必须加强，树立党在文化传播领域的核心领导地位，建立适应新时代和新传播方式的网络综合治理体系，最终建立风清气正的网络清朗环境。

三、大力发展网络教育

中国目前的教育发展存在着严重不平衡，优势教育资源集中在大城市和个别学校的情况，存在中西部发展不平衡、城乡发展不平衡、高等院校资源不平衡、技术专业教育发展不平衡等现实情况。

十九大报告提出了"推动城乡义务教育一体化发展"的发展思路，将网络教育作为教育公平的重要手段。中国互联网基础设施发展基本完备，网络教育的物质基础已经建立，目前需要的就是完善新时期网络教育体系，将优质的教育资源通过互联网跨时空和跨区域的进行传播。中国网络教育所面临的问题还是比较多的，一是存在虚假宣传和虚高收费的情况；二是缺乏网络义务教育和素质方面的普及；三是缺乏跨学校的网络教育互认制度；四是缺乏事先监管和事后维权制度。

对十九大报告提出网络教育的理解，不能仅局限于技术上，更应该从制度上充分夯实领会。在办学资质、教育资源、宣传广告和事中事后监管方面，政府要做好监管，网络技术提供者要做好运营，教育者要做好培训。在跨学校的网络教育体系中，教育部门应协调好互认制度，在义务教育和素质教育的网络教育中，跨区域的各个学校应在教育部门协调组织下统筹资源，达到优势教育资源的有序流动。

四、互联网是构建人类命运共同体的纽带

习总书记曾多次倡导构建人类命运共同体，多次发出"各国人民同心协力"，坚持和平发展的积极倡议，在十九大报告中也重申了"中国共产党始终把为人类作出新的更大的贡献作为自己的使命"的使命宣言。

互联网实现了世界的互联互通，已经形成了名副其实的"世界村"，成为构建人类命运共同体的重要纽带。如同习总书记在第二届世界互联网大会中所言："网络空间是人类共同的活动空间，网络空间前途命运应由世界各国共同掌握。各国应该加强沟通、扩大共识、深化合作，共同构建网络空间命运共同体。"在这个共同体中，你中有我，我中有你，既存在网络文化交流共享，促进交流互鉴的平台，也存在互联网经济创新发展，世界各国共同繁荣的机遇，还应当存在全球互联网治理体系，促进世界人民公平公正的机会。因此，中国作为互联网大国与强国，互联网治理的好与坏，不仅关系到自身的发展机遇问题，还涉及整个世界网络治理问题。

同时，我们也应清醒地看到，中国一直是互联网黑客攻击的主要受害国，没有网络安全就没有国家安全，缺乏安全的网络环境也就无法实现构建命运共同体的使命。十九大报告中特别提出，要加快军事智能化发展，提高基于

网络信息体系的联合作战能力、全域作战能力。这一方面是将互联网基因融入现代战争理念之中，以发展遏制战争，以革新促进和平；另一方面，网络安全也是国家安全重要组成方面，2017 年通过实施的《网络安全法》作为网络安全的基本大法，需要未来进一步在技术和制度方面的切实落实。

第二节　十三五规划与"互联网＋"

从我国 1953 年到 2015 年的十二个"五年规划"，见证着中国如何从一个积弱已久的国家，跃居成为世界第二大经济体的辉煌历程，也见证着中国人民如何在党的领导下摆脱贫困，勇敢追求幸福的"中国梦"的实现历程。

十三五规划即将跨越的五年，将成为党中央确定的"两个一百年"的第一个百年目标变为现实的关键性阶段，也将很有可能成为中国成为世界第一大经济体的历史性时刻，必将成为中国人民实现全面小康社会建设的"中国梦"的美妙之旅。

十三五规划期间，正值"互联网＋"的工业 4.0 时代到来之时，我们面临着传统行政理念的转换、市场自由的促进、传统产业的转型、经济格局的重构等新老问题的交汇之口。互联网科技已经在上个五年计划中完全发挥了对产业发展和模式的"颠覆性"效果，十二五规划的成功和中国经济的活跃，在很大程度上得益于党和政府对互联网经济和网络技术的重视程度。在上个五年中，我国基本完成了信息化建设，全球前二十大互联网企业中，中国企业占据一半席位。一线城市率先完成的信息化建设基础，以及网络技术和网络产业取得的辐射性效果，已经开始向二三线城市延伸。互联网作为技术，已经被广泛应用到国防、通讯、信息交互、民生、交通、金融、零售、服务等各个国计民生的领域。互联网已经从单纯的互联互通，转变成大数据、云计算、移动互联、云存储等几乎所有社会经济的方方面面。网络已经成了国民的生活方式，成了企业的发展形态，成了政府的行政方式。

不过，十二五之前的互联网发展水平和层次，绝大部分仍停留在"＋互联网"的工业 3.0 时代，仍是将网络看作是传统产业或服务的载体。未来的五年正是"互联网＋"转变成经济新常态的关键性时期，互联网的基础性作用将得到前所未有的提升，云存储、大数据应用、云计算与产业结合、可穿戴移动设备、物联网将成为未来五年中国经济能否成为世界第一大经济体的关键助推器。届时，共享经济和大数据的全面产业化将从概念模式转换成实体经济，这也是中国未来五年能否抓住机遇实现"弯道超车"的关键所在。

正是因为"互联网+"对传统产业的颠覆性作用，所以，在欧洲又被称为是工业4.0的革命。历次的工业革命不仅是新旧产业之间的更新换代，更是新旧利益体之间的博弈过程。与此同时，我国的改革进程也进入到深水期，产业变革引发的旧有利益分配与市场重新划分问题，远不是仅依靠产业规划可以解决的。全国人大常委会制定的十三五纲要明确指出，实现经济发展的重要点，"关键在于全面深化改革，形成有效的激励约束和利益协调机制，核心是正确处理好政府、市场、社会的关系"。这就是说，在"互联网+"产业改革时期，政府应该有所为和有所不为，市场能够自由调节的事项，就应相信市场，减少不必要的行政干预，减低新型企业入门门槛，促进市场的自由度。政府改革的痛点，就是要真正做到简政放权。简政放权，放下的不仅是权，还是钱。十三五规划的政府体制改革方向，就是不与民争利，勇于放下行政权力，回归市场主导，只有民富才能国强。只有大道至简，才能充分市场的基础性地位，在"互联网+"的风口上把握住时代的方向，也只有以深化政府行政体制改革，才能将网络成为带动中国新经济形态的新动力，避免陷入"中等收入陷阱"，达到转变市场经济增长的方式。

十三五规划的另一个重要核心问题就是改善民生。民生问题是涉及改革红利的公平和社会福祉建设的大问题，也是党和政府经济建设的根本出发点和落脚点。十二五期间我们在改善国民收入、减小城乡差别、治理生态环境和增加社会福利等方面都取得的举世瞩目的辉煌成就。十三五期间，如何利用"互联网+"去构建新型民生工程体系就摆到我们面前。"互联网+"的本质就是"共享经济模式"，这不仅是民间资源转化为公共资源"人人为我，我为人人"的最佳渠道，而且也会通过大数据、云计算等方式将涉及公共利益资源的效率问题数据化。"需求数据化"一方面可以指引政府完善宏观调控政策，更为有效地发挥社会主义国家行之有效的宏观调控，另一方面，也可以将数据预测转变成对市场自由的有效补充，最大限度地避免市场的盲目性和偏离性。"互联网+"和"大数据+"的民生问题，已经不单纯是国家投入和产出比例的问题，更多的是依靠民间资源服务与公共利益的问题。

以城市交通出行为例，十二五之前，城市发展的重点在于公共交通服务建设，不过，在经济增长过快和城市人口激增的现实，地铁、公交、出租车等公共交通发展的投入和产出比例受到制约。未来"互联网+"的出行方式，则在公共交通现状的基础上，通过互联网平台，将私家车与公共交通系统相连，实现了交通公共出行车辆数量的"潮汐化"。在早晚高峰，或雨雪天气的拥堵时刻，私家车可以通过拼车、顺风车、专车等方式进入到公共服务领域，在城市交通压力宽松之时，这些车辆又回归到私家车的性质，这样一来，多种出行方式通过互联网的结合，变成了一加一大于二的效果，既能缓解城市交通压力，又解决了就业和兼职劳动收入提高的问题。可见，"互联网+"对民生的改变既是一种思维模式的转变，也是一种经济模式的变革。在十二五期间，"互联网+"对民生的改变已经开始，像是大数据精准营销、O2O平台的发展、网络约车平台的建立、互联网与快递的结合、网络购物和网络支付的普及，以及网络金融和众筹的崛起等，这些新的技术从出生以来就铭刻着互联网的基因，必将成为十三五规划发展的重点。

因此，"互联网+"作为一种理念，或是一种经济模式，都将成为关乎国计民生的发展重点，也必将成为十三五中国经济华丽转身的最大动力。

党的十八大以来，互联网产业与信息化发展已上升成为国家层面的战略高度。以习总书记为代表的党和国家领导人，在互联网发展的人才培养、政策支持、掌握创新技术、协调信息安全与发展、网络空间法治化、加强国际交流等各个方面都给予充分支持。特别是中央网络安全和信息化领导小组成立后，将建设网络强国的战略部署与党的"两个一百年"奋斗目标同步推进，反映出建设网络强国的时代紧迫性和国民的共同意愿。

在经济层面，政府将建设"互联网+"写入政府工作报告，明确了互联网作为新工业革命的核心地位。特别是中国经济进入新常态后，经济驱动要素由传统的制造业、房地产等向创新驱动加速转变。传统产业的互联网+工业4.0转型，既是包括中国在内的世界各国共同面对的重要问题，也是中国实现"弯道超车"的历史机遇期。以"互联网+"为代表的"大众创业、万众创新"，正在激发全体国民的创业和创新基因。中国企业已经在世界前二十大互联网公司中占据半壁江山。以云存储、大数据、物联网、移动客户端为代表的新产业模式全面进入到国民日常生活，"互联网化"业已成为提高国民生活水平和经济转型的风向标。我国互联网技术与经济的发展，让国民直接获得了时代红利。

在政府治理层面，互联网也成为政务公开、百姓办事、舆论监督、参政议政的重要渠道。我国各级政府在微博、微信和移动客户端上开设了20多万个政务系统，"两微一端"已经成为我国国民与政府沟通的重要桥梁。互联网在我国政府职能转型中，已经起到良好的示范和指引性作用，政务系统的网络化，让全体国民直接获得了信息化红利。

然而，我们也必须清醒地认识到，互联网作为一个新事物，在一国国内，网络安全与网络犯罪伴与互联网红利如影随形；在国际，还有个别国家滥用网络优势地位和网络话语权，去攻击和影响其他国家。如习总书记所指出的那样，网络把世界变成了地球村，但网络绝不是"法外之地"，同样要讲法治，要维护国家主权和发展利益。中国一直以来就是网络黑客等攻击的对象，我们通过多年实践积累了大量经验，在网络安全应对与法治化方面逐渐形成了"中国模式"，其本质就是"网络安全与信息化是一体之两翼"，统筹协调好"没有信息化就没有现代化"与"没有网络安全就没有国家安全"之间的关系问题。

互联网本质就是"互联互通"，网络在国家之间"你中有我、我中有你"是不可避免事实，这也给国际合作和谋求共赢提供了足够大的空间和平台。在乌镇峰会上，各国达成共识，减少分歧，不搞对抗和介绍经验，以"和平、安全、开放、合作"的态度去面对各国网络发展中所遇见的共同性问题，最终构建起惠及全世界的"网络空间命运共同体"，让世界人民一起分享网络发展带来的红利。

第三节　习近平构建互联网思想的辩证法

习近平担任党和国家领导人伊始，就将"建设互联网强国"作为中国未来发展的重要国策。习总书记执政以来，在总结我国互联网发展实践和世界互联网发展趋势的基础上，相继发表了网络主权论、网络安全论、网络法治与伦理论、网络空间治理能论、网络文化与舆情论、网络技术发展论和网络开放与合作论等相关重要论述，构建起适合中国未来发展和惠及全球的互联网发展重要思想体系。

从辩证法和认识论的角度看，习总书记互联网思想体系是在互联网本质的内在和发展动力基础上的升华，揭示了虚拟与现实之间的矛盾和互联网发展的一般规律，辩证的将虚拟与现实、发展与安全、主权与开放、法治与伦理、自由与秩序等因素结合起来。这些因素互为表里，对立统一在将互联网建设成服务全人类福祉的中心之上。

一、虚拟与现实论

习总书记提出"网络空间是虚拟的，但运用网络空间的主体是现实的，大家都应该遵守法律，明确各方权利义务"。虚拟性是网络最基本的特征，数字化信息的发展造就了虚拟空间和虚拟人格等新兴概念。网络空间的虚拟性与现实之间其实是对立统一的关系，虚拟是现实利益和人格的延伸，现实则是虚拟权利义务承担的主体。

互联网经济的发展，特别是大数据、云计算等新技术的应用离不开网络的虚拟性，数字化和网络化逐渐融合了传统产业，也正是虚拟化社区让世界成为"地球村"，在虚拟空间中，甚至可以摆脱时间和空间对人类的传统束缚。但是，虚拟并非绝对，世界上不存在脱离现实空间的虚拟社区，也不存在缺乏现实人格基础的网络人格。因此，虚拟社区不是法外之地，虚拟人格也不能成为违法行为的挡箭牌。

习总书记提出的虚拟和现实对立统一的关系，是构建互联网思维的基础性理论。只有明确了虚拟与现实对立统一的关系，才能真正认识到互联网主权、网络安全和互联网信息传播的理论基础问题。同时，虚拟现实论也将成为新时期"人工智能"等新技术发展的伦理性基础。

二、发展与安全论

习总书记高瞻远瞩地提出了信息化与发展和安全的科学论断："没有信息化就没有现代化、没有网络安全就没有国家安全""网络安全和信息化是一体之两翼、驱动之双轮，必须统一谋划、统一部署、统一推进、统一实施。做好网络安全和信息化工作，要处理好安全和发展的关系，做到协调一致、齐头并进，以安全保发展、以发展促安全，努力建久安之势、成长治之业"。同时，他还不止一次地指出，网络信息安全不仅关系到国家安全问题，而且还涉及网民信息安全问题。

国家的发展需要过硬的技术，如同习总书记反复提出的"把关键技术掌握在自己手里"，中国经济进入到新常态，刺激经济发展的重任已经交给以"互联网+"为代表的新技术。中国改革深水期的难中之难，就是解决产业转型问题，其中关键性问题就是能否在互联网风口中把握方向。工业 4.0 革命在即，发展的硬道理不仅是追求 GDP，而是要以新的发展观重构中国经济。这是一个大手笔，事关党的"两个一百年"宏伟计划和实现全面建成小康社会的中国梦。

不过，技术本身就是一把双刃剑，将其变为"阿里巴巴宝库"还是"潘多拉盒子"，全靠使用者的智慧。网络安全问题自始至终的伴随着网络发展，也制约着网络技术的进步。总书记将信息化和现代化互为表里，新时代的现代化就是以互联网技术为基础的工业革命，信息化的发展也是现代化的重要步骤，这不仅包括社会经济的现代化，还应包括国防与安全的现代化。习总书记将国家安全与网络安全挂钩，实际是科学的提升了网络安全的战略性地位。从国际上看，美国等西方国家甚至以网络作为战略手段成立了专门"战术部队"，近年来出现的各种"棱镜门"计划也再次体现了网络安全对国家安全的重要性地位。技术的发展不能以牺牲安全为代价，因此，安全与发展之间的辩证关系就构成了习总书记网络思想中最重要基础性论断之一。

三、主权与开放论

习总书记将"尊重网络主权"作为推进全球互联网治理体系变革的第一个基本原则。总书记提出："《联合国宪章》确立的主权平等原则是当代国际关系的基本准则，覆盖国与国交往各个领域，其原则和精神也应该适用于网络空间。"网络主权是现实国家主权在虚拟社会中的延伸，网络空间就像是一国自己的领海、领空一样，都受到国际法保护，是一国人民生存与发展的基础，"在信息领域没有双重标准"。

另一方面，互联网的本质就是"互联互通、共享共治"，互联网让"地球村"成为现实。国际化和多元化也是构建互联网命运共同体的基础，跨国金融、国际合作、文化交流、信息传递等都成为互联网国际化的基本要素。

尊重主权与开放合作，这两个看似相互矛盾的概念，其实是一个问题的两个方面。总书记在推进全球互联网治理体系变革原则的论述中，将尊重网络主权与开放合作并列为四大基本原则中的两个。互相尊重主权是开放合作的基础，开放合作是尊重主权的成果。网络主权不仅包括国家主权，还可以细化分成司法主权、发展主权、传播主权、管理主权和参与国际管理的主权等多个方面。任何国家不分大小、强弱、贫富或地缘，都在共同生活的网络空间中享有自主的权力。习总书记的主权与开放论，奠定了互联网国际合作的基础，是现代网络社会中，国与国之间的"新四项基本原则"，一经提出，就得到了世界各国的广泛认可和支持。尊重主权，也就是不搞霸权，不滥用网络优势地位去掠夺、干涉或妨碍他国政策和自主权，这也是全世界构建互联网命运共同体的基础性要求。

中国已经成为世界第二大经济体，在互联网发展领域与美国并驾齐驱。我国领导人在技术和经济发展的这个位置上，主动提出尊重主权与开放的基本原则，有力地驳斥了"中国威胁论"，充分说明了中国式发展就是和平力量的发展，也是维护世界和平与多极化格局的坚实力量。

四、法治与伦理

习总书记明确指出，"要坚持依法治网、依法办网、依法上网，让互联网在法治轨道上健康运行"。互联网经济实际就是法治经济，互联网思维实际就是法治思维，互联网秩序实际就是法治秩序。习总书记主政以来，我国互联网的立法工作取得了举世瞩目的成绩，与互联网立法修法有关的法律、解释、法规、政策和各级政府的办法、条例等多达上百部。在大数据发展、网络侵权、著作权保护、技术创新鼓励、网络自律与他律方面，我国的法治进程已经赶超世界其他国家。随着中国互联网技术和经济的发展，我国互联网实践已走到世界前沿，法治工作中的法律移植已大大减少，一大批处于世界领先位置的新情况、新业态和新应用的法律制定，都是依据我国自己的互联网实践完成的，这样的法治更接地气，也更具有生命力，也为世界互联网法治建设做出了自己的贡献。

习总书记同时指出："要加强网络伦理、网络文明建设，发挥道德教化引导作用，用人类文明优秀成果滋养网络空间、修复网络生态。"法治与德治相辅相成，中国是世界上最早适用以德治国的国家，早在西周时期就已经出现"以德配天"的治国理念。新时期的以德治网就是要充分发挥人类文明优秀成果，宣扬先进文化和正能量，将网络伦理建设变为依法治网、依法办网和依法上网的助推器。

众所周知，互联网治理的困境就在于技术发展速度太快，立法工作相对滞后。在一些存在法律空白之处，一个国家和民族多年来形成的社会伦理就成为重要的补充。伦理建设不仅是道德和文化建设，而且还应该将优良文化传统，以及业内公认的习惯形成人人可知的公约，以网络自律为代表的网络伦理，补充和提升法律治理空间和层次。

五、秩序与自由论

习总书记在阐述构建良好秩序原则时，强调了自由与秩序之间的关系问题，"自由是秩序的目的，秩序是自由的保障"。目前，网络传播的发展已经进入到自媒体时代，每个人都是信息表达者，在这个人人都拥有"麦克风"的时代，网络逐渐演变成侵权的重灾区。网络暴力、人格侮辱、商誉侵权、暴恐信息、网络谣言等成为互联网发展红利带给世界人民的"副产品"。这些网络"负能量"和"副产品"是世界各国在信息化变革中所共同面对的问题，能否解决好，将直接决定网络发展的成功与否，涉及数以亿计网民和合法权益。

习总书记辩证的将自由与秩序统一到保护网民权益的中心点上，以秩序保障社会公共利益，以法治秩序保障全体网民的自由。习总书记将网络法治化分成"依法治网、依法办网和依法上网"三个层面，辩证的把政府职责、网络服务提供者责任和网民权利义务结合起来，形成了网络法治的"有机体"。

六、如何理解习近平网络安全观的人民性

习总书记强调指出，"网络安全为人民，网络安全靠人民"，这是网络安全人民性的科学论述。网络安全工作根本目的在于保护人民根本利益，在于维护全体人民的互联网红利，同时，网络安全的人民性论断也指明了建设网络安全的方法论，就是要依靠全体人民的合力，达到共享、共治和共同繁荣的互联网新环境。

现今的网络技术已经通过O2O、大数据、云计算、物联网等方式，将人民生活完全融入到了互联网之中。如同第二次工业革命出现的电力一样，第三次工业革命出现的互联网已经成为社会经济生活不可分割的一部分。网络发展的好与不好，是"阿里巴巴的宝库"或是"潘多拉盒子"，最主要的衡量标准就是安全与否。技术本身并不具有道德性，互联网就是一把双刃剑，让人爱之越深，恨之越切。在网络病毒、植入木马、盗刷银行卡、电信诈骗、黑客撞库、个人信息买卖等网络犯罪中，人民群众一直都是最大受害者，网络是否安全也就成为制约互联网经济发展的最大瓶颈。

在人民根本利益面前，网络安全就是最大的砝码，任何牺牲安全换取发展的短视行为都是对人民利益的损害。忽视网络安全的发展，无异于舍本逐末，缺乏网络安全观的技术革命，非但不会让人民满意，反倒会将现有发展成果付之东流。让全体人民享有互联网发展红利的基础，不仅是技术的日新月异，更应该是让人民群众放心使用网络，不要再为网络安全担惊受怕。所以，习总书记将网络安全与人民性结合的科学论断，就是将保护人民利益放在了最为突出的地位，构筑网络安全的铜墙铁壁，就是构建保护人民根本利益的坚实基础。

　　要打赢网络安全的攻坚战，必须要充分依靠全体人民的力量。一方面，人民群众是网络安全的直接体验者，能够最快和最直接的发现安全隐患，亿万网民就是亿万网络安全巡查员，网络安全是攻坚战，是持久战，必须依靠全体人民的合力。另一方面，人民群众的创造力是技术创新的基础，是人才的源泉，是"齐抓共管"和"社会共治"的制度保证，只有充分依靠和团结人民群众，才能真正让互联网技术趋利避害，成为时代赋予我们的"阿里巴巴宝库"。

　　最后，网民的素质在很大程度上决定了网络安全的基础环境。习总书记多次指出，应该发动全社会参与到网络安全建设中来。培育"中国好网民"对网络安全有重要意义，"安全意识""文明素养""守法习惯"和"防护技能"是现代网民的基本要求，也是网络安全人民性的主要指标。我国拥有世界上最大的网民数量，培养和树立现代网民安全观，就成为落实网络安全世界观和方法论的基础性标准，中国好网民数量越多，网络安全隐患也就越少，网络安全土壤才能更夯实。

第四节　网络空间命运共同体

　　2016 年 11 月 16 日，第三届世界互联网大会在乌镇召开，习近平总书记在开幕式上通过视频发表了重要讲话，他再次强调了构建网络空间命运共同体在互联网发展中的重要性，提出建立网络空间"平等尊重、创新发展、开放共享、安全有序"的战略目标。

　　建立网络空间命运共同体既是建立网络强国的基础，是建立互联网背景下国与国新型关系的基础，同时也是让全人类享受互联网技术革命红利的基础，是解决新机遇新挑战的基础。习总书记在 2015 年世界互联网大会上提出的"四点原则"和"五点主张"得到了国际社会的积极响应，基本构成了建立网络空间命运共同体的辩证法体系。

　　首先，平等尊重是构建网络命运共同体的基础。互相尊重网络主权是互联网时代背景下国与国新型关系的基础。网络主权不是凭空出现的，是按照现实中的国际关系原则被逐渐认知的。根据《联合国宪章》的规定，国家主权是当代国际关系的核心要素，网络主权是国家主权在互联网虚拟世界的合法延伸。网络主权观是网络社会中国与国平等关系的基础，是一国在网络世界行使权利的基础，也是一国公民在网络无国界社会中权利义务履行的基础。

当代国际关系中不会因为一国的国土面积、人口、军事和经济发展状况不同，就否认国际地位的平等性，同样道理，互联网社会中也不应因一国网络经济、网络技术和网络军事力量强弱就区分国家主权的大小。缺乏网络主权观的网络国际关系，势必会导致强国依靠网络优势去掠夺他国合法权益，利用技术优势去干扰他国内政，依靠经济优势去破坏他国国民享受互联网产业革命福祉。因此，互联网主权论是构建网络命运共同体的基础，国与国之间的平等与互相尊重是网络主权的必要延伸。

其次，创新发展是构建网络空间命运共同体的内涵。互联网带来了两次产业革命，一是信息化革命，二是"互联网+"、人工智能为代表的工业 4.0 革命。两次产业革命的核心"燃点"就在于创新驱动，没有创新的互联网也就失去了发展的灵魂，忽视发展的创新更是变成了无本之木。目前正值"互联网+"产业革命的变革期，传统产业通过互联网平台、大数据和人工智能进行着质的变化。第四次工业革命与前三次的不同之处在于，互联网彻底改变了传统产业的基本构造，让互联网平台逐渐成为几乎所有产业发展的核心。本次工业革命的创新已经超出了技术创新的格局，演化成由技术创新为起点，带动着理论创新和制度创新，这就让创新发展本身形成了特有的辩证体系。习总书记曾指出，互联网核心技术是最大的"命门"，应该本着"自主创新、自立自强"的理念，紧紧抓住自主创新的"牛鼻子"。同时，仅有技术创新还是不够的，互联网应该在我国经济发展"新常态"的"新动力"中大有作为。这就要求技术创新要重在应用，以技术和理论创新带动思维创新和制度创新，让创新发展成为新经济时代的标志，成为构建网络空间命运共同体的内涵。

再次，开放共享是构建网络空间命运共同体的外延。习总书记多次指出，开放共享是互联网发展的本质，要"积极开展双边、多边的互联网国际交流"。开放是网络建设网络空间命运共同体的客观要求，共享则是发展网络经济的最终目标。在互联网社会中"你中有我，我中有你"的开放共享是全社会共同追求的目标，开放共享不仅包括技术上的交流、经济上的互补流动、信息传递上的交流，而且还包括国防交流、反恐和共同打击犯罪的合作、共同保障网络安全和共同协商解决网络纠纷等情况。所以，开放共享作为构建网络空间命运共同体而言，既是互联网发展的客观要求，更是在互相尊重网络主权基础上各国政府相互合作的必然外延。当然，开放共享也是我们举办世界互联网大会的初衷所在："集思广益、增进共识、加强合作，让互联网更好造福人类"。

最后，安全有序是构建网络空间命运共同体的保障。网络安全是制约网络发展的瓶颈所在，"没有网络安全就没有国家安全"，包括中国在内的世界各国都将网络安全作为抵御互联网风险，保障国家安全和国民权益的必要武器。安全有序作为互联网发展理念来说，互联网应该作为全球人民享受发展红利的福祉，不能作为强国攻击弱国的武器。随着信息化进程，各国关键信息基础设施已经完全互联网化，网络安全就是国家安全，网络安全就是国民权利保障的安全。所以，安全是有序的基础，网络安全最基本的要素就是应建立互联网上各国的互信互通互联制度，不能放任个别国家滥用网络优势去侵害和掠夺他国发展红利。

同时，网络安全也是技术发展的要求。技术创新是构建网络空间命运共同体的内涵，但互联网就是一把双刃剑，"潘多拉的魔盒"与"阿里巴巴的宝库"之间的界限就应该是网络安全，因此，让安全现行，在互联网发展中达到趋利避害还需要世界各国共同努力。开放共享是构建网络空间命运共同体的外延，这应是建立在"有序"的基础之上，遵循互联网发展规律，建立法治化的秩序。

第五节　"4·19"重要讲话的网络安全观与方法论

2016年4月25日，新华社全文公布了习近平总书记在网络安全和信息化工作座谈会的重要讲话。习总书记在对十八大以来我国互联网事业、网络安全与信息化建设科学总结的基础上，提出了未来互联网发展的"六大问题"。4·19重要讲话精神将成为我国未来互联网经济社会健康、有序、法治和科学发展的核心指导思想。

习总书记将如何处理好互联网"安全与发展"的关系，作为我国未来网络事业发展的重中之重看待，通过对"树立正确网络安全观、加快构建关键信息基础设施安全保障体系、全天候全方位感知网络安全态势、增强网络安全防御能力和威慑能力"等四个方面的论证，系统的提出了面向未来的网络安全观和方法论。从理论上讲，网络安全与发展的四个方面是一个统一的有机整体，相互依存且相互促进，都统一在全球互联网发展治理的"四项原则"和"五点主张"之上，统一在维护国家安全与促进社会进步之上，统一在实现技术创新与保护人民利益之上，统一在维护网络主权与构建世界网络空间命运共同体之上。

首先，树立正确网络安全观是网络安全的理念武器。"理念决定行动"，有什么样的安全观，就有什么样的方法论。正确的网络安全观不是"闭关锁国"，更不是追求"绝对的安全"，那样就会丧失发展机会，固步自封会"顾此失彼"。对待网络安全问题的基本思路就是将安全观"整体化"和"动态化"，必须辩证地看待安全与创新之间的关系，理解安全与开放之间的关系。同时，网络安全最终保护的是社会公共利益和人民的利益，所以，网络安全不能单靠政府，更应该依靠人民，通过政府、企业、社会组织和网民构建统一的安全防线。

其次，构建关键信息基础设施安全保障体系是网络安全的物质基础。网络虽然是虚拟的，但是运行网络的设施却是现实的，如果设施安全受到了破坏，那将危害到整个社会。特别是在"互联网+"的时代，包括网络金融、能源、电力、交通、通信等各行各业都是网络化的，只有这些国家关键信息基础设施安全得到充分保障，才能维持国民经济和人民日常生活的正常运转。因此，网络安全的物质基础既是技术进步的发展要点，也是维护安全的重中之重。我们必须清楚地认识到，全社会产业的信息化是大势所趋，不过，信息化应以保证关键设施的绝对安全为前提，舍弃安全性去片面追求信息化速度是不可取的。

再次，全天候全方位感知网络安全态势是网络安全的方法论。网络安全不能仅有"亡羊补牢"的被动思想，更应该有"未雨绸缪"的积极态度。习总书记一针见血地指出"网络安全具有很强的隐蔽性"，如果坐等网络漏洞出现后再去修补的话，损害将是难以弥补的。网络漏洞的隐蔽性就要求维护网络安全重点在于能否事先"感知网络安全态势"。这就给网络安全工作提出了更高的要求，尤其是在大数据时代，仅依靠政府或企业任何一方，都无法做到安全数据情报的统筹规划，缺乏全面性的数据也就缺少了可靠性。所以，在网络安全领域，包括政府、社会和企业在内都应该在维护网络安全角度统一起来，做到安全信息共享和协调一致。

最后，增强网络安全防御能力和威慑能力是网络安全的保障。习总书记着重指出，"网络安全的本质在于对抗，对抗的本质在于攻防两端能力的较量"。可见，网络安全与国家安全是一个层面的两个问题，为了维护国家的网络主权和安全，就必须加强以技术先进性为代表攻防一体的准备工作。缺乏防御力的网络安全是无源之水，没有震慑力的网络安全是空中楼阁。如同国防建设一样，中国一直是倡导世界和平的中坚力量，国家国防力量越强，震慑力越高，就越能限制危害和平者的野心。我国的网络震慑能力也是维护世界网络安全的重要组成部分，只有对等和领先的技术优势，才能充分保护好网络发展与繁荣，维护好世界的网络命运共同体。

第六节　构建良好秩序的互联网治理体系

2015 年 12 月 16 日，习近平总书记在出席第二届世界互联网大会乌镇峰会时发表了主旨演讲，明确提出了世界互联网治理体系变革的四个基本原则，即尊重主权原则、维护和平安全原则、促进合作开放原则和构建良好秩序原则。

习总书记提出的互联网体系治理"四个基本原则"，既是对世界互联网近三十年发展实践的总结，也是对未来以互联网为代表的产业革命前进方向的指引，具有深远的实践指导意义和理论创新价值。其中，"构建良好秩序"原则尤其值得关注，这个原则直接指向了各国网络生态现状，不仅明确阐述了网络自由与网络法治之间、现实与虚拟之间的辩证关系，而且也对网络治理中的法治与德治关系做出了具体说明，这对保障世界网络用户合法权益，促进网络技术趋利避害，修复和建设面向新世纪的网络生态环境都有十分重要的意义。

习总书记在阐述构建良好秩序原则时，强调了自由与秩序之间的关系问题，"自由是秩序的目的，秩序是自由的保障"。目前，网络传播的发展已经进入到自媒体时代，每个人都是信息表达者，在这个人人都拥有"麦克风"的时代，网络逐渐演变成侵权的重灾区。网络暴力、人格侮辱、商誉侵权、暴恐信息、网络谣言等成为互联网发展红利带给世界人民的"副产品"。这些网络"负能量"和"副产品"是世界各国在信息化变革中所共同面对的问题，能否解决好，将直接决定网络发展的成功与否，涉及数以亿计网民和合法权益。

习总书记辩证的将自由与秩序统一到保护网民权益的中心点上，以秩序保障社会公共利益，以法治秩序保障全体网民的自由。习总书记将网络法治化分成"依法治网、依法办网和依法上网"三个层面，辩证的把政府职责、网络服务提供者责任和网民权利义务结合起来，形成了网络法治的"有机体"。网络法治化离不开有针对性的立法活动，我国近年来互联网法治化取得了重大成效，党的十八大以来对涉及互联网的法律、法规和政策起草、修改、制定多达数十部之多，法治网络化的进程位居世界之首。正是有了这些法律的支撑，中国互联网产业才取得了举世瞩目的成就，有力地促进了我国信息化工业革命进程。

习总书记用法治解释"秩序"时，还充分强调了网络伦理、网络文明的道德教化指引作用。以法治网与以德治网需要充分结合起来，法治是最低等级的道德，相比法律，道德标准比法治标准更"柔软"，更贴近生活，也具有更高层面的标准。以德治网与以法治网，相互补充，互相促进，都统一到保障网民权益目的中来。

对于网络的虚拟性问题，习总书记一针见血地指出，"网络空间是虚拟的，但是运用网络空间的主体是现实的"。虚拟与现实之间是一种辩证关系，虚拟空间是现实主体在网络行为的延伸，现实主体是虚拟社会行为的承担者。所以，网络空间的虚拟性不是"法外之地"，"虚拟性"也不能成为不遵守法律和道德的"挡箭牌"。

2016年11月16日，第三届主题为"创新驱动造福人类——携手共建网络空间命运共同体"的世界互联网大会在乌镇召开。国家主席习近平通过视频发表了重要讲话，提出了"集思广益、增进共识、加强合作，让互联网更好造福人类"的倡议。互联网如何更好地造福人类是一个重要话题，不仅关系到第四次产业革命的发展目标，而且也涉及全球人民分享互联网红利的重要问题。

首先，创新驱动是互联网造福人类的基础。从蒸汽机革命、电力革命和信息化革命，一直到如今进行的工业4.0"互联网+"产业革命，创新驱动是不变的主题旋律。"互联网+"为代表的第四次产业革命中，创新驱动显得更为抢眼，既包括技术层面的人工智能、云计算、物联网、大数据，也包括技术创新带动下出现的新产品和新服务，例如，互联网+出行、互联网+政务、互联网+金融等，还包括新技术带来的制度和法律更新，例如，民法典的互联网化、针对互联网的网络安全法、促进创新的网约车新规等。

可见，新时代下的创新驱动是多层次的，从技术上到应用，从国家政策法律到国民社会生活，从科技领域到金融服务，正是这些技术上的创新，带动着理论创新和制度创新。传统观念正在转型，新旧产业正在融合，新的制度正在建立。这一切发展的最终目的，还是要落脚在"造福人类"的关键点上。习总书记指出"君子务本，本立而道生"，互联网技术发展也应遵循"君子务本"的基本态度，以技术发展为基础，一步一个脚印，不忘初心，然后才可能"立本而道生"，这个"道"就是一切的发展，最终目的都要集中在让全人类都分享到互联网红利。有了"本"与"道"的结合，也就产生了辩证关系，并非所有的技术都应发展，只有符合"造福人类"的技术，才应该成为创新驱动的关键，而那些危害网络安全、滥用网络优势、破坏网络环境的"坏技术"，全球各国政府都应坚决摒弃和抵制。

其次，网络安全是互联网造福人类的保障。习总书记多次指出"没有信息化就没有现代化，没有网络安全就没有国家安全"，这种安全与发展的辩证法在互联网发展领域，就是要趋利避害，让网络成为"阿里巴巴的宝库"，不能沦为"潘多拉魔盒"。在任何时刻，安全都是发展的瓶颈，忽略了安全的发展，就会产生侵害人类福祉的巨大破坏作用。近年来世界各国连续发生的信息安全、电信诈骗和网络黄赌毒泛滥等坏事，都反复证明了这一点。从互联网造福人类角度看，网络安全至少包括三个层次，一是数据安全，大数据和云计算不是侵害数据安全的理由，更不能成为网络优势技术国攻击他国的工具；二是关键基础信息设施安全，互联网化的当下，世界各国涉及国计民生的关键基础设施已经完成信息化，这就给恶意网络攻击和网络破坏提供了技术可能性，保障这些信息设备的安全就是在维护全社会福祉安全；三是技术安全，APP、物联网、大数据等已经将技术与生活相并联，安全应该是应用的约束，安全责任不仅是网络服务提供者的义务，而且也应成为各国政府监管的责任。

最后，开放共享是互联网造福人类的目标。习总书记在"五点主张""四项原则"中都反复强调了互联网的开放共享理念，开放共享，互联互通是互联网的发展客观规律，是让全世界人民享受到互联网发展红利的基础。不过，开放共享不是没有条件的。第一，开放共享应该建立在国与国之间相互尊重主权的基础上。网络主权是国家主权在互联网上的法定延伸，相互尊重主权是跨国界网络交往的前提和基础。第二，开放共享应建立在安全秩序的基础上，近年来，网络攻击、黑客、恶意程序、跨国犯罪、网络犯罪等情况在世界各国多有发生，若没有安全秩序作为保障，互联网非但不能成为造福人类的手段，反倒会成为侵害福祉的工具。第三，开放共享应建立在共享共治的基础上。在互联网背景下，包括反暴恐、反洗钱、打击网络犯罪、维护网络安全等网络时代产生的特殊犯罪，是人类共同的敌人，单靠一国自己的单打独斗是行不通的，必须依靠世界各国政府相互团结。

所以，开放共享与共享共治是一个问题的两个方面，是网络时代的共享辩证法，运用得好，共享就能成为造福人类的好办法，用得不好，就可能成为损害人类的坏手段。正因为此，习总书记在第三次世界互联网大会的重要讲话中强调："中国愿同国际社会一道，坚持以人类共同福祉为根本，坚持网络主权理念，推动全球互联网治理朝着更加公正合理的方向迈进，推动网络空间实现平等尊重、创新发展、开放共享、安全有序的目标。"

第七节　互联网的国际合作

一、中美联合打击网络犯罪怎样才能走得更远

2015 年 9 月时任习近平主席特使、中央政法委书记孟建柱率公安、司法、安全、网信等部门负责人访问美国，同美方国务卿及安全等部门负责人进行会谈，在维护互联网安全与打击网络犯罪等领域深入交换意见的基础上，达成了重要共识。

众所周知，在互联网经济和技术发展领域，中美两国在世界范围内是当之无愧的"执牛耳者"，世界前二十大互联网公司中，中国和美国企业各占一半。互联网技术的革命性发展，不仅开启了工业 4.0 时代的到来，增强了世界互联互通经济的全方位融合，而且也极大提高了民众福祉，这都是互联网时代带给全世界人民的红利。

不过，因互联网的虚拟性、跨国性和技术隐蔽性，极易被个别犯罪分子所利用，中美两国都可能成为网络攻击的受害者。为了维护国家网络空间主权，保护国民合法权益，增强网络空间治理能力，中美两国在打击网络跨国犯罪、网络暴恐传播、应对网络攻击和协调司法合作等方面，都有着共同的利益和目标。

首先，中美作为互联网强国，应当承担起维护网络安全和打击网络犯罪的主要责任。网络技术本身就是一把双刃剑，如何能做到趋利避害，如何能更好地利用网络为全人类创造福祉，不仅需要各国国内法律的健全完善，而且还需要包括中美两国在内的国际通力协作。中美两国在互联网经济发展的大趋势下，需要求同存异，增强互信，一切以保护人民合法权益为出发点，相互尊重网络空间主权，主动承担对方司法协助责任，积极履行网络空间合作协议义务。只有中美两国联起手来，不搞对抗，真诚合作，凝聚共识，才能真正维护好世界的网络秩序，这也是中美作为负责任和有影响力的大国对

世界网络安全应尽的责任。

其次，中美打击网络犯罪的合作符合两国人民根本利益。中美两国的网民数量均处于世界前列，互联网已将金融、通讯、工作等社会经济生活与民众紧密相连，互联网时代的网民权益保护，就是对人民根本利益的维护。然而，包括危害国家安全、侵害公民隐私、窃取商业秘密、从事毒品交易、宣扬暴恐信息等跨国网络犯罪层出不穷，这些犯罪行为是各国政府和各国人民共同面对的"毒瘤"。能否铲除罪恶和抑恶扬善，就成为考验各国政府网络治理能力的试金石，也成为保护国民利益和维护社会稳定的重要一环。希望中美两国的深层次合作成果，能更多普及到两国民众，让人民放心上网，安心生活。

最后，中美联手打击网络犯罪符合"互联网+"产业发展大势所趋。"互联网+"所代表的工业 4.0 时代，大数据和云计算等技术应用越来越模糊"国际"与"网际"之间的鸿沟。法治是技术安全发展的保障，对"互联网+"而言，国家间的合作互信和相互尊重就成为落实网络法治化的关键所在。缺乏中美共同参加的国际协作和网络空间治理，就会受到区域性的限制，这将不利于"互联网+"产业的全球化发展趋势。因此，孟建柱此次高规模访美合作的意义所在，绝非仅在于打击网络犯罪与维护网络安全，同样重要的是，以凝聚共识和求同存异的合作，为新时期世界范围的网络产业发展奠定了法治基础。

二、习普联合声明的重要意义

2016 年 6 月 25 日，中国国家主席习近平与俄罗斯总统普京就两国合作致力推进信息网络空间发展，如何让网络技术更好地造福两国乃至世界人民，建立安全稳定繁荣的网络空间等相关事宜发表了《联合声明》。

《联合声明》是新时期大国关系在网络空间合作中的新典范，是建立国与国之间在信息网络领域互信和互相尊重的新基础，是爱好和平者反对霸权主义、维护网络安全、促进网络发展繁荣的新举措，是构建和平、安全、开放、合作的信息网络空间的新秩序，同时也是习总书记一直倡导的建立多边、民主、透明的互联网新思路的新体现。《联合声明》达成了七点共识，这对于指引两国乃至世界的互联网发展都具有十分重要的意义。

（一）尊重网络主权是基本原则

《联合国宪章》确立的主权平等原则是当代国际关系的基本准则，覆盖国与国交往各个领域，其原则和精神也应该适用于网络空间。习总书记曾多次强调"尊重网络主权"是推进全球互联网治理体系变革的第一个基本原则。网络主权是现实国家主权在虚拟社会中的延伸，网络空间就像是一国自己的领海、领空一样，都受到国际法保护，是一国人民生存与发展的基础，"在信息领域没有双重标准"。

网络主权不仅包括国家主权，还可以细化分成司法主权、发展主权、传播主权、管理主权和参与国际管理的主权等多个方面。任何国家不分大小、强弱、贫富或地缘，都在共同生活的网络空间中享有自主的权力。尊重网络主权是互联网国际合作的基础，是现代网络社会中国与国之间的"新四项基本原则"。尊重主权，也就是不搞霸权，不滥用网络优势地位去掠夺、干涉或妨碍他国政策和自主权，这也是全世界构建互联网命运共同体的基础性要求。

自从习总书记首次提出网络主权论，就得到了很多国家的积极响应。这次"习普联合声明"将尊重网络主权作为七点共识的第一项，这是大国在构建新型国家关系与信息网络关系时的伟大尝试，必将为其他各国信息网络空间的协作关系奠定基础。

《联合声明》第二项将"尊重各国文化传统和社会习惯"做出了特别强调。现实社会中存在地域、文化、历史、习惯、风俗、气候、人种、语言等差异，这些差异性本应体现在互联网之中，但却由于网络技术发展不均等原因，网络空间话语权也变得大小各异。个别国家利用技术优势和话语权优势，不尊重他国传统文化和社会习惯，动辄站在利用资金和技术搭建的"制高点"上对他国指手画脚。个别国家甚至利用网络技术去干涉他国内政，蓄意煽动国内矛盾，破坏他国安定与发展，这都是与互联网共同繁荣和相互尊重基本目的相违背的。

（二）加强多方合作是主要措施

《联合声明》七点共识的第三项、第四项和第七项分别从科技与人才合作、经济合作、跨境网络安全合作三部分重构了中俄两国在信息网络空间领域的战略性合作关系。

科技和人才合作是双方互信与交流的基础，归根到底，网络竞争与发展都要落脚在技术进步与人才培养上。缺乏了技术为基础的发展，就是无本之木，没有了创新型人才培养的竞争，就是无源之水。同时，技术与人才也是新时期国与国竞争力的核心体现，中俄两国能够在这两方面同舟共济，共享共治，充分反映出了两国之间的互信水平，树立了其他各国信息网络交流的典范。

经济与产业合作是惠及双方人民的基础，互联网最终的发展目的就应该是让人民得到实惠，让人民分享互联网红利。最为难能可贵的是，《联合声明》明确了中俄两国向发展中国家提供技术协助的责任。这也是中俄作为世界互联网强国与世界分享发展红利的展现。中国已经成为世界第二大经济体，在互联网发展领域与美国并驾齐驱。中俄的《联合声明》有力地驳斥了"中国威胁论"，向发展中国家提供技术协助与消除数字鸿沟，充分说明了中国式发展就是和平力量的发展，就是带动世界的共同繁荣的发展。

网络安全合作是国防信息化时代的基础，互联网时代的国家安全很大程度上是建立在网络安全基础上的，如同习总书记指出，"没有网络安全，就没有国家安全"。中俄两国都是网络黑客攻击的主要受害国，如何应对日益频繁的网络威胁，如何更好地保障两国人民生活安全，如何为自己争取一个相对安全的发展环境，如何避免两国经济受到网络侵害的影响，如何减小和消除网络空间不稳定因素的产生，这些都是中俄两国，乃至全世界各国所要共同面对的问题。特别是利用网络环境传播暴恐信息、谣言信息，利用网络技术盗取国家秘密、侵害公民隐私数据，利用网络科技攻击他国国防安全等情况，都对一国的和平发展产生了重大不利影响。中俄两国的密切合作，既是反对网络霸权主义，以和平发展为目标的合作，也是汇集热爱和平者和遏制不稳定因素的合作，更是保护国家网络主权与两国人民根本利益的合作。

（三）构建新秩序是主要目标

《联合声明》第五项将"维护两国公民在互联网的合法权利"作为共同构建"和平、安全、开放、合作"信息网络空间新秩序的主要目标。互联网作为一种技术，本身没有道德性可言，就好比是一把双刃剑，在带来繁荣快捷的同时，也可能会对公民权益产生侵害。这就需要各国在面对这些新技术和新发展时，团结起来，目标明确地制定一套适应时代发展的新秩序。

保障未来新秩序的基本方式，就是积极打击恐怖及犯罪活动。打击犯罪，特别是利用互联网的跨进犯罪就是保护公民合法权益和社会稳定繁荣的必经之路。互联网犯罪的特点就在于跨境性和虚拟性，这就需要中俄两国，乃至全世界各国通力合作，勠力同心方能赢得这场世纪之战。

因此，《联合声明》第六项将倡议"在联合国框架下建立应对合作机制"作为两国合作的重要目标。网络的影响是全球性质的，打击犯罪也应是全球性的。可见，中俄的联合声明并非是区域性的，未来这种合作模式将会影响到世界各国，这也符合互联网全球化的发展趋势。

第一节　科技创新思维

2015 年 11 月 23 日世界机器人大会在北京开幕，习近平总书记向大会致祝贺信。总书记明确指出，"科技在广泛交叉和深度融合中不断创新"，正以"前所未有的力量驱动着经济社会发展"。将科技创新与社会经济发展有机结合，使科技创新成为国家强盛之基，这是习总书记为代表的党中央对探索我国新时期发展之路的科学论断。

结合之前习总书记发表的《关于制定十三五规划的建议》、在中科院院士大会的重要讲话，以及在贵州、杭州、西安、大理、上海、山东等地科技产业园区和企业的考察指示精神，都充分说明我国最高领导层已经将科技创新作为强国发展的必由之路。这对于我国经济社会正面临的产业转型，经济新常态挑战和工业 4.0 革命而言，都具有重要的指导性意义。

习总书记曾对我国与发达国家的现有差距一针见血地指出，差距主要体现在"创新能力上"。经过三十多年的改革开放，我国基本已经完成了工业 3.0 的信息化革命，成为世界第二大经济体。不过，在自主知识产权和经济软实力上与一些发达国家还有较大差距。今后相当长时期的发展方向，就是要将"中国制造"努力变为"中国创造"，尽早实现"中国制造 2025"伟大规划。十三五规划目标中，也将"在国际上拥有话语权的科技创新实力"定位为"抢占国际科技制高点的重要战略创新力量"。可见，党中央将科技创新的高度重新提升至国家战略层面，这在世界范围内尚属首次。

我国的经济体制改革已经进入深水期，制约社会经济发展速度的因素不断显现，在科技发展的深层次上，制约发展的因素多属于前次工业革命产能发展减缓所带来的副作用。当下世界各国都处于工业 4.0 产业革命的萌芽期，以"互联网+"、大数据、人工智能、3D 打印技术为代表的新科技、新能源和新业态正在逐渐成长，全世界各国都在竞相加速。在不远的未来，新型产业的科技创新将作为世界各国综合国力竞争的重要砝码，"软实力"不仅将成为国与国竞争的"硬实力"，同时，也将成为提高国民生活福祉的坚实物质基础。

落实科技创新的国家战略，就要落实鼓励大众创业万众创新的基本理念，为"双创"提供必要的经济和政策支持。在政策和服务层面，国家要做好双创的"服务员"，让技术型企业有更好的生存空间和发展动力。国家在政策要因势利导积极促进，不能循规蹈矩和因循守旧。正如李克强总理曾强调得那样，要"不断清除制约创新创业的障碍"，要给予创新者"试错"的宽容。这就需要将理论创新与制度创新结合起来，以创新作为新理论和新制度的基本要求，将科技创新作为"抓经济，促民生"的加油器。

工业4.0革命是全世界都面临的重要课题，这是一个"风口"，是大势所趋。之所以将"互联网+"为代表的产业变革称为"工业革命"，一方面是强调新产业对旧产业的变革性影响，包括新产业的新市场，以及旧产业的新转型。另一方面，新的产业变革必将映射到旧产业的利益纠葛，既体现在新旧市场份额的博弈，也体现在新旧产业政府管理者思维的革命性转变。在一些特殊产业中，国家政策思路的转变和旧有管理思维的更新，往往成为创新产业存活与发展的关键所在。

在"双创"为代表的"智慧中国"转型期背景下，国家有针对性的政策和立法必然会对科技创新起到重要指引性作用。大数据、"互联网+"、共享经济等越来越多的新领域，必然会在社会和监管层面引发新争议。如何看待这些新问题，就体现出一国的治理水平。习总书记明确指出："对国家和民族具有重大战略意义的科技决策，想好了、想定了就要决断，不然就可能与历史机遇失之交臂，甚至可能付出更大代价。"对于这些新问题，应该重鼓励、重探索、重决断、重落实。只有拥有"敢为天下先"的勇气，才能产生"聪者听于无声，明者见于未形"的"双创"硕果，也只有真正将科技创新作为国家强盛之基，才能实现"两个一百年"伟大蓝图，尽早实现中华民族的伟大复兴。

历史上任何一次工业革命，无不是从技术开始，并逐渐转发成思维方式的变革。从工业时代的蒸汽机革命开始，资本至上和市场经济思维逐渐走上历史舞台。在电气化时代，强调社会公平和科技是第一生产力成为新的普世价值。信息化时代中，和谐发展观与传统产业的信息化就成为发展新思路。

"互联网+"的时代已经到来，这不仅是一次影响到每个人的产业革新，而且还是一种新的思维方式。"互联网+"的新思维主要包括以下几个方面：

首先，政府宏观调控思维的转化。"互联网+"的变革根源于云计算和大数据的充分使用，这必将进化宏观调控的数据支撑。国家统计部门的统计数字将不仅局限于已经发生的数据，更会依据庞大的数据和精确的算法扩张到对未来产业发展的预测。政府宏观调控将更加精确，更符合市场和社会的发展需要。同时，数据采集来源也将更加个体化，宏观调控要求将比以前任何时候更加有针对性，社会主义宏观调控模式将成为发展主流，政府因占有最大规模的数据，而成为全行业"互联网+"革新的风向标的实际控制人。

其次，法治思路的转化。"互联网+"作为一种"大势所趋"，是经济社会发展的"必然"趋势，在这个趋势的"风口"，法治思维应有所作为。一方面，法治应承担对新产业发展的"保驾护航"作用，避免新技术这把"双刃剑"可能带来的社会负面效果。另一方面，法治应有明确立场，应站在顺应历史发展的角度去看待新问题。任何产业革命都不可避免地带来新老利益之间的冲突，新时期的法治不仅要保障社会公平正义，而且还要转化成促进发展的动力，促进产业革新，促进市场竞争，促进优胜劣汰。这种法治思维的转化需要立法、执法和司法的全面协调。特别是在立法上，要深入贯彻"立法的指引性作用"，加快新领域的立法工作，加快淘汰不合时宜的法律和思维，加快立法的现代化进程。

最后，市场思维的转化。在工业 4.0 时代到来之前，一直是生产主导消费的模式，有针对性的生产不足，消费者主导的消费市场一直没有真正形成。"互联网+"成为工业 4.0 时代的象征，网络在产业中不再单纯扮演工具的角色，而是成为市场的主导。这种新型产业模式的好处在于，最大限度的调和了消费市场与生产者之间的关系，避免了资源浪费和过度生产。这种影响在经济学上是深远的，非常有可能颠覆西方经济学一直强调的"看不见的手"，价格因素和供求关系对市场的影响将越来越小，"按需生产"将变为现实，大数据的精准分析和精准营销将构成全新的"看不到的手"。在"互联网+"的市场思维中，供求关系矛盾将被弱化，信息和数据化将成为左右生产和消费的关键点，批量生产将逐渐退出历史舞台，以消费者为核心的新型市场将被重新建立。

第二节　"互联网+"就是活力与空间

2015 年 3 月 15 日的"总理记者会"上，李克强总理就互联网问题回答了记者提问。他充分肯定了电子商务对带动就业和刺激消费的积极作用，指出网络创造的是"活力与空间"，在"互联网+"的风口上应顺势而为。同时，李总理也强调了网络交易中的消费者权益保护的问题。

李总理的这几段发言，既是对中国互联网产业发展现状的总结，也是对未来网络产业横向和纵向发展的展望，对我国今后一段时期的互联网经济走向具有重要的指导性意义。结合我国的互联网实践，笔者做出以下几个层次的理解。

首先，网络经济与实体经济发展相辅相成并不矛盾。从历史上看，每次工业革命或科技革命带来社会进步的同时，都可能导致原有旧的产业衰亡。互联网科技的突起，可以被认作是 21 世纪最大的技术革命，与前几次革命不同，网络技术和经济的发展与实体经济并不会发生尖锐的矛盾，反倒是会相辅相成，互相促进。

互联网精神的本质是创新与共享，本质是互联一切。目前网络技术已经涵盖了现实产业的绝大部分，未来还会继续扩大这种互联范围。从近年来网络发展角度看，包括商品交易领域、信息传播领域、交互通讯领域等在内的传统行业已经由网络覆盖；医疗、法律、出租车、教育、金融等其他领域也正在经受互联网的"洗礼"；甚至在政府信息公开、反腐社会监督、征信体系建设等非传统领域，也开始逐渐实现"互联网化"。可以说，互联网是一个趋势，是一个"风口"，只有顺势而为，才能因势利导，实现跨越式发展和"弯道超车"。

因此，网络不单纯是一种技术，更不单纯是虚拟经济，而是连接传统行业的理念和精神。这对转型时期的中国而言，是重大机遇和挑战。传统行业面临全面转型，实体经济需要网络互连，虚拟经济需要实体支撑。网络经济与传统行业的发展方向，并非"你死我活"，而是互利共赢。

同样，网络带来的创新与共享精神，与十八届四中全会提出的依法治国精神也是相辅相成的，网络经济归根到底是法治经济，网络的法治化建设进程，反过来也促进中国传统产业的发展与政治体制改革的进步。

其次，"互联网+"是一个不可逆的发展方向。"互联网+"绝不仅限于网络技术与传统行业的结合，更在于共享、共治、创新的网络精神融入我们经济和政治生活的各个方面。"互联网+"将本来不相干的领域进行有机结合，必将打破传统行业壁垒和传统理念思维。近年来随着大数据和网络移动客户端的普及，人们获取信息渠道更为方便和灵活。在可预见的未来，手机的功能不再限于信息交流和支付交易，还将成为人们的医疗保健、理财服务、征信信息、法律顾问、教育、娱乐等行为的中心。正是"互联网+"，将金融、医疗、征信、法律、教育、娱乐等"风马牛不相及"的各类产业服务，通过互联网技术和理念结合在一起，然后再通过大数据，对使用者个体"量体裁衣"，实现完全特色化的服务。

同样，"互联网+"对服务型政府建设也具有十分重要的作用。网络问政、网络反腐、政府信息公开、网络调查问卷、网络征求意见等政治体制改革中的各个方面，都可以通过"互联网+"来促进和实现。我国现任政府非常重视互联网在全民参政方面的落实情况，近年来，几乎所有的立法和重要政策情况都会通过网络进行征询意见、宣传推广和接受监督。这正是"互联网+"在政治体制改革中所扮演的角色，这种角色也正是依法治国、依法行政和司法公开的重要举措。

最后，网络法治建设与诚信建设是网络经济发展的必经之路。李克强总理最后在谈到网络经济时曾指出，网络交易要"讲究诚信，维护消费者权益"。网络社会也好，网络经济也好，都不是法外之地，都需要遵循现实的法律法规。网络技术自诞生之日起，就是一把"双刃剑"，在带来快捷高效的同时，一些侵害消费者权益和未成年人身心健康的行为，一些侵害国家利益和社会公共利益、侵害公民个人信息的违法行为，以及一些涉及诈骗、敲诈、虚假宣传、谣言诽谤的不法信息一直是网络发展的毒瘤。为此，现任政府特别成立了中央网络安全和信息化领导小组，旨在规制网络"害群之马"，依法维护公民、社会和国家利益。该小组将打破长期以来我国网络"九龙治水"的局面，按照"没有信息化就没有现代化，没有网络安全就没有国家安全"的精神，将信息化与信息安全有机结合起来，为我的网络经济发展保驾护航。

不可否认，互联网对传统法律的适用有一定的挑战，一些法律法规在网络领域的适用具有一定特殊性。针对此情况，近年来我国相关法律法规的制定、修订和解释都充分突出了网络特色。像李克强总理指出的网络购物方面，我国新消法在修订过程中，专门为网络购物增加了消费者的"后悔权"，强调了网络平台责任和虚假宣传责任。这对充分保障网络购物消费者权益保护，促进我国网络经济良性发展起到了非常重要的作用。

值得一提的是，李克强总理在谈话中提到了"讲究诚信"，互联网恰恰是我国征信社会建设的最为关键的一环。网络诚信制度建设将直接影响到网络法制建设，也直接影响到现实社会的征信体制。目前，我国征信市场已经正式向互联网等民企开放，相信在未来，一个人的网络诚信记录将直接影响到贷款、信用卡、投资、出行等现实生活。"信用等于财富"的信任社会，才是真正的法治社会。互联网正以自身特别的方式来实现这一点。

2016年两会期间，交通运输部时任部长杨传堂显得非常睿智，当记者问道有关何时出台专车新政和出租车改革指导意见时，他回答"越快越好"。作为研究"互联网+"产业与法律的笔者，对这个回答很高兴，至少体现出政府对互联网+交通法治完善的一个明确态度。不过，影响到一个新事物的法律法规出台意义重大，很可能对新业态产生天翻地覆的影响，到底最终我国的专车新政和出租车改革走向何方，我们拭目以待。在此，我更想强调一下政府对待"互联网+"的最好态度是什么。

如果说政府在"互联网+"的改革中应该有明确态度的话，那么，这个态度就应该是谦逊。谦逊就是权力对"互联网+"发展的最好礼物。具体来说，主要包括几个方面：

1. 法律对新事物的解释应该保持谦逊

从法治的角度看，法治的根本在于依法行政和依法治国。然而，对于专车等新的事物，现行法律并未直接规定，甚至立法者在立法时也未对此有过思考。那么，在立法完善之前，就需要司法等公权力依据法律精神进行解释适用。如此一来，新事物的成败与否，就落到了有权解释法律和选择如何适用法律的人手中。因此，在如何看待新事物的问题上，法治就可能退化成人治。有权解释和选择适用法律的人，即便不去考虑他们是否有利益集团的影子，也会受到他们心中对新事物固有看法产生深刻影响。

法律解释权，让少数人拥有决策多数人福利的权力。若从社会契约论的角度看，这是人民赋权的结果。但如果从正义论角度看，功利主义的正义并非正义本身，即使是有权力依据个人或机关对新事物的"逆向解释"也无法代表真正的正义。

从交通运输部对专车适用法律的解释上看，就是将互联网专车的新事物，强行解释成出租车的旧事物。《暂行办法》的上位法依据是2004年国务院下发的保留行政许可的名单，但在这个名单中并未存在"网络预约出租车"的字样。交通运输部能否有权将"互联网专车"解释为出租车，这是一个值得商榷的问题。在如今互联网的世界中，特别是在法治的世界中，如何解释法律？是不是行政机关对没有规定的事物可以随意进行扩大解释，这到底是尊重法治还是抹杀法治的公平精神？都值得商榷。

特别是专车这种新事物，当社会对专车好与坏还在进行思考的时候，政府太早代替人民下决断是不合理的。理想中的公权力对待新事物，表面的"无为"应该是"无不为"。"无为"是不轻易对新事物下定论，不滥用人民赋予的权力去代替人民作出选择，是对宪法赋予的权力善加利用，去保护，而非摧毁本可以通过市场验证的自由。"无为"的政府是去了解和倾听，而非是去打断公众的思考和选择。"无不为"的政府是站在更高层面高瞻远瞩的政府，去指引，而非强制本可以属于自由的市场行为。

2. 权力在利益面前应该谦逊

出租车本身的问题矛盾，不是因为现在的"互联网+"出来以后才有的，这其实是政府为十几年前的旧账买单。简政放权不是简单的事，实际上放出来的是钱和利益。《暂行办法》对于市场份额的要求，更像是预留给某一些公司或利益体的份额，这结合之前个别地方政府打算自己成立专车平台的新闻来看，也许这部分的市场份额可能变成政府的"自留地"？当政府拥有权力的时候，不要忘记权力是人民赋予的，不能与民争利，更不能利用行政权力去谋取市场利益，这样才是一个服务型的好政府。

3. 权力对自身要保持谦逊

转型期的政府和普通人一样，都具有强烈的存在感，对新的事物都会有恐惧感。

政府职能转变的核心是简政放权，是大道至简。转型期的政府对权力的取舍有着强烈的恐惧感，担心失去许可的权力会让行政大权旁落，行政权力的市场化让位也许会抹杀掉一些政府的存在感。

政府对新事物有恐惧感与不适应，可能会让其本能性的滥用自己的行政权力，这是人之常情。但是政府不能以过分追求权力带来的存在感，去弥补自己的对新事物的担心。我国行政体制改革的目标就是建立服务型政府，不是用权力，而是用服务去换取民众的支持。人民公仆是什么？就是服务于民的思想和理念，就是对自身权力行使的谦逊。金杯银杯不如人民的口碑，人民满意其实就是对政府最大的存在感。

4. 权力机关对新事物的立法要保持谦逊

从全球互联网产业目前发展情况来看，中国跟美国在产业规模上并驾齐驱，不过，美国仍在法律适用理念上占有先机。美国对互联网平台责任适用的最基本原则就是避风港规则。当年互联网在美国崭露头角之时，不少网民利用网站作为 ISP 的空间服务，侵害了很多人的版权。对此，美国人没有对网站作为 ISP 运营进行"一刀切"式的规制，反倒是创造性的发明了"避风港规则"来避免网站承担更多的责任。正是这种有前瞻性的法律创造，让谦卑成为网站法律责任判定的原则，这才使得美国长期以来都成为世界网络经济发展的执牛耳者。

美国法律这种对新事物谦逊的态度，既保证了权利人的合法权益，也不会伤害到行业和技术本身，这精神值得我们学习。现在我国国家工商总局在做互联网广告管理条例也是一个很好的例子。该条例草案在征求意见后，工商总局认为尚不能对互联网广告的现状和发展趋势作出明确判断，因此，这个条例至今还未出台。这并非是工商总局无能，而是说明工商总局对新事物的立法更为审慎和谦逊，"知其雄，而守其雌"，避免朝令夕改，避免伤害到"互联网+"这种朝阳产业。

5. 对技术的进步，权力要保持谦逊和敬畏

当年美国的索尼案是一个很好的例子。索尼推出市场的录像机，因为录像功能，被一些影视公司认为这有可能成为侵害版权的工具。不过，美国法院最终判决索尼胜诉，原因就在于索尼录像机本身并没有实质性侵权用途，不能因为某种技术可能会产生侵权的后果，就去阻碍技术本身的进步，这是不符合技术中立性原则的。美国司法对技术发展表示谦逊和尊重值得我们学习。索尼案留给世人的意义在于，只要符合实质性非侵权的技术就应该得到政府鼓励，因为只有技术才能代表最先进的生产力，而政府的责任就在于保护这种创新。

同样，发展到今天的互联网专车更值得鼓励，因为这些与生俱来充满互联网基因的新事物，将成为中国能否在工业 4.0 时代实现"弯道超车"的关键所在。

总之，社会各界对互联网专车草案的讨论，对"互联网+"经济发展模式而言是一块试金石。向左走，还是向右走，将决定中国网络产业经济发展的未来。虽然，我们能找到一百条阻碍专车发展的理由，但是，站在"互联网+"的风口上，只有权力保持必要的谦逊，才能让新产业真正"飞起来"。

第三节　数字经济带来的法治化挑战与对策

按照 G20 领导人在杭州峰会上提出的《二十国集团数字经济发展与合作

倡议》，将"数字经济"定性为网络信息技术为重要内容的经济活动。数字经济产生于信息社会，以互联网技术为代表，通过物联网、人工智能、大数据、云计算等科技应用，以互联网平台经济为核心，将传统经济与互联网相结合，逐渐形成了数字经济这一新经济形态。

一、数字经济带来的司法挑战

（一）分享经济平台责任

分享经济是"互联网+"的典型代表，是以互联网平台为中心的经济构成形态，相对于传统经济而言，分享经济平台在的平台责任出现了异化，现有法律规定很难将其涵盖在内。

首先，分享经济平台性质不同于电商平台。不论是 B2C 或是 C2C 电子商务平台的相关责任，都可以扩展适用避风港规则和红旗规则来衡量。不过，分享经济平台本身不提供产品和服务，所有用户既可能是消费者，也是可能商品或服务的提供者。平台通过大数据整合和提供交易机会达到商业目的，既存在有抽成的有偿服务，也存在没有抽成的无偿服务。在分享经济平台承担主体责任方面，缺乏具体明确的法律规定，包括保险责任、先行赔付、责任分担、举证责任、过错认定、技术中立性等方面，现行法律没有给出成文法规定，这就给实践同案不同判的情况埋下了隐患。

其次，平台对服务提供者的主体资格核查服务与新经济形态中的"消费者意愿经济"模式存在理念上的差异。传统电商平台对提供服务者的主体资格审核制度已经比较完善，不过，"互联网+"是典型的意愿经济时代——消费者的意愿成为交易的核心。平台对服务提供者的审核责任在意愿经济背景下，逐渐演化为充分调查和保障消费者知情权，对传统商业时代的商事主体资格门槛限制则少了很多。例如，一个自然人做饭比较好吃，他就可以通过平台信息服务和物流平台，将自己加工的食品投入市场。平台需要做到的就是将提供做饭服务的自然人主体身份备案并公开，充分告知消费者其没有商业资质的事实，而不在于验证相关资质方面。

最后，平台与提供服务者之间的新型劳动关系与传统雇佣关系不同。分享经济最大的优势在于解决了大量就业问题，其中绝大部分的从业者都是兼职性质服务。我国《劳动合同法》对分享经济形态的新型劳动关系并没有直接规定，过于僵硬的法定劳动关系不利于分享经济模式下创造新的就业和再就业机会。

（二）大数据与隐私权的博弈关系

大数据是数字经济的重要基础，既构成了互联网个性化服务和精准广告服务的技术基础，也构成了数字城市、新型统计学和人工智能的前提性条件。目前我国法律对大数据的范围界定并不明确，仅限定于个人信息的界限范围，例如《网络安全法》对个人信息作出了明确界定。不过，除了个人信息之外，由用户行为产生的数据、个人信息脱敏后的数据、从政府部门统计出来的数据等，都没有作出具体规范。

1. 数据性质不明

个人信息源自隐私权，是人格权的一种，其性质权属当然是用户本人。不过，通过用户使用网络服务前网络服务提供者所提供的网民协议，以格式条款约定用户信息的归属权是否有效就成为关键性问题。目前我国因缺乏统一的《个人信息保护法》，用户个人信息通过约定方式转让的效力问题仍属待定。《网络安全法》仅以用户对数据的控制权作出了限定，没有明确数据性质问题，这就给实践操作造成巨大麻烦。一段时间以来，华为与微信、今日头条与新浪微博等的数据之争，或多或少都是因为数据权属不清造成的。

大数据则属于不能直接或间接"可识别"到用户身份的数据信息，在本质上属于知识产权性质。我国《民法总则》曾在修订案中出现过数据信息权属于知识产权的版本，但后来因巨大争议，最终未能写进总则。在《民法总则》对数据信息权在没作出性质界定的情况下，一并将其纳入到知识产权客体确实值得商榷。然而，大数据属于知识产权的认知却是中外皆一，若不能确定大数据的权属性质，就会如同现实经济社会产权不明一样，必定会造成巨大权属纠纷隐患。

2. 大数据标准缺乏法律规定

如果按照通说，大数据属于知识产权的话，大数据标准就应该在法律上确定下来。实践中，个别互联网数据公司以大数据的名义，实则是对公民个人信息的非法使用或处分。判断数据信息是否为大数据信息，是确定大数据知识产权性质的前提。一些企业在数据信息商业化使用前，大都将个人信息进行脱敏化处理。所谓脱敏处理，就是用人工或程序的方式隐去数据信息中个人信息可识别的部分。这个过程必须要有法定标准，不然极容易出现"挂羊头卖狗肉"的假脱敏，或者是"可逆化"的假大数据。这样做最终伤害到的就是广大用户合法权益和国家网络安全。

3. 精准营销缺乏立法认可

精准营销就是利用互联网 cookies 技术数据，判断出用户的基本画像，包括行为习惯、购物偏好、浏览喜好、位置信息等数据，然后网络服务提供者再根据这些画像进行推送精准的商业性广告。

精准营销是目前世界范围内互联网免费时代的基础，若没有精准营销的广告，用户就需要向网络服务提供者特别付费。例如，在精准营销模式下的视频网站，一般用户无需付费，只需要看完视频前的广告，就可以免费观看视频。若是不想看这些广告，那就必须特别缴费去掉广告。从这个角度讲，精准营销已经成为数字经济的重要营销基础，一切均建立在大数据和免费基础上，通过用户画像和广告联盟等方式达到平台与用户双赢的结果。

不过，现阶段作为数字经济基础的精准营销领域，尚未有法律直接规定。司法实践中已经出现"朱烨诉百度"等相关案例，一审二审判决出现过逆转。美国司法对精准营销是通过一系列判例作出认可的，相比之下，我国作为成文法国家仅依靠判例还不足以确立精准营销的法律边界和合法性地位。

（三）人工智能对数字经济在法律上的影响

人工智能（AI）在很多领域已经出现在数字经济之中，在无人车驾驶、工业制造、新闻传播、商品交易、导航位置、人脸和语音识别等多个领域已较为成熟。欧盟和美国也先后对无人驾驶技术的法律性质定位作出了明确规定，即人工智能系统被视为是机动车的驾驶员。

我国法律对人工智能领域尚未有任何回应，立法在法律责任、市场门槛、主体地位、公众知情权、商业保险等相关领域都属空白。过于滞后的立法，很可能会反作用于我国本已蒸蒸日上的技术革命，导致商业机会和技术开发的落后。以无人车为例，美国从各个州到联邦政府都已经准备好了各种促进法案，从保险到主体责任，从上路监测到安全义务都规定的非常明确。然而，我国无人车在技术上已经达到上路标准，却因法律空白导致无法取得上路实验资质，地图测绘也受到旧有法律的一定限制。

人工智能是机器学习和模仿大量数据的结果，是下一代"互联网+"与工业 4.0 产业革命的关键所在。人工智能的商业化运用将给我国法律带来前所未有的挑战，产品责任将进一步区分软件责任和硬件责任，伦理责任与道德责任也将获得法律空前关注，商业保险责任更将普及化。在这次工业革命中，人与人之间的劳务关系、机器与人之间的伦理责任、系统与机器之间的产品责任、商家对用户的告知义务等多个方面将产生翻天覆地的巨大变化。

二、应对数字时代法治变化的建议

（一）司法实践的趋势应该更加开放

习近平总书记明确指出，要"以信息化培育新动能，用新动能推动新发展，做大做强数字经济"。数字经济是法治经济，司法先行要将促进发展与底线约束相结合，在发展中规范，在规范中发展。数字时代的法治工作重点应该是破除因循守旧的司法思路，以鼓励促进的司法思维迎接新时代。

我国近年来几乎所有的法律修缮工作都或多或少的存在针对互联网的特别立法，这也是法治互联网时代的重要标志。但在这些法律性文件落实到司法实践时，却经常被打折扣，立法的新精神和新思路没有完全体现在司法中。再加上各级法院对新法的理解和新事物的接受程度存在差异，往往导致同案不同判的情况经常出现。

为应对数字经济带来的司法变化，最高人民法院和各地高院应加快更新指导性案例的发布工作，更倾向于数字时代新判例，倾向于新法适用的新方向。在数字经济某一方面发展比较成熟，相关案例司法实践较为统一或争议较大的情况下，最高人民法院应适时出台新的司法解释或指导判例，以开放包容的思维拥抱数字时代的法治挑战。

（二）应加快司法智库建设工作

数字时代司法工作难点更多的在于各级法院对新技术的掌握和理解，在于将新事物灵活适用现行法律框架。对于数字经济的新型案例，往往需要专业知识技术人员、相关领域专家和专业研究人员的专业司法建议。相对独立的第三方智库出具的专业法律意见，不仅在立法上和司法上，而且还能从技术角度和经济发展角度对新事物作出较好判断，能够更有利于法院处理相对复杂和新型的案例。

司法智库建设作为应对数字经济对法治建设挑战的重要抓手，依靠智库促进法院转换新思路，依靠智库完善新判例，依靠智库完成知识更新，依靠智库协助司法工作促进经济社会发展的重要工作。

（三）加快对新事物的特别解释工作

大数据、人工智能、云计算、物联网等新技术在数字经济时代越来越影响到经济社会的发展。相对于这些新技术新应用，落后的立法不仅导致无法可依，甚至也可能导致误判。以避风港规则在云存储的适用为例，云存储平台属于网络服务提供者，当权利人向平台发出侵权通知后，平台就有义务采取必要措施。不过，云计算的性质就大不相同，虽然也属于网络服务提供者，但云计算提供的服务是运行服务，云存储则提供的是存储服务。避风港规则适用的前提是平台能够轻易依靠权利人提供的材料和理由，判断出是否存在侵权情况。这一点在云存储中比较好判断，但云计算提供的是运算服务，平台无法也不可能通过运算处理程序判断出行为人是否侵权。因此，从技术角度讲，云计算作为网络服务提供者是避风港规则适用的例外。所以，类似于云计算等新事物适用旧法律出现的矛盾时，最高法院应及早出台指导判例或司法解释。

再比如，无人驾驶汽车的驾驶员责任问题，因为司机并不实际控制汽车，车辆运行都是由系统人工智能完成的，一旦出了交通事故，系统运营者就成为法律上认定的"驾驶员"，实际的驾驶员反倒变成了乘客。这种情况在我国《道路交通安全法》是没有特别规定的，国外已经出现多起此类案例，在国内修法过程比较漫长的背景下，最高人民法院的司法解释或指导判例应及时作出回应。

第四节 突出立法先行的指引作用

一、无人车立法

2017 年 12 月 18 日，北京交通委正式颁布了《关于加快推进自动驾驶车辆道路测试有关工作的指导意见（试行）》和《北京市自动驾驶车辆道路测试管理实施细则（试行）》两个文件，标志着无人车路测活动将做到于法有据，这必将极大促进和规范我国互联网驾驶产业的发展。

无人车作为人工智能和大数据运用于驾驶的产物，是工业 4.0 时代最有代表性的新事物，无人车将根本改变城市出行习惯，减少交通事故的发生，成为未来智慧城市的重要组成部分。为引领相关市场，欧美日韩等国都以极大的热情投入到无人车技术的开发中。同时，各国政府也为本国企业扫清了旧有法律的门槛和障碍。例如，美国国会在 2017 年早些时候通过了《自动驾驶法》对无人车的主管机关职权、安全标准、网络安全、安全评估等方面作出了具体规定。从世界范围看，联合国欧洲经济委员会在去年宣布，修正了《国际道路交通公约》，增加了无人车规定部分，开辟了国际无人车资格的先河。

我国无人车研究工作开展并不晚，在技术上已经形成比较成熟的产学研一体化的体系，不过，在政策制定和立法领域仍存在较大滞后。一方面，我国无人车管理政出多门，包括国家质检、工信、交通、公安、测绘、环保、国家安全、网信等部门，每个部门都有权对无人车的研发和上路"一票否决"；另一方面，在地图测绘、测试牌照、上路资质、平台责任等方面存在立法缺失。在这种情况下，我国无人车发展存在制度上的"先天不足"。

北京交委此次出台的两个文件，虽然仅对路测资质等方面作了规定，但其影响却非常重大，这是政府对待新事物立法先行的典范。习总书记曾指出，坚持立法先行就是要"坚持立改废释并举"。无人车作为新事物，是在《道路交通安全法》起草立法时所不能预见的新情况，若是不改变旧有立法和管理思路，再先进的技术，再有利于社会进步的事物也出不来。北京交委此次为无人车测试单独立规矩，就是坚持立法先行，确保新事物不会被旧法阻碍的举措。北京作为"网都"，集聚了大量科技企业和人才，在引领新技术和促进新发展方面，政府的责任就是不能"让一些过时的法律条款成为改革的绊马索"。

同时，我们也看到世界各地无人车在测试时曾出现过多次意外事件，这是新事物成长期所不能避免的情况。因此，政府在对待新事物发展时也要注意保护社会公共利益和公众人身财产安全。北京交委的这两个文件，在测试路段、商业保险、事故报告等方面作出了明确规定，划清了技术发展底线，最大限度地解决了社会后顾之忧。

之所以这两个文件被称为"试行"，主要是因为无人车实践还不成熟，监管者和研发者都需要一定时间去探索，因此，北京交委按照法定程序作出了暂时的授权。

目前，我国关于无人车的修法工作仅是一个开始，至于 AI 系统平台责任、伦理责任、测绘权限、网络安全、公民隐私保护、国家安全等很多方面仍属于立法空白。相信在不远的将来，进一步完善无人车的立法系列工作即将全面展开，只有坚持立法先行，才能让法律更好地为新事物保驾护航。

然而，从无人车实践来看，无人车上路在法律上需要经过至少三个门槛：第一是技术标准门槛，第二是路测和上路门槛，第三则是事故认定门槛。

无人车技术标准门槛最具代表性的，当属美国 2017 年 7 月国会正式通过实施的《自动驾驶法案》，这部旨在全面促进美国无人车上路的立法，在技术安全与信息安全评估方面下了一定功夫，特别是以"生产数量限定"的形式，将无人车与现行汽车生产标准作出了划分，极大提高了厂商投入无人车研发热情。

在路测和上路领域，最具代表性的是欧洲经济委员会修改的《维也纳道路交通公约》，该修正案将那些符合联合国车辆管理条例和驾驶员可以"关闭"技术的情况下，可以将车辆驾驶"交给"自动驾驶技术完成，换句话说，无人车上路测试在联合国公约层面已无法律障碍。可惜的是，我国并非《维也纳道路交通公约》签署国，该公约并不会直接影响到我国无人车上路资质问题。不过，以北京交委出台的无人车路测文件来看，我国政府已经全面开始筹划解决无人车上路资质问题。

与之前的两个门槛相比，无人车事故认定问题是最难解决的事情。

首先，无人车事故责任主体从传统驾驶员转移到平台和系统。不论是我国的道路交通安全法，还是侵权责任法，都将交通事故责任主体定位为车辆的实际驾驶员。无人车背景下，驾驶员从车辆控制者，变成了"坐在驾驶位置上的乘客"，这就导致，从人员上看，整辆车上全部都是乘客，没有实际驾驶者。正是因为如此，美国对无人车驾驶事故责任认定主体，从传统驾驶员变成了 AI 平台。如此认定的原因，就是在于车辆在无人驾驶期间，实际控制者并非是坐在车内的人，而是系统控制者即平台。

必须说明的是，现在市面已经出现的所谓"无人车"，并非是理论上讲的完全自动化的无人车。无人驾驶又叫自动驾驶，按照美国汽车工程师协会和高速公路安全管理局的标准，自动驾驶车辆可以分为：无自动化、驾驶支援、部分自动化、有条件自动化、高度自动化和安全自动化六个等级。比如，现在车辆的自动泊车属于驾驶支援，特斯拉 modelS 属于有条件的自动化，李彦宏五环路开的经过 Apollo 系统改装无人车则属于高度自动化的汽车。自动驾驶之中，能够称得上无人车的应从有条件自动化以上的级别。市面上可见的各类车型中，能够达到最终安全自动化的尚出现在谷歌等概念车或科幻电影之中。

其次，无人车系统必须将人性伦理纳入法律责任系统中。人的伦理与车辆驾驶的关系比较微妙，既是对其他座位人员安全与驾驶员自身安全的取舍，也是对车辆危急情况下毁损对象选择等问题的表现。这些情急之中的原则，既是两难和残忍的选择，也是驾驶员在特定时刻依靠本能和伦理作出的选择。例如，驾驶员在危急时刻选择自己撞向大树，还是副驾驶位置撞向大树，这可能取决于副驾驶位置上坐的是普通乘客还是至亲。这种伦理问题在传统驾驶中，不需要纳入到驾驶员考核标准之中，但在无人驾驶中，却是车辆控制系统必须提前做好的程序。此类将伦理写入程序的做法，在现有法律还从未出现过，其选择权是依靠购买者决定，或是政府基于公共利益考虑强行决定，或者由商家自定，这都是法律前所未有面临的严重问题。

最后，无人车的数据安全成为至关重要的问题。一方面，无人车的人工智能依靠大数据，大数据的来源又是各位驾驶员，这样一来，乘客和车辆的所有信息均有平台掌握，这些隐私信息必须得到充分尊重。另一方面，无人车依靠的是测绘地图信息，这些信息中有大量涉及国家安全和军事安全的关键信息，如何平衡其中的关系，需要考验各国政府的智慧。特别是，无人车的操控系统是人机分离的，如何保证无人车系统不会落入到坏人手中，不会成为"速度与激情8"电影中描述的，恐怖分子利用无人车漏洞发动恐袭的情况，更考验着数据安全与社会安全的底线。因此，无人车技术上离上路不太远，但在法律上还远得很。

二、从美国同性婚姻合法化看我国专车新政立法思路

美国联邦最高法院 2015 年 6 月 26 日经过投票，使得美国成为世界上第 21 个在全境承认同性婚姻的国家。在尊重判决结果的前提下，首席大法官罗伯茨用 29 页的篇幅，阐述了自己投反对票的理由。他的反对声音并非源自个人的喜好，更多显示出的是司法对新事物应持有的态度。引申一下，罗氏的观点归根到底强调的是：新事物的发展不应由司法强行判决来决定，而应交由民意来确定。

从法治的角度看，法治的根本在于依法行政和依法治国。然而，对于同性婚姻等新的事物，宪法和法律中并未直接规定，甚至立法者在立法时也未对此有过思考。那么，在立法完善之前，就需要司法等公权力依据宪法和法律精神进行解释适用。如此一来，新事物的成败与否，就落到了有权解释法律和选择如何适用法律的人手中。因此，在如何看待新事物的问题上，法治可能退化成人治。有权解释和选择适用法律的人，即便不去考虑他们是否有利益集团的影子，也会受到他们心中对新事物固有看法产生深刻影响。

少数人去决策多数人的福利，若从社会契约论的角度看，这是人民赋权的结果。但如果从正义论角度看，功利主义的正义并非正义本身，即使是联邦最高法院的判决也无法代表真正的正义。

美国这起同性婚姻判决的最大问题在于，以司法为代表的公权力，以法治为名，将自己的意愿通过程序转化成国家意志，强制大多数的州政府和人民改变自己的信仰，忽略固有的传统和长期信奉的美德。毫无疑问，如果说

这是法治与民主代价的话，也不应该将大多数人的传统与信仰作为法治的牺牲品。

当然，宪法精神就是保障少数人的权利，避免他们受到多数人的歧视，"多数人的暴政"并非正义。国家意志可以强加在全体国民之上曾被纳粹德国身体力行。但是，少数人的权利也不应置于大多数人之上，特别是动辄以法治为幌子强加于人。换言之，宪法观念下的自由，应该是大多数人可以自行选择的自由，宪法的责任是去践行自由，而非改变自由本身。

法治国家应竭力避免的就是司法万能论，公权力本身必须限制在处理新问题时对法律任意解释的权力。甚至程序正义都不应作为滥用司法权力和行政权力的抗辩。如同美国联邦最高法院对同性婚姻的判决那样，程序正义所带来的是对大多数州和人民信仰的背叛，在这种时候，程序正义不仅不能成为保障人民自由的福祉，反倒沦为人民自由的锁链。

对待同性婚姻这样的新问题，罗氏大法官的解决之道是：审慎和谦逊。审慎是避免犯错的前提，谦逊则是自由的保障。尽管从罗氏的一贯保守性主张来看，他投反对票是情理之中。不过，从罗氏长达 29 页的反对声中却丝毫看不出任何个人感情色彩。他也许算得上是罗尔斯《正义论》最后所称的"心灵纯洁之人"，只有心灵纯洁之人，才能"明察秋毫"和"自我克制"的去行动。特别是手中握有立法、司法和行政权力之人，如何做到心灵纯洁，可能并非易事，这早就超出法治所讨论的范围。

"互联网+"所产生的新事物与同性婚姻很像，法律规定的缺位使得包括司法、立法和行政权力在内的公权力有了足够解释的空间。特别是专车的问题，在世界各国的争议不亚于同性婚姻之争，专车与后者不同，所引起的不单纯是观念上的改变，更多的还包括利益上的博弈。在法治民主国家里，按照对法律解释程序和权限的认知，有权去解释和选择如何适用法律的人是确定的。关键问题是，有权解释和选择如何适用法律的公权力，是否会遵循审慎和谦逊的态度去对待新事物，是任性的左右大多数人的福祉，还是选择审慎的谦卑。公权力"能而不欲"的谦逊可能会显现出一个"柔弱"的政府，可这正是决策者作为"心灵纯洁之人"自我克制的体现。

理想中的公权力对待新事物，表面的"无为"应该是"无不为"。"无为"是不轻易对新事物下定论，不滥用人民赋予的权力去代替人民作出选择，是对宪法赋予的权力善加利用，去保护，而非摧毁本可以通过市场验证的自由。"无为"的政府是去了解和倾听，而非是去打断公众的思考和选择。"无不为"的政府是站在更高层面高瞻远瞩的政府，去指引，而非强制本可以属于自由的市场行为。

如果说美国联邦法院对同性婚姻判决具有历史意义的话，那么，罗氏大法官 29 页的反对陈词也将始终伴随，青史留名。伟大法官的伟大之处，并非是在一定时期内代表大多数人的大多数意见，而是在更长久的时间内代表大多数人的大多数利益。同性婚姻问题的判决绝不是结束，甚至不是结束的开始，但毕竟是开始的结束。不管是否接受，美国社会和人民都将承担这项判决结果，现在要做的就是等待时间去验证罗氏的反对之声。往事不可谏，来者犹可追。专车的大众化与同性婚姻的小众化不同，更需要公权力以审慎和谦逊的态度去看待。

三、从商鞅变法看约谈滴滴

当年，秦孝公考虑是否变法的时候，卫鞅曾以"智者作法，愚者制焉；贤者更礼，不肖者拘焉"。精彩答辩，彻底打消了孝公的疑虑。这段话的意思就是，智慧的政府，应该立法去适应新的发展，愚蠢的政府，才会在明知法律已经不适应发展的情况下，被旧法束缚。同样，贤能的人会根据时代变更礼仪，愚蠢的人才会被旧礼所约束。

众所周知，卫鞅是战国时期的法家代表人物。法家的理念并非仅是法律面前人人平等，而是强调将法与社会有机融合起来，让法律成为社会进步的手段，不能成为社会发展的阻碍。因此，卫鞅曾提出"当时而立法，因事而制礼"的科学论断。正是因为卫鞅主政时期的法律改革，才使得秦国成为七国中变法最为彻底的国家，让一个曾经的"西戎"在百年后完成统一中国的大业。

这一段"智者作法，愚者制焉"的变法佳话，已经过去两千多年。现在看来，这句话似乎并未过时，还非常有必要再次拿出来"应景"。

互联网已经成为世界产业革命发展的最前端浪潮，特别是"互联网+"，已经成为打开工业 4.0 时代的试金石。全世界范围内，关于大数据和"互联网+"发展和改革的思潮越来越激烈。所有人都知道，中国因历史积弱，错过了工业 1.0（蒸汽机革命）和 2.0（电气化革命）发展的黄金时期，在工业 3.0 时代（信息化革命）前端，中国通过一系列的拨乱反正，重新赶上了这个时代。改革开放已经三十多年，我们积累的成果虽然耀耀闪亮，但仍处于"世界工厂"的较为低端发展模式。传统工业强国仍虎踞龙盘，咄咄逼人。

"互联网+"为代表的工业 4.0 时代是一个历史机遇，全世界产业革命都处于同一起跑线上，"互联网+"对于任何国家来说都是一种新事物。"互联网+"的这种新技术和新理念，必将在全产业和全世界范围引发新的改革浪潮，产生的结果一定是强国之路的重新洗牌。中国在 3.0 时代并未落下，甚至位列翘楚。据统计，世界前十大互联网公司，中国占据 4 家，前二十大互联网公司，中国占据半壁江山。这些成果都与国家政策的鼓励和法律制度的灵活性分不开。

"互联网+"与"+互联网"本质不同，前者是工业 4.0 时代的特点，而后者还是 3.0 时代的产物。换句话说，3.0 时代的互联网仍是工具性质，还属于传统产业的传播工具或平台；4.0 时代则不同，互联网变为产业的主体，其他传统行业变为信息化的工具。一言以蔽之，"互联网+"的 4.0 时代中，互联网公司将变为传统产业的核心，数据不再仅是信息化的代名词，而是生产之目的，经济之标尺，发展之重心。

从实践看，目前最典型的"互联网+"的产业就是网络租车服务。出租车行业诞生于工业 2.0 时代，在工业 3.0 时代后期出现了出租车的网络叫车平台，在 4.0 时代则出现了专车、快车等服务类型。专车区别于 3.0 之前年代的特征在于，互联网已经从单纯的工具，变为整合出行车辆资源的主体。在这个新时代，租车市场发生了"反转性"变化，从出租车供方市场，转化为用户的需方市场。网络供求关系信息敏感性，远比市场规律更为准确，城市所需的出租车变量，交给数据，由用户多少实时变化。这不仅会改变计划经济理念，对出租车市场需求的误判，也会改变出租车的经营模式，一个城市需要多少出租车，何时增多或何时递减，都由用户的数据来左右。更为可贵的是，互联网也将用户与社会闲置车辆结合起来，减少出行压力，缓解城市交通拥堵，改善大气环境。从用户体验来说，专车、快车等带着"互联网+"基因的新模式，远比传统僵硬的"一刀切"式的出租车更贴心，更便利。

然而，就是在这种产业变革发展和社会刚需的大背景下，"互联网+"的出行模式遭到不少地方政府的遏制。2015 年 6 月 2 日北京市交委约谈了滴滴公司，明确提出快车和专车等模式都系"违法"。这就意味着，这种顺应民意，合乎时代发展方向的"互联网+"模式将面临来自政府的严重阻力。

北京市交委所言的"违法"，指的是专车等网络租车行为，违反了北京市 1997 年颁布的《北京市出租汽车管理条例》和 2012 年颁布的《北京市汽车租赁管理办法》。这两个行政法规在法律位阶上属于地方性法规，应该受到上位法的约束。《行政许可法》是前两个地方性法规的上位法，该法第 11 条规定："设定行政许可，应当遵循经济和社会发展规律，有利于发挥公民、法人或者其他组织的积极性、主动性，维护公共利益和社会秩序，促进经济、社会和生态环境协调发展。"这里非常明显的强调了行政许可设立的前置性标准，这个标准并非是一成不变的，而是随着技术、社会、经济的发展而变化的。这一条也是判断设立行政许可是否"不合时宜"的重要标准。

"互联网+"本身如同李克强总理说的那样，是一个"风口"，目前我们正处于这个风口当中，中国能否抓住这个历史性机遇，将决定我们能否实现"弯道超车"的夙愿。工业 4.0 时代已经被开启，时代在向前发展，如果这都不算是"经济规律和社会发展规律"的话，真不知道什么事情才算得上是发展趋势。同时，专车等网络新兴叫车服务，得到了绝大多数民众的支持，也充分调动了各方社会资源，缓解了北京交通拥堵情况和环保压力。这都完全符合《行政许可法》所规定的是否设定行政许可的标准问题。然而，北京市交委仍然对专车等新事物带来"无与伦比"的好处视而不见、听而不闻，却紧紧抓住北京市那两个过时的地方性法规，这不禁让人感到遗憾。

两千多年前卫鞅"智者作法，愚者制焉"的表述并非是诡辩，这几千年来发生的多少事物已经反复印证了法律要因时而变的道理。特别是对近代积弱已久的中国而言，更应感同身受，从赵武灵王的胡服骑射，到宋代王安石变法，从雍正的摊丁入亩，到清末百日维新。这里正反两方面论据都已经非常充分，只有顺势而为，才能确保社会发展速度，也只有因时而变，才能保证不被时代发展所羁绊。

北京市交委的这次约谈态度，没有体现出"互联网+"的发展趋势，没有反应出公众对更好的出行方式的积极追求。在约谈最后，有关部门表示"北京市鼓励创新出租车服务模式，一方面，出租车企业应适应市场需要，提供多层次服务，另一方面，网络平台也应依法规范开展合法业务，共同构建依法合规的良好运输市场秩序"。这里"有关部门"提到的所谓创新模式，更多指的是 3.0 时代模式，还是让互联网"回归"到"工具"范畴。必须强调，这绝不是什么"创新"，更多的是在因循守旧。"互联网+"所需要的并不单纯是技术的发展，而是政府治理理念的变革。这将决定政府在"互联网+"发展阶段，到底是作为"+号"，还是"-号"。

说到底，政府在"互联网+"发展萌芽时期必须要转换治理思路，这并不是说政府对专车等新事物就"撒手不管"，而是要做到有效的监管。从政府监管层面上讲，不是去用旧的法律制度去扼杀新事物，或者将新事物"拉回"成旧事物。政府应该做的是如何保障用户权益，如何强调新事物的有序发展。例如，专车司机的资质问题，是否应该加强对专车司机是否有犯罪记录、酒驾、重大交通事故、精神疾病、暴力史等情形监管，杜绝不合格的人员进入到专车行业。再比如，政府是否应该强调专车等网络叫车的足额商业保险问题，是否应协调督促商业保险机构与专车这种新事物合作，减少事故风险等。

总之，看待一个新事物是否值得去鼓励和帮助，政府应该站在更高的角度，以是否合乎社会公共利益，以及是否符合社会发展趋势来衡量，而不是去僵硬的适用过时的法律。北京市交委的这次约谈，整篇谈论的都是所谓的"违法"问题，对专车的积极作用和公众呼声闭口不谈，这不符合服务型政府的治理理念。政府的简政放权，放下的不单纯是"权"，更应是"利益"，放弃出租车这块行政许可带来的些许利益，可能会带来整个北京市交通的便利和"互联网+"产业的希望，这个买卖很划算，何乐不为呢？

四、创新驱动下的新旧产业融合

2016 年 6 月 22 日，上海大众出租车公司（下文简称"大众公司"）公开致信交通运输部，提出对网约车管理办法开展公平竞争的审查。大众公司通过引用国务院《关于在市场体系建设中建立公平竞争审查制度的意见》（下文简称《意见》）部分条款，结合网络预约出租车（下文简称"网约车"）市场与出租车市场现状，分别从平台方面、车辆方面、人员方面、价格和税收方面、质量保障系统方面、政府监管方面和贯彻公平竞争意见方面提出了自己的观点，吁请交通部对出台的《网络预约出租汽车经营服务管理暂行办法》（下文简称"专车新政"）开展竞争审查。

在充分学习国务院《意见》等法律政策和仔细研读了大众公司公开信之后，结合"互联网+"发展趋势和我国网约车市场实践的基础上，针对这封公开信提出以下意见和建议。

1. 鼓励创新才是《意见》的核心观点

公平竞争的实质不是保护落后产能，不是维护旧有利益集团既得利益，不是让政府为企业护短，不是滥用行政权力对市场不当干预。在市场经济中，公平竞争的实质就是限制政府权力不当干预市场，确立市场在资源配置中的基础性地位，就是利用公平竞争的环境"培育市场新动能"和"改造提升传统动能"，就是"降低制度性成本"，最核心的实质就是为保护创新驱动营造

"双创"市场环境。

《意见》的核心要点就是"尊重市场，竞争优先"，《意见》明确指出，要坚持"破立结合"，"要逐步清理废除妨碍全国统一市场和公平竞争的存量政策"，而且《意见》强调的是要"及时纠正滥用行政权力排除限制竞争的行为"。可见，《意见》的主旨思想就是鼓励创新，对妨碍已经到来的工业4.0革命旧产能和旧思想要"破"，对促进创新的新产能和做法要"立"，不破不立，破立结合，才能实现我国在本次产业革命中的"弯道超车"，实现"两个一百年"的伟大创举，实现中华民族的伟大复兴。

那么，如何衡量我国城市出行市场的公平竞争情况呢？这就需要从何为新、何为好、何为未来的问题来谈。传统出租车市场诞生于工业2.0时代，各国政府从出租车的数量上、价格上和相关人员上都有管控，这些管控都是通过行政手段实现的，体现在实践中，就是高额的份子钱、低端的服务、匪夷所思的牌照费和悲惨的司机生活状态。网约车则不然，特别是C2C模式的网约车，将市场闲置车辆的存量转换成了增量，将按部就班的司机生态转换成丰富多彩的兼职生活，将拒载、拼客、绕路、傲慢等低端服务变为大数据引导和信用评价为核心的新模式。孰好孰坏，孰新孰旧，相信只要使用过网约车的消费者不难做出自己的判断。

特别是，"互联网+"的革命反映在市场上，就是分享经济与意愿经济时代，市场的主导性地位让消费者逐渐代替商家成为市场主体，政府干预的行为变得越来越少，网络平台代替传统产业成为市场的主导者。在"互联网+"的背景下，对出行市场的数量管控、入门门槛、价格定价、车辆性质等都会变得"可笑"或者不可理喻。市场经济资源配置的活力配合大数据的预测和精准，完全可以代替传统市场行政壁垒和保护性政策。开放性市场中消费者的选择就是最好的答案，《公开信》中所提及的上海存在三千多出租车无人可开的现状，就是市场、司机、消费者和资本对旧有产能做好的回应。相比之下，互联网专车已经在全国拥有几千万司机，每天仍有数十万的增量。若真如大众公司所言，网约车破坏了竞争环境的话，那么，消费者、司机和市场的选择就已经给出了答案，这才是公平竞争市场所最终追求的目标。

说到底，反不正当竞争法所保护的从来就不是落后产能，政府也绝不是某一利益群体的代言人，政府眼光的焦点在于《意见》所说的"破立结合"，没有破，也就没有立，关键在于"破"是为什么而破，"立"又是为何而立。众所周知，北京首汽公司为代表的一些传统出租车公司，已经开始了转型，网约车逐渐成为该公司主营业务。"互联网+"的未来是给那些准备好改变的人或事,"互联网+"不仅带来的是机遇和成就,如同任何一次产业革命一样,它也将带来"死亡"。世间万物,自有规律,顺势而为与逆流而动,结果自然天壤之别。

2. 政府到底应该为未来的出行市场产业做什么

面对来势汹汹的产业革命,政府职能需要的是转变,而非不行动。如同"治大国如烹小鲜"一样,火太大,锅就糊了,火太小,就做不熟。老子的治国辩证法就是讲究一个"度",上善若水,顺势而为。《公开信》的很多观点对政府如何应对这次产业革命都有很好的意见。

第一,网约车现状倒逼着传统出租车的改革。就如同《公开信》所提及的,"出租车司机劳动强度加大,收入不升反降"这是为何?各个地方出现出租车司机与网约车司机的矛盾到底为何?上海市出租车服务整体质量"几乎倒退至八十年代标准"又是为何?

这些原因不仅仅在于新事物的出现。一般来说,掘墓人只负责挖坟墓却不直接带来死亡。城市发展这么快,出租车数量却因为行政管控迟迟不增加,价格因素与供求关系早已变得畸形。世界上有一种罕见的情景,时时刻刻在城市街头上演:出租车供不应求,价格却被死死管住,丝毫不反映出供求关系;司机拼死拼活,收入却被份子钱搞的非常尴尬;打车难天天上演,数量却罕有增加;一年多的工作就可以完成一辆车的所有成本,司机却要继续缴纳份子钱直至车辆报废,等等。我们也从未见过这种场景:司机、乘客、市场、出行、政府统统都不满意,却不知为何不满意,也不愿提出解决办法。

那么,现在网约车来了。且不论网约车到底是否增加了城市拥堵,是否违反了老一套规则,单就能倒逼传统出租车改革一事就值得点赞。"骆驼祥子"的出租车师傅一代,有望终结。高额的份子钱、天价牌照转让、没有评价机制的管理体系、绕远提价等都有望伴随新一次改革成为历史。让改革来终结旧疾,让新政来唤起变革,这未尝不是好事。

第二,要警惕俘虏理论。大众公司的公开"诉苦",充分反映出我国出行市场存在经济学的俘虏理论。规制俘虏理论(Regulatory Capture Theory)是规制经济学的重要概念,讲的是政府在制定某一政策时,可能会受到少数利益集团的影响,可能会一时做出损害公共长远利益的政策,而那些少数公司就会以遵守法律为名,从事损害公共长远利益的行为。

俘虏理论的产生基础,就在于监管者多年对被监管者的市场管理形态,苛刻的市场准入门槛，必然带来人为的垄断，行政垄断的结果会让市场由少数集团控制，产生的垄断利益会让被监管者"俘虏"监管者本身。价格管控势必带来准入管控，准入管控就变成被监管者对监管者的"要求"。我国出行市场长年以来都受到门槛限制，从车辆到公司，从拍照到人员，从价格到数量都由管控决定而非市场。如前所述，一辆车的成本仅仅需要一年多勤勉司机的劳作即可弥补，但该司机却被份子钱束缚至车辆报废。剩余价值之大，请自行计算。不过，现在网约车异军突起，不管用什么方式，它作为产业形态，一种可替代的资源都打破了旧有垄断，减少了垄断利益，不仅损害了政府与旧有团体的"约定俗成"，而且也客观上造成行政权威的损害，这确实能促成了《公开信》的发表。

因此，在产业转型期间，政府要特别警惕地方保护主义或者俘虏理论的实现。俘虏理论表面上看是尊重法治精神，其实，却是以短暂的规制影响长远的利益。

第三，政府要有所作为。对网约车已经为出行主流的市场，政府至少要从底线性、鼓励性和保护性三种方面积极面对。

首先，网约车平台责任至今尚不明确，保险责任没有落实到位。网约车平台的赔偿责任到底应该如何算，乘客生命安全到底应如何保障，私家车的保险能否覆盖所谓的营运行为，这都是重要话题。这些责任承担规则，已经和旧有法律体系和理论结构产生本质区别，政府应该不能回避，积极立法应对。

其次，网约车司机、车辆的入门门槛不是没有，而应该明确确定。《公开信》里面也多有涉及，车辆的检验、司机资质的审核、平台主体资格等，都是政府必须面对的硬性问题。政府在专车新政出台时，必须考虑到新政的落地情况，不能仅仅停留在纸面上。例如，无犯罪记录审核、驾驶不良记录等，平台作为商主体没有办法实质核实，这就需要政府协调打通相关部门渠道，让平台有权利去做出核实。不过，话又说回来，犯罪记录、身体状况等都属于核心隐私范畴，平台审核范围与宪法规定的公民劳动权之间的矛盾问题，也是亟待解决的重要问题。

再次，政府要区分分享经济的民事行为和运营行为。网约车是一个统称，拼车、顺风车，包括每天接不了三四单的私家车"兼职"，这些都属于分享经济范畴，不是典型的商行为，不能随便以运营行为扣帽子。难道上下班顺带拉个人，分担一下车费，或者偶尔拉个货填补家用都算作是营运行为，这与分享经济实在相差甚远，这也是人为地将"阳光下的车"推向"黑车"，这是极不明智的选择。以北京为例，保守统计北京的"黑车"数量不亚于正规出租车，黑车历史与出租车几乎一样长，这么多年的专项行动效果甚微。这都是铁的事实，因为市场有需要，民众有需要，出行有需要，城市发展有需要。那么，现在这么好的"招安"机会，千万请立法者不要错过。

最后，政府要对网约车这种与生俱来"互联网+"基因的新产业的发展保持鼓励，保持微笑。微笑，就是友好，训诫也是为了成长，毕竟这真的是大势所趋，是"双创"的大事情。

第四，政府和新企业都有维护社会稳定的责任。产业革命是冷酷的，对落后产业的仁慈，就是对长远和整体利益的践踏。不过，对旧产业的人应该尽一切可能予以帮助和扶持，也要对他们保持微笑。

《意见》明确提出要"立足全局，统筹兼顾，科学谋划，分步实施"的基本原则。任何事物都有其阶段性过程，发展需要过程，监管需要过程，立法需要过程，社会适应也需要过程。在很多时候，"等待与过程"是不可少的，这并非是浪费时间，而是以人为本，仁者爱人的基本体现。一方面，传统出租车自身应该加快产业革新速度，网约车、信用体系、大数据、份子钱、行业壁垒等都需要尽早革新，越早适应发展，也就越早摆脱被动。另一方面，政府要加快传统出租车改革步伐，跟得上新产业发展速度。新企业也要尽可能多的承担社会责任，在协助传统旧产业转型、安排转型司机再就业、保障司机劳动权、分享数据等方面，都应以大局为重。毕竟，传统产业并非敌人，市场竞争有先有后，传统出租行业很多优良传统和行业经验都是新产业成长必需的养料。地方政府也应起到调节作用。

3. 商业补贴要引起足够的重视

市场秩序与资本并不相互排斥，但是，市场秩序与滥用资本就不是一回事了。网约车平台依托多年来市场的"饥渴"，吸金发展速度前所未有，资本之雄壮，众所周知。确实，资本集聚可以直接反映出市场、用户和城市对新兴产业的喜爱程度。这些企业，仅靠泡沫，仅靠忽悠绝对不可能有今天的样子。然而，再多的资本也不能任性，也必须遵守全社会共同的规则。

的确，补贴也是商业竞争，特别是新产业快速占领市场的法宝。如同巨额广告费用投入一样，新产业选择了补贴来吸引消费者，这种行为当然是情有可原的，毕竟，投资人的钱也不是大风吹来的，钱花到哪里，如何花，都是市场自由，无可厚非。但是，高额的市场补贴并不会具有持续性，一旦仅靠补贴占领市场，逼退了竞争者的市场将产生荒漠化效应。反倒是对竞争公平环境不利，到头来就会伤害到行业本身。

必须强调，越来越大的市场份额是任何正常的商主体追究目标，这点无可厚非。不过，若是仅以商业补贴来扩展市场，忽视了"互联网+"本身应有的东西，没有了提升的服务和科技，那就与旧产业没有两样，不值得称道。特别是，前段时间还出现了公司"报销"罚款的情况，这一点要额外注意，这对法治社会而言是最不利的情形。若钱能解决或化解法律处罚的话，那么这也就与法治社会渐行渐远了。

《公开信》所提及的补贴大战，政府应该予以充分重视。公平竞争虽然不是保护某一产业，但也不应允许超出法律之外的资本任性。不合规的商业补贴，既包括新旧产业之间，也包括新新产业之间的补贴应该在法治范畴，政府对此的监管必须到位。

第五节　网络打假的协同创新

2017 年 2 月 27 日，阿里年度打假工作交流会公布了这样一组数字：阿里平台治理部经大数据和人工查出了 4495 个远超 5 万起刑点的制假线索，但执法机关受理的仅有 1184 个，公安机关能够依法进行打击的只有 469 个，截止消息发布日为止，已经作出形式判决的仅有 33 例。

这是一组令人震惊的数字，从平台举报的四千多个制假线索，到最后作出判决的不足百分之一，绝大多数的制假者至少逃过了刑事处罚，他们依旧继续与平台和监管者"斗智斗勇"，"活跃"在制假贩假的舞台上。

假货一直就是 C2C 电商平台的短板，是平台治理中的软肋。一方面，分享经济的本质就是让更多的商户，特别是自然人为主的低门槛商户进入到流通领域，让"互联网+"的经济循环打通城乡差别，让更多草根实现就业，使得中小企业有更大发展的空间。另一方面，平台的开放也带来缺乏资质、固定经营场所和事先审核的环节，让假货成为逐渐涌现，劣币驱逐良币的情形倒逼了现实产业的萎缩。长期以来，假货问题就成为制约淘宝等平台经济发展的瓶颈。假货问题的重要性不言而喻，对消费者权益、商业道德、平台信誉，乃至中国制造的声誉都有着至关重要的作用，关键点在于如何治理的问题。

治理假货问题是一个系统工程，不能仅依靠某一个平台去单独完成，而应该包括全社会消费者、政府执法部门、司法部门、行业协会、信用机构、网信部门等的多方共治才能取得真正的成效。

首先，平台的责任和性质应该明确。尽管目前我国民事法律、行政法律和刑事法律体系已经将平台责任规定得比较清楚，特别是正在制定的《民法典》和《电子商务法（草案）》中对平台责任也多有涉及。但平台的主体责任范畴仍缺乏明确定性，主要表现在平台承担的"替代责任"太过宽泛，立法责任上有将平台责任扩大到"无过错责任"的趋势，要求平台承担包括假货在内的所有责任，但相对于平台这样的普通民事主体地位来说，这是很难实现的。

C2C电商平台对假货的法定义务，主要集中在三大块：一是基于消保法规定的，在平台无法提供商家真实联系方式的承担连带责任；二是基于行政法规，对于进入门槛有资质要求的，应尽到审核责任；三是基于侵权法体系，对于知识产权、人格权等侵权行为以及虚假宣传履行避风港规则和红旗规则。实践中，为了强化平台主体责任，在各个条例及部门规章中又从网络实名认证、信用体系建立、大数据应用、商业保险等方面对现有法律进行了扩张解释和适用。

现在的问题是，即使平台方履行了法定责任，甚至按照市场份额的社会责任分担，已经超过法律法规建立起包括大数据监测、主动抽检、信用评级、打击刷信、动态审核等制度，但也没有办法有效杜绝假货蔓延。究其原因，就在于平台履行的法定职责局限于线上，电商平台的线下治理能力仅限于向有关部门依法举报。众所周知，假货的最终来源于线下，线上治理是治标，线下治理才是治本。不能根除线下生产窝点的打假行动，就好比隔靴搔痒，这就是假货屡禁不止的原因所在。

其次，假货的线下治理存在立法和执法上的难题。从立法体系上看，我国现在电商平台责任的范围已经形成了比较完善的体系，除了平台以外，公检法等司法机关、工商管理及食药监部门、各级消协和行业协会、网信部门及工信部门也被纳入到治理假货的主体方。不过，假货的线下治理存在很多制度上的障碍，已经严重落后于线上的治理水平。

其一，假冒伪劣商品的刑事法律认定过于狭隘。大多数的知假买假的行为仍被认为是民事纠纷，即便新修订的消保法提升了赔偿数额，也不足以提高制假者的违法成本。侵害知识产权的假货认定十分困难，维权主体是真正权利人而非平台或其他举报人。同时，假冒伪劣商品罪在刑法上对数量和损害后果的认定非常苛刻，除了食品药品安全和产品责任致人损害之外，其他责任适用对取证和鉴定成本过高，这也是为何举报数量与最终刑事责任承担量之间巨大反差的根源。

其二，执法体系缺乏联动性。电商平台是假货的重要表现方式，相关线索和信息也是平台假货治理的重要成果。最终治理假货根源，不仅在于平台封号或其他限制措施，更在于线下的犯罪分子得到法律制裁。可见，线上与线下的执法必须联动方能奏效。实践中，大量制假售假者都已形成黑色产业链条，每一个线上取得的蛛丝马迹，线下都应该及时跟进，要做到"拔出萝卜带出泥"，若没有发现一起就处理一起的线下执法能力，线上的成果也就灰飞烟灭了。同时，线下的执法也应实现多部门协同联动，专项整治的联动工作机制应该常态化和长效化，治理假货不单单是工商管理部门的职责，更是公安机关、检察机关和司法审判机关维护消费者合法权益的职责所在。端掉线下窝点仅是处罚犯罪的开端，只有司法机关协同配合，尽快依法作出裁判，提高违法者的犯罪成本，才能有效震慑制假售假者。

其三，假货线下治理投入成本过少。在国际上，中国的假货问题已经成为广为诟病的"牛皮癣"，未来中国制造的名声将建立在自主知识产权和中国品质之上。中国品质不仅是引领未来的高科技，更在于获取世界市场的口碑，而假货伤害的正是这种最应珍惜的口碑信用问题。随着中国市场的进一步开放和网络经济的全球化，假货已经成为损害中国制造信誉的最大痛点。从这个角度讲，治理假货应该作为未来中国制造的出发点，这也应该是负责任的政府必须履行的职责。然而，眼下的假货线下治理能力仍停留在传统工业年代，缺乏应对大规模产品销售平台化和"互联网+"意愿经济时代的措施。我国"互联网+"法律的现代化，更愿意强调网站平台的主体责任，忽视了政府治理假货的主体责任。从阿里这次打假工作会议公布出来的数据来看，打假的线上处理能力远远高过线下处理能力，以至于线下拖了线上的"后腿"。正是这种治理能力的差距，直接导致假货问题从新问题变成了老问题，受损害的不仅是平台声誉和合法商家权益，更是消费者权益和中国制造的国际声誉。所以，假货的线下治理应加大投入成本，将其纳入到"中国制造2025"的大规划之中去。

最后，未来治理假货要有新思维。随着工业4.0革命的发展，电商平台年代正在被以社交化为主的微商模式所冲击，"互联网+"的意愿经济与分享经济时代已经到来。经营主体的多样化、营销渠道的碎片化、支付手段的灵活性、物流方式的多类性、代购渠道的开创性、商品和服务类别的扩展性都为未来治理假货提出了新挑战。"互联网+"的时代已经到来，不论是线上打假还是线下打假，都应统一到保护消费者权益和守法者利益上来，统一到线上线下相协同，平台之间共同标准的建立中来，统一到更好地维护消费者权益和保障中国制造口碑上来。未来治理假货的要有新思维，应该至少体现在以下几点：

第一，要做好立法保障。我国电子商务法和民法典正在编撰之中，面向"互联网+"的新法律要体现出时代性。在网络打假领域，应将微商与社交电商、跨平台治理、通用标准、大数据监测、信用体系、虚拟财产、网络商誉、跨境电商、知识产权等领域做好规范。同时，应该确立线下政府部门和司法机关处理假货的协同机制，建立统一的线下协调统筹部门。

第二，平台要进一步改进打假思维和工作方式。以往平台打假以线上为主，线下主要依靠依法举报等措施进行。考虑到线下执法部门的程序性要求，未来平台应利用数据优势，结合跨平台的实名制和信用制度，比照线下司法机构的证据认定材料，形成更有针对性的证据链体系，建立线上线下共享数据端口，以达到虚拟现实的无缝对接。

第三，政府应赋予平台更多线上自治的权利。线上问题，线上解决。线上纠纷解决机制已经在一些电商平台、社交平台和直播平台出现，实施效果还不错。在网络治理假货领域，平台与行业协会的自治权限还不够大，缺乏快速有效制止犯罪的必要手段。理想中，未来打假的执法权可以分为线上线下两大类别，线上执法权可以一定程度交给平台，在各行业协会的配合下，平台的处罚结果应该得到线下的认可。这种证据采信和处理结果的互认制度将极大解决线下处理能力不足问题，避免行政资源的浪费。

综上所述，网络打假不是一件小事，也不是哪个部门或某一平台的"家事"。假货危害到每个消费者的合法权益，也损害了中国商品的信誉。实践表明，网络打假必须线上线下有效联动，只有多方共治，才能让网络环境清朗起来，才能实现"天下无贼"的中国梦。

第六节　直播在线答题是伪创新

最近很火的直播答题号称是网络直播发展的新模式，短时间内人气爆棚，似乎成为平台商业变现和吸引流量的新风口。不过，通过这段时间直播答题的实践总结，这种商业模式存在诸多法律隐患，在后续的发展中必须得到足够的关注。

一、直播答题内容违法违规存在法律隐患

前段时间某直播答题网站在题干部分将我国某特区作为国家的选项，属于典型的违法传播类别。2016 年我国正式出台的《网络安全法》，不仅是数据安全和个人信息安全的基本法，而且也是内容安全的基本法。该法第 12 条明确了网络内容发布和传播的重要底线，特别是将"公共秩序"和"社会公德"也作为网络传播的重要合法性标准，这就是将低俗、恶俗、色情等传播内容作为法律排斥的明确标准。

网络直播的基础是粉丝经济和关注度经济，直播答题的传播基础就在于更多人的关注和参与。因此，目前直播答题现状是盲目跟风，将一些明星、网红的爱好、婚姻状况、家庭状况等八卦信息也作为"知识点"进行考察。

这样做的效果是"圈粉"，弊端显而易见，让很多缺乏辨析能力的年轻人误将八卦和追星作为"知识能力"。

一方面，这样的出题传播可能会侵害到公众人物的隐私权，另一方面，这种低俗的题干将误导网络传播方向，更加促成网络文化的低俗化程度。

从根本原因上看，一些平台与演艺公司或者网红工会之间有商业合作，利用直播答题的机会，利用明星出题既能增加流量，又能增加明星曝光度。但是，这对于社会公共利益而言，这样的题目丝毫与知识扯不上关系，反倒容易引发拜金、追星、低俗、恶搞等损害社会公德和侵害未成年人合法权益的情况发生。

从这个角度讲，直播平台就是把受众作为工具，以低俗内容和高额奖金等方式，"引诱"用户点击参与。除了之前出现过的题目直接违法的"硬伤"之外，更多的是让整个社会陷入"低俗陷阱"之中，误导一大批青少年受众群体。

二、直播答题存在违法广告传播的隐患

直播答题的商业价值，很多都在于推广商品和服务。这种海量的流量以广告形式变现的话，效果比硬广告和信息流广告更好。一些直播平台与商家的合作协议上，明确写着流量的要求，植入的次数，品牌信息传播广度和内容等硬性要求。用户若想获得胜出，就必须充分了解该品牌。

表面上高额的奖金，将由无数前台匿名的参与者分享，重赏之下，很多用户甘做分母。更何况，这些答题者中，非常可能存在所谓的"托"，即商家自己的答题人员。

试想一下，普通用户怎么可能比得过这些商家的"自己人"。

于是，"陪太子读书者"大有人在，用户将一次又一次的认真对待，原本并不关注的商家信息，最后绝大部分的人落得少许金额，或者意料之中的败兴而归。相比寥寥奖金，商家显得很兴奋，花了这么少的钱，就获得如此高，而且真实的关注度，实在太过划算。

这就是商家一直在鼓吹直播答题成为网络直播下一个"风口"的真实所在。

我国《广告法》《互联网广告暂行管理办法》明确规定，任何互联网广告形式都必须标明"广告"的字样。但在网络直播答题中，很多直播平台在某品牌的专场中，"偷梁换柱"地完成了广告与题目之间的转换，根本没有任何广告字样。一方面，这种去掉广告字样的表达能得到更高接受度，用户在不知不觉中被移植了大量广告元素；另一方面，这种做法使平台可以不用承担广告发布者责任，在纳税方面更是省钱省到了家。可见，直播答题是平台与商家合作的双赢，唯独缺失的就是法律责任，缺失对用户的足够尊重。

从广告层面讲，现在直播答题有一种非常不好的趋势，那就是本来严格依照广告法相关规定不能做广告，或者不能做代言的特殊类广告，通过"直播答题式"的洗牌，摇身一变成为明目张胆的广告发布内容。这其实是钻了我国网络监管责任划分的一个漏洞，本来广告是由工商管理部门监管，直播答题的广告形式特殊，这就出现了文化部门、工商部门和网信部门多头管理的境地，出现了监管真空或重合。

三、直播答题灰色产业链已现端倪

直播答题本来是比较简单的一件事，后来大家一拥而上，商家更是乐见其成，一起忽悠成所谓"风口"，闹得全民参与。水涨船高，灰色产业链由此出现。

（一）导流推广存在风险

直播答题的导流比较直接野蛮，需要下载某某 APP，或者需要安装某种支付手段，再或者必须要玩某款游戏。目前绝大部分的引流产品问题还不大，不过，这种直播答题早已超越答题本身，成为应用商店或其他推广者，一旦被推广的产品存在问题，这种推广模式作为典型的广告和平台商店，必须应该承担法律责任。

（二）博彩业初见端倪

必须强调，民办博彩业在我国大陆是违法行为。在直播答题中，参与人数与奖金分布，都是可以预估算出来的，投入与产出，或者谁投入和谁产出的模型是平台进入这种模式的前提要件。这不是简单的算法问题，也不是概率问题，更不是知识为王的问题，这是钱的问题。

平台的控制力，相比传统博彩的控制力更强，有多少机器人在哪里出现或退出，有多少或什么样的人能够最终夺冠，这在理论上都是小事一桩。与福利彩票不同的是，一是没有公证部门监管，二是最终获取的是商业利益，而非用于社会福利，三是开办周期短。这种产业与博彩业不同之处，只在于两者形式不同而已，直播答题用的是所谓知识外衣，博彩业用的是骰子而已。

（三）用户信息安全

用户参与、得到奖金、答题等环节，都必须提交个人信息。移动端是否安装某款东西，有的也必须是答题平台必须监测的内容。这就让我们非常担心，这些能够影响到参与者身家性命的敏感信息，交给这些带着"网红"搞答题的平台手里，会不会不安全？

尽管《网络安全法》等相关法律有明确规定，但是，这么多平台呼啸而上，并非每个平台都能独善其身，特别是在开放平台背景下，授权一家平台就等于授权多家平台，一旦用户信息流入坏人之手，后果不堪设想。

有的平台就此为契机，推广一些冷门支付，需要绑定手机和银行卡，你是否愿意为了提走几块钱就绑定你的一切？

实践证明，愿意这样做的人几乎占到了绝大部分。以前"线下地推"成本很高，每个人基本都要花五块钱以上，现在方便多了，不仅能让你在不知不觉中了解广告内容，复习商家推广信息，还能把你的身家性命全都绑定其中，这一切可能只需花费一块钱。一次参与，你也就陷入了层层套路。

（四）外挂、辅助、复活币等黑产早已泛滥

直播答题号称的所谓线上线下互动娱乐模式，实际已经变成空话和自欺欺人。在网上售卖这种辅助、假人答题、复活币的很多，这类辅助类作弊软件，说到底都是通过抓取搜索的方式快速获得答案。当然，不排除一些外挂本身就是黑客工具，当你利用它答题的时候，黑客们已经完全获取了用户的所有信息。

与打击网络游戏等外挂态度不同，大部分平台对此并不十分在意。因为，不管如何使用辅助，平台宣传效果、身份信息绑定结果、银行卡和电话信息、广告效果都已经完成，更何况很多外挂还能增加人气。

总结一下，直播的未来在于分享经济，在于扁平化和去中心化传播，根本不在于这种商业气息浓郁、谍影重重的直播答题。笔者一直认为，直播答题不是 2018 年网络直播的风口，反倒可能就此玩死网络直播。

第七节　互联网+银行

2015 年 6 月 25 日，阿里系的网商银行正式开业，作为央行首批的五家民营银行的最后一家，该银行一上市就引起外界广泛关注。从网商银行的互联网性质上看，加上之前开业的腾讯系微众银行，中国互联网+银行的模式基本形成。

传统银行业并非仅是线下业务，几乎所有的银行都有网络交易模式，从互联网渠道所占比重看，传统银行业的网络化趋势日益加强。不过，传统银行业的互联网模式，仍停留在业务+互联网的工业 3.0 模式中，网络对它们来说，只不过是工具或渠道，并非业务本身。反观网商银行和微众银行的经营模式，则更倾向于互联网+业务，将网络服务、信息交互和网络信用变成主体，传统银行的借贷业务则变成了配角。这种平台化的经营模式，到目前为止尚未有明确的盈利数据，可能还需要时间的检验。

从传统金融服务与社会需求角度看，传统银行的发展方向并非一成不变，越来越激烈的竞争需要它们不断扩展业务方向，甚至调整传统业务范围去将更多的客户纳入其中。不过，传统银行业的门槛较高，店大压人和长期以来的供方市场，使得它们过于骄傲。相比资金需求更为灵活和迫切的社会刚需来说，传统银行的转身过于华丽，缺乏实用性。这样一来，银行市场的空白在十几年来，直接促进了民间金融业的发展，包括小贷公司、担保公司和典当业在内的民营资本，开始试探着进入到金融服务领域，并在最近十几年间已经取得巨大成就。

一些民间资本成功进入传统金融循环的伟大尝试，不单改变着传统银行业改变自己的业务扩展模式，而且还吸引着不少互联网大公司的跃跃欲试。腾讯和阿里这两家重量级网络公司，几乎在同一时间进入到银行业务中。这意味着，除了大量热钱进入金融资本市场以外，传统银行业也将受到前所未有的挑战。挑战的来源，不仅是大量潜在用户的竞争和现存业务的分流，而且更是"互联网+"模式对新业务和新市场的雄心壮志。

网商银行自己宣称，未来的业务的对象是小微企业、消费者和农村用户。微众银行则更多的依赖通过互联网信息得到的信用数据，以及人脸识别等科技技术，发放侧重于消费者个体的小额贷款。两家新型银行的主攻方向有两个，一是传统银行业所"忽视"或"抛弃"的人群，二是传统银行业所不具备的信息数据平台。

从互联网与银行等金融行业的关系看，既是一个工具服务与主营业务之间的关系，也是一个数据提供信用与传统金融业合作的关系。这种观念自工业 3.0 时代以后，就变成了金融+互联网的主流观点。传统银行对此抱有信心，依靠自身的强大资本能力和入门门槛的限制，完全可以将互联网作为自己的工具。

可是，传统银行的信心逐渐被"互联网+"的发展趋势打败了。互联网公司的资本日益强大，已经足以匹及任何一家大型银行，互联网公司的用户数量和数据拥有量也早已超越了传统银行。特别是在"互联网+"的风口下，一直被当作工具的网络，反过来，在工业 4.0 时代早已不甘心继续被当作工具，尤其是央行等国家政策的开放与发展，使得阿里腾讯等互联网公司有机会去进行尝试。网商银行与微众银行就是最先试水的典范。

在业务领域，网络新型银行没有首先选择传统金融机构的核心业务领域，至少他们目前是这样宣称的。新型银行主营业务与传统银行的有意剥离确实是一步好棋。这样做，既能减少既得利益集团的阻力，又能弱化自身业务风险，充分扩展客户范围。

从客户服务角度看，对传统银行业来说是借贷者，理财、保险、信用贷款等传统业务类型中，银行赚取的仍是以利息差价为主，对用户和客户的考察还是以传统信用为基础。新型银行则不同，它们的客户来源于社交媒体和电商平台，这部分人之中，绝大多数是伴随着这些互联网服务成长起来的人，本身与这些网络服务提供者具有天生的粘连性，用户的使用习惯往往决定着对新型银行的信任和支持。从这个意义上讲，新型银行虽然从未涉及过传统银行业，不过，却可以拥有世界上最广大的潜在用户群。而"潜在"用户与"实际"用户的差别，仅在手机端新增的一个 APP 而已。在互联网这个神奇的时代，有时候仅仅需要一个新的端口，就可以推动一个新的时代产生，当然，也可以将一个传统产业终结。

新型银行的定位除了对小微用户之外，还在于建立平台。结合现有资料，以及在此基础上的必要分析，基本上可以判断出互联网+银行平台的大致模样。

首先，这个新的银行业务平台将以其他网络服务数据为基础。数据资源的共享将成为新型银行拓展业务的基础。这些海量的数据，完全可以通过大数据方式作出精准营销。这种营销模式将颠覆传统银行的被动性。精准营销几乎可以在用户本身没有迸发出贷款思路前，预知或提醒用户可以选择贷款模式。新型银行不再需要业务员，更不需要柜台，甚至不需要与用户之间的交流。它们可以完全依靠大数据，来判断哪些用户正有贷款的需求，额度应该是多少。这些数据既可以确定营销方向，也可以调整资金流。传统银行可能最终沦为这些数据的"奴隶"。因为，大数据的预测能力早已超过传统业务员的伶牙俐齿，以后的传统业务可能也会依赖于这些数据。而数据的拥有者，并非是银行，所以，在激烈竞争之中，"客户是上帝"将转变为"数据为王"，毫无疑问，掌握数据者，在任何行业都是"王"。

其次，新型银行业务平台将重新定位信用概念。民间征信已经开展，特别是互联网信用的基础在于庞大而长期的数据积累。如果说一个人或企业可以在一定时间内"骗人"的话，但是，这个人或企业将无法掩盖长期以来的行为数据。人的信用最佳体现，并非仅仅是自我积累的信用额度，而是一种长期的、综合的、跨领域的行为标准问题。即便在工业 3.0 时代，这些复杂的信用模式还处在科幻状态，但在工业 4.0 时代，则完全可以通过大数据和移动客户端的普及变为现实。新型银行的业务基础与传统银行重合——信用，最有价值的信用标准恰恰掌握在网络服务提供者手中。也许，新型信用评价体系的建立，可能会减少坏账发生，提高资本的良性循环。同时，新型信用体系，也会让失信者无法得到必要的满足，那么，借贷的方式：抵押、质押、典当、担保等会更加昌盛起来。后者恰恰是传统金融业所擅长的领域。从这个意义上讲，新型银行的诞生不会必然导致传统金融业的萎缩，只不过是重新划分下能共定位而已。

最后，新型银行的"轻资产"平台化模式改变着金融风险和法律责任，需要立法和监管的审慎应对。传统理念上讲，吸收存款与放款比率之间的关系是引发风险的主要因素。然而，在互联网+银行的模式中，新型银行可能并非依靠向社会的吸储来运作，没有资金的社会性来源的模式，并非一定不会引发新的风险，只不过转嫁了风险的承担。若在新型银行平台化时出现问题，可能带来的影响将会是连锁反应，在这个方面，平台的风险问题往往比传统银行业更大。这些都需要央行等监管部门对"银行"的概念进行重新定位，趋利避害，在保证安全和稳健的前提下，需要加强对新型银行的引导性示范，必要的时候，应出台针对性规范。

此外，网络信息的安全性，以及用户信用、用户数据等数据产品的搜集和使用也应符合国家法律规范。在"互联网+"的模式下，传统隐私权的范围也需要重新界定。数据与隐私之间、信用与隐私之间、用户被遗忘权与知情权之间的关系问题，并非是银行业一个行业的问题，更需要国家最高层面的及时应对，也许，尽早出台一部面向"互联网+"时代的数据保护法，才是真正解决之道。

第八节　虚拟财产的继承伦理与对策

一、"互联网+"背景下虚拟财产的发展趋势

尽管现代民法已经将有形物和无形物都作为物权保护范围，不过，虚拟财产到底是一种物权，还是一种债权至今尚未有统一认定。从我国现有判例看，司法对虚拟财产的理解范围仍局限于网络游戏等服务类方面，没有突破传统"物权法定"对虚拟财产的限制。"互联网+"背景下的虚拟财产，更具有与现实社会相分离的独立性，也不局限于网络游戏等服务类财产。

首先，新时代的虚拟财产与个人信用相结合，形成新的财产权。特殊的网络账号，特别是网店、自媒体、公号等账号，本身不是单一的财产属性，是集合财产权、信用权、商誉以及知识产权为一身的综合类财产权。这种虚拟财产的抵押、担保、继承、分割和处分，都是单一物权法或合同法所不能涵盖的。

其次，虚拟财产与虚拟人格之间的关系越来越紧密。从财产权归属角度看，传统民事法律思维下的所有权主体越来越弱化，网络虚拟人格作为一种拟制人格，在虚拟财产所有权问题上，逐渐倾向于独立，既独立于现实财产，也独立于现实人格。虚拟财产的独立性体现在财产权存续不以现实人格存续为基础；财产价值评估局限于互联网财产之中，与现实财产法并无直接关联。例如，虚拟货币在网络世界中具有等价交换价值，其所有者和受益人并非是现实主体，而是网络虚拟者。特别是随着网络开放平台的扩大延伸，虚拟货币存在跨平台使用趋势，这些等价交换货币在网络上具有巨大价值，这种价

值的产生并非是可以进入现实流通需要，更多的是满足虚拟社区的"生活"所需。我国司法实践中，已经发生不少涉及虚拟财产分割的判例，当事人追求的不是现实利益分配问题，而在于虚拟社区利益分配。但这种诉求往往因现实民事法律缺乏必要制度而被忽视，大部分判决结果都无法达到双方当事人的意愿。

最后，虚拟财产的继承受到人格权处分限制。美国已经出现多起邮件账号和脸谱网账户号的继承纠纷，死者家属要求依法继承相关有价值账号，但网络服务提供者以虚拟财产涉及死者隐私问题加以拒绝。尽管美国法院最后的判决是要求虚拟财产应该继承，但网络服务提供者也仅向继承人提供了该账号的部分信息，例如家属的合影、与家属之间的来往信件等，关于账号及密码等信息并未向家属提供。虚拟财产的继承与现实财产继承不同之处在于，虚拟财产大都涉及人格权问题，网络产生的"虚拟效应"可能并非所有人都愿意将这部分财产得到"顺延"。这就产生了人格权对虚拟财产继承限制的新课题，至今在全世界范围内仍未能达到一致共识。

二、虚拟财产能否继承的伦理性讨论

虚拟财产继承问题的伦理性基础在于两个方面：一是对死者的尊重和隐私利益保护；二是保护网络资源的共享与持久。前者是人格权伦理方面，后者则是互联网技术伦理方面。对于技术伦理，2003 年联合国教科文组织通过了《关于保护数字遗产的宪章》，该文件明确"对于具备一定审美价值和思想价值的网络内容，在法律法规允许的条件下，不许任何人或者机构进行删除和破坏。"这里的"任何人"就包含了继承者，例如，继承者删除死者虚拟财产中的共享文件、视频等资料，这都属于对网络技术伦理的破坏。

雅虎公司的发言人胡力曾明确表明了对虚拟财产继承的观点："我们对在雅虎注册的每位用户作出承诺，他们在雅虎网上的活动将被保密，即便在他们去世后也是如此。"雅虎公司的这番表态至少说明了两个问题：一是用户的网络行为具有相对私密性；二是网络公司对用户网络私密性的保护责任，将延伸到自然人死亡之后。

以虚拟账号为代表的虚拟财产在网络空间的行为，既是现实社会行为的延伸，同时也产生着虚拟空间行为的效果。从价值性质上看，账号价值既有明确的现实财产属性，例如高级别的淘宝账号，也有很高的虚拟财产价值，例如虚拟货币和相关装备。从伦理角度看，账号行为既存在与现实社会的交

集，也存在仅限于网络社会的行为，往往后者才是虚拟财产与虚拟人格的立足点。因此，虚拟财产的伦理性必须结合现实社会与虚拟社会两方面因素加以考虑。

在人工智能尚未转化成现实应用的情况下，不论是虚拟人格或是虚拟财产的归属权，都属于现实人格所有，所以，虚拟财产是现实财产的延伸，虚拟人格也是现实人格在网络上的延伸。我国法律并未承认虚拟人格的独立性，更多的是将虚拟人格作为一种网络人格利益加以保护，同样，虚拟财产也是一种财产利益性质。不过，在"互联网+"发展中，虚拟人格的独立性有着越来越强的趋势，虚拟社区下的人格社会性与人格独立性都有着与现实分离的特征，在此基础上的虚拟财产，也具有明显的独立性色彩。

正是因为虚拟人格和虚拟财产与现实的相对独立性，在继承方面法律与伦理冲突就不断发生。世界上最著名的虚拟财产案件就是一起典型的伦理与法律相冲突的案件。2004年一位美国海军陆战队队员 Justin 在伊拉克执行任务时牺牲，其父希望得到儿子在雅虎邮箱中保存的照片、文字以及其他数据资料以作缅怀，遂向雅虎公司索要儿子邮箱的账号密码。但雅虎公司却以保护用户的隐私权为由拒绝了这一要求，该父为此将雅虎告上了法院。本案法官意识到这并非是一个单纯的法律问题，而是一个伦理问题。如果将账号密码判给继承者，那么就可能出现违反死者生前意愿的情况，雅虎的账号不仅涉及死者与继承者之间的关系，还很可能涉及其他网络社交与死者不希望生者看到的内容。但如果法院拒绝判决虚拟账号的继承，则可能违反继承法的相关规定。本案法官最终采取了一个折中方案，即判决雅虎公司将相关的数据资料刻录在一张光碟上交给了父亲，但账号密码仍不予交付。

雅虎账号案为全世界开了一个好头，法官创造性地将虚拟人格的伦理性与现实继承的法定性进行了协调。该案为如何协调虚拟财产继承问题创设了一个基本原则：①首先要尊重用户个人意愿；②如果用户并未表示如何继承，则适用将虚拟社区与现实社会分离的原则，继承者可以继承到账号中的现实价值部分，以及与继承者相关的部分；③虚拟财产的继承中应明确伦理性优先的基本原则。

雅虎账号案之后，在世界范围内逐渐开始了对虚拟财产继承伦理性与法定性的协调工作。德国立法规定，数字遗产按普通继承财产统一管理，在认证有金钱价值后，死者的数字遗产在死后10年内都将得到法律保护。但若没有明显的金钱价值，则适用伦理优先原则。谷歌公司则做出了其他尝试，

2013 年，谷歌推出了 Inactive Account Manager（非活跃账号管理）服务，用户可以设定当账号在一定时间处于非活跃状态后，自动将拟定好的数据信息发送给设定好的联系人，或者是由谷歌删除掉所有的数据，时间选项包括 3 个月后、6 个月后、9 个月后和 12 个月后。在用户设定的日期到期后，谷歌还会先给用户来信确认是否真的死亡。Twitter 也作出类似的规定，亲属在提供账号持有者已经去世和他们有权处理后事的证据后，可以选择将账号删除或者存档。

三、我国虚拟财产继承伦理性的协调

我国《继承法》第 3 条关于继承财产的范围没有考虑到虚拟财产伦理性的问题，这就给"互联网+"背景下的司法实践带来很大问题。虚拟人格与虚拟财产本身的伦理性是限制法定继承的重要因素，我国继承法立法于几十年前，立法忽视了虚拟财产的性质问题，也没有对虚拟人格的伦理性有过考虑，更没有涉及互联网技术伦理的注意。因此，在继承法后续的修法过程中，应对此进行增补。

在继承法修法前，虚拟财产继承伦理性问题可以通过以下几个方面进行协调解决：

第一，修正网民协议。目前我国网络服务提供者与用户之间的协议都将虚拟财产等"账号"所有权归属于网站，用户仅享有使用权。对于使用权的处分，网络服务提供者都是严格禁止或限制的。例如，腾讯公司的服务条款就规定："QQ 号码是腾讯创设的用于识别用户身份的数字标识。QQ 号码的所有权属于腾讯；QQ 号码使用权仅属于初始申请注册人；未经腾讯许可，不得赠与、借用、租用、转让或售卖 QQ 号码或者以其他方式许可非初始申请注册人使用 QQ 号码。"这种类型的网民协议，基本上将虚拟财产的继承处分权交给了网络服务提供者，不利于虚拟财产的继承。网民协议中应增加"继承条款"，给予用户自己选择是否可以继承的权利。

第二，区分虚拟财产中的人身性质与财产性质部分。从德国法的规定看，虚拟财产中仅有现实价值部分可以继承，人身性质的则不可以。在我国实践中，淘宝等电商平台已经部分改变了账号不得继承的做法，设立了处分、继承的相关程序。淘宝等电商改变的原因在于，该虚拟财产具有强烈的现实价值属性。

第三，区分虚拟财产中与继承者关联部分。雅虎邮箱案最重要的启示就

是，继承者可以得到与其生活关联部分的继承权，对于其他部分，因涉及伦理和死者隐私利益，不得继承。这个原则也可以解释 2009 年我国对传奇游戏中"屠龙刀"装备继承权纠纷案件，该案中死者游戏中的妻子与现实的妻子同时争夺游戏中"屠龙刀"的继承权。因为该"屠龙刀"有明显的现实变现价值，而死者现实妻子却不玩这个游戏，因此法院将该装备判定给了死者游戏中的妻子，这符合与继承者关联性标准。

"互联网+"与"大数据+"的结合，使得网络由产业工具变为主体，特别是在"开放平台"的"大平台"趋势下，虚拟财产继承所涉及的并非仅是财产问题，更多的是死者隐私利益保护、他人与有隐私、网络信用、网络服务提供者责任和互联网技术伦理等问题。这些问题都并非是简单的一部继承法所能解决的，甚至已不再是法律可以解决的问题。也许，尊重用户意愿、尊重社会公共利益和维护网络伦理才是真正解决之道。

四、虚拟财产与保险

腾讯公司、阿里巴巴公司两大互联网产业巨头与平安保险公司联手，利用彼此在各自领域内的影响力策划成立新公司，这一事件标志着中国互联网产业与传统产业的横向联合，是电子商务发展的新阶段。因这三个公司"掌门人"都姓马，所以该事件又被媒体形象比喻成"三马联合"或"三马卖保险"。

在这个"三马"事件中最值得关注的有两点：互联网公司与保险公司联合，以产业互补的形式实现"保险电子化"是否可行？虚拟财产作为保险的一个新险种是否可行？

从消费者购买保险的角度看，网络保险交易平台的建立将使得消费者受益。我们知道，传统保险业务中，虽然都是保险公司与当事人之间签订的协议，但是，当事人在买保险的时候面对的只是保险公司的业务人员。每一笔保险合同签订往往依靠业务员"天花乱坠"的描述，是客户与业务员单个博弈的过程，造成的结果可能会是"同样的业务，不同的价格"，保险公司也会将按照业务员业绩给与提成，提高了保险成本。在网络交易平台下，这种情况将会发生变化。一方面，所有保险合同的权利义务关系都在网上予以公示，客户不必担心自己"买贵了"，也不必再与业务员过多的"周旋"。另一方面，网络平台中交易费用非常之低，交易费用的减少可以大大降低保险价格，消费者会从中受益。

从资源优势互补角度看，传统保险产业网络化确实"很诱人"。腾讯公司以即时通讯工具起家，现今已发展成为我国互联网产业中当之无愧的龙头老大，其中最引人瞩目的就是拥有的7亿多活跃用户群体。即便是这7亿用户中存在一定泡沫成分，数亿用户群还是有的，在中国大陆地区，人手一个QQ号码或者邮箱已经成为理所当然的事实。这些用户中以年轻人居多，毫不夸张地说，中国年青一代是伴随着腾讯公司发展起来的一代。同时，保险业务领域中最稀缺的资源并不是险种，而是客户资源。腾讯公司坐拥"成长起来的一代"巨大客户群，受到本来"风马牛不相及"保险业务公司的青睐实属意料之中。阿里巴巴作为中国电商第一人，其巨大的商业潜力和安全可靠的交易平台又成为互联网公司与传统业务公司之间合作的立足点。这样一来，"出钱的出钱，出力的出力"，"有钱的捧个钱场，没钱的捧个人场"，三个巨头合作"前景"和"钱景"成为水到渠成的事情。

从互联网产业电子商务发展方向来看，金融产品网络化是一种趋势。发展电子商务是实现经济增长方式转变的重要渠道，金融产品电子商务化是其中最关键的一环。我国目前对金融电子商务化的技术准备已经做好，交易平台日益完善，信用卡和网银普及率越来越高，金融产品网络载体逐渐完备。但是，我国在立法层面尚未真正出台一部金融电子商务法，这在一定程度上阻碍了发展。然而，从产业发展与立法之间一般规律来看，往往越是法律规定模糊的地方，产业发展越"充分"。在我国电子商务已经准备好了的今天，我们有理由相信，谁先进入这块"处女地"，谁就有可能成为未来金融电子商务的领头羊。

从法律层面看，保险的电子商务化没有问题。首先，从资质和准入门槛来看，根据保监会《保险代理经纪公司互联网保险业务监管办法（试行）》的规定，开展互联网保险业务的网站，需要具备如下条件：①依法取得互联网行业主管部门颁发的互联网信息服务增值电信业务经营许可证或者在互联网行业主管部门完成网站备案；②网站接入地在中华人民共和国境内；③有与开展互联网保险业务相适应的电子商务系统，能实现投保人的全部投保信息与保险公司核心业务系统的实时对接；④具备健全的网络信息安全管理体系及安全技术，具有防火墙、入侵检测、加密、第三方电子认证、数据备份等功能；⑤中国保监会规定的其他条件。以上这些形式要求对于"三马"这样成熟的大公司而言，并不具有实质性障碍。其次，从业务操作角度看，虽然没有直接针对金融保险电子化的直接法律规定，但是相关传统业务中遵守的诸如《合同法》《保险法》等法律法规在电子商务中依然适用，所以，并不存在所谓的"法律盲区"。最后，让人担心的并不是法律规定缺失的问题，而是保险业进入电子商务领域后，衍生出来"副产品"的问题。"副产品"中最核心的问题莫过于对客户隐私的保护。保险客户各种信息将以注册或者电子合同的方式，通过电子商务平台转给保险公司，这就会额外造成客户资料被侵害的可能性。同时，网站也会存在为了推广业务或挖掘潜在客户，对用户进行"非理性"和"常规性"的"骚扰"，届时，保险广告"满网飞"的情形，确实非常令人担忧。尤其担心的是，网站是否会将用户的网络信息、网络消费记录以及各种用户信息用作保险业务推广，这必然会导致用户信息被多方商业化使用，对此法律规定尚属空白，而在大多数网站"用户协议"中都将商业化使用信息规定为用户同意条款，这就为网站或者保险公司"合理化"使用开了"绿灯"，相关诉讼尚未出现，也许日后纠纷出现之时，才是真正解决之日。

一般认为，虚拟财产是相对于现实财产的概念，指的是存在于网络之中的，对用户有使用价值之物，比如，网络游戏中的装备、网络服务中客户购买和使用的各种道具等。对虚拟财产性质的认定，在学界和实践中都尚存在较大争议，有学者认为虚拟财产是一种物，应该属于《物权法》管辖范畴，属于一种特殊的物，还有学者认为虚拟财产性质是债权的一种，应该属于《合同法》调整范围，具有明显的"服务合同"和"保管合同"的属性。

不管虚拟财产到底是物还是债，都不影响成为保险合同的标的。从保险险种来看，虚拟财产保险可以分为财产损失险和财产责任险两种。财产损失险是网络用户与保险公司之间的协议，在网民虚拟财产遭受损失后，保险公司直接向网民赔付的一种保险形式。财产责任险是网络公司与保险公司之间的协议，是网民虚拟财产遭受损失后，按照"用户协议"由网站先行赔付网民，然后保险公司再向网站赔付的一种保险形式。

我们尚不得知，"三马"新公司所要创建的虚拟财产保险究竟属于哪一种形式。如果从网民角度进行分析的话，财产责任险似乎更为有利，理由有三。其一，简化网民手续。网民不需要为自己虚拟财产另行保险，网站因为有保险赔付，也不会太多与网民"纠缠"，从而间接保护网民权益。同时，网民也避免了为自己虚拟财产价值向保险公司举证的麻烦。其二，提高网站竞争力。在网民选择网游平台之时，是否有财产保险成为网站竞争力体现的重要环节，网民当然愿意首先选择那些有责任险的网站进行游戏。其三，节约网民成本。

为自己虚拟财产投保看似简单，但虚拟财产价值几何和投保金额多少确实是个大问题，估价过低不利于财产保护，估价过高则需要支付更高的保费，如此一来，还不如将损害交由网站向保险公司买单更划算。当然，网民可以在网站投保责任险之后，自己再为虚拟财产额外保一份财产险，以确保自己网络权益得到充分保障。

虚拟财产保险的难点不在于法律层次，而更在于道德层次。虚拟财产的特点决定了财产价值的不确定性和责任的不确定性。对于虚拟财产价值的判断上，保险公司、网站和网民认识上会存在偏差。又因为虚拟财产的价值具有网络性，属于"数字财产"。在实际赔付过程中由保险公司最后买单的情况，可能会造成网络公司会受到额外的利益，从而去放纵这种损害的发生。比如，网民在游戏中的装备被盗，据评估价值为人民币5000元，按照网民的要求网络公司承担了所谓的"责任"——恢复了数据，然后，保险公司依据保险合同向网站赔付5000元，这样一来，网站在没有实际损失的情况下"白赚了"5000元钱，这无疑是因保险合同额外收益的典型情况。同时，网游中实名制尚未全面普及，网民可以通过虚拟人"盗取"自己虚拟财产，变相骗取保险金。

所以，虚拟财产保险业务所面临的道德风险极大，成为"噱头"的可能性远比成为现实高很多，也许有一天，等到网络诚信全面建立以后，虚拟财产保险业务才真正有可能成为一项可操作的业务。

第九节　红包照片的创新边界

微信作为一种网络服务，基本定位就在于社交性，不论微信支付、朋友圈、游戏、微商、摇一摇，或者是昙花一现的"红包照片"，说到底都是基于社交性为基础的。

微信与生俱来的社交性和深植于移动客户端的基因，决定了在众多社交平台一统江湖的地位。也正是这种以高社交性为根基的商业模式，拥有了超强的客户潜力和相关市场的隐含份额。微信团队目前正依靠着令人侧目的庞大用户群，不断开疆拓土，几乎涵盖了现有网络服务的各个方面。

纵向市场的成功，必然会走向横向市场的拓展。各大网络服务提供者在市场面前，一般都存在核心商业利益的固定阵地，也会有交叉市场中的"势力范围"。阿里的固定阵地就是电商，当然它也会涉及社交领域，支付宝的社交化也是一个尝试；腾讯的固定阵地就在于社交，电商和支付也逐渐变成势力范围；百度的固有阵地就是搜索，O2O 的尝试也做得越来越好。可见，以 BAT 为代表的网络巨头们发展趋势，都是纵向+横向，如同 20 世纪 90 年代港台明星，"演而优则唱，唱而优则演"一样。不把"鸡蛋放在一个篮子里"的道理，与互联网公司在市场上"只有第一，没有第二"的理念都是一致的。

单说红包照片，毫无疑问，这是微信团队的一个尝试，社交化如果能加上支付功能，就会"寓教于乐"，齐头并进的商业尝试不是一个坏事。从微信传播性来看，主体的展现和旁观者的窥私是一个问题的两个方面。传播目的一个就是思想，一个就是秘密。思想通过秘密加以表达的最好方式，可能就非微信这种熟人圈莫属。

熟人圈的展现，如果涉及秘密，那就要与隐私相关。说到底，隐私在民事权利领域也是一种权利，既然是权利，民事主体就有决定展现和不展现、决定向谁展现、决定如何展现的权利。当然，这种秘密若是违反了法律，或者侵害了其他人合法权益，则另当别论。

从网络服务提供者角度看，红包照片不会让微信变成第二个快播，这是为什么呢？快播本身与微信一样，都是一个平台，运营主体性质是网络服务提供者（ISP）。网站本身并不产生内容，所有内容都是网民或其他人上传的，按照技术中立性原则，网站仅按照"避风港规则"或"红旗规则"承担过错责任。快播之所以触犯了法律，并非是技术的过错，也不是平台责任的特殊性规定，而是快播滥用了 P2P 技术。例如，用户在使用快播时，只要对存在自己硬盘里的视频看过十次，或所有用户看过某一本地硬盘的视频超过十次，那么，快播就会将这个视频作为"热门视频"，以缓存的方式存在自己遍布中国的 2000 个服务器之中。然后，快播再将这些"保存"下来的视频，通过直接或间接的方式向其他本来硬盘中没有这些视频的用户推广。如此一来，快播平台就变了性质，从网络服务提供者变成了发布者和传播者，这些视频出现问题，快播当然难辞其咎。

微信的红包照片不同，微信平台本身并不对照片控制，也不会直接或间接推荐给超过发布者意愿的第三人。因此，平台在红包照片功能的实质是网络服务提供者，而不是发布者或传播者，即便是照片本身出现问题，平台也不承担责任。

值得注意的是，在一些特殊情况下红包照片功能也会让微信平台产生责任，主要是在权利人发现自己权利被侵害，或者有人向微信平台举报照片存在违法性问题后，平台没有及时履行责任的，这时，平台就要和直接侵权人承担连带责任了。

从昙花一现的红包照片实践中，我们惊奇地发现了一些问题，这些问题使得红包照片成为传播学上的一个重要案例。首先，用户的"窥私欲"没有预想的那样强，没有发现太多的用户愿意花几块钱去"揭开面纱"。这可能与朋友圈内一贯秉承的开放性有关，本来用户在朋友圈的照片就已经不少了，谁还愿意花钱去看。其次，智能手机技术性的"可怕性"让真正想发"私密照"的人不敢这样做。智能手机的功能都能"截屏"，即便是用户自己删除了相关东西，或微信停止了相关服务，不过，图片仍会以照片的方式存在别人手机端，"尾大不掉"是个常识，毕竟，手机还没有"自爆"功能。再次，标题党实在"深入人心"，红包照片事件出现了大量"标题党"，图文不符已成定论，这直接反映出网络诚信的缺失，甚至反映出人与人之间的信任度问题。最后，与其他网络事件一样，红包照片事件中也存在一些个别的用户侵权情况，PS了别人照片，侵害他人肖像权或名誉权。

最后一个非常纠结的问题，如果利用现在的"红包照片"或以前的"阅后即焚"等功能，传播不雅照的话，到底该如何定性？我认为，从传播主体看，如前所述，网站性质与快播性质不同，红包照片中的传播主体是用户个体，一般不存在牟利，一两张照片，既达不到刑法上讲的"数量"要求，也谈不上"情节严重"。同时，微信圈说到底也是熟人社会，社会危害度毕竟有限。所以，没必要对此上纲上线，娱乐一下，一笑了之。

第十节　网络算法应纳入法治轨道

当下网络直播出现的各类问题，归根到底都是内容安全与合规的问题。目前直播内容相关的专门立法并不少，从《网络安全法》到网信办直播新规都对内容安全做了底线性规定。但从直播内容存在的时空权重看，内容产生于用户，分发于平台，接受于用户。实践中，立法对内容产生者——短视频制作者和主播作出了比较明确的规定，甚至各个平台也作出了更进一步的公约自律细则；对直播观看者和传播者，立法也给予举报的权利和传播者的责任。然而，我们忽视了一直存在的一个重要环节——平台推荐分发的算法到底有没有问题。

算法就是网络时代计算机运行的过程。大数据时代，算法为王，数据次之，相互支撑，缺一不可。算法在大数据的基础上，按照不同的参数与目标，构建着不同的互联网帝国。算法针对网络直播而言至关重要，主要体现在以下几个方面。

首先，算法决定内容展现。不论用户上传的是文字和图片，还是视频或直播，算法都需要将这些抽象出特征，分门别类进行统筹标记。如何标记或拣选，就成为算法决定内容的关键。当然，对于违法违规的视频，算法也可以从根源上就进行拦截，让非法内容无迹可寻。

其次，算法决定让什么样的人群看到什么样的内容。很多用户认为，自己看到的就是自己想看到的，这种说法在算法面前不值一提。直播平台推荐分发系统，会按照用户标签、兴趣点、位置、相似用户喜爱偏好、在线时间、使用机型，甚至诸如点赞、打赏、分享、放大观看等行为细节来设置算法匹配。在技术层面，不是用户决定自己看什么，而是平台在决定用户能看到什么。在商业领域，平台作出这一判断的基数是算法，价值衡量点在于商业利益。

最后，算法决定何种内容能够广泛传播。在商业环境中，很多平台将算法作为商业手段，采用用户购买等方式转移给用户自己，比如，购买头条、热门、热搜、关键词竞价等情况。这些商业干预算法分发内容的做法，其实也是一种算法。同时，直播平台必须为用户减少不喜欢见到的内容，比如，广告、软文或者用户可能认为是无聊的东西。做到这一点，平台也必须依靠算法，当然用户也可以自己手动选择喜欢或不喜欢。一旦用户这样做，平台的算法必须记住用户的选择，做到下次展现或不展现一些特定内容。

可见，直播时代真正的"王"并非是网红，甚至不是数据，而是算法。更进一步讲，算法是将网红培养成网红的根源，算法是将大数据转化成人工智能学习的根源，算法是直播平台决胜市场留住用户的根源。

即便是算法如此重要，但现今法律却对算法没有直接规定。很多人说，算法为王的根源在于算法中立，即算法是技术中立的重要方面，这种观点是片面的。算法本身从来都不是中立的，码农们拿的是平台给的工资，自始至终，算法是市场主体追求商业利益的产物，是商业价值与道德标准在网络世界的体现。在网络直播中的绝大部分问题，都与背后的算法有着直接或间接的关系。

若要全面实现网络直播的法治化，必须要从算法下手。

第一，要确立算法价值判断标准公开。算法不能仅作为商业秘密，更应被看作是涉及公共利益的关键所在。在直播领域，平台如何分发内容、内容判断标准、推荐标准、干预手段等关键性环节应向主管部门公开，甚至在每一次网络内容安全事故后，都需要检讨算法是否存在问题。

第二，应在行业协会成立算法道德委员会。商业价值不能作为算法分发推荐的唯一标准，"道德算法"也应被融入其中。特别是对未成年人或学生，按照实名注册信息的相关标准应符合网安法对青少年网络健康发展的基本要求。

第三，在立法上明确算法的性质。符合法律法规、自律公约和道德规范的算法具有中立性，但违反法律强制性规定，怠于履行法律义务和社会责任，只顾商业价值不顾道德标准的算法必须承担法律责任。实践中，我们总是强调总编辑需要承担内容安全性第一责任，不过，在互联网时代，商业策略和算法制定者、决策者也应承担相应责任。换句话说，违反法律和道德标准的算法决定者法律责任应明确写进立法之中。

第十一节　网络时代学术评价体系反思

2017 年 9 月，浙江大学发布了《优秀网络文化成果认定实施办法（试行）》，该办法规定优秀网络传播成果经申报认定后，将等同于"一级学术期刊"或"核心期刊"的学术成果。这是国内高校首次将网络和电视的优秀传播成果上升为学术认定体系，代表着与时俱进的学术评价标准新趋势，也是对僵硬老旧学术环境的深刻反思。

我国高校现有的学术评价体系中，发表在核心期刊的文章和课题数量是衡量一个学校、一个专业和一个科研人员学术资质的基本要素。以核心期刊为中心的学术认定制度，将硕士博士能否毕业、教师能否晋级、学科硕博点能否申请、科研考核能否过关等高校活动完全取决于能否发表足够数量的核心期刊。"唯核心论"的学术评价体系在我国高校发展史中，因能量化科研成果，保证公开公平和公正的科研环境，确实曾发挥过非常重要的作用。不过，"唯核心论"在互联网时代正在变成阻碍学术自由和发展的羁绊。

核心期刊影响因子的计算标准诞生于 20 世纪 60 年代的美国，本来是作为期刊数据库遴选指标使用，没想到若干年后竟成为中国高校学术评价的核心标准。互联网时代成果传播的点击量和转发率，早已替代产生于工业时代的阅读数与引注率。核心期刊阅读数量与门户网站、"两微一端"的受众数量早已不能同日而语。

更为重要的是,"唯核心论"背景下的"学术规范"已经沦为现代版的"八股文"。从"破题"的摘要开始,到"承题"的关键词、绪论,再从"起讲""入手"的问题提出和域外介绍,直到"起股"和"中股"的问题阐述才算步入正题,最后还必须加上"后股"和"束股"的尾注、脚注和参考文献。一篇符合"八股文"学术规范的核心期刊动辄三五万字,真正有价值的部分很难超过三五千字的篇幅。为了适应这种晦涩拖沓的写作规范,很多高校甚至专门开设了核心期刊写作规范的课程。学者写文章就是为了研究问题,诞生于工业时代核心期刊形式要求,却把文章变成了"八股",这也诞生出一大批于世无用的"论文博士"和"论文教授"。

更不要说核心期刊时效性,更是令人匪夷所思,一篇时效性很强的文章动辄排队数月之久,等文章真正发出来后,时效已过。这也是为何核心期刊难以产生针砭时弊和有的放矢好成果的根源所在。

互联网成果则不同,在保证时效性的同时,融媒体时代成果形式多种多样,用户的点击量、转发量和评论参与度成为成果影响力的硬指标。特别是近年来传统媒体的成功转型,在媒体与互联网大融合背景下,一大批有专业素养和学术精神的学者、科研机构和政府部门更愿意通过"两微一端"等新媒体方式首发和传播学术思想。很多网络成果的学术价值和影响力远远超过核心期刊,政府更愿意采纳,社会更愿意接受,业界更愿意吸收。

现有的学术评价体系与学术价值存在的这些矛盾,科研机构和高校管理者不能视而不见。学术评价应该更关注于成果本身的价值和影响力,而非是否发表于核心期刊。浙江大学的学术评价新规开启了我国高校学术评价标准的改革先河,这对该校的师生是一大幸事,因为大家终于可以抛开"影响因子""八股范式"和"学术关系",去写点对得起时代的真东西了。

第一节 "互联网+"对民法典编撰的影响

十八届四中全会明确提出开始民法典编撰工作，这是关系到未来中国经济发展和人权保护的盛事，也是关乎民生民权的大事。从时代意义上看，我国民法典编纂工作始于工业 3.0 时代，将实施于工业 4.0 时代，这就给立法时代性提出了要求。立法现代化是法治现代化的前提，不仅需要立法技术的现代化，而且需要立法理念的现代化。我国民法典编撰已近高潮，新时代民法典完全有可能在十三五规划期间正式出台。[1]

一、民法典编撰应符合"互联网+"的时代要求

任何国家的民法典制定都印着不同时代的特征。法国民法典是资产阶级大革命的产物，通篇都洋溢着"从身份到契约"的精神；德国民法典则是德国统一的产物，既涵盖了保守主义思想，又展现出工业生产的时代特点。中国制定民法典正值互联网技术昌盛之际，网络技术已经将民事生活各个方面"互联互通"，只有将互联网技术的特征深刻印记到民法典中，才能真正显现立法的"指引作用"。从工业革命的角度看，技术革命对近现代民事立法的影响分为四个阶段。

第一阶段是蒸汽机时代（工业 1.0 时代）。这个时代的技术特点在于蒸汽机代替了人力、畜力和水利，新兴的资本主义原则在于"经济增长就是至

---

〔1〕 2016 年 3 月 4 日，十二届全国人大四次会议发言人傅莹发布消息称，制定民法典将分两步走，第一步是制定民法总则，第二步是全面整合民事法律。按照傅莹的发言，我国民法总则草案将于 2016 年 6 月份提请人大常委会审议。参见傅莹："民法典编撰分两步，预计六月提请审议民法总则"，载 http://www.thepaper.cn/newsDetail_ forward_ 1439244.

善"〔1〕，"家庭和地方社群崩溃，取而代之的是国家和市场"〔2〕，"市场"最重要的特点就是人"从身份到契约"的转变，从出身论转化为市民论。这个时代的市民性质虽与现代社会中的公民身份还有不同，仍缺少政治上的权利，不过，市民身份在社会经济层面与罗马法时期的"家子"已有性质上的差别。例如，《法国民法典》首次将"自由与平等"作为立法的基本原则。〔3〕该法典也首次以法律的形式强调了契约自由与契约神圣原则。〔4〕

第二阶段是电气化时代（工业2.0时代）。这个时代特点在于公民意识的提升，民事立法开始强调公平责任和责任保险，绝大多数的现代民事责任理论都诞生于这个时代。电的发明和普遍使用让人类首次对自然界拥有了强大的改造能力，大机器生产、集约化经营、飞机汽车和高危产业都肇始于这个时期。《德国民法典》诞生于19世纪末，它的特殊之处在于，这部法律开始讨论的时代仍是蒸汽机时代〔5〕，等到这部法律诞生之日就变成了电气化时代（1900年正式开始适用）。与其说电气化对德国民法典的影响存在于个别特殊责任的法条之中，倒不如说，电气化对德国各邦之间的统一适用起到了关键性作用。这是因为，电气化让社会重新分工，集约化和容克地主经济被电气化作为工具协调起来。

第三阶段是信息化时代（工业3.0时代）。这时代是互联网技术应用的起始，网络开始以工具的形式存在于民事生活方方面面，网站特殊责任形式、互联网金融和网络经济规律开始逐渐被写入法律。信息化时代与电气化时代的本质区别就是数字化和网络成为社会经济发展的趋势。在这个时代中，不仅网络平台、互联网经济、电子合同、电子证据、数据权利、虚拟人格、虚拟财产等新兴民事法律名词层出不穷，而且大数据、云计算、人工智能等跨时代技术也初见端倪。

工业3.0时代的民事法律与之前的两个时代的编撰新的民法典不同，各国大都以修法或补位立法等方式适应法制现代化进程。电子商务法、电子证据法、个人信息保护、避风港规则、红旗规则、实质性非侵权用途等适应于

---

〔1〕 ［以色列］尤尔瓦·赫拉利：《人类简史》，林军宏译，中信出版社2014年版，第307页。
〔2〕 ［以色列］尤尔瓦·赫拉利：《人类简史》，林军宏译，中信出版社2014年版，第353页。
〔3〕 参见《法国民法典》第8条：所有法国人都享有民事权利。
〔4〕 参见《法国民法典》第1134条中：依法成立的契约，在缔结契约的当事人间有相当于法律的效力。
〔5〕 德国的民法编撰工作开始于1871年近代德国统一后，1874年正式成立"准备委员会"标志着民法典编撰工作正式开始。

网络时代的法律原则和新判例不断出现。不过，也产生了不少因新技术与旧制度之间的矛盾，为了解决这些问题，包括我国在内的世界各国，都进入到修改旧法和确立新法的高峰期，形成了在世界范围内更加趋同的互联网法律体系。现如今，因互联网的互联互通引发的全球融合一体化，直接导致工业3.0时代必将成为世界民事法律趋同和融合的新时代。例如，起源于美国千禧年版权法的避风港规则和红旗规则，现如今包括欧洲和中国在内的世界各国都在适用；2015年在我国召开的第二届互联网世界峰会中，习总书记提出的世界互联网治理体系变革的四个基本原则〔1〕，得到了世界各国的认可，并广泛适用在处理世界相关互联网问题上。

第四阶段是"互联网+"的时代（工业4.0时代）。互联网作为工业4.0时代的主要标志，通过3.0时代的充分发展，新兴产业已经完成了资本初始积累和技术革新，随着移动客户端的普及，在大数据、云计算、云存储等比较成熟的技术支持下，互联网产业的性质正在发生变化。互联网已经不再是产业的"工具"，而逐渐转化成产业的主体与核心。如果说工业3.0时代的特点是"产业+互联网"的话，那么，工业4.0时代的特点就是"互联网+产业"。这是时代对民事生活将产生巨大影响，甚至是翻天覆地的改变，对待那些因"互联网+"、大数据、云计算、分享经济基因产生的工业4.0新问题，已经不能再套用旧有的民事立法思维和原则。

立法本身是一门科学，要求立法者能够按照科学的要求，准确把握经济社会发展的规律、对未来的发展做出一定前瞻性的预见。〔2〕结合"互联网+"的产业和技术背景，新时期新技术、新产业和新理念对民事法律的影响主要包括四个方面：第一，大数据、云计算和虚拟人格对传统隐私权等人格权的影响。第二，"互联网+"与分享经济模式对网络平台责任和网络中立性的影响。第三，工业4.0产业革命对消费者和用户权益的影响。第四，网络经济和虚拟财产对财产权属的影响。以上四个方面影响就是新时期在"互联网+"背景下对民法典编撰工作提出的挑战，能否以创新的理念产生创新的立法，就成为决定我国本次民法典编撰工作能否实现法治现代化的关键所在。

二、"互联网+"对传统人格权的挑战

人格权是随着现代私法，在工业3.0时代之前逐渐发展起来的概念，包

---

〔1〕　即尊重主权原则、维护和平安全原则、促进合作开放原则和构建良好秩序原则。

〔2〕　王利明："法治：良法与善治"，载《中国人民大学学报》2015年第2期。

括隐私权、名誉权、信用权等人格权均以现实社会发展为适用基础。在"互联网+"的时代，这种传统人格权保护理念受到大数据和互联网的挑战。

（一）大数据对传统隐私权的挑战

隐私权作为绝对权一直是人格权的核心，在互联网免费时代隐私权逐渐被商事化，数据权逐渐初露端倪。大数据精准营销扩展了个人数据商业化使用范围。在"大数据+"背景下，个人隐私权因用户接受免费服务、个性化服务以及特殊网络服务需求逐渐弱化，在一定程度上被"网民协议"的契约所限制，存在由绝对权向相对权转变的趋势。

网络精准营销又被称为"定向广告"[1]，是指网络公司通过对用户网络行为的数据分析，推算出用户目前，或潜在的消费趋势，并以此作为投放广告类型依据做出的特殊网络广告。网络精准营销是根源于大数据技术支撑的现代网络商业经营模式，包括美国、欧洲在内的网络公司都在使用[2]。从实践上看，网络精准营销行为改变的仅是网络广告的内容，而非广告发送方式。网络经营者所搜集的数据，也仅在于对不可识别用户行为的分析，即cookies分析，并非针对涉及用户隐私的数据。不过，正是因为精准营销与用户之间在数据搜集和使用方面千丝万缕的联系，让诞生于工业3.0时代的隐私权与诞生于工业4.0时代的大数据营销出现了冲突。2015年南京鼓楼区法院审理了"朱烨诉百度隐私侵权案"一审和二审出现截然不同的判决，直接反映出我国司法对隐私权与大数据之间认识的矛盾。[3]

现有的法律规定实际是将网络经营中大数据使用的商业行为与民事主体之间的隐私权剥离开，试图以重新解释的方式来解决传统隐私权与大数据的对立问题。[4]不仅我国如此，美国类似的判例也是将"是否具有可识别性"作为隐私权保护的界限。美国加州发生"Kevin LOW 诉 LINKEDIN CORPORA-

---

〔1〕 中国广告协会互动网络分会在2014年制定实施的《中国互联网定向广告用户信息保护行业框架标准》中对精准营销的定义为："通过收集一段时间内特定计算机或移动设备在互联网上的相关行为信息，例如浏览网页、使用在线服务或应用等，预测用户的偏好或兴趣，再基于此种预测，通过互联网对特定计算机或移动设备投放广告的行为"。

〔2〕 美国联邦贸易委员会在2009年公布的《在线行为广告自我监管原则》对精准营销的定义为则更为精确：为了给用户提供符合其利益的广告，而追踪用户线上活动的行为。

〔3〕 本案一审法院认为大数据精准广告侵害到了用户的隐私权，二审法院则认为精准广告基于大数据，不具有对用户"可识别"信息的侵害，故不构成隐私权侵权。

〔4〕 工信部《电信和互联网用户个人信息保护规定》第4条对保护"个人信息"范围的界定："本规定所称用户个人信息，是指电信业务经营者和互联网信息服务提供者在提供服务的过程中收集的用户姓名、出生日期、身份证件号码、住址、电话号码、账号和密码等能够单独或者与其他信息结合识别用户的信息以及用户使用服务的时间、地点等信息。"

TION"案说明，网络"不可识别"的信息不是法律保护范围，对这些信息的使用不属于侵害隐私性质。[1]美国法院认为，原告无法证明被告确实将包含原告个人浏览习惯的浏览记录和原告的个人识别信息联系起来，既然数据不能与特定人相联系，那么，这些数据就属于"不可识别"的信息，因此，法院认为被告公司对数据的使用合法，不存在侵害原告隐私的行为。在该案二审中，法官认为被告公司所使用和搜集的数据不具备可识别性的信息，即使交给第三方使用，也对被搜集的原告产生不了任何影响或伤害，所以维持原判。[2]

在隐私侵权责任构成上，美国侵权法与我国大同小异，都将"损害"作为侵权责任构成必要要件。损害的构成需要满足以下条件：存在"具体和详细的"（"concrete and particularized"）"事实上的损害"（"injury-in-fact"），并且这种损害是"实际的或迫近的"（"actual or imminent"）。基于同样的理由，美国法院在2012年苹果手机应用案中重申了法律所保护隐私的范围。[3]法院认为，原告用户不能证明被告的行为有严重违反社会规范的侵犯隐私权的行为，而且认定被告公司数据的采集和转让并没有对被告造成"实质性"的损害，从而驳回了原告用户的诉求。

同时，精准广告的发送与法律所保护的安宁权很相像，不过二者并非同一性质概念。前者是指广告内容与用户类别的对应关系，后者则是违法向用户直接发送广告的行为；前者表现方式大都为浏览页面广告的特殊化处理，用户不会被额外的广告所打扰，后者表现方式则大都为骚扰短信、骚扰电话、垃圾邮件等典型侵害用户安宁的行为；前者数据来源于大数据，即无法辨别个体身份信息的数据计算，后者数据来源则是赤裸裸的非法窃取、买卖和利用用户的身份信息。[4]

对于大数据与隐私权之间千丝万缕的关系，中外判例大都将大数据采集和使用豁免于传统隐私权之外，这样做的好处是避免了隐私权对新技术的羁

---

〔1〕 该案中，用户声称被告公司将用户唯一识别码以及用户IDs与"cookies"或"beacons"相联系，使得用户的个人信息能够和用户大量的浏览记录形成对应关系，并且被告公司还将这种"有识别性的浏览记录"故意泄露给第三方，侵犯了原告的隐私权。

〔2〕 朱巍："网络精准营销与隐私权保护分析"，载《人民法院报》2014年8月14日。

〔3〕 苹果手机用户认为苹果公司非法许可在I Devices上运行的第三方应用，以商业目的在用户不知情的情况下，采集并使用其个人信息，侵犯其隐私权。法院查明，被告苹果公司采集的信息包括：地址、当前位置、用户的性别、年龄、邮政编码和时间、APP特定信息等。参见朱巍："网络精准营销与隐私权保护分析"，载《人民法院报》2014年8月14日。

〔4〕 朱巍："大数据背景下的精准营销与隐私保护"，载《法治周末》2014年8月13日。

绊。不过，现实中确实存在网络公司对用户数据野蛮攫取的情况，若仅以判例的方式豁免网络公司的隐私义务，则很可能会伤害到用户权益。这种基于大数据被采集者的新权益，非常类似于传统隐私权，但却以"不可识别"被理论和判例排斥在隐私权之外。从今后的发展趋势来看，随着网络技术和高科技的进一步发展，个人信息和隐私之间的关联性也将进一步加深。[1]因此，未来民法典应该将大数据背景下的用户数据权作为一种独立的人格权对待，确定数据权的内涵和外延，借此来衡平技术发展与人格权保护的微妙关系。

（二）被遗忘权应被确立

2014年欧盟法院以判例的方式确立"被遗忘权"，要求搜索引擎网络服务提供者应按照公民意愿，对一些历史网页中使人尴尬的图片和内容履行删除义务。从学理上讲，被遗忘权根源于隐私权，属于公民人格自由下的数据自由权利。从性质上讲，网络被遗忘权属于网民的私权利，能否对抗新闻自由或公共利益宪法上的抗辩还需分情况看待。从被遗忘权类型上进行分析，欧盟法院对被遗忘权的构成提出了三个要件：不必要、不相关和已过时。[2]虽然欧盟法院对被遗忘权的判断是基于网络搜索引擎的，不过，对于一般网络服务提供者仍有重要参考价值，至少说明欧盟法院对待个人数据保护的态度问题。[3]

从欧盟法院的判例可以分析出，被遗忘权的性质应属于人格权性质，是一种发展中的人格权。一般人格权作为被遗忘权的一般性基础源于人格自由，人格自由包括人对自己信息的控制权和处分权，其与自我决定权相结合之后，人格自由不仅是一种基础性权利，而且可以上升为实体权能的实质性权利。隐私权作为具体人格权在一些国家也具有一般人格权的性质，旨在强调私权利与公权力的分离，避免公民安宁权被包括公众和政府在内的其他权利所打扰。人格权的确立并非不需要一定的法律基础，被遗忘权的确立基础有两个：一是大陆法国家人格自由的一般人格权基础和自我决定权基础；二是具体人格权中的隐私权基础。

被遗忘权具有明显的私权性质，本质在于避免权利人因历史遗留的污点造成不必要的传播影响，这既符合人格自由和公民对自己信息的自我决定权，

---

〔1〕 王利明："论个人信息权的法律保护——以个人信息权与隐私权的界分为中心"，载《现代法学》2013年第7期。

〔2〕 李汶龙："被遗忘权的国际发展与本土化思考"，载《互联网前沿》2015年第2期。

〔3〕 朱巍："大数据时代被遗忘的被遗忘权"，载《法治周末》2014年6月3日。

也符合隐私权与公众知情权对抗的基本理念。不过，被遗忘权似乎不能成为隐私权的下位概念，因为，在侵权法领域中，隐私侵权的抗辩事由是公共利益或公众知情权。一旦公民个人的信息因公众关注或公共利益成为已被公开的事实，那么，隐私权就会在公众知情权面前显得无力对抗。正是这个原因，美国人对欧盟法院被遗忘权的判决多半嗤之以鼻，他们认为被遗忘权的确立必将导致公众知情权的弱小，这不符合言论自由和舆论监督。[1]

除此以外，网络法律适用的特殊性在于更多考虑技术中立性。技术发展是中立的，只有在确保技术中立原则基础上，才有可能在网络技术时代保障更长远和更多人的利益。网络时代中技术中立性基础在于，将网络服务提供者看待成中立于所有利益集团的服务者，任何过分的严格责任都将会导致中立性被破坏，必然会导致社会公共利益被侵害。被遗忘权的确立必然导致本无过错的网络服务提供者（如谷歌公司）承担更多的责任，这不仅违反了技术中立原则，而且还可能侵害到更多人的表达自由和公众知情权。因此，欧盟法院对被遗忘权的判决确实值得商榷。虽然如此，被遗忘权的确立仍对人格权保护领域具有很重要的意义，尤其是在网络时代和大数据背景下，被遗忘权应该成为网络用户的一项基本权利。不论如何，欧盟法院将被遗忘权引入司法确实是一项创举，反映出网络时代中司法在私权利保护与公共利益之间，以及技术发展与人权保护之间的利益衡平问题。这起判决，欧盟法院所要保障的是公民对个人信息拥有自我控制权。如果抛开这项判决可能对网络技术中立和表达权带来的危害，仅从网络服务提供者与网络用户之间关系考虑，就会发现被遗忘权实际非常重要，应属于网络时代用户的基本权利。

（三）虚拟人格独立化趋势明显

虚拟人格是针对现实人格而言的，是一种网络现实存在。虚拟人格至今仍是一个理论上的观念，现实法律和司法并未对此有更多涉及。通过对我国近十年的网络侵权案件回顾，尽管网络侵权案件的"受害人"大都以虚拟人格形式出现，但所有侵权责任构成认定和责任主体形式都是通过对现实人格做出的。我国司法实践中仅存在一起一审判例，判决侵权人向虚拟人道歉，但这个判例旋即被二审法院纠正。二审法院改判的依据在于虚拟人没有具体

---

[1]　朱巍："被遗忘权是大数据时代用户的核心权利"，载《中国社会科学报》2014 年 12 月 3 日。

人格，无法承担"道歉"结果。[1]

从互联网发展趋势看，虚拟人格有非常明显的"独立"趋势。一方面，虚拟人格影响大都存在或局限于网络，实践中的侵权责任却生硬的将虚拟与现实分开，这不利于被侵权者的诉求。另一方面，虚拟人格具有"独立"的虚拟财产、虚拟信用和虚拟社交范围，这些情形都是与现实分离的，同时也保障了虚拟责任的履行问题，因此，虚拟民事责任应该得到法律明确认可。

从我国互联网治理实践角度看，虚拟人格独立存在两难境地。若承认虚拟人格独立于现实人格，必将导致网络法律责任也一分为二，变成线上责任和线下责任两部分。单纯线上责任的承担与线下现实责任的分离，会让一部分网络侵权和网络违规行为得不到有力制裁，确实有减轻违法成本之嫌。然而，互联网纠纷日益增多，如果不承认虚拟人格和线上责任，就相当于把线上每年数以亿计的网络纠纷矛盾转嫁至线下的现实法院，这很可能让网络维权成本增加，浪费巨大司法资源。

目前，我国目前对虚拟民事责任做出尝试的典型就是新浪微博社区。该社区通过"社区公约"的民事契约，通过虚拟裁判的方式，以减损虚拟信用、禁言、封号等形式做到了"线上问题，线上解决"，这种以"自律公约"的形式可以在互联网内部"消化掉"大多数纠纷，更为快捷、有效地维护当事人合法权益，减少司法诉讼成本的浪费，达到利国利民的息诉和谐目的。[2] 据资料显示，新浪微博社区公约每年处理线上纠纷超过十万起，目前，该社区已经设立线上"二审机制"来确保线上裁决的准确性。毫无疑问，这种网络侵权纠纷处理方式是非常适应互联网发展的，将线上的问题交给线上解决，这可能将成为虚拟人格独立承担民事责任的伟大尝试。因此，从减少网络侵权维权成本和避免侵权损害扩大角度看，虚拟人格独立性与网络法治化是一体的。未来的民法典若能确立虚拟人格一定的独立性，势必会大量减少现实司法资源浪费，加快网络环境治理进程。

三、"互联网+"与消费者权利

（一）"互联网+"或颠覆传统消费者地位

在"互联网+"以前的时代，生产市场与消费市场是相分离的，现有生

---

〔1〕 参见"全国首例网络游戏纠纷引发名誉权诉讼案宣判"，载 http://news.163.com/05/0303/01/1DSQH7560001124T.html.

〔2〕 朱巍："互联网自律的一个里程碑"，载《光明日报》2012年5月3日。

产，后有消费。"互联网+"的时代则是相反的，工厂生产目的来源于消费者的直接个性化需求。特别是 3D 打印技术发展后，这种情况将变得越来越普及。以往的供方市场模式将被需方市场所改变，消费者将成为市场主体，批量大规模生产的现象将不复存在。同样，实体店也将被网络销售平台所取代，在未来，所谓的"商场"将仅作为产品实物展示的平台和售后服务场所。

所以，"互联网+"下的消费者不仅作为商品的购买者，而且还成为产品的设计者、提供信息者，甚至还可能成为产品的"协助"生产者。消费者性质的改变，必将影响产品质量法、侵权责任法、消费者权益保护法中对商家的责任和消费者权益保护范围。从法学理论上讲，一旦"互联网+"产业模式将消费者变为产品生产的"合作方"，那么，消费者权益保护范围就必须予以调整，商家"三包责任""无理由退货"、产品风险等责任范围就不宜"一刀切"，应根据具体案情由法院裁判。未来的消费者权益保护发展趋势，将模糊消费者的主体界限，进一步强化平台责任，更加强调个性化服务，弱化大规模产品侵权责任赔偿范围。

特别是在"互联网+"的分享经济模式中，商品和服务的生产者或提供者本身就具有消费者属性。[1]例如，网络平台的房屋短租服务、网约车服务等，提供商品和服务方并非是商事主体，而是利用互联网平台的普通用户，互联网平台则属于信息提供服务者。若发生消费纠纷，不具有直接商业利益的网络平台和非商事主体的服务提供者，能否按照传统消费者权益保护法的规定分担责任就是一个难题。说到底，将分享经济中的社会闲置资源"分享"的行为，是看作商业行为或是民事行为就成为这个问题的关键所在。如果看成是商业行为，那么，商品或服务提供者不具有商事主体资格，平台也没有直接获利（抽成模式除外），要其承担产品责任或三包责任的前提，就必须事先要求主体经过资质审核，这与分享经济模式和市场自由准入原则是冲突的；若将此看作是民事行为，则消费者就无法得到《消费者权益保护法》的有效保障，同时，商事主体的民事化也会成为政府监管市场的难题。因此，如何看待互联网+与分享经济新业态背景下的消费者性质转变就成为未来民法典应该考虑的大问题。

（二）被遗忘权或重构消费者数据权利

大数据背景下，用户数据来源极其广泛，不仅包括基本的注册资料、身

---

〔1〕 参见《中国分享经济发展报告 2016》，载于中国电子商务中心网 http://b2b. netsun. com/detail--6315040. html.

份信息，而且还包括网络行为信息，例如，用户上网浏览过的页面、看过的视频、使用软件的种类和频率、网络交易记录、搜索关键词、网络购物品种、所在位置信息，甚至包括输入法习惯和字符频率等都成为大数据分析的对象。正是因为用户在网络上的数据具有强烈的商业价值，网络公司千方百计地吸引更多的用户，保存更详细的数据记录。大数据的采集和使用并非违反法律的行为，符合《关于加强网络个人信息保护的决定》规定的"合法性、正当性和必要性"原则的信息收集、利用行为都是没有问题的。不过，按照《关于加强网络个人信息保护的决定》，以及《合同法》和《消费者权益保护法》相关规定，网络公司的数据搜集行为应得到用户的事先授权。实践中，这种授权一般是通过"网民协议"达到的，换句话说，只有选择使用某种软件或服务的用户数据，才是网络公司合法采集范围。[1]

正是因为大数据时代中网络公司对数据的盈利模式，以及隐蔽的网络技术，导致用户与网站之间信息的严重不对称，技术优势本身使得网络服务提供者应具备的技术中立性被自己破坏。如果法律不倾向性保护相对弱势的用户权益，那必将使得大数据时代成为数据掠夺时代。被遗忘权应该在未来立法中被重视，用作约束网络公司非法掠夺用户数据的有效武器，主要体现在三个方面：第一，网站应明示数据搜集的范围、用途和期限。第二，用户拥有对自身数据的控制权，被遗忘权就是要求网络商在用户不再使用软件或服务时，应主动将用户之前注册信息、身份信息和其他相关数据予以删除。第三，监管部门应对网络应用上市前作出一定的技术监控，避免恶意软件、恶意插件违法偷取用户数据。

四、"互联网+"对财产权的影响

"互联网+"最大限度地将"线上和线下"产业结合在一起，通过网络平台形成不同于传统财产权的新法律关系。诞生于工业 3.0 时代的虚拟财产将在工业 4.0 时代时性质发生重大变化，必将成为区别于传统财产权利的新权属。从我国现有判例看，司法对虚拟财产的理解范围仍局限于网络游戏等服务类方面，没有突破传统"物权法定"对虚拟财产的限制。"互联网+"背景下的虚拟财产，更具有与现实社会相分离的独立性，也不局限于网络游戏等服务类财产。

---

〔1〕 朱巍："被遗忘权是大数据时代用户的核心权利"，载《中国社会科学报》2014 年 12 月 3 日。

（一）虚拟财产将形成新的财产权

一般认为，虚拟财产是相对于现实财产的概念，指的是存在于网络之中的，对用户有使用价值之物，比如，网络游戏中的装备、网络服务中客户购买和使用的各种道具等。对虚拟财产性质的认定，在学界和实践中都尚存在较大争议，有学者认为虚拟财产是一种物，应该属于《物权法》管辖范畴，属于一种特殊的物，还有学者认为虚拟财产性质是债权的一种，应该属于《合同法》调整范围，具有明显的"服务合同"和"保管合同"的属性。[1]特殊的网络账号，特别是网店、自媒体、公号等账号，本身不是单一的财产属性，是集合财产权、信用权、商誉以及知识产权为一身的综合类财产权。这种虚拟财产的抵押、担保、继承、分割和处分，都是单一物权法或合同法所不能涵盖的。[2]

从财产权归属角度看，传统民事法律思维下的所有权主体越来越弱化，网络虚拟人格作为一种拟制人格，在虚拟财产所有权问题上，逐渐倾向于独立，既独立于现实财产，也独立于现实人格。虚拟财产的独立性体现在财产权存续不以现实人格存续为基础，财产价值评估局限于互联网财产之中，与现实财产法并无直接关联。例如，虚拟货币在网络世界中具有等价交换价值，其所有者和受益人并非是现实主体，而是网络虚拟者。特别是随着网络开放平台的扩大延伸，虚拟货币存在跨平台使用趋势，这些等价交换货币在网络上具有巨大价值，这种价值的产生并非是可以进入现实流通需要，更多的是满足虚拟社区的"生活"所需。我国司法实践中，已经发生不少涉及虚拟财产分割的判例，当事人追求的不是现实利益分配问题，而在于虚拟社区利益分配。但这种诉求往往因现实民事法律缺乏必要制度而被忽视，大部分判决结果都无法达到双方当事人的意愿。

在"互联网+"的背景下，虚拟财产被重新定义，甚至已经形成了新的"险种"。[3]网民虚拟财产遭受损失后，按照"用户协议"由网站先行赔付网民，然后保险公司再向网站赔付的一种保险形式。虚拟财产的难点不在于法律层次，而更在于道德层次。虚拟财产的特点决定了财产价值的不确定性和责任的不确定性。对于虚拟财产价值的判断上，保险公司、网站和网民认识上会存在偏差。又因为虚拟财产的价值具有网络性，属于"数字财产"。在实

---

〔1〕　参见林旭霞："虚拟财产之法律意义"，载《福建法学》2007年第2期。
〔2〕　朱巍："探讨互联网+与民法典修订"，载《法制日报》2015年5月20日。
〔3〕　朱巍："虚拟财产可以保险么"，载《北京日报》2012年9月5日。

际赔付过程中由保险公司最后买单的情况，可能会造成网络公司会受到额外的利益，从而去放纵这种损害的发生。比如，网民在游戏中的装备被盗，据评估值为人民币 5000 元，按照网民的要求网络公司承担了所谓的"责任"——恢复了数据，然后，保险公司依据保险合同向网站赔付 5000 元，这样一来，网站在没有实际损失的情况下"白赚了"5000 元钱，这无疑是因保险合同额外收益的典型情况。尽管虚拟财产的保险在现在看来似乎仍然是困难重重，不过，以此为代表的虚拟财产的独立性却应该引起立法者的足够重视。

（二）网络财产的继承权的特殊性

我国《继承法》第 3 条关于继承财产的范围没有考虑到虚拟财产伦理性的问题，这就给"互联网+"背景下的司法实践带来很大问题。虚拟人格与虚拟财产本身的伦理性是限制法定继承的重要因素，我国继承法立法于几十年前，立法忽视了虚拟财产的性质问题，也没有对虚拟人格的伦理性有过考虑，更没有涉及互联网技术伦理的注意。[1]

虚拟财产继承问题的伦理性基础在于两个方面：一是对死者的尊重和隐私利益保护；二是保护网络资源的共享与持久。前者是人格权伦理方面，后者则是互联网技术伦理方面。对于技术伦理，2003 年联合国教科文组织通过了《关于保护数字遗产的宪章》，该文件明确"对于具备一定审美价值和思想价值的网络内容，在法律法规允许的条件下，不许任何人或者机构进行删除和破坏"。这里的"任何人"就包含了继承者，例如，继承者删除死者虚拟财产中的共享文件、视频等资料，这都属于对网络技术伦理的破坏。

雅虎公司的发言人胡力曾明确表明了对虚拟财产继承的观点："我们对在雅虎注册的每位用户做出承诺，他们在雅虎网上的活动将被保密，即便在他们去世后也是如此。"[2]雅虎公司的这番表态至少说明了两个问题：一是用户的网络行为具有相对私密性；二是网络公司对用户网络私密性的保护责任，将延伸到自然人死亡之后。

以虚拟账号为代表的虚拟财产在网络空间的行为，既是现实社会行为的延伸，同时也产生着虚拟空间行为的效果。从价值性质上看，账号价值既有明确的现实财产属性，例如高级别的淘宝账号，也有很高的虚拟财产价值，

---

〔1〕 朱巍："继承法大挑战：网络账号和虚拟财产到底能不能继承"，载《澎湃·法治中国》2016 年 2 月 2 日。

〔2〕 戴昱："论数字遗产继承的相关法律问题"，载《法律适用》2012 年第 5 期。

例如虚拟货币和相关装备。从伦理角度看，账号行为既存在与现实社会的交集，也存在仅限于网络社会的行为，往往后者才是虚拟财产与虚拟人格的立足点。因此，虚拟财产的伦理性必须结合现实社会与虚拟社会两方面因素加以考虑。

在人工智能尚未转化成现实应用的情况下，不论是虚拟人格或是虚拟财产的归属权，都属于现实人格所有，所以，虚拟财产是现实财产的延伸，虚拟人格也是现实人格在网络上的延伸。我国法律并未承认虚拟人格的独立性，更多的是将虚拟人格作为一种网络人格利益加以保护，同样，虚拟财产也是一种财产利益性质。不过，在"互联网+"发展中，虚拟人格的独立性有着越来越强的趋势，虚拟社区下的人格社会性与人格独立性都有着与现实分离的特征，在此基础上的虚拟财产，也具有明显的独立性色彩。

正是因为虚拟人格和虚拟财产与现实的相对独立性，在继承方面法律与伦理冲突就不断发生。世界上最著名的虚拟财产案件就是一起典型的伦理与法律相冲突的案件。2004年一位美国海军陆战队队员 Justin 在伊拉克执行任务时牺牲，其父希望得到儿子在雅虎邮箱中保存的照片、文字以及其他数据资料以作缅怀，遂向雅虎公司索要儿子邮箱的账号密码。但雅虎公司却以保护用户的隐私权为由拒绝了这一要求，该父为此将雅虎告上了法院。本案法官意识到这并非是一个单纯的法律问题，而是一个伦理问题。如果将账号密码判给继承者，那么就可能出现违反死者生前意愿的情况，雅虎的账号不仅涉及死者与继承者之间的关系，还很可能涉及其他网络社交与死者不希望生者看到的内容。但如果法院拒绝判决虚拟账号的继承，则可能违反继承法的相关规定。本案法官最终采取了一个折中方案，即判决雅虎公司将相关的数据资料刻录在一张光碟上交给了父亲，但账号密码仍不予交付。

该案对我国继承法修法的启示有三点：①首先要尊重用户个人意愿；②如果用户并未表示如何继承，则适用将虚拟社区与现实社会分离的原则，继承者可以继承到账号中的现实价值部分，以及与继承者相关的部分；③虚拟财产的继承中应明确伦理性优先的基本原则。

五、"互联网+"对网络平台责任的挑战

(一)"互联网+"技术中立性抗辩将被严格限制

互联网企业提供的网络平台在为交易和社交等提供了全新、便捷的服务

的同时，也会给行为人实施违法行为提供新的机会。[1]

技术本身具有中立性，在法律上的抗辩最早被确立在 1984 年美国最高法院的索尼案判决中。"实质性非侵权用途"作为日后美国各级法院反复适用的判断技术发展是与非的标准，也重新构建了现代版权法"间接侵权"的认定标准问题。[2]互联网的中立性表现在技术中立、伦理中立和责任分担等几个方面。目前各国法律对互联网中立性的规定主要集中在"避风港规则"之上。其实，互联网中立作为基本原则不仅强调的是网络服务提供者责任的豁免问题，还在于违反中立性的责任方面。

以避风港规则为例，网站作为 ISP 承担责任的前提是得到权利人的有效通知，并怠于采取必要措施。在"互联网+"背景下，网站从 ICP 角色越来越转化成 ISP 角色，中立性对网站法律义务承担是一种特殊的"减震器"，保障和鼓励着"互联网+"产业的发展。不过，以 P2P 技术为代表的分享平台的中立性，可能要受到越来越多的约束，这种约束既来自法律底限性规定，也来自传播伦理方面的约束。2016 年初发生的"快播案"，反映出我国司法对网络中立性的边界，司法对技术中立性的态度，必须引起民法典修法者的足够重视。不论是私法还是公法，在技术中立性标准认定上应该是统一的。

从网络技术中立性在快播案中的作用分析，不难发现该案焦点并不在于 P2P 技术和缓存技术的适用合法性问题，而在于网络服务提供者是否存在法律构成上的"间接故意"，即是否对产品传播淫秽信息具有知情和放任的态度，换句话说，就是网络服务提供者是否滥用了技术中立性原则。P2P 技术的出现，基本打乱了网络传播的基本规律。基于该技术，网络受众本身就变成传播者，传播者也基于技术资源的共享，变为受众和再次传播者。这一技术从问世以来就受到包括版权人在内的很多非议。直至美国出现 Napster 案之后，美国法院将 Napster 与索尼案进行了明确区分，法院认为 Napster 实际提供的是一种服务，而非产品本身，这与索尼案中索尼公司仅提供摄像机产品性质截然不同。法院这样判断的根源在于划清"可控性"对于网络服务提供者的界限问题。Napster 案中，网络服务提供者对于服务内容是有"持续性控制"的，所以应该为侵权行为负责。[3]

---

〔1〕 杨立新："网络平台提供者的附条件不真正连带责任与部分连带责任"，载《法律科学》2015 年第 1 期。

〔2〕 吴汉东："试论'实质性相似+接触'的侵权认定规则"，载《法学》2015 年第 8 期。

〔3〕 梅臻："美国 Napster 案评析——兼论我国著作权法中的合理使用制度"，载《法学》2001 年第 5 期。

肇始于工业 3.0 时代的技术中立性抗辩一直被作为网络侵权的基本原则，即便是 Napster 案也被视为是一种极端的例外，包括美国在内，在该案之后就很少再次否认技术中立性原则。不过在工业 4.0 时代，技术中立性因分享经济模式和"互联网+"产业的普及，逐渐被社会责任和用户权益保护所侵蚀。特别是网络技术的发展，网络公司强大的技术能力与相对弱势的用户和政府监管之间，产生了巨大的认知鸿沟。特别是当"互联网+"成为市场主体后，技术中立性可能会被更广泛的滥用，因此应被重新定位。一方面，网站角色从技术提供者的工具性逐渐变为行业主体，存在广泛的纵向商业竞争因素，这就需要强调中立性的商业伦理责任。另一方面，"互联网+"产业作为新型产业，网络公司不仅要承担技术上的中立性，而且还需要遵守行业内的法律法规，法律实践对网站中立性的考察不能仅限于侵权法，更应从特殊行业规则考虑。对此，立法者要有两方面的警惕：一是要警惕过分严格的技术中立性标准，可能会阉割技术发展速度；二是过于宽松的技术性标准，则可能让现实的底线性规定变成一纸空文。

（二）传统网络平台责任在分享经济中的异化

传统观点认为，网络交易平台提供者的地位，当然就是为销售者、服务者与消费者之间进行网络交易提供平台支持的网络企业法人，即具有一定特殊性的民事主体。[1]不过，在"互联网+"产业的模式中，更多的是将网络服务提供者作为产业主体，来"链接"服务者和用户，具体链接的渠道就是信息交互。因此，在"互联网+"产业的模式中，责任承担主体就发生了变化。特别是在分享经济模式中，以网络平台为核心的"互联网+"产业模式颠覆了传统网络平台经营模式。分享经济平台的最大特点在于，利用互联网完成了"点对点"的社会资源配置方式，提供产品或服务的人与接受者都是普通用户，而非商业主体。[2]

以代驾公司为例，传统代驾公司与司机之间是有雇佣合同的，如果在代驾时出现了事故，按照侵权法替代责任承担规定，是代驾公司向被侵权人承担侵权责任。然而，在"互联网+"代驾中，网络公司与司机之间是基于信息交互的合作关系，网络公司仅提供代驾信息，并不是代驾司机的雇主。因此，如果出现事故，网络代驾公司就不会按照替代责任形式承担侵权责任。这种

---

〔1〕　杨立新："网络交易平台提供者民法地位之展开"，载《山东大学学报》2016 年第 1 期。

〔2〕　参见《中国分享经济发展报告 2016》，载中国电子商务中心网 http://b2b. netsun. com/detail--6315040. html.

情况在"互联网+"产业模式中将越来越多的出现，包括网络代驾、网络拼车、网络专车、网络家政、网络教育、网络餐饮等情况中尤为明显，互联网公司多以"非雇佣者"身份出现，这就对传统侵权法上的替代责任提出了新的挑战。传统民法上的"雇佣者责任"，在越来越多的分享经济平台责任中被否认，取而代之的是"商业保险+补充责任"的新形态。从比较法上看，近年来美国对Uber（互联网专车）的系列判决，对"互联网+"产生的新型服务行业责任承担问题，几乎都是通过增加"强制商业保险"来解决。商业保险对民事责任的介入，会使得无过错责任形式越来越多地涉及民事领域，契约责任则退化成一种"补充责任"。

新民法典的适用期间，正是我国分享经济的崛起之时，据《中国分享经济发展报告 2016》提供的数据，未来五年中国分享经济模式每年会以 40% 速度递增，在 2020 年将占到整个 GDP 的百分之十以上。在此期间，分享经济平台责任将成为网络平台责任的主要形式。因此，如何处理网络平台的连带责任、补充责任、替代责任和保险责任，就成为新民法典的重要任务之一。从分享经济与工业 4.0 产业发展趋势看，未来民法典应在以下三个方面特别注意。

第一，未来的契约法将是整个民法体系的核心，也将会支撑起整个新科技发展所带来的"法律空白"。一个社会，越是重视契约法，弱化强制法，则越促进新产业的发展，越体现出社会对新事物的宽容程度。反之，越注重强制法，弱化契约自由精神，则越偏向保守，不利于新产业的发展。从社会保障角度看，新技术引起整个社会的震荡，应将交由"保险"解决。

第二，平台责任应适应分享经济为代表的工业 4.0 产业模式。传统平台责任中的经营者概念在分享经济模式中存在异化趋势，提供服务者和接受服务者的民事主体身份，以及网络服务提供者的信息服务性质，都不同于传统电子商务和交易平台，也不同于传统雇佣者责任和保险责任。

第三，工业 4.0 时代将存在更多的网络非交易平台责任。在诸多网络媒介平台上进行的推广、排名等服务中，实际上都具有广告的性质，网络非交易平台具有媒体性质，且具有广告发布者的身份。[1]因此，未来民法典应加强与广告法之间的协调，综合判断非交易平台在交易至损中的过错问题。

---

〔1〕 杨立新："利用网络非交易平台进行交易活动的损害赔偿责任"，载《江汉论坛》2016 年第 1 期。

第二节　民法总则的中国特色与时代趋势

民法典编撰是市民社会法治化的大事，几乎所有平等主体之间的人身和财产关系都将纳入到我国未来民法典之中。特别是民法典与相对固定形态的刑法不同，民法更能彰显出时代的特色，一个时期民法典将直接影响到一代甚至几代公民的社会经济生活。所以，民法典的编撰工作是我国近年来法治建设中最大的事，每一个人都应该参与其中。

相对于规定特定问题的民法分则而言，民法总则就是提纲挈领的总纲，是民法典的"母法"，所有民法分则都在总则的统领之下进行解释和适用。因此，搞好民法总则就是牵住民法典编撰的"牛鼻子"，总则部分编撰的好坏，将直接影响到整体民法典的实用价值。

首先，新时期民法总则应该体现出时代的特点。《法国民法典》是资产阶级革命的产物，代表着蒸汽机工业 1.0 时代的民法典；《德国民法典》是国家统一的产物，代表着工业 2.0 电气革命时代的民法典，《埃塞俄比亚民法典》是工业革命 3.0 时代的产物。我国民法典编撰正值工业 4.0 时代开端时期，天生具有浓厚的"互联网+"的时代特色。

新时期民法总则的时代性主要是通过涵盖"互联网+"元素完成的。从总则的几次送审稿改动上看，立法者已经将虚拟财产、数据信息等新问题充分论证并已经考虑进来，而且对这些新业态的立法思路非常宽容和谨慎。在《民法总则》中，虚拟财产从物权的客体被移除，数据信息从知识产权的客体中被移除，这两点改动意义很大。第一，虚拟财产本身具有强烈的人身性质和数字经济特点，放到传统物权之中的话，很可能会"困住"新业态发展。数据信息则涉及个人信息安全与隐私权的问题，知识产权很可能会抹杀掉个体权利，危害很大。所以，从产业发展和个人权利保护角度讲，总则部分的最新改变是非常正确的。第二，虚拟财产、数据信息虽然从物权和知识产权的客体中去掉，但民法总则将其纳入到民事权利的大框架中去。这就充分体现出我国总则立法的宽容性和谦逊性，对待尚未明确的新事物要保持鼓励创新的立法宗旨，以框架性和原则性的指引性条款，代替明确具体的规定，既能充分保障消费者权益，又能最大限度地给予新事物发展空间。

其次，新时期民法总则应充分烙有中国社会自己的特色。我国民法典从来就不是任何国家民法典的"衍生物"。民法典编撰过程中，很多学者被"法系"之争所困扰，被各个国外比较法学传统观点所束缚。我国民法典既不同于德国法为代表的欧洲立法模式，也不同于苏联时期的民法典模式。我国民法典源远流长，上可追溯到汉唐时期的中华法系，下可延续到清末与民国时期的六法全书。21 世纪是中华伟大复兴时期，中华法系必将伴随着我国综合国力提升而重获新生。因此，民法总则的编撰需要抛开"条条框框"，事事以我国国情为出发点，以解决实际问题为着眼点，充分考虑到文化传统与人文关怀的总则才真正是人民需要的法律。

比如，我国的监护制度既要反映出中华家庭传统伦理因素，也要充分考虑到留守儿童和空巢老人的时代问题；村委会等基层组织主体地位既要反映出传统村规民约的价值，也要适应城镇化的法人资格要求；民法总则既要考虑到我国民商合一的立法传统，也要充分认识到商事特别立法的重要性，等等。

最后，新时期的民法总则应侧重保护人民基本权利。人格权是公民的基本权利，时代的发展已经极大的扩容了人格权的内涵与外延。人格权保护的缺失一直是我国民法体系的重要短板，尽管近年来我国民事法律体系在不断将成熟的人格利益上升成为法定人格权，但是，立法速度还是跟不上时代的发展，很多人格权的立法和实践相对落后。

以隐私权为例，在 2009 年《侵权责任法》出台之前，我国民事法律没有将隐私权纳入到具体人格权制种，仅通过司法解释对名誉权的扩张性解释达到涵盖保护的效果。侵权法正式将隐私权纳入到民法体系之中后，实践中却发现传统意义上的隐私权已经过时。网络时代中的隐私权已经被大数据、数据信息等新型概念所冲击，隐私权的概念已经无法涵盖网络时代新兴的安宁权、被遗忘权、数据权等新型权利。实践中，已经出现大量相关案例，同案不同判的情况在国内外都时有发生。这些问题是民法总则无法回避的难点，必须在立法中予以明确。

再比如，虚拟人格权到底是不是独立的权利，虚拟人格相对于现实人格之间到底是什么关系？若法律完全否认虚拟人格权相对独立地位的话，虚拟人格的表达权、名誉权、信用权等相关权利也就无法得到法律的认可，这将会极大损害虚拟经济的发展。在司法实践中，也会导致法院将会面临大量本来可以通过线上解决的诉讼纠纷。

因此，人格权的确立问题是关系到民法总则基本权利基础的大事。一方面，立法应充分考虑到新时期新业态给传统人格权带来的冲击，适应互联网和虚拟经济发展的需要；另一方面，民法总则也要最大程度的吸纳诸如自我决定权、被遗忘权、安宁权、数据权等新型权利，甚至应该对虚拟人格的责任承担、民事法律行为、处分与继承等方面做出规定。只有这样做，才能真正保护好网络时代人民的基本权利。

从立法实践角度看，新时代民法典应该重点考虑到以下因素：

首先，民法典应将改革开放和经济发展成果惠及全体国民。民事法律调整的是平等主体之间的权利义务关系，利益分配问题是民法典的重要组成部分。公民之间的利益关系、公民与企业等社会主体的利益关系，以及公民企业与国家的利益关系都是民法典的调整范围。国家作为行政主体身份出现的时候，适用行政法等公法调整，国家以民事主体身份出现之时，应适用民事法律关系。民法典需要明确区分公共利益与国家利益，以及公共利益与商家利益之间的关系。民法典作为公民财产权利和人身权利的主要保障，应切实维护相对弱势的私体权利，着重体现"国家不与民争利"的基本思想。

在民法典的"物权编"和"合同编"中，应加强私有权利的保护，既包括民族企业、中小商事主体等商业利益和私有财产，也包括公民对自己房产、地产等权利的维护。只有坚持"民富"才能达到"国强"，也只有充分保护每一个公民合法利益，才能最终实现将"国强"的效果惠及每一个国民。

其次，民法典应有互联网时代印记。中国制定民法典正值互联网技术昌盛之际，网络技术已经将民事生活各个方面"互联互通"，因此，只有将互联网技术的特征深刻印记到民法典中，才能显现出 21 世纪立法趋势，才能真正显现出立法的"指引作用"。

网络入法至少要在电子证据、虚拟财产、虚拟人格、网络交易、网民契约、网络服务提供者责任、网络平台责任、网络产品生产者和服务者责任、网络金融、网民权益网络侵权等方面做出针对性立法，既要突出现有网络技术的特征，也反映出未来网络经济社会发展趋势；既要鼓励和支持中国网络经济发展，也要规制和惩罚网络社会不法行为。只有在民事法律中做到对网络行为"面面俱到"的规定，才有可能将网络发展变成"阿里巴巴宝库"，避免网络成为"潘多拉魔盒"。

再次，民法典应立足和服务于中国实践。世界经济一体化进程日益加快，中国即将成为世界第一大经济体，成为世界经济政治发展的中心。中国土地上的法律，虽然是国内法，但随着第一大经济体的形成，国内法向国际扩展和融合的趋势日益增强。因此，中国民法典编撰过程应着重考虑国外比较法，考虑到法律融合和衔接问题。不过，民法典本质仍然是国内法，是中国数千年社会经济发展的延续，具有强烈的民族性。所以，民法典编撰必须立足和服务于中国实践，不能照搬照抄国外比较法，也不能因为所谓"大陆法法系"束缚住立法的灵活性、多样性和本土性。

中华法系是世界最古老和最有影响力的法系，近代因"西学东渐"和过分的法律移植，中华法系似乎已被德国法系所遮掩。随着中国崛起，中华文明和中国法系的重振雄风之时已经到来。民法典的编撰应对中国本土化的习惯法做到充分调查和借鉴，不宜过分实施法律移植，更不能妄自菲薄无视中国社会自己特有的发展形态。

最后，民法典应对社会发展的新问题作出规定。各个时代的民法典都以适应本时代发展作为立法特色，使之成为引领世界立法趋势的大法。这些新问题包括：人类基因、个人数据与大数据关系、同性恋婚姻、虚拟财产继承、被遗忘权、代孕、商事人格权、网络实名制、网络人格权、人工智能、电子信息、空间权、错误出生、人体器官、冰冻胚胎等。

随着网络新技术和社会经济发展进步产生的新问题，绝大多数涵盖在民事法律体系之中，这些问题不仅是中国民事法律实践的难题，而且大都是世界范围内的立法空白。如果中国民法典可以将这些新问题进行科学立法，那将作为对世界民法体系的重大贡献被载入史册。

这些新问题在民事法律体系中具有不同的法律属性和立法价值，可以分成几种类型：第一类属于因技术发展衍生出来的新权利，例如商事人格权、网络人格权、空间权等。这类权利既不能被一般人格权所涵盖，也很难通过物权或合同来保障。同时，这些权利在网络经济时代又是公民非常重要的权属，这就需要通过未来的民法典确定下来，给予公民维护自身权利的请求权基础。这些新权利诞生于新技术，反过来，被法律确定下来的新权利又会反作用于新技术的发展，一方面会促进有利于保障新型民事权利的技术进步，另一方面，也会限制那些不利于保障新型权利的技术发展。

第二类属于因道德伦理和价值观变更带来的新问题，例如代孕、同性恋婚姻、人体器官、冰冻胚胎等。在世界范围内，这些本属于道德或伦理方面的问题已经有了明显的入法趋势，比如，荷兰就曾通过立法确定了同性恋婚姻，欧美各国也都将代孕、胚胎等问题相继写入法律之中。民法典对涉及敏感问题的立法应该立足国情和中国传统道德观念，结合世界发展趋势综合考虑。无论是代孕、同性恋，还是器官移植或冰冻胚胎，在中国现今社会已非稀罕之事。事实已经如此，将新问题写入民法典是一种态度，不写进民法典本身也是一种态度。对于这些敏感问题，中国未来的民法典将无法回避。

第三类属于法律技术层面的改进，例如，人工智能、电子信息和错误出生等。人工智能主要体现在机器与人的主动或被动关联问题，未来具有人工智能的机器是否部分代替人的主观能动，机器的行为能否被部分的视作具有民事法律效力？具有交互功能的电子信息能否被视作是证据？这都是技术革命带来的立法技术问题。再比如，胎儿在母体内所受损害，究竟该由谁来维权，是未来成年后的胎儿，还是母亲？如果是母亲，那么，母亲是以谁的名义？这些问题在中国已经出现多次，同案不同判的情形时有发生，因此，对新问题统一认识，就要充分发挥立法的指引性功能，应该明文写入民法典之中。

第三节　人格权立法应独立成编

按照立法规划，在2020年新时代民法典就要正式出台，随着2017年《民法总则》的通过实施，我国经济社会已经开始逐渐步入"民法典时代"。人格权是否能够在未来的民法典中独立成编事关重大，将直接影响到技术进步与人权保护的协调关系，成为保障大数据时代公民隐私权等重要人格权的立法基础。

从法律角度看，人格权本身具有公法与私法的双重属性，一方面，人的权利是基于自然法与天赋权利，存在宪法和伦理的基础；另一方面，人格权利属于实证化过程，只有被法律确定下来的人格权，才能成为法律意义上的权利。因此，人格权不单是权利的宣誓，更是民众权利的请求权基础，若是在私法权利基础的民法典中没有单独成编，而是被总则抽象规定，或仅出现在侵权法编中，就必然会导致公民权利基础的丧失。

我国民法典编撰中，一直就有对人格权是否独立成编的不同声音，且不论各方观点立论基础如何，单从互联网与大数据产业发展角度看，只有人格权独立成编，公民的合法权利才能得到最好的保护。

首先，民法总则对隐私权的规定是抽象的权利。虽然总则在民事权利一章中明确了一般人格权和具体人格权类型，但缺乏适应互联网技术发展的适用条件。隐私权的概念产生于工业时代，互联网大数据背景下的隐私权内涵与外延，与一百多年前隐私权概念被首次提出时已大相径庭。公民隐私信息是大数据的重要源头，但大数据的性质却是产权，前者属于人格权保护范围，后者则属于知识产权调整范围。若法律对此缺乏明确应对，必将导致隐私信息在转化成大数据商业化使用时出现问题，包括数据产权、脱敏标准、精准营销、用户画像、个人征信、数据流动等各个环节均会因立法过于抽象而陷入困境。

其次，公法不能代替私法保护公民基本权利。在立法层面，我国目前涉及公民隐私权方面的法律性文件很多，既包括《网络安全法》《关于加强网络信息保护的决定》等现行法律，也包括被列入立法规划即将出台的《个人数据保护法》，还包括刑法及其修正案。然而，这些法律性文件大都是从公法角度确立的网络时代隐私权界限，在缺乏私法基础的情况下，非常容易剑走偏锋，出现公民的私法权利被公法解释的情况。一方面，这让民事赔偿与行政处罚、刑事责任混为一谈，忽略了私权利的自我保护价值；另一方面，在隐私权领域公法的过于强大，也不利于互联网产业发展，越俎代庖的偏重性立法容易产生寒蝉效应，阻碍技术进步。

再次，公民应成为民事权利的自我决定人。我国民法总则已经将人格尊严并同人格自由作为一般人格权，这是非常先进的立法模式，遵循了意思自治与契约神圣的基本民法理念。在"互联网+"时代中，公民需要的个性化服务均由用户自愿决定，互联网平台所提供服务的基础在于用户隐私数据的让与权和自我决定权。特别是在互联网免费服务中，用户数据的让与是接受服务的对价，在充分尊重用户知情权和选择权的基础上，保障这种意思自治是发展"互联网+"大数据的前提。尤其是在个人征信方面，数据源的合法性与隐私权界限密不可分，而数据的真实性和全面性又与公民隐私权产生了巨大矛盾。如何解决这些问题，或者说不论这些问题能否通过其他特别立法予以解决，民法典作为公民权利的基本法典必须要做出具体回应。

最后，互联网时代催生的大量新型人格权需要立法基础。尽管人格权来源于自然法中的天赋人权，但不同时代对人格伦理衍生出来的新权利也是不同的。世界范围内现存的民法典都是产生于工业时代，人格权类型受制于时代局限性。"互联网+"时代中，人格权伦理范围与技术相结合，衍生出来包括安宁权、虚拟人格权、数据权、知情权、被遗忘权、网络信用权等新型权利。这些新型权利是人格权在新时代的发展，不能仅停留在理论层面，经过实证过程后，必须在民法典中予以体现。更为重要的是，这些新权利既非财产权性质，又非侵权法规定的侵权请求权能够涵盖。新时代的人格权必须在立法上突出支配性权能，明确哪些权利能够由自然人自行支配处分，哪些人格利益应该被赋予法律权能，哪些权利应被重新定义，等等。

民法典本身是公民从事社会经济活动和民事行为的基础，不同时代的民法典必须具备不同时代的烙印。互联网时代公民权利必须正大光明的写进民法典，不能停留在宣誓、理论和法系学派之争中，也不能寄希望于未来的修法或司法解释，更不能偷梁换柱让公法解释私法内涵。民法典中人格权独立成编对经济社会而言是重大利好，下一步关注的重点就在于立法者如何能详尽的写好新时代的人格权法编了。

第四节 《网络安全法》解读

经过两年多的讨论和向全社会征求意见后，《网络安全法》（以下简称网安法）于 2016 年 11 月 7 日由全国人大常委会第二十四次会议高票通过。这部旨在保护网络时代国家安全和个人信息安全的法律，宣誓了国家网络主权，建立了网络安全基本规则，形成了数据信息流动规则，厘清了安全与发展的界限，衍生了数据权等新型人格权。这是一部面向网络时代的"安全伞"，最大限度地保护了国家安全利益和公民合法权益。

一、网安法是网民权益保护法

首先，网安法新增了对未成年人权益保护的规定。未成年人是网民的重要组成部分，他们身心发展还不完全，相对成年人而言，更容易受到网络违法违规内容的影响和侵害。近年来，一些涉黄、涉赌、涉毒的网络信息有重新抬头之势，这对网络安全环境，特别是对未成年人身心健康提出了严峻考验。网安法特别规定未成年人保护专款第 13 条，从鼓励有利于未成年人健康成长的网络产品和服务到依法严惩危害未成年人权益的行为，最终目的都是为了"为未成年人提供安全健康的网络环境"。可见，网安法是未成年人保护法在互联网内容上的延伸，这对建设安全和健康的网络环境都是非常重要的。同时，该法第 46 条明确了任何人不得利用互联网从事诈骗、传授犯罪方法、制作销售违禁管制物品等行为。这对于净化网络环境，让青少年放心上网也起到了至关重要的作用。

其次，网安法强化了用户知情权。互联网发展的未来是以用户意愿为基础的"意愿经济"模式，用户对数据的控制权和其他合法权益都是建立在用户知情权的基础之上。该法第 22 条规定，网络服务提供者发现存在安全漏洞或隐患时，有"及时告知用户"的法定义务。这条规定是针对近年来国内外多发的"漏洞门""黑客门"等事件作出的总结，是对消费者知情权在网络权益上的发展和进化。尽管网络漏洞可能存在一定的不可控性，但用户有权在第一时间知晓漏洞的存在，网站有义务第一时间向用户进行告知。这样做的好处就是尽量避免用户损失的扩大，减少因网络漏洞和黑客攻击可能带来的损害。同理，该法第 42 条在强化网络运营者应当采取的技术措施和其他必要措施基础上，新增了对"可能"发生个人信息泄露、毁损、丢失等情况下，网络运营者应当"按照规定及时告知用户"的义务。

再次，网安法改进了用户对自己数据的控制权和自我决定权。第 43 条规定了用户对涉及自己信息数据的控制权，既包括对网站依法和依约使用用户数据的约束，也包括用户对涉及自己"错误信息"主张"删除或更正"的权利。这样的规定就是将数据权作为具体人格权的明确表现，非常符合互联网时代用户权益的发展方向，也是发展中的人格权在互联网上的体现。目前正值中国民法典立法阶段，其中对数据权性质的讨论和数据权是否为具体人格权的争论一直存在，该法对这个问题基本给出了答案，明确将用户自己的数据控制权和自我决定权重新交回到了用户手中，这一点是非常值得点赞的。强调用户对自身数据的控制权也是国际立法的趋势，欧盟法院关于"被遗忘权"的判例以及美国"橡皮擦法案"等新制度，也都在强调用户才是自身数据的最终控制权人。数据控制权是消费者权益保护法在网络空间的延伸，也是尊重用户个体意愿的重要体现，最大限度的平衡了相对弱势的用户群体与网络服务提供者之间的数据鸿沟。

最后，网安法强化了用户信息保障的主体责任。网安法第 73 条、第 74 条，从政府权力部门的信息保障义务入手，在源头上强化了政府部门的信息安全保障义务，不论是政府部门工作人员违规获取信息的行为，抑或是玩忽职守、徇私舞弊、滥用职权的行为，构成犯罪的要追究刑事责任；没有构成犯罪的，也要依法予以处分。特别是针对个别犯罪分子在境外从事侵害或者攻击中国"关键信息基础设施"安全的，第 75 条明确规定了对境外个人或组织侵害的特殊处罚措施，可以采取"冻结财产或其他必要的制裁措施"。国家关键信息基础设施是国计民生的根本，强化保护和增加处罚力度就是为了更好地保护用户合法权益。

二、网安法是网络主权宣誓法

网安法第1条开宗明义，将维护网络主权作为立法的最重要目的之一。中国既是互联网发展的大国，也是互联网发展的强国，在网络安全建设领域中积极倡导网络主权论是一个负责任大国的义务所在。

网络主权理论是源于《联合国宪章》关于国家间主权平等的规定。国家之间不论贫富和大小，主权都是平等的，这是国与国之间进行合作与对话的前提。"网络是虚拟空间，但运行网络空间的主体是现实的"，虚拟空间与虚拟人格只不过是现实社会与现实人格在互联网上的延伸，所以，网络空间所要遵循的规则与现实一样。同样道理，国家在现实中存在主权规则，在虚拟的网络世界中也必然存在主权规则。网络空间与一国的领空、领海一样，都是国家主权的延伸，因此，网络虚拟空间中从来就不存在所谓的"无主之地"。虽然网络作为一种新事物极大地促进了世界各国经济和文化的交流，但是，实践中却存在国家间技术发展不均衡带来的"数字鸿沟"和发展差距。这些不均衡现状产生的原因是多层次的，全世界各国都应正确面对。滥用网络优势和技术差距，将网络作为攻击他国的武器，或将他国正常的发展作为"假想敌"大搞网络军备竞赛，只能加大"数字鸿沟"的差距，人为地造成贫困与混乱，既不符合联合国宪章的主权原则，也不符合共同发展的时代主题。所以，尊重网络主权就是尊重国家主权，就是不搞网络霸权，不利用网络干涉他国内政和从事、纵容或支持危害他国国家安全的行为。

习总书记曾多次强调网络主权的重要性，网络主权论作为推进全球互联网治理体系变革的"四大原则"和"五点主张"的基础，经过中国互联网实践三十多年的经验总结，通过网安法立法已经完全进入到法律制度层面。

（一）保护关键信息基础设施安全是网络主权的物质基础

网安法第31条至第39条分别对关键信息基础设施的类别、责任主体、性能维护、安全义务类型、审查机制、保密措施、数据存储、安全评估和部门协调责任等方面进行了详细规定。这些法律条文基本构建起中国面向"互联网+"产业变革新时代关键信息基础设施的框架。

之所以要将关键信息基础设施安全置于国家主权层面的安全高度，是因为这些信息基础设施安全涉及国计民生和国民根本利益。工业4.0革命是以"互联网+"为代表的产业革命，几乎所有的传统产业都已经或即将全面融合到互联网产业变革浪潮中来。在这些产业中，以"公共通信和信息服务、能源、交通、水利、金融、公共服务、电子政务等重要行业和领域"为代表的关键信息基础设施安全,就成为国计民生健康安全发展的保证。互联网化的关键信息基础安全,已经不是一个单纯的产业问题,更是国家安全和国家主权问题,不容得有半点差池,这也是网安法要对关键信息基础设施强化保护的重要原因。不仅中国对这些关键信息基础设施作出了必要规定,这也是世界其他主权国家应该尽到的国计民生重大责任。以美国为例,早在1996年克林顿政府时期,就已经正式发布《关键基础设施保护》的行政令,该国研究报告曾指出,关键信息基础设施不仅面临物理上的破坏,还面临着新型虚拟世界威胁,这些基础设施的脆弱性是伴随着互联网与设施的"相互依赖程度"而增加的。特别是"9·11事件"之后的美国政府,在著名的爱国者法案中指出"关键基础设施对美国极为重要,其失效或破坏都会造成国家安全、经济安全、公共卫生安全中的一种或几种负面影响"。所以,美国将《关键基础设施信息保护法》作为《国土安全法》的第二部分加以明确保护。随后,美国国家标准与技术研究所发布了《关键基础设施网络安全框架》,从大数据、情报、应用隔离、物联网安全、软件安全定义等多层次做出了具体明确的规定。可见,中国网安法的这9条规定相对于其他国家而言仍显单薄,相关具体标准和实施细则还要等待后续的落地。

(二) 以综合管辖体系维护网络安全

网安法的法律适用管辖是一个体系,既包括属地管辖原则,也包括保护管辖原则。网安法第2条明确,中国"境内建设、运营、维护和使用网络,以及网络安全的监督管理"都适用该法。这就将网安法的管辖权,实际延伸到了对外企、外国人、境外组织等在中国境内从事网络活动的所有主体。同时,网安法第75条规定:"境外的机构、组织、个人从事攻击、侵入、干扰、破坏等危害中华人民共和国的关键信息基础设施的活动,造成严重后果的,依法追究法律责任;国务院公安部门和有关部门并可以决定对该机构、组织、个人采取冻结财产或者其他必要的制裁措施。"本条的规定进一步扩展了网安法的管辖空间,以保护中国网络安全为目的,不论所在何地或何国籍,只要违反了本法就要承担法律责任,即使主体不在中国境内,也可以依法对其采取包括冻结财产在内的制裁措施。网安法将属地管辖与保护管辖结合的原因在于,互联网本身就是一个融合时空的空间,网络技术模糊了地域范围,实践中多发的网络攻击发起点和受害点大多数情况下都不是同一地域。若法律仅强调属地管辖或属人管辖,则很可能使侵害网络安全者逃避法律制裁,一旦网安法无法约束来自其他地域的非法侵害时，法律也就变成了空中楼阁。中国一直以来就是网络攻击的最大受害国之一，从保护关键信息基础设施安全到国家安全，从维护数据安全到阻止暴恐、淫秽、赌博等违法信息流入，每年要承担巨大的技术、安全与经济代价。网络安全隐患已经成为制约中国网络经济发展和国民分享"互联网+"产业红利的最大壁垒。网安法立法目的就是在宣誓网络主权的基础上，以最大管辖的原则来维护好国家安全和全体国民利益。

（三）在互相尊重网络主权的基础上促进国际交流与合作

互联网的开放性与安全性是一个问题的两个方面，"没有信息化就没有现代化，没有网络安全就没有国家安全"。习总书记多次指出，互联网的本质是"互联互通"，"共享共治"是网络发展应有之义。中国改革开放数十年来，"开放"一直就是国家基本战略国策，从没有改变过。未来的"互联网+"产业革命，更加让这个世界通过互联网变成了"你中有我，我中有你"的世界村，任何国家和社会都不能从互联互通的大背景下分离出来。网络技术越是发展，就越需要安全保障，网络国际化走得越快，也就越要强调主权与安全。

网安法第 7 条规定："国家积极开展网络空间治理、网络技术研发和标准制定、打击网络违法犯罪等方面的国际交流与合作，推动构建和平、安全、开放、合作的网络空间，建立多边、民主、透明的网络治理体系。"可见，"和平、安全、开放、合作"是网安法的立足点，建立"多边、民主、透明"的网络治理体系是网安法的重要目标。网络治理的多边形态中，相互尊重网络主权是最重要的基础，没有了主权观念，也就不会存在平等与民主，更不会存在开放与合作。这也是为何网安法将网络主权论写在该法第 1 条的原因，就是强调网络主权的基础性地位。网络主权论的另一个重要因素就在于互联网的"共享共治"，以"互联网+"为代表的工业 4.0 革命红利应该由全世界人民共同分享，不能仅由个别互联网大国单独掌控。互联网经济和技术不能成为强国掠夺弱国的工具，因此，网安法的互联网主权论也是中国作为互联网强国向世界的承诺和表率。最近几年，在中国乌镇已经连续成功举办了三次世界互联网大会，几十个主权国家都积极参加并达成了一系列共识与合作，互联网主权论得到了世界各国的认可和支持，也必将构成未来网络国际交流的重要基石。

三、网安法是数据安全保护法

网安法正式明确了国家保护的个人信息范围，进而划清了个人数据合理使用的法律界限。网安法第 76 条第 5 项对个人信息进行了科学界定，"以电子或者其他方式记录的能够单独或者与其他信息结合识别自然人个人身份的各种信息"。大数据时代背景下，个人信息性质属于隐私权范围，大数据信息则不属于公民隐私权保护范畴。实践中，例如，通过大数据的精准营销、用户画像、大数据报告等都是数据商业化的表现。大数据的合理使用边界就是个人信息与大数据之间的边界，长期以来这条边界都处于模糊状态。网安法将是否具有"可识别性"作为隐私权保护的标准是非常科学的，既符合世界数据保护政策的立法趋势，也在个人信息与大数据应用之间找到了最佳平衡点，这将极大促进中国大数据的发展。

网安法第 8 条明确了"国家网信部门"负责统筹协调网络安全工作和相关监督管理工作，结束了网络数据安全领域"九龙治水"的局面，各级网信办将统筹相关部门协同完成保护数据安全的重要责任。除了明确责任部门之外，网安法立足于网络发展以一章的内容（第二章）将网络安全战略从国家最高层面夯实到标准制定、技术发展、人才培养和媒介宣传的方方面面。可见，网络安全是一个发展中的重要课题，不可能一蹴而就，需要在发展中完善，在完善中发展。

将网络安全的监测预警与应急处置写入网安法是本次立法的一大亮点。网安法通过之前，监测预警与应急处置都是网络服务提供者自己"内控"的部门，政府往往只有在信息泄露等重大事件发生后才能介入。这种滞后性往往最多能达到"亡羊补牢"的效果，网安法彻底转变了网络安全的预警机制和监测职能，更加强调"未雨绸缪"，以正式立法的形式强调了各个互联网公司的安全责任。网安法第 51 条建立的监测预警和信息的"通报制度"将构建预防网络安全事件的信息共享平台，这必将极大促进提升中国网络安全风控水平。网安法第 54 条在"网络安全事件发生风险增大时"，赋予有关部门的监测、评估、发布预警等特殊权限，将成为网络安全事件的"减震器"。包括广大用户在内的网络安全受害者将彻底改变"后知后觉"的现状，有望针对网络安全"先知先觉"，最大程度地避免风险和减少损害。

四、四个安全事件解读网络安全法

2017 年 6 月 1 日，我国《网络安全法》正式实施，这部旨在保障国家网络主权、保护国家安全和维护网民权益的网络安全根本大法，将从立法上做好信息化社会的"安全阀"。从网安法的角度，回头看看近期发生的几件网络安全重大事件，值得我们思考的地方还有很多。

（一）勒索病毒的背后是国家网络主权和数据信息安全

遍布全世界勒索病毒的源头是来自美国国家安全局（NSA）的泄露。所谓勒索病毒原本是 NSA 保存的 Eternalblue（永恒之蓝）危险漏洞，虽然 NSA 保存该漏洞的原因尚不得人知，但该病毒可能会被用作战时攻击他国的数据武器这点是肯定的。勒索病毒肆虐全球至今，至少造成了 150 多个国家几十万用户遭到了病毒侵入，我国像校园网、科研机构等类内部网也遭到了前所未有的病毒危机。

《网络安全法》将国家网络安全在立法中上升成为国家安全战略层面，将维护"网络空间的安全与秩序"作为国家重要职责。同时，《网络安全法》明确了网络安全与信息化发展"并重"的原则，提出了"积极利用、科学发展、依法管理、确保安全"的基本原则。这对于我国网民抵御外来数据病毒侵害，维护国家安全都具有非常重要的意义。

勒索病毒再次给我们提了醒，没有网络安全的发展，就是无源之水、无本之木，信息化程度越高，可能受到的损害也就越大。正如习总书记多次强调的那样，"没有信息化就没有现代化，没有网络安全就没有国家安全"。在互联网互联互通的今天，我们要深刻理解习总书记提出的"把关键技术掌握在自己手里"的重要科学内涵。一方面，我们要努力发展互联网和新科技，摆脱技术上受制于人的局面；另一方面，我们也要提升网络安全的重要战略地位，做好应对个别国家妄图通过网络战威胁我国和平建设的情况发生。

（二）国家网信办封停 18 家网络直播平台确保未成年人身心健康

互联网直播是分享经济的重要组成部分，也是未来网络产业的重要发展方向。我国直播行业发展很快，从 2017 年 6 月 26 日社科院发布的《中国新媒体发展报告（2017）》来看，我国互联网直播行业将在 2020 年成为突破千亿元的大型产业链。不过，在直播行业蓬勃发展之中存在的问题也很多，饱受诟病的涉黄、涉暴等没有底线的直播内容逐渐成为"关注度"经济的痛点。特别是很多直播内容多涉及黄色、暴力、迷信、传销、虚假宣传等情况，严重影响了向上向善的互联网风气，侵害了未成年人合法权益。

国家网信办在 2016 年末颁布实施了《互联网直播服务管理规定》，将直播内容合法合规性，积极健康、向上向善的网络文化作为内容治理的重要方面。网信办直播新规出台后，仍有不少非法网站为了吸引粉丝获取打赏分成，放任甚至鼓励违法直播内容传播，社会群众，特别是家长们对此非常反感。

对此，国家网信办会同有关部门依法下架并关停了 18 家严重违法的直播平台，这一举措获得了社会普遍好评。

网络内容安全是《网络安全法》的重要立法要旨之一，该法将“遵守宪法法律，遵守公共秩序，尊重社会公德”作为网络传播的基本底线，以列举的方式明确了法律禁止传播的违法内容类型。特别是《网络安全法》第 13 条为未成年人健康发展设立的专门的未成年人权益保护专条，一方面“支持研究开发有利于未成年人健康成长的网络产品和服务”；另一方面，则“依法惩治利用网络从事危害未成年人身心健康的活动”，最终将互联网内容优秀成果落脚在“为未成年人提供安全健康的网络环境”之中。网安法实施之后，所有涉及互联网的内容传播都必须遵守法律底线，特别要对社会最为关心的未成年人身心健康作出具体举措，包括网络游戏、网络直播、网络视频、网络社交等网络信息传播有望在网安法的规制下清朗起来。

（三）网络安全法就是避免徐玉玉悲剧再次重演

山东大学生徐玉玉在 2016 年 8 月被骗子通过电信精准诈骗的方式骗取学费近万元后，悲痛欲绝，最后猝死在从派出所回家的路上。尽管后来警方全力侦破了此案，但却未能挽救徐玉玉年轻的生命。这一事件发生在我国网络安全法正式实施之前，其中反映出来的问题应得到网安法适用后高度关注。

首先，精准诈骗的根源在于公民个人信息泄露。电信诈骗之所以能屡屡得逞，就是因为骗子已经通过各种渠道获得了被害者的相关信息，“对症下药”的骗局往往难以识破。实践中，大量个人信息被各种渠道所泄露，很多都是打着“大数据”的名义明目张胆地进行非法售卖。《网络安全法》在第 76 条明确了个人信息的定义，只要能够单独或与其他信息结合能够识别到个人身份的各种数据都属于法律保护的个人信息范畴。以后，大数据与个人信息的界限就划清了，避免了滥用大数据非法流转个人信息的可能。《网络安全法》明确了公民个人信息保有者、搜集者和使用者的责任界限，特别是强调了公民对自己信息的“控制权”和“知情权”，这就最大限度的避免了徐玉玉案精准诈骗的再次发生。

其次，网络实名制需要严格落实。徐玉玉案中的两个诈骗电话事后经证实都是经过实名认证过的，但是，实名认证的个人信息与使用者身份是对不上的。也就是说，目前基于电信实名制的网络实名制还不够完善。《网络安全法》再次重申和明确了网络实名制，包括在“办理网络接入、域名注册服务，办理固定电话、移动电话等入网手续，或者为用户提供信息发布、即时通讯等服务，在与用户签订协议或者确认提供服务时"，网络服务提供者都必须要求用户提供真实身份信息，这就从源头上堵住了网络实名现存的漏洞。

最后，治理电信诈骗需要群策群力。实践中，很多用户都收到过诈骗信息，以往大多数人对此的认识都停留在"防骗"层面，忽略了"举报"责任，这就导致电信骗子可能会继续行骗。《网络安全法》将举报电信诈骗和侵害信息数据的权利赋予社会每一个人，我们在宣贯网安法时特别要强调这一点，每一个人都有权利和义务将电信诈骗信息向有关部门举报，这样才能群策群力，以最大力度打击电信诈骗者。

（四）苹果数据门事件给我国网安法的启示

2016 年初发生在美国的一起恐怖袭击案中，袭击者使用的苹果手机成为 FBI 办案的关键所在，但苹果公司拒绝向 FBI 提供解锁服务，这直接导致 FBI 将苹果告上法庭。尽管法院判决苹果公司应该为调查举证解锁用户手机，不过苹果公司仍然拒绝执行这一判决。

且不论苹果数据门背后是否存在苹果公司与美国政府的"双簧"表演，单就苹果作为网络服务提供者和硬件生产者，是否有义务配合政府反恐调查事件而言。这反映出，美国政府在"9·11 事件"之后"爱国者法案"等相关与网络安全有关的法律并不完善，这直接导致恐怖分子可能通过网络服务发布恐怖信息和操控恐怖袭击。

我国《网络安全法》将"为公安机关、国家安全机关依法维护国家安全和侦查犯罪的活动提供技术支持和协助"，明确规定为网络运营者的义务。这就最大程度地避免了不法分子利用网络服务和网络技术从事恐怖袭击等犯罪活动的可能。试想一下，在苹果门事件中，若是美国政府因拖沓的诉讼程序未能及时破解恐怖袭击者手机信息，这就很有可能导致另外的袭击发生。我国网络安全法的规定，一方面明确了网络服务提供者的配合调查义务，另一方面又最大限度地保护了公民合法隐私，这就比较好的平衡了公共利益国家安全与公民个人隐私权之间的关系。

五、在华外企为何担心网络安全法的实施

《网络安全法》这部旨在保护网络时代国家安全和个人信息安全的法律，宣誓了国家网络主权，建立了网络安全基本规则，形成了数据信息流动规则，厘清了安全与发展的界限，衍生了数据权等新型人格权。这是一部面向网络时代的"安全伞"，最大限度地保护了国家安全利益和公民合法权益。不过，

却有不少在华外企对网安法感到"不安",这是为何呢?

习总书记多次指出,互联网的本质是"互联互通","共享共治"是网络发展应有之义。中国改革开放数十年来,"开放"一直就是国家基本战略国策,从没有改变过。未来的"互联网+"产业革命,更加让这个世界通过互联网都变成了"你中有我,我中有你"的世界村,任何国家和社会都不能从互联互通的大背景下分离出来。个别外企简单地认为建立安全规则就是放弃开放的想法是幼稚和错误的。

互联网的开放性与安全性是一个问题的两个方面,"没有信息化就没有现代化,没有网络安全就没有国家安全"。网络技术越是发展,就越需要安全保障,新旧产业越是融合,就越需要安全意识。工业 4.0 革命是"互联网+"为代表的产业革命,几乎所有的传统产业都已经或即将全面融合到互联网产业变革浪潮中来。在这些产业中,以"公共通信和信息服务、能源、交通、水利、金融、公共服务、电子政务等重要行业和领域"为代表的关键信息基础设施安全,就成为国计民生健康安全发展的保证。互联网化的关键信息基础安全,已经不是单纯是一个产业问题,更是国家安全和国家主权问题,不容得有半点差池,这也是网安法要对关键信息基础设施强化保护的重要原因。

说到底,对关键信息基础设施的安全保护,是主权国家应该尽到的国计民生重大责任。以美国为例,早在 1996 年克林顿政府时期,就已经正式发布《关键基础设施保护》的行政令,该国研究报告曾指出,关键信息基础设施不仅面临物理上的破坏,还面临着新型虚拟世界威胁,这些基础设施的脆弱性是伴随着互联网与设施的"相互依赖程度"而增加的。特别是"9·11事件"之后的美国政府,在著名的爱国者法案中指出"关键基础设施对美国极为重要,其失效或破坏都会造成国家安全、经济安全、公共卫生安全中的一种或几种负面影响"。所以,美国将《关键基础设施信息保护法》作为《国土安全法》的第二部分做出了明确保护。随后,美国国家标准与技术研究所发布了《关键基础设施网络安全框架》,从大数据、情报、应用隔离、物联网安全、软件安全定义等多层次作出了具体明确的规定。

相对美国政府而言,我国对关键信息基础设施安全的规定原先散见在各部委的规章、标准和办法之中,此次网安法将其重新明确,有了更高的法律位阶,基本弥补了我国在关键信息基础设施安全领域的空白。可见,网安法的相关规定是符合网络融合发展趋势的,也是符合世界立法发展实践的。话又说回来,美国的那些法案已经实施多年,包括欧美在内的外企都是知晓并严格遵守的，那么，为何到了中国出台网安法的时候就产生了那么多的不安和不解呢。

首先，外企对我国网安法相关规定存在误读。网安法本质是安全法，是在保障包括在华外企在内的所有网络用户的安全，不是限制竞争法，更不是在设置贸易壁垒。网安法没有对约束主体进行特殊分类，也没有单纯针对外企作出具体限制性规定，这种一视同仁的规定何谈歧视之说。网安法所倡导的规定是建立统一的安全标准，而非利用标准去限制外企在华发展。若连基本的安全底线标准都没有，何谈公平竞争和安全市场环境。建立统一的标准就是要让所有市场主体都能站在同一起跑线上，用一样的规则，适用同样的法律，这不仅不是限制竞争，恰恰是保障公平竞争环境。标准的设立不是去侵害外企的知识产权，更不会是变相攫取商业秘密。信息安全本意就应包含保护知识产权和商业秘密，个别外企的误解与立法目的是大相径庭的。至于信息安全流动问题，这一点国外政策法规早已有相关规定，不仅包括美国和欧盟之间的安全港协议，而且美国本土国土安全法也有相关论述。在这一点上，我国的立法不是"冒进"，反倒是立法较晚，不管是从国家安全和公共利益角度，还是从用户权益保护，网安法确实应该更早出台。

其次，个别外企不能再"享受"立法空白红利了。大数据时代并非是忽视用户权益的时代，大数据不是侵害用户信息权的抗辩词。长期以来，我国法律对数据、大数据、个人信息、隐私和隐私权都没有作出具体界限，很多外企利用网络优势肆意侵害我国用户数据权信息，并将此作为商品或知识产权流转到境外。很多没有"脱敏"的用户数据，连带着敏感信息一并被打包处理，再通过境外总部分析处理后，应用到以牺牲国民隐私利益为代价的商业活动中去。个别外企甚至"挂羊头卖狗肉"，以商业行为为幌子，肆意在华窃取商业信息、数据资源、国家关键信息基础设施信息等，严重危害到了国家安全和国民利益。网安法的出台，一方面有望终结个别外企这种"无礼"行为，保护国家安全，另一方面，也会直接明确用户数据权益，保证用户自己成为自己数据的主人。从这个意义上说，几年前欧盟法院关于"被遗忘权"的判例，有望在我国落地生根。一旦用户的数据权意识得到觉醒，每个人都可以按照网安法主张自己的权益，这也将终结个别外企"店大欺人"的乱象。对此，个别的外企当然会感到"不安"，因为他们可能没办法再继续享受立法空白的"红利"了。

最后，外企的不安也源自长期以来的傲慢。开放经济不是"随便经济"，市场经济就是法治经济，任何人、任何组织和国家都是网安法的约束者，互联网就是国家主权的延伸。国家为了保护自己国民和国家安全进行的立法活动，不应成为被他人指责的理由，网络安全立法是国家主权的体现，以后依据网安法的执法、裁判和解释，也都是我国政府代表国民做出的主权表现。不能因为个别外企的误解和不安，就影响到法律的执行。几年前，当欧盟法院对谷歌作出"被遗忘权"判决时，美国国内各大媒体也都报道说不要将这个判决"当作一回事"，然而，判决就是判决，谷歌随后改变的隐私政策也逐渐适应了这一判决要旨，虽然这让谷歌承受了一定的人力成本，不过对保护欧盟个人的信息权利却起到了至关重要的作用。同理，网安法刚刚出台，很多外企对此的不理解和不安与当年的《安全港协议》和欧盟判例影响一样，都需要外企自己去理解和调整。相信面对一个拥有世界上最大网民数量和网络经济最发达的中国，面对一个正走在世界互联网产业变革最前沿的中国，面对一个法治化和全面开放的中国，那些不理解的外企会放下傲慢，多点谦逊，越早调整自己，越遵守中国的法律，外企也就越能享受到中国改革开放的红利，发展得就会越好。

第五节　《微博客信息服务管理规定》解读

自微博元年（2010 年）以来，微博客已经发展成为广大网民获取信息和交流表达的重要渠道。同时，也出现了个别危害国家安全和社会稳定、侵害他人合法权益、误导社会舆论导向、低俗色情、煽动民族歧视、虚假广告、传播炒作和侵害未成年人身心健康的违法违规信息。

为配合《网络安全法》实施，更好地保护广大网民合法权益，净化网络空间，构建依法办网、依法上网和依法管网的法治体系，国家互联网信息办公室依法于 2018 年 2 月 2 日正式出台了《微博客信息服务管理规定》（以下简称"新规"）。

这部旨在促进微博客信息服务健康有序发展，保护公民、法人和其他组织合法权益，维护国家安全和公共利益的新规从平台资质、主体责任、实名认证、分级分类管理、保证信息安全、健全辟谣机制、加强行业自律和建立信用体系等各个方面作出了全面具体的规定，必将成为新时代微博客安全有序发展的重要指引。

一、打击网络谣言保障网民知情权

在违法违规微博客信息中，网民最反感的当属网络谣言。新闻信息类谣言、侵害他人合法权益的信息和误导公众、危害公共利益的谣言，近年在微博客中层出不穷。为维护网络新闻信息安全，保障网民知情权，新规重申了《互联网新闻信息服务管理规定》关于新闻信息服务许可的规定，严禁未经许可或超越许可范围开展的新闻信息服务。

实践中，有个别自媒体滥用微博客，为博取关注、获取商业利益，在没有新闻信息服务资质的情况下发布未经核实的时政类新闻信息，甚至以捏造、杜撰等方式违法发布所谓的"独家新闻"，严重侵害并扰乱了社会公众知情权和社会稳定，人民群众对此反应强烈。因此，新规重申了新闻信息服务许可制度，不仅针对微博客服务提供者，而且还针对使用者。

新规在治理虚假信息方面：一方面，强调平台必须建立、健全辟谣机制，对谣言和不实信息要主动采取辟谣措施，从根源上保证信息真实性；另一方面，新规将举报的权利赋予了全体网民，要求平台需要接受社会监督，设立便捷举报入口，及时处理公众投诉和举报。

平台对微博使用者发布的违法信息除了要做到及时采取必要措施以外，还应保存记录并向主管部门报告。可见，新规在打击网络谣言和保护用户知情权方面是一个互相关联的体系，只有监管部门、平台、用户和全体网民齐抓共管、良性互动，才能真正建立信息真实的网络清朗空间。

二、微博客平台要承担主体责任

习近平总书记在4·19重要讲话中明确指出："一个企业既有经济责任、法律责任，也有社会责任、道德责任。企业做得越大，社会责任、道德责任就越大，公众对企业这方面的要求也就越高。"

微博客平台作为数亿网民每天活动的共同家园，在获取商业利益的同时，必须承担起法律责任、社会责任和道德责任。新规将平台应承担的主体责任，结合互联网发展实践，做出了明确具体的规定。

（一）信息内容安全责任

尽管微博客平台并非是网络内容提供者，但在使用者发布和传播信息活动中具有技术管理的先天优势，是互联网法治化的关键抓手。新规在用户注册、发布审核、评论跟帖、应急处理、从业人员教育培训和总编辑制度方面，把主体责任上升成为法律层面具体可操作的对象。在技术方面，平台需要建立安全可控的技术保障和防范措施，在制度上要配备与服务规模相适应的管理人员，同时还需要落实总编辑负总责制度，将信息内容安全落实到位。

（二）完善分级分类管理机制

按照网络传播规律，平台对信息发布和传播的管理类别和等级也是不同的，拥有越多的关注度，其表达所负的法律责任和社会责任也就越严格。同理，经过平台认证的机构或个人，相比普通用户而言，公众的信任度越高，他们应承担的注意义务也就更高。微博客平台要针对不同的用户，不同的主体和不同的内容，采取相适应的管理机制。在分级分类管理中，平台需要结合使用者的信用等级综合管理，越高的信用等级应拥有越高的权限，当然也要承担更高的标准，以此类推。

（三）落实实名制

互联网真实身份认证制度是网络法治的基础，也是互联网信用体系建立的基础，更是打击电信诈骗、保护网民权益的基础。新规将实名制分为两部分规定，一是重申了前台自愿，后台实名的传统网络实名制原则；二是首次明确了前台实名认证账号的法定程序。实践中，前台实名存在很多问题，个别违法者"冒名顶替"他人，甚至假冒公众人物或政府机构，造成很大社会混乱。新规将前台登记明确规定了相关程序，增加了向网信管理部门分类备案的做法，进一步强化了信息主体责任。

（四）明确了信息内容的服务管理原则

最近一段时间，存在个别人滥用"热搜"传播谣言、持续炒作、散布低俗违法信息、误导公众和损害公共利益的情况。针对此类情况，新规将"促进经济发展、服务社会大众、供养社会主义核心价值观、传播先进文化和坚持正确舆论导向"作为倡导"依法上网、文明上网和安全上网"的基本服务管理原则。

不可否认，热搜词的商业化运作是正常市场行为，但不能以损害社会公共利益和公众知情权、侵害未成年人合法权益、散布低俗内容和混淆视听为代价。网络空间是亿万网民的共同家园，稍有不慎，就会变成藏污纳垢的垃圾场，若只顾眼前短期利益，届时损害的不单是社会公共利益，到头来网络平台的商业利益也会就此毁灭。其实，互联网经济基础不仅是市场经济，更是法治经济，将网络内容安全与文化安全写进法治原则，这对平台长远利益、社会公共利益和网民合法权益来说，都是一件好事。

三、新规是互联网法治成果运用到微博客服务管理的具体化

近年是我国互联网立法的高峰期，诸如《网络安全法》《互联网新闻信息服务管理规定》等法律法规先后出台。新规在微博客管理领域，将我国网络法治实践中的这些重要成果以条文的方式具体化到微博客管理之中。

按照《互联网跟帖服务管理规定》要求，新规规定了微博客平台和使用者对跟帖评论管理的法律责任，特别将"各级党政机关、企事业单位、人民团体和新闻媒体等"开设的前台实名认证账号发布信息的跟帖管理责任，赋予这些组织机构，以跟帖评论管理为基础，构建出网络法治环境"齐抓共管"的新局面。

按照《互联网新闻信息新技术新应用安全评估管理规定》要求，微博客平台在应用新技术、调整增设具有新闻舆论属性或社会动员能力功能时，需要依法报请相关网信管理部门进行安全评估。相关具体自评估、第三方评估等程序，微博客平台需要结合这两个规定依法履行。

按照《网络安全法》和《民法总则》的规定，新规将保护用户个人信息安全做出了具体规定，平台不但需要履行安全保护责任，而且不能以商业利益非法向其他合作方提供。这并非是否认"互联网+"背景下开放平台的商业化运作，而是在强调用户拥有对自身信息的自我决定权，只有平台明示充分告知并征求用户同意基础上，才能依法进行商业合作。

第六节　《互联网直播管理规定》解读

2016年11月4日，国家网信办正式发布了《互联网直播管理规定》（以下简称《规定》），这部旨在保护公民、法人和其他组织合法权益、强调青少年身心健康、保障社会知情权、维护国家安全和公共利益的法律文件，必将终结违法、违规的网络直播乱象，促进互联网直播行业健康、有序发展，形成向上、向善和风清气正的网络生态，建立有法可依的网络直播法治环境。

一、强化网络直播新闻信息服务管理制度

按照我国《互联网新闻信息服务管理规定》，时政类新闻是指"有关政治、经济、军事、外交等社会公共事务的报道、评论，以及有关社会突发事件的报道、评论"。新闻单位和非新闻单位利用互联网发布和转载时政类消息

的资质必须依法经国务院审批，取得相关资质后方可进行新闻活动。然而，目前我国从事互联网直播的平台多达数百家，其中绝大部分的直播平台不仅业务主播没有新闻资质，甚至连平台本身也不具备新闻资质。这些不具备法律资质的网络直播活动，一方面严重违反了法律对时政类新闻的规定，造成了互联网新闻采编和发布活动的混乱；另一方面，大量以片面追求点击量和商业效果，忽略新闻真实的"标题党"和"谣言党"充斥互联网直播市场，严重侵害了公众知情权，危害了社会稳定和经济秩序。

因此，《规定》强调了提供互联网新闻信息服务直播的"双资质"制度，即直播平台和直播发布者都必须依法拥有互联网新闻信息服务资质。同时，《规定》针对新闻信息服务直播的传播速度和影响程度等特点，明确了新闻信息直播及其互动内容的"先审后发"制度。这就最大限度地在新闻生产端口上保证了新闻的真实性和公众的知情权，最大程度地遏制了新闻侵权和虚假新闻的不良影响。

为保证互联网新闻信息服务的专业性和真实性，《规定》明确了提供互联网新闻信息服务直播平台的"总编辑负责制"。在互联网新闻直播"双资质"的基础上，《规定》要求从事互联网新闻信息服务的平台必须设立总编辑，总编辑应对本平台发布的新闻信息内容负总责。

提供互联网新闻信息服务的直播平台在总编辑负责制基础上，应保证新闻信息的"真实准确、客观公正"，这不仅包括"双资质"新闻直播平台的采编和发布新闻的过程，而且还包括转载新闻信息的真实准确，转载新闻信息应在"显著位置标明来源"，保证新闻信息来源的可追溯。这就杜绝了"标题党""片面党""歪曲党"等严重损害新闻真实客观、侵害公众知情权的直播违法行为。

二、明确直播平台主体责任

我国网络直播实践中，广泛存在为追求商业利益，网络主播忽视法律和道德底线，以"性暗示""爆粗口""搏出位""靠炒作""猎奇"为代表呈现低俗化和无底线的趋势，网络直播已经出现蜕变成违法违规表演的显著倾向。大量所谓的"网红"靠网民关注度，无视法律法规，大量发布虚假广告，甚至以"做电商""搞公益""组建社团""交友"为幌子，从事传销、网络诈骗、卖淫嫖娼、网络赌博和其他侵害网民合法权益的违法活动。同时，现阶段网络平台的商业模式完全建立在"网红经济"基础上。因此，个别直播平台忽视法律和道德责任，放任甚至鼓励网络主播的违法行为，已经对产业、社会和网民合法权益造成了严重的侵害后果。

针对网络直播中出现的这些问题，结合网络直播的即时性、广泛度和控制力等特点，《规定》进一步明确了网络直播平台应该承担"主体责任"。网络直播平台不单纯是网络服务提供者，更应对利用其平台服务产生的内容履行勤勉监管者和技术控制者责任。从这个角度讲，网络直播平台的主体责任包括几个方面：

第一，监管制度上的责任。在直播实践中，不管是直播网站的"造人"直播、"脱衣舞"事件，或是"约架""群殴"直播视频，或者"盗墓""偷猎"直播，甚至"传销讲座""销售假货""聚众赌博""卖淫嫖娼"等直播，都已经反复说明，缺乏可管、可控和能管、能控的监管制度，就无法将网络直播产业回归到健康有序的发展轨道上来。《规定》对症下药，明确平台应配备"与服务规模相适应"的专业管理人员，建立健全信息审核和信息安全制度，完善"值班巡查""应急处置"等管理措施。监管制度上的完善，将最大程度肃清利用网络直播的违法行为，维护网民特别是青少年受众的合法权益。

第二，技术上的责任。互联网技术本身就是双刃剑，对于网络直播来说，技术用得好不好，就是将互联网直播区分为"阿里巴巴的宝库"和"潘多拉魔盒"的分水岭。网络技术发展得越快，就越需要防控技术跟得上脚步。总体上讲，直播平台在技术上的主体责任分为五个层面。

一是，平台必须具备"即时阻断互联网直播"的能力——既包括直播中的阻断，也应包括传播中的阻断。若平台缺乏"即时"阻断的技术能力，也就无法达到网络直播违法行为的"可防可控"，没有了"阻断"能力，社会对网络直播的监督和投诉也就变成了"泡影"。因此，网络直播平台能否建立以巡查制度、投诉渠道和技术监控为基础的即时阻断制度，就成为平台是否具备技术主体责任的重要衡量目标。

二是，平台必须建立直播内容审核平台——根据"内容类别"和"用户规模"进行"分级分类"管理。拥有越多的用户，也就意味着必须具备更高的管理责任和技术防控能力，越热的视频和越火的直播，也就应该越审慎地监管，这也符合权利义务对等原则要求。

三是，平台应对直播的内容"加注或播报"平台"标示信息"，以达到能够溯源的效果。溯源机制的建立不仅是传播法上追责的要求，而且也是民事侵权中追责的要求，缺乏溯源机制的话，被侵权人就无法找到适格被告，增大了维权成本。

四是，平台应对直播内容和发布日志保存不少于 60 日，建立技术上的全面存储功能，并在有关部门监督检查时依法予以提供。若平台无法依法提供相关资料，除了行政责任外，在民事侵权领域也将承担举证不能的所有法律后果。

五是，平台应在制度上和技术上建立"投诉举报入口"，方便全社会对直播内容的投诉和举报。从实践来看，很多平台设立的举报途径非常有限，举报类型过于狭窄，个别直播平台竟然没有对涉及淫秽、色情、低俗、暴力等直播信息的举报类别可供选择。即便有举报渠道，平台受理时间也拖沓冗长，等到开始处理时，违法直播早已完成，根本无法达到全社会监督的效果。

第三，真实身份认证制度责任。网络的虚拟性不代表网络就是法律的无疆之地，每个人应该承担自己在虚拟世界的所有言行后果。实践表明，网络实名制是净化网络环境、遏制电信诈骗、倡导网络诚信、减少网络侵权、促进网络经济、保护未成年人身心健康的良药。《规定》将网络直播的实名制分为两个层面：普通网络直播用户需要按照"前台自愿，后台实名"的原则，以自己移动电话号码等方式进行认证；网络主播则应按照身份证件、营业执照和组织机构代码证等进行认证。网络平台实名制的主体责任是对网络主播的身份进行审核，并在省级网信办备案，在执法部门依法查询时予以提供。

第四，信息安全责任。直播平台的信息安全主体责任主要分为两部分，一是内容安全合法，平台应建立审查机制，不得发布涉及危害国家安全，破坏社会稳定，扰乱社会秩序，侵害他人合法权益，传播淫秽色情等信息；二是数据安全，按照全国人大常委会《关于加强网络信息保护的决定》相关规定，直播平台应该保护用户的身份信息和相关隐私，不得"泄露、篡改、毁损、出售或向他人违法提供"相关数据信息。

三、创建网络直播信用治理模式

《规定》首次将互联网信用纳入到网络直播治理模式中来，这是新规的一大亮点，对今后的其他互联网领域法治建设有很强的借鉴意义。

第一，《规定》开创性地将网络主播的信用等级与平台对其的管理和服务直接挂钩。拥有越高信用等级的网络主播，就有可能获得越高的直播权限和收益；反之，喜欢"打擦边球""耍小聪明"，甚至靠"炒作"或违法违规直播获取关注的主播，信用等级就会降低，信用降得越低，直播权限和收益也就越低。所以，做一个遵纪守法和诚实守信的主播会累积更高的信用，收益也会越高，这就将信用变成了主播们竞争的砝码，让信用与商业利益挂钩，使诚实信用重新回归到网络直播市场。

第二，《规定》明文要求建立失信主播"黑名单"制度。黑名单制度在网络直播行业中的意义与其他行业不一样，很多网络平台为了商业利益，不惜违背法律底线去"留住"能够"获利"的网络主播，即便明知某些主播是"问题主播"，平台也不敢轻易"得罪"他们，因为担心主播们会"跳槽"去别的平台。建立黑名单制度后，对纳入黑名单的主播将"禁止重新注册账号"，并向省级和国家互联网信息办公室报告。这样一来，"黑名单主播"将不能肆意"用脚投票"来"要挟"平台，也就让法治与诚信重新回归到直播市场。

第三，《规定》鼓励建立网络直播全行业信用评价体系和服务标准。只有全行业适用同样的标准，才能避免"劣币驱逐良币"的后果，才不会让合法经营者和诚信经营者"吃亏"。这也是提高网络直播行业入门门槛，达到保护"好人经济"的重要举措。

第七节　《移动互联网应用程序信息服务管理规定》解读

2016年6月28日，国家网信办正式发布了《移动互联网应用程序信息服务管理规定》（下文简称APP新政），这部旨在加强对APP信息服务规范，促进行业健康有序发展和保护个体合法权益的规定，将给我们的生活带来什么改变呢？

一、野鸡平台和黑心APP终于有人管了

APP新政有望终结我国APP市场的"乱世"局面，让随意传播暴力、色情淫秽、谣言等信息的违法行为受到惩罚，让赌博、招嫖、诈骗、盗取隐私的违法APP无迹可寻，让家长更放心孩子上网，让公众更放心下载应用，让恶意扣费和私走流量成为历史。

新政规定，提供APP信息服务的，"应该依法取得法律法规规定的相关资质"，APP平台应该在业务上线运营"三十日内"进行备案。"相关资质"说的就是主营APP业务的资质，比如，医疗类APP就需要相关部门的资质证明、视频类APP就需要相关许可证、信息发布类APP要有相关资质等等。这

都集中反映出"互联网+"背景下，我国产业市场重构的需求。不管产业技术发展如何，"互联网+"也好，分享经济也好，都是法治经济。没有法律规制的结果，必然导致无序。纯粹利益追求的商业行为，就会忽视社会公共利益，伤害到用户的合法权益。实践中，大量违法 APP 滥竽充数，用户下载容易、卸载难；明明已经关停的 APP 却在背后偷偷跑流量；一个简简单单的手电筒 APP，却可能成为用户手中的"间谍"，窃取用户信息，动辄发送商业性广告，更有甚者，还将这些信息转卖出去。

我国这些年产生的 APP 乱象实在太多，几百万的 APP 监管实在有困难，而且相关资质审核部门也太过繁杂，仅依靠某一部门的特殊性管理，对于治理乱象而言是难上加难。新政明文将各级网信办作为执法和监督的主体，由网信部门去协调各个部门，统筹规划，终结"九龙治水"的局面。毫无疑问，这将是非常有效的。同时，对于 APP 经营者来说，"一个婆家"远比"七大姑八大姨"好得多，这也最大限度地减少了经营者的制度成本，有利于 APP 市场的健康发展。

二、互联网+政务时代即将到来

我国政务公开程度发展得很快，"三微一端"普及量在世界都是前列。不过，据统计这些政务 APP 之中，存在大量"僵尸号"，很多号的影响力实在不够。同时，"互联网+"政务的时代要求，可不仅仅是做到"公开"，更多的还是要求政府办公事项要通过 APP"链接"起来，实现"便民化""电子化"和"高效性"。

以前我们在 APP 所取得的成就，仅代表在工业革命 3.0 时代的成绩，信息公开和单向发布绝不代表未来发展方向。工业 4.0 时代的政务公开，至少包括三方面内容：一是，传统的政务公开。这部分大都属于"单向"公开，是政府信息公开的重要方面；二是，公共服务。这是政务 APP 便民化和办公化的体现，未来的政府办公大厅人满为患的情况将成为历史；三是，双向渠道。政务 APP 不仅承担信息公开的作用，而且还承担着舆情反应、反馈、接受投诉、举报、建议和意见、评价、投票等方面的效果。

APP 新政强调了"鼓励各级党政机关、企事业单位和各人民团体"积极运用 APP 的要求，这也是"互联网+政务"的最好体现，新政将成为促进我国政务公开和公共服务升级转型的主要举措，"互联网+"政务的形式将让社会公众成为新产业革命的最大受益人。

三、正式开启 APP 的权利时代

从民事权利角度讲，APP 是一个权利的集合体，既包括开发者的知识产权，也包括使用者的隐私权、肖像权、姓名权、名誉权等人身和财产权利。APP 新政从以下几个角度重申了这些权利，从此以后将正式开启 APP 权利时代。

（一）用户信息权的保护

我国民事法律规定了隐私权，个人信息权、数据权、安宁权等相关权利目前还都在隐私权范围之下。关于个人信息安全的最直接规定，就是 2012 年全国人大常委会通过的《关于加强网络信息保护的决定》，该决定将搜集和使用用户信息确立成三个基本原则：合法性、正当性和必要性。

（1）合法原则。必须强调的是，"合法"既包括法律法规等强行法规定，又应涵盖"网民协议"等契约规定。对于一些门户网站利用"格式条款"和"霸王条款"，以"约定"的形式规避侵害他人隐私的法律责任的情况，不应属于"合法"范畴。按照《合同法》的规定，与法律法规相抵触的"约定"为无效条款。

（2）正当性原则。"正当"性原则是针对信息使用目的来说的。结合民事法律相关原则，正当性应该包括以下几方面内容：首先为网民利益。现代网络技术发展趋势是个性化服务，对网民个人信息的搜集和利用是达到个性化服务的前提条件，因此"依意愿"当然是"正当性"最主要的表现性之一。其次为公共利益。这里讲的公共利益不是"商业利益"，而是基于社会公众长远、整体的利益。再次依职权。司法机关依照法定程序，对于涉案确有必要搜集的信息，相关信息报有人有义务进行协助工作。最后为了学术研究。学术研究的信息搜集，也必须事先告知被搜集者，而且信息用于研究时不得随意曝光。

（3）必要性原则。必要是指个人信息的收集和使用必须满足正当性要求，包括合法和符合社会善良风俗。使用和收集均限于最初确立之目的，与该目的保持一致，并应采取公平合理的收集和使用方式。其中必要原则一般也可以理解为限制原则，包含两方面的内容：限制收集和限制使用。

限制收集是指个人信息的收集应该有法律上的依据或者当事人的同意，对信息控制者的收集方式要加以限制。其中对信息控制者收集方式的限制主要是指收集个人信息，必须告知收集该个人信息的性质、用途和收集者身份

等事项，禁止用不合法、不公正的手段收集。OECD 的限制收集原则中就指出个人数据的收集应该采用合法和公正的方法，适当的情况下应当通过数据主体的明确同意或默许。欧盟 1995 年指令的第 6 条、第 7 条也做了类似规定。

限制利用是指个人信息在利用时，也应该严格限定在收集目的范围之内。限制利用在 OECD 指导纲领中是一项独立的保护原则，欧盟 1995 年指令第 6 条中规定，对个人数据的进一步处理不得背离其特定目的，我国台湾地区"个人资料保护法"第 5 条规定，个人数据之搜集、处理或利用不得逾越特定目的之必要范围。

此外，依据必要原则，除了在收集和使用阶段，信息控制者需要遵循一定的限制之外，在完成收集信息所确定的目的后，信息控制者也应当及时删除相关信息。在网络环境下，个人信息存储在信息控制者的数据库中，时间越长其泄露、损毁的危险就越大。欧盟 1995 年指令第 6 条规定保存个人信息不应长于信息收集或进一步处理的目的所必要的时间。对于保存超过目的所需时间的，且被用于历史、统计或科研的个人信息，应该提供适当的保障。

关于个人信息的保存时限也是个人信息保护法面临的新问题，法国近期针对网络环境下个人信息的保存时限做了详细的规定。法国在《互联网个人信息保护指南》中建议个人信息保存的期限应根据其用途确定。与网站访问相关的网站访问者数据，包括日期、时间、互联网地址、协议、所访问网页等最终可以检测网络攻击或确定网站访问量的数据，其保存期限应当与数据处理目的相协调。2008 年 4 月，欧洲 27 国一致通过决议：建议搜索引擎保存用户信息期限最长不得超过 6 个月。

我国 2013 年 2 月 1 日起施行的《信息安全技术公共及商用服务信息系统个人信息保护指南》中也明确提出了最少够用原则：要求只处理与处理目的有关的最少信息，达到处理目的后，在最短时间内删除个人信息。

（二）用户隐私权保障

尽管就目前法律体系看，隐私权与信息权是同一法律基础，不过，未来发展方向则是信息权与隐私权绝不能够用一个隐私权加以涵盖。在网络经济背景下，隐私权更容易退居到二线，信息权则可能上升成一线概念。就 APP 新政的隐私权保障来说，这些规定非常具体。

（1）保障用户的知情权和选择权。新政出台后，用户在使用 APP 时会面临大量选择性指令，大家千万不要嫌麻烦，这都将直接涉及用户自身权利保护问题。

（2）类型化了侵害隐私权的情况。新政将"开启地理位置、读取通讯录、使用摄像头、启动录音"等功能都做出了具体规定。这些规定都是涉及用户核心隐私的范畴，未经用户事先同意，任何人都不得侵害。

（3）不可捆绑无关程序。捆绑销售本来就是《反不正当竞争法》等相关法律所禁止的范畴，不过，在APP市场中，技术的隐蔽性让这些捆绑查无踪迹。新政的规定，将隐蔽性的外衣脱掉，将"实打实""干净"的APP摆在我们面前。

（三）保障知识产权

我国APP市场最大的乱象就是没有办法保护"创新"。单从技术角度讲，APP设计和开发并没有难点，一款仿造的APP多则一礼拜，少则几天就可以完全克隆出原版APP，有的违法者将相似的APP夹杂了大量插件或广告，甚至还有通过"克隆"来以假乱真，借树开花的欺诈行为。这些行为不仅明显侵害了原版权人的知识产权，而且也阻碍了创新，严重侵害了商誉和用户权益。

因此，APP新政再次强调了保护知识产权的重要性，并将《知识产权法》落实到新政新规中，这将会极大遏制违法侵权行为，最大程度地促进、鼓励和保护创新。

四、真实信息认证制度为用户权益保驾护航

网络实名制是网络经济和法治发展的基础，没有实名制去破解虚拟性，就好比"与虎谋皮"，达不到网络治理的效果。

我国对网络实名制的法律制度的完善也是一个发展的过程，从回帖实名制到电信实名制，从全国人大常委会《关于加强网络信息保护的决定》到中央网信办《账号十条》。实名制一路走来发展至今，应该说取得了很大成效，极大遏制了网络诈骗、黄赌毒泛滥和网络侵权情况的出现。

APP新政将网络实名制分成两大层次：一是要求APP提供者对注册用户的实名制；二是要求APP商店对上架产品提供者信息的实名制审核。对APP提供者注册信息的实名制内容并非是单一的，用户既可以通过移动电话号码实名，也可以通过身份证等其他信息实名。目前，我国电信实名制落实情况还是比较乐观的，绝大多数移动电话都有了实名认证。当然，如果可以的话，APP经营者也可以通过与其他平台合作的方式达到实名制效果。例如，通过某某平台账号登录，而其他平台实际已经通过《账号十条》等法律法规完成了实名制，所以，这样做也不妨是一个节约成本的好办法。但是，若实践中那些合作平台的相关实名信息是虚假的，那么，APP 经营者和这些平台也都需要承担民事法律和行政法律的处罚。

APP 商店平台对 APP 提供者真实信息的审核也至关重要，这是双向实名制的重要构成部分。按照新政规定，这些实名制将作为备案和信用体系建立制度的基础。

可见，实名制并非是目的，而是达到网络法治化、减少网络侵权、维护网络诚信的基础，也是构建网络诚信制度的基础。如果 APP 经营者或平台没有履行实名制程序，除了按照新政等行政法律承担行政责任外，还要依据我国《侵权法》及其司法解释、《消费者权益保护法》等相关法律为他人的侵权承担连带责任。

五、APP 诚信契约时代到来了

契约在罗马法时代就被称为"法锁"，这是确立合同双方权利、义务关系的准则，"契约神圣"一直是诚信社会的基石。

APP 新政将 APP 经营者与平台之间的服务协议明确化，将"遵守法律法规和平台公约"作为契约的主要构成部分。这是遏制以内部协议推卸责任的主要手段，这些协议不仅是明确双方权利义务的根本，而且也是法治的宣言，是一种利用民事契约精神所反映出的诚信宣言。结合之前北京市网信办出台的 APP 自律公约精神来看，未来 APP 发展规制仍主要需要自律，契约与平台公约就是自律的基础，也是诚信的基石。

新政在 APP 平台责任中，将督促提供者"保护用户信息"，"完整提供程序获取和使用用户信息的说明"向用户呈现，作为平台责任的重中之重。这也是将平台定性为 APP 市场自律的中枢对待，平台和 APP 提供者之间的关系，并非是简单的商业合作关系，而是通过社会责任等方式，连接成一种互相监督和互相促进的关系。完整的 APP 自律市场应该是包括平台、APP 提供者、用户、政府等在内相互依存、互相促进的体系，在此之中，契约与公约就成为诚信的基础。特别是在征信制度建立的今天，营运者所做的善与恶，都是自我诚信信息的体现，未来的"互联网+"的商业竞争，不仅需要技术和创新，而且还需要用户和诚信。

第八节　《电子商务法》（二审稿）的四大立法遗憾

一、电商合同成立走了老路

现实购物中，商家的标价行为属于邀约，消费者下单属于承诺，一旦消费者付钱，该合同就成立。电商实践却恰恰相反：商家的标价属于要约邀请，即广告性质，消费者下单付款属于邀约，商家发货是承诺，此时合同才算正式成立。所以，电商消费者权益更难得到保障，即便消费者按照商家的标价下了单交了钱，但只要商家没确定发货，这笔生意就没成。实践中，特别是在"双十一"这样的购物高峰期，很多不法商家利用这一点搞乱标价和虚假宣传，以低价商品作为幌子，滥用标价权。

当立法者试图改变这种乱象时，电商平台提出，之所以存在电商合同成立的特殊性，主要是因为消费者的不确定多数，货源备货数量问题限制了合同成立条件。其实，解决这个问题很简单，只要商家在标价时加入库存数量，消费者买一个少一个，就不会存在库存与消费者不确定数量之间的矛盾了。

二审稿也明确了当消费者提交订单合同即时成立的规定，这无疑是更好地维护消费者权益的好立法。不过，该规定之后加了一条"另有约定从其规定"。所谓另有约定，就单指电商平台与用户之间的"用户协议"，这种通过格式条款确定下来的规则属于霸王条款，消费者只能选择接受。若按二审稿的规定，相信任何一家电商平台都会以格式条款的方式继续现状，排除"提交订单即合同成立"的规定。《电子商务法》应该是以保护消费者为核心的基本法，不能成为保护电商平台，放任侵害消费者权益的保护法。电商合同成立"从其约定"的规定，是有意为电商平台留了口子，成为电商立法最大的隐患。

二、消费者评价权不容侵害

消费者评价电商的自由，既源自《消费者权益保护法》规定的消费者基本权利，也源自《宪法》中规定的表达自由。电商平台本质属于网络服务提供者，不应该有随意删除、变更、增减消费者评价的权利。

二审稿明确了电商平台不得删除消费者评价商家的规定，不过，该条款后半段却增加了"消费者使用侮辱性、诽谤性语言或明显违背事实进行评价"的但书规定。这也就是说，电商平台在认为消费者的评价存在侮辱、诽谤或违反事实时有权将其主动删除，这样的规定是不合法的。

电商平台作为中立方，没有权利对消费者评价主动或主观地作出是否侵权的认定，即便存在侮辱性表达，也应由商家依照通知删除规则向平台发出通知后，平台再依法采取必要措施。尽管侮辱性表达是显而易见的，但对诽谤和违背事实评价的认定却是非常困难的。电商平台不是法院，在缺乏双方举证、质证和调查的基础上，凭借主观认定是无法作出准确判断的。

的确，电商实践中存在不少违法差评等情况，但也存在大量网络公关，这些公关往往很多都与平台存在千丝万缕的联系。若是将判断消费者对电商评价的权利交给平台，可能导致网络公关的盛行，平台的中立性将大打折扣。最重要的是，平台代替法院对消费者表达作出判断是否合法合宪，值得立法者深思熟虑。

三、押金和预付款依旧立法空白

最近一段时期，共享单车的"押金门"事件层出不穷，消费者的押金与预付款安全成为电商活动的重要基础。我们非常遗憾地看到，二审稿一点也没有涉及电商押金和预付款的监管措施。

我国《消费者权益保护法》（以下简称消保法）没有对押金和预付款安全作出明文规定，直至2015年国家工商总局出台的《侵害消费者权益处罚办法》才将预付款安全问题纳入到消保法保护范围，但仅规定了不退还消费者预付款的商家，要承担消保法第56条责任，即罚款、停业整顿和吊销营业执照。这样的规定几乎没有影响到平台挪用押金和预付费的情况，一方面，该规定侧重事后处罚，事先缺乏未雨绸缪的监管；另一方面，平台一旦出现退押金难，也就到了破产边缘，罚款等行政处罚对其已不产生任何影响。

针对这种情况，立法急需从根本上解决押金和预付款安全的问题，从押金第三方银行合作，到消费者退还程序，从政府全方位监管，到平台破产清算中消费者优先清偿等都需要写到电子商务法中。二审稿连眼前的电商乱象都没有回应，这部法律的实用性也就大打折扣令人遗憾了。

四、缺乏对微商等新型电商模式的规范

我国电商市场微商异军突起，已达到超过三千万微商的市场。微商作为互联网新零售代表，扩展了电商渠道，增加了就业，发展了地方经济，符合分享经济发展模式。同时，诸如虚假宣传、传销、电信诈骗、侵害消费者权

益等微商乱象也层出不穷，未来的电子商务法必须对此进行回应。

微商中的平台责任与传统电商截然不同，诸如微信、微博和直播平台中的微商平台是纯粹网络技术服务提供者，与传统电商不同，微商平台从电商交易中没有任何获利，不属于传统电商经营者范畴，平台仅在"明知"或"应知"违法情况出现后，未能及时采取必要措施的才承担责任。微商与传统电商平台责任的差异，也直接影响到消费者权益保护，微商消费者很难维权，根源就在于法律缺乏对此类平台责任的明确性规定。

值得注意的是，二审稿未能明确微商定位，这就是将微商平台与电商平台混为一谈，意味着本来作为网民交流平台的微商平台要承担更高的责任，这必然导致微信、微博、直播等平台为避免承担过多责任而"封杀"微商，客观上为传统电商平台占据了更多市场份额。这样选择性空白的立法，成为电子商务法的又一大遗憾。

第九节　《互联网论坛社区服务管理规定》 解读

2017 年 8 月 25 日，国家网信办公布了《互联网论坛社区服务管理规定》（以下简称《规定》），这部旨在促进互联网论坛社区法治化进程、保护网民合法权益和维护网络安全的新规，既是《网络安全法》在互联网论坛社区领域的具体适用，也是互联网论坛社区服务提供者依法办网的指引。《规定》是我国互联网论坛社区发展和管理实践多年经验的总结，回应了新时代对互联网论坛社区服务的法治化要求，有利于保障公众知情权和公共利益。

一、《规定》的适用范围和监管主体

《规定》所称互联网论坛社区服务，是指论坛、贴吧、社区等"为用户提供互动式信息发布"的平台服务。《规定》坚持了属地管理的基本原则，地方网信办负责属地内的监督管理执法工作，国家网信办负责全国范围内的监督管理执法工作。"法律是最低限度的道德"，《规定》特别强调了"鼓励"建立行业自律和行业准则，促进平台通过制定更高标准的自律公约来落实法律责任、社会责任和道德责任。

二、服务平台的主体责任

针对互动式信息发布的特点，《规定》将服务平台主体责任分为两大块，

一是明确平台自身的法律责任，二是明确平台对用户交互信息的管理义务。

我国《网络安全法》明确了网络运营者维护网络信息安全的法定义务，《规定》将其具体化，体现在互联网论坛社区服务提供者的主体责任中。

近年来，部分互联网论坛社区平台传播淫秽色情、血腥暴力、诈骗等违法信息情况时有发生，社会公共利益和用户权益受到侵害。但有时互联网论坛社区服务提供者却以自己并非是违法信息发布者进行抗辩，技术中立规则成为个别服务提供者推卸责任、置身事外的挡箭牌，这于情于法都说不通。

其实，服务提供者的信息管理责任并非是社会责任和道德层面的要求，而是直接的强制法律规定。《网络安全法》第 47 条明确了网络运营者对用户发布信息的管理义务，该法不仅明确了平台对用户发布违反法规信息停止传输、消除和防止扩散的义务，而且还规定了保存相关记录和向有关主管部门报告的法律责任。不过，这些强制性法律规定在落实的时候并不理想，一些网络运营者疏于履行法律义务，直接导致侵害社会公共利益和用户合法权益的恶性事件时有发生。最近几家大型互联网信息传播平台已经被网信部门依法立案调查，充分说明了网信部门坚决履行法定职责的严肃态度。

三、真实身份认证制度在《规定》中的完善

我国网络实名制早在 2012 年《全国人大常委会关于加强网络信息保护的决定》中就已经明确，《网络安全法》再次重申了真实身份认证的相关制度。目前我国实名认证制度是电信实名制与网络实名制的结合，一般用户根据手机号码的实名制就可以完成认证，但对于电商、主播、未成年人等特殊人群，则需要基于身份证等相关信息进行认证。《规定》将互联网论坛社区平台的真实身份认证分为三大部分。

第一，实名制的基本原则是"前台自愿，后台实名"，对普通用户可以实行基于移动电话的实名认证，但对于版主、管理者还需要实施真实身份信息备案、定期核验等。按照《网络安全法》《规定》等法律法规的相关要求，平台不能向未提供真实身份信息的用户提供信息发布服务。

第二，实践中存在个别违法者滥用"前台自愿"的管理原则，违反《互联网用户账号名称管理规定》，在虚拟昵称注册和自建版块介绍中夹杂大量荒诞、色情、诈骗、虚假宣传等相关有害信息。针对网络论坛社区的特点，《规定》要求平台对用户虚拟身份和网络版块简介等作出审核，这将更有利于减少电信诈骗、侵害未成年人权益等违法情况出现。

第三，《规定》重申了《网络安全法》关于个人信息安全的相关规定，强调了平台保护个人信息和身份信息的法律责任。

四、社会责任与商业道德

习近平总书记曾明确指出，网络空间是亿万民众共同的精神家园。互联网企业生存在社会之中，不能只讲经济责任、法律责任，还要讲社会责任、道德责任。习总书记对互联网平台责任的科学论断，将责任体系分为法律责任、社会责任和道德责任，三者责任是相辅相成的，法律责任是红线和底线，社会责任和道德责任则是发展和内核。

《规定》针对"非法网络公关"等乱象，依据我国《刑法》《侵权责任法》及相关司法解释等法律法规，有针对性地提出了打击"非法网络公关"的具体规定。这不仅强化了互联网论坛社区服务提供者的法定责任，而且还最大限度地保护了社会公众知情权和公民表达权，也直接遏制了利用网络散布损害他人商誉的"公关黑稿"等不正当竞争行为，这对维护市场正当竞争秩序有极为重要的积极意义。

《规定》还特别强调了"社会公德、商业道德、诚实信用"，只顾商业价值忽视社会道德的企业很难走得远，违反诚实信用和商业道德的"短视行为"不仅会让社会公共利益受到伤害，扰乱市场秩序，而且还会让企业丧失用户基础。2017 年百度贴吧商业变现事件，公众所表现出来的强烈反感也证明了这一点，越大的平台也就应该承担越大的社会责任，互联网论坛社区平台具有一定的公共利益属性，不能以牺牲社会责任为代价换取商业价值。

第十节　《互联网新闻信息服务新技术新应用
安全评估管理规定》 解读

2017 年 9 月 30 日，国家网信办出台了《互联网新闻信息服务新技术新应用安全评估管理规定》（以下简称"新规"）。这部规定旨在鼓励新技术新应用在互联网信息服务创新发展，保障公众知情权，维护国家安全和公共利益，保护公民、法人和其他组织合法权益。其是落实《网络安全法》关于内容安全和技术安全在互联网新闻信息领域的延伸，是我国互联网新闻信息发展二十多年实践经验的总结，是完善我国互联网传播法体系的重要组成部分，也是对信息社会传播法治和规律的积极探索，必将对未来网络新闻信息技术发展与法治进步产生深远影响。

一、新规是我国互联网新闻信息服务法治体系的重要组成部分

《网络安全法》第三章明确了网络运行安全的具体规定，强化了对网络新技术、新应用的安全管理，将网络安全的"认证、监测、风险评估"等活动法治化和制度化。实践中，在网络新闻传播领域，出现了较多"三无"违法、违规平台，利用扁平化传播等技术手段和社会动员能力，大肆以"标题党""水军""网络公关""违法广告"等违法行为骗取公众信任和点击量，更有甚者利用技术的隐蔽性窃取用户信息、进行精准诈骗、组织传销、煽动群体性事件、扭曲新闻真实性等严重损害社会公共利益的非法活动。以往对此类违法行为多适用事后处罚的措施，但事后监管只能做到"亡羊补牢"，很难做到"未雨绸缪"。新规将网络新闻信息的新技术新、应用安全评估前置，最大程度地维护了网络安全和用户合法权益。同时，新规评估的程序和标准也是《网络安全法》技术安全评估体系的具体落实，让网络新闻信息服务安全多了一个"安全评估"的前置抓手。

网信办出台的《互联网新闻信息服务管理规定》《互联网用户公众账号信息服务管理规定》《互联网跟帖服务管理规定》中，分别对"增设具有新闻舆论属性或社会动员能力的应用功能""上线公众账号留言、跟帖、评论等互动功能"和"互联网新闻信息服务相关的跟帖评论新产品、新应用、新功能"等方面明确了法定的安全评估程序。新规就是将安全评估的具体做法法定化。依法评估、依法整改、依法上线有望成为保障互联网新闻信息服务活动安全的法治标准。

因此，新规是《网络安全法》等法律文件在网络新闻信息服务领域的技术安全标准，这种动态的标准评估体系，适应了互联网技术发展日新月异的变化，同网络安全体系中的内容安全与技术安全一脉相承，共同搭建起我国互联网新闻信息安全标准体系。

二、双层安全评估体系的关系

新规将安全评估分为"自评估"和"报请评估"两大类，结合国家网信办的安全评估目录、评估组织自律和监测巡查制度，形成了科学动态的安全评估体系。

首先，新规将新增新闻舆论属性和社会动员功能的新应用，以及"用户

规模、功能属性、技术实现方式、基础资源配置等方面的改变导致新闻舆论属性或社会动员能力发生较大变化"等情形作为开启安全评估的要件。国家网信办也将适时发布和更新安全评估目录作为互联网新闻信息服务提供者的参考。

其次，自评估是报请评估的前置性条件。互联网新闻信息服务提供者应当依法建立评估制度和保障制度，设置专门部门负责新技术、新应用的评估工作，畅通和配合行业评估组织和各级网信管理部门的工作。在最终评估结果出来前，不能擅自开启新应用、新技术的应用功能。自评估的主要目的是自我检查，依据《网络安全法》《互联网新闻信息服务管理规定》等相关法律法规，查缺补漏，及时整改，直至消除可能出现的安全隐患。自评估通过后的十个工作日内，就可以依法报请主管部门进行最后评估了。

再次，在评估申请人完成自评估，并依法准备材料向国家或省级网信办报请评估后，在45个工作日内评估主管部门通过"书面确认、实地核查、网络监测"等方式进行全面评估审核，并完成最后的评估报告。

最后，通过安全评估的互联网新闻信息服务提供者可以依法上线开启新技术和新应用，未能通过安全评估的则要分情况而定。对于存在信息安全隐患的新技术、新应用，互联网新闻信息服务提供者应及时进行整改，直至符合法律和相关标准；对于那些不进行整改或整改后仍不达标的，主管部门将依法采取包括责令限期整改、暂定新闻信息更新、不予换发许可证等行政处理手段。

三、动态评估制度

习近平总书记在《网络安全和信息化工作座谈会上的讲话》明确指出："安全是发展的前提，发展是安全的保障，安全和发展要同步推进。"近年来，互联网新闻信息技术发展很快，但在信息安全领域却不断出现安全隐患。这就需要互联网新闻信息服务提供者与主管部门一道，在鼓励发展新技术、新应用的同时，不断提高自身保证安全的能力，以动态、长效的安全观，确保社会公众日益增长的新闻服务需求和安全保证。因此，新政还增加了安全动态评估制度。

新规要求网信管理部门要"建立主动监测管理机制，对新技术、新应用加强监测巡查，强化信息安全风险管理，督导企业主体责任落实"。这也就是说，一次的安全评估结果并非是"终身制""聪者听于无声，明者见于未形"，感知网络安全态势是最基本、最基础的工作。各个新闻机构应依据《网络安全法》等法律法规，把网络安全与信息安全落实到位，建立常态化安全制度，以评估结果作为基础，按照用户规模、影响程度、社会动员能力大小、技术可控性和网络安全隐患大小为标准，主动建立能够应对未来复杂网络安全局面、可防可控的法治新闻传播环境。

第十一节 《互联网信息搜索服务管理规定》 解读

2016 年 6 月 25 日国家网信办对外正式发布了《互联网信息搜索服务管理规定》（以下简称《规定》）。该规定共 13 条，分别从立法理由和依据、管理对象和性质、监管主体、法定义务、打击非法网络公关、付费搜索规范、用户权益保护等方面作出了科学和全面的规定。这部旨在促进网络搜索服务法治化的法律文件，在广义上属于中国传播法律体系，是衔接《侵权责任法》及其司法解释、《广告法》《消费者权益保护法》及全国人大常委会《关于加强网络信息保护的决定》等民事法律，以及《国务院关于授权国家互联网信息办公室负责互联网信息内容管理工作的通知》等行政法规之间的纽带。

《规定》的出台，既是对这些年我国互联网搜索服务领域发展实践规律性和经验性成果的总结，也是对广大网民合法权益保护呼声的回应；既极大维护了我国互联网生态圈法治发展的秩序，也是保护公众知情权利益与传播法治的利器。因此，《规定》必将成为我国新时代网络搜索服务法治化的里程碑，为即将到来的"互联网+产业革命"、为我国互联网产业健康有序发展准备好法治基础，为广大网民的知情权做好权益保障。

一、搜索服务的性质与规定的适用

《规定》第 2 条明确了搜索服务的性质为"检索服务"，类似于搜索引擎服务 SES（Search Engine Services）。检索服务在法律上的定性为 ISP——网络服务提供者，这区别于 ICP 网络服务提供者，前者承担的是"避风港规则"和"红旗规则"，后者则承担传播法中的一般规则。具体体现在我国侵权法上，网络内容提供者适用的是侵权法一般条款，即《侵权责任法》第 6 条第 1 款，以及第 36 条第 1 款；网络服务提供者则适用《侵权责任法》第 36 条第 2 和第 3 款。

虽然搜索服务属于 ISP，属于技术中立保护范畴，以适用避风港规则为原则，以适用红旗规则为特例。但在实践中却存在一些网络搜索服务者滥用技术中立性规避责任的情况，例如，放任"谣言、淫秽、色情、暴力、凶杀、恐怖"等违法信息的泛滥，有些搜索结果，特别是付费搜索中确实存在个别有失公正客观和违反道德的情况。对待这类情形，现有的红旗规则很难涵盖。

所以，《规定》对网络搜索服务做出了额外法定义务要求，扩展了搜索服务适用红旗规则的范畴。《规定》第7条规定搜索服务提供者"不得以链接、摘要、快照、联想词、相关搜索、相关推荐等形式提供含法律法规禁止的信息内容"。从红旗规则适用角度分析，《规定》第7条与2014年最高人民法院出台实施的网络侵害人身权益司法解释第9条规定是一致的，是对司法解释第9条第1、2、5、7款适用的具体化。这样的规定对保护网民知情权，特别是保护未成年人合法权益，以及维护互联网法治环境和健康秩序都有很大裨益。

《规定》之所以没有采用"搜索引擎"为字眼的名称，主要原因在于该办法适用对象是所有互联网服务提供者，并非仅针对搜索引擎为主的互联网企业。目前，搜索服务市场已经扩展到包括各个门户网站、视频网站、信息聚合网站、网络购物平台、网络直播平台、电子文库、自媒体平台等多个领域，搜索服务早已不是单纯几个搜索引擎公司的专利产品。现实中大量存在非传统搜索引擎平台提供站内或专业搜索的行为，它们的性质与搜索引擎无疑，当然也要受到《规定》的约束。

值得注意的是，《规定》管辖是属地管辖原则，即在我国境内所有从事互联网信息搜索服务者都需要遵守，不管是内资还是外资，也不管服务器设在哪里，只要在我国境内从事相关业务就都是《规定》管理范畴。

二、监管与自律

《规定》明确了互联网信息搜索服务的执法和监管主体是国家网信办和地方网信办。明确监管主体和执法主体，最大程度地避免了"九龙治水"的制度困境，客观上也减小了网络服务提供者的制度成本，有利于产业的健康有序发展。

《规定》第4条首次将"建立健全行业自律制度和行业准则"写进了搜索服务法律文件之中。这标志着我国互联网治理思路的转变，由他律为主，逐渐转变为以行业自律为主。自律并非与法治相违背，"法律是最低限度的道德"，自律更多的是道德层面和社会责任层面的意义，行业组织的自律是比法律底线更高的标准。这不仅是网络管理者对我国互联网法治的期待，而且也是对搜索信息服务者更好接受社会监督、提高从业人员职业素养的要求。

《规定》第5条明确了互联网搜索服务提供者应取得相关资质，这条规定将有望终结我国搜索市场鱼龙混杂的现状。目前，一些个别内容聚合平台、视频平台和自媒体聚合平台大量采用非法搜索服务，所提供的搜索结果普遍存在违背"九不准"规定的内容，非法搜索已经成为非法内容扩散传播的集合地。希望《规定》出台后，国家层面能够尽快清理那些非法提供搜索服务的网站，以维护互联网健康绿色环境，更好地保护未成年人合法权益和网民根本利益。

《规定》第12条将建立健全"公众投诉、举报和用户权益保护制度"作为网络信息搜索服务提供者的主要责任。一方面，这是法定扩大监督主体的好做法，以公众监督与企业自律相结合、以举报与执法相结合、以用户权益保护与社会责任相结合的做法，让我国互联网搜索信息服务产业能够更健康地发展，也有望能把搜索服务打造成为"我为人人，人人为我"的法治模板。这些投诉与举报核心在于"用户权益保护"，并强调了网络信息搜索服务提供者应"依法"承担对用户权益造成的损害赔偿责任。这也集中体现出《规定》以人为本，以保护用户权益为本的立法原则。

《规定》所说的"依法"赔偿，指的是依照我国《侵权责任法》及其司法解释的相关规定，既包括直接损害，也包括间接侵权损害和精神损害赔偿，既包括赔礼道歉、恢复名誉、断开链接等非金钱赔偿，也包括抚慰金、赔偿金等金钱赔偿。

三、法定责任

《规定》第6条、第7条、第8条、第10条都从几个方面分别阐述了网络信息搜索服务提供者的法定责任，这是我国首次将搜索服务提供行为法定义务的类型化，具有强烈的实践意义。

（一）平台公共信息服务性质

搜索平台责任以落实主体责任为核心，以信息审核、公共信息巡查、应急处置和个人信息保护的安全管理制度为基础，以建立安全可控的防范措施和为有关部门依法履行职责提供技术支持为要求，基本建立起来搜索服务平台的整体责任体系。从《规定》第6条的布局来看，网络搜索平台性质更接近于公共信息服务性质，搜索产品类似于公共信息产品，这是对搜索聚合平台对"互联网+"发展规律的科学总结，是对网络信息服务提供行为的再认识。结合近年来欧美各国对搜索服务的相关立法和判例思路来看，本条规定具有前瞻性，符合世界"互联网+"发展趋势。

（二）平台审查与报告义务

《规定》第8条明确了网络信息搜索服务提供者发现搜索结果明显含有违法信息时，应该采取三步措施：①停止搜索结果服务；②保存有关记录；③及时报告。

这里讲的"发现"，既包括平台技术、人工、大数据等自我监控措施，也包括公众监督和举报的内容，还包括有关权利人通知的内容。平台采取措施的前提是发现相关结果明显含有违法信息，这里的"明显违法"较难解释。按照《传播法》一般理论认为，应以一个拥有与其业务影响大小相适应的，具有相当职业素养的编辑所应判断的结果。当然，这里的结果既包括搜索页面、网站、应用，也包括快照、缩略图、视频、音频和图片。

（三）搜索结果的展现

《规定》第10条明确了搜索服务结果的展现责任，包括基本原则和底线两方面内容。

搜索结果展现的原则是：客观、公正和权威。搜索展现的技术手段是通过爬虫技术，信息质量、网站评级等多层次的展现，结果体现是数据支撑的结果。尽管现有法律并不排斥搜索服务的部分商业性，但究其根本，搜索服务的公共信息服务性质还是非常明显。搜索结果的客观与公正与否，直接关系到网民公众的知情权，也关系到其他被抓取者的表达权与传播权利，因此，公平和客观就应成为搜索的基本原则。"权威"作为原则之一，更多指的是一些特殊领域，例如，疾病、健康、食品药品、国家政策法规、司法判决、社会重大事件等情形。在《传播法》中，对待这类事关重大的搜索，应突出"权威消息源"的作用，要符合其他法律规定。例如，搜索中的医疗类信息、药品类信息和食品类信息，都应准确核实，避免"魏则西事件"的再次上演。对时政类新闻信息，搜索服务应严格遵守我国时政新闻采编发布的相关规则，对"一类、二类、三类"网站信息源做出明确区分。

底线性规定在于搜索结果不得损害"国家利益、公共利益"，"公民、法人和其他组织的合法权益"。这里的底线性规定，要与该《规定》第8条相关规定相互结合适用，既要明确搜索服务提供者的ISP性质，也要突出法定义务和社会责任。

（四）打击非法网络公关

《规定》第 9 条再次强调了法律政策对非法网络公关的打击态度，"网络信息搜索服务提供者及其从业人员"，不得"通过断开连接或提供含有虚假信息的搜索结果"，"谋取不正当利益"。

非法网络公关一直是影响我国互联网信息传播法治化发展的毒瘤，是新闻敲诈和侵害公众知情权的罪魁祸首之一。我国政府一直致力于打击非法网络公关，2013 年"两高"司法解释已经将非法网络公关入刑，2014 年司法解释也明确了有偿删帖合同属于无效合同。《规定》的规制对象则更集中在网络服务提供者和从业人员身上，这也进一步补充了责任承担的主体。

不过，依法采取的通知删除、断开链接、举报、取证、固定证据等行为属于正常合法行为，不但不会受到法律的制裁，反倒会受到法律的保护和支持。2014 年司法解释将网络侵权正常支付的维权律师费等都纳入到侵权者赔偿范围，《规定》也强调了搜索平台应畅通投诉渠道等情况。非法网络公关则不同，这就超出了法律正常程序和法定理由的范畴，以技术的手段牟取不正当利益，这当然是法律所禁止的。

四、商业搜索的规定

《规定》第 11 条将付费搜索正式入法，这在世界传播法中尚属首次，这是深入落实习总书记"4·19 讲话"重要精神的体现，是在充分总结国内外相关判例和比较法研究基础上，结合我国发展实践和未来互联网搜索服务趋势作出的科学规定。

《规定》将商业搜索服务分成两大部分：付费搜索和商业广告信息服务。

必须强调的是，仅从《规定》本身来看，商业搜索服务并未被直接定性为广告。这与 2016 年 5 月 9 日，国家网信办联合调查组对百度公司"进驻式"调查结论和整改要求精神是一致的。调查组将付费搜索法律性质定性为"商业推广服务"，是因为我国现有法律并未对其进行明确定义，现行《广告法》无法将其有效涵盖在内，在立法层面出现了对竞价排名的法律性质出现了"立法性空白"。《规定》作为法律规章，根据《立法法》相关规定，无法对《广告法》做出进一步解释。从搜索实践看，搜索平台确实不能被传统《广告法》中广告主、广告商和广告发布者等主体涵盖。因此，在《广告法》作出修改之前，商业搜索服务的行为规范需要以"信息服务"来规制。

尽管《规定》并未排斥商业搜索服务，但对付费搜索中平台应尽的责任作出了明确规定：①查验客户资质；②明确付费页面比例；③醒目的方式区分自然搜索与付费搜索信息；④对付费搜索信息逐条加以显著标示。

《规定》的落实应结合"5·9"联合调查结论一并实施，该结论适用所有网络搜索信息服务提供者。第一，全面整改关乎人民群众生命健康安全的商业推广服务，明确审查责任范畴；第二，改变竞价排名机制，不能"仅以给钱多少作为排名标准"；第三，建立完善平台先行赔付的制度。

《规定》将商业广告信息服务放到了第 11 条的第 2 款，对商业广告提供相关服务的，"应遵守相关法律法规"。商业广告信息服务指的是非付费搜索的网络广告范畴，以谷歌为例，AD words 和 AD sense 对应的就是付费搜索与商业广告信息服务。除了付费搜索难以适用现行《广告法》主体规定外，其他的商业性广告则完全可以由《广告法》及其相关法律法规加以约束。商业广告信息服务主体责任既可能包括广告商责任，也可能包括广告发布者责任。必须强调的是，这条规定并非仅针对搜索引擎企业，也包括所有涉及搜索的网络信息服务提供者的商业广告信息行为。

第十二节 《互联网组群信息服务管理规定》解读

2017 年 9 月 7 日国家互联网信息办公室印发了《互联网组群信息服务管理规定》（以下简称"新规"），这个旨在维护国家安全和公民、法人和组织合法权益，促进互联网法治传播的新规将于 2017 年 10 月 8 日起正式实施。

一、新规更好地保护网民合法权益

新规出台后，社会上有些错误的观点认为，这可能导致网民交流隐私的泄露，这是对新规的误读。《网络安全法》是新规立法的法律基础之一，保护网民数据权、隐私权等合法权益是新规的重要立法初衷。

首先，侵害公民个人信息犯罪案件的实践中，经常出现大量通过互联网组群等方式进行寻找买卖家、交易、交流的情况。甚至出现过个人信息在群里公开售卖的情况，此类案件都曾经以微信群、QQ 群等方式进行犯罪预备、犯罪联络或销赃。很多情况下，这些案件中的群主建立群目的就在于组织犯罪，也存在群主在明知某成员利用群工具进行犯罪的情况下，仍放任不管，这就造成了信息犯罪的二次传播。所以，新规旨在打击这类犯罪群体，清除其赖以生存的土壤，保护我们的信息安全。

其次，新规并没有要求网站对群聊的内容进行监控或跟踪。从实践中看，组群聊天的记录都保存在使用者自己的终端硬盘中，包括网络服务提供者在内的第三方是无法触碰到这些记录的。新规在"保存记录"的要求中主要分为三处：一是网站对违法违规的组群采取必要措施时；二是网站对违法违规组群的建立者、管理者和使用者采取必要措施时；三是网站对列入黑名单取消用户使用资格时。这三种情况的"保存记录"主要是根据举报内容的保存，或经过举报后进行监测记录的保存，或是对违法、违规者信息的保存，并不存在涉及其他人聊天信息的常态化保存范围。

最后，新规中将"网络日志"作为网站应该保存的内容，时间至少 6 个月，这样的规定是符合我国《网络安全法》和国外立法趋势的。网络日志是访问量和 IP 的记录，这与用户具体聊天记录不是一回事。

二、网络实名制不是让用户都把昵称改成真名

网络实名制又叫真实身份认证制度，自从我国 2012 年 12 月 28 日全国人大常委会通过的《关于加强网络信息保护的决定》首次提出，到 2017 年 6 月 1 日实施的《网络安全法》在法律中进行明确规定，我国网络实名制已经走过几年的路程。

目前，包括 Facebook 在内的很多境外网站，早已全面开展网络实名制建设。必须强调的是，网络实名制是打击电信诈骗等网络犯罪的重要手段，没有网络实名制，就意味着无法建立溯源机制，也就纵容了网络犯罪的发生。同时，网络实名制也是未成年人网络权益保护，包括防沉迷系统等机制的前提条件。网络实名制更是新型电子商务发展和信用社会的重中之重，没有网络实名制，C2C 的网络交易可信度以及网络信用制度建立也就成了空中楼阁。

我国的网络实名制基本原则是"前台自愿，后台实名"，也就是说，并非是让用户把自己的微信名、QQ 名都改成自己现实真名。用户在前台显示的昵称，只要符合国家网信办公布实施的《账号十条》相关规定，叫什么名字是用户自愿。用户在后台需要履行实名认证制度，目前的认证主要是通过移动手机号码进行的"间接认证"。我国手机号码已经基本完成了实名认证，因此通过"间接"认证也可以达到真实认证的效果，这就相对简化了程序，节约了成本。不过，很多用户的 QQ 号和微信号等账号注册，都是在手机实名制完成之前，所以，新规再次强调了实名认证的统一性，要求网站不能为没有经过实名认证的用户提供服务。

三、群主要为成员承担责任系错误解读

新规明确了群主与管理者的责任，即按照"谁建群谁负责"和"谁管理谁负责"的原则，"依据法律法规、用户协议和平台公约，规范群组网络行为和信息发布，构建文明有序的网络群体空间"。

必须强调，这里说的"负责"指的是法定义务，并非是法律责任，只有违反了法定义务，才有可能产生法律责任。群主组建的群，就如同现实举办公众聚会和活动一样，几百人的活动安全和秩序等问题，聚会和活动主办者和管理者都要承担相应的责任。我国《侵权责任法》第四章明确规定，"宾馆、商场、银行、车站、娱乐场所等公共场所的管理人或者群众性活动的组织者，未尽到安全保障义务，造成他人损害的，应当承担侵权责任"。可见，管理者承担的责任并非是无过错责任，而是过错责任。只有活动管理者在没有履行安全保障义务并有过错的情况下才承担责任。

那么，群主如何才算是有过错呢？第一，群主组建群的主要目的就是为了从事犯罪活动的，例如，传播淫秽物品、传销群、买卖个人信息群。第二，在群成员发布违法、违规信息后，有证据证明群主知情或经人举报后，群主或管理者拒绝采取必要措施的。第三，群主明知群文件中存在违法、违规内容，却拒不采取必要措施等几种情形。

当然，群主要采取的必要措施有哪些，还要看网站赋予群主和管理者哪些权限，新规明确了网站要赋予群主和管理相关管理者权限。实践中至少要包括以下几种：一是删除违法、违规信息的权限；二是踢出违法、违规者的权限；三是删除违法、违规群文件的权限；四是受理举报和接受公众监督的渠道。

那么，万一群主错误删除相关信息，或者侵害到成员表达权了怎么办呢？2014年最高人民法院网络侵害人身权益的司法解释中，对错误"通知"导致信息删除的法律救济已经作出了具体规定，包括网站恢复的义务以及错误通知人要承担的侵权责任等方面。不过，这样做似乎成本过高，所以，新规特别规定了自律和社会公约。未来相关自律公约完全可以做到"线上问题线上解决"，成立线上的自律委员会进行相关裁决。

四、群员人数并没有法定数额上线

很多对新规的错误解读称，"新规会让组群人数受到限制"。必须强调，

新规并没有对组群上限进行限定。新规规定网站"应当根据自身服务规模和管理能力，合理设定群组成员人数和个人建立群数、参加群数上限"。也就是说，服务规模和管理能力应该相适应，越大的用户数量就意味着越高的管理能力，反过来讲，越高的管理能力也就可以承担起越大的用户规模。可见，新规出来以后，那些做得好的网站完全可以按照自己的管理能力提升服务规模，群员上限反倒可能上升。

作为组群服务提供者的网站，新规对其管理能力和法律义务也作出了明确规定，既包括履行用户信息安全保护责任和制定管理制度，也包括建立信用制度、完善建群和入群审核验证制度、设置群唯一识别码等技术措施。具体的相关标准新规并没有更多涉及，这都需要在实践中继续完善。

第十三节　《互联网用户账号管理规定》解读

国家互联网信息办公室在 2015 年 2 月 4 日正式公布了《互联网用户账号管理规定》，这是我国首部专门针对网络账号规范的法规，必将在网络法治建设和诚信建设进程中起到至关重要的作用。

网络账号就是用户在网络上的身份代号，在网络空间中，账号行为代表本人行为，账号身份也就是用户的身份。不过，由于网络的虚拟性，用户注册的账号可能与现实身份不相符合。实践中大量存在网络冒名注册和虚假注册的情况，特别是一些利用虚拟账号身份冒充国家机关、企事业单位、社会组织和社会名人进行诈骗、造谣传谣、虚假宣传、误导公众的情况屡见不鲜。甚至还存在大量利用账号特殊称谓进行卖淫、贩毒、销售违禁品，以及非法传播分裂国家、煽动民族矛盾、宣扬邪教信息等涉嫌严重刑事犯罪的行为。

近年来网络发生的新闻敲诈、寻衅滋事、诽谤侵权、造谣传谣、网络传销、网络诈骗、网络传播暴恐信息、宣扬邪教封建迷信等事件，大都与假冒或虚假注册账号称谓有关。犯罪分子就是利用被假冒者身份的社会公信力实施作案，公众也出于对被假冒者的信任轻信上当。可见，假冒和虚假注册者不仅直接侵害到被害人的合法权益，而且也侵害了被假冒者的社会公信力和社会公共利益。同时，网络公关与网络水军在假冒行为中又充当着推波助澜的角色，以混乱网络秩序和舆论环境达到"浑水摸鱼"目的，以牺牲公共利益和侵害他人合法权益为手段获取不法利益。可见，网络账号的乱象不仅是网络侵权和网络犯罪的帮凶，而且还是滋生网络公关和网络水军的"温床"。

如果这种乱象得不到及时治理，建设网络清朗空间和发展网络经济就成了一句空话。

网络账号引发乱象的直接原因在于账号管理不规范，个别网络服务提供者忽视社会责任，怠于履行审核用户注册信息的义务，甚至还存在为了片面追求点击量，变相鼓励非法账号注册的情况。其实，账号乱象不仅侵害的是用户权益和公共利益，而且对网络服务提供者自身也损害极大。一旦用户因假冒账号受到损害，提供服务的网络平台也就失去了公信力，长此以往，没有人气的网站也不会产生什么经济效益。所以，网络服务提供者切不可急功近利去片面追求点击量，也不应为减少成本去"省略"本该属于自己的审核义务。毕竟，只有依靠诚信和法治，网络服务提供者才能获得用户的信任与尊重，才有可能在竞争激烈的互联网产业中走得更远。

当然，根据《互联网用户账号管理规定》中"前台自愿，后台实名"的基本原则，用户可以自由选择前台账号形式。但是，选择网络账号的自由并不意味着可以违反《宪法》和法律相关规定，既不能冒用、盗用和虚假注册不属于自己的账号，也不能利用账号去侵害他人合法权益，更不能以账号宣传非法信息。其实，用户更应该珍惜自己网络账号的选择权，账号就是虚拟世界中的本人，只有尊重法律和尊重他人，才能得到社会的尊重和别人的信任。特别是在网络征信机制正在建立的今天，网络账号的诚信行为将直接影响到现实本人的信用记录。

国家网信办出台的《互联网用户账号管理规定》做到了治理网络账号乱象的有法可依，在具体落实之时，既需要相关部门的执法必严和违法必究，也需要网络服务提供者的全力配合，更需要全体网民用户的鼎力支持。网络本来就是"人人为我，我为人人"的社会，互联网精神本质就是人人都参与其中。网民是网络社会的组成者和网络技术的最终受益人，更是自己权益和社会公共利益的维护者。在依法治理网络账号乱象的过程中，网民也需要为保护自己的权益而斗争，在受到网络虚假账号侵害时，应及时向网络服务提供者和举报中心举报。只有做到人人参与，才能让网络空间真正地清朗起来。

第十四节　网络实名制解读

2015 年 2 月 4 日中央网信办正式发布了《互联网用户账号名称管理规定》，这标志着我国互联网全面实名制建设的正式开始。毫无疑问，网络实名制必将成为促进网络经济发展和维护公民合法权益的重要举措，这也是网络法治发展到一定阶段的必经之路。

一、网络实名制与隐私保护

网络实名制的反对者认为，实名制之后，个人信息可能会被泄露，网民的隐私权将得不到保障。那么究竟网民的哪些隐私会受到侵犯，隐私侵犯与网络实名有无必然联系？

首先，我们要对隐私的范围有一个清醒的认识。涉及个人的隐私大致可以分成两大类：第一大类属于核心隐私；第二大类属于可利用隐私。

核心隐私是指，在任何情况下任何商业行为都不能触动的隐私，包括两个部分。第一部分称之为红线隐私。所谓"红线"就是禁区的意思，即便是出于公共利益之目的，任何人在没有得到授权之前，都不得随意公开或者非法获取。红线隐私包括五个方面的内容：基因、性生活、犯罪前科、医疗健康、健康检查。红线原则起源于德国等欧盟国家的相关法律，在他们看来，这些方面都涉及个人尊严和社会评价，如果随意查询或者公开，势必造成受害人难以用金钱衡量的损害。这与美国等其他国家规定并不一致，在后者看来，红线隐私的界限并不是建立在个人人格尊严基础之上的，反而应更多地受到公共利益的制约。比如，美、韩等国支持性犯罪者有义务向网站乃至社区披露曾有过的性犯罪记录，并不认为这样做侵害当事人隐私，反倒是保护更多人权益的必要手段。各国和地区都是基于不同的隐私权基础，基于各自的隐私政策，基于利益平衡的选择，对红线隐私设置完全禁区或有所保留。我国台湾地区也在最近将"红线"在立法中予以确认。第二部分核心隐私指身份信息，也就是我们在实名注册时，填写的关于身份认证的真实信息。

可利用的隐私或者说可利用的个人信息，指的是可以适当情况下使用的隐私信息，包括三类。（1）被动信息，比如在个人相关账号丢失、密码遗忘时，为了追回账号、取回密码，我们不得不按照网站的指示，一步步地填写个人相关信息，如电话号码、邮箱、职业等。还包括在防沉迷系统中的使用，我国已经施行网络游戏实名注册机制，在游戏中大都安装针对未成年人的"防沉迷"系统，对待未成年人尚没有完全发育的心智，网络游戏公司有义务规制孩子的健康游戏时间。同时，家长也可以通过实名制申请的方式监控孩子的游戏时间。（2）主动信息，即用户基于自身需求而主动给予网站相关的信息。或许我们会有疑问，反思我们之于网站的交互行为，"主动给予"无从谈起，但这类信息还真的是在你明示同意或者默认之后，网站才开始使用的。主要分为三种：第一种是用户基于使用需求而在与网络服务提供者签订服务协议时明示同意的。比如使用搜狗浏览器，在下载、安装的过程中，你"同意"了；使用新浪微博，在申请、注册的过程中，你也"同意"了。那么究竟我们"同意"了什么，我断定不仅仅是你，在中国数以亿计的网络用户中，真正关注自己在用户协议中同意和授权的寥寥无几。第二种是用户基于寻求的服务功能必须要给予的授权，也是一种默示的授权。比如当我们利用手机上网搜寻"饭店"之时，会发现地图中出现的饭店都是距离你一公里以内的，网站首先要知道你在哪里，才能为你提供更好的服务信息，它侵犯了你的隐私吗？是你默示同意的。要使用导航，它首先要知道你从哪里到哪里，既然你输入了，就是自愿授权了。（3）系统信息，即运营商为了完善服务而对互联网网民个人信息的搜集。比如，软件更新的信息，卸载的信息，系统会自动跳出对话框问你卸载这个软件的原因，运营商要收集这个信息，以便做得更好，同时健康成长。

其次，网络实名究竟涉及哪些隐私以至于让我们如此抵触？上面对隐私的范围进行界定之后，在网络实名制领域可能涉及的隐私包括两类：第一类是核心隐私中的身份信息部分，第二类就是可利用的个人信息部分。那么这两类信息真的会或者真的是因为网络实名制受到侵犯的吗？

其一，针对核心隐私中的身份信息部分，这是网络实名制真正涉及的信息。很多人认为推行网络实名制，必定伴随着个人的身份信息被商业网站取得，从而增加隐私被侵犯的风险，其实，这是对我国网络实名制的一种误读。我国网络实名制建设和实施充分借鉴了韩国失败的经验教训，对于实名信息保护工作开创了新的方法和措施——起初是对由政府主导建立起的第三方实名制平台进行管理，后来为了加大保护力度，平台交由公安部直接管理。也就是说，网民在注册个人信息的时候并不通过商业网站进行，而是通过中国网络协会建立的第三方平台或者后来的公安部信息管理平台进行认证。所有个人身份信息都不在商业网站保存。如此，将信息置于政府的安保之下，运用先进技术手段对信息层层加固，一方面减少了个人信息被黑客入侵等导致外漏的现象，另一方面也有效避免了商业网站为了私利擅自利用网民信息的可能性。同时，这也在客观上解决了网民关于网络实名制带来的网络隐私现实化的担忧。因为拥有网络活动记录的商业网站没有网民的实名注册信息，而拥有相关实名信息的第三方或者公安部平台也没有网民网络活动记录，这就在一定程度上割裂了现实与网络之间的联系，保护了网民的网络行为隐私。

其二，针对第二类可利用的个人信息，网民提出的此类隐私侵犯与网络实名制没有本质联系，也即此类信息即使在现实中受到侵犯，网络实名制也并非元凶。在网络实名制实施之前，网民与网站之间的隐私权保护问题就已经在注册条款中加以规定了好多年。我国几乎所有的商业网站都将网民的隐私条款作为重要约定规定在相关"网络服务协议中"，在强调将保护网民隐私作为基本政策外，大致有以下几种约定：第一，网站有权利用用户 Cookies、IP 等技术手段获取网民的使用习惯、偏好以及相关信息；第二，网站有权将网民的相关信息转让给其他拥有本公司相同隐私保护政策的商业网站；第三，为了网民特定服务，将利用相关个人信息。我们在注册和使用一些网络服务之前所必须点击的"我同意"，就已经涵盖了以上条款，只不过是大多数网民没有事先认真阅读而已。

因此，在网络实名制环境下，我们大可不必对自己个人信息被网站使用而过分担忧和愤怒，因为一方面核心隐私中的个人身份信息，并非商业网站在一般情况下可以随意取得的；另一方面，个人的网络行为信息，也因为我国网络实名信息的特定管理措施而与现实割裂开来，正常情况下并不会产生"对号入座"的情况。现实中这些信息的取得也主要是基于技术层面上的，它会使得我们的网络行为更加的个性化和更有效率。比如你是一个"网络购物控"，你会发现自己钟爱的品牌商会精准地针对你发送个性化广告；打开个人电脑时，你也会收到诸如"电脑管家""助手"甚至浏览器对你发出的类似邀请你体验某款喜爱的游戏、某个好友过生日、你钟爱的某款商品正在打折之类的信息。这些信息大都对我们是善意和无害的，法律层面能做到的就是当我们不愿意接受某款信息，或者不想再接受某些网络服务时，可以得到网站的足够尊重。

这方面我们可以借鉴我国台湾地区最新出台的"个人信息保护法"，通过立法加大我国对个人信息保护的力度。

第一，该法确定了"人肉搜索"的"红线"。上文论述，台湾地区将"红线"列入保护法之中，其实也是一个对利益平衡的选择问题。对此，大陆也需要作出一个明确的选择。

第二，明确了隐私利用告知义务。这部法律规定不论是直接或者间接地搜集公民隐私资料，都必须事先告知他们搜集的内容、利用方式、搜集目的等相关信息，在得到被搜集人同意后，这些活动方可进行。在网络时代和信息化时代中，这样的规定无疑是非常必要的。比如，网民在浏览网页之时，他们的上网轨迹会被浏览器记录下来、网购所留下的个人信息会被网购平台记录下来、注册网络服务的个人资料会被记录下来，这些信息稍加分析和整理就会被制作成有价值的商业信息，其中很多涉及公民隐私的信息甚至会被用来出售。这样条款的规定旨在维护网民隐私利益，规制不法利用个人信息的行为。

第三，明确了公民的"安宁权"。所谓"安宁权"就是公民有保护自己免受打扰的权利。该法规定，在非公务机关向公民发放宣传信息之时，公民有权拒绝接受，在第一次拒绝之后，信息发送者不得再次发送。这样的规定是针对越来越多的"垃圾短信""推销电话""入门传单"等情况制定的。一旦公民发现自己生活的安宁可能被打扰，法律就赋予其拒绝的权利，如果发送者仍执意继续发送广告，那么他将面临包括刑事处罚在内的法律责任。

第四，强化了侵害个人资料的法律责任。台湾地区的这部法律对侵害个人资料的行为，规定了包括刑事责任、民事责任和行政责任在内的法律责任。将侵害个人资料行为是否"意图营利"作为判断刑事犯罪轻罪与重罪的主要标准，对于"非以营利为目的"的刑罚上限为 2 年，对"意图营利"者则提高到 5 年，旨在重点治理那些非法倒卖个人信息的犯罪分子。同时，将这些侵害个人资料的犯罪由"自诉罪"改变成为"非告诉罪"，即公诉罪，也是在意图加大惩戒力度。在民事赔偿领域也加大了对被侵权者的保护，将赔偿上限规定为"2 亿新台币"，同时也规定了赔偿下限为"每人每事"不得低于"500 新台币"。

二、网络实名制与表达自由

隐私保护和表达自由一直是学界、业界和网民抨击网络实名制的主要武器，尤其是表达自由，这个被"神圣化"了的宪法权利，更给予这些反对者以有力的宪法论据。他们认为，网络或者微博总算是提供一个可以说话的平台，一旦推行实名制，很多话不敢讲了，表达自由就受到了侵害。

首先，我们必须明确，任何自由都不是无条件、无界限的，"表达自由"亦是如此。在联合国《公民权利和政治权利国际公约》中，就对表达自由的界限予以明确的规定。该公约第 19 条第 2 款规定，人人有自由发表意见的权利。即是对表达自由的一种宣示。第 3 款规定，本条第 2 款所规定的权利的行使带有特殊的义务和责任，因此得受某些限制，但这些限制只应由法律规定并为下列条件所必需：（甲）尊重他人的权利或名誉；（乙）保障国家安全或公共秩序，或公共卫生或道德。即表达自由应该受到限制，并且限制本身也是应该受到限制的。这已经是普世的价值。

其次，审视我们的规定中对表达自由的界限。《北京市微博客发展管理若干规定》第10条规定：任何组织或者个人不得违法利用微博客制作、复制、发布、传播含有下列内容的信息：（1）违反宪法确定的基本原则的；（2）危害国家安全，泄露国家秘密，颠覆国家政权，破坏国家统一的；（3）损害国家荣誉和利益的；（4）煽动民族仇恨、民族歧视，破坏民族团结的；（5）破坏国家宗教政策，宣扬邪教和封建迷信的；（6）散布谣言，扰乱社会秩序，破坏社会稳定的；（7）散布淫秽、色情、赌博、暴力、恐怖或者教唆犯罪的；（8）侮辱或者诽谤他人，侵害他人合法权益的；（9）煽动非法集会、结社、游行、示威、聚众扰乱社会秩序的；（10）以非法民间组织名义活动的；（11）含有法律、行政法规禁止的其他内容的。细数一下，这十一款关于表达自由界限的详细规定，不仅都囊括在联合国《公民权利和政治权利国际公约》的相关规定中，而且也是在我国《宪法》等上位法框架内的具体化。

再次，既然关于表达自由的界限本身并未违反公民表达自由的宪法性权利，那么在网络实名制下，只要你的"表达"未超出自由的界限，实名制能耐你何？总结实践案例中，涉及的对表达自由的限制的情形主要有以下五种：（1）侵害人格权，例如网络骂人，造谣诽谤，公开他人隐私，"人肉搜索"等；（2）侵害法人人格权，例如侵害公司商誉等，"微博第一案"即属此类；（3）涉及版权领域，例如侵害著作权人合法权益等；（4）危害到国家利益和社会公共利益，例如造谣引起社会恐慌等；（5）涉及刑事犯罪领域，例如利用网络诈骗等。其中以第一种最为常见。很明显，以上所谓的"表达自由"受到限制，并非因为网络实名制，而是法律对"表达"本身的限制。即使没有实名制，网络也不是法律的"无疆之地"，网民也必须为自己的言行负责。

借助实务界人士的说法，通俗地讲，"你觉得因为实名制，所以很多话你不敢说了，或者这个事不能说了，无非就是几个方面：你骂人了，对别人的权利造成伤害了；或者是色情的，对公共利益造成伤害；要不然就是攻击政治的，对国家造成伤害。如果都没有，那有什么不敢说的？"

试想一下，如果一个人在网上按部就班做一个理性人，实名与否对他影响大吗？更何况我国对于网络实名制的处理遵从"前台自愿、后台实名"，为何加了实名制就不敢说话了？笔者不禁要问，实名之前你在虚拟世界都说了什么话？用了多少"马甲"？

或许实名制的推广在一定程度上打破了网民对于网络虚拟环境的适应心理，但对于大多数网民而言，实名制并不足以使其产生困惑。只是对于那些常以耸人听闻的"小道消息"、赚人眼球的言论闻名的表达者而言，实名制确实在一定程度上约束了他们的言行，使得他们需要有所忌惮。普通网民以后可能会因此少了些所谓的"看点"和"花边新闻"，牺牲自己一些"猎奇"心理，但是它带给我们的却是更为干净、诚信、高效、和谐、文明的网络环境。在实名制环境下，"网络水军""网络暴力"和网络欺诈将极大减少，电子商务和网络交易将更为安全和高效，这无疑是我们一直追求的。

曾有人针对实名制撰文说，当发现自己13岁的侄女在微博上关注他时感到很忐忑，因为他认为实名制下自己的一些言论很可能会对侄女产生不好的影响。比如，以前可以和朋友说些肆无忌惮的话题，但是现在有了实名制，在侄女面前可能不太好说了，所以，他认为实名制干涉了他的言论自由。其实这是一种误读，因为网络实名制仅存在于注册阶段和后台之中，前台仍可以用昵称或别名，而不必担心自己侄女发现。这里我更想强调的是，上网低龄化趋势越来越明显，13岁大的孩子上微博已成为风尚，他所担心的只是对自己侄女的影响问题，难道对于其他同年龄的孩子就没有问题了吗？对未成年人权益保护问题也是实施实名制的重要原因之一，毕竟我国网络没有分级制度，每个人应该为自己的言行负责，为可能浏览你言行的孩子负责。在网络或者微博环境中的表达者应该有一个社会责任感在里面，明确身份本身就是一种宣示。中国资深网络人士谢文老师，在新浪微博公约专家委员会的第一次会议中，建议新浪微博公约专家委员会的成员不仅要后台实名，前台也要实名。他指出，当专家委员在判断一件事情的时候，他所行使的是专家委员的权利，是大家赋予他的权利，这个时候前台实名了，才能显示判定意义的庄重性，才能成为愿意承担相关责任的宣示。

因此，网络实名制非但不会影响表达自由，反倒可以通过对表达自由具有的潜移默化的规范作用，推动净化网络环境、提高网民社会责任感。

三、网络实名制与网站发展

网络实名制的推行，表面上对于商业网站而言，应该说是喜忧参半。

喜的是在网络实名制背景下，网络侵权现象必然大幅度减少，尤其是关于知识产权侵权、网民人格权侵权和网络商誉侵权现象将极大缩减。这在很大程度上将减少网站承担替代责任被诉上法庭的可能性，从而减少运营成本。

此外，网络实名制的实施将促进网络诚信建设，使得更多的网站愿意从事更大规模的网络交易活动和电子商务业务。

忧的是在网络实名制背景下，理论上每个自然人只能注册一个用户名，这必将减少虚拟网络用户的数量，客观上缩减了商业网站用户群，导致网站商业价值减损。众所周知，在微博中"僵尸粉"大量存在，一个自然人注册数十个账户造成"虚拟用户"的情形很多，在实名制下，这些"僵尸"和多余的"虚拟用户"将被"假死"或清除。试想一下，一个表面拥有数亿用户的网站的商业价值和一个实际拥有几千万用户网站的商业价值，当然不可同日而语。所以，商业网站之所以担忧甚至反对网络实名制，主要还是害怕用户"缩水"导致网站商业利益受损的问题。

其实，深层次地剖析，我们会发现实名制没有造成网站商业利益缩水，在很大程度上，实名制还会增加网站的商业价值。

首先，对于实名制，网民还存在一个认识问题，我国商业网站的用户数量可能会暂时"缩水"，但实名制下的用户群将比虚拟用户群更具吸引力，更具有商业价值。有两个实例可以证明。

前文中笔者提到，中国的实名制是实践先行的，在我国最先搞实名制的是婚恋网站，比如世纪佳缘、百合网。他们主动提出实名注册，为什么？难道他们不知道这样可能会影响到用户数量和活跃程度吗？他们知道，但他们更清楚的是一个婚恋网站不是靠用户数量、活跃程度体现商业价值的，如今这个领域中婚托、婚姻诈骗大行其道，人们对于这种关系到自身根本利益的社交行为更是慎之又慎。推行实名制，严格进行身份认证，才能最大限度地提高婚恋网站的可信度，以此吸引更多有价值的用户，带来更大的商业利益。

这也是美国 Facebook 公司主动选择实名制的原因，该公司认为，实名制是 Facebook 成为世界第一的社交网站的最大法宝，这也使得该公司比 Twitter、Friendster 等公司具有更大的人气和商业价值。IT 商业新闻网在 2009 年 6 月 15 日有一篇题为"Facebook 实名制遭哄抢"的报道，称北京时间 6 月 14 日中午消息，据国外媒体报道，在 Facebook 宣布正式推出实名服务后，每秒注册用户达到了逾 550 名。从午夜起，Facebook 根据"先来先得"的原则开始接受用户注册。Facebook 发言人拉里·余（Larry Yu）说，头 7 分钟注册用户达到了 34.5 万；15 分钟内注册用户达到了 50 万，"我们网站的流量超过了正常水平。由于前期准备工作充分，我们能够游刃有余地处理这些流量。"Facebook 靠什么赚钱？针对性广告。Facebook 知道我们的好友，了解我们的家庭情况、我们的兴趣爱好和个人履历表上的考试成绩。当我们在浏览器上打开 Facebook 或在手机上安装 Facebook 的应用软件后，他们就能根据我们的个人资料准确地发送适合我们口味的广告。而这么做只是为了推进人们的消费速度，帮助我们更快地进行定位、决策和交易。确认的身份和付款方式将从根本上推动在线交易的发展。

针对性广告和针对性新闻是互联网产业未来的发展趋势。我们登录腾讯之后会有一个对话框自动弹出，是相关的热点。今后针对每个人弹出来的信息都是不一样的，我可能比较关注法律，喜欢美食和猫狗，于是针对我的这方面信息多一些，我根本不关注军事，所以相关的信息不会出现。这种功能是能够让网站增值的。如果说政府是基于网络安全而实施实名制，那么商业网站则是基于更多的商业价值选择实名制，因为实名制将带来更为可靠的客户群和更为诚信的交易环境。

其次，网络实名制是网站承担社会责任的重要体现。推行实名制，其实也是强调网站的社会责任。我们国家在网络的注册和使用方面真的做到了"一视同仁"，不存在"等级制度"，"上到九十九下到刚会走"，可以坐在电脑前浏览同样的信息。而美国 Facebook 就明文规定，注册 Facebook 账号一定要超过 13 岁。因为 Facebook 在自己相册中可能会传一些很奇怪的东西，你可能无法接受，或者受到震撼。有这个门槛就可以，不一定从根源上把它抹掉。

中国事实上也有很多的成人网站，我们并非谴责成人市场，在日本已经成为一个产业，有需求必然有市场，不能否认它。但是我们要做到的就是把门槛守好，该进来的进来，不该进来的要挡在门外。

经营网络游戏者的社会责任更加引人瞩目。现在很多人沉迷网络游戏，我们可以说 18 岁以上沉迷网络游戏是"你拿青春赌明天"，这是自我约束的问题，但是对于 18 岁以下心智尚未成熟的未成年人，真的要靠网站来约束。一个有社会良心、有社会责任感的网站才能够良性发展下去。

四、网络实名制与相关网络使用者权益保护

对家长而言，网络实名制是行使监护权的好办法。我国已经施行网络游戏实名注册机制，在游戏中大都安装针对未成年人的"防沉迷"系统，对待未成年人尚未发育完全的心智，网络游戏公司有义务规制孩子的健康游戏时间。当然，家长也可以实名制申请的方式监控孩子的游戏时间。

对版权人而言，实名制是保障权利的最佳途径。我国现有的网络环境是

侵害版权的重灾区，重要原因就是，在没有网络实名制的情况下，"避风港"规则，即《侵权责任法》第36条第2款经常被滥用。商业网站利用"避风港"规则免责，而侵权者则利用"虚拟人"的身份逃避责任。举个例子，假如我是一个网站，看到最近苏打绿、林宥嘉出新歌了，很火，我想让大家到我这里来下载，但我又不愿花钱买正版的资源，于是我注册十个账号上传资源。林宥嘉发现后，提示网站删除，我删除了就不用承担责任。然后另外一个账号又把资源传上去了，再通知，我再删除，以网络的传播速度，等到十个账号删除完了，版权人的利益也被网站侵占完了。这就是对"避风港"规则的滥用，违反了法律设置的初衷。

在网络实名制环境下，所有用户都是可以找到现实身份的，这就极大地提高了侵权人的违法成本，客观上维护了版权人的合法权益。同时，也使得一些不法网站利用自己创造出来的"虚拟人"，变相适用"避风港"规则逃避责任的现象有所节制。

然而，依然反对实名制的人，则从实名制实施的效果进行论证，指出，韩国搞实名制是为了减少网络侵权和规范网络行为。按照韩国的统计，实名制之后，网络侵权行为从原来的13.9%降到了12.2%，顶着如此之大的批评和争议，推行网络实名制，结果侵权数仅降了1.7%，是不是有点得不偿失。

我国推行网络实名制是借鉴了韩国失败的经验教训的。韩国搞网络实名制是为了规范网络行为的，而我国还明确一个目的就是提高网站的商业价值和商业竞争力，这样更激发了网站参与的热情和追求利益最大化的创新能力。与韩国以单一的行政立法的手段来控制实名制不同，我国基本上形成了法律框架内的自律体系。

目前在北京网管办的指导和协助下，首都互联网企业结合自身业务特点先后推出了"互联网违法和不良信息举报热线""网络监督志愿者""网络新闻评议会""妈妈评审团""网站自律专员"五大自律体系，初步形成了被誉为"北京样板"的五大自律工作机制。除此之外，还有很多其他互联网行业自律体系，在此不予赘述。总之通过行业自律和社会监督双管齐下、充分调动和发挥网站和网民的积极性，达到了社会效益与经济效益的双赢。

说了这么多，其实反对实名制，根本在于这个社会是一个缺乏信任的社会。《大学》中说，"小人闲居为不善，无所不至"。一个人在没有人看得到的地方是可以干坏事的。也就是我们强调的，君子要慎独。不是每个人都是君子，所以法律要尽量让你变成君子的样子，这对于社会的诚信是一个促进。

未来的网络发展一定是一个"好人的网络",未来的社会一定是一个"好人的社会"。

实名制的催生也从侧面反映了我们对诚信和安全的渴望,从这个意义上说,实名制也是针对现阶段网络侵权频繁、缺乏网络诚信、道德缺失、权力滥用的应景之举。在诚信社会完全建立之前,实名制是个不可逆的趋势。实名制的未来将伴随着开放平台、第三方认证平台以及相关法律法规健全的同时,成为一种便捷、高效、安全的网络基本模式。

在不远的未来,我们可以只需注册一次,即可用在所有网络,使用同一个账号就可以完成社交、购物、商务、浏览、表达等所有行为。同时,网络个性化服务也随着实名制的发展逐渐成为主流,未来每个人所接受的服务都是量身定做的,在相关配套法律健全的情况下,我们没有必要再担心信息被盗,重要信息无法及时查收,或者错过任何你想要知道的信息,因为,这些服务都因实名的个性化服务随时出现在你身边的手机和使用的任何电脑之中。

第十五节　中韩实名制比较分析

我国网络实名制的第一个正式法律文件是 2012 年 12 月 28 日全国人大常委会出台的《关于加强网络信息保护的决定》,该法第 6 条将网络实名制分为网络接入服务、固定和移动电话、为用户提供发布者服务等三个大方面。电信部门也先后出台了系列落实电信实名制的相关规定。随后,国家网信办在 2015 年正式出台了旨在要求网络用户实名认证的《互联网用户账号管理规定》,至此,我国正式全面开启了网络实名制时代。

网络实名制不仅需要制度上的依据,还需要技术上的支持,更需要包括网络服务提供者、全体网民和政府机构在内的理解和支持。社会中仍有不少对此持有质疑的声音:韩国网络实名制走了回头路,我们的网络实名制能成功吗?

韩国是世界上首个实施网络实名制的国家,从 2005 年开始,到 2012 年为止,七年的网络实名制建设最后却因违宪判决戛然而止。韩国网络实名制失败的原因,对我国开始的网络实名制建设有着非常好的借鉴意义。

一、区分对待网站义务是韩国实名制失败的直接原因

韩国 2005 年"狗屎女"网络事件爆发,人肉搜索和网络暴力导致包括女

主角在内一个家庭的悲剧。自此，韩国民众开始反思网络技术可能带来的负面作用。当时雅虎曾对做过韩国民众支持实名制的民意调查，结果显示将近五分之四的民众支持网络实名制。

在强烈民意的推动下，韩国政府一方面决定推行网络实名制，但又一方面却担心实名制可能会给中小网站带来过多的成本，于是在衡量利弊后，决定推行"有限实名制"，即日访问量在 30 万以上的网站，应进行实名注册制度。当时符合这个访问量次数的网站有 35 家。事后证明，这是个极为愚蠢的决定。这是因为，以网站的访问量区分是否实行实名制，不仅会造成不同网站义务不均等，必然引起市场混乱，而且网站访问量是可以被人为操控的，这就埋下了网站弄虚作假的根源。

由于网站在实名制中的差别对待，网民为避免自己的身份信息被记录，更喜欢去那些中小网站。这样一来，直接导致韩国大型网站营业收入锐减，各大网站开始怨声载道，认为网络实名制已经侵害到市场竞争秩序。后来，很多网站为规避法律，开始不显示、不计算或减少计算日访问量。这种人为控制访问次数的行为，一度让韩国政府束手无策，这段时间韩国实名制其实并没有真正落实。

事情发展到 2009 年，崔真实被网络谣言所困自杀身亡，这一事件经过网络炒作被当成是韩国歧视女性的耻辱。韩国政府又开始反思为何实名制没有真正被落实，或者从未被落实。于是，在崔真实身亡半年后，韩国政府开始将原法案中的访问量 30 万次，减少成 10 万次，希望借此能更大范围地推广实名制。即便是 10 万次的限制，也没有预想中的那么容易，却起到了相反的效果——更多的网站通过不显示、减少或不计算访问量来规避责任。

特别是韩国网络实名制约束对象仅限于本国网络公司，对后来涌进韩国的 Facebook、Twitter 并不适用。这种差别对待将韩国网民全部"推向"了外国网络公司服务，这彻底引起了国内网站的愤怒，他们认为差别的网络实名制度不仅严重侵害了正常市场竞争秩序，而且还侵害到了国内网站表达传播的权利。这成为后来宪法法院认为实名制违宪理由之一。

在实名制主体义务方面，我国网络实名制与韩国相比大不一样，《互联网用户账号管理规定》第 2 条将实名制义务主体扩大到注册、使用和管理三个大方面。这就彻底保证了法律适用的一视同仁，保证了国内外网络公司的平等对待，也避免了网络公司通过修改访问量弄虚作假的可能性。

二、缺乏制度保障是韩国实名制失败的制度原因

韩国实名制起源于 2005 年，此时的网络技术尚处于初级阶段，个体网站几乎不可能全面建立起信息安全保障制度。韩国实名制竟然将网民身份信息资料保存在商业网站，这无异于自寻死路。作为营利为目的商业网站，既缺乏安全防护措施，也不愿意花过多成本去保护网民信息安全。因此，这种个人信息保护制度上和技术上的缺陷直接导致韩国 2011 年 3500 万用户资料被泄密。

也就是在 2011 年，大数据技术正式崛起，对数据的应用产生了互联网免费模式，这种模式反过来又依靠于数据的采集。韩国政府认为，数据应用不可避免，非特定化的使用与实名制之间的关系难以协调，同年底，李明博总统宣布将重新"检讨"实名制。因此，韩国网络实名制的寿终正寝，正是由于数据保存与数据应用都是商业网站，这种商业利益、效率和法律责任之间的关系无法调和造成的。说到底，缺乏制度保证和技术保证的"乌托邦"实名制，让韩国实名制建设"始乱终弃"。

与韩国截然相反，我国网络实名制最初是自下而上的，从婚恋网站开始，到后来的网络交易平台，再到未成年人防沉迷系统，这都是一步一步，踏踏实实走过来的。我国网络实名制中，用户身份信息并不保存在商业性网站，而是保存在公安部的第三方平台，在技术上和制度上都非常健全。实名制的全面建立，不仅不会影响到用户信息安全，而且还会将用户身份信息由风险性较高的商业性网站，转移至安全性高的第三方平台，实际是加强了用户个人信息安全。

同时，我国《关于加强网络信息保护的决定》《侵权责任法》及其司法解释等一系列法律规定，都反复明确了个人信息安全问题。我国的网络信息安全和个人数据安全已经被提到了国家最高层面，对个人信息的使用、采集等都需要严格的法律程序和明确的法律授权，并遵循"合法性、正当性和必要性"原则。在这种背景下的实名制，无疑与韩国"乌托邦"式的实名制有着天壤之别。

三、弄虚作假成为韩国实名制失败的重要原因

从一开始，韩国网站就以虚报、瞒报访问量的方式规避实名制责任，发展到后期，竟然出现网站支持的"身份证伪造器"。尤其是在国外网站不受实

名制约束的背景下，韩国网站更是处心积虑对实名制责任阳奉阴违。正是这个原因，韩国实名制实施后，并未真正起到制约网络暴力的作用，当然，根本原因在于韩国实名制也从未真正实施过。反倒是网站、网民沆瀣一气地弄虚作假，竟然又刺激了网络暴力和侵权的发生。至此，韩国网络实名制立法初衷早已不在，实名制也没有了任何意义。

特别是国外脸谱网、推特网等网站大规模入驻韩国，吸引了本来就已经对网络诚信失去信心的韩国人。正是韩国实名制的"始乱终弃"，导致该国网络公司错过了发展机会，这更加剧了韩国朝野上下对实名制的厌恶。

我国网络实名制是建立在网络法治化基础上的，身份证验证系统联网公安部，不会出现利用外挂弄虚作假的事情。我国网站早已不再是韩国"小作坊"经营方式，世界前二十网络公司排名中，中国公司占据一半席位。这些跨国大企业更加懂得，只有守法经营和诚信经营，才能走得更稳和更远。同时，包括网络侵权司法解释和消费者权益保护法等法律法规，将网络实名制信息和网站责任"挂钩"，在特殊情况下，如果网站无法提供侵权者真实信息的，就要承担连带责任。这无疑从制度上杜绝了网站弄虚作假的可能性。

四、韩国宪法法院的判决重新检讨了该国网络实名制的制度、诚信、技术和竞争错误

2012 年，韩国宪法法院的判决从四个层面阐述了网络实名制制度的违宪性，值得强调的是，韩国法院判决并非是对实名制本身的否认，而是对该制度的否认。这项判决可以作为我国网络实名制建设的重要借鉴：

第一，网络实名未达到预先的"公益性"。如前所述，从网站到网民的集体弄虚作假成为韩国实名制毁灭的重要原因。其实，韩国实名制从未被真正落实过，反过来，实名制所追求的公益性必然成为弄虚作假的牺牲品。我国在实名制建设过程中，中央和各级网信办作为主管部门，必须吸取韩国教训，认真履行监督职责，做到执法必严和违法必究。

第二，实名制涉嫌侵害言论自由。韩国实名制的特点就是只有本国人才可以注册使用，这无疑是限制了外国人的使用问题，同时，实名制中信息由商业网站本身保存，势必造成商业使用与法律责任的混淆。我国实名制并未对注册者国籍做出限制，不存在制约外国人使用问题，个人信息由公安部下属的第三方平台保存，在制度上和技术上风险防控比较成熟，也加强了对个人信息保护力度。特别是在大数据背景下，我国相关法律制度与当年的韩国

相比，已经逐渐健全，大数据利用技术也比较成熟，因此，并不必然涉及个人信息安全违宪问题。

第三，实名制使得国内网站丧失竞争机会。韩国的实名制在该国国境内，仅约束本国网站的规定匪夷所思，这种差别对待，特别是对本国企业的歧视，人为造成了国内网站竞争机会的丧失，这也是韩国实名制失败最值得思考的问题之一。我国网络实名制对国境内所有用户和网站一视同仁，并不存在差别对待问题。更何况我国互联网企业已经发展足够强大，网民数量即将达到世界第一，国内市场资源和竞争都很充分，在这种背景下的实名制，当然不会产生韩国当年的景象。

第四，法院强调互联网自律和事后追责。韩国法院的这点判断基础是鉴于国外比较法参考的结论，这与韩国萎缩的网络产业分不开。我国网络产业和技术已经处于世界前列，很多新问题并无可参照的先例，只能自己去摸索，这一点与韩国存在根本不同。当然，网络自律是网络法治化的重要组成部分。网络实名制与网络自律也并无任何冲突之处，实名制所强调的明确法律责任主体，如果实施得好，完全可以促进网络自律。因此，网络实名制与网络自律实际是一种相辅相成和相互促进的良性关系。

综上所述，我国网络实名制与韩国实名制所处的时代、技术水平、制度设计、产业发展规模、法治水平、诚信状况、市场环境等众多方面都大相径庭，二者之间完全没有可比性。特别是近期连续发生的系列电信诈骗案件，再次凸显了网络实名制和电信实名制的重要性。

从实践角度看，我国的网络实名制与电信实名制是一个问题的两个方面，二者相辅相成，缺一不可。

其一，电信实名制是网络实名制的基础。最初在讨论如何落实网络实名制之时，就有两种不同的声音：一是坚持网络实名制应该以 EID（电子身份证）为基础；二是现阶段的网络实名制可以用电信实名制为基础。

电子身份证制度当然是一步到位，韩国当时也是这样做的，不过其弊端也显而易见：网站变成了存储电子身份证的场所，不同网站之间很难相互协调，对网络信息安全保护也很不利。电信实名制为基础的网络实名制，尽管是间接的网络实名制，但商业网站不会存在保存用户身份证等信息的情况，身份信息集中在三大运营商手中保管，似乎更安全些。同时，移动客户端的普及也直接促进了电信实名制为基础观点的最后胜出。目前，我国的网络实名制基础就是电信实名制，既最大程度保护了用户信息安全，也最大程度强化了信用网络环境。

其二，电信实名制基础基本建立。2016 年 7 月 15 号，北京地区的三大运营商联合发布了电信实名制倒计时，到 2016 年 10 月 15 日为止，再没有进行实名认证的用户将被停止移动电话使用。即便是从全国来看，2016 年年底三大运营商将完成绝大部分的实名制工作，2017 年年底前将实现全国移动电话（包括虚拟号段）的实名制。如此一来，电信实名制的基础已经基本完成，下一步将以此为认证目标，验证全网的网络服务实名制工作。

不过，我国网络实名制工作还处于初级阶段，大量"转手"的实名制号码仍在社会流转。徐玉玉案中涉案的两个号码，事后经查都是实名认证的，但犯罪嫌疑人和手机认证信息却对不上。这是因为在我国的电信认证中，每个身份证号码可以认证最多五个移动电话。很多不法商家利用他人实名信息，擅自偷偷认证号码，然后高价转让给他人。这不仅发生在电信实名制中，银行卡的代人注册认证等行为也多有出现。近年来发生的多起电信诈骗、网络诈骗等案件，都涉及网络、电信和银行账号"假实名"的情况。因此，我国网络实名制的下一步工作，应该放到动态认证中去。

第十六节　立法必须加强对刷单行为的治理

《反不正当竞争法》和《电子商务法（审议稿）》两部法律不约而同地将电子商务"刷单"明确为违法行为，前者甚至将其置于罚款 200 万元和吊销营业执照的重罚之下。同时，《反不正当竞争法》也对网络刷单行为实施最严重的双罚制，即提供刷单服务者与接受者都要承担法律责任。

坚持对刷单行为的重罚，不仅是政府监管部门和经营平台的一致意愿，而且也是消费者和网络服务接受者的共同期望，主要原因在于以下几点：

首先，刷单是严重扰乱市场竞争秩序的行为。正常市场竞争中，销量代表口碑，互联网技术能够即时显示的成交量和用户评价，成为电子商务活动中看得到的口碑经济。刷单行为虚构了交易量，这就让电子商务竞争秩序进入到不可控的"恶性循环"之中。投机取巧者通过刷单骗取市场份额，导致守法经营者业务量减少，为了达到竞争效果，本来诚信经营者也必须被动刷单来弥补"单量"，现在刷单的黑产业链日益猖獗，已经成为行业潜规则。若是立法和监管者再不高压喊停，电子商务竞争领域就会变成刷单"竞赛"的欺骗游戏。诚信者吃亏，违法者收益，刷单俨然成为作恶者的标配。

其次，刷单是严重侵害诚信建设的行为。互联网时代的信用是通过数据显示出来的，数据本身若是存在问题，表现出来的信用也就不可信。消费者购买商品所参考的，不仅有商家的宣传，更重要的是看成交量、差评和好评量。刷单和刷信就是从数据源头扰乱真实性，摧毁诚信根基，把数据时代的"可视化信用"变为"可视化欺骗"。一旦数据诚信出现溃堤，必将严重侵害到信用社会整体基石。信用是一点一点建立的，恶性循环的刷单经济抑制了数据信用，会使得交易成本上升，信任成本加大，违约责任变重，司法成本增加，经济社会整体负担变重。

再次，刷单是严重侵害消费者权益的行为。知情权是消费者九大基本权利之首，是基础性的权利。刷单行为最直接侵害的就是消费者知情权，一旦基础权利受到损害，消费者基于知情权基础上的自由选择权和公平交易权等权利就变成无源之水。电子商务中的交易量和好评量，是消费者初次选择产品和服务的主要依据，刷单和刷信行为会使消费者出现误判，产生引诱消费，不论消费者其他权益是否在后续的交易中受损，刷单促成的交易本身就违背消费者真实意愿。所以，建议在《消费者权益保护法》下次修法时，应将刷单交易作为消费欺诈的类型，一旦消费者被骗交易，不论是否有损害，都可以依法享有四倍赔偿。

最后，刷单是新经济形态的毒瘤。新经济不单指新产业、新动能、新技术，还应包含以信用和数据为基础的交易形态。刷单的出现，不仅扰乱了市场竞争秩序，打击了诚信经营者信息，而且侵害到消费者合法权益，腐蚀了信用社会基础，污染了数据真实性。更为重要的是，刷单行为得不到有效制止的话，会形成连锁反应，这种蝴蝶效应会导致用户对新经济失去信心，平台对经营者失去判断，投资者对新业态失去兴趣。

因此，刷单和刷信的危害性必须得到足够重视，高额的罚款与吊销营业执照的处罚力度并不为过。今后的立法和执法中，还应加强对电商平台责任的要求，包括平台先行赔付、技术监控、巡查制度、数据审核、承诺保证等方面的规定。同时，对消费者因刷单误判产生的惩罚性赔偿，也应尽快写到《消费者权益保护法》之中。

第十七节　中国互联网定型化契约示范稿

网络协议主要包括通用签约事项、必须记载事项和不得记载事项三种。

网民协议的渊源在于大陆地区现有的互联网法律规范和政策，参照了外法域网络契约规定，采用的是我国台湾地区消费者权益定型化契约的模式。

一、签约通用事项

（一）用户

用户是指完成本网站注册，并使用本网站服务的实名或非实名注册用户，未经注册者（游客）不是本协议约束对象。

（二）网站

网站是指制定并履行本协议的网络服务提供者（ICP \ ISP）。网络硬件技术提供者不是本协议约束对象。

（三）账号

用户注册后产生与用户相对应的账号，账号所有权人为网站，用户享有专有使用权。用户账号不得以任何方式转让他人或进行交易。若发生有关继承等法律行为，网站在尊重账号所有权人生前之意愿基础上予以协助。

用户拥有自己设置个性化账户信息的权利，但不得与以下规定相冲突：①违反国家法律规定；②包含人身攻击性质内容；③暗示与他人或机构相混同；④包含非法信息；⑤使用隐晦表达等方式规避以上限制。

网站应该依法履行实名注册义务。

（四）账号与密码

用户享有密码保存的权利，网站不得以任何理由要求用户提供密码或相关信息。因用户的原因导致密码丢失造成的损害应由用户承担。在密码找回过程中，网站需积极配合用户找回密码，用户不得拒绝提供相应证明材料。

（五）账号行为

除提供相反证据外，账号行为将被视为注册用户的行为。用户须为账号行为承担相应法律责任。

如果账号行为因侵权、犯罪等行为导致司法机关和国家相关机关介入调查，网站将履行配合相关机关提交账户行为和账户信息的义务。

（六）发布信息

用户拥有发布信息的自由。但不得与以下规定相冲突：①与宪法和法律相冲突；②危害国家安全，泄露国家秘密，颠覆国家政权，破坏国家统一的；③损害国家荣誉和利益的；④煽动民族仇恨、民族歧视，破坏民族团结的；⑤破坏国家宗教政策，宣扬邪教和封建迷信的；⑥散布谣言，扰乱社会秩序，破坏社会稳定的；⑦散布淫秽、色情、赌博、暴力、凶杀、恐怖或者教唆犯罪的；⑧侮辱或者诽谤他人，侵害他人合法权益的；⑨煽动非法集会、结社、游行、示威、聚众扰乱社会秩序的；⑩含有法律、行政法规禁止的其他内容的。

（七）突发事件

遇有社会重大突发事件，网站将根据事件紧急程度启动应急管理机制。

（八）违约责任

用户以明确表示的方式或者以行为表示违反本协议，网站有权终止与用户的协议，除非有明确证据表明用户的违约行为给网站带来经济上的损失，否则用户不承担违约责任。

网站因故意或重大过失违约行为向有实际损失的用户承担违约责任。以下情况除外：①不可抗力；②不再具有商业可行性；③正常维护暂停或终止服务；④因第三人故意或过失造成用户损失。

以上第二种情况中网站需对付费用户承担违约责任；第三种情况中需要承担事先通知的义务；第四种情况中需协助用户完成追诉。

网站的赔偿责任不以协议责任限制条款为限。

（九）必要措施

网站接到被侵权人的书面通知后，经审查认为存在侵权的较大可能性的，将会及时删除涉嫌侵权的内容，或者予以屏蔽，或者断开与涉嫌侵权的内容的链接，或者采取其他必要措施，并同时将通知转送提供内容的用户。

网站对于多次警告但仍然在网络上实施侵权行为的用户，可以采取停止服务的必要措施，网站不承担违约责任。

（十）担保

被侵权人主张采取屏蔽或者断开链接等必要措施的，网站经审查后认为屏蔽或断开链接存在较大的法律风险，或难以判断相关内容是否构成侵权的，可以要求被侵权人提供相应的担保。对于担保的数额和方式问题，双方可以协商确定，但不应超过可预期的损失范围。被侵权人不提供担保的，网站可以不采取屏蔽或者断开链接的必要措施。

（十一）协议条款的效力

协议一经签订，本协议对用户和网站即产生约束力。如果法院对本协议某一条款判定无效，不影响其他条款效力。

本协议效力只产生于协议网站与用户之间，通过本网站链接等形式进入其他外部网站或资源的行为，不是本协议约束范围，其造成的损失网站没有赔偿义务。

二、网络服务协议应记载的事项

（一）选择性同意条款

此协议将确定本站与用户之间使用网络相关服务的权利义务关系。用户应当充分阅读此协议。如果用户不同意本协议任何条款，请不要完成注册和继续使用本站所提供的网络服务。如果用户在阅读本协议后，同意并继续完成本次注册，即表示与本站已达成协议。

（二）隐私保护

隐私保护是网站一项基本政策，网站保证不以任何方式对外公开用户注册数据，以及任何用户不愿意公开的信息。以下情况除外：①按照国家规定，在权力机关介入调查时，依法提供相关资料；②事先已经得到用户的书面（包括电子版）授权；③为维护社会公共利益；④维护网站知识产权以及其他合法权益。

（三）个人数据的合理使用

在不透露个体用户隐私数据的前提下，为便于向用户提供更好的服务，网站将在用户知情和自愿基础上，搜集用户使用互联网的相关信息，并有可能使用 cookies 等技术手段将搜集的信息整理发送到对应的服务器之中。用户可以事先进行选择同意与否，或者拒绝 cookies 的使用，一旦如此，用户可能无法依赖和使用相关服务或功能。

（四）知识产权

网站为网络服务提供的计算机软件、图像信息、文本文件、音视频数据受法律保护，未经著作权人同意，用户不得对这些软件进行反向工程、方向编译或者反汇编。

（五）通知删除责任

被侵权人通知网站采取必要措施的，应当采用书面通知方式。通知应当包含下列内容：①通知人的姓名（名称）、联系方式和地址；②要求采取必要措施的侵权内容的网络地址或者足以准确定位侵权内容的相关信息；③构成侵权的初步证明材料；④通知人对通知书的真实性负责的承诺。

被侵权人发送的通知不能满足上述要求的，视为未发出有效通知，不发生通知的后果。网站不负有超出通知人书面通知请求列明的网络地址或者检索方式进行搜索、一并删除的义务。

通知人发出通知不当，网站据此采取删除、屏蔽或断开链接等必要措施，给网站或者反通知人以及其他网络用户造成损失的，通知人应当承担赔偿责任。

（六）未成年人

网站对于未成年人的注册信息承担最高保密责任。未经未成年人监护人允许，不得以任何方式作为商业利用。

对可能涉及不利于未成年人健康的网络服务，施行实名注册准入机制，或监护人允诺机制。

三、网络服务协议不得记载的事项

（一）违规修约的否定

不得规定网站保留在未通知用户的前提下，擅自修改本协议条款的事项。

（二）隐私协定的否认

网站不得在用户不知情的情况下搜集并使用用户信息。不得在用户未明确授权的情况下，以各种方式向用户发送商业性广告。不得以任何方式否认用户对网站使用个人信息的选择权。

（三）知识产权的否认

用户对其上传至网站空间的独创性信息享有著作权，网站不得记载或暗示记载与上述规定相反的规定。

（四）商业广告

网站不得在未经用户明确同意之时，利用用户注册信息向其发送商业性广告。不得将以上规定作为服务协议用户同意条款加以规定。

（五）侵权免责的否认

网站不得记载与现行法律规定相反的免责条款。不得记载加重用户责任，减轻自己责任的条款。不得记载网站赔偿上限。不得以内部协议或合同要求他人代替承担侵权责任。

（六）协议解释权

网站不得以“最终解释权”等相关规定做出与协议字面意义相反的解释，且“最终解释权”的行使不得与用户基本权利和法律规定相冲突。

（七）协定管辖的否认

网站不得以协议的形式规避现行法律所规定的管辖。

第四章
数据安全与隐私保护

第一节　我国网络个人信息保护立法趋势

2012 年 12 月 28 日全国人大常委会通过了《关于加强网络信息保护的决定》（以下简称《决定》）标志着我国已经开始对个人网络信息保护加强立法和规制。这个具有法律效力的《决定》出台的意义，并不是单纯在于实践中的直接适用和实施，更多的是为各部门、各地方、各行业的进一步立法提供了上位法依据。很快我国即将出台一部《个人数据保护法》，若是结合《关于加强网络信息保护的决定》，这部未来的数据法应该从以下几个方面做好立法工作。

一、网络个人信息需要作出具体细化和解释

《决定》第 1 条规定，国家保护公民身份和隐私的电子信息，反对非法利用公民个人电子信息的行为。在理论上，隐私、身份信息和个人信息并不是同一概念。

隐私是针对隐私权来说的，其基础在于公民的自我决定权，从这个意义上说，隐私权是公民自己决定个人信息是否被使用，或者如何被使用的权利。

身份信息属于广义上的敏感信息，是隐私的组成部分。身份信息、注册信息和行为信息组成了网络个人信息的全部。在网络实名制背景下，身份信息因其可能造成网民电子信息被特定化，所以各国大都规定保有者不是网络公司，而是政府或中立组织机构。

个人信息的概念是网络隐私的上位概念，既包含身份信息、注册信息，又包括网络行为信息。隐私权则是权利行使范围的界限问题。隐私权作为一种以自我决定权为基础的人格权，当然可以通过各种方式予以让渡。

所以，在具体落实细化《决定》的时候，必须要对个人信息和隐私进行

划分，即哪些属于可以被让渡的权利，该如何让渡使用，哪些信息是不能以任何方式让渡的，也不能被使用。

（一）只有被特定化的个人信息才是法律保护范围

欧盟的《个人数据处理保护与自由流动指令》（Directive 95/46/EC）中对个人数据的规定是指，任何与已识别的或可以识别的自然人有关的信息。可以识别的自然人是指直接或间接地，特别是通过参考他的识别号码或通过他所特有的身体、生理、精神、经济、文化或社会身份等众多因素中的一个或几个可以对其进行确认的人。

英国《数据保护法》规定，个人数据是指与可被识别的生存的个人相关的数据：（1）依据这些数据可识别个人，或者（2）依据这些数据以及数据控制者获取或可能获取的其他信息可识别个人。

美国《隐私权法》规定，法律保护的个人记录是指：行政机关根据公民的姓名或其他标识而记载在的一项或一组信息。"其他标识"包括别名、照片、指纹、音纹、社会保障号码、护照号码、汽车执照号码，以及其他一切能够用于识别某一特定个人的标识。

日本《个人信息保护法》规定，个人信息是指与生存的个体相关的信息，该个体可以通过姓名、出生日期以及其他包含在信息中的内容所识别。包括通过与其他信息简单比照就可以识别特定个体的信息。

通过比较可以发现，各国对个人信息保护的范围虽然不尽相同，但是，这些数据和信息被法律保护的主要特点都是一致的，那就是信息的特定化。换句话来说，广义上的个人信息并不都是法律保护的范围，只有当信息有可能被特定化，即特定到具体可识别的人之时，这些信息才可能会涉及隐私权的问题。

（二）敏感信息应该予以明确

《决定》没有做出类似德国法和我国台湾地区"个人信息保护法"中敏感信息的划分。所谓"敏感"就是禁区的意思，即便是出于公共利益之目的，任何人在没有得到授权之前，都不得随意公开或者非法获取。"敏感"包括五个方面：基因、性生活、犯罪前科、医疗健康、健康检查。这些方面都涉及个人尊严和社会评价，如果随意查询或者公开，势必造成受害人难以用金钱衡量的损害。"敏感"的规定源于德国等欧盟国家类似法律，这与美国等其他国家规定并不一致，在后者看来，"敏感"是否存在的必要并不是建立在个人权利基础上，而是在公共利益之上的。比如，美、韩等国支持对未成年人性侵犯罪记录的公开，并不认为这样做侵害当事人隐私，反倒是保护更多人权益的必要手段。台湾地区将"敏感"列入保护法之中，其实也是一个对利益平衡的选择问题。

之所以对敏感信息进行额外保护，是因为其一旦遭到泄露或修改，就会对个人信息主体造成无法挽回的影响。由于各国政治制度和社会文化的不同，对于敏感信息的理解也有所不同。其所包含的范围也比较广泛，只要是事关个人尊严以及当事人认为公开会对其造成心理上的困扰等，都构成个人敏感信息，如包括健康信息、医疗信息、婚姻家庭信息、身体信息等。

英国1998年《数据保护法》将敏感的个人信息定义为"数据主体的种族、政治观点、宗教信仰或与此类似的信仰、工会成员关系、身体或精神健康状况、性生活、所犯或被指控的罪行，或与此有关的诉讼等个人数据。"

我国台湾地区2010年"个人资料保护法"第6条明确规定了敏感信息的类型："有关医疗、基因、性生活、健康检查及犯罪前科之个人数据，不得搜集、处理或利用。"

我国于2013年2月1日起实施的首个个人信息保护国家标准——《信息安全技术公共及商用服务信息系统个人信息保护指南》中也对敏感信息做出了规定，其3.7部分："各行业个人敏感信息的具体内容根据接受服务的个人信息主体意愿和各自业务特点确定。例如个人敏感信息可以包括身份证号码、手机号码、种族、政治观点、宗教信仰、基因、指纹等。"

二、个人信息利用原则需要具体化

按照《决定》规定，使用者须本着"合法、正当和必要"的基本原则对公民个人电子信息进行搜集和利用。

（一）合法原则

所谓"合法"，强调的并不单纯指本《决定》的规定，还应包括：(1)《侵权责任法》《合同法》等民事法律规定；(2)《互联网电子公告管理规定》《互联网文化管理暂行规定》等部门规章；(3)《互联网信息服务管理办法》《信息网络传播权保护条例》等行政法规；（4）刑事法律规定。必须强调的是，"合法"既包括法律法规等强行法规定，又应涵盖"网民协议"等契约规定。对于一些门户网站利用"格式条款"和"霸王条款"，以"约定"的形式规避侵害他人隐私的情况，不应属于"合法"范畴。按照《合同法》的规定，与法律法规相抵触的"约定"为无效条款，所以，在《决定》生效后，一些门户网站的"网民协议"需要进行修改，以适应"合法性"要求。

（二）正当性原则

"正当"性原则是针对信息使用目的来说的。结合民事法律相关原则，正当性应该包括以下几方面内容：

第一，为网民利益。现代网络技术发展趋势是个性化服务，对网民个人信息的搜集和利用是达到个性化服务的前提条件，因此"依意愿"当然是"正当性"最主要的表现性之一。

第二，为公共利益。非常可惜的是，《决定》没有将公共利益明文规定在隐私利用豁免条款里。从比较法角度看，我国台湾地区"个人信息保护法"第19条将"公共利益"作为个人信息利用的豁免条款，这就解决了部分网络"人肉搜索"的合法性问题。从立法过程和立法目的来看，台湾地区将公共利益入法的主要目的在于平衡新闻自由与保护个人隐私之间的关系。在立法过程中，曾一度出现台湾媒体集中反对该法过于保护个人信息，而忽略了新闻自由权利，正是这个原因差点使得该法无法通过。对此问题，台湾地区"立法机构"将"新闻价值"和"公众人物"中的核心"公共利益"理念抽象出来，加到豁免事由之中以达到平衡。一方面，媒体在报道之时可以更加自由，另一方面，也明确了公共利益强调的是"对事"，而非"对人"，即便是一个"名人"的隐私，诸如他的电话号码、家庭住址之类，如果没有涉及公共利益，那也是该法保护范畴。

第三，依职权。司法机关依照法定程序，对于涉案确有必要搜集的信息，相关信息报有人有义务进行协助工作。

第四，为了学术研究。按照台湾"个人信息保护法"19条规定："学术研究机构基于公共利益为统计或学术研究而有必要，且资料经过提供者处理后或搜集者依其揭露方式无从识别特定之当事人"，这种情况下对个人信息的搜集和利用是可以被视作为"正当"，可以被法律所豁免的。

（三）必要性原则

必要是指个人信息的收集和使用必须满足正当性要求，包括合法和符合社会善良风俗。使用和收集均限于最初确立之目的，与该目的保持一致，并应采取公平合理的收集和使用方式。其中必要原则一般也可以理解为限制原则，包含两方面的内容：限制收集和限制使用。

限制收集是指个人信息的收集应该有法律上的依据或者当事人的同意，对信息控制者的收集方式要加以限制。其中对信息控制者收集方式的限制主要是指收集个人信息，必须告知收集该个人信息的性质、用途和收集者身份等事项，禁止用不合法、不公正的手段收集。OECD 的限制收集原则中就指出个人数据的收集应该采用合法和公正的方法，适当的情况下应当通过数据主体的明确同意或默许。欧盟 1995 年指令的第 6 条、第 7 条也作了类似规定。

限制利用是指个人信息在利用时，也应该严格限定在收集目的的范围之内。限制利用在 OECD 指导纲领中是一项独立的保护原则，欧盟 1995 年指令第 6 条中规定，对个人数据的进一步处理不得背离其特定目的，台湾地区 "个人资料保护法" 第 5 条规定，个人数据之搜集、处理或利用不得逾越特定目的之必要范围。

此外，依据必要原则，除了在收集和使用阶段，信息控制者需要遵循一定的限制之外，在完成收集信息所确定的目的后，信息控制者也应当及时删除相关信息。在网络环境下，个人信息存储在信息控制者的数据库中，时间越长其泄露、损毁的危险就越大。欧盟 1995 年指令第 6 条规定保存个人信息不应长于信息收集或进一步处理的目的所必要的时间。对于保存超过目的所需时间的，且被用于历史、统计或科研的个人信息，应该提供适当的保障。

关于个人信息的保存时限也是个人信息保护法面临的新问题，法国近期针对网络环境下个人信息的保存时限做了详细的规定。法国在《互联网个人信息保护指南》中建议个人信息保存的期限应根据其用途确定。与网站访问相关的网站访问者数据，包括日期、时间、互联网地址、协议、所访问网页等最终可以检测网络攻击或确定网站访问量的数据，其保存期限应当与数据处理目的相协调。2008 年 4 月，欧洲 27 国一致通过决议：建议搜索引擎保存用户信息期限最长不得超过 6 个月。

我国 2013 年 2 月 1 日起施行的《信息安全技术公共及商用服务信息系统个人信息保护指南》中也明确提出了最少够用原则：要求只处理与处理目的有关的最少信息，达到处理目的后，在最短时间内删除个人信息。

三、个人信息的商业利用需要具体操作规范

（一）明示告知

使用主体在将个人一般信息用于市场营销中，需明确告知信息主体使用人的身份、使用信息的范围、使用方式、可能的后果以及拒绝的权利和方式等。告知机制也是个人信息保护法中知情原则的体现。

如欧盟 1995 年《关于个人数据处理的保护及自由流通指南》第 14 条

(b)：数据主体对于数据被用于直接销售目的或第三方披露或代表第三方利益为直接销售目的而使用之前，有被告知的权利。成员国应当采取必要措施以确保数据主体知道存在这项权利。

美国 FTC 在其《2012 年关于隐私权的建议》中明确指出"在三类情形下，企业在收集和使用用户数据时，无需事前征得用户同意：（1）在交易场合、交易目的一致的情况；（2）与消费者或用户之间的关系一致的情况；（3）法律授权或要求进行的收集和使用。在此三种情形下，商业的收集和使用行为虽然无需获得信息主体的同意，但必须为其所知情。"

《决定》对信息被利用人知情权的保护表现在两个方面：一是要求信息使用者"明示"收集、使用信息的目的、方式和范围；二是需要征求信息被利用人"同意"。

明示规则有三个体现：第一，信息使用前需要"事先"明示规则，这就要求使用人在从事搜集和利用信息之前以必要和醒目的方式做出"明示"。对那些内容表述不清、明示位置不醒目、模棱两可的表达，不应属于"明示"范围。第二，信息使用的目的、方式和范围需要详细标明。《决定》以列举的方式说明了信息使用者的义务范围，按照比较法的角度看，信息使用者义务还应该包括信息使用的期限。所谓期限指的是权利人授权的时间限制，在理论上不应该存在没有任何时间限制的"授权"。第三，信息使用者应该公开使用的规则。这些规则并不仅是法律意义上的，更多的应着重在技术层面上，应包括以下规则：信息收集技术、信息记录技术、权利人拒绝信息收集的技术渠道、查询自己信息收集使用情况的技术渠道等。

《决定》对征求信息被利用人的"同意"规定较为抽象，缺少具体操作性指导。结合比较法来看，"同意"应有几个层面构成：其一，网民协议的授权。这种"同意模式"是当下网络服务提供者从网民处得到授权的最主要形式。优点在于方便快捷，缺点在于门户网站可能以"格式条款"实际剥夺了网民自主决定权。所以，对以网民协议为基础的同意模式，有关机构和网络协会需要对网络服务提供者的"网民协议"格式条款事先做出审核，以保障网民合法权益。其二，推定同意。在针对维护网民自身利益或第三人利益的前提下，遵守"正当、合法和必要"的原则，在无法得到特定网民直接授权的情况下，可以"推定"已经得到授权。这种特殊的同意模式应该谨慎适用，事后需要得到权利人的追认，如果事后没有得到追认，或者行为造成了权利人利益的额外损害，行为人需要承担因此产生的侵权责任。其三，同意应为书面。书面同意既包括纸质版，还包括电子版。如果在特殊情况下无法得到书面授权的话，经授权人口头承诺后可以预先进行，但是事后需要补交相关材料。

（二）提供退出机制

从国外比较法来看，出于信息利用效率的考虑，大都同意对于一般信息可以未经用户的同意进行收集和利用，但为了修正和纠正这种机制对于用户个人权利可能带来的侵害，必须配合辅助机制，即退出机制。

使用主体在一般情况下有权将其合法获得的个人信息进行特定的商业化使用，但是在信息主体明确反对的情况下则必须停止使用。例如：欧盟1995年《关于个人数据处理的保护及自由流通指南》第14条（b）规定数据主体有权不支付任何费用即可拒绝个人数据用于直接销售目的，处理或代表第三方利益为直接销售目的而使用。欧洲议会和理事会《关于电子通信领域个人数据处理和隐私保护的指令》："如果自然人或者法人依据95/46/EC指令在销售产品或服务时从其顾客处获得他们电子邮件的电子联系详细资料，那么同一自然人或法人可以将这些电了联系详细资料用于自己类似产品或服务的直销，但必须在收集时以及发送每一条信息时明确给予顾客以免费简易方式拒绝此种利用的机会并且顾客最初没有拒绝此种使用。"

英国1998年《数据保护法》："个人有权在任何时候向数据控制人发出书面通知，要求数据控制人在合理的期间结束时，停止或不开始以直接销售为目的地处理其作为数据主体的个人数据。"虽然英国法是针对处理行为而言，但是个人信息使用的场合，该规则同样适用。

美国1999年通过的《Gramm-Leach-Bliley金融服务现代化法》对个人信息利用的三项实体限制："如果数据主体明示拒绝，禁止为营销之目的向第三方提供账号和为营销之目的将个人信息转移给第三方。"美国联邦拒绝电话推销登记制允许个人信息使用者保留"联邦贸易委员会"下属的"国家拒绝电话推销登记处"登记记录的副本，以便对那些需要从电话推销计划中隐去姓名的客户提供服务。

加拿大的《个人信息保护与电子文件法案》和澳大利亚1988年《隐私法》也对客户的明示拒绝权利做出了规定。

根据瑞典《个人信息法案》，只要个人没有明确反对直销，则通过普通邮件和电话进行直销是被允许的。

德国《联邦个人数据保护法》中，第28条第（4）项，对于以"如果以广告、营销为目的"的特定个人信息可以直接使用，除非数据主体当面反对。

我国台湾地区2010年"个人资料保护法"第20条："非公务机关依前项规定利用个人资料行销者，当事人表示拒绝接受行销时，应即停止利用其个人资料行销。非公务机关于首次行销时，应提供当事人表示拒绝接受行销之方式，并支付所需费用。"我国香港地区《个人资料（私隐）条例》第34条："使用者将个人资料用于直接促销的目的：……（ii）如该资料当事人作此要求（要求停止使用），该资料使用者须在不向该当事人收费的情况下停止如此使用该等资料。"

从以上国内外及地区立法来看，对于一般个人信息，虽然允许使用主体未经信息主体的明确同意使用其信息，但相关的法律法规中都注意到对个人信息主体的尊重，允许其行使拒绝权来反对个人信息的商业化使用。同时，为了保证信息主体能够有效利用事后退出机制保护个人权利，有的国家在立法中还明确了用户拒绝权的行使应当简便易行。

在欧洲议会和理事会《关于电子通信领域个人数据处理和隐私保护的指令》（2002/58/EC）规定："需为用户提供免费简易的拒绝机会以及没有可以使接收者发送停止此种通信的请求的有效地址的通信应被禁止。"目的即在于拒绝权的行使对于个人信息主体来说应该简易方便，多个地区法律规定拒绝权的行使费用应由使用者承担也是基于避免给信息主体带来过多的不便，繁琐和复杂的程序可能会让拒绝权有名无实，因此简便易行的拒绝权行使方式至关重要。

（三）限定使用方式

国外立法一般允许在未经用户明确同意的情况下，只要善意履行了告知义务以及为用户提供了简便易行的退出机制，便可以商业使用用户个人信息，但必须将使用的方式和目的限制在收集用户信息时所确定的方式和目的。此外，通过对国外立法的分析，国外立法一般允许将用户信息用于市场营销和数据分析，但明确禁止出售、向第三方提供等其他形式的转让交易等。

个人信息交易对信息主体的影响比较大，如果没有合同的明确约定，未经当事人同意的交易，会无法控制个人信息的流通，给当事人带来生活上的困扰，更容易形成和壮大个人信息买卖的交易链，且商业化使用主体不用支付合理的对价，牟利因素的膨胀更易使个人权利遭受侵害，因此对于个人信息交易应当进行严格的限制。《辽宁省个人信息保护规范》规定："个人信息交易须征得个人信息主体同意，并限制在个人信息主体同意的范围内。"《中国人民银行关于银行业金融机构做好个人金融信息保护工作的通知》（2011年）第4条规定："使用个人信息，应当符合收集该信息的目的并不得进行以下行为：（1）出售个人金融信息；（2）向本金融机构以外的其他机构和个人提供个人金融信息，但为个人办理相关业务所必需并经个人书面授权或同意的，以及法律法规和中国人民银行另有规定的除外。"

四、需要明确信息保有人的义务

信息保有人指的是依法或约定取得公民个人电子信息的人，包括网络服务提供者、企事业单位和国家机关及其工作人员。《决定》的第3、4、5、6、10条规定了信息保有人的义务类型，主要由以下几个方面：

（1）对个人信息的善良保管义务，包括对信息不得"泄露、篡改、毁损，不得出售或者非法向他人提供"。虽然《决定》将出售和非法提供信息作为违法行为看待，但是，实践中存在大量信息保有者之间依据契约形式的转让方式，这些契约不仅存在于网站之间，而且大多数情况下还存在于"网民协议"之中。目前绝大多数的网站都将收集的信息转让权规定在网民协议中，并通过此主张事先已经得到网民的授权。对待这种问题，司法实践中尚未得到统一的判断标准。从比较法上看，美国与欧洲有两种立法模式，前者承认这种契约关系，并认为妥善地转让并不损害权利人利益，后者则一般不承认这种契约关系，将其作为隐私保护范围，未经额外授权的转让是变相侵害公民隐私权的体现。我国对此尚未有明确解释，不过，从互联网产业发展和市场化角度看，如果转让双方都具有同等隐私保护政策，转让行为将不会对公民人格利益造成额外损害，所以，应该得到法律的承认。

（2）强调事后补救措施的义务。《决定》将信息保有者的义务分为事先和事后两种，"事先"主要指技术上和伦理上的注意义务，"事后"指的是在出现"泄露、毁损、丢失"之后，保有者应采取的必要措施。《决定》并没有对保有人事后具体措施作出规定，仅规定"立即采取补救措施"。按一般意义理解，措施应该包括三个部分：从采取措施的时间上看应该具有即时性；从手段上看应"穷尽"现有技术手段；从程序上看应立即向有关部门报告。

（3）强化了网络服务提供者的监管义务。《决定》强调了网站对用户上传非法信息的监管力度——应该在被侵权人和主管部门"提示"之前就采取必要措施，尽量减少有害信息和侵权信息的传送。《决定》强调了网站对此类信息的记录保存义务和向主管部门报告的义务。这是对现阶段部分网站滥用

"避风港规则"的否定，是《侵权责任法》网络侵权责任部分必要的补充，是"红旗规则"具体适用情形的体现。

（4）强调了国家机关及其工作人员作为信息保有人的责任。从法理上说，公民信息权是一种"绝对权"和"对世权"，任何人都应该是义务主体。《决定》将国家机关及其工作人员单独规定在于强调两点，一是强调国家公权力对私权利的保障没有特殊性，二是强调在真实身份认证制度下，国家机关应该尽到更高的注意义务。

五、明确保障安宁权属于事先许可模式

所谓"安宁权"就是公民有保护自己免受打扰的权利。"网络垃圾信息"所造成的危害并不单纯是"动动鼠标"就能删除和避免的，它的危害根源在于对公民私生活的侵扰和对网络个人信息的滥用。

对待"网络垃圾信息"的性质问题，境外大部分国家和地区都将其定性为严重影响社会秩序和侵害公民权益的违法行为，行为严重的将会被处以刑事责任。德国政府甚至成立了专门处理此类事件的机构，通过执行《联邦反垃圾邮件法案》接受公民的投诉和随时进行调查。德国法规定，对专门向用户发送的网络信息和短信必须事先得到用户授权，否则发送方将承担包括刑事责任在内的法律责任，这就是用户"事先许可"模式。我国台湾地区在"个人信息保护法"也有类似规定，在非公务机关向公民发放宣传信息之时，公民有权拒绝接受，在第一次拒绝之后，信息发送者不得再次发送，这就是"拒绝不再发送"模式。

从《决定》字面表达来看，我国对保障安宁权的立法是综合了"事先许可"和"拒绝不再发送"两个模式。但是，这样的规定似乎有点逻辑问题，既然未经权利人许可不得发送垃圾商业性信息，那么，只要违反权利人意愿的发送行为就应该受到法律制裁，所以，就不应该再需要权利人事后的"拒绝"。从这个角度看，我国对安宁权的立法模式仍属于德国式的"事先许可"模式。

六、落实网络实名制

《关于加强网络信息保护的决定》将保护公民个人电子信息提上了法律层面，要求网络服务提供者在为客户办理"网络接入服务""电话入网"和"为用户提供发布信息服务"等业务时，需要用户提供真实身份认证信息。这

是我国全面建立网络实名制的开始，旨在从源头杜绝那些利用"网络虚拟身份"作掩护逃避侵权责任的违法行为。

从我国保护公民个人信息安全的实践来看，利用没有实名登记的手机、固话和网络侵权案例最多，骚扰电话、推销短信、垃圾邮件多来源于此。在缺少实名制的环境下，侵权人身份处于匿名制的"隐形"状态，公民无法追究他们的民事侵权责任，法院也无法追究他们的行政或刑事责任，甚至根本不知道他们到底是谁。正是这些"隐形人"的存在，使得保护公民合法权益的法律变成了一纸空文。所以，本次立法将入网实名制作为维护公民个人信息安全的一项基本制度，让那些违法"隐形人"无处遁形，使其他保护措施落到实处。

入网实名制是一个庞大的系统工程，既包括立法层面，又包括技术层面和具体实施层面。就目前情况看，我们仅在立法层面上做到了"有法可依"，在技术层面上如何保障做到"有法必依"，在具体实施层面如何做到"执法必严"，在执法和司法领域如何做到"违法必究"仍是一系列亟待解决的问题。

首先，相关主管部门需要结合立法精神和业务特点制定各自的实施细则：一方面，需要解决《决定》出台之前的那些没有实名注册用户的重新注册问题，以及以往注册信息的真实性审核工作，这十数亿的工作量并不是一朝一夕可以完成的。另一方面，需要建立以用户利益为中心的，切实可行的实名注册制度，不应为此额外增加用户经济负担。

其次，各业务部门应该及时更新注册系统，既要保障实名注册的真实性，又要保障用户注册资料的安全，防止信息被贩卖、窃取和丢失；既要在制度上严防"家贼"的监守自盗，落实严格责任制，又要在技术上防止"黑客"入侵，落实技术上的责任制。

最后，执法机关和司法机关需要明确实名制中的责任承担体系，主要有以下几个层次：第一，注册信息真实性的保证责任在于申请用户本人；第二，注册信息真实性核实责任在于业务办理单位；第三，注册信息安全保障责任在于信息的保存单位；第四，冒用、借用和伪造身份信息者应该依法承担相关法律责任，对不知情的被冒用者造成损害的，也应该承担赔偿责任。

七、明确具体法律责任

《决定》第8条、第9条规定了权利人的维权手段。尤其是第10条规定，将主张权利人的范围扩大到"任何人"，这就使得公益诉讼成为可能，有效地扩展了维权范围和社会监督力度，是非常值得称赞的立法。但是从第 8 条上理解，对公民电子商业信息骚扰行为的投诉主体仅为网络服务提供者，这就人为地削弱了公民因安宁权被破坏的维权力度。从比较法来看，相关责任设置较轻，不利于公民合法权益保护。

《决定》将法律责任规定在第 11 条之中，具体分为民事责任、行政责任和刑事责任三种。值得注意的是，将公布违法者的"社会信用档案"作为处罚的一部分，是我国已经步入"信用社会"的重要体现。这对于未来我国社会征信制度的完善有着重要作用。

在《决定》中并没有体现出来对个人信息侵害赔偿责任数额修正问题，没有突破加强侵权惩罚的界限。我国台湾地区"个人信息保护法"将侵害个人信息行为是否"意图营利"作为判断刑事犯罪轻罪与重罪的主要标准，对于"非以营利为目的"刑罚上限为 2 年，对"意图营利"者则提高到 5 年，旨在以重典治理那些非法倒卖个人信息的犯罪分子。同时，将这些侵害个人资料的犯罪由"自诉罪"改变成为"非告诉罪"，即公诉罪，也是在意图加大惩戒力度。在民事赔偿领域也加大了对被侵权者的保护，将赔偿上限规定为"2 亿新台币"，同时也规定了赔偿下限为"每人每事"不得低于"500 新台币"。对个人信息侵权责任的加重处罚，不仅可以更好地维护权利人合法权益，而且还可以增加违法者侵权成本，减少侵权案件发生。

因此，在《决定》的实施过程中，对个人信息侵权赔偿和处罚数额应该得到突破。同时，也应区别对待侵害个人信息之目的是否是"意图营利"，应该对意图营利者进行重罚。

第二节　个人信息与大数据合法使用边界

互联网技术的 4.0 时代已经到来，数据经济成为新网络时代的基础。一方面，人工智能、智慧城市、用户习惯、物联网等新技术需要数据作为支撑，另一方面，精准营销、用户画像、分享经济、个性化服务等互联网生态经济也需要数据作为基础。因此，数据就成为新时代产业的"石油"，互联网 3.0时代的用户经济逐渐依靠数据转化成 4.0 时代的数据经济。

数据作为一种经济形态，从自然人隐私权角度看，在法律上可以分为两大类：一是可以直接或间接识别到自然人身份的个人信息；二是不能识别到自然人身份信息的大数据。个人信息属于隐私权范畴，在我国《侵权责任法》

《民法总则》和《网络安全法》中进行了明确界定。大数据性质区别于个人信息，尽管缺乏现有法律直接规定，但大数据的性质一般被认为属于知识产权。

必须强调，个人信息属于隐私权，未经允许授权任何人不得非法使用。超出法律底线对公民个人信息的商业化采集、使用和买卖不仅是典型的侵权行为，而且还触犯了我国刑法修正案七、九以及2017年最高检和最高法联合发布的关于办理公民个人信息刑事案件司法解释的相关规定。我国法律对保护公民个人信息极为严格，在《网络安全法》中明确将政府、网络经营者和其他数据保有人都作为公民个人信息的安全责任主体。若是有人越过雷池非法使用公民个人信息，那就将面临包括民事责任、行政责任和刑事责任在内的法律责任体系的惩罚。

不过，个人信息也并非绝对不能商业化使用。个人信息既然属于隐私权，性质上就是民事权利，民事权利当然可以按照平等自愿的原则进行处分。个人信息的合法使用关键点就在于商业使用者是否遵循了《网络安全法》中规定的"合法性、正当性和必要性"三个原则。合法性说的是数据的采集、使用和处分的全过程应该遵守强制法规定；正当性原则就是强调使用者应该事先得到用户的明确授权；必要性原则是将"最小伤害"原则适用于信息使用的全过程，不得超过业务需要和用户知情权范畴过分采集或使用数据。

实践中，网站一般以"网民协议"的方式取得用户授权，这种合同授权的方式大都以格式条款的方式作出。格式合同在合同法解释中，往往受到霸王条款和消费者权益保护法的限制，这也就将网站通过合同取得用户授权的合法性大打折扣，最近发生的"京东微联"事件反映出来的问题就是这一点。用户是否事先通过格式合同的方式完全知情和授权，成为网站能否有权商业化搜集用户信息的关键。值得注意的是，我国之前已经有判例明确了格式合同取得授权的核心点所在。在"朱烨诉百度隐私权侵权案"中，南京市中院的终审判决中将隐私条款是否明确、用户是否有渠道退出、网站采集范围和用途是否明确等方面作为司法判定格式合同授权的关键点。合法有效的网民协议格式条款授权，一方面，协议应以显著位置提示用户隐私条款的注意，明确告知用户信息被采集和使用的范围，另一方面，网站应提供高效畅通的退出机制，使得用户随时可以拒绝、删除和终止网站已经采集的信息。值得注意的是，我国《网络安全法》特别规定了用户对自己数据的控制权，即在用户发现网站违法违约或出现存储错误数据时，有权利要求网站删除、终止使用或更正。

可见，尽管网站可以通过格式合同取得用户对个人信息的处分权，但是，这必须建立在充分尊重用户个人意愿的前提下，明确告知、显著提示、事中事后退出和赋予用户及时更正权利等条件成为合法个人信息使用的关键所在。"京东微联"在用户提示和有效退出机制上存在一定瑕疵，应该依法予以改进。

相比个人信息而言，大数据属于知识产权范畴。大数据的来源是用户行为数据和不能识别到个人的数据信息，这部分数据性质因无法关联到个体，所以不具有隐私权性质，我国的《网络安全法》和《刑法》司法解释都将大数据排除在法律保护个人信息之外。从商业化使用角度看，大数据具有明显的财产权属性，同时，大数据又凝结了网站的脱敏、算法和处理，具有一定的独创性，可以按照知识产权或商业秘密进行保护。

数据的知识产权所有权人属于采集的平台，如同其他财产权的市场行为一样，其他人非法获取的行为属于不正当竞争行为。最近腾讯和华为的数据权纠纷就是典型案例，未经腾讯微信许可，华为以"用户授权"等方式获取他人数据的行为，本质上属于违反商业道德的不正当竞争行为。华为抗辩称所获取的"用户授权"，仅能约束用户与华为的相对方，对于第三方的平台而言没有合同效力。华为未经知识产权方的允许，通过技术手段获取信息的行为既损害了市场正当竞争秩序，又侵害了未授权华为用户使用微信时应当享有的隐私权，应该依法进行整改。

Facebook（脸书）的5000万用户隐私泄露事件引发全世界对网络隐私的恐慌情绪。与此相关，2018年3月26日百度CEO李彦宏在中国高层发展论坛上关于"中国人对隐私开放态度"的言论也遭到社会广泛争议。那么，用户在大数据时代中的隐私权界限到底是什么，这就必须从网络时代隐私权的法律逻辑谈起。

民事法律层面的隐私权作为一种具体人格权，在性质上属于绝对权和对世权。换句话说，就是除了权利人本人以外的所有主体，包括但不限于网站、其他网民、第三人等都是这种权利的义务主体。同时，隐私权作为民事权利当然也可以由权利人自己进行处分，比如，在网上公开自己的信息，授权给依法成立的征信公司获取数据，还包括与网络平台签订协议，为了用户自己利益让与一定权利内容等方面。

从网络实践看，网络隐私的范围很大，既包括用户的身份信息，也包括网络行为产生的数据。网络身份信息涵盖用户实名身份信息、注册信息和虚拟地址信息等足以精准到个人信息的数据，在法律性质上仍属于传统隐私权涵盖范围。至于网络行为产生的数据信息，因直接或间接都无法精确到自然人，所以法律性质更像是知识产权。所以，以网络实践为基础，我国在立法上对隐私采取了多层立法模式。

一是，严格保护传统隐私权——用户个人信息。我国以扩张解释的一系列刑法修正案构建起隐私保护的最严厉底线。

二是，区分个人信息与大数据之间的关系。《网络安全法》第76条明确了法律所保护的个人信息范围，即"单独或者与其他信息结合识别自然人个人身份的各种信息"。换句话说，除此之外的数据信息则属于大数据性质，不在隐私权保护体系范围之内。我国《民法总则》在三审稿中，曾将数据信息权明确列为知识产权客体，后因数据信息与隐私权关系尚未得到立法明确界定，出台时删除了这一款，以待即将出台的《个人数据保护法》再做最后定论。

三是，明确个人数据控制权。从2012年全国人大常委会《关于加强网络信息保护的决定》开始，到《网络安全法》，再到《侵权责任法》及其司法解释，都分别将用户数据控制权作为人格权的重要基础性权利。特别是2017年全国人大常委会开启的"一法一决定"执法检查中，重申了用户对自己数据的控制权，明确将账号删除权也作为执法重点，可见，最高立法机关对个人数据控制权的重视程度。

从立法现状的角度看，网络隐私保护的法律逻辑在于三点。首先，身份信息等敏感信息是法律保护最高等级，任何人触犯都将受到刑事法律最严格的处罚；其次，对大数据等不可识别的隐私信息更像是知识产权，按照商业规则和惯例，以"合法性、正当性和必要性"的基本原则进行处理；最后，强化用户对自己数据的知情权、控制权和处分权，确保数据权掌握在用户自己手中。

多层级的网络隐私法律逻辑，主要是为了适应网络大数据经济发展需要。大数据的来源与它的商业价值一样广泛，其中用户数据是各个平台最重要的数据源之一。用户网络行为到底属于什么性质，决定着商业使用与隐私权之间的微妙关系。网络平台采集用户行为数据进行商业使用的合法前提至少有三个：一是未经用户允许不得采集、使用和处分具有可识别性的身份信息；二是即便在征求用户同意之后，也不得违反法律规定或约定过度化使用，整个过程必须遵循"合法性、正当性和必要性"基本原则；三是平台在技术上和制度上，要确保用户充分享有对自己数据的知情权、退出权和控制权。

按照这种法律逻辑，我们对脸书泄露用户隐私事件的几个重要行为进行分析。

第一个行为，剑桥分析机构委托脸书进行数据调查，其目的在于预测大选结果，而脸书却以"性格测试"为幌子，让27万用户在不知情的前提下提交了自己身份信息和社交信息。

第二个行为，脸书以27万参与用户为渠道，获取了属于他们所有超过5000万份的社交好友资料，并转交给委托方。

第一个行为违法的根本原因在于，脸书对用户进行了诱导欺诈，获取他们个人信息目的不在于性格测试研究，而在于政治选举预测，这就直接导致用户授权属于"伪授权"。换句话说，脸书违法获取用户个人信息数据并以商业模式转让给第三方。

第二个行为违法之处更为明显，参与测试的只有27万用户，而脸书获取的个人信息却超过5000万个，也就是说，绝大部分的用户在自己完全不知情的情况下，个人信息被脸书伙同其他"好友"非法转让给第三人，这是典型侵害个人信息犯罪范畴。

按照隐私法律逻辑换个角度，假设脸书从最开始就明确告知用户参加的项目是什么，所搜集和处分的信息类型、用途、期限、原则等都明确告知用户，经用户同意后再进行处理的话，这个事件的性质就会大不一样。当然，若如此脸书可能也无法达成5000万用户数量规模的"研究资料"。

同样，按照隐私法律逻辑，李彦宏关于"隐私换便利"的言论要分情况看。

平台采集和使用用户隐私既要符合法律界限，又要事先告知用户并征求许可。如果用户知情并"愿意"这样做，用隐私利益换取安全、效率和便利，这又何尝不可。例如，我们使用车载导航系统，导航前提是平台知道我们的具体位置隐私，一旦车辆发生碰撞等意外，有的互联驾驶系统会自动报警或通知家人。家人的电话号码或车辆突发事件都属于隐私，为了用户安全考虑，在事先征求用户同意的基础上，用"隐私换便利"未尝不是好事。

同时，平台利用用户隐私需要基于为用户利益和遵循用户协议的原则。互联网免费经济时代中，网民免费使用绝大部分网络服务的基础，在于平台可以通过精准广告等大数据模式获取商业利益。在用户许可的情况下，让渡隐私权中安宁权的一部分，通过接收广告等方式支付网络服务的"对价"，让免费使用服务的用户变成消费者，受到更好的法律保护，这就是互联网经济的实践现状。

因此，我们在评价"隐私换便利"这句话时，不仅要知道平台是否拿了用户隐私，还要知道平台为何要这样做，不是去否认网络的商业逻辑，而是必须遵循隐私的法律逻辑。网络隐私就像一把双刃剑，法律需要保证的就是剑柄应该握在用户的手里。

第三节　漏洞门频发的法律反思

2014 年 3 月，以订票和差旅服务闻名的携程网经历了一场"漏洞门"事件。据现有资料显示，至少有 93 名用户的信用卡信息因系统"漏洞"遭到外泄，幸好发现及时，尚未有用户遭受到财产上的损失。

与以往网络漏洞事件和网络隐私泄密事件不同，"漏洞门"事件外泄的是直接关系到用户财产安全的核心信息。尤其是在互联网金融时代，这种泄密可能导致用户"血本无归"。在网络金融蓬勃发展的今天，传统金融业与新兴网络金融之间一直是博弈的过程，在这场决定中国金融发展趋势的伟大讨论中，强调安全，还是强调效率，成为双方论证焦点。漏洞门事件的"碰巧"出现，必然会影响网络金融发展的趋势。那么，在这种背景下，我们应该如何看待漏洞门呢？

一、我国对网络数据保护认识的发展

漏洞门事件的性质属于网络个人数据的安全保护问题。网络数据的发达，是大数据时代和大数据经济的必要条件，同时，大量数据的存在也是一把双刃剑，既可以成为便利用户的手段，也可以成为侵害用户合法权益的"火药桶"。

我国对网络数据安全保障的认识是一个发展的过程，主要经历几个阶段：

第一个阶段，是在 2010 年之前，属于任意发展期。这个阶段中，我国对电子数据个人信息的认识大都停留在理论层面，在实践中，虽然也曾出现《个人信息保护法（专家建议稿）》《电子数据保护条例（意见稿）》等相关文件，不过，仍未上升到实践层面，实践中仅停留在对电子数据是否作为证据使用以及知识产权保护的行政法规制度管理层面之上。

我国电子数据保护在这个阶段中缺乏法律规制的原因在于两点，一是尚

未出现隐私权保护的法律概念，二是在技术上大数据存储尚未完备，缺少法律规制的必要性。

第二个阶段，是在 2010 年至 2014 年，属于以隐私权概括数据保护期间。2010 年《侵权责任法》终于将隐私权作为正式的民事法律条文写入法律之中，这就使以隐私权涵盖数据保护的理论框架在法律请求权基础内有了支撑。至此，中国司法实践和行政管理开始以隐私权作为网络数据保护的上位概念，并在实践中不断深化对隐私权的扩张性解释。

全国人大常委会在 2012 年 12 月 28 日出台的《关于加强网络信息保护的决定》（以下简称《决定》）是这个阶段的代表之作，虽然仅有十几条框架性条文，但却是我国最高立法机关对个人信息保护高度重视的突出表现。在这个《决定》中，首次明确了网络数据使用的九字原则：合法性、必要性和正当性，它们也成为日后衡量网络服务提供者数据侵权责任的基本原则。在这三个原则基础上，《决定》明确了侵害个人数据的法律责任，既包括行政责任、民事责任，也包括刑事责任。

司法界和网络实践界都对《决定》有很高的评价的原因有两个：首先，司法机关和行政管理者可以依据《决定》确定的基本原则对个案进行判断。有人曾对《决定》规定的原则过于宽泛提出质疑，其实这并不是该法的弱点，反倒是长处所在。这是因为，该阶段中我国对大数据的利用和探索才刚刚开始，过于严格或具体的法律规定，虽然具有更强的执行力，不过，也会减少对技术发展的推动力，在我们尚未形成成熟市场的阶段，原则性的规定既会满足个案特性，促进产业发展，又会形成框架，加强法律约束，是产业发展特殊时期的最佳选择。

其次，互联网企业最为担心的是国家政策法规过于强调对数据的控制，担心出现类似于欧盟对隐私权那样的严格立法，那样将会阻碍我国互联网经济的发展进度。众所周知，在数据保护领域中，世界范围内一直存在两种截然不同的立法理念，一种是以欧盟为代表的强调隐私保护、限制数据使用的理念；另一种就是以美国为代表，认为人格自由是隐私权的基础，以强调个人对数据的控制性，来推进数据合理化使用的发展。这两种立法的客观结果是，美国成为现代网络发展的前沿阵地，而在欧洲并未出现任何一家世界范围内知名互联网公司，这也使得欧洲在网络经济和影响力上受制于美国。所以，我国在选择数据保护之路的时候，更愿意倾向于美国式保护体系，更愿意在维护用户合法权益和保障用户控制数据自由的基础上，推进数据的合理化使用。《决定》规定的九字原则正体现出这一点，这也是我国网络公司最愿意看到的情况。

在这个阶段的发展中，我国互联网公司大都建立起自己的数据库，利用大数据所获得的信息，通过特殊算法产生的巨大商业利益和商业机会，又催生了数据公司在我国的蓬勃发展，同时也推进了我国基于大数据做出的舆情监测、民意调查、商业预测、针对性广告发送等众多大数据变革。可以说，在这个阶段我国大数据时代已经到来。

第三个阶段，是2014年5月至今，是强调安全性和可控性的阶段。我国网络数据通过前面两个阶段的发展，已经形成了固定产业链和大型数据库，同时，基于云计算的发展、移动互联技术的成熟和网络经济的繁荣，越来越多的数据安全问题已经成为网络发展中必须要面对的难点。在民事生活中，个人信息在网络的泄露造成的危害，通过网络交易信息已经侵害到超出了人格权本身的权益范畴。在国家安全层面，大量政府数据、科研机构数据、军事机密等相关敏感信息已经成为境外情报机构获取的重要目标。在企业竞争领域，通过知名网络公司之间以"隐私权"为名互相攻击的事实，已经说明用户信息安全的权益应该成为第一权益。

因此，在这个阶段中，我们对个人数据的认识已经从强调合理化利用，逐渐转变为强调安全性和可控性。尤其是在网络实名制已经成为一种互联网发展趋势的背景下，在微博、网络交易平台、交友网站、论坛发帖、网络金融、网络推广、微信等实名认证的情况下，如果没有做到对个人信息数据的安全性和可控性，其他各种利用都是没有意义的。

携程网"漏洞门"事件就再次说明了这一点。携程网本是用户非常喜欢的旅游预订住房、机票等服务的中介网站，用户不仅需要在该网预留真实身份信息，而且还需要通过该网输入信用卡、银行卡密码等数据。这样一来，网站就掌握了大量包括用户身份证号码、银行卡号码、真实联系方式、真实姓名，甚至包括金融产品密码的大量数据。网站本身就是一个商业机构，在数据可以直接转变成商业利益的时代中，网站超越法律底线，非法储存并利用大量信息的行为本身就值得批判，更何况因漏洞造成近百名用户核心信息泄露。事后证明，携程网存储的这些信息的行为，已经违反了《关于加强网络信息保护的决定》中规定的合法性、必要性和正当性原则，超出了用户授权范围，也违反了人民银行相关规定。因此，即使携程网"漏洞门"事件没有造成用户实际利益损害，也应按照《决定》承担相应法律责任。

本次"漏洞门"事件再次暴露出网站存有大量用户数据的安全隐患问题，也显示出目前我国个人数据缺乏有力保护的现实缺憾。从目前我国法律制度内容看，对网站应承担数据安全保障义务的规定几乎没有，行业协会所实际起到的监督效果也微乎其微，网站本身对自身安全性的重视程度仍有待加强。

二、"漏洞门"事件不能成为网络经济发展的阻碍

虽然携程网漏洞门事件凸显出我国网络经济发展中对个人数据保护存在的种种不利，不过，发展中存在的风险不应成为大势所趋的阻碍。网络金融相比传统方式而言，更加亲民、自由和效率，也在很大程度上打破了传统金融行业的垄断。在一些理财产品方面，降低了门槛；在传统支付领域，方便了消费者；在网络经济中，实惠了买家，促进了就业。当然，强调效率的同时，网络经济带来的副作用也很明显：网络诈骗层出不穷、网络安全形势日益严峻、网络金融商业伦理有待加强、网络金融与安全立法尚显不足等等。

在安全与效率的博弈中，既不能忽视风险盲目发展，也不能因噎废食固步自封。任何人都知道，如果车速控制在每小时 20 公里以下的话，交通事故就不会发生，不过，汽车时代也就不会到来。所以，风险的存在不能成为技术进步和社会发展的障碍。

同时，对发展中存在的风险，也不能视而不见，应该依靠法治建设予以完善。还以汽车为例，减低肇事风险的办法，不是杜绝汽车技术发展，而是制定好交通规则、加强道路交通安全教育和修建好高速公路。同理，互联网金融的发展是大势所趋，减少风险的办法，不是限制网络金融发展机会和技术，而是应该完善好相关法律制度、强调商业伦理和促进网络安全技术手段。

不可否认，漏洞门事件确实暴露出了网络金融安全的软肋，说明在网络经济快速发展时代中，强调安全同样重要。

首先，完善网络立法势在必行。目前我国涉及网络信息保护的法律法规比较杂乱，甚至相互冲突。以"漏洞门"为例，携程网方面坚持没有过度搜集用户信息，他们的理由是："未扣款成功的 CVV 码信息会被暂存 7 天，目的是协助用户便捷支付"，从全国人大常委会制定的《关于加强网络个人电子信息保护的决定》看，搜集信息范围符合"必要性"和"正当性"原则。不过，从央行制定的《银行卡收单业务管理办法》看，"收单单位不得以任何形式储存银行卡的敏感信息"，携程网搜集和储存用户银行卡信息的行为又涉嫌违规。这种不同位阶的法律法规却在同一领域内存在冲突，这给网络经济发

展造成阻碍。

其次，网络安全技术应该首先发展。网络金融的快速崛起，使得网络安全技术发展稍显落后，在互联网金融的"圈地运动"中，似乎强调效率超过了强调安全。"漏洞门"事件说明，网络金融发展不能有安全技术的"弱项"，这好比"木桶理论"，木桶能装多少水不是最高的木板决定，而是最短的木板决定，安全性就是"短板"。不管网络金融的门槛有多低，网络经济有多么快捷，一旦安全性出了问题，消费者必然会敬而远之。

最后，网络商业伦理应该加强。在目前法律尚不健全的情况下，商业伦理成为网络经济与传统经济竞争的"软实力"。"漏洞门"事件中，大多数用户甚至不知道自己到底有多少信息被搜集和保存，网站这种"瞒天过海"的手段，很可能使"软实力"变成"软柿子"。

三、"漏洞门"事件带给我国数据保护的思考

"漏洞门"再次显现出网站作为数据保有者是否适格的问题。从我国网络实名制发展来看，当初的制度设计是，将网络个人信息分成身份信息和注册信息两大类，涉及用户现实身份，以及诸如身份证号码、家庭信息、银行卡信息等核心隐私的数据将保存于第三方机构储存。注册信息网站可以自行保存。不过，当时制度设计考虑并未想到网络经济发展如此迅速，甚至已经无法割裂个人信息中的身份信息和注册信息，如果不给予网站保留或使用用户身份信息的权利，那么，很多诸如支付、预定、消费等活动就无法进行。

那么，如果用户的身份信息在现实情况下已经无法交由第三方平台保存，势必就要强调网站作为储存终端的注意义务和法律责任，而恰恰这两者正是现在网站所缺少的。一方面，网站作为经营者会因成本增加忽略安全性建设，另一方面，现行法律甚至互联网协会也未将网站注意义务和法律责任真正落实到位。如此一来，"漏洞门"事件其实并不是偶然，大规模泄露用户数据的情况很可能再次发生。

因此，强调数据保有者责任必须提到最显著位置，主要有三方面构成：

第一，政府监管部门需要对数据保有者的安全性作出明文规范，并进行常态化巡查制度。各级网络协会应该承担起相应义务，主导规范性建设，并保证切实将网站作为常态化监管对象。

第二，完善网络数据泄露危机处理应急机制，政府应建立专门部门针对各类木马、病毒、黑客攻击等事件做到常态化通告和协同应对机制。从国外

比较法看，一些国家判例中将病毒出现作为"不可抗力"使得网站免责。不可抗力的构成是"不能预见、不能避免、不能克服"，在网络安全领域中适用的前提是，网站已经尽到了所有可能的安全保障义务，而且泄露之后，网站也尽到了最大限度的善后事宜。如果政府建立专门部门对涉及数据安全的隐患及时发布，那么，隐患信息发布后网站如不及时采取必要措施，就不能以不可抗力免责。同时，专门机构对网站数据保护机制还有必要的监管责任，制定必要的安全制度。

第三，我国应尽快出台一部《个人数据保护法》。虽然目前我国在个人电子数据保护领域存在《侵权责任法》《合同法》《刑法》《关于加强网络信息保护的决定》等十几部法律法规，但是，这些立法过于庞杂，缺少针对性的专门立法。在很大程度上，漏洞门事件可能成为"无法可依"的悬案：被泄露信息用户的赔偿无法有效计算，网站注意义务法律责任无法衡量，网站存储和利用数据范围无法明确界定，善后工作处理无法正确评估等等。

《个人数据保护法》的意义并不单纯是确定网站法律责任或义务，还在于协调我国目前十几部关于个人信息保护法律法规的基本法，也是其他立法部门在日后订立新法、修改旧法的基本渊源。

四、社保信息泄露事件的反思

据媒体报道，我国超过三十个省市的社保信息系统存在高危漏洞，这可能直接导致数以千万计用户数据和个人信息的泄露。社保信息的重要性不言而喻，包括身份证件、社保证明、个人薪酬等情况都在其中，可以说，社保信息几乎包罗了一个公民所有"老底"。一旦泄露，从轻了说是公民隐私权受到侵害，从重了讲，利用这些信息非法复制身份证、停止发放社保金、盗刷信用卡等情况也绝非不可能。

我国法律对个人信息的保护是一个体系，包括法律、行政法规、部门规章等在内的，多达两百多部政策、法律和法规都涉及信息安全问题，可谓是有法可依。但是，为何近年来信息泄露事件却屡禁不止呢。一方面，是因为公民的这些信息具有巨大商业价值，总是有那么一些犯罪分子敢于铤而走险。另一方面的问题是出现在信息保护的追责层面，缺乏对直接责任人的责任认定。

我国法律对个人信息泄露责任，过多侧重于直接侵权人，即实施盗取、非法搜集、利用和买卖者，却很少涉及政府作为个人信息保有者方面的追责。

这就导致，一旦个人信息保护工作出了问题，信息的保有者往往置身于责任之外，如果事后找不到直接侵权人，这个事件也就不了了之。法律即使规定得再严密，若信息保有者没有"看得到"的法律责任，那么，个人信息保护也只能停留在纸面之上。

社保信息是典型的政府保有信息范围，搜集者和使用者都是政府部门。关于政府在个人信息保护中的责任问题，2012 年全国人大常委会出台实施的《关于加强网络信息保护的决定》第 10 条已有规定：有关部门应履行职责，采取措施维护信息安全；以及国家工作人员对个人信息的保密义务。这条规定强调了政府在个人信息保护中应履行的法定责任，不过，却回避了信息泄露后的事故责任主体问题。

从理论上讲，因政府主管部门管理体制或技术问题造成的监管不力，导致个人信息大规模间接泄露的，除了直接侵权人承担法律责任外，政府主管领导和信息的直接管理者也应承担事故责任。这与矿难事故、环境污染等责任事故中的政府责任认定没有本质区别。特别是互联网时代下的个人信息的泄露，其社会危害性和严重度丝毫不亚于其他类型责任事故。

同时，信息化在我国政府行政办公体系中越来越重要，各方面产生的个人信息数据都将汇聚其中。如何保障如此庞大数据库的安全性，除了法律追责之外，还应尽快加大对信息安全的技术性投入，适时引入"安全官"制度，将个人信息安全保护与搜集和利用信息的部门分开，各司其职，统筹规划，责任明确。

在大数据和信息化日新月异的当下，政府将作为公民信息最大的保有者。政府保有的不仅是"价值连城"的个人数据，而且还是涉及公民核心隐私的"火药库"。只有将个人信息保有者问责机制写入法律，落实到实践中，才能从根本上做到让信息监管者明确责任。

第四节　网络直播与隐私权的冲突与平衡[1]

一、互联网直播态中的隐私权界定

（一）直播告知义务与知情同意权引发的思考

国内学者对隐私权进行界定大都集中在隐私权的人格权属性和自我决定

---

〔1〕 本节与研究生田莹共同完成。

权上，"隐私权作为具体人格权，指自然人享有的私人信息秘密和私人生活安宁被依法保护，未经同意，不被他人非法知悉、侵扰、公开"。[1]这说明权利人知情权与同意权是隐私权处分的基础，隐私权作为民事权利，权利人可以自由支配与处分。隐私权属于绝对权，[2]具有普遍的对世效力，权利人有权要求不特定人负有不侵犯隐私的义务。非经权利人放弃，任何人不得侵犯，因此权利人享有隐私的自我决定权。

权利人知情同意是隐私权处分的前置条件，例如直播中出现的第三人，判断隐私权侵犯与否的前提是当事人是否知情并同意此次直播。实践中的通常做法是用户、平台、商家等服务提供方通过"告知"以示达到权利人知情同意的结果，"告知"包括事前的口头或书面说明、店堂告示或者网民协议。在"告知"关系中，告知方处于强势地位，被告知方处于弱势地位，因为告知方制定条款无需协商且被告知方无法更改只能选择接受与否。《合同法》第39~41条写明了格式条款的含义与无效情形，《消费者权益保护法》第26条详细写明格式条款的告知形式，经营者使用格式条款应当以显著标记提请消费者注意服务或商品的安全事项、风险预警、民事责任等有重大关系的内容。消法本着"全面、公平"的标准，将告知方义务详细规定，任何排除消费者权利、减轻免除经营者责任的条款均无效。[3]但法律并没有写明违反告知义务的后果，在互联网直播中，商家直播、教室直播等不同主体告知方式不同。直播分享平台的告知义务应该如何体现，用户与平台的直播界限在哪里，解决这些问题需要对当前直播态下的隐私权重新解剖。

（二）隐私权界定标准

1. 权利人知情同意

权利人是否知情同意是判断是否侵害隐私权的第一标准，这条标准毫无疑问从权利人的主观角度出发，强调的是明示同意而不是默示。如果在直播过程中，有其他不知情自然人闯入画面中，被直播者的隐私权也要得到保护。根据直播者的主观状态与目的来认定：

---

〔1〕 王利明："隐私权概念的再界定"，载《法学家》2012年第1期。

〔2〕 根据民事权利的效力范围，分为绝对权与相对权。绝对权的权利主体特定，义务主体不特定。人格权属于绝对权，隐私权属于具体人格权，因此隐私权属于绝对权。隐私权作为具体人格权被写入《中华人民共和国民法总则》第110条中，详见中国法院网：http://www.chinacourt.org/law/detail/2017/03/id/149272.shtml，2017年7月3日访问。

〔3〕 万方："我国《消费者权益保护法》经营者告知义务之法律适用"，载《政治与法律》2017年第5期。

（1）如果直播者为展示直播所在的周边环境，对于某一个自然人的镜头不会长时间定格，这样的内容与侵犯隐私权的相关性最弱。

（2）如果直播者对身边环境的直播定格于某自然人时间过长，可以认定存在过失。直播者的意图并非针对某自然人，而是拍摄周边环境，因身边环境直播而迫使某自然人入镜，这不是有意为之，因此排除故意。直播是自然人发挥主观能动性的活动，直播者需要对内容负责，拍摄画面中可能出现的人与物都要有充分考量，当直播画面锁定某人，直播者应该有充分的注意义务，这是判定直播者过错程度的重要标准。注意义务源于《侵权责任法》的一般条款，即第6条第1款的过错责任。如何判断侵权，过错是核心，如何判断过错，要看直播者是否履行了注意义务。直播中注意义务指对于直播涉及的人和物，要具有事前的法律规范意识，面对直播中出现的无关自然人，要在事先或者播出后的必要时间内争得同意，并获得认可。此种情况最为中性，视具体情况不同认定结果也会不同。过失分为疏忽大意过失与过于自信过失。第一，直播者应当预见直播画面中会出现不特定第三人，却因为疏忽大意而没有预见；第二，直播者已经预见直播画面会出现他人，却过于自信不认为会侵犯他人权益而没有在直播前履行告知义务。在第三人主张隐私权受到侵害的情况下，法院会综合判定具体侵害内容、侵权人的主观心态，有意识的过错程度要大于无意识的过错，因此第二种情形侵权的风险较大。

（3）如果直播者出于直播需要，对某一个或几个自然人的镜头长时间定格，即有意而为之，这就是对一个人的摄像。不同用途下直播特定人的性质不同，区分公共空间的公益用途与私益用途。第一，安装在广场、停车场、超市等公共空间的摄像头，由于公益目的实时监控，无关隐私权侵犯应被排除。第二，出于私人目的在公共空间直播，当直播画面锁定自然人，事先未征得同意就将其暴露在公共空间下，侵犯不想被外人所知的意愿，就是侵犯隐私权的行为。本情形与侵犯隐私权的相关性最强，直播者没有履行告知义务，主观心态是故意，客观实施了侵害行为，致使权利人的私人活动被公之于众，因此侵权行为成立。

2. 公共空间下的私人活动

公共空间即我们通常理解的公共场合，在公共场合存在私人活动区域，比如商场的试衣间。试衣间相对封闭，换穿衣物是较为私密的行为，毫无疑问需要与公共空间区别对待。此外，存在公共空间下不想被外人所知悉的私人活动，比如性取向判断就比较特殊。美国有一个判例，同性人士由于一个特别活动上街游行，但这一幕被记者镜头捕捉，媒体爆出后全社会都知道其是同性人士。性取向非常敏感。法官认为既然处于一个公共空间活动中，则可以推定当事人已经放弃自己不想被外人所知悉的权利，不能够强迫一个公共事件不被媒体报道，因此驳回了权利人的请求。通过这个判例，我们可以看到美国对公共空间下私人活动的态度，侵权方有足够的抗辩事由得以支撑，则个人的隐私权利基本不会得到支持。

私人活动作为专有名词被写入最高人民法院《关于审理利用信息网络侵害人身权益民事纠纷案件适用法律若干问题的规定》（以下简称《司法解释》）第12条中，用户或者网络服务提供商通过网络公开私人活动信息，造成他人损害要承担侵权责任。公共空间下的私人活动，要具体分析活动性质。性取向问题比较特殊，活动的场合是在公共空间中，而不是在一个相对封闭的私人环境。身处公共场合，被他人关注不可避免，通常不会认为"观察"是对隐私权的侵犯，一旦观察超过了必要限度，通过"偷拍、跟踪"等方式来达到窥私的目的，这样就具备了侵犯隐私的潜在条件。[1]但私人活动并非被绝对保护，《司法解释》规定六种除外情形，说明在权利产生冲突的情况下，可以运用比例原则来衡量应该被保护的权利价值。若公共空间下的公众知情权、媒体报道权等价值高于个人权益时，为促进社会公益、科研目的、合法在网络获取私人活动信息，则个人隐私权就要受到限制，反之则优先保护隐私权益。

3. 公共利益抗辩

公共利益无论在什么环境下，都是一个十分关键的抗辩事由。现实中也发生了许多关乎公共利益的隐私权让渡事件，与之最为相关的正当性公共利益和监督权的行使分不开。

2013年8月2日，网上爆料上海市高级人民法院多名法官"集体嫖妓"的违法乱纪的视频就是对以上最好的诠释。[2]举报人通过对摄像头捕捉的视频画面剪辑，经过网上传播暴露在大众视野面前，这些法官的私人活动展示在社会公众下。亚汇网特意针对举报者的举报方式进行了网上民意调查，在参与调查的1202人中，788票赞同举报人的举报方式，仅有116票反对。上

---

〔1〕 李倩："合理隐私期待视阈下的公共场所隐私权保护"，载《四川文理学院学报》2015年第6期。

〔2〕 "令人震惊的上海法官集体嫖娼案件"，载亚汇网 http://www.yahui.cc/zt/shfgjtzj.htm，2017年5月10日访问。

海法官嫖娼案的举报者利用网络摄像头，通过对画面的拍摄剪辑形成视频发布到网络的行为，从被监控人角度思考，没有经过其事先同意发布到网络公共空间中，无疑侵犯其隐私权。但是公共空间的背后具有更大的公共利益，对于国家公职人员的违法违纪行为，任何公民都享有监督与检举的权利，这是宪法赋予人民的权利，不可剥夺。根据《司法解释》第 12 条第 2 款，将"为促进社会公益且在必要范围内"作为侵犯隐私的抗辩事由，这说明社会公共利益的重要地位。最高人民法院制定的《法官行为规范》第 80~89 条严格规定了法官的业外活动，法官应约束业外言行，杜绝与法官形象不相称的行为，第 93 条规定了违纪后果。法官工作之外的私人活动之所以被约束是因为职业代表着国家公权力形象，社会主体多元化决定了社会利益多元化，在不同权益间产生冲突，权利法益的位阶决定了保护的先后顺序，低位阶法益必然让步于高位阶法益。[1]无疑国家公职人员的品德素养与个人行为关乎社会公益，社会公益位阶高于个人权益，在上述情况下，国家公职人员的私人活动不受隐私权保护。

4. 客观隐私与主观隐私

结合《司法解释》第 12 条和《网络安全法》第 76 条关于个人隐私的规定，可以归纳出客观隐私包括自然人姓名、电话、身份证件号码、自然人生物可识别信息、健康检查、病例资料、家庭住址、犯罪记录等。法律中明确规定的客观隐私实际就是个人信息，具有可识别性，而客观相对主观，存在与之相对的主观隐私。2013 年"朱烨诉百度 cookies 侵犯隐私权案"以原告败诉告终，cookies 技术收集的是用户不可识别信息，法律底线就是其收集是否具有可识别到个人的特征，基于用户偏好投放的精准营销广告并非对隐私权的侵犯。[2]本案原告认为自己的隐私权遭受侵害，却又无法证明实际受到的损害，因此主观隐私标准往往不会得到支持。主客观标准源于美国的"合理隐私期待"，主观标准尊重个人内心感受，不考虑是否具有正当性；客观标准强调正当性，看中社会对个人隐私的合理评判。[3]隐私不同于隐私权，不是所有的隐私都会得到法律保护，客观隐私除自己让渡、社会公益等《司法解释》中规定的六种除外情形，任何人不得侵犯。而主观隐私结合上述私人活

---

〔1〕 张新宝：《隐私权的法律保护》，群众出版社 2004 年版，第 16 页。

〔2〕 朱巍："网络精准营销与隐私权保护分析"，载《人民法院报》2014 年 7 月 30 日。

〔3〕 杜红原："隐私权的判定——'合理隐私期待标准'的确立与适用"，载《北方法学》2015 年第 6 期。

动的理解，根据活动性质与活动空间的不同可有弹性余地，且需要证明实际受到的损害，只要被告方主张足够的抗辩事由，不一定侵犯隐私权。

二、"水滴直播"事件涉及的隐私类型

"水滴直播"是从属于 360 旗下智能摄像机的配套平台，最初水滴平台划分 8 大板块：主播（广播电台类）、风景、运动、商家、教育、手艺、宠物、视频。其中商家、教育类直播被应用最为广泛，同时也和每个人的切身利益相关。直播类型不同，隐私权的界定边界也有所不同。

（一）公共领域型直播

在公共领域进行直播，断定是否侵犯隐私权的前提是要思考公共场合中是否存在隐私。根据《公共场所卫生管理条例》第二条有限列举了 7 类公共场所：宾馆、美容店、影剧院、公园、图书馆、商店、公共交通工具等。在这些公共场所中基本都安装了监控设备，以备及时发现问题、保存证据等。权利人选择出现在公共场所，意味着已经拥有被摄像头拍摄的心理预期。隐私权作为一般民事权益，如果主张损害，需要证明侵权行为的构成要件，即侵权行为、行为人过错、因果关系、损害后果四要件。[1]很显然在公共场合中隐私权权利的保护最为弱化，既很难证明侵权损害行为，又存在公众拥有知情权这一更高的权利价值作为权衡。

近日来水滴教室直播之所以备受争议，究其原因教室的空间性质是最大的症结点，在《公共场所卫生管理条例》中穷尽列举的公共场所中并没有教室。打开水滴直播的 APP 端或者 PC 端，中小学或者幼儿园的课堂直播居多。内容涵盖课间休息、课堂实况或者课外班辅导等。此类直播最大的问题是直播对象基本是未成年人，未成年人权益是我国法律规定的重点保护对象。最新《民法总则》规定 8 岁以下儿童为无民事行为能力人，除了未成年人还涉及监护人权利。有观点指出对于此类课堂直播，如果未经未成年人及监护人同意是侵犯隐私权的行为，同时也侵犯了监护权利应予以禁止。也有观点认为教室是相对开放的空间，教学隐私相对较小，因此并不涉及侵犯学生的隐私权。

判断教室直播是否侵权，界定教室的公共空间属性尤为重要。教室处于一个中间地带，以学校作为参照物，教室的公共空间属性较为明显；以网络

---

〔1〕　杨立新：《侵权法论》（第 5 版·下），人民法院出版社 2013 年版，第 197 页。

空间作为参照物，毫无疑问教室的私密属性就显现出来。正是由于互联网直播分享技术的先进性，带来了隐私权问题的新困境。当前二者产生了一定的冲突，但这种冲突也是互联网技术发展中不可避免的情况，要合理正视。监护权的设立正是二者冲突的突破口，如果教室直播经过当事人授权，就无关隐私权侵犯。对于不具备完全民事行为能力的未成年人来说，在直播前获得监护人同意，此直播就不存在侵害被直播者的隐私权瑕疵，即合理合法。[1]教室直播侵权与否尚存争议，出发点不同结论会不同：第一从公共利益角度考虑，在校生受侵害事件时有发生，教室直播在一定程度上可以遏制此类事件发生，客观保障了学生安全。此角度公共权益高于个人权益，不涉及侵害隐私权；第二从个人利益角度出发，教室较为封闭，未经当事人许可的公开直播都是侵犯隐私权的行为。综合而言教育类直播需要谨慎考虑多方因素，置于整个网络空间中对未成年人而言易泄露个人信息，若直接发送给监护人，在直接相关人的私密分享下，既经过授权，又满足监督需求，是一个较为妥善的处理方式。

（二）私密领域型直播

绝对的私密领域毫无疑问是家庭，水滴摄像头的出现为个人需求类用户创造了便利。传播途径不同，隐私权风险也不同：其一仅供个人使用即"点对点"分享，无关侵权；其二分享到网络平台即从"点对点"演变到"点对面"，需要用户授权，可能产生侵权问题。"点对点"分享只是把摄像头监控内容从个人用户分享到另一个人用户，这个分享只是封闭分享，过程中不会有第三人观看到监控内容。"点对面"分享则是从个人用户端传输到整个网络平台，摄像头所有者通过授权将监控画面直播出去，就直播画面中出现的第三人来说，隐私权问题略显复杂。对于直播画面中出现的被监控人、闯入的第三人来说，在未取得其事先同意的情形下无疑违背了事先许可的条件。从民事权利处分角度理解，民事行为能力决定了处分行为的效力。完全民事行为能力人可以处分自己的隐私权益，但无、限制民事行为能力人，并不具备完全的处分能力，须经监护人同意才能对隐私权进行处分。除非分享的直播内容无关自然人，一旦涉及分享用户之外的第三人，就需要事先知情同意。

（三）中间领域——餐馆型分享直播

在商家直播过程中，不同直播画面决定不同法律后果。当下互联网+餐饮

---

〔1〕 朱巍："摄像头无处不在，你被直播了怎么办"，载财新网 http://opinion.caixin.com/2017-04-28/101084148.html，2017 年 5 月 6 日访问。

行业发展迅猛，但网上订餐的卫生问题令人担忧。经营者通过对后厨的直播来打消消费者心中的疑虑，既体现了企业的社会责任，同时也是尊重消费者知情权的表现，遵守了《消费者权益保护法》第 8 条规定的消费者享有知悉其购买商品、接受服务的真实情况的权利。由此来看，经营者自主选择在后厨这一较为私密的场所进行直播，既对隐私权做出选择，又履行了餐饮行业应尽的义务，应该值得提倡。用餐区域直播的公共属性较为明显，未经消费者的事先同意，已经涉嫌侵犯消费者的隐私权。消费者拥有该消费行为不被外界知悉的权利，除非得到消费者的明示同意，或者在直播区域给予消费者充分的直播提示，方能视为消费者的知情同意权得到了保障。

目前，水滴直播已经出台了《强制商家设置直播提示公告》，[1]要求必须按照规定张贴相应标语，标语中有明确字眼提示："水滴直播提示您，请微笑，正在向全宇宙直播"。这不仅表明平台尽到了相应的注意义务，还表明经营者也尽到了合理的提示义务，消费者在选择进入这样的直播商家时也就意味着已经让渡了自己的隐私权。

三、落实个人责任与分享直播平台责任

（一）用户与平台的责任性质

对于水滴这类分享型直播形式而言，用户与平台的关系就是网络内容提供商（ICP）与网络服务提供商（ISP）的关系，用户作为 ICP 适用《侵权责任法》第 36 条第 1 款过错责任原则，平台作为 ISP 适用《侵权责任法》第 36 条第 2 款避风港规则[2]或第 3 款红旗规则。[3]用户使用水滴直播方式的不同，决定着个人与平台责任的不同。

1. 用户"点对点"分享

"点对点"技术又称对等网络技术，纯"点对点"网络没有服务器概念，

---

〔1〕　"水滴平台强制商家设置直播提示公告"，载 http://bbs. 360. cn/thread-14961200-1-1. html，2017 年 5 月 10 日访问。

〔2〕　避风港规则源自美国 1998 年的《数字千年版权法案》。在著作权侵权案件中，ISP（网络服务提供商）只提供技术服务，没有能力对 ICP（网络内容提供商）上传的内容进行全面审查。ISP 事先不知道且不应当知道侵权事实的存在，权利人通知后，ISP 应予以删除。避风港规则又被称为通知删除规则。

〔3〕　红旗规则（RFR, Red Flags Rule）可追溯至 1865 年英国议会制定的"红旗法案"，规定公路行驶的机动车必须配备一名旗手，步行在车辆前方警示身边的行人与马车。1998 年美国版权法修正案中规定"红旗规则"，如果 ICP（网络内容提供商）侵权事实显而易见，ISP（网络服务提供商）明知或应知该侵权行为，则 ISP 承担侵权责任。

依赖网络参与者的带宽与技术能力在平等的同级节点传输。例如发送短信，从一个手机端发送至另一端，实现独立交互，本书用于比拟用户之间的直播分享。用户通过自己的移动端分享至另一移动端口，接收主体已由分享用户选定，因而将此传播过程形象理解为"点对点"。为满足自身监控需求，自我观看不会涉及第三人隐私问题。用户选择"点对点"分享，责任风险可以划分为三种情形：第一，用户分享给特定人，监控视频不涉及其他自然人则无关侵权。第二，用户将涉及自然人的监控视频发送给第三人，若含有私密性质的信息在未经被监控人知情同意情况下，用户需要承担侵权责任。第三，为了办案等公共利益需要，例如《网络安全法》第28条规定网络运营者应当为国家机关办案提供帮助，个人用户如果因配合公安部门办案提供监控视频，也无需承担责任。

在"点对点"传播过程中，分享型直播平台作为ISP（网络服务提供商）具有特殊性，需要一定程度上为传播内容负责。其一，平台应对内容安全负责，依据《网络安全法》针对涉黄暴力、侵权等内容要设立巡查制度，实时监测，并建立举报渠道及时发现问题。如遇违法侵权传输内容应立即切断其上传路径，建立严格的审核制度，保存记录并向有关部门报告。其二，平台应对直播内容负责，直播的内容有明确分类，平台对于不同直播带来的潜在法律风险要有详细预估，对分享流程的设置可体现出平台的注意义务。用户监控本身就具有一定的私密性，在无分享密码的前提下视频扩散较快，单一观看演变为多元观看，如果因此引发隐私权侵权纠纷，平台存在一定过失，经权利人通知，应该及时采取措施以防止损害后果扩大，否则将与侵权人就损害后果扩大部分承担连带责任。在设有分享密码前提下，用户只能传播至特定人，平台已经切断了公共传播可能，尽到了合理的注意义务。未被不特定多数人知晓的情况下，不会出现侵犯隐私权问题，平台亦无需承担责任。

2. 用户"点对面"分享

"点对面"常与"点对点"相伴出现，"点对面"指传统媒介向大众的传播过程，[1]本书把用户从移动端传输到网络空间比拟为由点及面的过程。用户将直播监控内容点击"同意分享至网络"，个人和平台责任由此介入。第一，分享内容无关自然人权益，个人和平台没有隐私权侵权风险。第二，分享内容聚焦于某人的私人生活或个人信息等，用户未获得当事人知情同意即

---

〔1〕 孟君："点对点与点对面——网络与传统媒介传播方式的比较研究"，载《科学新闻》2003年第24期。

为侵权。但公共领域除外，例如餐厅直播非聚焦到某特定人无关侵权。直播平台作为 ISP（网络服务提供商）基于客观功能性，在未成立帮助侵权情形下，可以适用中立性适当免责。

平台在直播中的角色只是播放介质，不掺杂任何主观加工，是单纯的画面呈现，应该本着技术中立原则处理。技术中立原则确立于环球电影制片公司诉索尼公司案中，也被称为"非实质性侵权原则"。如果产品具有实质性非侵权用途，被应用到合法、不受争议用途，则不能推定 ISP（网络服务提供商）成立帮助侵权。此时的网络服务提供者责任应该遵守：其一，适用避风港规则。在私密空间、公共场所聚焦特定人直播中，遇到权利人主张权利情形，平台应该对权利人予以回应。权利人通知方式在《司法解释》中有明确要求，应该提供姓名和联系方式、具体侵权链接或内容、要求删除理由，如果未按要求提供则平台可以主张免责。平台核查后侵权属实，应及时对侵权直播内容作出删除、屏蔽等处理。如果其没有及时处理，就要和直播用户承担连带责任。其二，适用于红旗规则。在特殊直播课堂、教辅中，注意义务应该体现在事先与事后的重点审查与预防机制中，如没有加设分享密码等措施增加了侵权风险，明知或者应知本平台内容出现了侵犯他人隐私权情形而不予处理，放任侵权后果发生，就要承担侵权责任。

（二）水滴直播平台在《侵权法》中的适用

水滴直播平台属于内容分享平台，作为 ISP（网络服务提供商）适用《侵权责任法》第 36 条规定。第一种情形针对家庭等个人用途直播，平台对用户给予充分提示，如果用户选择同意分享至网络，则平台有义务事后监管。一旦发生侵权行为，根据第 36 条第 2 款，平台收到权利人的删除通知应及时核查，侵权属实应及时删除内容并通知直播内容分享者，未及时采取措施应就损害扩大部分与侵权人承担连带责任。

第二种情形针对商家、教室等特殊内容，平台应尽到特别的事前注意义务。商家直播关乎消费者权益，教室直播关乎未成年人保护，因此平台有义务对商家、教室直播台号登记备案。在特殊直播中应该设置分享密码，从而将内容限定在被许可观看的范围内，防止消费者、未成年人合法权益被非法侵权。根据第 36 条第 3 款，当平台"知道"直播内容侵害他人隐私权益，应主动下线，否则视为帮助侵权，与侵权者承担连带责任。

"知道"是红旗规则的重要标准，《司法解释》第 9 条明确规定 7 条判定要素：一是 ISP（网络服务提供商）是否以自动或人工方式对侵权内容分类、选择、推荐、整理等处理；二是 ISP 应当具备的管理能力，所提供服务的侵权可能性；三是侵犯的人身权益类型和程度；四是信息在一定时间的浏览量；五是 ISP 可采取的侵权预防措施可能性及是否采取合理措施；六是 ISP 是否对重复侵权行为采取措施应对；七要考虑其他相关因素。水滴直播作为专门的 ISP 直播平台，应当具备足够的直播管理能力，避免《司法解释》中"红旗规则"的情况出现，例如，应避免将单纯点击量作为热门推荐的衡量标准；在平台审核内容前不应将直播置顶或进行推送；应尽快建立覆盖全系统的智能筛选制度等等。迄今为止商家、教育直播中并无权利人主张隐私权受到侵害，因此直播分享平台能否适用红旗规则，尚无判例予以佐证。

第三种情形涵盖所有直播内容，因满足公众知情权、查处违法犯罪等需求，平台展现内容中有暴露私人信息、锁定容貌等情形，属于《司法解释》中的"为促进社会公益且在必要范围内"，也符合《网络安全法》第 28 条规定的 ISP（网络服务提供商）应配合公安等部门办案需要的规定，平台无需承担侵权责任。

如今水滴平台已将引发争议的教育栏目下线，增加明亮厨灶、生态农业，正视教育直播可能存在的问题，体现出平台优先保护未成年人的隐私权益，吸取教训，对可能发生的侵权行为有所预估。先前的教育直播内容已被删除，为今后的课堂直播设置私密分享码，着重分享无关自然人隐私的公共环境，体现了平台的社会责任。在网络侵权中，认定平台责任应优先适用避风港原则，将红旗规则作为例外。水滴平台已经做出处理，法律实务发展中，不能仅凭借技术手段的分类足以认定平台"知道"，还应综合判断主观目的、具体侵害形态、损害后果认定，从而不阻碍网络技术的发展。

四、互联网直播的个人信息保护新问题

互联网直播平台在本质上属于网络服务提供者，直播或短视频的内容来源于 PUC 或 UGC 用户所提供，相关作品产生的侵权问题在司法实践中，仍属于技术中立涵盖范围。不过，从平台推荐分发算法，以及用户作品涉及个人信息方面问题方面考虑，平台的责任还是比较复杂的。

我国涉及个人信息或隐私权方面的各类法律性文件多达 150 多部，基本构成了中国特色的个人数据保护法体系。其中，以《网络安全法》为核心，以《刑法》及其修正案和《民法总则》《侵权法》及相关司法解释为重中之重。

《网络安全法》第 76 条明确了个人信息的界限，根据我国立法实践，《网络安全法》是与 2012 年全国人大常委会通过实施的《关于加强网络信息保护的决定》合并适用，这就是所谓的"一法一决定"，去年年末全国人大常委会特别对此做了全面检查。结合这些立法情况，我们可以得出以下结论：

（1）个人信息是直接或间接可以识别到的个人信息，即具有可识别性。在民事法律尚未给予个人信息权、独立人格权地位的情况下，隐私权是个人信息在民事请求权上的基础。换句话说，个人信息权以隐私权加以保护。若构成隐私权侵权，就必须严格符合侵权责任构成要件，而且这种侵权必须是客观存在的，而非臆断产生的。

（2）个人信息权属于绝对权，是民事权利的一种，可以在一定条件下让渡。在承认个人信息属于绝对权的前提下，必须强调隐私权也是民事权利，既然是民事权利，权利当然可以让渡。现在的问题是，让渡权利的程序必须合法。

（3）个人信息搜集和使用的原则是合法性、正当性和必要性三原则。合法性若按照我国刑事法律关于侵害公民个人信息犯罪的司法解释看，这里说的法，不单纯是法律，还包括条例和规章，这点一直存在巨大争议。

正当性指的是程序，既必须满足用户的知情权和自由选择权。江苏消协起诉百度，以及水滴直播出现的隐私权问题，核心点就在于平台是否充分做好了告知和尊重了消费者的选择权。必要性指的是是否超出了商业和道德的限度，平台如果过分采集和掠夺用户信息，就会产生违法性效果。

（4）在尊重用户知情权和选择权基础上，平台对用户个人信息的采集、使用或处分是合法的。这一点，在学界一直有巨大争议。在大数据时代下，对个人信息的合理使用是必然规律，只不过，如何做到合理和尊重用户权利，这一点是值得思考的地方。

（5）让用户拥有控制自己信息的权利。这一点本来是形而上的必然结果，但在实践中却存在巨大难点。全国人大常委会关于"一法一决定"的检查和 2016 年四部委去十家企业的调研标明，我国在个人信息合理使用方面的立法思维，有从美国式转移欧盟式的趋势。欧盟《一般数据保护条例》强调了用户对于自己信息的删除权，所有成员国的所有企业都必须这样做。删除自己的信息看似并不难，这对于平台而言，确实是比较沉重的负担，如何做出全面删除，包含哪些内容，需要遵循哪些程序，这都是尚未有答案的事情。

（6）大数据不是个人信息，属于知识产权。我国《民法总则》审议稿曾经将数据信息放到知识产权客体之中，这点做的有不妥当之处，因为数据信息除了大数据之外，还存在个人信息，后者属于隐私权，若将二者混同，这对个人信息保护而言就是灭顶之灾。好在最后总则出台后删除了这一条。然而，大数据属于知识产权的认定在学界基本观点比较统一。大数据是指无法识别到自然人信息的数据，本质上属于采集者所有，这是算法的根源，是人工智能累积的基础，当然，大数据也是可以买卖的。

结合以上这些结论之外，在网络直播领域需要平台注意的个人信息保护难题，还有以下情况。

第一，平台推荐分发的算法必须符合保护个人信息要求。要确立算法价值判断标准公开。算法不能仅作为商业秘密，更应被看作是涉及公共利益的关键所在。在直播领域，平台如何分发内容、内容判断标准、推荐标准、干预手段等关键性环节应向主管部门公开，甚至在每一次网络内容安全事故后，都需要检讨算法是否存在问题。特别是对于个人信息的算法合规性标准问题，必须遵守以下规则。首先，作品涉及车牌号、未成年人影像、家庭住址、身份证号码、金融信息、手机号码等可识别到个人的内容，应不能做推荐或热门。其次，用户实名信息属于青少年的，应按照《网络安全法》青少年网络发展专条规定对内容推荐作出特别拣选。再次，作品中可能涉及偷拍、偷录或可能涉及第三人隐私内容的，应采取措施避免传播。最后，平台搜集个人信息规则，应透明公开，保证用户知情权和自由退出的权利。

第二，数据开放平台应特别谨慎。开放平台是网络市场大势所趋，在后台数据关联方面，我们应参考欧盟《一般数据保护条例》确立的原则，即避免共享最简化原则，换句话说平台不能在事先就利用一揽子协议将用户所有相关授权穷尽。例如，读取通讯录，查询好友在平台的昵称等，都应明示，由用户自己手动设置。再比如，当平台间合作时，不得在用户不知情的情况下将个人信息盗留给第三方，不论第三方是否采取了同样的隐私保护政策。

第三，大数据采集应避免可逆化操作。大数据采集加工可以按照工信部和国家标准委发布的相关标准进行，要避免个别平台打着大数据旗号，实质是进行个人信息买卖的可逆化操作。至于用户标签与其他商业机构的匹配数据交易，应符合用户自愿原则，在充分告知用户的基础上，经过问询同意后方可操作。

第五节　苹果"后门泄密事件"的法律思考

据路透社报道，苹果公司在2014年首次承认，可以利用"未公开过的技术"，通过IOS后台服务获取联入网络的手机用户短信、照片等信息资料。这已经不是苹果公司第一次深陷"隐私门"的风波中，在此之前该公司的iPhone手机就因为窃取用户位置信息、电脑系统下iTunes存在漏洞等问题遭到社会广泛质疑。

苹果旗下手机、电脑以及相关系统和应用中所存在的，可以用来窃取用户隐私的"后门"，在性质上属于对用户个人信息侵害的直接故意或间接故意，不仅关系公民、国家的信息安全，而且已经严重违反了中国相关法律。"网络安全和信息化是事关国家安全和国家发展、事关广大人民群众工作生活的重大战略问题。"这是在国家层面首次将信息安全联系国家安全与群众日常生活的科学论断。可见，没有信息安全就没有网络安全，没有网络安全就没有国家安全。同时，国家信息安全与公民信息安全密切相关，只有个体信息安全得到保障，社会整体信息安全才有着落。

我国目前在信息保护法律领域大都依靠以民事法律为核心的法律体系。民事相关法律体系作为保护我国公民信息安全的一线阵地，在应对苹果"后门"事件之时应有所作为。

我国在2010年颁布实施的《侵权责任法》终于将隐私权作为正式的民事法律条文写入法律之中，这就使以隐私权涵盖数据保护的理论框架在法律请求权基础内有了支撑。至此，中国司法实践和行政管理开始以隐私权作为网络数据保护的上位概念，并在实践中不断深化对隐私权的扩张性解释。

全国人大常委会在2012年12月28日出台的《关于加强网络信息保护的决定》是这个阶段的代表之作，虽然仅有十几条框架性条文，但却是我国最高立法机关对个人信息保护高度重视的突出表现。在这个《决定》中，首次明确了网络数据使用的九字原则：合法性、必要性和正当性，它们也成为日后衡量网络服务提供者数据侵权责任的基本原则。在这三个原则基础上，《决定》明确了侵害个人数据的法律责任，既包括行政责任、民事责任，也包括刑事责任。

司法界和网络实践界都对《决定》有很高的评价的原因有两个：

一是，司法机关和行政管理者可以依据《决定》确定的基本原则对个案进行判断。有人曾对《决定》规定的原则过于宽泛提出质疑，其实这并不是该法的弱点，反倒是长处所在。这是因为，该阶段中我国对大数据的利用和探索才刚刚开始，过于严格或具体的法律规定，虽然具有更强的执行力，不过，也会减少对技术发展的推动力，在我们尚未形成成熟市场的阶段，原则性的规定既会满足个案特性，促进产业发展，又会形成框架，加强法律约束，是产业发展特殊时期的最佳选择。

应对苹果公司"后门事件"，《决定》可以起到关键性作用，苹果公司虽然是外国公司，不过，按照管辖原则，仍应遵守我国法律，按照《决定》的规定，苹果公司应为"后门事件"承担窃取我国公民隐私信息的民事责任、行政责任，甚至刑事责任。

二是，互联网企业最为担心的是国家政策法规过于强调对数据的控制，担心出现类似于欧盟对隐私权那样的严格立法，那样将会阻碍我国互联网经济的发展进度。众所周知，在数据保护领域中，世界范围内一直存在两种截然不同的立法理念，一种是以欧盟为代表的强调隐私保护，限制数据使用的理念（2014年之后，欧洲开始对限制性立法进行修改）；另一种就是以美国为代表，认为人格自由是隐私权的基础，从强调个人对数据的控制性，推进数据合理化使用的发展（"9·11"之后的爱国者法案等系列举措，开始将国家安全置于个人权利之上）。这两种立法的客观结果是，美国成为现代网络发展的前沿阵地，而在欧洲并未出现任何一家世界范围内知名互联网公司，这也使得欧洲在网络经济和影响力上受制于美国。所以，我国在选择数据保护之路的时候，更愿意倾向于美国式保护体系，更愿意在维护用户合法权益和保障用户控制数据自由的基础上，推进数据的合理化使用。《决定》规定的九字原则正体现出这一点，这也是我国网络公司最愿意看到的情况。

在这个阶段的发展中，我国互联网公司大都建立起自己的数据库，利用大数据所获得的信息，通过特殊算法产生的巨大商业利益和商业机会，又催生了数据公司在我国的蓬勃发展，同时也推进了我国基于大数据做出的舆情监测、民意调查、商业预测、针对性广告发送等众多大数据变革，可以说，在这个阶段我国大数据时代已经到来。

苹果"后门事件"与大数据的合理使用有本质区别，合理使用的原则是合法性、正当性和必要性。苹果公司人为制造后门的行为，既没有事先告知用户，征求其同意，也没有为用户需求的正当性理由，而且已经严重违反我国信息保护制度。所以，苹果公司不能以大数据的合理使用免责。

2014 年开始，随着网络信息安全提高到国家安全层面，法律对网络个人信息的要求上升到了强调安全性和可控性的阶段。我国网络数据通过十几年的发展，已经形成了固定产业链和大型数据库，同时，基于云计算的发展、移动互联技术的成熟和网络经济的繁荣，越来越多的数据安全问题已经成为网络发展中必须要面对的难点。在民事生活中，个人信息在网络上泄露造成的危害，通过网络交易信息已经超出了人格权本身的权益范畴。在国家安全层面，大量政府数据、科研机构数据、军事机密等相关敏感信息已经成为境外情报机构获取的重要目标。在企业竞争领域，通过知名网络公司之间以"隐私权"为名互相攻击的事实，已经说明用户信息安全的权益应该成为第一权益。"首席隐私官"的头衔似乎离中国互联网企业很远，不过，随着隐私冲突的加剧，各个国内企业也开始逐渐设立这一职位。

因此，在这个阶段中，我们对个人数据的认识已经从强调合理化利用，逐渐转变为强调安全性和可控性。也正是在这个阶段，中央网络安全和信息化小组正式成立，再次体现了中国最高层"全面深化改革、加强顶层设计的意志，显示出在保障网络安全、维护国家利益、推动信息化发展的决心。"习近平总书记提出了我国的"网络安全战略"，做出了"没有网络安全就没有国家安全"的科学论断。

现阶段的网络安全战略，体现在法律对个人信息的保护上主要有两个方面：

一是必须扩大现有法律法规的适用范围，对侵害到我国公民个人信息的行为要严厉查处。目前阶段侵害个人信息的表现，已经不局限于对个人身份信息的窃取，违法方式也不仅局限于对个人信息的不正当商业化利用。违法人员和组织对个人信息搜集呈扩大化趋势，包括个人基本资料、网络行为资料、现实动态资料、网络交易记录、政治倾向调查、隐私行为监控等多个方面。前段时间苹果公司对电话使用者的行为监控就体现出这一点，对此，韩国政府已按照该国《位置信息保护法》对苹果公司处以罚款，但是，我国因相关法律适用缺位，尚未对此做出明确回应。

二是立法具有天然的滞后性，对法律适用的解释应该及时跟进。目前最高人民法院的《侵权责任法》网络侵权司法解释对个人信息侵权的行为类型和法律责任做出适应社会发展的扩张解释。有理由相信，将隐私权保护范围扩大至网络的解释，将对维护我国公民个人信息安全具有至关重要的作用。然而，仅靠司法解释或司法个案来应对个人信息保护和国家信息安全还远远不够，仍有必要在国家立法机关最高层面进行具有针对性的立法工作，《个人信息保护法》势在必行。

法律在"管住"不法行为的同时，也要"关注"网络技术发展，不能让法律成为网络技术和网络经济发展的阻碍。"没有信息化，就没有现代化"。笔者一直坚持认为，核心技术才是"中国制造 2025"的关键点，早日拥有核心技术，才能不受制于人。我们要认识到网络技术的双刃剑性质，既要突出网络安全的核心地位，也要兼顾网络技术发展，不能自缚手脚。

从这起"后门"事件看，苹果公司有恃无恐的重要原因在于其技术的先进性，这种先进性竟然在 2016 年让 FBI 在侦破恐怖枪击案中对苹果解锁束手无策。可见，不论是政府，或是其他企业，尚未存在能与之抗衡的技术。我国也尚未普及自主知识产权的独立网络操作系统，这就势必会受制于人。在强大的技术力面前，仅靠严格的法律是远远不够的。法律制裁仅能起到"亡羊补牢"的作用，只有自身技术发展得好，让别人无懈可击，才能真正做到网络信息安全的"未雨绸缪"。因此，苹果"后门事件"带来的法律反思，应落实在促进我国自身网络技术提高之上，结合完备的信息保护法律体系，才能避免"后门事件"再次发生。

第六节　网络精准营销与隐私权保护

网络精准营销又被形象地称为"定向广告"，指的是网络公司通过对用户网络行为的数据分析，推算出用户目前或潜在的消费趋势，并以此为投放广告类型依据做出特殊网络广告。网络精准营销是根源于大数据技术支撑的现代网络商业经营模式，包括美国、欧洲在内的网络公司都在使用。不过，该种商业模式却因数据来源取自用户网络行为而遭到不少质疑，很多人认为精准营销侵害了用户的隐私权。其实，这是对精准营销的误解，精准营销不仅不会侵害到用户隐私权，而且还会提高用户使用网络的效率，更好地保护用户合法权益。

一、精准营销的商业模式不存在侵害用户隐私权的行为

中国广告协会互动网络分会在 2014 年制定实施的《中国互联网定向广告用户信息保护行业框架标准》中对精准营销的定义为："通过收集一段时间内特定计算机或移动设备在互联网上的相关行为信息，例如浏览网页、使用在

线服务或应用等，预测用户的偏好或兴趣，再基于此种预测，通过互联网对特定计算机或移动设备投放广告的行为。"可见，在我国现行广告行业标准框架下，并不否认这种营销模式，网络精准营销的定位特点在于，通过对不特定用户网络行为的数据分析结果，预测特定广告内容。

美国联邦贸易委员会在 2009 年公布的《在线行为广告自我监管原则》对精准营销的定义则更为精确："为了给用户提供符合其利益的广告，而追踪用户线上活动的行为。"该国对精准营销的定位与我国相比，更加突出了精准营销之目的在于"为用户利益"，换言之，为用户消费的偏好，发布具有针对性的广告。

必须强调的是，不管美国还是我国的网络精准营销行为，改变的仅是网络广告的内容，而非广告发送方式。网络经营者所搜集的数据，也仅在于对不可识别用户行为的分析，即 cookies 分析，并非针对涉及用户隐私的数据。因此，从网络精准营销行为模式上看，并不存在侵害用户隐私的行为。

二、精准营销数据基础来自"不可识别"的信息，不涉及用户隐私数据范围

在互联网环境下，各国法律所保护的是个人信息，而非"不可识别"的网络行为信息。按照工信部《电信和互联网用户个人信息保护规定》第 4 条对保护"个人信息"范围的界定："本规定所称用户个人信息，是指电信业务经营者和互联网信息服务提供者在提供服务的过程中收集的用户姓名、出生日期、身份证件号码、住址、电话号码、账号和密码等能够单独或者与其他信息结合识别用户的信息以及用户使用服务的时间、地点等信息。"至于其他网络行为数据，不仅不是个人隐私范围，也不属于法律所保护的范围。

近来在美国加州发生的"Kevin Low 诉 LINKEDIN CORPORATION"案再次说明，网络"不可识别"的信息不是法律保护范围，对这些信息的使用不属于侵害隐私性质。该案中，用户声称被告公司将用户唯一识别码以及用户 IDs 与"cookies"或"beacons"相联系，使得用户的个人信息能够和用户大量的浏览记录形成对应关系，并且被告公司还将这种"有识别性的浏览记录"故意泄露给第三方，侵犯了原告的隐私权。对此，加州法院认为，原告无法证明被告确实将包含原告个人浏览习惯的浏览记录和原告的个人识别信息联系起来，既然数据不能与特定人相联系，那么，这些数据就属于"不可识别"的信息，因此，法院认为被告公司对数据的使用合法，不存在侵害原告隐私

的行为。在该案二审中，法官认为被告公司所使用和搜集的数据不具备可识别性的信息，即使交给第三方使用，也对被搜集的原告产生不了任何影响或伤害，所以维持原判。

上面这起发生在美国的个人信息隐私保护案件被告胜诉的基础在于，原告隐私权不会因为被告的行为造成事实上的损害。在侵权责任构成上，美国侵权法与我国大同小异，都将"损害"作为侵权责任构成必要要件。损害的构成需要满足以下条件：存在"具体和详细的"（"concrete and particularized"）"事实上的损害"（"injury-in-fact"），并且这种损害是"实际的或迫近的"（"actual or imminent"）。

基于同样的理由，美国法院在 2012 年苹果手机应用案中重申了法律所保护隐私的范围。苹果手机用户认为苹果公司非法许可在 IDevices 上运行的第三方应用，以商业目的在用户不知情的情况下，采集并使用其个人信息，侵犯其隐私权。法院查明，被告苹果公司采集的信息包括：地址、当前位置、用户的性别、年龄、邮政编码和时间、APP 特定信息等。法院认为，原告用户不能证明被告的行为有严重违反社会规范的侵犯隐私权的行为，而且认定被告公司数据的采集和转让并没有对被告造成"实质性"的损害，从而驳回了原告用户的诉求。

通过以上分析不难发现，精准营销的法律合理性在于其利用的信息，属于无法与特定人联系的"不可识别"信息。既然数据不可识别，那么，在侵害隐私权责任构成上，就缺乏必要的实际损害后果，所以，精准营销本身并不侵权。

三、网络精准营销有利于用户本身

现代互联网商业模式是免费模式，在用户免费使用的模式下，网络经营者的利润来源多来自广告收益。大数据环境下的精准营销更强化了这种商业模式，不论是搜索、网游、即时通讯、邮箱还是网购等互联网形态，都生存在"免费使用+增值服务"的环境中，绝大多数的用户不需要花钱就可以享受到最基本的网络服务，近年来互联网服务和网络经济的迅猛发展再次证明这种经营模式的成功。网络经营者和用户都从中得到了实惠，达到双赢。

从合同法的角度说，用户在享受网络服务之时并未付费，这种缺乏"对价"的合同是没有执行力的，这在英美法国家合同法中显得更为突出。同时，用户又因为没有付费，就无法适用《消费者权益保护法》关于消费者的特殊保护，如此一来，网络用户既不能依照《合同法》，也无法适用《消费者权益保护法》进行维权，这对用户权益保护极为不利。然而，在精准广告的背景下，网站通过大数据分析得到用户"非隐私信息"，对其发送针对性广告获取商业利益，从这个角度说，用户虽未实际支付网站货币，但以数据提供者和精准广告接受者的身份间接向网站支付了"对价"，所以，在精准广告的前提下，用户与网站之间的网民协议有了"对价"，也就有了执行力，在网站违约之时，即使是免费使用的用户也有权要求违约责任。同时，用户也因特殊的"对价"方式，得到了《消费者权益保护法》的保护，这无疑是有利于用户的。

当然，很多消费者在网络活动之时，也希望网站向其发送具有强烈准对性的广告，毕竟网络信息过于庞杂，其中大部分信息对特定用户而言并无意义，更加智能化、更加人性化的网络服务才会赢得更多的用户群。这种"人人为我，我为人人"的互联网经营模式，在精准广告使用中再次得到双赢局面。

四、网络公司在精准营销中应符合我国相关法律规定

尽管大数据背景下的精准广告与用户隐私权保护之间并没有矛盾，网络服务提供者和用户之间是互惠互利的双赢关系。但是，网络服务提供者在发布精准广告之时，仍需注意以下几点，否则可能承担法律责任：

第一，满足用户知情权。按照《关于加强网络个人信息保护的决定》规定，网站要事先明确告知用户数据采集、使用方式和范围，不得以格式条款或使用晦涩难懂的词汇剥夺用户知情权。

第二，严格区分用户的身份信息和其他信息。身份信息是用户可识别性的主要标志，网站不得以任何方式利用用户姓名、地址、联系方式等身份信息发送侵害安宁权的广告。

第三，满足用户选择权。网站在网民协议中应明确规定，用户可以使用包括清除 cookies 在内的方式拒绝网站继续采集数据。一旦用户拒绝后，网站不得以其他隐秘手段继续采集利用用户数据。

第四，互联网企业之间，不得以任何方式，或技术优势阻碍正当的数据采集工作。在互联网免费经营模式下，破坏正当数据采集工作的性质就是企业之间的不正当竞争，这种"绑架消费者"的行为从根本上侵害的仍是广大用户的利益，违规企业应受到《反不正当竞争法》的制裁。

第五，互联网企业对用户数据应尽到善良管理人义务。网站应在技术上提高防黑客盗取手段，在制度上保障信息安全，在理念上将保障用户隐私权作为最重要发展规划。

第七节　互联网+征信中的安全

2015 年 5 月，央行对首批获准开展个人征信的 8 家机构进行"摸底"调查，民营机构的个人征信牌照有望发放。

我国征信业的发展虽然比较晚，但在大数据时代和"互联网+"背景下的征信运营却处在世界同一起跑线上。网络发展带来的历史性机遇，很可能将成为我国本土征信业强大的助力器，"信用＝财富"的时代离我们已经越来越近。

互联网+征信是一种新事物，用户海量的数据加上特别的"算法"能够精确到个人的所有信用细节。因此，互联网+征信的精确度是以往任何时代都无法比拟的。但是，大数据+征信使用户个人所有信息都成为采集标的，其中包括医疗信息、身体状况、犯罪记录、基因，以及其他涉及用户私生活的核心隐私。这些隐私信息一旦泄露，将会给用户造成难以弥补的伤害。同时，一旦出现隐私泄露事件，大都属于大规模侵权，除了伤及用户隐私和生活安宁外，对社会稳定和网络征信本身也将会是致命性打击。从这个角度看，互联网+征信成功与否，并不仅在于数据采集和统计计算，更在于信息安全，而后者才是互联网+征信的真正变量。

我国对信息安全的规定并非是空白，据不完全统计，近年来我国各个部门出台的各级涉及信息安全的法律、法规和政策多达一百多部，这些法律文件已经基本建设完成我国信息保护的体系。从立法角度看，我国已经建成以全国人大常委会出台的《关于加强网络信息保护的决定》为核心，包括民事责任、行政责任和刑事责任在内的个人信息保护制度。然而，这些法律文件在落实上却不尽人意。

首先，法律规定过于抽象。《关于加强网络信息保护的决定》中首次提出了对个人信息搜集、使用的"合法性、正当性和必要性"三个原则，可是却没有任何下位法对其有明确的具体化。尽管最高法院在 2014 年对网络侵权作出司法解释时，曾努力地将个人隐私保护范围和合理使用条件进行明确，但这也仅适用于民事责任之中。在行政责任和刑事责任中，对个人信息保护范围和法律责任仍过于局限和过时。互联网+征信应该更加明确信息保有者的义务范围和严格法律责任。

其次，部分法律规定已经过时。最高法院的司法解释仅将"非法公开"作为承担侵害隐私权的构成标准。其实，在大数据时代中，已经很难出现明目张胆以"公开"手段直接侵害隐私的行为。更多侵权手段是较为隐性的，即有可能以数据产品形象出现，也有可能以数据合作方式进行。当然，大数据合理使用本来就是互联网免费时代的基本特征，但必须强调的是，"合理使用"的界限到底在哪里，法律必须予以明确。缺乏底线的滥用属于"丛林法则"式掠夺，必须在互联网+征信实施前明确数据搜集和使用的界限在哪。

最后，新型法律理念没有落实。"被遗忘权"已经被欧盟法院创造性地提出，该案的本质在于，用户作为数据产生者享有相关数据的最终控制权和所有权。"被遗忘权"的提出，标志着数据垄断的打破，意味着用户数据权利意识的觉醒。我国对被遗忘权的借鉴，一方面，应尽早将数据权作为新型人格权在民法典制定中明确；另一方面，应纠正部分网站在网民协议中，将数据所有权从用户手中剥夺的情况。特别是在民企网站全面进入征信市场之时，旗帜鲜明地强调用户数据权就显得非常迫切和必要。

第八节　美国"艳照门事件"法律反思

2014年美国网站曝光出好莱坞女星私密照，甚至有人爆料称还拥有一些女星的不雅视频。这起发生在美国的"艳照门事件"引起社会轩然大波，不仅是因为受害人均为女星的特殊身份，而且还因为这些私密照的获取渠道，竟然是历来被认为最安全的"苹果"云系统。

一、美国隐私保护现状

与中国和欧洲相比，隐私权在美国有着一定的特殊性，不仅是民事上的权利，而且还是《宪法》中的权利。在美国民事法律领域，隐私权作为人格权中的一般人格权，是其他所有人格权的基础，也就是说，美国注意保护公民隐私的程度是非常高的。

尽管如此，一般在美国因隐私照泄露追究法律责任却很难，这是什么原因呢？原因在于美国更重视隐私权的宪法意义，而非民事权利。隐私权在宪法上的权利多被用来民众抗衡政府的行政权力或司法权力。在美国几乎所有的司法案件，取证权都很难与隐私权相对抗。同时，美国民事领域中的隐私权，权利基础在于自由权，而非欧洲和我国的人格尊严权。

美国曾有一个著名判例，有个节目主持人的隐私照被前男友曝光，法院却判决前男友不承担法律责任。理由就是这些隐私照不是偷拍，属于你情我愿的自由范畴，因此，法院推定这些照片的曝光并没有违反原告的意愿。可见，在美国主张隐私侵权还需证明违反了被曝光者的自由意愿。

本次"艳照门"事件的性质与之前提到的案件截然不同，那些私密照获取途径并非出于当事人自愿。据现有资料表明，这起事件与黑客有关，所以，"偷来"的艳照本身就属于严重侵权行为，而且还涉及公共传播的问题，不仅侵害了当事人的隐私权，而且还侵害了他们的人格尊严和人格自由，尤其是对同样使用云服务的社会公众造成了恐慌，这也是 FBI 要介入调查的重要原因。

二、泄露名人艳照不涉及公众人物的抗辩

美国是公众人物抗辩的最早发源地，早在一百多年前，美国在司法上就已经确立起公众人物主张权利的限制问题。公众人物作为法律上抗辩概念，主要是指明星、政府官员等名人的肖像权、隐私权、名誉权等人格权相比普通人来说受到一定限制，即名人维权比较难。

公众人物抗辩事由确立的法律基础在于公共利益，比如，政府官员因其拥有行政权力，理应受到社会监督，所以他们的很多人格权就必须"贬损"。同时，文体明星他们平时都是靠公众关注来赚钱，公众关注度越高，明星们的社会经济效益越大，按照权利义务对等原则，他们的人格权也受到一定程度的"贬损"。

虽然名人不能像普通人那样，可以"敏感"地主张自己权利，不过，也是有一定底线的。一般认为，对公众人物抗辩的底线在于人格尊严。狗仔队对明星的追拍、跟拍，甚至偷拍，只要没有达到故意对人格尊严的侵害，都是法律可以接受的范围。然而，私密照这种隐私性极强的信息，以及黑客等违法获取方式，都是对人格尊严、人格自由、隐私权和法律的践踏。肇事者不能以被曝光者为公众人物进行抗辩免责。

三、泄露艳照的网站法律责任

与传统传媒相比，网络时代侵权的特殊性在于网站责任的特殊性。从技

术角度看，网站有着双重身份，一是内容发布者（ICP），二是服务提供者（ISP）。网站作为 ISP 的时候，自己并不提供内容信息，仅给网民提供发布的平台，此时若是要求网站对网民发表的内容承担严格责任的话，势必会使网站对网民发布内容进行审核。所以，为了避免侵害网民的表达自由，美国法律以"避风港"规则来豁免网站一部分的责任。

所谓"避风港"规则，就是给网站承担责任设立一个"被提醒"的前置条件，只有在被侵权人向网站提出侵权通知后，网站不予理会的才承担责任。"避风港"规则在美国千禧年法案中首次确立，之后在全世界范围内普及开来，我国《侵权责任法》第 36 条第 2 款也将此规则规定其中。

据现有资料显示，美国艳照门事件中网站曝光行为系主动发布，即此时网站的角色为内容提供者（ICP），因此，网站不能以"避风港规则"主张免责或抗辩。如果这些艳照并非网站主动发布的，而是网民上传的话，网站就可以依据"避风港规则"进行抗辩，只有在被侵权人提出通知后，网站仍不采取必要措施的才承担侵权责任。

值得注意的是，网站的 ICP 身份和 ISP 身份是可以在一定情况下互相转换的，有两种情况：

第一种情况，网站对网民上传信息的主动编辑。网民发帖后，网站对此进行了更改标题、置顶、推荐、加精等都将被认定是"主动编辑"。一旦网站对网贴采取了以上这些行为，那么，网站 ISP 的角色就要与 ICP 互换了。因为任何主动编辑的行为都说明网站对内容发表的审核和认可。此时，网站就不能再享受"避风港规则"的保护。

第二种情况，网站对"发烧贴"置之不理。在侵权法上，有一种侵权故意称为"间接故意"，指的是明知侵权情况出现，置之不理或任由其发生，主观上放任侵权结果的出现。艳照门这种帖子必然是点击量在短时间内骤然提升的类型，很容易形成"发烧贴"局面。此时网站应对其进行必要的内容审查，若发现明显侵权内容，就应立即采取必要措施，而非去坐等被侵权人的"通知"。网站对"发烧贴"的置之不理就说明了其放任的态度，从法律角度看，不作为侵权也是一种典型的侵权类型。

四、其他传播者的责任分析

首先，评论者没有责任。对事件的评论属于正当言论自由范畴，即便是引用个别侵权内容，也属于正当行使表达自由的权利。不过，仍要区分是基于事实，对"事"的评论，还是借题发挥，对"人"的评论。对事的评论，即便是再为尖刻，也属于事出有因，于情于理，被议者都应承受。对人的评论则不同，如果涉及对被侵权人人格侮辱等明显恶意的评论，则应被认定为超过了必要限度，应承担一定侵权责任。

其次，转发者应承担责任。对明显侵权艳照的转发，转发者主观上具有过错，客观上导致侵权影响的扩大，理应承担侵权责任。不过，在网络转发者是否承担责任方面，各国司法机关担心可能存侵害表达自由之虞，投鼠忌器，大都对一般转发者网开一面。

最后，其他媒体的转载应承担侵权责任。媒体对艳照门的转载有两种情况，一是侧重对事件的新闻报道，对转载内容多加以"修饰"，以"打马赛克"居多；二是不加任何处理措施的直接将侵权内容悉数转载。前者情况属于传播伦理范畴，一般不宜以侵权论处；后者则不同，属于典型的故意侵权类型，应承担侵权责任。

五、苹果公司的责任分析

美国的这次明星艳照门事件中，"艳照"的来源是苹果公司 iCloud 服务。截至目前，苹果公司仍未给出最终调查报告。尽管苹果公司矢口否认是自己软件存在漏洞导致隐私照的泄露，但是，事实的结果就是源自该公司的云服务。

从法律责任构成上看，苹果公司是否对个人信息泄露负责，取决于其是否存在过失。单纯从黑客攻击技术角度看，"道高一尺，魔高一丈"在网络攻防战中是基本定律。在开放的网络之中，尤其是在云服务时代，不会存在万无一失的技术防御。所以，黑客攻击或病毒侵入在法律上一般被认为是不可抗力，网络公司可以因此免责。

然而，黑客攻击的主动行为与软件漏洞的客观存在并非是一回事。如果有证据证明苹果公司事先已经知晓其云服务存在技术漏洞，或者在出现黑客攻击后没有及时采取必要措施的，就可以推定苹果公司对信息泄露存在过错，应承担与过错相对应的产品责任。

第九节　硬件安全是"互联网+"发展的保障

"互联网+"的发展日新月异，越来越多的应用程序进入到社会生活，网络与网络服务提供者在社会经济发展中的作用日显突出。不过，互联网毕竟是依靠硬件设备才能运营，信息需要光纤才能传递，网络信号需要物理覆盖才能被接收。从这个意义上讲，网络设备安全重要程度，丝毫不亚于网络信息安全的重要性。

杭州萧山区曾发生了一起光纤被挖断事件，直接导致包括支付宝在内的一些网络服务受到严重影响，很多用户在此期间无法转账和无法登录，引起了相当程度的网络混乱。这个事件虽然很快得到解决，但是，这却是给我们正在进行的"互联网+"产业发展提了醒：设备安全保障意识丝毫不能松懈，紧急情况的预案机制必须好好落实。

从法律层面上讲，我国对光纤等信息传播设备保护的规定还是比较全面的。破坏光纤的行为，不仅要承担民事责任和行政责任，甚至还需承担刑事责任。我国《刑法》第124条明文规定："破坏广播电视设施、公用电信设施，危害公共安全的，处3年以上7年以下有期徒刑，造成严重后果的，处7年以上有期徒刑；过失破坏广播电视设施、公用电信设施的，处3年以上7年以下有期徒刑，情节较轻的，处3年以下有期徒刑或者拘役。"同时，包括挖河床淤泥、整修道路、管道施工等行为，都需要遵守光纤保护基本原则，需要相关部门事先监管和审批。尽管法律规定的比较详尽，实践中，却不可避免的经常出现各种原因导致的光纤破坏事件。近年来，包括微信、网易、淘宝等著名网络服务提供者，都出现过因设备遭破坏导致的终端服务情况出现。如何应对此类"意外事件"，就成为困扰我国"互联网+"产业稳定发展的重要难题。

首先，对硬件的保护应该重在预防。实践中大多数光纤破坏事件，并非是具有主观恶意的直接破坏，很多都是因施工人员缺乏必要常识，忽视施工程序，相关部门缺乏必要监管所导致。对网络传输硬件直接破坏所产生的后果，往往超过了硬件本身的实际价值。即使后来进行补救，也可能导致大范围应用受到影响。这就需要政府监管部门对光纤等传播硬件管理程度要提升到新的认识境界。不仅需要在光纤地带以非常明确的方式进行明示，而且还需要加强工程施工项目的监管，如果涉及传输设备地域的施工，政府监管部门需要派专人进行现场监督。

网络设备硬件保护责任主体方面，政府相关部门和网络服务提供者都是主要责任人，包括施工单位施工人员在内的其他社会主体都是义务主体。任何人不得非法破坏设备硬件，既包括光纤等传输设备，也包括机房、存储器、终端等设备。这些网络公司的硬件设备既是法律保护合法财产的范围，同时也因涉及网络传播的公共服务方面，具有明显的公共利益性质，远比其他财产权保护层次要高。因此，政府对其保护力度应该加强，侧重于事先预防的未雨绸缪，加强法制宣传教育，强调施工纪律和程序。

其次，要做好预警预案。一般来说，即使是一个普通网络用户，对于一些重要资料文件，也会使用备份的方式加以保存，有时候可以备份在硬盘中，有时候也可以备份在"云端"。这样做的好处是，不把"鸡蛋放在同一个篮子里"，分散风险，提高应急处理能力。这对于企业来说同样重要，特别是对于像阿里这样的大型网络公司，进行必要充分的信息"备份"，可能才是将意外损害减少到最小的好办法。

"互联网+"是未来发展的主要趋势，信息数据与社会经济生活密切相关，具有强烈的公共利益性质。所以，对信息备份的要求，不仅是企业减少风险的"自救"措施，而且还是承担社会责任的主要义务。"冷备"和"热备"，前者说的是同地另存，后者说的是异地备份，这两种备份可以相互补充使用，将风险降至最低点。从信息安全性和稳定性角度看，一个企业对信息备份的重视程度，往往显现出社会责任感的多少，也是企业竞争力和抗灾能力的综合体现。缺乏抗灾意识的公司，绝不是一个负责任的大企业，也很难承担社会经济发展命脉的重要责任。

未来互联网技术的发展，逐渐摆脱受制于单一硬件束缚是一种发展趋势，云存储可能更适合分担信息破坏的风险。但在目前阶段看，存储的主要宿主仍是硬件设备，传输工具还主要停留在光纤等实体设备中。这就需要互联网企业做好相应的预警机制，在资料有效备份保存的基础上，加快不依赖单独硬件设备的传输和存储技术的研究应用工作。

最后，做好善后工作。黑客攻击、硬件破坏、光纤断裂等各种突发事件，让网络安全受到很大威胁。出现问题后，如何做好善后工作就成为网络公司不得不面对的问题。

第一个方面是赔偿问题。网络服务提供者是网络服务的主要承担者，对意外所导致的用户损失应承担赔偿责任。赔偿范围包括，用户因信息不当泄露造成的人格权损害赔偿；用户账户丢失造成的违约责任；用户资金转账、交易、支付异常造成的损失及其利息；中止服务造成的违约责任等。这里的赔偿性质主要是违约责任和侵权责任。如果损害并非由服务提供者直接导致，而是由第三人所致，例如施工行为等，那么，网络服务提供者在赔偿用户后，可以享有对直接侵权人的追偿权。

第二个方面是保险问题。商业保险是社会的减震器，网络意外事件可能是"道高一尺，魔高一丈"，实践表明，意外发生的比率很难降到零。这就需要适当引入商业保险来分担这份必然存在的风险。这部分商业保险可以分为两个部分，一是基础性保险，由网络服务提供者购买，二是增值保险，由有需要的用户按意愿自行购买。购买保险后，一旦出现意外事件的损害，保险赔付承担首付责任，这就简化了赔偿程序。当然，保险公司赔偿后，可以依法对直接责任人进行追偿。

第三个方面是亡羊补牢。"聪明的人不会被同一个石头绊倒两次"，每次意外事件，都是给所有的网络服务提供者上了一课，希望可以好好吸取教训，在做好"亡羊补牢"的同时，进行"未雨绸缪"，避免类似事件再次发生。对于杭州这次支付宝宕机事件，不仅当事企业要吸取经验，其他相关企业也要额外重视，进行举一反三的思考。而且政府部门也要总结，为何施工单位屡次破坏光纤，这到底是监管责任，还是施工责任，如何避免类似事件再次发生，这都需要给公众一个合理答复。

第十节　个人数据安全是互联网医疗发展的前提

网络医疗是个体系，既包括远程问诊、网络会诊、电子处方、网络挂号、网络购药、电子医疗信息保存、健康信息电子化，在线诊断等传统医疗形式，也包括网络即时救助、身体风险预测、网络即时体检等网络新形式。

在大数据背景下，通过移动客户端对用户身体状况进行实时监控，网络和云技术将人、医疗机构和数据中心有机结合起来，再参考用户日常生活习惯，将用户所有信息集中至"云端"，再通过医疗算法分析形成每个人特定的"身体信息"。

未来的网络医疗技术会在用户生病前发出"预警"，会在用户急病时自动拨打救护车，会在用户接受救治前向医院发送全方位的健康信息档案，这个档案中既包括用户的基因、血型、年龄、遗传病史和过敏记录，也会包括用户的生活习惯、是否有医保、恶习（吸烟、酗酒），甚至日常食谱和运动偏好等信息。

毫无疑问，网络大数据与移动设备结合形成的用户医疗信息，是一个几乎包罗用户一生所有基本信息的数据库。这个数据库既是保障用户医疗和身体健康的"词典"，同时，也是极具有商业利用价值的隐私库。

从数据采集和使用角度看，网络医疗信息主要分为四大类：

第一类：用户个人基本身份信息。此类信息包括姓名、性别、联系方式、工作性质、家庭住址、社保医保、家庭成员等信息。

第二类：用户医疗信息。此类信息包括基因、病史、过敏史、恶习、食谱、血型、体温、血压等信息。

第三类：用户行为信息。此类信息包括运动偏好、生活习惯、网络浏览、网络问诊、远程购药、浏览页面、电子消费记录等信息。

第四类：用户实时监控信息。此类信息包括每日运动量、每日摄取食物量、每日血压平均值、平时体温、睡眠时间等信息。

用户基本信息属于典型的用户隐私，在世界各国都属于隐私法和个人信息保护法的保护范围。任何机关、机构、组织或个人都无权擅自公开，或将这些信息通过转卖、变卖、发送广告等形式非法使用。

我国《侵权责任法》首次将隐私权写入民事法律体系，随后，最高法院也于2014年10月10日公布实施的网络侵权司法解释中，再次强调了对包括基因在内个人信息的保护力度，任何人不得非法公开。该司法解释没有对医疗信息做出明确类型区分，将基因信息、病历资料、健康检查资料、家庭住址、私人活动等一并作为隐私保护的范围。尤其是该解释对"私人活动"的规定说明，实际上是将几乎所有的网络医疗信息都涵盖在法律保护之内。

用户医疗信息与用户个人基本信息不同，前者更具有专业性，直接涉及用户的隐私利益，因此，前者更具有医疗价值。越是具有医疗价值的信息，也就越具有商业价值。现行法律仅将"非法公开"作为承担侵权责任的构成要件，虽然很有利于大数据"隐晦性"使用的发展，却也可能导致大数据使用被滥用。

医疗信息被滥用的表现方式有几种，一是针对性广告骚扰到用户生活的安宁权；二是用户医疗信息被泄露或变卖。大数据时代下，基于大数据的针对性营销和针对性广告并非违法隐私法律规定，一定程度上的精准广告有利于用户的选择，也符合网络"免费时代"的发展趋势。不过，如果针对性广告违背了用户的意愿，在用户明确表示拒绝的情况下仍坚持推送，就可能造成对用户生活安宁权的侵害。特别是这些敏感信息在网络服务提供者或网络医疗机构之间，"毫无障碍"流转的话，任何人都无法保障用户隐私处于安全领域。这些信息一旦泄露，必将给用户造成金钱无法弥补的损害。

用户行为信息和实时监控信息是典型的大数据信息，只要这些信息在搜集、使用或利用之时符合《关于加强网络个人信息保护的决定》规定的"合法性、正当性和必要性"基本原则，没有将这些信息公开特定化到个人，那么，运用大数据信息的行为不仅不是非法的，甚至应该是得到鼓励的。

笔者对网络医疗信息法律保护的建议如下：

第一，法律应明确用户的个人信息、医疗信息属于隐私敏感信息。医疗机构、网络服务提供者和第三方机构都应确保信息的安全性。在搜集和使用这些信息之时，应明确得到用户的事先授权，不得越界使用，超期使用或非法转卖、转让。

第二，法律应该明确精准营销的范围。精准营销和广告是大数据和网络免费时代的前提，法律不应对精准营销作出禁止性规定。然而，精准营销也应控制在一定范围和限度之内。在用户明确拒绝之时，在用户不再使用网络服务或医疗服务之时，网络服务提供者或医疗机构不得以任何方式继续精准营销。我国立法应尽早引入"被遗忘权"立法观念，将用户作为自己信息的控制者，在不继续使用服务或产品之后，相关信息保有者应立即彻底删除相关信息记录。

第三，实时监控信息搜集和使用应遵守"必要性、合法性和正当性"原则，立法应将这些原则具体化到医疗信息保护之中。具体来说，必要性原则就是防止对用户信息的过分采集，网络服务提供者和医疗机构，不得以任何理由在未明确告知信息采集范围时超过必要范围。合法性就是强调网络服务提供者、医疗机构或第三方机构是用户信息的保有人，使用信息应遵守包括《侵权责任法》《消费者权益保护法》《未成年人保护法》等法律法规，它们应该承担信息泄露或被非法利用的民事、行政或刑事责任。正当性原则指的是信息使用者对信息使用是为了用户权益，遵守事先承诺，不得以技术优势或信息优势非法使用医疗信息。

第四，网络服务提供者、医疗机构和第三方机构"共享"医疗信息范围应在立法上明确，法律应禁止医疗信息的非法流动。一般来说，网络医疗中网络服务提供者作为医疗机构的信息采集人，运用大数据加工后的信息产品，以及用户基本信息和医疗信息都是网络服务提供者向医疗机构或第三方机构"共享"的产品。共享也应符合法律规定，符合必要性和正当性原则，事先应告知用户信息流转方向和使用情况。任何人、组织或机构都不得在未经用户同意的情况下非法与他人共享医疗信息。当然，不能特定化到个人的大数据信息在性质上属于数据产品，不在个人信息保护范围之内。这些大数据产品在医疗机构和医疗产品服务机构之间自由流动，会极大提升医疗发展水平，这也是大数据医疗最值得称道之处。

第十一节　支付平台必须严查实名认证

2015 年末，中国人民银行出台了《非银行支付机构网络支付业务管理办法》，按照该办法规定，包括微信支付、财付通、支付宝等平台在内的网络支付，都必须进行系统升级改造，帮助用户完成个人信息。到 2016 年 7 月 1 号，全网支付平台都必须严格遵守用户实名认证制度。

在此之前我国网络实名认证的账户比例不高，究其原因，一方面是因为大量临时账户和沉睡账户的存在，另一方面，未成年人账户也比较多，没有银行卡的孩子也可以通过手机来抢红包。支付账号的匿名性，导致了大量问题，随着电商的发展和移动客户端的演进，账号的匿名性带来的弊端也越来越明显。

从账号安全性角度看，匿名账号基本没有保障性可言，一旦出现手机丢失、密码信息被撞库、中毒、遗忘账号、系统故障等情况，没有实名认证的账号就很难挽回损失。从网络法治的角度看，匿名账号简直就是洗钱、套现、欺诈或违法交易的代言词，带着"面具"的账号对社会安全和网络安全而言，都不是一件好事。

特别是从消费者权益保护和"互联网+"发展的角度看，实名认证账号就显得更为重要。随着分享经济的兴起，用户作为消费者逐渐变成了消费市场的主体。"意愿经济模式"就是将用户作为市场的核心，传统商家"反主为客"，变成为用户服务而竞争的新业态。用户的重要性体现在用户的身份可以按照自己的意愿进行转换，既可以接受服务和商品，也可以转换成提供商品和服务的主体。这样一来，用户性质就与传统商家性质发生了"位移"，"商"与"客"之间的关系在意愿经济时代并不稳定。所以，为了保障交易安全，保护更多消费者切身利益，法律和电商平台必须有义务确保接受和提供商品或服务的用户是真实可信的。当然，用户身份的"真实可信"也可以用网络"征信"来予以确认，不过，网络征信也是建立在网络实名认证基础之上的。从这个角度说，平台支付的实名认证是构建网络交易安全的基础，也构建起未来意愿经济模式的基础。

从国外比较法来看，国外很多国家连手机号都要求严格实名，例如，美国就要求用户应提供社保卡号码或信用卡，德国则更为严格，需要提供真实姓名、地址、出生日期等情形。国外电商对实名信息更是如此，例如，在亚马逊网站注册时，必须填写"tax identity information"（税务身份信息），在EBAY上，不仅要填写真实身份信息和联系方式，而且还需要上传真实身份证件等信息。可见，国外对平台支付账号的实名认证工作比我国还要严格得多。之所以要如此规定，主要原因在于平台有义务和责任保障商家和用户的交易安全，毕竟，任何人都不愿意和"蒙着脸的人"做交易。

从互联网经济长远发展角度看，支付账号的实名认证是链接虚拟经济与现实经济的纽带，也是"互联网+"产业的重要组成部分。"互联网+"让网络平台代替传统产业成为市场核心，平台性质发生了根本变化，平台的"实体化"成为未来发展重要方向。任何一方的交易者，都要通过平台完成虚拟交易，而交易标的却是现实的，虚拟与现实之间的转换就必须通过账号的实名制来进行确认。若将确认身份的责任交给每一个消费者或商家，那么，这种交易成本是非常高昂的，信任的成本是很大的。在支付账号实名制的背景下，由平台完成对交易双方的身份确认，简化了"信任过程"，减少了交易成本，毫无疑问，真实身份认证制度是最符合经济学的交易办法，全面普及支付账号的实名制将会极大促进电商交易发展规模，最大限度地减少不诚信情况的发生。

不过，在落实支付账号实名制时，平台也要尽到最大程度的信息安全保障义务。账号安全涉及用户的财产安全，关系到消费者的"身家性命"，所以，交易平台必须从技术上、制度上和监管上下足功夫，不能愧对用户对平台的信任。

第五章
互联网内容安全与法治

第一节　"标题党"危害新闻真实性

转载或转发的便捷性是互联网传播的重要组成方式，基于对用户关注度的考虑，网络服务提供者在转载新闻信息时，更倾向于对原有标题进行所谓的"加工"。这就形成了互联网信息传播所特有的"标题党"传播模式。

特别是在移动互联网出现后，用户对新闻的选择性关注和深入了解，绝大多数都是通过标题进行筛选。同时，网络服务提供者对于时政经济类信息的转载，为了避免信息传播的"雷同"，吸引更多用户的点击，也更愿意使用"耸人听闻""抓人眼球""轰动效应"的标题。在网络传播实践中，"标题党"产生的负面效果远远超过了其可能带来的关注度提升的正面效果。

首先，"标题党"随意篡改标题的行为严重侵害了著作权的人身权利。标题本身是新闻信息的重要组成部分，是凝结智力成果的独创性劳动，属于《著作权法》的规制范围。其实，我国对标题是否属于《著作权法》适用范围是一个发展和探索的过程。早在1996年《国家版权局办公室关于作品标题是否受著作权保护的答复》中曾模糊性地将文章标题作为《反不正当竞争法》范畴。当时国家版权局对标题党的治理工作还仅存在于传统媒体之上，没有更多地考虑互联网信息传播的发展实践。针对这类情况，2015年国家版权主管部门下发了《关于规范网络转载版权秩序的通知》，该文件明确将"不得歪曲篡改标题和作品的原意"作为版权法律规制范围。

从《著作权法》看，保持作品完整性属于著作权中的人身权利，未经许可，任何人不得在转载和转发中进行歪曲性篡改。不过，在网络转载实践中，存在大量版权人与转载方私下签订转载合同的情况，这些合同中有可能存在允许更改标题的规定。但是，从《著作权法》来看，网络版权人与著作权人并非是同一主体，除了少量的职务作品外，大量传播的新闻、文章、访谈、音视频等信息的著作权人都是版权人之外的其他主体。不管是从《合同法》，或从《著作权法》上看，版权人都没有权利代替著作权人去处分涉及著作权人人身权的权利。因此，从这个角度看，即使版权方与转载方存在私下协议，也不能未经真正著作权人同意而授权他人歪曲篡改标题。

其次，标题党歪曲篡改标题的行为可能构成侵权责任。我国侵权责任法制定过程中，曾有声音要求将媒体侵权作为《侵权法》的一章，后来因为很多因素，媒体侵权没有独立成章，而是放到《侵权法》一般条款，即过错责任中加以原则性规定。最高人民法院在2014年出台了《网络侵权司法解释》，在这个解释的第10条，明确了转载者的过错责任判断标准。该解释将"是否添加或者修改文章标题，导致其与内容严重不符以及误导公众的可能性"，作为判断转载者承担侵权责任过错的重要因素。值得注意的是，司法解释对"标题党"承担侵权责任过错构成分为三个层面，一是转载方有添加或修改标题的行为，二是修改后的标题直接导致文题不符或误导公众，三是行为和后果之间存在直接因果关系。

《网络侵权司法》解释对"标题党"侵权责任构成的认定，可以说是比较具体而全面的。该解释的适用主体不仅是网络服务提供者，而且还包括网民本身。网络时代自媒体的出现，给传统《传播法》提出了挑战。自媒体的转发或转载行为，到底是传统转载效果，还是一种新的发声？如果属于前者，按照之前《传播法》的实践，转载行为本身属于不完全抗辩事由，即便是有侵权行为，责任也会相应减轻。如果属于后者，则可能涉及表达自由层面，版权可能也不能作为表达自由界限的有效规制。司法解释将"标题党"归类为行为人自己责任范畴，即每个人要为自己行为承担后果，不论是否信息为转载，只要有对标题的歪曲并造成了法律规定的后果，就应承担侵权责任。这种规定实际是否认了传统《传播法》转载是抗辩事由的理念，是《侵权法》对自媒体时代转载"标题党"侵权的新认识，是比较符合网络传播发展方向的。

再次，标题党会严重侵害到网络诚信建设。互联网治理是一项工程，除了法律本身以外，网络治理的最终目标是实现网络诚信。在一个没有欺诈和人人守信的网络世界中，没有人会单纯追求新闻的轰动效应，更不会只针对标题进行实质性修改。目前网络经营者动辄以标题党示人的主要动机，实质就是以不诚信的欺诈，或者以低俗猎奇的心态去引导网民。毫无疑问，"标题党"与网络诚信的最终目标南辕北辙，"标题党"盛行的网络社会，必定是诚信缺失的垃圾场。网络服务提供者的"标题党"行为，短时间上看，可能会吸引点击量，扩大网站广告收益和知名度，实际长此以往，丧失的将是网站的立身之本：诚信。

"标题党"对于网民来说也比较普遍，很多网民喜欢以哗众取宠和耸人听闻的标题发布或转发消息。自媒体的"标题党"将使得网民本身的诚信遭到社会质疑，言不符实或恶意篡改信息实质就是饮鸩止渴，用本应珍惜的诚信换取短暂的关注度，这在网络征信与现实征信积极对接的趋势下，是得不偿失的。所以，"标题党"也是自媒体用户上网发布信息的恶习之一。

最后，"标题党"是违反国家新闻传播基本政策的违规行为。从我国的《互联网信息管理规定》，到国家网信办《互联网信息服务单位约谈规定》，再从新闻出版总署的《关于采取切实措施制止虚假报道的通知》，到《关于规范网络转载版权秩序的通知》，无一例外的都是要求网络信息传播必须遵守新闻真实性原则，任何人和单位对新闻发布、转载、转发或转引之时，不得恶意歪曲原意，不能以篡改标题为手段追求所谓的关注度。

其实，很多情况下的"标题党"对社会、公民、法人或其他组织的负面影响都是非常巨大的，新闻监管单位必须引起足够的重视。从近期我国证券市场波动情况看，很多违背职业道德和良心的媒体，都以各类相关股市波动的"标题党"来牵强附会，以达到关注度效应。这些标题乱象的损害结果，更加引发了民众对股市的担忧，较易产生波及整个金融市场和社会稳定的蝴蝶效应。我国前段的证券交易异常，与网络泛滥的"标题党"有着直接关系。通过这一事件得到的教训非常值得反思。就在这个月中旬，包括新浪、搜狐、网易、凤凰网等在内的北京17家重点网站，在北京网信办的指导下，集体承诺杜绝新闻"标题党"。吃一堑长一智，希望未来的"标题党"能够在网络传播中越来越少，让新闻信息回归真实性底线，这样才能使我们的互联网真正清朗起来。

2017年1月，为规范互联网新闻传播法治化进程，净化互联网环境，国家网信办联合各部门开展了为期一个月的整治"标题党"专项行动，并印发了《互联网新闻信息标题规范管理规定（暂行）》。实践中，个别网站为追求眼球效应，违反新闻工作伦理和规范，以扰乱社会舆情和侵害他人合法权益为代价，片面追求点击量，网络新闻"标题党"已经成为互联网新闻传播中的毒瘤，严重损害了公众知情权和国家新闻法治化进程。

本次专项治理工作与以往不同，将专项整治与长效机制结合起来，通过制定互联网新闻标题的规则标准，将互联网新闻传播的法治化和标准化确定下来。一方面，国家网信办带头确定行业标准，有利于行业自律，做到有法可依，避免劣币驱逐良币的情况出现；另一方面，行业标准的确立也让广大网民更积极地行使监督权，让网站真正落实主体责任。

首先，标题党是违反新闻伦理和法律规范的违法行为。互联网不是法外之地，我国《互联网新闻信息服务管理规定》等相关法规，以及今年实施的《网络安全法》等相关法律，都将互联网传播的内容作为重要规定范围。"九不准"等网络内容传播准则已经被写入《网络安全法》等法律法规，互联网标题作为网络传播内容的重要组成部分，当然要受到法律约束。

个别自媒体和网站对相关法律法规理解存在偏差，错误地认为法律约束的是传播内容，标题则另当别论。这种理解是错误的，标题是新闻传播的重要组成部分，特别是在互联网传播的"速食"中，通过浏览标题理解文意或选择是否点开，已经成为网民获取资讯的主要方式。标题出现问题，不论内容到底如何，就已经危害了公众知情权和社会舆论导向，发布者必须承担主体责任。

其次，整治"标题党"是维护网民知情权的重要举措。个别网站偏爱"标题党"的原因就在于商业利益，关注度换取流量，流量就能换来广告收益。实践中，新闻标题大量存在"歪曲原意、断章取义、以偏概全、偷换概念、虚假夸大、无中生有、低俗、媚俗、暴力、血腥、色情、哗众取宠、攻击、侮辱、玩噱头式"等不法情况。个别网站将自己的商业利益凌驾于社会公共利益和网民知情权之上，以欺骗的方式换取网民点击，以断章取义的方式歪曲社会舆论，以恶俗的炒作换取关注度，以侵害他人合法权益和社会公共利益的代价换取不法收益。网民们通过互联网了解新闻的合法知情权被个别"标题党"所愚弄，绝大多数网民对此深恶痛绝。所以，国家网信办特别要求在门户网站开设了违法和不良信息举报专区，这也是真正落实网站主体责任和保障网民知情权的好举措。

同时，个别网站对一些道听途说、小道消息、虚假谣言等能够抓取眼球的猎奇信息格外偏爱，为规避法律责任，个别网站通过"网曝""网传"等方式进行披露，或者在明知某些信息可能存在虚假或违规的情况下，恶意转发、置顶、热门、加精等方式加以推广，这些"小聪明"系违反法律法规的违法行为，已经有网站因此接受了处罚。真实性是新闻传播铁的法则，缺乏了真实性的传播也就变成了无源之水，最后失去的只能是公众的信任。

最后，确定统一标准是整治互联网新闻传播法治化的抓手。互联网技术的发展，特别是移动终端的出现催生了一大批自媒体公号，一些公号违反新闻资质的强制性规定，擅自违法采编、转发、转载时政类信息。这些公号缺乏新闻伦理素养，忽视法律规定，一切以吸引眼球为主要目的，在扰乱互联网新闻秩序的同时，也带走了大量流量和用户。传统门户网站在大量自媒体面前，难守底线，经营压力导致法治意识低下，新闻素养下滑。

所以，真正整治标题党的关键，一方面在于确定标题的统一标准，有新闻采标资质和转发资质的网站之间形成普遍遵守的格局，将信用评级制度引入资质许可之中，避免劣币驱逐良币；另一方面，相关部门也要下大力气治理没有资质涉足时政类新闻领域的自媒体，相关资质应尽快落实审查，加大培训力度，净化市场并建立淘汰机制，避免"没有资质就等于没有规制"的情况出现。只有双管齐下，才能让互联网新闻传播真正走上法制化轨道。

第二节　不实报道与点击量的悖论

一、网媒不能以不实报道换取点击量

2016 春节期间，以"春节记事：一个病情加重的东北村庄""上海姑娘逃离江西农村""霸气媳妇回村掀翻桌子"为代表的一系列虚假新闻在互联网上赚足了眼球。经过有关部门、媒体和网民的调查，这三篇报道均系捏造的不实报道。国家互联网信息办公室发言人已经对此公开辟谣。

这三篇流传甚广的虚假报道并非个案，集中反映出现阶段互联网时代个别网民、媒体和网络平台传播素养和法治观念的淡漠。从信息制造和传播手段上看，这几起虚假报道有一定的共性：首先，内容虚假。在所谓的"春节记事"报道中，作者甚至在整个过年期间都没有回乡，时间、地点、人物、情节等新闻工作中最应注意的几大要素竟均为"编造"。"上海姑娘"这篇报道更为离谱，居然是江苏的网民为发泄情绪捏造而成。其次，都是标题党。这几篇报道都是以"耸人听闻"的"醒目"标题作为博得网络点击量的砝码，标题党已经成为虚假信息的"标配"。再次，丧失新闻真实性和向社会传播负能量。"春节记事"谈及的"农妇组团约炮""霸气媳妇回村"所说的"不让媳妇上桌吃饭"等，不仅缺乏基本的真实性，而且还伤害了我们最应珍惜的中华传统美德，向社会传递着"负能量"。最后，均以知名网络服务提供者为平台，借助知名网络媒介和大 V 的不断转发，最终达到所追求的轰动舆情效应。

　　不可否认，在互联网传播，特别是移动客户端昌盛之时，追求网络关注度和点击量成为衡量一家媒体或自媒体是否成功的主要标志。以此产生的"粉丝经济学"和"关注度经济学"似乎都将点击量变成了新闻传播的核心。其实，这是对互联网传播和互联网法治的误读，缺乏真实性的新闻就等于无源之水，没有正确舆论观的传播就是无土之木，违反法律和道德的信息传播就是助纣为虐。

　　习总书记在"新闻舆论工作座谈会"上着重指出，"真实性是新闻的生命"，他强调"要根据事实来描述事实，既准确报道个别事实，又从宏观上把握和反映事件或事物的全貌"。在互联网时代，新闻真实性原则既是网络信息创作的底线，也应作为网络信息传播的底线；既是媒体在互联网上发布和传播信息的底线，也应成为网民利用自媒体发布和传播信息的底线。互联网和自媒体，绝不是法外之地，也不能成为为虚假信息藏污纳垢的集散地。信息真实性底线不仅是传播伦理的要求，而且也是我国现行法律的明文规定，包括《互联网信息管理办法》在内的法律法规，都将新闻真实性作为约束信息制造者和传播者的法律标准。即便是新闻侵权的民事侵权领域，发布和传播的信息是否真实，也是判断行为人是否具有主观过错的核心标准。在刑事法律体系，信息真实性更是衡量损害商业信誉罪、诽谤罪等罪名成立与否的关键。可见，新闻真实性不仅是"新闻的生命"，而且也是互联网信息法治的重要组成部分。

　　这几起虚假新闻在春节期间舆情影响如此之大，直接反映出我国网络信息治理还存在一些突出问题亟待解决。第一，对新闻真实性认识存在偏差。一些人认为"新闻"仅指的是时政经济类信息，不包括这种"随笔"。其实不然，文学等艺术创造并不一定拘泥于"真实"，不过，看似随笔的文章，若以"报道""记事"等字眼出现，或足够让受众认为是"非虚构"的信息，特别是文中存在明确时间、地点、人物和事件"真实"描述的，都应该以真实性为原则。第二，个别媒体记者的新闻传播素养还有待加强。"春节记事"的作者甚至在开始就强调本文"并非杜撰虚构的报道，是真实的写照"的字样，经调查，该作者过年连家都没回的纯属虚构的报道，怎么能在文中作如此表述？这对于一个正规记者身份的作者来说，实在有违新闻伦理。第三，个别媒体、平台、公号和自媒体法律素养需要加强。尽管虚假信息并非平台和转发者所发布，平台和转发者也没有能力和义务去事先审核发布内容的真伪。不过，当该信息被证明是虚假之时，转发者或平台就有义务及时采取必要措施，避免这些虚假信息继续传播。值得注意的是，受众越多的公号或媒体，也应该承担对信息真实性更高的审核义务。我国网络侵权司法解释明文规定，"转发主体应承担与其性质影响范围相适应的注意义务"，这实际就是将"粉丝经济学"转换成"粉丝注意度"，按照权利义务对等原则，越多的粉丝主体，当然要承担更高的注意标准。

令人感到欣慰的是，通过春节期间的这几起虚假信息事件，也反映出我国网民整体素养和辨析真伪能力的提升。这几起虚假信息一经发表，在社会关注度不断提升的同时，很多有责任感的网民经过线上线下求证，已经进行了自发性的辟谣，在很大程度上净化了网络环境，引导了正确的网络舆论。这是网民自身在互联网法治化进程中起到强大"自净"能力的体现，也是我国近年来互联网诚信和法治建设工作取得的重大成果。只有当全社会的媒介传播素养普遍提升，法治观念日益增强和社会责任感与日俱增时，网络环境才会得到真正的清朗，才能避免那些"虚假报道"伤害到我们那些最值得珍惜的东西。

二、治理网络谣言需全社会共同努力

网络不是法律的无缰地带，更不是"谣言"的集散地。在移动互联网发达的今天，网络谣言伴随着网络传播发展已经成为破坏法治网络的一颗"毒瘤"。如何根治网络谣言，维护互联网法治和健康发展，成为考验当下网络社会成败的关键。

从我国目前治理网络谣言现状看，公权力正在充当主力军的角色。不管是"傅学胜案"，还是"秦火火案"，都是公安部门联合网监等部门协同整治。公权力对治理网络谣言在证据搜集、嫌疑人定位和技术检测领域确有相当优势，不过，仅依靠公权力治理网络谣言是远远不够的，全体网民更应成为打击网络谣言的主力军。

首先，网络谣言侵害的对象是全体网民的利益。网络社会中，法治健康的网络环境是网民获取资讯和维护权利的基本保障。谣言侵害的不仅是网络秩序和社会稳定，而且在大多数情况下还会直接涉及网民个人。在"傅学胜案"和"秦火火案"中，都存在大量针对网民个人的污蔑和诽谤。网络谣言与网络水军狼狈为奸，已经成为侵害网民合法权益和网络暴力的始作俑者。为保护自身权益，网民不能成为谣言的"观众"，而应该作为维权的斗士。

其次，网民在打击网络谣言领域更具优势。网络传播的特点在于"发散性",即网民个体可以通过"转发""转载""评论"等方式参与其中。网络谣言能否真正达到"兴风作浪"的作用,在很大程度上取决于网民对其的态度。如果网民能够做到不偏听偏信、不转发转载、不对未经核准的可疑信息擅自评论,那么网络谣言就真的会"止于智者",我们就能从根本上做好谣言治理工作。

最后,网民维权意识和法治意识是打击网络谣言的基础。在我国网络侵权与网络犯罪早已明文入法,网民在网络的权利与现实一样受到法律保护。网民法治意识越高,网络谣言传播就会越难,网民维权意识越强烈,网络谣言就越没有藏身之地。从这个意义上讲,对网络谣言的战争就是一场人民战争,只有在网络上形成对谣言"人人喊打"的形势,才会真正杜绝"秦火火"和"傅学胜"等人的"再生"。所以,公权力整治网络谣言是"治标",只有全体网民维权和法制意识的提高才是"标本兼治"。

同时,司法机关、公安机关和网络服务提供者需要为网民维权打开畅通之门,对网民有依据的举报、维权要求和合理化意见应该全力配合。各级网络协会和网管部门需要设立专门配合网民维权和举报的通道,全力协助网民做好维权工作。网络真实身份认证制度需要继续推进,减少利用网络虚拟身份侵害他人权益的可能性,摧毁网络水军赖以生存的土壤。只有这样才能以网络自律代替他律,才能使网民代替公权力成为打击网络谣言的主力军。

三、网络谣言受害者应该挺身而出

从网络谣言侵害的对象看,可以分为侵害公共和社会利益的谣言,以及侵害公民合法权益的谣言。前者受侵害的是社会稳定和公共安全,由公权力部门代表国家追究造谣者责任;后者受侵害的是公民人格权,应由公民自己依法向公安机关报案,依照法律程序追究造谣者责任。

从目前我国网络谣言治理现状分析,与公权力积极主动维护国家和社会利益相比,网络谣言的公民受害者却似乎仍处于被动维权状态。绝大多数公民在自己权利被网络谣言侵害之后,怠于行使权利,"坐等"公权力介入后再进行"被动"维权。这与谣言受害者缺乏维权意识和相关知识是分不开的。

首先,网络谣言受害人应该向谁来主张权利?网络服务提供者和公安部门都对网络谣言等有害信息有一定程度的管理权。网络服务提供者是依据"网民协议"和《侵权责任法》,按照受害人的"通知和侵权提示",对谣言采取包括删除、断开链接和屏蔽信息的措施。公安部门则是依照受害人报案程序，依法对传谣者开展调查和取证工作，对构成犯罪的，将会移交检察机关提起公诉。

可见，对侵害公民个人的网络谣言，公安机关和网络服务提供者只能在受害人自己依法采取"举报""通知"后才能介入。因此，网络谣言受害者应该在谣言扩散之前"挺身而出"，自己来启动对造谣者的调查程序。

其次，网络谣言受害人维权应该得到相关机构必要支持。实践中大量存在因受害人无法自行判断造谣者真实身份导致无法立案的情形。按照《关于加强网络信息保护的决定》规定，公民个人信息应受到最高级别的保护，任何人、组织和机关都不得非法获取个人信息。所以，造谣者常常会利用虚拟身份为掩护进行造谣活动，对此，公民个人缺乏确认其真实身份的能力，在没有法律授权的前提下即便是公权力也不能随便"揭开虚拟人的面纱"。

揭穿造谣者真实身份往往是涉及谣言侵权立案的关键所在。受害人应该保存侵权证据，及时向网络服务提供者举证，要求其尽快采取必要措施避免损害进一步扩大。网络服务提供者在接到受害人通知后，应在初步核实后，及时采取删除、断开链接或屏蔽等必要措施，但不得非法向他人披露包括造谣者在内的个人信息。公安机关在接到报案后，决定是否予以立案，符合立案条件的应尽快进行侦查取证。在对造谣嫌疑人取证过程中，要遵循合法性、必要性和正当性基本原则，不得扩大对个人信息的调查范围，并不得在法院最终定罪前对外公布涉及公民隐私的任何信息。

所以，网络谣言受害者只能通过自己的"挺身而出"才能保护自己的合法权益。受害人向网络服务提供者提起"通知和侵权提示"，以避免谣言进一步扩散；受害人向公安部门报案，在公权力的协助下完成制裁始作俑者的步骤。

四、秦火火谣言案的启示

秦志晖（网名秦火火）因涉嫌网络诽谤和寻衅滋事罪，依法在北京朝阳区法院被开庭审理。本案是两高出台《关于办理利用信息网络实施诽谤等刑事案件适用法律若干问题的解释》后首起适用该解释公开审理的典型案例，必将对互联网表达领域产生深远影响。从网络传播理论和网络法律规制层面，本案至少带给网络表达权利的行使三大启示。

（一）虚拟人格不是网络造谣的挡箭牌

秦火火是秦志晖在网络上的网名，性质上属于虚拟人格，这是网络社区的表达与现实社会表达最根本区别之处。从民事法律角度看，虚拟人和现实人确有一定区别，前者是后者在网络中人格利益的延伸，后者则是前者在现实中权利义务的直接承担者。

虚拟人格的存在一度成为现实法律在网络适用的困境，秦火火案再次表明，现实人就是虚拟人网络行为的责任承担者。首先，在人格替代方面，虚拟人实际是通过现实人的注册创建、指示、注销等行为构建起来的网络代言人。虚拟人在网络上的各种言论和行为，与现实人紧密相关，是现实行为的"影子"。既然不能割裂二者之间的行为关联，那么，现实人在刑事法律上承担虚拟人违法行为就是必然结果。其次，同一虚拟人格可能会有多个现实人的控制，其法律责任承担性质，应属于共犯。对虚拟人网络行为的控制力来源，在于对其账号的控制。现实中可能会有一个账号对应对人控制，或者同一人控制多人账号的情况。对于"一号多人"，在追究民事法律责任之时，按照共同侵权理论，数人对此承担连带责任，在追究其刑事法律之时，数人对此承担共犯责任。同理，对于"一人多号"的情况，也是由实际操控者一人对其控制的所有违法或侵权的虚拟人承担法律责任。本案中，经查明，秦志晖拥有多个账号，应承担所有账号对应的法律责任。

(二) 网络虚拟性不是网络违法行为的挡箭牌

本案是两高司法解释适用后公开审理的第一案，很多人对法律在网络中如何适用仍有疑惑，他们认为，法不禁止即自由，只要法律没有明确在网络行为有所规定，那么，就不能依法追究行为人责任。这样的认识是错误的。

"法不禁止即自由"中的"法"，不能单纯理解为法律明文的规定，还应包括法律适用过程中存在的变化。网络侵权或网络犯罪的出现是近二十多的事情，在此之前的立法者无法考虑到日后网络的出现和昌盛，不过，网络的出现仅是法律适用环境的变化，并不影响立法本意和法治精神。在网络虚拟社会中，可能在很多地方并不存在明确且直接的立法或司法解释，不过，网络并不会成为脱法之地，之前的立法通过适用性解释、学理性解释和权威性解释都可以达到直接适用的效果。以法国为例，拿破仑时期制定的《民法典》至今仍在广泛适用，即便是在网络时代中，该民法典也很少修改，仍普遍适用于网络社会，其根源就在于法律适用的可解释性和延展性。当然，网络的出现可能会在一些新的领域挑战旧法适用，例如，如何具体适用网络"诽谤罪"，如何将"寻衅滋事罪"在网络犯罪中定性等问题，这些新的问题就需要通过修法或司法解释的形式予以明确。

（三）在网络表达中，法律否认的是对事实的捏造，而非对评论的禁止

两高的司法解释立法核心在于排斥谣言和保护正当舆论。秦火火案中被告仅为始作俑者秦志晖，没有包括对其谣言进行评论的人就说明了这一点。

其实，在网络谣言传播过程中，网络传谣者的作用有时候比造谣者还要大，法律之所以仅制裁谣言源头，原因在于为保护网络正当表达，保护评论者，保护舆论监督，与传播法中"事实是神圣的，评论是自由的"理念深度契合。也许，自由的评论与真实的表达，缺一不可，二者结合才能真正成就网络法治化和表达自由化。

第三节　三方联动应对遏制互联网诈骗

近年来媒体曝光出一系列利用微信群、电子支付和网络赌博软件等方式聚众赌博诈骗的事件。这种隐藏在虚拟世界中的赌局，不受到时间和空间的限制，"5 分钟一局""不知道钱输给了谁""软件控制""线上支付""24 小时不停歇下注"等特征让互联网+赌博与诈骗具有极强的隐蔽性，赌资之大，参与人数之多，社会影响之坏都可以用"疯狂"来形容。

赌博位列"黄、赌、毒"等严重扰乱社会秩序的违法行为之一，一直就是法治社会重点治理对象。特别是十八大以来，各级党政机关都以不同形式开展了不间断打击黄赌毒的专项治理工作。随着专项行动的深入和互联网技术的发展，聚众赌博存在由线下向线上转移的趋势。网络的虚拟性、庄家和赌客的隐蔽性、资金流向的电子化以及网络证据采集固定的难度都成为赌博滥觞于网络的重要原因。所以，互联网+的介入，让网络赌博等违法行为治理工作变成了一个体系，至少需要网民、网络服务提供者和公安机关在内的三方共同携手完成。

首先，网络服务提供者应该履行举报犯罪、制止犯罪和提供证据的法定义务。微信群的聚众赌博案件中，网络平台的性质属于网络服务提供者，具有技术中立性的法定抗辩事由。但这并不是说在任何情况下网络平台都不需要承担责任，平台豁免责任的前提是事先"不知道"违法行为的存在，若已经有人依法举报，平台仍然置之不理的话，就可能构成司法上的"明知"，也就需要承担相应的法律责任。同时，网络平台必须事先完善举报渠道，事中及时采取必要措施和启动报案程序，事后依法提供相关电子证据。在此之中，落实网络实名制和可追溯的电子证据保存制度就成为重中之重。

其次，网民应成为遏制网络赌博与诈骗的中坚力量。一方面，网民作为公民有制止犯罪和举报违法行为的法定义务，网络社会的法治秩序需要全体网民的共同维护。另一方面，赌博罪的犯罪主体不仅包括开设赌局渔利之人，还包括以营利为目的长期以赌博为业之人，从这个角度讲，普通网民也可能成为行政处罚法，甚至刑法的规制对象。因此，"小赌怡情"的观念不能有，"十赌九输"的网络赌博就是全社会的"公敌"。网民的依法举报不仅能够独善其身和净化网络环境，而且也是阻遏网络赌博犯罪的主要力量，避免更多的受害者遭受家破人亡的惨剧。

最后，公安部门应成为治理网络赌博与诈骗的核心。网络犯罪与网络治理是一个"道高一尺，魔高一丈"的较量过程，公安机关打击犯罪的手段应随着网络技术的发展而不断更新。针对网络赌博与诈骗转账的隐蔽性特点，北京警方与银行系统建立的"快速止付"模式值得称赞。这个体系下，警方在接到举报后立即与各个金融机构联动，可以紧急拦截被骗资金。据统计，仅9个月时间内，北京警方就已经拦截10.03亿元涉案资金，最大程度挽回群众损失。

切断资金流的亡羊补牢固然重要，不过，未雨绸缪才是真正遏制网络赌博与诈骗的有力武器。网民是网络行为的主要参与者和监督者，网络平台是网络服务的提供者和网络信息的保存者，公安机关则是打击违法行为的执行者和群众利益的保卫者，这三者之间应该是"三位一体"的关系，完全可以形成以打击网络赌博与诈骗为核心的"联动机制"。

第四节　网盟三无网站治理

简单点说，广告联盟就是互联网程序化购买广告。相比传统广告模式而言，广告联盟的主体除了传统的广告主之外，还有需求方平台、数据交换平台、媒介方平台和媒介成员等特殊主体。广告联盟的业务流程比较特殊：在需求方平台整合广告主需求的基础上，通过数据交换平台的竞价拍卖，买得媒介方平台上媒介成员出租的广告位，最后，再由媒介成员向社会公众展现广告主的广告内容。

尽管广告联盟的业务流程很复杂，但这并不影响其成为"互联网+"时代中越来越重要的广告新模式。大家在浏览网页时出现的嵌入、悬浮、九宫格或贴边广告中，绝大部分都是来源于这类模式。

广告联盟最大的好处有两点，一是能够整合大大小小的媒介成员资源，通过平台的方式将其纳入统一大市场，减少了媒介成员自己经营广告的麻烦；二是能够提高广告效率，特别是在大数据精准营销技术下，可以实现对用户的精准化广告。

如同其他互联网技术一样，广告联盟也是一把双刃剑，用得不好就会出现侵害网民权益的违法广告，或者为违法网站做的广告。在治理违法广告方面，现有的广告法及工商总局出台的互联网广告暂行管理办法，都作出了比较明确的主体法律责任和义务。然而，在为违法网站做广告这方面，却在实践中出现了很多问题。

众所周知，三无网站是那些没有 ICP 备案和工商登记的非法网站，这些网站一直是侵害版权、危害国家安全和社会稳定、损害未成年人合法权益和网络诈骗、暴恐和色情的集散地。这些年来每次剑网行动实际都是剑指三无网站，查处了很多，不过仍难以杜绝这类违法行为。究其原因，很重要一点就是没有捣毁三无网站的经济来源。

实践中，广告联盟是三无网站的重要经济源，非法网站通过"加入"网盟的方式，以用户点击或浏览获取广告收益。按照现有立法来看，广告联盟各个主体之间必须验明身份，核对相关材料，而且这些材料需要依法严格备案，基本可以杜绝三无网站进入网盟的可能性。不过，为何实践中仍旧会出现这么多为三无网站提供广告服务的情况呢。

原来，绝大部分的问题没有出现在广告联盟业务流程之内，而是出现在网盟封闭循环的业务流程之外。网盟实践中，很多媒介方成员私自将网盟广告源转包、分享或提供给三无网站。这些媒介方成员这样做就是为了增加自身点击量和浏览量。广告联盟的费用标准是按照点击或浏览确定，一些媒介方成员就将这些广告源进行多次分包，以"体外循环"的方式，让三无网站堂而皇之地进入联盟之中。

因此，在未来的广告联盟特别立法中，不能将媒介成员的广告位和广告完全由契约来进行约束，必须以立法的方式严令禁止媒介方平台和成员对广告源的再次分包行为。制止三无网站进入到网盟中的做法，至少包括三部分。

首先，强化广告联盟各主体之间的身份认证责任，广告位必须标明广告联盟名称，只有建立可逆的溯源机制，才能真正落实主体审核义务。

其次，在立法、格式合同规范、技术和巡查方面明确广告联盟的任何主体都不得对广告源进行分包、转包或分享。白名单制度需要与黑名单制度相互配合，建立全方位的信用准入机制。

最后，畅通社会举报渠道，不仅任何人都可以举报违法广告，而且任何人也应有权举报违法网站上出现的广告。我国广告法对违法广告举报方面立法非常明确，但却忽视了对违法网站出现广告的举报问题，这些问题都有待未来广告联盟新规加以明确。

第五节　民事法律在网络反恐中发挥的作用

我所讲的网络民事法律是一个体系，主要包括两部分，一是以侵权责任法中网络侵权部分及其司法解释构成的侵权法体系；二是以合同法及网络民事契约构建的契约法体系。

一、侵权法体系在网络反恐中的作用

网络侵权法体系中，最核心的两个原则是《侵权责任法》第36条第2款和第3款规定的"通知删除规则"和"红旗规则"。

通知删除规则又称避风港规则，本来源起于网络版权法领域，后来发展成为网络侵权最主要的适用规则。通知删除规则由三部分构成：权利人向网站发出删除的通知；网站采取必要措施；未采取必要措施的网站应承担侵权责任。

以"东突"和"东伊运"为代表的恐怖组织，目前宣传涉恐主要手段就是网络，包括网络音视频传播、移动网络传播、网帖，以及其他利用网络散布涉恐言论等行为。针对这些涉恐网络动态，以政府监管、屏蔽关键词或专人监控的传统网络反恐收效减小，因为网络虚拟性和模糊空间性使得按人头和按地域控制效果越来越差。网络反恐战争必然是一场人民战争，反恐主力也由专业人员转变成全体爱国者、全体热爱和平的人和有良知的人。

侵权法通知删除规则赋予了全体网民向网站通知删除的权利，同时也规定了网站接到通知后，对相关信息进行审核的义务。按照这个规则，只要网民通过手机、其他移动终端、个人电脑等方式，发现涉恐信息，就可以通过通知删除规则向网站发出违法的通知，这就最大程度地避免了网站因疏忽、能力有限或屏蔽缺陷造成的涉恐信息遗漏。同时，这一规则也将社会公众和爱国者转变成网络反恐检测员。最为重要的事，这一规则将网站承担反恐的社会责任，转变成法定义务，如果网站未能尽到相关义务，网民事先的通知

就可以转化成对反恐不利网站制裁的依据，网络民事责任就可以转化成网站的其他法律责任。

侵权法规定的红旗规则是对通知删除规则的补充，一般指在一些特殊情况下，可以不事先通过通知删除规则追究网站责任。例如，网站对网民发布的信息进行置顶、推荐、置于首页、发布链接、进行转载、发布评论、给发帖人奖励、编入排行榜等所有编辑行为。

涉恐信息在网络上有着一定的猎奇性，个别网站为了追求点击次数和关注度，甚至放任这种涉恐信息的传播，如果单靠通知删除规则，则不能完全阻止涉恐信息的传播，所以，红旗规则就达到有益的补充。

网站对于涉恐信息、涉恐音视频和其他涉恐信息必须有预先的技术性屏蔽措施、法定的举报制度和常规性检测人员。如果缺乏这些长效机制，也可以认为网站触犯了红旗规则，承担法律责任。

必须指出的是，对于一些网站虽未进行任何处理编辑的信息，在一些特殊情况下，网站仍应承担法律责任。这种特殊情况是，在网络服务提供者提供储存空间服务或交互平台服务时，一些网帖或由网民上传的信息在阶段时间内被浏览或转发次数达到"发烧帖"的程度，这种情况下，网站仍以"不知道"做抗辩是说不过去的。对这些"发烧帖"，网站监管人员有义务进行基本审核，对涉恐信息应立即采取必要措施并向有关部门报告。

通知删除规则和红旗规则在网络反恐中适用与民事其他领域相比有一定的特殊性。对于涉恐信息的通知，不应适用"反通知规则"。这是因为涉恐信息的处理原则就是从快从严，如果适用反通知规则，那必将使得涉恐信息存在网络时间增加，导致违法效果增强，因此，涉恐信息不适用反通知规则。

二、契约法体系

网络反恐中涉及契约的部分有两个，一是突出网民自律，二是突出网民协议。

网民规制有三个层次，"软约束"的网络自净和网络自律，"硬约束"的网络他律。网络自净指的是通过长时间的网络信息汇集，达到"清者自清，浊者自浊"和"谣言不攻自破"的效果。因为网络自净需要长时间网络沉淀，所以，网络自净不适用网络反恐这种需要强调时间效力的活动中。

网络自律主要指的是网民自律，最有代表性的是中国最大微博社区《新浪微博社区公约》，在这个公约中，以民事契约的方式将网络涉恐、危害国家安全等禁止性行为宣誓性的写入其中，不仅达到规制网民行为的作用，而且也可以作为制约违法者行为的契约基础。网民如果发现有涉恐信息，可以随时按照公约的规定向网站提出通知，无需等到网站自查搜索，这无疑是软约束优越性所在。

网民协议是网站与网民之间权利义务关系的根据。个别暴恐分子利用互联网服务传播涉恐信息。除了这些暴恐分子应承担法律责任外，网站也可根据网民协议中对发布涉恐信息的处理，停止相应服务，并按照网民协议规定向有关机关提交他们的 IP 地址、注册信息、身份信息以及其他所有信息。如果施行实名制的背景下，网站违规无法提供有效信息的，应承担其他法律责任。

三、民事法律在网络反恐中的其他作用

对于一些涉恐网站数据储存在境外的情况，有关部门或权利人可以依据中国法律对境外挂靠网络公司进行起诉，中国法院依法进行裁判，产生的司法文书应送达第三国涉恐网站服务公司，要求其停止网络服务或挂靠服务。对与中国有司法协议的第三国，可以按照协议处理，对于没有司法协议的国家，可以从外交等途径要求其执行我国司法判决。

第六节　网络不当言论的界限

言论自由是法治国家的基石，所谓的自由不是没有界限——法律、公德与他人合法权益就是言论自由的红线。一旦越过红线，言论自由就变了性质，成为违反法律、伤害公共利益和侵犯他人合法权益的凶器。

2017 年 8 月 6 日据英国《卫报》报道，两名中国籍成年男子在德国国民议会大厦门口行希特勒纳粹军礼被德国警方逮捕，这两名男子将面临"使用非法组织符号"的指控，这一罪名在德国算是重罪，可能被判处 3 年以下有期徒刑。按照《德国刑法典》第 130 条规定，以扰乱公共安宁形式公开或在集会中对纳粹党执政期间暴行、专政予以赞同、否认其存在或为其辩护，并因此侵犯受害者尊严，将处 3 年以下监禁或罚金。德国警方称，这两名中国籍男子不仅在国会门口使用纳粹军礼，而且还用智能手机拍摄，存在上传到网络空间的可能，因此进行了立即逮捕。

纳粹的罪恶无需多说，《德国基本法》第 1 条，人要有尊严地活着，正是

对当年纳粹践踏人权罪恶行为的反思。不过，近年来新纳粹主义，特别是最近欧洲难民的大量涌入使得德国新纳粹主义开始复活，很多泛纳粹不当言论开始在社交媒体上涌入。2005 年德国发生过一起新纳粹主义青年向群众发放印有"鲜血与荣耀"的文化衫，最终被处以 4200 欧元的罚款。"鲜血与荣耀"是希特勒青年团的座右铭，臭名昭著的希特勒青年团曾被认为是二战中最坚定的反人类群体之一。1992 年德国修订《公开煽动法》，规定公开否认存在针对犹太人大屠杀或对大屠杀表示赞赏，最高可判处 5 年有期徒刑。法案还规定，那些可能导致人们联想到纳粹主义、军国主义或第三帝国的符号、标志，都不能在公开场合使用。

法院判决对新纳粹的惩罚并无不当，不过，本案却在 4 年以后由联邦法院进行了翻案。原因在于德语中的鲜血与荣耀"BlutundEhre"与本案印发的英语"BloodandHonor"在翻译上有所不同，可能存在表达内容上的差异，所以，联邦法院推翻了之前的判决。可以说，这次翻案并非是德国放松了对不当言论严惩的态度，而是更加注意程序法律。值得注意的是，若是用德语写的不当言论，或者在网络等公共场合出纳粹军礼或相关符号，那么定罪就是板上钉钉，没有商量余地了。

后来德国政府在执行禁止煽动仇恨、纳粹复活等不当言论中发现，互联网社交媒体成为治理的难点。脸书和推特等社交媒体因粉丝经济和关注度经济的特点，让过激言论逐渐成为"吸粉"的热点，若不下大力气整顿社交媒体，可能会导致罪恶的蔓延。因此，德国立法机关在 2017 年出台了新法案，要求如果企业未能在 24 小时内移除"明显违法"的内容，诸如仇恨、诽谤以及煽动暴力等言论的话，平台将被处以 500 万至 5000 万高额欧元的罚金，这一法案将在 2017 年 10 月生效实施。尽管有很多批评者称这是对互联网平台中立性的否认，是要求平台审核言论的错误做法。不过，平台越高的商业价值和越大的社会影响力，意味着越高的注意义务和社会责任。因言获罪与因言违法就是一念之间，出于公共利益和社会公德考虑，对平台责任的加强符合现代互联网时代要求。

我国在不当表达治理方面已经有了不少立法，诸如《宪法》《网络安全法》《侵权责任法》《民法总则》等法律，也有国家网信办近年来颁布的"账号十条""微信十条""一号令""直播新政"等法规政策。可以说在制止不当言论方面在立法层面是不缺乏的，但是，在执行角度却差强人意，实践中，平台对以表达自由、技术中立等借口为挡箭牌，放任甚至鼓励不当言论传播的平台不占少数。例如，大肆宣扬民族仇恨、捏造否认既存历史、玷污历史人物、抹黑英雄，以及侵害他人合法权益、损害未成年人身心健康、嘲弄残疾等弱势人群、虚假宣传不正当竞争等等。这些不当言论不是表达自由的合法范畴，是假借言论自由以达到宣传违法思想、吸引粉丝关注度、侮辱他人、不正当竞争、损害商誉等的非法目的。

国家安全之中网络安全是重中之重，文化安全和内容安全又是网络安全的重要组成部分。若是没有文化安全，就会丧失文化自信和历史底蕴，若是没有内容安全，网络传播和网络经济就会成为腐蚀民众的蛀虫。就目前我国互联网法治建设来看，重点落在了信息安全与技术安全之上，缺乏对文化安全和内容安全的重视程度。希望最近正式实施的网络安全法能够成为治理文化与内容安全的抓手，也许，德国的这次事件和相关立法能够引起网信部门的重视，积极探索适合中国网络社会的治理办法。

第七节　网络公关公司的违法特点

2012 年，北京警方曾成立专案组对涉嫌"有偿删帖"的数家网络公司员工进行立案侦查，这一事件不仅再次揭示出所谓的"网络公关公司"实际上就是滋生网络腐败的温床，而且也引发了公众的困惑，"删帖"行为本身到底是一种什么性质的行为，法律应该如何约束。

首先，我们先对删帖行为本身性质进行考察。根据我国《侵权责任法》第 36 条的规定，当权利人发现网络侵权信息时，可以向网站提出删帖"通知"，网站应该及时采取包括删除、屏蔽、断开链接等措施维护权利人合法权益。如果网站没有及时采取必要措施，就可能承担因此而产生的侵权责任，从这个意义上说，网站对侵权帖子的删除行为既属于一种法律赋予的义务，同时也是网站避免自己承担责任的一种措施。此外，网站根据国家相关法律规定，对于一些诸如宣扬暴力、淫秽、虚假信息等的非法信息也有主动删帖的权力，这是网站自我管理的一种体现。可见，网站删帖有两种渠道，一是依网民申请的被动删除，二是依法管理的主动删除。

既然删帖已有法定的程序，那么为什么还会催生出专门经营"有偿删帖"的网络公关公司呢？这多多少少与现阶段我国网络立法缺少相关具体规定有关。《侵权责任法》对网络删帖的规定仅是原则性的，既没有明确网站删帖的具体审查标准和审查期限，也没有规定对网站违规删帖的惩罚措施，这就给了不法分子可乘之机。这些网络公关公司与网站个别人员勾结，利用信息相关者担心网络传播扩大的心态，或者不熟悉删帖渠道和程序等原因，通过省缺删帖举证、减少审核期限、扩大删帖范围、甚至发布不实信息等方式非法牟利。所以，如果从网络管理角度杜绝"网络腐败"行为，那么，网站至少要做到以下几点：第一，保障删帖通知渠道畅通；第二，减少删除帖子审核期限；第三，简化删除举证责任。但是这样做的后果却可能不尽人意，过多简化删帖程序将会产生对其他网民表达自由的限制，这无疑使网站进入两难境地：一面是要保障网民知情权，尽量减少删除信息，一面又要与网络公关公司的"公关行为"做竞争，加大删除效率。因此，在缺乏上位法依据的情况下，网站如何平衡这二者关系确实是个问题。

我们换一个角度分析可能会更明晰，我国尚未出台一部《新闻法》来保障网民的表达自由和知情权，这也造成了非法删帖事后很难被追责的法律现实。就本案来说，公安机立案案由是涉嫌"非国家工作机关受贿罪"，如果本案涉案人员在没有收取财物的前提下删帖的话，可能穷尽我国现有法律制度也很难追究他们的法律责任。所以，这个案子给我们提了醒，也许只有真正出台一部可以全面保障网络表达的法律才是最终解决之道。

至于那些网络公关公司，实在是现阶段网络时代中催生出来的一个"无孔不入"的"怪胎"，他们所谓的"公关"行为不仅侵害了网民表达权和知情权，而且还侵害了网站本身的公信力。涉案的"百度贴吧"本身是一个深受网民喜爱的话题性论坛，管理贴吧的版主多为热心网民而非百度公司员工。这些"民办"的版主因为拥有可以直接删帖的权利而最容易受到网络公关公司的"公关"。这也是本案凸现出来的又一个重要问题，是时候对这些网站"非在编"管理人员加强管理了。一方面，网站应强调版主的自律规范，保证网民向网站监督和投诉渠道的畅通，另一方面，应积极推广版主实名制，以保障权利人和网站的事后追偿权利。

我们必须知道，那些"网络公关"侵害的不仅是某个网民的个体权利，也不仅是影响单个网站的公信力问题，而是在试图摧毁整个社会对网络信息的信任，侵害的是全体网民知情权与表达自由，所以，真正杜绝"网络贿赂"和"网络腐败"的手段并不仅在针对一两个典型案例，而更多地在于从制度上建立切实可行的法律体系和自律体系。只有在国家法律的外部健全，网络公司内部管理完善和网民自律的前提下，才有可能真正杜绝"网络腐败"。

第八节　网络虚假求助与诈骗行为

孟子在《孟子·公孙丑上》讲过"恻隐之心，仁之端也"，他将恻隐之心放在"羞愧之心""辞让之心"和"是非之心"之前，作为"四端"之首，将善良和同情作为儒家"以仁为本"的基础。可见，善良之心与同情之心一直是中华文明的理念基石，忠孝仁义礼智信皆源于此，所以，中华民族才是礼仪之邦。

2016 年 11 月底，"罗一笑，你给我站住"刷爆朋友圈，仅 1 分钟的时间，赞赏量就超过 5 万，1 小时 20 分后，赞赏量超过 200 万。之所以这篇文章这么火，就是因为文中所称的罗一笑小朋友身患重病，家庭无法承担，"老吾老以及人之老，幼吾幼以及人之幼"打动了社会无数的好人，中华民族的传统美德恻隐之心成就了这极致的社会救助。

然而，很快事件出现大反转。经查，被救助的家庭本属于富裕家庭，几套房子外加不错的公司经营根本不至于付不起孩子的医疗费。治疗医院的声明则更为明确，孩子一共住院 3 次 79 天，医保报销了大部分费用，家庭仅承担了不到 80%，大约 36 000 块钱，每天平均 458 块钱。毫无疑问，这个引爆朋友圈的求助事件是虚假的，从每日花费好几万医疗费，到孩子父亲下岗工资 4000 元钱等等，都是 100% 的虚假，而且虚假中掺杂着为人的虚伪和商人的奸诈。

当人们看到这篇文章，首先感受到的应该是同情，下意识的就会进行赞赏和转发；然后，又会产生联想，为何文中没有提到医保，我国的医疗福利为何缺位；再然后，公众又会进一步联想到经济萧条，纸媒经营下岗后工资仅有 4000 元；医院都是先收费再救人，冷酷无情，难怪医闹这么多。以上的"读后感"会引起公众理解的偏差，误导和煽动着舆论不理性情绪。作为资深媒体人的罗尔和专业营销公司的小铜人，不会想不到这些后果，但是他们却依旧以营销和敛财为目的，滥用社会人性的善良，不惜以牺牲未成年人隐私权益、社会善良风俗和法律底线为代价，去放任和鼓励这种错误舆论的发展。事实证明，医院尽心尽力医德值得称赞，家庭负担的费用很低，医保可靠并报销了绝大部分费用，事主家境殷实并兼职甚多。事件中唯一真实的就是罗一笑的病情，罗小朋友作为未成年人身患恶疾，却被其亲生父亲及一干人等作为炒作工具，这实在令人遗憾。

这个事件最令人愤怒的，就是以慈善救助为名义，将公众的善良玩弄于股掌之上，无视道德和法律底线，摧毁了公众对善良的认知和相互救助的美德。我国慈善法虽然没有禁止个人救助，也没有禁止对受益人的直接捐赠。但是，利用互联网的个人公开募捐却是违法的，本次事件利用公众号的营销和赞赏到底属不属于个人募捐值得商榷。不论是公开募捐还是个人救助，基本事实必须是真实可靠的。就算是面向社会的个人救助，也容不得半点虚假和渲染，更何况这起事件中那些核心事实均属捏造，这样的虚假宣传根本谈不上个人救助，其本质就是诈骗。

我国《刑法》第266条规定了诈骗罪，以虚构事实或隐瞒真相的方法骗取数额较大公私财物的行为属于诈骗罪范畴。两高的司法解释进一步规定，诈骗钱财50万元以上的就属于数额特别巨大，而且利用互联网等宣传手段发布虚假消息，对不特定人进行诈骗的属于诈骗罪的加重情节。卖文救女事件中，作者和相关公司虚构和隐瞒了大量事实，以营销和敛财为目的，通过互联网"病毒营销"扩大影响后果，这完全符合诈骗罪的构成要件。所谓赞赏费用是"卖文"所得、捐不捐是用户自己决定、事后用这笔钱成立基金等都不是有效抗辩。公众打赏目的不是为了"美文"，而是被文章所虚构的情节误导所致，这根本谈不上是稿费。捐不捐确实是用户自己决定，但欺诈和隐瞒的真实情况无法让公众正确作出判断，捐款成为被欺骗的后果，这本身就是诈骗罪规制范畴。至于事后将这笔钱退换或成立其他公益项目，这应该影响的是案件的情节而非性质。据现有报道，当事人至今尚未真诚道歉或悔罪，也达不到两高关于诈骗司法解释规定的"不予起诉"或"免于刑事处罚"的情形。不过，说到底，罗一笑小朋友还在住院治疗，还需要父亲的照顾，没有人希望在孩子治疗期间父亲因诈骗入狱。但是，这件事情已经上升到了公共层面，始作俑者必须站出来诚恳忏悔并道歉，所接收到善款应在监管下依法妥善处理。至于参与营销的公司则另当别论，微信团队应按照虚假消息发布处罚规则进行严肃处理。

建立起人与人之间的信任可能需要一百年，打破这种信任只需要一两件小事。张爱玲曾经讲过："当你疑心你的妻子，她就欺骗你。你不疑心你的妻子，她就疑心你。"家庭内部的信任尚且难以建立，更何况是社会公众之间。在社会慈善领域，即便是在我国慈善法出台后，刚有个别网络主播的"假慈善，真骗钱"毁掉了公众对网络直播的信任，现在又来了个"卖文救女"毁掉了公众对公众号的信任。唯利是图的人们一次又一次地伤害公众的信任，会让我们的社会充满怀疑。等到有一天，真正需要社会救助的人出现时，还有谁愿意去帮助？

"狼来了"的故事我们从小就在听，它讲述了不要说谎，说谎后最终受害者是自己的道理。不过，现实中我们却看到很多"狼"没有受害，甚至因为谎话获取了大量利益。当一个社会不去严惩说谎话的"狼"时，就会出现越来越多的"狼"，他们吃掉的将是整个社会好人的良心。

第九节　FBI"解锁门"的反思

2016 年 2 月苹果公司总裁库克以公开信的形式，正式拒绝了美国法院"配合 FBI 解锁"恐怖袭击者手机的要求，并称美国政府的要求让人"不寒而栗"，创建"后门"的是一个"危险的先例"。

从法律上讲，拒绝法院和联邦调查局的要求，在美国是一种非常冒险的行为，可能涉嫌藐视法庭罪。因此，库克与政府公开"叫板"的事件一出，立即引起世界范围内苹果粉的热捧，毕竟，有胆量不执行法院判决的人还真不多见。

库克拒绝的理由很明确，就是要尊重用户的隐私权，"用户手机里的东西与公司无关"。隐私权在美国法律体系中比较复杂，既是宪法上的权力，也是民法上的权利。与其他国家不同，美国隐私权在人格权体系中属于"一般人格权"，也就是其他具体人格权的"母权利"，像名誉权、肖像权等都受到隐私权的限制和约束。美国的隐私权以人格自由为基础，从公民持枪的权利，到版权的权利，在历史上也都或多或少有隐私权的影子。一般认为，美国隐私权是保障公民自由的一种基础性手段，所以，库克在公开信的结尾处，也特别强调了创建后门是对"自由"的侵害。

必须指出，任何国家的自由都是相对的，若自由没有界限，就无法处理个体之间自由"对撞"的问题，也没有办法协调涉及国家安全和公共利益的问题。9·11 事件是一个分水岭，美国政府应对本土反恐压力增大，恐怖袭击使得所有民众都处于不安全状态，特别是在近年恐怖袭击事后的调查中，发现恐怖组织利用加密手机和互联网宣传、培训和指令袭击后，美国法院和政府将国家安全利益放到个人隐私权利之上。9·11 事件之后美国出台的以《爱国者法案》为代表的一系列法案中，都强化了政府对信息的采集使用权利。这种事态的发展，到了"棱镜门"被曝光后，才得到全世界的关注。尽管世界各国对美国的做法非常反感，但对反恐效果来看，确实阻断了很多针对美国和欧洲本土的袭击行为。

这就出现了权利上的矛盾，一方面是民众的隐私权利，另一方面是国家安全与公共利益，二者孰轻孰重，相信仁者见仁智者见智。对待这些问题，各国政府也一直在讨论。早在 2006 年，欧洲曾想出台一部要求互联网等通讯公司长期保存用户通讯数据的法规，但最终因涉嫌可能违反《欧洲人权公约》被欧盟法院判定无效。

不过，在巴黎发生恐怖袭击后，各国政府重新开始检讨，互联网的隐私政策已经让恐怖分子如入无人之境，即便是近在眼前的袭击信息，也因调查部门无法攻破加密通讯信息无功而返。这种眼睁睁地看着恐怖袭击一次又一次发生的悲剧，让包括美国、欧盟、澳洲和亚洲的政府开始反思过于保守的隐私政策。据统计，发生在 9·11 事件之后的美国本土枪击案，至少有 42 起被证明是恐怖袭击，这些袭击并非是一时兴起，而是恐怖组织长期通过互联网、移动手机等加密信息对美国本土公民进行宣传、培训和指导，冰冻三尺非一日之寒，长达数月甚至数年的恐怖信息传播，最终由于网络公司的拒绝配合，导致悲剧发生。

从这个角度讲，个体权利与国家安全孰轻孰重，已经一目了然。在巴黎恐怖袭击和圣伯纳迪诺枪击案之后，英国首相卡梅伦多次公开表示要求互联网公司承担反恐义务，去除加密系统。美国总统奥巴马也开始改变"不会对互联网公司施压"的态度。所以，这才出现了法院判决苹果公司"必须配合调查"的一幕。

其实，美国法院的这个判决与联邦调查局的"后门"要求不是一回事。配合调查是一种法定义务，特别是对反恐案件而言，恐怖袭击者手机的信息很可能会涉及大量预谋或其他组织，若不及时发现，恐怖袭击就不会得到有效阻止。不管是从人权保护方面，还是司法责任方面，或是公共利益方面，苹果都应该承担责任。

对于库克而言，站在"道德制高点"上的"表演"，直接后果可能导致恐怖袭击者的有恃无恐。不知道当恐怖组织成员继续利用苹果产品传播恐怖信息、引爆炸弹、发起袭击指令时，当生灵涂炭的悲剧反复重演时，库克将是什么心情？这并非是捍卫人格自由，而是在间接犯罪。特别是，在明知是恐怖分子的手机而拒绝配合调查时，果粉的狂欢也掩盖不住苹果公司的过失。

换个角度看，苹果系统也绝非像其声称的那样牢不可破，ICLOUD 漏洞门、IOS 所谓为"诊断服务"准备的"门"、MAC 的漏洞门等都曾或多或少地存在隐患问题。一年多以前的苹果云的"艳照门"事件就将这些问题直接曝光于社会。

特别是 2014 年法国的一个科学家兼黑客发现了苹果移动客户端 IOS 系统中存在多个"未经披露的后门",苹果公司否认这些"后门"是给情报部门使用的,而是进行"诊断服务"使用。可见,苹果系统后门并非没有,只不过掌握者身份不同而已。

若以上这些情况属实,请允许我稍微假设一下,库克的公开信和言论,是否存在为苹果公司 2014 年 IOS 系统曝光的后门"擦屁股"嫌疑呢?那时有人提出过,苹果这样做可能是为情报部门服务,若与棱镜门相提并论的话,就会让苹果失去大量粉丝,一下子搞得苹果百口难辩。现在,法院的判决一出,库克当即公开高调反驳,这是否是一出双簧?是否是美国政府与苹果公司之间达成的一种默契?

第六章
分享经济法治问题

第一节　分享经济与用户权益保护

分享经济是互联网+工业 4.0 革命的重要经济形态，指的是不改变所有权情况下，突出使用权市场流转效能产生的新型经济形态。分享经济虽然对"互联网+"发展促进很大，但是在消费者权益保护领域，特别是平台责任分担方面也出现了很多新问题。

一、分享经济模式下平台责任的异化

传统互联网平台责任，主要是由两大方面构成：一是平台事先责任，二是平台事后责任。事先责任主要指的是平台需要对提供商品或服务的商家依法进行资质审核；事后责任主要指的是依据消保法第 44 条规定的责任分担问题。

分享经济模式下，在平台上提供商品或服务的商家主体发生了变化，更多的出现了自然人主体，法人或商户的主体逐渐减少。从经济现象分析看，分享经济的意愿经济成分比较明显，消费者意愿和个性化服务的追求，必然导致自然人为主的经营主体越来越多。2014 年工商总局出台实施的《网络交易管理办法》第 7 条明确将自然人也作为网络交易的主体，这就为意愿经济和分享经济铺平了法律资格道路。但也直接影响到了平台事先责任中对经营商家主体资格审核范围——由工商登记审核，拓展到对自然人身份信息、联系方式等信息的审核。实践中，广泛存在"多号一人"和"一人多号"的情况，经常出现一个团队以自然人的身份经营一个平台账号，或者一个自然人经营多个相关账号的情形。此时，平台应严格遵照国家网信办关于"账号十条"的相关规定，严格审核注册信息和实名认证机制，不符合法律规定的账号，或与违法行为产生关联的账号应及时予以封停。

分享经济模式下平台责任的异化难点还在于事后责任。若仅按照消保法第 44 条的规定，除非是平台明知损害消费者权益的行为存在，或者不能提供经营者真实身份和联系方式的，才承担赔偿责任，这对于分享平台消费者权益保护是非常不利的。这是因为，自然人商家的赔偿能力相对有限，对于大规模侵权或严重损害消费者权益的情况往往不能做到有效赔付。因此，分享经济模式下的平台责任就发生了异化——强制商业保险就应运而生。

二、分享经济模式下的强制商业保险责任

商业保险一直是经济社会的重要减震器，在消费者权益保护领域能起到及时的补救效果。长期以来，我国的商业保险机制是在自由市场中运作，缺乏强制足额保险制度。分享经济模式下，平台责任很多时候处于不确定性。一方面，平台性质从经营者转变成了信息服务提供者，法律意义上的责任承担存在技术中立的抗辩；另一方面，现有消保法第 44 条的狭义性，让平台责任经常出现豁免状态，不利于消费者权益保护。

正是因为分享经济平台模式下的责任不确定性，商业保险就显得特别重要。以互联网专车为例，不论是交通运输部的专车新政，还是各地方的落地新政，都将平台为乘客购买足额的商业保险作为平台法定义务之一。最近，各地的互联网单车新政也都将平台为消费者购买保险作为平台义务之一。这些针对分享经济平台的保险责任，都旨在降低新经济业态对消费者权益产生的不利冲击，保证消费者在遭遇损害后的赔偿权益。

必须强调的是，商业保险与平台的先行赔付责任并非一回事。平台的先行赔付指的是，在消费者权益受到侵害后，不问过错，平台先行向消费者足额赔付，然后平台取得向最终责任主体的追偿权。可见，先行赔付责任是在赔偿分担开始之后的责任。商业保险则不同，在赔偿顺位上，保险责任是第一顺位责任。以网约车平台责任为例，消费者权益受到损害后，首先由车辆强制险承担责任，然后是商业保险承担赔偿，此后若有不足，有先行赔付承诺的平台，则由平台先行赔付向消费者赔偿所有损害，最后，进行先行赔付的平台取得向最终责任人的追偿权。在理想化的赔偿过程中，消费者仅需要面对保险公司和平台，无需考虑实际加害人，这就减少了消费者维权麻烦，增加了消费安全保障。

三、分享经济平台的信息安全责任

分享经济与传统平台经济相比，主要特点在于载体的移动化设备。移动终端是分享经济平台主要载体，对于消费者而言，承载分享经济的设备主要是手机。实践中，消费者使用分享经济终端时就需要给相关平台设置权限，包括支付渠道、获取数据渠道，以及消费者身份信息和家庭住址等私人数据信息。虽然分享经济的手机载体对消费者而言比较方便，特别是二维码和cookies 的使用让整个消费体验提升很多。但是，数据风险也同样存在。

第一，要区分大数据与个人信息。按照我国网安法第 76 条的规定，个人信息是那些"单独或与其他信息结合能够识别到自然人个人身份的各种信息"。大数据则是那些直接或间接都不能识别到个体的数据信息。从法律性质角度看，大数据属于知识产权性质，个人信息则属于隐私权性质。分享平台对通过 cookies 采集的不可识别到个人的数据拥有知识产权，可以用作商业化使用，对个人信息则不能随意进行商业化使用，否则就是触犯了消保法和侵权法关于隐私权的相关规定，严重的还涉及网安法和刑九修正案关于损害个人信息的规定。

第二，要保证消费者知情权。2012 年全国人大常委会出台了《关于加强网络信息保护的决定》，明确了网络信息使用的"合法性、正当性和必要性"三个基本原则。平台对用户个人信息合理使用的范围，必须严守这三个基本原则。一方面，平台需要对用户个人信息进行采集和处理，这是满足资质审核和个性化服务需求的，另一方面，平台对用户个人信息采集和使用不能没有法律底线。实践中，用户个人信息的合理使用最重要的就是要满足消费者知情权。在个人信息使用领域，满足消费者知情权主要包括三点：一是，采集、使用个人信息的范围和渠道要事先告知消费者；二是，要保证消费者被遗忘权的适用，对于不想被采集的信息或事后反悔的情况，平台应该充分尊重消费者；三是，要谨慎使用格式合同，对于涉及消费者切身利益的事项，例如信息采集和使用，必须在格式合同中加以特殊强调。

第三，要保障消费者安宁权。消费者网络安宁权是指消费者不被打扰的权利。互联网背景下的精准营销广告非常普遍，尽管精准营销广告可能造福于有需要的消费者，降低消费者使用互联网的成本，提高互联网商业价值，不过，精准营销广告很可能会打扰到消费者的生活安宁。《关于加强网络信息保护的决定》和网安法对保障消费者安宁权都有过相关规定，主要包括两方面：一是，在书面征求消费者许可之前，平台不得向消费者发送商业广告；二是，一经消费者拒绝，平台不得再次发送商业广告。很多人对这样的规定不太理解，认为这两方面是互相矛盾的，既然未经许可不得发送广告，那么，为何还需要消费者拒绝后，不得再次发送呢？这是对法律的错误理解。这样的规定说的是两层意思，一是未经允许不得发送，二是一旦消费者允许发送后，反悔了之前的许可，那么，在消费者拒绝后，平台也就不能再次发送了。实践中，消费者安宁权适用的并不太好，主要是因为"弹窗""满屏"式广告经常出现，消费者防不胜防。特别是在分享经济平台中，精准广告发送都是针对消费者的手机等移动端，对消费者安宁影响极大。目前此类判例尚未出现，希望能够各地消协能够联合工商管理部门发起相关的公益诉讼，以维护消费者安宁权。

四、分享经济平台下消费者后悔权的适用

国家工商总局在 2017 年"3·15"正式实施的《网络购买商品七日无理由退货暂行办法》中，对网络购物消费者后悔权适用做出了具体规定。在分享经济背景下，消费者后悔权适用的难点就在于该《暂行办法》第 6 条第 1 款关于"消费者定做"的理解。

依照消费者意愿定制服务的分享经济，将越来越多消费个性化服务纳入其中。对消费者"定做"的理解不能太多宽泛，例如，加大加肥的服装、小于日常规格的鞋帽等等，这些款式虽然市场不常见，但仍不宜被认定是"定做"范围，应该属于后悔权适用领域。

分享经济中的"定做"，有时是非法的定做。例如，消费者定做的仿真枪、管制刀具、迷幻类药品、化学产品等，这类产品在现实中是非法的，在互联网上也不能被纳入合法商品之中。此类商品连合法都谈不上，更何况是无理由退货。平台应将检查责任常态化，杜绝假借分享经济平台制造、贩卖违法违禁产品的情况出现。

五、共享经济中的押金不能共享

有媒体爆出小蓝和酷奇等单车平台用户退押金难，引发了公众对共享经济押金问题的强烈关注。共享单车市场竞争进入到下半场，企业竞争优胜劣汰是大势所趋。但是，消费者却因缴纳的押金被"捆绑"在经营不善者的身上，因企业倒闭蒙受损害，这却是始料未及之事。

之所以称企业倒闭时消费者押金无法回收的事情为"始料未及",就是因为这本是不应该发生的事情。交通部等十部委出台的共享单车新政中明确规定,押金应该"即租即押,即退即还",平台不能擅自使用用户押金形成"资金池",既不能以押金"沉淀"或从事金融服务获利,也不能将押金与自有资金混同。这样的立法初衷就是为了防止有朝一日共享单车平台经营不善,消费者的押金跟着打水漂。现在小蓝和酷奇平台曝光出来的押金难退,恰巧证明共享单车平台已经用各种方式挪用了本属于消费者的押金,相关监管并没有落实到位。

按照工商总局出台的《侵害消费者权益行为处罚办法》的规定,拒不退还押金的企业,要承担包括高额罚款和吊销营业执照在内的严惩。这样的规定是非常严格的,但为何还是会出现挪用押金的情况呢?原因很简单,就是涉事企业已经因经营不善破产或倒闭,罚款和吊销营业执照的行政处罚对濒临破产的企业意义早已不大。需要反思的是,立法若仅侧重于事后处罚,忽视事前和事中监管的话,必然会发生"亡羊补牢,为时已晚"的后果。

其实,交通部的共享单车新政中规定得很清楚,用户押金与预付款应由第三方进行监管,平台需要与开户行合作开设监管账户,交通管理部门和金融管理部门对押金也有负责监管的责任。事实证明,仅有写到纸面上的规定远远不够,这起事件中经营不善的平台没有与任何银行有过监管账户的合作,直到挪用押金的窟窿无法弥补,纸包不住火时,消费者才最后得知押金化为乌有。可见,共享经济虽然是"风口",受到资本热捧,不过,市场经济的底线是法治经济,缺乏政府有效的依法监管,仅靠市场的优胜劣汰是远远不够的。

已经曝光出来得单车平台押金亏空问题仅是共享经济整体量级中的一小部分,押金和预付款的资金安全必须是共享经济发展的关键点。消费者的押金所有权是用户本人,独立于企业自有资金,这部分钱不能形成资金池,既不能投资,更不能挪用。共享经济平台必须严格履行押金和预付款交给第三方银行监管的法定义务,消费者的资金安全不属于市场自由行为,政府有关部门应该建立全方位的监控体制,严格履行法律赋予的责任。只有举一反三,防微杜渐,才能避免此类事件再次发生。

至于小蓝和酷奇单车平台引发的退押金难事件,已经酿成苦主众多的群体性事件,恐怕难以依靠消费者个体力量完成押金追讨,消协组织应该代表消费者依法履行维护消费者权益的职责。必须明确,押金所有权属于消费者,不是企业资产，所以不是破产财产，应该在平台破产清算前取回。已经被挪用押金无法取回的，按照消费者权益倾向保护原则，押金预付款等资金应进入到获偿第一顺位，在其他债务清偿前和行政处罚缴纳前，必须先完成对消费者的退款责任。

第二节　专车新政的不破不立

一、专车新政出台的必要性

从唯物辩证法角度看，任何新事物从无到有或从旧至新都是一个不破不立的过程。专车新政也是如此，新政"破"的传统出租车旧制度，是份子钱的灭亡，是骆驼祥子时代的结束，是专车是否合法的不确定性，是剔除阻碍新生产力发展的障碍；新政"立"的是互联网+出行的规则，是更好地保障乘客出行安全，是落实分享经济的战略部署，是最大限度地促进创新和维持社会稳定。

专车新政出台需要解决的问题，如何确定互联网+出行市场秩序，最大程度的保护乘客人身安全，体现政府监管责任就成为摆在几千万专车司机、几亿专车用户和几百万出租车司机面前的重大问题。目前，新政核心的问题就是对"专车"的性质到底该如何认定，说到底，还是专车新政的"破题"点和"立题"点到底在哪里的问题。

从专车这个约定俗成的概念上看，本身就有争议性。市场实践中，既有车主与司机分离的 B2C 模式，也有车主与司机为一体的 C2C 模式。前者以神州专车为代表，后者则以 Uber 和滴滴为代表。专车的 B2C 与 C2C 模式本质区别在于车辆归属和平台性质的不同，前者的平台与司机之间是纯粹雇佣关系，后者则属于信息服务性质关系。从责任承担角度看，似乎 B2C 模式更"安全"，这是因为司机行为属于职务行为，平台在很大程度上承担替代责任，这就好比"跑得了和尚，跑不了庙"，相比司机的个体赔偿能力来看，平台更具有足额赔偿能力。

不过，对这种"替代责任"的认识是局限的。替代责任产生于雇主责任，源于工业革命 1.0 时期的民事法律规定。当时法律过于强调的责任的"替代性"，是因为信息不对称和保险产业不发达的原因。到了工业 2.0 革命时期的德国民法典，保险责任和公平责任在很大程度上能够更好地代替"替代责任"，这是因为保险责任更为快捷和高效。特别是工业 3.0 革命之后，各种强制保险和商业险应运而生，成为社会发展的减震器，替代责任逐渐"名存实亡"。

专车的 C2C 模式并不会比 B2C 模式不安全，从美国一些州和加拿大一些地区对 C2C 模式的认可实践看，几乎每个地区承认的专车合法化，都是以政府强制车辆额外保险为前提的，基本上每辆车的商业险都在 100 万美元左右。这里的保险责任属于无过错责任，一旦出现问题，在强制险和商业保险范围内，用户都可以不经诉讼和仲裁直接拿到赔偿款，这远比替代责任的保障更充分更有效。

从"互联网+"的分享经济发展看，B2C 模式仍是"老模式"，属于工业3.0 时代的产物，而 C2C 则更有活力。C2C 模式中的车是用户自己的，闲置资源的分享使用属于供给侧改革的重点，也是在不改变基础设施现状的前提下最大限度的调解出行市场的科学之举。除此之外，C2C 模式对社会经济发展带来的好处还有很多，诸如构建社会信任、增加就业机会、调解车辆流量、减缓购车欲望、促进环保改革等等。

不过，现阶段 C2C 的问题也有不少，最大的难点在于司机资质审核和车辆审核问题。从欧美的比较法看，大都对司机的犯罪记录、驾驶记录、信用记录和身体状况，以及车况的年检状况、车辆功能、车辆型号等做出明文限制，这都是为了最大程度地保护用户安全。B2C 模式相对比较简单，人员相对固定，车辆比较统一，管理起来更为简便。但是，B2C 模式要求的是平台经营者的"重资产"，保障供给的前提是继续扩大车辆储备，这就势必造成营运车辆的增加，加深了新产业与传统出租车之间的冲突。

可见，专车新政能否真正破除 C2C 模式的问题，趋利避害的去适应未来"互联网+"的发展，就成为能否实现新政"不破不立"的前提。

首先，新政"破"的应该是 C2C 模式现在存在的问题，而非这种代表分享经济模式的本身。专车新政立法中有一种声音，要求将所有的"专车"一并归类到 B2C 模式，这种立法思维错误之处就在于"破"错了地方，结果就是"泼了脏水也倒掉了孩子"。新政最应该明确 C2C 的合法性地位，不然，新政也就成了"旧政"。

其次，新政应该确立"分类管理"模式。适应实践发展，新政可以将专车类别细分成 B2C 和 C2C 两大类。前者可以适用传统管理模式，后者则属于新事物，可以采用新的管理手段。从欧美比较法和司法实践看，新的模式中最该注意的就是两个大问题：一是商业保险的问题，二是主体资格审核的问题。C2C 模式的风险就在于赔偿主体的不确定性，这就需要通过足额的商业保险来满足，这也可以比照"上海模式"，每辆车不低于 500 万的保险，相比传统出租车还要更靠谱。对于主体资格问题，新政"立"就应该"立"在事先实名审核之上，既包括犯罪记录排查和真实信息验证，也应包括司机身体状况、信用记录和驾驶记录等情况。新政将这些审核责任交由平台落实的前提，就是赋予平台能够依法调取这些记录或政府相关部门予以配合的责任。不然，平台作为一般商主体而言，可能没有能力彻查这些藏在"隐私权"之后的信息。

最后，分类管理也应落实到 C2C 模式的内部。实践中，确实有一些表面是 C2C 的司机，他们整天都在接单干活，把分享变成了"职业"，这种情况实际与传统出租车没有本质区别。日常经营性的行为与纯粹的分享经济还是有所区别，至少在我国出租车行业没有完成彻底改革的现阶段，将营运性质的 C2C 模式混同于普通模式确实有点不妥。因此，新政的"立"就应该在于彻底剥离哪些是纯粹营运行为，哪些是非纯粹营运行为。现在，平台拥有接单数据和运营数据，根据这些数据，每辆车每天的接单数量和金额，都是可以明确地显示出来。新政完全可以根据接单数量或金额，将纯粹营运行为剥离出 C2C 模式，对其进行类似于传统运营车辆一样的管理。

进而，根据接单情况和金额，在 C2C 内部至少可以区分出顺风车、拼车、非纯粹运营车辆和纯粹运营车辆几大类。顺风车、拼车以及非纯粹运营车辆类似于民事分享行为，只要有足额保险和司机车辆的资质审核，就可以按照特殊管理规则进行管理。对于那些每天跑十几单以上的纯粹运营车辆，在出租车改革尚未全面完成的现阶段，为保障社会稳定和市场秩序，可以单独做出类似于 B2C 模式的管理方式。

这样一来，新政的"破"与"立"层次就鲜明起来，有利于新政去破除旧思维，树立新规范。

二、网约车新政解读

2016 年 7 月 28 日，交通运输部正式发布的《网络预约出租汽车经营服务管理暂行办法》（简称专车新政），不仅是新时代城市出行领域规范的基本法，也是"互联网+"产业革命探索的基本法。同时，专车新政也让我国成为世界上首个正式承认专车合法化的国家，是立法者对近年来国内外网约车发展实践的科学总结，是互联网+出行领域保护消费者权益的旗帜，充分体现出立法者面向"互联网+"产业大势所趋的高瞻远瞩，呼应了市场对分享经济和工业

4.0 革命的强烈愿望，确实是一部具有划时代意义的好法。

（一）平台、车辆和司机的"上岗证"有哪些

新政对平台、车辆和司机设立了三个必要的"上岗证"，分别是：《预约出租车经营许可证》《预约出租车运输证》和《预约出租车驾驶员证》。相比2015 年 10 月份征求意见稿而言，三个"上岗证"的名称发生了巨大变化，从原先的《道路运输经营许可证》《道路运输证》和《道路运输从业人员从业资格证》，变为现在"预约出租车"的相关名称。这反映出立法者抛弃了"旧瓶装新酒"的管理模式，这无疑是进步的。

网约车平台的许可证申请，新政与征求意见稿规定差别不大，申请材料中删去了"税务登记证件"的要求，将审核期限由征求意见稿的 30 日缩减到了 20 日，这就简化了平台申请难度，提高了申请效率。不过，发证机关仍是"设区的市或县级出租车行政管理部门"。全国有两千余个县，看来平台的申请繁琐度还是不小。

新政对车辆许可证的修改是一大亮点。首先，新政删除了意见稿中对"车辆所有人"主体申请的要求。其次，新政删除了意见稿"车辆使用性质登记为出租客运"的要求，也就是说，网约车申请许可时不需要再去公安机关将"非营运"车辆性质变更为"营运性质"。对于广大兼职私家车车主来说绝对是个福音，这就意味着私家车加入网约车后，不需要遵守营运车辆强制报废和年检的强行规定。最后，网约车车况要求还是有的，需要符合"运营安全相关标准"。此外，网约车除了要安装卫星定位和报警装置外，删除了征求意见稿中要求"安装计价器"的规定，私家车主们不用再担心自己爱车的美观被计价器破坏了。

网约车驾驶员资质审核是社会广泛关注的焦点之一。新政对征求意见稿的相关规定作出了较大调整：第一，要求 3 年以上驾驶经验和 3 个记分周期没有扣满分记录；第二，将"无致人死亡的交通事故记录、醉酒驾车记录、追逐竞驶记录"修改为"无交通肇事犯罪、危险驾驶犯罪记录，无吸毒、饮酒后驾驶记录"，可见，新政实际是提高和细化了驾驶员入门门槛，让乘客更有安全感。第三，新政增加了"无暴力犯罪记录"的规定，暴力犯罪记录既包括抢劫、故意伤害和故意杀人，也包括强奸、抢夺、猥亵等犯罪，既包括曾被判处死缓、无期徒刑、有期徒刑、拘役和管制的暴力犯罪之人，也应包括曾被判处缓刑之人。此外，新政特别将驾驶员资格证申请人，由驾驶者本人扩张到驾驶者和平台都可以申请。这样的规定是为了避免驾驶员本人疏于

中请，将申请审核的责任扩展到网约车平台，从这个角度说，平台也具有代替申请和代替审核的责任。

（二）新政让互联网+出行回归到了市场主导模式

突出市场主体地位是新政的又一大亮点，主要表现在以下几个方面：

第一，网约车运价实行市场调节价。新政删掉了征求意见稿的"政府指导价或市场调节价"的描述，直截了当地将网约车定价推向了市场，让价格因素起到市场主导作用，反映出供求关系，这是尊重市场规律的好举措。

不过，新政在突出市场调节价为主的同时，考虑到城市间的经济发展差异，又增加了"政府认为有必要实行政府指导价的除外"。虽然这样的规定是出于城市发展差异化的初衷，但在实践中确实存在被个别地方政府错误理解和适用的可能。

第二，新政删除了"数量管控"。征求意见稿将城市出租车数量要求管控放到了向网约车发证的前置性条件。出租车数量管控是传统出租车管理范畴，众所周知，数量管控曾导致出行市场供求关系畸形化，引发出租车牌照被炒出天价的后果。新政因势利导，去除了数量管控，将供求关系与市场主导变成常态，以价格和供求来控制数量，这远比数量管控准确和敏感。

第三，新政删除了"市场奖励、促销"提前 10 日向社会公告的规定。市场奖励或促销属于正常市场行为，也有相应的竞争法和广告法约束，不需要在新政这样的特别法中额外规定。新政删除了提前公告的规定，反映出立法思路回归市场主导的意愿。

第四，新政删除了网约车经营者在服务所在地"不应具有市场支配地位"的规定。征求意见稿中对市场支配地位的额外限制，不符合反垄断法立法目的，属于行政干预市场份额的错误行为。新政纠正了这一点，将立法回归到约束反垄断法中规定的"滥用市场支配地位"立法初衷，这是一大进步，明确了政府鼓励通过合法市场竞争来扩大市场份额的基本态度。

第五，新政明确了网约车的公平竞争秩序。新政规定，网约车平台公司不得有"为排挤竞争对手或者独占市场"，以"低于成本的价格"运营扰乱正常市场秩序。新政还强调不得以"不正当价格"损害国家利益和其他经营者合法权益。这就明确否认了网约车市场的"唯资本论"的乱象，让网约车平台之间的竞争、网约车与出租车之间的竞争回归到正常市场环境，各个经营者之间需要以提高服务质量和保护消费者权益为竞争核心，不能仅靠"砸钱"来掠夺市场。

（三）新政确认了网约车的新型经营模式

首先，新政将平台服务能力分成"线上"和"线下"两大类。区别于传统出租车行业，网约车的线上服务能力包括信息交互处理能力、数据库接入主管部门平台、服务器设在大陆、健全网络安全相关制度、电子支付结算资格和能力等。

新政规定，线上服务能力的确认不需要额外申请"上岗证"，只需要网约车平台注册地"省级出租汽车行政主管部门商同级通信、公安、网信、人民银行等部门认定"即可，而且认定结果"全国有效"。毫无疑问，这种认定方式相比"线下"服务能力的各个市、县主管部门审批要简单得多。

其次，新政尊重了平台与驾驶员之间签订劳动合同的灵活性。相比征求意见稿强制平台与驾驶员签订劳动合同的规定，新政则采取了更为灵活的办法，平台可以"根据工作时长、服务频次等特点"，与驾驶员签订"多种形式的劳动合同或协议"。新政这样的规定源于我国劳动合同法对非全日制用工的规定，对于每周工作不超过"24小时"的非全日制用工，用人单位可以不与被用工者签订书面合同，双方用工关系随时可以解除，报酬支付也不需要每月结算，这种用工关系的灵活性非常适合"分享经济"背景下的网约车用工模式，更适合网约车驾驶员"兼职"赚家用的现状。

再次，网约车性质与报废规定更为科学。征求意见稿将转变车辆性质变为网约车"上岗证"的必要条件，新政则取消了这一点要求。这种改变符合"分享经济"，将闲置资源转换成有效资源的模式，是供给侧结构性改革的践行，也是对意愿经济模式下更好地满足群众需求的呼应。

新政对网约车报废年限规定在"60万公里"，比较符合一般车辆的安全行驶里程规律，既区别于民用普通车辆，也有别于营运车辆，既考虑到网约车主的实际利益，也保障了用户乘客的安全权益，这样的规定是符合科学规律和市场实践的。当然，车辆行驶开了8年却没有达到60万公里的，不强制报废，但要退出网约车市场。

最后，新政明确了"顺风车"不属于规制范畴。民用车辆的合乘，是民事法律调整范围，性质上属于民事法律的"好意同乘"。顺风车是解决城市拥堵，减少城市上路车辆的一大法宝，国内外司法实践也多有比较成熟的判例。顺风车本质上区别于网约车的商业营利性，所以，新政将其排除在外是正确的。

三、网约车的法治化反思

"互联网+"已渐渐开启工业4.0模式，这并不是一种简单的商业模式，更是一种市场运营理念和政府治理思路。我国"互联网+租车"的结合，成功开启了以"专车"为代表的城市交通新模式，表面上是传统出租车行业的网络化，但骨子里却被打上了"互联网+"的深刻烙印。

与国外最著名的 Uber 网络租车公司一样，我国专车发展可以说是步步维艰，不仅遭到了传统出租车行业的抵制，而且还受到了不少城市管理者的质疑。从传统产业发展规律上看，从未有任何一个新兴产业能够在传统行业和政府的"联合"质疑声中存活下来。不过，专车是个例外，不仅能够存活下来，而且还不断壮大成长。据悉到今年年底，专车司机人数将增长到 100 万。专车旺盛的生命力既是来源于民众的刚性需求，也是源于"互联网+"的大势所趋。

据央视报道，在长时间各方利益的博弈后，上海与义乌在互联网租车发展领域都迈出重要一步，上海把四大出租汽车企业和滴滴打车同上海交通委三方，放到同一个信息平台上，信息互通，资源共享。而义乌的尝试似乎更有勇气，放开了出租车市场准入和数量管控，鼓励专车等多种经营模式。这几个城市似乎给专车"正规化"开了好头，原先的专车"存废之争"已经逐渐演变成如何将专车更好的纳入到法治化轨道的问题之上。

网络专车的法治化与其他法律制度构建不同，既没有比较法可以借鉴，也没有传统行业可以参照。从我国网络专车现有发展水平和已经出现的问题看，结合国外 Uber 网络租车实践，专车的法治化主要包括以下几个方面：

首先，如何进行"招安"的问题。专车运营是基于三方民事契约，并非政府强制许可，从传统特许经营角度看，专车更像是梁山好汉。如何将这些"好汉"进行依法"招安"，就需要先从破除出租车行政垄断许可入手。只有打破整体出租车行业的"唯出身论"，将直接强制许可变为间接监管，才能真正达到专车"转正"的问题。市场的行为交给市场决定，优胜劣汰交给用户裁决，政府仅作市场的"守夜人"。也许这才是"互联网+"的真正意义所在。

然后是如何进行"安抚"的问题。城市交通市场相对固定，市场份额比例将受到专车的严重冲击。如果将这"梁山好汉"纳入正规军，那么，就需要安抚传统出租车行业，这样才能让好事不会变成坏事。从北美到欧洲，特别是一些放开 Uber 网络租车垄断的城市中，出租车司机的抗议声一直不断。不患贫而患不均，如果政府仅开放对专车的市场，却对传统出租车行业不加任何改革的话，那就是将老行业推向绝路。尽管技术革命带来的行业革命屡见不鲜，曾经世界第一的柯达公司，也没有敌得过数码产业的浪潮而最终死去，但是，现在彻底淘汰传统出租车行业还为时尚早，否则，可能就犯了矫枉过正的错误。对传统行业的安抚工作，应该从简政放权开始，政府放下的不仅是权，更是利益。对传统出租车行业来说，最能立竿见影的非减少"份子钱"莫属。如果政府能放开特许经营权，公司能放下"份子钱"的"钱袋子"，传统出租车与专车还是有较量空间的。毕竟，传统出租车公司对司机福利更高，至少"三险一金"的福利远比松散的专车公司要好。"份子钱"越少，司机师傅跳槽到专车的可能性就越小，最终达到市场平衡。当然，"份子钱"减少到什么程度合适，这取决于强制许可程度、专车商业补贴的力度、市场需求，以及城市信息化程度等多方面要素。

其次，应对专车加强商业保险力度。保险是社会风险的减震器，商业保险对专车来说就显得更为重要。我国实践中已经出现过网络代驾肇事后，网络公司拒绝承担责任的情况。理由很简单，网站作为信息平台，与开车的师傅之间是合作关系，并非是雇佣关系，所以不会承担交通肇事的替代责任。这确实是互联网+产业中的难点问题，在法律尚未对此有具体明确规定之前，也许充足的商业保险是解决问题出路之一。对专车是否应该有额外的商业险，往往决定了专车事故受害者能否及时得到理赔。这不仅影响到专车交通责任分担问题，而且还涉及专车安全性和合法性问题。

再次，应对专车司机资质加强监管。Uber被质疑的重要原因，就是对合作的司机资质审核不到位。个别司机曾有过暴力犯罪行为、酒驾或交通肇事记录、性侵犯罪、吸毒史、虐待未成年人记录，这些记录都表明该司机不适宜做专车司机。互联网租车行业几乎没有对这些司机的资格审核程序，多以驾龄年限和熟悉路况为考核标准，这对于保障乘客人身和财产安全，维护道路交通运输正常秩序来说都是远远不够的。因此，专车公司需要做的，并非是仅追求扩张速度，还应保证合作司机整体素质。一方面，应加强司机资格审核，另一方面，也要加强对司机的必要培训和管理。

最后，应加强互联网硬件的保障。我国道路交通安全法明文规定，驾驶机动车辆过程中不能拨打手机。各类打车产品都依靠手机等移动网络平台，手机是网络租车行业必不可少的设备。实践中，网络司机在行驶过程中不可避免地会接发信息，这不符合相关法律规定，也极大影响了道路交通安全。所以，网络硬件的开发应及时跟进，例如，将叫车软件与智能手机分离、在行驶途中暂停信息更新等硬件应用就显得很重要。这对于日新月异的网络硬件开发来说，应该不是个难题。

同时，我国网络租车支付方式也应跟得上发展趋势。网络租车的移动支付方式可以更多地依靠信用卡，将网络信用体系与商业运作结合起来，以信用鼓励代替商业补贴，这无疑是建立良性商业市场的更好长久之计。

四、网约车安全应在效率之前

据媒体报道，一女子酒后使用网约车回家时，发现司机驾驶的车辆与软件显示的车辆型号不同，该车司机还在行驶中屡次对其进行猥亵。这是一起网约车引发的侵害乘客权益的事件，不管调查结果如何，都足以引起网约车平台和监管者的警惕。

"互联网+"的实质就是将包括交通出行在内的传统产业的信息化，网络平台代替传统产业变成链接消费市场上下游的核心纽带，它在"互联网+"经济形态中起到的是"一手托两家"的实际作用。平台既掌握了车辆和司机的备案信息，也掌握了乘客和出行路线的相关信息。可见，保障网约车的出行安全的抓手就在于平台。从法律层面看，在网约车侵权的责任分担中，平台因其对车辆、司机和乘客信息的实际控制力，已经不能单纯定性为信息提供者，还应依法承担网络平台其他责任形态。

在这个事件中，用户预约的车辆不是实际接单车辆，出现这种问题的原因有两个：一是涉事车主拥有多辆车却使用同一个号码；二是可能出现注册人违规将约车信息转给他人的情况。不管是哪一种情况，涉事车主都应承担直接责任。网约车平台的责任则需要分成三个层次：首先，平台在接入车辆和司机信息时应录入和核实真实注册信息，若事情发生后平台无法提供涉事车主真实信息的，就需要承担连带责任。其次，平台应该建立内部监管机制，对"人车不符"的情况必须有完善的管理措施和畅通的举报通道，如果缺乏事后惩罚和监管渠道，也应承担相应责任。最后，平台应依法配合事主和公安机关的调查取证，所有相关信息记录均应依法保存6个月以上，若事后无法提供就需要承担行政法上的责任。

必须强调的是，出行安全问题绝不仅是网约车的"专利"，传统出租车也存在相关问题和隐患。因此，这个事件并不是说传统出租车与网约车哪个更安全的问题，而应该是网约车的"车与人"到底应该归谁管和怎么管的问题。从未来的发展来看，专车安全的监管应该是"动态"的监管，相比较传统行政仅对车辆和司机资质的"静态"监管来说，网约车平台更具有动态监管的可能性。一方面，在充分落实实名审核基础上，注册车辆和人员的信息将结合乘客评价的信用体系，形成"实名信息+信用"的保障机制，既让用户提前了解到车辆和人的具体信息及评价，也可以达到"末位淘汰"，净化出行市场。另一方面，未来网约车动态数据，可以将行驶中的网约车随时动态定位，包括乘客安全的一键呼叫、避免司机违规绕路、交通事故的快速处理，以及车辆安全的动态监控等都可以通过平台来全程监控。

不管未来发展如何，就当下网约车发展现状来看，平台对用户安全保障义务仍存在落实不到位的情况。尽管"互联网+"已经成为产业变革的大势所趋，不过，如何保障用户安全才是真正产业发展的"瓶颈"，"互联网+"的相关产业若尽快完成工业 4.0 产业革命，就不能仅依靠资本与技术，还应将保障用户安全放到第一位。

第三节　管制与俘虏理论

看了央视的一个节目，十分令人感动，我推荐大家凌晨去燕郊看看，一年四季，不管刮风下雨，燕郊地区每天凌晨 5 点，就有一个令人感叹的特殊景观：如同南极的帝企鹅的守候一样，无数老年人在寒风中代替子女在公交车站排队，为的就是让他们的孩子能够多睡一个小时。在这些父母排了一个小时后，他们的子女才到车站上车，然后，再地铁、公交的转来转去，耗时两三个小时才到单位。在燕郊生活的这些人，很多人没有北京户口，没有购房指标，没有买车指标，正是这些北漂的坚守才让北京的发展有这么快，如果连出行自由都不能给他们的话，那我们还能给他们什么？

对待这个问题，我不十分看重是否"符合法律"或是否增加"拥堵"，毕竟那些学术名词和枯燥的数据实在距离百姓生活太远，如果有了网络巴士和网络拼车，至少能让这些父母免受早起之苦，单这一条，我就双手支持。

据媒体报道，北京市"动态交通指数"在 2013 年和 2014 年连续两年下降后，在 2015 年出现"反转"，拥堵突然加剧。北京交通委对此的解释是，一方面是油价大幅走低的刺激结果，另一方面，是网络约车所导致。

支持北京交委判断的重要数据之一，就是高德地图发布的《2015 年第二季度中国主要城市交通分析报告》，该报告指出，第二季度增长较快的互联网专车、快车等出行模式，对交通拥堵造成了"一定影响"。到底该如何看待网络约车在城市拥堵过程中的作用，将很大程度上影响政府层面判断力，也会直接影响中国互联网+出行的发展方向。

一、网约车并不必然导致拥堵

从数据角度看，至今为止，不管是高德地图，或者其他交通管理部门的现有数据，并没有直接证据证明网约车与交通拥堵之间存在必然的因果关系。当然，数据上的直接证据确实不好寻找，这就如同吸烟被证明是癌症诱发重要原因一样，必须经过大量案例、数据和深入科学研究，几十年以后才能得出令人信服的判断。

根据现有数据显示，北京地区每天大约 6 万辆网约车产生了六七十万的单量。这 6 万辆的上路车辆，与北京 600 多万机动车总量相比，不足 1%，能够产生拥堵的可能性并不会十分明显。

同时，在这六七十万的单量中，还包含了几部分人群：一是，本来就要打车出行的人群；二是，本来就要买车的人群；三是，本来就要坐黑车或自驾交通运输工具出行的人群。显而易见，因第一类和第三类人群使用网约车的情况，并不会额外增加交通拥堵，第二类人群，也会因为网约车的出现推迟或减缓了买车或亲自驾车的需求。因此，从北京市网约车现有数据显示看，网约车并不会必然增大交通拥堵量，这如同将一瓶水分装在不同罐子里一样，罐子的存在不影响水的总量，只会影响水的形状那样简单。网络约车没有让本来不出行的人改变自己行程安排，而是改变了出行方式，稀释了旧有出行模式而已。

二、网约车更体现人文关怀和疏导交通出行

从交通影响角度看，网约车除了专车外，还有快车、拼车、巴士等等。专车和快车并不参与巡游式拉客，不会在街上招手即停，而是通过互联网的叫车系统，按需求提供服务。网约车的这种类型与传统出租车完全不同，出租车招手即停，甚至司机并不在乎停在何处，实践中经常有出租车急停、违规下客、违规上客等情况，很多交通陋习，才是真正产生拥堵的重要原因。出租车即便没有客户，也会低速，甚至超低速巡游，出租司机以扫客为目的，毫无方向感的巡游方式让人很担忧。很多人在驾校学习时，教练说的一条重要上路安全经验就是，一不要跟在大型货车后面，防止追尾伤害；二不要跟在空驶的出租车后面，防止骤停追尾。可见，出租车扫客的低速行驶既产生了大量油耗和污染，也会影响交通畅通。网约车则不然，出现在路上的网约车，一定是存在目的地和固定客源的车辆，他们不会耽误时间，也不会低速

扫客，反倒是更快捷地运送了乘客，减缓了交通压力。

拼车出行就更不会增加拥堵了，一些北京周边地区的卫星居民区，每天有大量的潮汐人群涌向城区，来来回回，固定时间。如果拼车能普及，则解决了购车潮和潮汐拥堵的问题。一辆小车除了司机还有四个位置，能解决至少两三个家庭的出行问题，毫无疑问，这种网约车不仅不会增加拥堵，反倒会极大地减少客流量。

网约巴士更是一种极大的创新，它不仅弥补了普通交通工具覆盖面的问题，而且还将用工单位与居民区人性化的链接起来，让出行变为福利，甚至解决了家与单位"最后一公里"的困境问题。网约巴士特别适合北京这类超大型城市，适合工作区与生活区在地域上的分离，基本解决了卫星城区的就业和出行压力问题。

讲到这里，我特别想让批评网络约车的人去燕郊看看，一年四季，不管刮风下雨，燕郊地区每天凌晨五点，就有一个令人感叹的特殊景观：如同南极的帝企鹅的守候一样，无数老年人在寒风中代替子女在公交车站排队，为的就是他们的孩子能够多睡一个小时。在这些父母排了一个小时后，他们的子女才到车站上车，然后，再地铁、公交的转来转去，耗时两三个小时才到单位。在燕郊生活的这些人，很多人没有北京户口，没有购房指标，没有买车指标，正是这些北漂的坚守才让北京的发展有这么快，如果连出行自由都不能给他们的话，那我们还能给他们什么？

对待这个问题，我不十分看重是否"符合法律"或是否增加"拥堵"，毕竟那些学术名词和枯燥的数据实在距离百姓生活太远，如果有了网络巴士和网络拼车，至少能让这些父母免受早起之苦，单指一条，我就双手支持。

三、道路资源是公共资源，不宜设立资质门槛

从共享经济和公共利益角度看，很多批评网络约车的人，指责网络约车平台滥用了"道路资源"，客观上造成了拥堵。其实，道路资源本身就是公共资源，是为社会全体服务的，并非只为那些取得"许可"的经营者服务。经过许可的运营者，本身也具有商业利益，如果以道路资源是公共资源作为门槛，那么，实际就是为商业利益服务。商业利益与公共利益并非是一个维度，当然，公共利益并非一定排斥商业利益，商业利益也不一定违反公共利益。商业利益与公共利益的博弈，更多的应该交由市场来决定，而非是行政计划来决定。市场是一个比较抽象的概念，其中的核心在于价格调控供求关系的

体系，真正决定市场未来的，是显而易见的，那就是用户。用户可以用"脚来投票"，大多数用户的投票，反映在价格之上，价格又在调控供求关系，从这个角度说，市场调控就是最大的公共利益，或者是市场经济实际是反映出来最真实的公共利益。

我国出租车行业长久以来的许可体制，从价格、准入、资质开始，形成了比较固定的管理模式。不可否认，这种模式在相当长时间内发挥了比较积极的作用。不过，随着城镇化的发展，城市的膨胀超过了计划经济的预见性，缺乏市场的管制，最终引起了畸形的供求关系。本来出发点是好的监管目的，变为阻碍市场规律的障碍。

四、必须警惕"管制俘虏理论"

从经济学角度说，如果存在市场准入，那就需要行政许可，有了行政许可，就必须要求监管部门进行价格管控，存在入门门槛和价格管控的市场，就不能发挥市场规律。一方面，管制部门必须维护已经取得资质者的获益，或者保障其获得因"购买"资质的回报，这必然导致数量管控，出租车领域的数量，必须要达到"供不应求"；另一方面，数量管控和价格管控的效果，导致了市场供需矛盾，直接制约了城市发展，限制了城镇化进程。

按照诺贝尔经济学奖获得者乔治·施蒂格勒在1971年《经济管制理论》提出的"管制俘虏理论"，关于监管者对被监管者的管制，从长远看，管制部门的监管最后会被被监管者所"俘虏"，沦为既得利益的维护者，成为垄断利益利润的分配者。当然，这个理论是建立在各种经济学"假设"基础上的，可能并不一定适用于所有管制形态。不过，俘虏理论却给"互联网+"的发展提了个醒，在工业4.0革命中，对待旧利益和旧观念时，监管部门需要有大局观和大势观，应该以创新的态度去面对这些事物。

五、必须历史辩证地看待出租车与网约车

"互联网+"的崛起，给予分享经济了历史性机遇。分享经济相比传统经济模式，能将社会闲置资源最大限度的利用流转，能将资源恒量通过"分享"的变量扩大化，更有效率的满足社会需求。长期以来，出租车一直被定位是公共交通出行的补充，"优先发展公共交通"的基础上，才次要发展出租车。然而，公共交通的发展需要巨大的人力物力，需要时间和耐心。以北京为例，北京的地铁和公共交通投入规模和增长速度世界首屈一指。但是，从绝对值

来看，相比伦敦、纽约等地铁等交通出行发展了上百年的城市看，北京每平方公里的地铁覆盖率少得可怜。且不论地铁等公共交通能否满足市民出行"最后一公里"的问题，即便是地铁沿线覆盖率都没达到中等发达国家水平。与此同时，北京等大城市规模膨胀速度也居世界首位，城镇化的速度远远超过了公共交通发展速度，这些发展中存在的交通问题，必然落到更为灵活的出租车身上。我国出租车的准入制度和次要发展地位，限制了市民出行需要，将城镇化速度变慢，反过来又影响了整个经济布局。

从辩证法的角度看，最终解决城市出行的出路一定是充分发展的公共交通工具，不过，在矛盾发展过程中，要解决发展过程和最终目标的调解和转化问题，出租车作为公共交通发展的补充，能够在发展中的阶段上解决好交通出行问题，就应该大力发展起来。可是，传统的出租车行业数量是固定的，如果按照城市需求的高峰时期确定数量，那么，这些出租车在城市里低峰时期就会大量闲置，反之，如果按照城市低峰时期确定数量，到了高峰时期车又不够用；若取二者之中的话，那么，高峰时期不够用，低峰时期却闲置。这似乎是数量管控的"死穴"，管控模式在博弈论中败下阵来。之所以长期以来仍然沿用这种体制，在此期间，瑞典、爱尔兰等很多国家也曾想放弃出租车的行业管制，但都以失败告终，根本原因在于缺乏比管制更为有效的灵活手段。

网络约车就完美地解决了这一点，这是基于分享经济的特点产生的。网络约车的车辆大量属于私家车，这些车平时不巡游，不参与到传统出租车的业务中，在高峰时期，网络约车通过平台信息，有针对性地参与到交通运输中来，低峰时期，网络约车又回归到私家车定位中。这就极大地解决了城市交通潮汐需求的变量问题。

可能会有人指出，本来城市高峰期车就很多了，再加上私家车参与运营，这岂不是堵上添堵？其实不然，如前所述，网络约车很多类型。拼车、网约巴士的话，一辆车载好多人，这就减少了公共交通压力。专车、快车等收费较高，能承担起这些费用的用户，一般也会选择打车或自己开车，他们的约车行为不会增大交通总量，反倒是利用数据调控，能够就近接客，规避拥堵路段。

六、网约车市场不能靠"砸钱"取胜

随着城镇化的加速，中国城市交通的市场非常巨大，有很强的商业价值。

目前，很多平台正在中国市场角逐。如同互联网的其他产业开始时一样，在网络市场中的"跑马圈地"在所难免，国内外资本的"热流"让人侧目。在网络约车现阶段的发展期，包括降价、优惠、送券等营销活动此消彼伏，很可能出现如王安顺市长说的那样"打车不花钱还倒找钱"的情况。这确实是行业乱象，应该得到法律治理。不管是互联网经济还是市场经济，都应该是法治经济，滥用资本优势的类似"倾销"的行为，应该被喊停。

在互联网+出行领域，真正能够应的得到中国这个世界最大市场蛋糕的，不应该是仅依靠资本"发钱"的人，而应该是能为用户权益着想，积极参与城市交通建设，遵守法律法规，处处体现人文关怀的企业。当然，能够决定互联网+出行领域的，也不应该是行政的干预，而应该是市场，是大众，是人心。

第四节　共享单车与路权改革

共享单车是互联网+分享经济模式下的新经济形态，一方面，从根本上转变了城市出行模式，解决了市民"最后一公里"的出行难题，另一方面，也引发了城市管理，特别是传统路权的相关问题。路权问题是城市出行的核心点，共享单车的普及直接对自行车"回归"城市出行路权定位产生了新的冲击。

以工业革命的视角纵向看待我国城市出行路权，大致有三个阶段。我国在电气化革命后，机动车逐渐出现在城市出行中，因为当时左舵的美德车大量进口，改变了我国传统"靠左侧"出行的传统，变为适应"靠右侧"的出行方式。信息化革命之后，私家车大量涌入市场，为了适应城镇化发展，我国路权逐渐倾向于机动车优先发展，这个阶段城市建设都以高速公路和立体交通发展为主。目前我国正处在工业4.0革命时期，包括网约车、无人车、共享单车、共享汽车在内的新型出行方式逐渐涌现，停车问题、大数据交通、智慧出行、非机动车复苏等新方式开始引发城市管理者对新形势下路权问题的思考。

信息化革命后的相当长时间，机动车保有量成为衡量一个城市经济发展水平的重要标志。与此相适应的，越来越宽的马路，越来越高的立交桥和越来越多的停车场等城市配套措施变成保障机动车优先权的标杆。不过，当反思城市发展规模与市民出行关系时，城市管理者不得不面临一个棘手的难题：

出行基础设施的建设速度永远跟不上市民出行的需求。

当大城市管理者发现城市建设与出行需求的难题后，破解的办法有两个：一是大力发展公共交通；二是限制私家车的数量和上路时间。也就是说，扩大公共交通供给量与限制私家车供给量相互配合，理论上能够支撑城镇化带来的出行难题。但是，有两个变量没有考虑到这一配合关系之中去。第一个变量是市民对出行舒适度的感官体验，生活水平的提升反映在市民出行领域必然趋向于多种出行方式的个性化特点。第二个变量是再多的公共交通也无法解决市民"最后一公里"的问题。当互联网+分享经济出现后，网约车带来的便捷性和个性化满足了市民多重出行需求，解决了个别城市机动车"限号""限购"带来的不利影响。网络单车则成为连接市民乘坐公共交通与目的地之间最后一公里的最好选择。特别是网络单车的普及，已经成为市民乘坐地铁公交等公共交通至目的地的"润滑剂"。客观上更是起到了打击"黑摩的""黑车"等交通违法乱象的效果。试想一下，市民从地铁出来回家的两公里路程，更愿意选择花1块钱使用网络单车回家，而不愿意花10块钱做没有安全保证的"黑摩的"。尽管网络单车逐渐成为市民出行离不开的渠道，不过，在城市管理和路权问题上却出现了很多问题。

首先，城市管理者必须改变以往机动车路权优先权的发展思路。以北京为例，大量非机动车道被机动车停车占用，骑车出行者只能选择机动车道行驶，这就埋下了安全隐患。从成本上看，一辆机动车的行驶成本很高，停车场、加油站、公路、维修站等配套措施缺一不可，相比之下，单车成本低又绿色环保。在公共道路饱和的情况下侧重发展非机动车路权，完全可以起到对公共交通的引流作用，减少市民对自驾车的需求。因此，重新畅通非机动车道，限制机动车优先权才是解决"大城市病"的抓手。

其次，城市管理者在网络单车停车问题上更加宽容。20世纪90年代，有的地方政府就开始发展公共自行车，但效果很不好。根本原因就在于公共自行车停车场地太过限制，单车本来就是为"解决最后一公里"，市民却为了停车和取车花费超过一公里的路程，这是不合理的。网络单车就是"随手"停放，这才有便捷性可言。当然，在防火通道、机动车道、盲道上的乱停乱放应该被禁止。除此之外，市政管理部门不能仅以"市容"和"规划"为由限制停放单车，市民生活便捷才是城市管理的核心。

最后，城市管理者和网络单车平台要充分使用大数据建设智慧出行形态。依靠大数据形成的城市"潮汐图"应该得到充分运用。以网络单车为例，上班高峰期的单车流量是从地铁到办公密集区，下班高峰则反之，仅依靠单车的自然流动很可能会造成效率低下。网络平台应根据大数据显示流量的变化，充分调控车辆供给。同理，在网络单车与机动车并行的路段，城市管理者也可以依靠大数据建立"潮汐车道"，甚至可以建立特殊时段的"非机动车"道路确立特殊路权，来鼓励市民出行更多选择公共交通+网络单车的模式，减少机动车拥堵情况。

第五节 共享单车新政解读

2017年8月2日，经国务院同意，在交通部的牵头下十部委联合发布了《关于鼓励和规范网络租赁自行车发展的指导意见》（以下简称新政）。新政涉及总体要求、鼓励发展政策、规范运营行为、消费者权益保护、发展竞争秩序等五大方面和十七项具体问题，这是一部横跨道路交通、产品责任、工商管理、信息安全、消费者权益、资金安全、城市管理等十余个领域的"鸿篇巨制"，是落实习近平总书记提出的"共享共治""构建良好秩序"和"加强网络新技术新应用管理"等互联网治理新思维的体现，也是我国近年来"互联网+"背景下政府立法和执法的统筹规划依法管理的最新发展成果，在世界范围内尚属首次。

第一大看点：性质定位的明确。

公众对互联网租赁自行车的称谓"共享单车"，源自早些时候 OFO 等企业初创互联网+自行车时的理念和做法，当时平台并不生产自行车，所有车源均来自用户分享。不过，在各方资本涌进互联网自行车租赁市场之后，单纯的分享行为已经满足不了社会需求量的增加，平台就逐渐开始自行生产并投放自行车，此时的车源的性质发生了变化，在本质上已经不是共享经济层面问题。因此，新政正本清源将共享单车仅作为"俗称"，以"互联网租赁"进行重新定位是非常科学的。

必须值得关注的是，新政并没有局限于"自行车"，而是将"非机动车"作为分时租赁的标的进行明确，这就给了除自行车外的非机动车足够的"想象空间"。实践中，既存在很多共享电单车，也存在像老字号自行车厂商"永久"的电助力车等形式。这样开放性的规定，并非是肯定了电单车租赁在所有城市运营，毕竟新政明确了"不鼓励发展互联网租赁电动车"，所以这就要结合"属地管理"的基本原则，根据地方城市发展特点，"一城一策"的进行管理和服务，例如，地方政府可以根据城市实际情况，自己定性"非机动车"的发展方向，这就保持了立法的张力和宽容度，是非常值得点赞的。

第二大看点：自行车路权回归。

作为一个生活在大城市的居民，笔者最看好的就是新政对自行车路权的确立。我国机动车路权规则由来已久，大城市病、拥堵、环保、事故等众多问题都源自机动车的过量发展。二十多年城镇化的经验反复证明，不是越来越多的立交桥和越来越宽的马路就能保证交通的畅通，反倒是足够安全和普及的非机动车道才能吸引更多骑行者，以最低的道路资源满足最多和最环保的出行。新政将"完善自行车交通网络"作为重要部分加以明确，从规划角度到标记设计，从严禁占用非机动车道停车到公共交通的衔接，这都给自行车出行创造了好渠道。

特别是从鼓励公共交通出行的角度看，网络单车的普及将成为公众出行公共交通体系的"润滑剂"，越多和越通畅的自行车体系，是解决公众出行最后一公里的主要抓手，是连接各个公共出行点的"毛细血管"。新政关于自行车路权回归的鼓励措施，必将成为解决大城市病和绿色出行问题的重要举措，所有人都将因此获益。

第三大看点：投放量的问题。

"单车堵城"已经成为共享单车的主要负面效果之一，若不能解决这个问题，"疏"与"堵"就是一念之间。

首先，单车投放量到底需不需要管。必须肯定，共享单车企业的竞争属于市场问题，应该交由市场解决，不过，过度投放涉及公共利益问题，这就属于政府调控管理的范畴。企业竞争中的逐利行为，追求的不是城市需求单车数量的绝对份额，而是自己企业占有市场的相对份额，在培养用户使用习惯层面，越多的车辆也就意味着越便捷的使用。所以，不管从哪种角度讲，投放单车的数量不能单由企业"任性"，必须引入政府宏观调控。

其次，投放量该如何管。对于这个问题，新政将具体投放量管理权限按照属地管理的原则交给地方政府，地方政府要结合"承载能力、停放资源、公众出行需求"来充分考虑具体总量。互联网时代的管理应该更加科学，大数据、云计算、物联网等相关技术应该被更广泛地应用于政府决策。对于总量问题，政府宏观调控可以借助新技术，在企业数据共享的基础之上完成。

最后，企业服务能力也是决定投放量的重要指标。新政将企业具备的线上线下服务能力、电子围栏技术、用户服务能力、车辆流转能力等能力作为衡量企业是否履行法律责任、社会责任和道德责任的指标，若是企业无法承载这些责任，理所当然的投放量就必须受到自身能力的限制。

第四大看点：如何解决停放问题。

新政对于停放问题规定的"负面清单""正面清单"和"电子围栏"等创新性规定，对于解决乱停放问题有着深远而重大的意义。正负面清单和电子围栏并非是简单的规定，而是一个互相支撑的逻辑体系。

第一，共享单车不能仅依靠正面清单。当年各地政府推出的"有桩单车"等公共自行车，大部分都以失败告终，究其原因就在于"有桩"就是限制了用户使用便捷性，很少有人为了解决"最后一公里"出行，却花费800米去找"桩"。因此，新政最大程度吸取了公共自行车的经验，没有单纯限定正面清单。

第二，共享单车不能仅依靠负面清单。负面清单就是停放位置的"底线"，划清了底线，也就明确了合法的停放地点。这一点规定似乎能全面解决单车的停放问题，不过，后续的问题没有办法解决：负面清单的地点往往是用户需求量最大的地方，若是立法不让停放，就会影响出行便利。所以，新政明确了在商业区、公共交通枢纽、居民点等地段的"电子围栏"制度，这些区域的负面清单，用户可以选择停放在依法设立的电子围栏之中，这就最大限度地避免了便捷性的减损，这种设计是非常有人情味和先进的。

第三，电子围栏作用在于衔接正负面清单的空缺。电子围栏耗费大量企业成本和社会资源，不是越多越好，但又因承接正负面清单的空缺而不得不有。新政既将电子围栏作为正面清单的鼓励性规定，又将其设置为在负面清单附近的法定性规定，充分体现出立法的严谨性和实践可操作性。

第五大亮点：消费者权益保护。

用户的便利和权益是新政的立足点和出发点，主要分为几个方面：

其一，明确企业责任。我国侵权法和电子商务法体系尚未就"互联网+"平台责任作出明确规定，这就需要平台购买足够的商业保险来化解可能发生的损害。新政将为用户购买商业保险作为平台主要责任之一，强化平台对用户的公开承诺，最大限度保障了用户权益。

其二，用户实名注册是解决未成年人权益保护的重要举措。新政明确平台禁止向12岁以下的儿童提供服务，这就需要首先完善平台自己的实名认证系统，清理违法账号，尽最大努力做到人与账号的一一对应关系。

其三，用户信息安全放到最高位置。新政出台时期正值我国网络安全法实施之时，信息安全是所有新技术发展和应用的前提条件。新政除了明确平台数据保护责任之外，还将再次确立了用户的"数据权"，对平台采集用户信息的范围作出了限定，甚至将主管部门的数据义务也规定其中"主管部门不得将运营企业报送的数据超越管理所必需的范围"，这无疑是履行和落实网络安全法的重要举措。

其四，更好地保护用户资金安全。我国法律并没有对押金的性质作出明确规定，一般认为押金属于抵押性质，所有权并没有转移到商家手中。新政明确了企业自有资金和押金、预付费之间的关系，明确要求企业要开设第三方监管的独立账户，将押金和预付费做到专款专用，不能变相搞集资和资本运作。更重要的是，新政明确了押金"即租即押，即还即退"的原则。这比2015 年工商总局出台的《侵害消费者权益行为处罚办法》中"预付费 15 日退还期限"更进一步，更有利于消费者。

第六大亮点：信用管理的建立。

素质经济是"互联网+"和分享经济的基础，越高的用户素质，企业和社会成本也就越低，反之，则高额的素质成本将成为新经济形态的羁绊。从这个意义上讲，新经济形态也就是素质经济形态。

新政对素质经济的管理思路非常明确，一是要建立信用管理体系，将用户行为信用记录进行全国数据共享，以信用来促进素质经济发展。二是要建立平台与用户之间的"互评"，用户也可以评价企业信用，好的企业必然收获用的"口碑"，坏的企业则会丧失用户的信任。三是明确了引导用户安全文明用车，从宣传、教育、公益广告、志愿者服务到奖惩措施都作出了具体规定，这一切并非是仅存于纸面，都将集中落实到信用体系建设中来。

第六节　共享单车残局的反思

共享经济产业竞争与自然界物竞天择一样残酷，越是激烈竞争，越能促进优胜劣汰，从长期看，市场和消费者也就越能获利。共享单车发展到下半场，包括小蓝单车、酷奇单车等"力竭而退"的失败者多达六十余家。平心而论，市场失败者是胜利者的战利品，是未来一统天下的必经之路，不过，胜利的代价不应建立在浪费资源和损害消费者权益基础上，这些失败者的残局该如何收拾，成为包括胜利者、政府、消费者和市场在内共同关注的话题。

尽管共享单车市场尚未存在一家独大的情况，摩拜和 ofo 双雄并立却是大局已定，胜利者有权也有义务收拾失败者的残局。

从市场层面说，六十余家市场退出者留下了巨大的市场份额，双雄没有理由拒绝接受。群雄逐鹿的结果是兼并统一，全面接收失败者的资源、客户、份额是精明策略的首选。双雄之所以还有所犹豫，根源在于高额的押金债务和债务分配。其实，按照网络推广成本与预期份额算的话，代偿失败者留下的押金债务不仅可以直接获得客户和份额，而且还能留下口碑和信用，这些实打实的积累，将成为双雄未来合并或对决的最大砝码。

从法律层面讲，交通部等十部委出台的共享单车指导意见中明确，单车企业在"收购、兼并、重组"的要首先保障用户权益和资金安全。也就是说，胜利者要吃掉六十余家失败者残留的市场巨大份额是有代价的，用户的押金和预付款就是第一单门槛。

从政府监管层面看，必须强调的是，政府不能为经济社会竞争成本买单，更不能为资本盲动的损失买单。监管部门对押金等资金安全缺乏监管的教训，需要牢记于心，共享经济市场的激烈竞争不同于往，监管者不能被企业华丽的 PR 文案所蒙蔽，什么时候该做什么，要夯实法律规定，做好消费者的守夜人。

政府要更为智慧的应对押金危机，特别是在很多城市限制单车总量的背景下，要打好手中的牌，以获取失败者市场份额的砝码，换取胜利者为解决此事的资金，无疑是一个明智之选。

单车之乱根源在于企业之间追求的是相对份额，大一统的单车市场格局更有利于理性市场。未来一家独大的单车市场呼之欲出，经营集中更适合单车市场，更能发挥市场作用。对未来即将占据绝对垄断份额的单车企业，监管者需要注意的是避免滥用垄断地位、资金安全、用户权益和智慧城市数据共享等问题。但在此之前，监管者应该以必将发生的市场份额变动，换取胜利者的资本填补消费者的所有损害。遵守规律，划好底线，应时而动就是充分运用市场规律，将现存的押金危机与未来市场竞争结合起来，做好统筹工作。

目前正值《电子商务法》二审稿讨论阶段，我们吃惊地发现，即便在当下押金问题已经成为电子商务核心问题和社会问题的情况下，二审稿竟然仍未将押金安全问题写进去，甚至删除了一审稿中原本规定的消费者权益保护专节。

所以，从促进科学立法角度看，本次押金危机时机正好，反复提醒立法者：押金和预付款问题若不能正式写入立法，就不能有效避免此类事件再次发生，电子商务立法必须给消费者一个交代。

第一节　网络侵权的双重身份性质

将网络侵权正式写入《侵权责任法》是中国大陆地区新时期侵权法发展的新突破，这不仅具有明显的时代特征，而且在世界范围内还属首次。网络侵权在新颁布的《侵权责任法》中被规定在"特殊主体"一章中，以一条三款的方式对网站和网民承担侵权责任的几种情形作出了较为详细的规定。可以说，本条的规定在立法讨论之时就已经被讨论得沸沸扬扬，现在的规定其实在很大程度上也不尽人意，但是既然在立法过程上已经结束，那么我们就需要从法律解释的角度来对网络侵权进行重新塑造，这不仅为即将完成的相关司法解释做好铺垫工作，而且也为即将实施的侵权法司法实践工作做好准备。

1. 网络侵权中的双重主体

网络侵权比较传统侵权法而言是一种新型侵权形式，是新时期制定和理解侵权责任法不能回避的重大问题。从网络侵权主体上看，实际存在着两个"双重身份"，明晰这两个"双重身份"对《侵权责任法》现在进行的司法解释工作和以后的司法实践工作来说至关重要。

第一个双重身份是指网络侵权主体的双重性质。网络侵权之所以区别于传统侵权类型，从网络侵权外在形式看，网络侵权主要表现为网络用户利用特定的网络服务作为工具，不法侵害他人[1]合法权益的行为，从中可以看出，网络侵权中一般存在两个不同的主体：直接侵权人——利用网络服务作为工具侵害他人合法权益之人；间接侵权人——网络服务商（ISP）。直接侵

---

〔1〕　网络侵权不仅限于对现实社会合法权益的侵害，而且还包括对虚拟世界中虚拟人合法权益的侵害，针对虚拟人在网络中合法权益的保护在理论上还有争议，但是在现实中已经存在对虚拟人合法权益保护的成功判例。

权人属于一般侵权主体，是侵权法一般条款的调整范围，适用过错归责原则；间接侵权人因其主体特殊性，责任构成和承担责任的方式也有所不同，所以在侵权法上做出特殊的规定，即《侵权责任法》第 36 条。《侵权责任法》以网络侵权主体的特殊性为视角，将网络侵权规定在"责任主体的特殊规定"（第四章）之中，这是非常可取，也是比较先进的立法模式。这是因为，根据侵权责任主体的划分，将网络侵权一般性主体归纳到一般条款[1]规制之下，而不另行作出规定，这样既可以增加立法效率，突出大陆侵权法一般条款的优越性；又可以在更深层次上体现着立法者的本意，即网络不是法律的无疆地带，侵权人在网络实施侵害行为和在现实中的侵害行为一样，都将受到法律的统一规制，针对愈演愈烈的网络侵权来说，这样的规定比较到位，也可以应对日后网络侵权中可能出现的新型侵权形式。

　　第二个双重身份是指网络提供者的双重身份。网络服务提供者自产生那一天起就扮演着双重角色：一方面它扮演着发布者的角色（ICP）——通过网络主动发布信息，比如，网络新闻、网络杂志等；另一方面它又扮演着传播者的角色（ISP）——为接受网络服务的人提供网络交流平台和上传的空间，为网民提供自由意志表达的舞台，比如 BBS 论坛、博客空间等。网站的这两种身份之间是有本质区别的：

　　网站作为 ICP 发布者，如同现实中为自己的言行负责一样，网站当然要为自己发布的信息承担自己责任，如果相关信息侵害到他人的合法权益，就应当依法承担相应责任。网站作为 ICP 发布者通过筛选、组织材料将其置于网上，其作用很类似于现实中的出版者，这与仅提供网络服务的 ISP 而言，ICP 对于上传的网络信息是有完全控制权的，换言之，其发布的信息是出于自己的意志范畴，因此很多国家的立法将 ICP 承担的责任与出版者责任规定类似，比如，美国在《知识产权与国家信息基础设施：知识产权工作组的报告》中规定，网络中的基于其履行中介服务所必需的自动、暂时性复制与传输，属于版权法上的复制，网络服务提供商应对此负严格责任。[2]之后又针对知识产权保护的《通信正当行为法》规定，网络服务提供商有权出于善意对其认为是侵权、违法信息进行遮拦、屏蔽，而不管这些信息是否受宪法保护，

---

　　〔1〕 笔者认为第 36 条第 1 款对于一般网络侵权人的规定，虽有画蛇添足之嫌，但是考虑到国民对法律的理解以及体系上的逻辑，尚有存在的必要，姑且认为第 1 款是 36 条后两款的一般性规定，也是网络服务商追偿的请求权基础。

　　〔2〕 参见美国 1995 年《知识产权与国家信息基础设施：知识产权工作组的报告》，第 114～124 页。

均不承担责任；如在网络中出现侵权或违法信息，不论其是否有过错均应负责[1]。

网站作为 ISP 传播者的法律性质与发布者大不相同：首先，中立性是提供网络平台的传播者最根本的特征，即使网民利用网络侵害他人权益，只要传播者没有与侵权人共谋，那么就可以中立性适当免责，这是世界各国通行的做法；其次，网络传播者作为新时代舆论的前沿阵地，在很大程度上是《宪法》赋予言论自由权利的具体体现，即使出现了因网络传播者过错导致他人合法利益受损的情形，"投鼠忌器"，传播者承担责任也因此会局限于个案之中，不宜存在于普遍立法之上；再次，传播者的责任承担方式与作为发布者是不同的，只要传播者不存在主观上的故意，那么它与侵权人对损害的发生仅存在间接结合，因此只承担与过错相关的中间责任。如果网络传播者存在主观上的故意，或与其他侵权人合谋，此时网络传播者的中立态度就发生了性质变化，其身份也就相应的从传播者变成网络发布者了，法律就会要求网络服务提供者承担连带责任。正因为网站作为传播者和发布者性质的不同，世界各国立法模式大都将 ISP 传播者责任进行适当豁免，比如美国在 1996 年通过的《通信法》第 230 条规定，"任何一个互联网服务的提供者或者使用者都不应被看作他人提供的信息的公布者或者发言人。"这就基本上豁免了网络服务商的直接侵权责任，其立法依据是宪法修正案第 1 条，即舆论自由。美国人对网络的监管一直强调要并行法律和道德，法律只是最低等级的道德，网络上的侵权不可能用法律完全解决。正因如此，美国人在不久前以违宪为名否决了一部十年前订立的旨在保护儿童免受网络色情危害的法律，他们认为保护儿童免受网络侵害的责任在于家庭，法律不应该因此而获得干涉网络自由之权利。

2.《侵权责任法》第 36 条 "双重身份" 的解读

我们从网络侵权双重身份的认识入手，对《侵权责任法》第 36 条对网络侵权的规定进行认识，可以发现本条的规定其实是对网络侵权双重主体的细化，本条对网络侵权作出了三种不同层次的规定[2]：

---

[1] 马秋枫：《计算机网络法律问题》，人民邮电出版社 1998 年版。

[2]《侵权责任法》第 36 条规定，网络用户、网络服务提供者利用网络侵害他人民事权益的，应当承担侵权责任。网络用户利用网络服务实施侵权行为的，被侵权人有权通知网络服务提供者采取删除、屏蔽、断开链接等必要措施。网络服务提供者接到通知后未及时采取必要措施的，对损害的扩大部分与该网络用户承担连带责任。网络服务提供者知道网络用户利用其网络服务侵害他人民事权益，未采取必要措施的，与该网络用户承担连带责任。

第一个层次是对网络侵权的一般性规定，网络用户、网络服务提供者利用网络侵害他人民事权益的，应当承担侵权责任。这款一般性规定明确了网络侵权主体的双重性，即存在网民和网站两个主体。网民利用网络侵害他人权益是一般侵权，属于自己责任范畴，也是网络侵权中的最终责任承担者。网站利用网络侵害他人权益的存在两种情形：第一种是网站作为 ICP 发布者身份侵害他人合法权益的，这与一般侵权没有本质区别，网站要为自己的行为负责，也属于自己责任；网站作为 ISP 传播者身份侵害他人合法权益的，因其中立性和工具性的特征，法律不能按照传统一般侵权来处理，因此将其特殊规定在本条的第 2 款和第 3 款之中。所以，第一款的规定实际上属于对网络侵权责任中自己责任类型的规定，即网民和网站作为 ICP 发布者的责任。

第二个层次是对网站作为 ISP 传播者责任的规定，网络用户利用网络服务实施侵权行为的，被侵权人有权通知网络服务提供者采取删除、屏蔽、断开链接等必要措施。网络服务提供者接到通知后未及时采取必要措施的，对损害的扩大部分与该网络用户承担连带责任。关于网站作为 ICP 发布者的自己责任，已经规定在本条第 1 款之中，第 2 款则是以"提示规则"来对网站作为 ISP 传播者的替代责任加以规定。之所以如此理解，不仅是出于对网站主体双重身份的考虑，而且是因为本款规定与中国大陆地区对网站传播者责任先前规定是一脉相传的，其中最主要的特征就是本款继续了《网络著作权司法解释》与《信息网络传播权保护条例》关于网站发布者责任所遵循的"避风港原则"，即"提示规则"。

"避风港原则"就是"通知+移除"规则，网络服务提供者在收到被侵权人权提出的证明侵权的证据通知后，采取有效措施如移除侵权内容以消除侵权后果的，可予免责。在《网络著作权司法解释》[1]与《信息网络传播权保护条例》中均规定了"避风港原则"，但两者在适用的主体与范围上均有不同。"司法解释"针对的主体是"提供内容服务的网络服务提供者"。所谓"提供内容服务的网络服务提供者"，是指提供网络存储空间服务之类的网络服务商，包括提供 BBS（电子公告板）、Newsgroup（邮件新闻组）、聊天室等有关内容服务的网络服务提供者。而《信息网络传播权保护条例》第 23 条中

---

〔1〕《关于审理涉及计算机网络著作权纠纷案件适用法律若干问题的解释》第 4 条规定，提供内容服务的网络服务提供者，明知网络用户通过网络实施侵犯著作权的行为，或者经著作权人提出确有证据的警告，但仍不采取移除侵权内容等措施以消除侵权后果的，人民法院应当根据《民法通则》第130 条的规定，追究其与该网络用户的共同侵权责任。

的规定，主要针对提供搜索与链接服务的网络服务提供者。从网站 ISP 传播者的性质上看，不管是网络服务提供者还是单纯的搜索引擎都属于提供网络服务的类型，都应该适用"避风港原则"，即提示规则。

如果将本款不按照网站 ISP 传播者主体来理解，那么就会产生两个逻辑上的混乱：其一，导致工具性质的传播者承担主体性质的发布者的责任，对网站而言是不公平的，网站为减少责任，将势必对网站对网民上传信息进行事先审查，然而网站作为普通民事主体，既没有义务也没有权利干涉公民合法的言论自由，这将与《宪法》所规定的言论自由等公民基本权利相抵触；其二，无法与本条第 3 款进行协调：一方面被侵权人必将跳过本款直接适用本条第三款要求网站承担责任，另一方面即使网站在被提示后采取了补救措施，也无法完全免责。因此，对第 2 款的理解只能按照网站作为 ISP 主体进行理解。按照网站作为 ISP 主体身份理解该款，在适用过程中就有着一定的特殊性：

首先，因为 ISP 工具性和中立性的特点，在网络侵权中属于间接侵权人，对侵权结果起着间接作用，相对于直接侵权人来说，ISP 的主观过错和原因力大小都是较小的，其违法性也有明显的轻微性，如果要求网站承担连带责任，那么势必会造成网站不能承受之重，在保护公民个体公平正义的同时，很可能会伤害到社会整体的公平正义，势必对网络产业发展不利，对言论自由不利。因此对本款规定的"连带责任"之理解，不能认为是一般连带责任，而应该是存在最终责任人的中间责任。网站承担的这种连带责任是一种类似于安全保障义务的中间责任，网站在承担侵权责任后有权向直接侵权责任人进行追偿，侵权最终责任人将承担全部侵权责任。

其次，被侵权人向网站进行提示，要求采取必要措施之时，应该提供相应的证据或者担保，否则要承担相应的责任。对提示举证责任的理解有两种不同的观点：其一是认为在被侵权人提示之时，只要网站没有相反的证据证明没有侵权的发生，那么网站就应该采取措施，例如美国在《数字化千年版权法案》中的通知义务要求，权利人只要向 ISP 发出了通知，告知在这个 ISP 所提供的个人主页或 BBS 上有侵权信息，ISP 得到通知后如果没有证据表明这个言论没有侵权，那么它必须迅速删除，否则权利人可以控告 ISP；其二是认为，提出提示规则人应该承担举证义务或提供相应担保。我们倾向于第二种观点，这是因为：①第一种观点其实是针对知识产权严格责任而言，严格责任对一般侵权责任适用并不恰当。②按照"谁主张，谁举证"的诉讼法规则来看，要求行使权利的一方理应提供相应证据。③网络作为新时期舆论监督前沿阵地，其存在的意义早已超过其本身在民事法律方面的价值，对"提示规则"要求提供相应证据是保护社会舆论监督的重要手段。

最后，网站作为 ISP 传播者不能以事先的声明条款或与网民签署的免责条款进行免责。按照德国汉堡高级法院对该国"超自然"论坛经营者作出的一项判决表明，互联网论坛的经营者即使是在完全不知情的情况下，原则上也要对发表在其论坛上的内容负完全责任。法院认为，由于侵权言论是通过互联网论坛公布于众的，所以论坛经营者作为侵权者必须为传播这些言论负责，因为仅凭论坛经营者提供了自己的互联网平台传播了侵权言论这一事实就足以认定网络经营者构成侵权，至于信息的来源是己方还是他方，经营者是否知情则是次要的，经营者只有通过对相关言论做出具体明确而不是笼统的声明才可免责。[1]这说明网站作为提供服务的一方，在原则上是网络共同侵权责任的重要主体，法律为了衡平法益和保护被侵权人合法权益，并不认同网站笼统的免责条款。

第三个层次是对网站作为类似 ICP 发布者身份的规制，网络服务提供者知道网络用户利用其网络服务侵害他人民事权益，未采取必要措施的，与该网络用户承担连带责任。之所以说本款是类似于发布者身份，是因为单纯发布者责任已经在本条第 1 款中进行了规定，那么本款主要就是针对那些，网站具有明显控制权情形作出的补充性规制，主要包括以下几种情形：帖子置顶、首页推荐、网刊发布、主办活动、转载等。这几种情形，形式上虽然并不是网站作为 ICP 直接发布的讯息，但是在实质上这些网络讯息都是通过网站管理进入到传播领域的，换言之，网站已经通过发布以外的手段参与到了这些讯息传播之中，因此法律要求网站对以上这些形式承担比传播者更重的责任。

这个层次要求网站以"知道"作为承担责任的重要标准，对此理解，我们可以参照美国关于《千禧年版权法》所确立的"红旗标准"来比较。"红旗标准"即指"如果有关他人实施侵权行为的事实和情况已经像一面鲜亮色的红旗在网络服务商面前公然地飘扬，以至于网络服务商能够明显发现他人侵权行为的存在，则可以认定网络服务商的知晓。"[2]该法分别对网络服务提

---

〔1〕　蓝麒："从德国判例透视我国网络言论的法律监管"，载《科教文汇》2007 年第 9 期。

〔2〕　王迁："论'信息定位服务'提供者'间接侵权'行为的认定"，载《知识产权》2006 年第 1 期。

供商承担传输信道、系统缓存、根据用户的要求在其系统或网络中存储信息及提供信息搜索工具等四种功能时的版权责任作出了限制。[1]但是，它不要求网络服务提供商在提供中介服务时履行审核监控义务，在他人利用网络实施侵权或违法行为时，只有网络服务提供商知道该侵权或违法行为发生而不予阻止时才承担责任。对待红旗标准的理解，一般认为有两个层次：第一个层次是红旗标准并不是要求网络服务商对网络信息进行事先审查，因为这是不能也无法完成的；第二个层次是对"知道"的判定应该按照客观角度，从理性人视角出发来考虑。这种既不需要事先审查，又无法明确理性人判断标准的立法模式实际上是依靠英美法判例的重要作用，对于成文法国家而言便不好进行判定。因此将"知道"的情形具体类型化将有助于法律解释和适用，我们认为对于"知道"应该理解成"明知"或者"应该知道"，对网站"明知"侵权发生的类型就是那些网站实际参与网络咨讯传播的若干情形，包括帖子置顶、首页推荐、网刊发布、主办活动、转载等行为，具体来说：

（1）帖子置顶，在诸如 BBS 等网民可以自行上传的界面，上传帖子的上升速度和排列顺序是按照"跟帖"和发新帖顺序排列，没有特殊设置的帖子应该不会长时间停留在前几名位置。网络管理者可以使用自己的权限将特定经过审查的精华帖子置顶，这样一来置顶的帖子可以在较长时间内被更多的人看到。因此，网站对置顶权限的使用就是可以推定其已经对该帖进行了审查，如果该帖造成了侵权，那么可以推断网站具有"明知"的故意。

（2）首页推荐，一般性博客文章或者网络空间网友的自传信息只能在特定的内部界面显示，在网站的首页上是无法浏览到的。网站管理人员通过使用首页推荐的权限将特定栏目的网络资源可以推荐到网站首页，这就极大地增加了该资源的浏览度和影响力，据此就完全可以推断出网站对于首页推荐的资源具有相应的审查义务，如果被推荐的信息发生侵权，那么就可以推断网站具有"明知"的故意。

（3）网刊发布，网刊是近来兴起的网络期刊形式，其稿源来自网民投稿，形式多是以文字或图案发布。网民向网站发布信息，经网站审核择优，向订阅网刊的用户以电子版的形式发送。可以看出，此种网刊形式虽然在形式上对传统意义期刊进行了革新，但是究其本质而言，网站起到的作用仍然是 ICP 发布者责任，因此将网刊发布作为网站对侵权发生的"明知"是合乎情理的。

（4）主办活动，主要是指网站创建一些主题栏目，根据特定之主题征集

---

[1] 参见美国 1998 年《跨世纪数字化版权法》第 2 章第 512 条。

网民的参与。这些网站的主题活动中，有一些活动本身的合法性就受到质疑，例如，"猫扑"网创办的"人肉搜索"栏目，"人肉搜索"本身就是一个颇有争议的话题，如果将其利用在有益于社会的领域，比如搜索逃犯、千里寻亲或悬赏广告等还是可以理解，但是若被不法分子利用侵害公民隐私权，则就不被法律所宽恕。对于这样一些敏感栏目，主办者有义务对其进行监控和有效管理，否则应该承担相应责任。

（5）转载，尽管转载对于侵害知识产权有着一定程度上的抗辩权[1]，但是其对侵害其他合法权益的情形则没有抗辩权。网站本身的转载行为至少体现着网站对其内容的审核通过，对该信息所涵可能侵害他人权益的内容不能视而不见，因此法律理应要求转载方与侵权人承担连带责任。

为了维护正常的舆论自由和维护网站日程经营的稳定性，对于"应该知道"的情形不应该扩大解释，我们认为，现阶段在实践中仅存"发烧帖"一种类型。所谓发烧帖，就是指在短时间内被超过一定量网民过度关注的网络讯息，其表现特征就是点击量、转载量、评论量在短时间内的急剧扩大。对于发烧贴而言，网络管理者如果没有注意到这样帖子的存在，那么就可以推定其有过错，因此需要承担相应的连带责任。

3. 搜索引擎的法律属性

搜索引擎是一个比较特殊的网络类型，其法律属性一直以来颇有争议：有人认为搜索引擎只是网络信息的搜索工具，可以称得上是"工具中的工具"，正如刀伤了人不能向刀具店主张权利一样，搜索引擎不应该为被搜索的信息负责；还有人认为，搜索引擎本身就是一个营利性组织，其对网络信息的传播有着至关重要的作用，不管从其利益关联性来看，还是从对侵权结果扩大程度来看，搜索引擎都应该成为承担侵权责任的主体。我们认为，搜索引擎侵权责任应该比照网站 ISP 责任处理，这是因为：

第一，从搜索引擎的工作原理上看，其原理是利用网络"蜘蛛程序"，自动访问网络进行信息采集，根据具体用户的需求生成搜索页面回馈给用户，这个过程一般情况下是系统自动生成，并不存在人工成分，这是反应搜索引擎中立性的根本特征，这种中立性特征决定了搜索引擎不应该承担网站 ICP 发布者责任。

第二，从被搜索引擎功能上看，其前提是被搜索的网页需要或者渴望被搜索到，希望自身页面被社会发现并传播，否则，其在网源代码上会加上禁

---

〔1〕　例如"避风港原则"。

止搜索的标记或者事先的声明。

对于搜索引擎提供的网页快照服务，其也是假设这些管理者愿意他们的网站被缓存进搜索引擎数据库，以方便用户即使在原始网页不能浏览的情况下也可以访问这些网站。若不希望自己的网页被缓存，任何一个网站管理者均可在数秒中内破坏对其网站内任何网页的缓存功能。[1]网站管理者若希望其网页内容不被搜索引擎所分析收录，通常可以创建一个名为"robots. txt"的文件告知搜索引擎其搜索权限，或通过在网页中加入元标签（meta-tags）以禁止搜索引擎建立该网页的链接。从搜索引擎的功能上看，其被搜索的网页应该知道被搜索到的可能，其没有采取反对措施就相当于对搜索引擎的默示同意，这也就是国际上对搜索引擎通行的"默示许可制度"，因此对该网络资源造成的侵害，原出处人（被搜索对象）应该承担最终责任，而搜索引擎只承担相应的中间责任。

第三，从网络版权保护实践来看，要求检索引擎承担被索引的原网页同样的侵权责任是不公平的，因为引擎无法对上百万个资源逐一审查，因此惯例上将被援引网页看做成版权的默示许可，将侵害版权责任主要归责于原网页，搜索引擎只承担《侵权责任法》第 36 条第 2 款的提示规则责任，这既是国际通行"避风港责任"的体现，又是援引页面"默示许可制度"的体现。也正因为此，鉴于网络环境下版权保护的实际需要，默示许可制度必将成为一种重要的版权许可模式和侵犯版权的抗辩理由，应被法律确立为与合理使用并列的版权权利限制。[2]

第二节　网络侵权责任的几种重要类型

自从进入网络时代以来，传统侵权法上的侵权类型大都在网络环境中以不同方式表现出来，同时又因为网络的虚拟性、工具性和全民性等特点，使得一些网络侵权类型较之传统侵权类型有着新的特性，其中某些特性具有网络专属特点，这也是侵权法司法实践中亟待解决的重大问题。

---

〔1〕 翟建雄："合理使用还是侵犯版权——Google 图书馆计划的判例解析"，载《法律文献信息与研究》2007 年第 4 期。

〔2〕 吕炳斌："网络时代的版权默示许可制度——Google 案的分析"，载《电子知识产权》2009 年第 7 期。

一、网络民事侵权的特殊性

（一）网络侵权主体双重化

网络侵权较之传统侵权最大特点就是主体的双重化[1]，网站在一定条件下可能承担替代责任。网站在民事活动中本身就具有双重身份：一是作为传统媒体发布者身份，二是作为网络服务提供者身份。当网站作为传统媒体身份从事民事活动时，因其资讯发布是主观主动之行为，所以在侵权责任承担上与传统媒体没有本质区别，按照侵权责任一般构成要件承担自己责任。当网站作为网络服务提供者之时，因其仅为网民提供上传空间和相关技术工具与手段，对可能发生的利用网络服务的侵权行为无法控制或者事先预测，因此法律在一般情况下否认网络服务提供者的责任。这种责任的否认在侵权法上是基于对网站过错的考察而定，在更高层次的法律上，则是基于对言论自由和信息快速传播的因素考量而定。但是一旦网络服务提供者滥用这种责任的否定，在明知侵权行为发生或者在被有证据的提示之后仍然放任侵权发生和扩大的话，那么，基于网站本身的故意或者过失以及对民事个体合法权益的保护，网站就要承担相应的民事责任。一般认为，此时网站所要承担的责任是相对于自己责任的替代责任，是一种中间责任，网站在承担侵权责任后，有权向最终责任主体追偿。我国《侵权责任法》将其规定在第四章与其他替代责任形态规定在一起也充分说明了这一点。从更高层次立法目的考量，使网站承担中间责任也是对公民舆论自由的一种尊重，因为过于苛刻的网站责任可能会有压抑网民自由之嫌。

对网络侵权双重身份的更深层次探讨，集中在同一侵权案件中是否存在网站同时承担自己责任和替代责任的情形。按照传统侵权法理论在自己责任与替代责任之间大都是非一即二的关系，这种混合责任构成在大多数情况下都不会出现。但是在网络侵权实践中这种情况极为常见[2]，一方面网站作为发布者主动发布信息侵害他人合法权益，另一方面网站作为传播者违反"提示规则"，恶意放任有害讯息的传播，在这种情形下，网站一方面要为自己行为负责，承担自己责任，同时也应为他人侵权行为负责，承担替代责任。在网络共同侵权中，这种混合责任形态可以分为两个部分，网站作为发布者身份时承担自己责任，与其他共同侵权人承担连带责任，网站作为传播者身份

---

[1]　参见拙文"网络侵权双重身份论"。

[2]　参见死亡博客案中"大旗网"的混合责任形态，朝阳区法院［2008］。

时承担替代责任，与其他共同侵权人承担不真正连带责任。我国《侵权责任法》第36条网络侵权中网站责任的三款规定，实际上是规定了两种责任形态：第1款是网站承担自己责任的请求权基础，第2款和第3款则是特殊情形下，网站要为直接侵权人承担替代责任的请求权基础。网站的双重身份属性决定了其承担责任的特殊性，也是区分责任形态的关键所在。

（二）网络间接侵权行为

网络间接侵权的研究起源于对网络版权的保护，这与网络以及相关服务和产品快速普及有关。网络服务及产品的发展速度使得法律适应、更新速度望尘莫及，对于它们的出现和普及可能带来的后果，我们往往无法做到准确的预测。一些新服务和产品在出现之时本来具有善良之目的，只是在后期被滥用导致侵权行为的发生（P2P技术），还有一些服务和产品在出现之时本身就不具有善良之目的，它的出现将可能导致新的侵权行为的发生（外挂技术），如果说对于前者我们需要引导的话，对于后者则应尽快消除。侵权法对于那些因为新服务或者新技术的被侵权人而言，应该寻求更完善的救济办法，尤其是在网络环境下，直接侵权人因为在地理上的分散或者缺乏经济赔偿能力，使得获得侵权损害赔偿越来越难，因此寻求对被侵权人权益保护新的途径就显得尤为重要。只有使那些提供非法服务、引诱或教唆他人实施侵权行为，或者出于过错为直接侵权人提供服务或工具、设施，以及扩大直接侵权损害后果的人承担间接侵权责任，才能使权利人获得充分的救济。但是，如果将网络服务提供者和新型产品或服务提供者承担间接侵权责任规定的过于苛刻，也会有可能导致信息产业受到不良影响，新时期网络侵权法就需要在这复杂的利益关系中寻求平衡。

本书将网络间接侵权主体定位于网络服务和技术的提供者和管理者。主要有以下几种类型：

1. 引诱、教唆或帮助侵权行为

此种类型的间接侵权行为主体多为网络技术提供者，表现形式多为故意或过失向非法网络用户提供技术支持，直接侵权人利用这些非法的技术和服务导致了侵权行为的发生。最为典型的类型有两种：其一是"非法盗链"服务的提供，某些非法网站在正常的浏览器无法正常浏览，或者某些侵权网络页面已被依法断开，但是某些网络服务和技术提供者为不法用户提供相关"链接服务"，导致侵权结果的发生或扩大；其二是"外挂服务"的提供，众所周知，网络"外挂"是网络信息产业发展中的毒瘤，一个网络游戏或者论坛一旦被"外挂"腐蚀，那么对于这个网络产品而言将是毁灭性打击，因为这将导致网民无法按照原有程序设计进行公平游戏，也将使服务上无法获得预计的收益。而这些"外挂"多以所谓"网络小助手""游戏大管家"此类名字堂而皇之地出现，因此在追究"外挂"提供者责任之时就产生问题，提供者是否应该承担责任，承担什么样的责任？本书认为，虽然"外挂"服务提供者没有直接参与具体侵权行为，但其产品或服务已经为侵权行为提供了实质性的条件，"外挂"服务与直接侵权行为同样具有可责性，因此服务提供者应该承担间接侵权责任。"非法盗链"服务提供者和"外挂服务"服务提供者，对侵权结果的发生具有明显过错，这种帮助性间接侵权行为与直接侵权人行为结合，导致侵权结果的发生，属于典型的共同侵权，适用《侵权责任法》第 36 条第 1 款，应与直接侵权人承担连带责任。

2. 网络产品的间接侵权

虽然美国"索尼案"[1]所确立的产品"非实质性侵权用途"作为新产品抗辩间接侵权的原则已被世界所接受，但是后续发生在美国的米高梅等公司诉 GS 公司案表明，即使新产品以"非实质性侵权用途"抗辩间接侵权构成，但如果当提供者明知存在侵权行为，并有能力阻止之时，没有尽到合理阻止义务，那么也应该承担相应的侵权责任。这种理论应用于网络产品服务而言，主要针对的是特定服务的提供者，比如猫扑网的"人肉搜索"栏目管理者。论坛上的"人肉搜索"栏目本身虽然是"非实质性侵权用途"，近期发生的利用"人肉搜索"寻找被拐卖儿童的感人事迹也说明了这一点，但是不可否认在"人肉搜索"这个敏感的栏目里面有相当部分讯息严重侵害了很多人诸如隐私权、肖像权等人格权。开办此栏目的网络服务管理者理应认识到该栏目的"双面性"，对相关帖子需要加大审核力度，如果没有尽到合理阻止侵权发生的义务，那么就应该承担间接侵权责任。

这种网络间接侵权构成特点有三个，其一是网络服务提供者开设了具有"非实质性侵权用途"的服务或栏目；其二是在这个特殊服务或栏目中有侵权行为的发生；其三是开设服务者有能力阻止这种侵权的发生，或者已经明知侵权行为的发生，但却没有尽到合理的注意义务或组织义务导致侵权行为的发生或扩大。从这三个构成特点看，如果网络服务提供者开设了本身目的就是单纯侵权用途的服务或栏目，比如网络赌博服务，那么因其本身行为的非法性，其承担的是直接侵权责任，是自己责任。如果在开设的"非实质性侵

---

〔1〕　参见美国环球电影制片公司和迪士尼制片公司诉索尼公司案［1977］。

权用途"的服务中没有侵权行为的发生，或者在接到被侵权人提示通知后采取了必要措施，那么就可以认为其尽到了谨慎义务。但若在侵权发生或侵权结果扩大时，网络服务提供者没有尽到合理的注意义务和采取必要措施减小损害结果的扩散，那么就应该认定其违反了我国《侵权责任法》第36条后两款的规定，应该承担间接侵权责任。

3. 侵害未成年人权益的网络间接侵权

未成年人因其心智与身体的特殊成长时期需要特殊的保护，这已经成为共识，体现在互联网产业上，网络服务提供者至少需要承担以下几种合理保护之义务：其一，网络游戏防沉迷系统的建立；其二，公众门户网站不得刊载不利于未成年人身心健康的信息；其三，特殊功能的网站需要设立严格的实名制限制未成年人的进入；其四，涉及未成年人的信息需要较为严格的审核。违反以上几种义务的网络服务提供者需要承担相应的间接侵权责任，具体来说：

首先，网络游戏防沉迷系统是世界各国为保护未成年人沉迷网游的基本措施，游戏运营商和网络服务提供者如果没有建立这个系统，导致未成年人沉迷游戏有损身心健康的，实际上是间接侵害了其监护人正常的监护权，未成年人的监护人可以依据《未成年人保护法》和我国《侵权责任法》第36条第1款要求网络服务提供者或游戏运营商承担侵权责任。

其次，我国网站并未实行分级制度，大多数网站的浏览并不需要严格的实名注册制度，因此，网站作为发布者的时候，应该事先知道浏览人群中可能存在未成年人，其中网络资讯如果存在明显具有危害未成年人权益的内容，或者存在可能引诱教唆未成年人犯罪的内容，那么就可以推定网站没有尽到合理的注意义务，其行为按照我国《侵权责任法》第36条第3款规定，可以认定其"明知"侵权的发生，从而承担相应的侵权责任。

再次，具有特殊功能的网站（成人网站、有可能涉及色情、血腥暴力等不易于未成年人浏览的网站），必须实行严格的实名制，如果网站怠于进行审核，那么就可以推定其违反了应尽义务，适用我国《侵权责任法》第36条第3款，应该承担相应责任。

最后，对于涉及未成年人的相关讯息，如果有必要上传的，应事前征得本人监护人同意，并应做到缜密的技术处理，如果没有尽到相关义务，那么网站也应该承担侵权责任。

（三）网站注意义务标准的特殊性

网络侵权案件中绝大多数原告都会将网站一并作为诉请对象，而网站是否应该承担责任的关键有两个，其一，是否违反了《侵权责任法》第36条第2款规定的"提示规则"；其二是网站在侵权行为发生时是否尽到了合理的注意义务。对于前者较好区分，而后者则是网络侵权责任分配中的重大疑难问题，网站的注意义务到底应如何划分，是否具有相应的层次，对待不同网络用户是否适用不同的注意标准，这些问题成为实践中亟待解决的重要问题。

本书认为，网站的注意义务与不动产管领人注意义务较为相似，美国法也曾有将入侵网站比照过入侵不动产进行处理的判例，因此，本书试图参照不动产管领人对不动产的注意义务理论来创建网站注意义务标准。这是因为不动产管领人注意义务理论与网站注意义务有着相似之处：首先，二者都对进入自己管领范围之人负有一定的保护和注意义务，如同不动产管领人对进入自己领地的人承担风险警告、异常提示和危险排除一样，网站对进入自己页面的网民同样负有相应的责任，例如密码保存提示、外部链接提示和非法页面提示等。其次，二者都对进入自己管领范围之人的注意义务划分注意的等级。不动产管领人对进入者的注意义务至少分为三个等级：受邀请者、合法进入者和非法进入者，对他们安全的注意等级由高到低依次排序。网站对进入者同样有这种等级划分：与网站有合约的用户、合法进入者和非法进入者，同样网站对这些人的注意义务等级也是由高至低排序。最后，二者的注意义务都属于侵权法上附随义务一种，是一种法定义务，不需要与当事人事先的合同约定。

比照不动产管领人注意义务理论，网站的注意义务主要包括几个方面：

第一，按照网络服务接受者（网民）进入网站的原因，可以将其划分为三个等级：受邀请的用户、合法进入用户和非法进入的用户。受邀请的用户是指那些与网站签过网络协议书的定期使用该网络服务的网民、经过注册进入网站的网民、经过与之签订协议网站链接进入特定网站（页面）的网民、通过网络金融体系使用特定网络金融服务的用户、使用与现实社会服务绑定的网络服务的网民等。合法进入的用户是指通过正常途径进入网站公开免费服务页面的网民、进入无需注册的开放性论坛的网民等。非法进入的用户是指通过盗链等非法方式进入的网民，或者滥用网络辅助系统（外挂）的网民等。

第二，网站对三种等级的进入用户注意等级标准是不一样的，具体如下。

1. 受邀请的用户因其与网站之间的协议关系处于网站注意义务的最高等级。网站主要承担以下注意义务

（1）保护用户个人信息和隐私不被泄露。与网站签有协议的用户会在注

册之时留有大量个人信息，并会在使用网络服务之时留下包括网络聊天记录、网络购物轨迹等大量隐私信息。网站需要对这些用户的资料和讯息给予最大程度的保护，这些保护主要有技术上的和伦理上的两种[1]：网站在技术上要不断地克服黑客或病毒的攻击，定期更新软件升级系统；在伦理上要求网站不能对网民"点对点"的信息传递进行监控，不能将客户资料转卖他人。

（2）警告提示。在用户填写账户密码和相关信息点击保存之时，网站需要提示用户是否正在使用个人电脑或者公用电脑，并提示在公共电脑使用资料保存可能会泄露个人讯息的危险。当用户进行转账或者涉及现实财产和虚拟财产处分之时，网站需要提示处分后的后果，并要求出入验证码以防止被恶意处分。

（3）危险提示。当用户通过网络服务进入到无法预知潜在危险的特殊页面或空间时，或者进入"点对点"的接收文件或下载资料时，网站必须警告用户可能存在的风险，当用户执意那么做的时候，网站必要时需要用户签订免责合约。

（4）快捷的处理被侵权用户的"提示"。根据《侵权责任法》第 36 条第 2 款规定的提示规则，网络服务提供者在接到被侵权人通知后，应及时采取必要措施，但是该法没有将处理时间作出明文规定，一般认为是在合理期限内作出反应即可。对于与网站有合约的用户而言，网站对此的反应时间应该短于非合约用户提示反应时间，本书认为，应该不超过一个工作日，对于可以做到即时处理或者承诺作出即时处理的服务商，应该立即采取必要措施。

（5）服务变更提前通知义务。大多数的网络游戏或服务都会定期维护和升级，在此期间网络用户无法登录或进行正常的工作，网络升级和维护是无法避免的事情，但是网站需要尽可能地将更新维护时间安排在凌晨等用户使用较少的时间范围内，而且必须在合理期限内提前通知用户，对于强行临时停机下线的行为，应对用户给予赔偿。

（6）尊重客户个性化要求。大多网络服务都是免费的，但是这并不是说这种服务合同没有对价[2]，合同双方须按照协议承担权利与义务。网络用户可以按照自己的个性喜好选择接受网站广告或相关资讯，网站不可擅自更改合同或拒绝客户自行的选择发送强制性广告。

---

〔1〕 参见"3Q 之争"案例。
〔2〕 参见拙文："论网络消费中消费者权益的保护"。

2. 合法进入的用户与网站之间没有事先协议，因此，网站只要尽到合理善良管理人注意义务即可

主要包括以上提到的危险提示义务和警示义务。除此以外，网站在收到普通进入者的"提示侵权"之后，应在合理期限内做出必要措施，这个期限可以比受邀请者做出提示时略长。值得注意的是，对于门户网站来说，因其开放性和免费性，以及在同类产品中市场份额的主要地位，进入门户网站接受服务的用户可以比照受邀请者处理，门户网站应该对浏览者尽到更高的注意义务。

3. 非法进入者有两种类型

一种是与网站完全没有关系的人，这些人利用特殊的软件非法进入到禁止进入的网络领域或者通过盗链等方式进入到其他客户终端；另外一种为本是网站的用户，但是通过使用"外挂"等特殊作弊手段扰乱正常网络工作的人。第一种进入者对于网站来说是属于入侵者，对其承担最低等级的注意义务，入侵者在网络的权益不属于侵权法所保护的合法权益，一旦出现个人信息被盗或者中毒被植入"嵌入式"软件的，网站一般不承担责任，除非有证据证明网站是故意这么做的。第二种进入者大部分是与网站有协议的用户，但是这些用户没有按照原协议履行义务，擅自使用非法外挂，导致网络运营成本提高和正常运营的紊乱，所以对于因使用外挂而致损的用户，网站不仅不承担责任，而且还有权向使用外挂者请求其承担侵权责任。如果网站要求使用外挂者承担侵权责任，网站负有相关的举证责任[1]。

第三，网站对未成年人的特殊注意义务。根据不动产充满诱惑力滋扰理论，一个在自己不动产之上维持危险环境的不动产权人应当对小孩的伤害承担侵权损害赔偿责任，因为小孩欠缺足够的知识来保护他们自己。《美国侵权法复述》（第2版）第339条对充满诱惑力的滋扰理论作出了明确规定：不动产权人应当对侵入其不动产之内或之上的未成年人遭受的有形损害承担侵权损害赔偿责任，如果该种有形损害是由于不动产之内或之上存在的人为环境引起的，并且如果符合下列条件的话：A 人为环境所在的位置是不动产权人知道或有理由知道未成年人可能会侵入的地方；B 此种环境是不动产权人知道、有理由知道并且意识到或有理由意识到会引起未成年人死亡或严重身体伤害的环境；C 未成年人因为年轻不能发现此种环境或意识到此种环境涉及

---

〔1〕　参见周徐军诉九城信息技术有限公司虚拟财产恢复案，上海浦东区法院〔2008〕，该案中魔兽世界运营商因其无法举证而败诉。

的风险；D 不动产权人维持此种环境是方便的，消除危险的成本同未成年人面临的风险相比极小；E 不动产权人没有尽到合理注意义务来消除危险或采取其他措施保护未成年人的安全。

根据上述理论，网站对未成年人的特殊注意义务体现在：A 门户网站或无需实名注册之网站有理由知晓未成年人的来访，因此其必须对那些不宜于未成年人成长的内容采取必要措施[1]；B 网站当作为发布者的时候，应事先考量对未成年人的保护，网站作为传播者的时候，对涉及未成年人的资讯负有最为严格的审核责任；C 如果网站可能意识到某些内容可能会对未成年人产生不良后果，消除这种后果的成本与未成年人面临的风险相比极小，比如安装实名制系统，对论坛帖子定期审核等，而网站没有尽到这些合理注意义务的话，就可以推定网站"明知"侵权行为的发生，而未采取责任，按照《侵权责任法》第 36 条第 3 款应该承担相应的责任。

二、几种特殊网络侵权责任的类型化

（一）博客侵权与微博侵权

近年来博客（微博）侵权在网络侵害他人名誉权、隐私权等人格权方面呈快速上升趋势，逐渐成为网络侵害人格权的主要问题。博客侵权因类型不同，其承担侵权责任类型也有不同。

1. 博主和转载者责任

博主责任是指博主利用博客网络服务直接侵害当事人合法权益应承担的侵权责任。首先，侵权人应承担自己责任，被侵权人可以通过屏幕截图或公证等方式保留证据，即使事后侵权人删除博客，但因网络传播迅捷性和可复制性，仍然可能损害后果进行扩大传播，所以，侵权人不能因为事后主动删除博客内容而免责[2]，只能将其作为减轻责任的事由。

其次，博客转载资讯侵权的，转载博主不能一概免责，应区分情况而定：其一，被转载的侵权资讯具有显著侵权特征的，例如艳照门图片、恶意攻击被侵权人人格的文章[3]等，说明转载人具有显著恶意，并以自己的转载行为客观上扩大了侵权后果的传播，因此应与原创侵权人就损害扩大部分承担连

---

〔1〕 可参考美国进入特定网站需要以成人信用卡确认身份的做法。
〔2〕 参见沈某诉张某某博客名誉侵权案，海淀区法院［2006］。
〔3〕 死亡博客名誉权侵权纠纷案，朝阳区法院［2008］。

带责任；其二，被转载的资讯不具有侵权显著特征，例如转载诽谤他人的文章[1]等，因其不具有主观侵权故意，所以一般不承担侵权责任，但是当接到侵权通告后，转载者应尽快撤下资讯或采取相关措施，否则将与原创人据侵权结果扩大部分承担责任。同时，被转载的信息不能具有显著的侵害他人人格权的内容，否则，视为具有主观过错，应承担侵权责任。如果被侵权人仅以博客转载者为被告起诉的，根据最高法 1998 年颁布的《关于审理名誉权纠纷案件若干问题的解释》，人民法院应当受理。

最后，博客对侵权资讯进行转载链接内容侵权的，转载链接者是否承担责任呢？我国相关法律没有明文规定，根据德国最新判例 BMG Records 诉 HEISE 杂志社案显示，对待链接侵权要区分对待：对于普通链接，链接者不承担责任；而对于深层链接（deep link）链接者则要承担侵权责任。深层链接是指转载者为点击者提供了一个可以不经过上层途径而直接进入根目录的入口。换句话说，如果提供链接者的链接导向是一个包含较多下级目录的大网页，那么不论在这个大网页下是否存在侵权内容，提供链接者都不承担责任，但是，如果转载的链接指向是根目录下的单一讯息，如果这个讯息是侵权的，那么转载链接者就要承担相应的责任，这就是德国近期判例所确立的"深度链接侵权"原则。虽然德国国内有很多人认为这种做法是不合理的，因为，访问者使用 google 等大众搜索工具的话，只要点击几下就可以找到侵权文章，此时的搜索工具不承担责任，但是通过转引链接点击一下就要承担侵权责任，这样看上去确实不太公平。对此，德国法院称，尽管在互联网上我们通过简单的检索就可以轻易地获取非法资源，但是这对于责任的承担而言是无关紧要的，而且法官认为对超链接的禁令并不影响基本法所规定的言论自由的原则。本书认为，对深度链接追究侵权责任是防止侵权扩大传播的有效手段，而对于普通链接追究侵权责任则有可能伤害到《宪法》所规定的言论自由等权利，法律在平衡利弊之时，选择前者无疑是明智之举。

2. 网站责任

值得首先说明的是，根据文责自负原则和保障言论自由和通畅的原则，一般情况下为博主提供讯息平台的网站不应成为承担责任的主体。但是在某些特殊情况下，网站也可能成为侵权责任承担者[2]。这些情况是：其一，当被侵权人发现侵权事实，并在提供证据的情况下向博客服务提供者"提示"

---

[1] 参见无锡首例博客侵权案［2008］、武汉首例博客侵权案［2007］。

[2] 参见陈堂发诉杭州博客信息技术有限公司侵害名誉权案，南京市鼓楼区法院［2006］。

后，网站怠于行使必要的措施，导致侵权结果的扩大或者发生的，网站应该承担侵权责任[1]。其二，有实名制注册的博客网站，博主在博客长期发布危害国家安全、危害社会稳定等谣言、对性、暴力等进行渲染型描画的、以博客为平台长期从事非法活动的以及其他严重侵害他人合法权益行为的，博客网站无法提供或拒绝提供其实名信息的[2]，网站应承担相应的责任[3]。其三，对于热点被点击频繁的博客讯息，网站应及时予以审查，尤其是社会影响力巨大的名人博客，网站应该对其负有更谨慎的义务。如果这些热点博客侵权内容是显而易见的，而网站却没能采取必要措施，那么，被侵权人可以不经过"提示"规则，直接以《侵权责任法》第 36 条第 3 款为请求权基础，要求网站承担侵权责任。

3. 博客跟帖者责任

所谓跟帖者，就是在博主发表博客后面发表留言或感言的人。博客跟帖的实际控制权在博主手中，博主可以选择是否允许跟帖，也可以在查看跟帖后选择性删除，或者完全屏蔽掉跟帖，或者选择只有好友才可以回复跟帖等，因此，跟帖侵权在实践中并不多见。对跟帖的规制也很大程度上反应出言论自由之程度，所以，大多数国家对跟帖者都不直接追究侵权责任。

但是有一种情形除外，那就是以跟帖炒作特定讯息的"网络水军"，"网络水军"又称"五毛党"，是以营利为目的，以非法操控跟帖量为手段，人为地控制舆论导向，严重影响了社会正常评价体系，对侵权结果的扩大具有不可推卸的责任。因此，对于"网络水军"的治理应该从重从严，使其承担共同侵权中的连带责任。治理水军最快捷和有效的办法就是网络全面实行实名制[4]，实名制是对网络善良人们的一种有效保护手段，对那些妄图利用虚拟世界进行侵权的人来说，是一种震慑力量，时刻提醒他们，网络并非真正的"虚拟世界"，而且对净化网络舆论，遏制日益严重的网络暴力和水军无疑是最为有效的措施。

（二）群信息传播责任

所谓群信息传播是指不特定数量的网络用户根据特定目的组成的一个公用信息发布平台，实践中最多见的校友录、qq 群和 MSN 群，组成成员从数人

---

[1] 参见陈堂发诉杭州博客信息技术有限公司侵害名誉权案，南京市鼓楼区法院［2006］。

[2] 根据规定，网络用户个人信息应保存 60 日，网站提供用户信息的对象不是被侵权人，而是向国家有关机关依法提交。参见嘉尔公司诉百度商誉侵权案，北京海淀法院［2007］。

[3] 参见蓝天公司诉搜狐网公司商誉纠纷案，江苏省高院［2005］。

[4] 参见朱巍："网络实名制之法社会学分析"，载《人民法院报》2010 年 6 月 12 日。

至数百人不等，近年以来群信息发布已成为网络信息流动重要途径。建立信息群的组成成员多为现实社会中或虚拟社区中有特定关系或特殊目的之人群，群内一般由创建群的人担当管理者，管理者有权接受入群申请，也有权将人开除群。群内成员不仅可以在公屏发布信息、图片，而且还可以将信息咨询上传至群空间与其他成员分享。群内成员既可以在公屏"点对面"的发布信息，也可以通过群成员查找与个别成员"点对点"的发布信息。

1. 群的网络服务提供者责任

不管是校友录还是 QQ 群或 MSN 群，都由提供网络服务的网络公司运作，从本质上说，此时的网络服务提供者只是作为单纯而又中立的技术平台存在，本身并不直接参与信息的发布和管理，因此，在一般情况下不承担因群信息发布而产生的侵权责任。群的组成是由网民经申请独立创设，一经创设就形成相对独立的空间，未经创设者和管理者批准同意，任何人都无法进入，更无法查看和得知群内信息的传播，这种群内信息的私密性是群网络传播的重要特点。网络服务提供者对此理应尊重，并有责任不断更新软件和服务以加强群内信息安全，因为群内信息可能涉及个人隐私和商业机密，在创建者申请群建立之时与网络服务提供者签订的协议中都有网络服务提供者尊重群内隐私的条目〔1〕。如果群内信息对某人造成了侵权的结果，那么侵权责任承担者也只能是直接行为人，因为网络服务提供者无法知道群内信息内容，此时的群管理权已经由群创建人所有，而且也没有权利去行使诸如删除、断开链接和屏蔽信息等管理措施。所以在一般情况下，群内发生的侵权行为不适用《侵权责任法》第 36 条有关网络服务提供者责任的规定，换句话说，被侵权人无法向网络服务商请求侵权责任的承担。但是浙江省某法院对"qq 群相约自杀案的民事判决"〔2〕却认为网络服务提供者没有尽到对群内信息审核义务，没有及时阻止群成员的相约自杀行为，因此判决其承担 10% 的侵权责任。这个判决是完全没有道理的。首先，从互联网产业发展来看，本案的判决将导致即时通讯网络服务商责任的增加，法律风险的增加必将导致运行成本的增加。这会产生什么结果呢？从大了说，会引起互联网产业连锁不安反应，网络服务商为了避免责任很可能会被迫关闭大部分群信息传播功能，这无疑会导致我国即时通讯产业的倒退；首先，我们现在使用的通讯工具大都是免费的，运营商成本和风险的增加可能会导致网络用户免费时代的终结，从而不

---

〔1〕 参见腾讯公司颁布的"qq 群服务协议"。
〔2〕 参见朱巍："qq 相约自杀民事赔偿案判决结果令人担忧"，载《新京报》2010 年 12 月 6 日。

利于广大网民。其次，从网民隐私权保护来看，本案的判决结果将可能导致网络服务商对网民聊天内容的大规模监控，即使在技术上达不到全面监控的可能，也可以屏蔽大量敏感词，这致使网民一方面可能受到自身通讯隐私泄露的威胁，另一方面将要遭受大量敏感词被屏蔽的尴尬。此类的"死亡聊天室"案件也曾发生在美国，该国检察官和受害人家属并没有要求互联网管理者和网络服务提供者承担任何责任，因为他们知道，网站的工具性和中立性是免责基本事由。如同利用电话诈骗的案件，不能要求电话公司承担责任的道理一样简单，随便让网站承担责任是无稽之谈。

但是并不是在任何情况下网络服务提供者对群信息侵权都没有责任，本书认为，有两种情形网络服务提供者应该承担相应的责任：一是群内信息侵权后，群管理者怠于行使必要措施，或者侵权人本身就是管理员的时候，被侵权人在保留证据之后，有权向网络服务和技术提供者要求解散该群。二是群本身就是非法性质的组织，比如以不法企图为目的的创建的群，网络服务提供者在接到有证据的举报后，应立即采取必要措施，否则将承担相应的责任。

2. 群成员的侵权责任

群内组成成员多为有特定目的结合一起的人，发布的讯息有可能会侵害到群内或者群外人员的合法权益。此时侵权人为直接侵权人，承担自己责任或共同侵权责任。侵权发生后，被侵权人可以向群管理提示并举证，群管理应采取屏蔽侵权人发言、删除侵权信息或者将侵权人开除等必要措施，如果群管理在明知或者被通知后仍怠于行使管理措施的，对侵权损害扩大部分按过错程度承担按份责任。此时的群管理虽然不是网络服务提供者，但是因为其拥有管理群的特殊权力，因此在适用法律的时候，可以比照《侵权责任法》第36条后两款关于网络服务提供者责任的承担。

对于群成员上传或发布的链接造成其他成员因点击而遭遇病毒致损的情形，应由上传者承担侵权责任。这是因为，行为人因故意或过失发布不可预测风险的链接，群成员基于对其他成员的信任而点击该链接，行为人当然应该承担相应的侵权责任。

（三）搜索引擎侵权责任

从广义上讲，网络服务商包括提供网络链接商，但是其二者有着截然不同之处，前者是讯息传播平台，在这个平台中网络服务商既扮演着传播者角色，又扮演着发布者角色；而后者仅是链接网络讯息的平台，并不扮演着发布者的角色。2001年北京海淀区法院审理的"叶延滨诉四通利方公司侵犯著作权"一案，法院判定被告（链接商）不承担侵权责任，其认为"检索原告作品，是通过网页全文检索系统检索到其他网站编排的页面的相关信息后与该页生成临时链接实现的"，认为"搜索引擎的工具性、公共性决定了不应对其提供的链接承担责任"。本书认为，海淀法院的判决是正确的，在当时虽然没有将网络发布者与传播者进行区分，但是能以"工具性"和"公共性"作为标准已经难能可贵了。虽然在 2005 年同是海淀区法院对待"百度侵权案"作出了相反的判决，但是该院认为，"链接、搜索技术本身并不侵权，侵权的只能是链接、搜索使用人的具体使用行为和方式。"换句话说，搜索引擎在使用中，如果没有明确被引用人和明示权利义务的话，那么就有可能由传播者演变成发布者，从而应该承担责任。

从近年来发生网络侵权案件看，搜索引擎侵权责任发展有两个趋势：一是由单纯的版权纠纷逐渐发展成为集中网络服务提供者责任[1]、名誉权纠纷[2]等多头并进的倾向；二是搜索引擎开始被当作是"发布者"并以此身份被诉[3]。本书认为，搜索引擎是否承担侵权责任关键在于两点：

其一，行为是否具有中立性。传统意义上的搜索引擎是在万维网环境中的信息检索系统，应该是完全中立的网络服务提供者，其搜索结果的排行列表应该是完全依靠"蜘蛛程序"或"机器人"程序或"爬虫"程序自动完成，各网站的有关信息都是从用户网页中自动提取的，不存在任何人为因素。但是随着网络产业的发展，21 世纪初搜索引擎开始将"竞价排名"引入搜索排名程序，这就是搜索引擎服务商非中立性商业运作的开始，与此同时，针对搜索排名的纠纷开始出现[4]。近年来，搜索引擎服务商又开设了一系列新的附随服务，如百度词条、百度知道、百度吧等，针对这些新服务产生的纠纷也开始纷纷出现[5]。从这些搜索引擎新发展来看，已经不能单纯认定其纯粹中立工具的地位，本书将其分类归纳如下：

（1）一般非商业性搜索行为具有中立性特征，此时搜索引擎属于网络传播中的传播者角色，真正侵权人另有他人，按照《侵权责任法》第 36 条第 2 款规定，应承担"通知删除"责任，只有在其主观怠于承担义务之时才对损害扩大部分承担不真正连带责任。

---

〔1〕 "搜狐女"诉百度案（海淀区法院 2008 年）。
〔2〕 任安利诉百度名誉权纠纷案（海淀区法院 2010 年 12 月）。
〔3〕 法易网诉百度竞价排名案。
〔4〕 枫叶之都公司诉百度不正当竞争纠纷案。（北京一中院 2006）。
〔5〕 嘉尔公司诉百度商誉权纠纷案，海淀区法院〔2007〕。

（2）商业性质的"竞价排名"服务，因其主动参与和人为干预了搜索排名，所以，搜索引擎理应尽到更为谨慎的义务，对收费排名者的商业资质、商誉等相关形式要件应提前严格审查，并应对参与排名的商家作出详细备案，如果竞价排名者因为虚假资质等原因造成他人损害，或者在侵权行为后搜索服务提供者无法提供直接侵权人相关资料的，就可以推定搜索引擎具有明显过错，对损害结果"明知"，应该承担相应的不真正连带责任。

（3）对于搜索引擎的其他附随服务的责任认定，也可以通过考察其是否作为发布者抑或传播者角色进行考量。例如百度百科词条等系列网络服务，虽然有网民的参与，但是其中词条作者多被隐去，而以网站主体身份出现，因此，对待此类侵权责任可以其发布者身份对待，承担自己责任。对于百度吧等网络服务商仅提供上传空间的服务，极类似普通 BBS，网站在侵权行为发生时中立性明显，因此适用《侵权责任法》第 36 条第 2 款规定的责任。

其二，是否尽到了善良管理人责任。搜索引擎在带给我们快捷方便的同时，也带来网络侵权损害后果难以快速消除的不良后果。网络传媒中的可复制性和全民化特性，成为利用网络实施的侵权后果难以得到有效遏制的主要原因，搜索引擎客观上其中起到了推波助澜的作用。尤其是在博客、微博以及 BBS 全民化的今天，网络侵权发源点可能已被屏蔽或者删除，但是仍有无数转载者和复制者无意或有意地继续上传于网络之上，只要有 1‰的有效网页依旧存留于网络，那么网民即使不能确切地找到进入途径，但是也可以利用搜索引擎将其准确地找到，这就导致在这种情况下搜索引擎也可能被诉为侵权结果的扩大承担责任。

本书认为，搜索引擎使用的蜘蛛程序是自动抓拍和分析网站快照处理关键词的主要手段，即使原网页也被删除，但是网络快照仍可能存在一段时间，这是技术上很难解决的客观事实，如果因此使搜索引擎承担责任，那将是不公平和不合理的。避免网络侵权结果扩大传播的有效手段就是在原网页和转载网页进行删除、断开链接或屏蔽，若要在搜索引擎上完全屏蔽这些讯息是不可能有效完成的，因为这需要提出要求者将所有侵权网页地址全部列出，这对于数以万计的转载链接地址而言同样是不可能完成的任务。因此，搜索引擎只要尽到合理注意义务，就不应为网络侵权的扩大承担责任。其中最主要的注意义务就是对于发生的网络侵权行为，不要主动地作为发布者身份参与。作为发布者身份参与主要有以下几种情况：一是，为侵权行为内容创设特别的上传空间，例如百度吧中对已经被确认网络侵权的讨论；二是对已被确认的侵权事件特别设立搜索关键词；三是，在某些搜索引擎推出的其他网络服务中不要设立特殊词条。

（四）电子公告（BBS）侵权责任

网络侵权中，电子公告侵权类型是最为普遍和常见的一种，综合近年来发生的相关案例分析看，除去对版权的侵害外，在传统民法领域主要有侵害名誉权（商誉）、隐私权、肖像权等人格权等几种主要类别。随着网络技术的发展，利用 BBS 侵权的方式也由早期单纯的文字和图片侵权，发展成为集合音频、视频为一体的多媒体侵权类型，尤其是在"拍客"流行的今天，视频BBS 网站发生的侵权行为也逐渐增多。对 BBS 网络服务提供者和管理者苛加责任是一个两难的选择，因为法律在衡平舆情自由通畅整体利益和公民合法权利维护个体利益之间要寻求最佳的平衡。如果苛求网站承担过多责任，那势必造成信息上传审核力度的加大，可能会导致网络信息事先审查的结果，并增加网站经济和社会负担，使网络产业枯萎。如果过于放松对网站责任的追究，那么网络暴力将不断蔓延，公民人格得不到起码的尊重，反过来不利于网络产业的发展。

本书认为，BBS 服务提供者侵权责任构成较为特殊，主要适用《侵权责任法》第 36 条第 2 款的规定，一般不适用第 3 款的规定。之所以如此理解，不仅是处于对网站主体在 BBS 服务中扮演的是单纯中立者身份考虑，而且是因为本款规定与中国大陆地区对网站传播者责任先前规定是一脉相传的原因，其中最主要的特征就是本款继续了《网络著作权司法解释》与《信息网络传播权保护条例》关于网站发布者责任所遵循的"避风港原则"，即"提示规则"。"避风港原则"就是"通知+移除"规则，网络服务提供者在收到被侵权人权提出的证明侵权的证据通知后，采取有效措施如移除侵权内容以消除侵权后果的，可予免责。

1. BBS 网络服务提供者承担责任一般适用规则

首先，因为网站工具性和中立性的特点，在网络侵权中属于间接侵权人，对侵权结果起着间接作用，相对于直接侵权人来说，网站的主观过错和原因力较小，其违法性也有明显的轻微性，如果要求网站承担连带责任，那么势必会造成网站不能承受之重，在保护公民个体公平正义的同时，很可能会伤害到社会整体的公平正义，势必对网络产业发展不利，对言论自由不利。因此对本款规定的"连带责任"之理解，不能认为是一般连带责任，而应该是存在最终责任人的中间责任。网站承担的这种连带责任是一种类似于安全保障义务的中间责任，网站在承担侵权责任后有权向直接侵权责任人进行追偿，侵权最终责任人将承担全部侵权责任。

其次，被侵权人向网站进行提示，要求采取必要措施之时，应该提供相应的证据或者担保，否则要承担相应的责任。对提示举证责任的理解有两种不同的观点：其一是认为在被侵权人提示之时，只要网站没有相反的证据证明没有侵权的发生，那么网站就应该采取措施，例如美国在《数字化千年版权法案》中的通知义务要求，权利人只要向网站发出了通知，告知 BBS 上有侵权信息，网站得到通知后如果没有证据表明这个言论没有侵权，那么它必须迅速删除，否则权利人可以控告该网络服务商；其二是认为，提出提示规则人应该承担举证义务或提供相应担保。我们倾向于第二种观点，这是因为第一种观点其实是针对知识产权严格责任而言，严格责任对一般侵权责任适用并不恰当。而且按照"谁主张，谁举证"的诉讼法规则来看，要求行使权利的一方理应提供相应证据。更重要的是网络作为新时期舆论监督前沿阵地，其存在的意义早已超过其本身在民事法律方面的价值，对"提示规则"要求提供相应证据是保护社会舆论监督的重要手段。

最后，网站作为网站传播者不能以事先的声明条款或与网民签署的免责条款进行免责。按照德国汉堡高级法院对该国"超自然"论坛经营者作出的一项判决表明，互联网论坛的经营者即使是在完全不知情的情况下，原则上也要对发表在其论坛上的内容负完全责任。法院认为，由于侵权言论是通过互联网论坛公布于众的，所以论坛经营者作为侵权者必须为传播这些言论负责，因为仅凭论坛经营者提供了自己的互联网平台传播了侵权言论这一事实就足以认定网络经营者构成侵权，至于信息的来源是己方还是他方，经营者是否知情则是次要的，经营者只有通过对相关言论作出具体明确而不是笼统的声明才可免责。[1]这说明网站作为提供服务的一方，在原则上是网络共同侵权责任的重要主体，法律为了衡平法益和保护被侵权人合法权益，并不认同网站笼统的免责条款。

2. BBS 网络服务提供者承担责任特殊适用规则

一般情况下网站承担的是《侵权责任法》第 36 条第 2 款的"通知删除"责任，但是在一些特定情况下 BBS 网络服务商也可能承担更重的责任——适用"红旗规则"，即我国《侵权责任法》第 36 条第 3 款之规定。"红旗规则"是美国在《千禧年版权法》所确立的一种网站侵权责任承担的特殊原则，是

---

〔1〕 蓝麒："从德国判例透视我国网络言论的法律监管"，载《科教文汇》2007 年第 9 期。

指"如果有关他人实施侵权行为的事实和情况已经像一面鲜亮色的红旗在网络服务商面前公然地飘扬，以至于网络服务商能够明显发现他人侵权行为的存在，则可以认定网络服务商的知晓"。[1]该法分别对网络服务提供商承担传输信道、系统缓存、根据用户的要求在其系统或网络中存储信息及提供信息搜索工具等四种功能时的版权责任作出了限制。[2]但是，它不要求网络服务提供商在提供网络服务时履行审核监控义务，在他人利用网络实施侵权或违法行为时，只有网络服务提供商知道该侵权或违法行为发生而不予阻止时才承担责任。对待红旗标准的理解，一般认为有两个层次：第一个层次是红旗标准并不是要求网络服务商对网络信息进行事先审查，因为这是不能也无法完成的；第二个层次是对"知道"的判定应该按照客观角度，从理性人视角出发来考虑。这种既不需要事先审查，又无法明确理性人判断标准的立法模式实际上是依靠英美法判例的重要作用，对于成文法国家而言便不好进行判定。因此将"知道"的情形具体类型化将有助于法律解释和适用，我们认为对于"知道"应该理解成"明知"或者"应该知道"，对 BBS 网站"明知"侵权发生情形有：

（1）帖子置顶，在诸如 BBS 等网民可以自行上传的界面，上传帖子的上升速度和排列顺序是按照"跟帖"和发新帖顺序排列，没有特殊设置的帖子应该不会长时间停留在前几名位置。网络管理者可以使用自己的权限将特定经过审查的精华帖子置顶，这样一来置顶的帖子可以在较长时间内被更多的人看到。因此，网站对置顶权限的使用就是可以推定其已经对该讯进行了审查，如果该贴造成了侵权，那么可以推断网站具有"明知"的故意，从而适用《侵权责任法》第 36 条第 3 款的规定。

（2）首页推荐，一般性 BBS 信息只能在特定的内部界面显示，在网站的首页上是无法浏览到的。网站管理人员通过使用首页推荐的权限将特定栏目的网络资源可以推荐到网站首页，这就极大地增加了该资源的浏览度和影响力，据此就完全可以推断出网站对于首页推荐的资源具有相应的审查义务，如果被推荐的信息发生侵权，那么就可以推断网站具有"明知"的故意，从而适用《侵权责任法》第 36 条第 3 款的规定。

（3）主办活动，主要是指 BBS 管理者或服务商创建一些主题栏目，根据

---

〔1〕　王迁："论'信息定位服务'提供者'间接侵权'行为的认定"，载《知识产权》2006 年第 1 期。

〔2〕　参见美国 1998 年《跨世纪数字化版权法》第 2 章第 512 条。

特定之主题征集网民的参与。这些网站的主题活动中，有一些活动本身的合法性就受到质疑，例如，"猫扑"网创办的"人肉搜索"栏目，"人肉搜索"本身就是一个颇有争议的话题，如果将其利用在有益于社会领域，比如搜索逃犯、千里寻亲或悬赏广告等还是可以理解，但是若被不法分子利用侵害公民隐私权，则就不被法律所宽恕。对于这样一些敏感栏目，主办者有义务对其进行监控和有效管理，否则应该承担相应责任，这也符合传统侵权法中"先行为导致后义务"的归责方式。

为了维护正常的舆论自由和维护网站日程经营的稳定性，对于"应该知道"的情形不应该扩大解释，我们认为，现阶段在实践中仅存"发烧帖"一种类型。所谓发烧帖，就是指在短时间内被超过一定量网民过度关注的网络讯息，其表现特征就是点击量、转载量、评论量在短时间内的急剧扩大。对于发烧帖而言，网络管理者如果没有注意到这样帖子的存在，那么就可以推定其有过错，因此需要承担相应的连带责任。

3. 发帖人侵权责任

毋庸置疑，发帖人的帖子侵害他人合法权益，侵权人当然要承担自己责任[1]。根据近年来发生的一系列由于发帖侵权引发案例仍有重点研究之必要。

（1）虚拟人格问题。根据我国现有的判例我们可以得出结论，我国司法实践界并没有将虚拟人格作为一种独立的人格权对待，只有在虚拟人格与现实可以相互联系之时，对虚拟人格的侵权才有可能在现实中承认。"红颜静"诉"大跃进"案之所以可以胜诉，并不是因为"红颜静"作为虚拟人格受到侵害的事实，而是其在现实生活中的张某人格受到侵害的事实成为本案胜诉的关键。换句话说，如果当时网络社区内无人可以将红颜静与张某相联系，那么法院的判决就很可能发生根本变化。因此，按照现行判例来看，发帖人对其他虚拟人人格的侵害，除非被侵权人有证据表明侵权范围内可以辨别其现实身份的，否则不承担侵权责任。

虚拟人格已经成为网络生活的主流，尤其是在完全与现实脱节的网游中，游戏者不需要与现实人挂钩，即使一个网游号有数个人在轮流控制，或者一个游戏号已经发生了变更转移，但是都不影响其他虚拟社会中存在的人际关系和等级状态，这就是网游中广泛存在的"认号不认人"原则。在这种情况下对于虚拟人权的承认更大程度上是对现实虚拟财产的一种承认，而不是对

---

[1] 红颜静诉大跃进名誉侵权纠纷案，南京市鼓楼区法院［2001］。

现实人格的承认。这就出现了一种网络世界的奇特现象：对虚拟人格的攻击无法得到现实的保护，但是对虚拟财产却可以按照现实中《物权法》来保护，很多学者已经将虚拟财产作为一种特殊的物来对待[1]。那么既然虚拟人不具有人格属性，那么就应该具有明显的物格属性，因此，虚拟财产的范畴应该不仅包括虚拟人使用的各种装备，而且也包括虚拟人本身。在网络游戏中战斗或生存除了要拥有各种装备之外，良好的网络人际关系也是关键，这也是所有网游都存在"公会"的主要原因。一旦在游戏社区里对某个虚拟人进行贬损或诽谤，严重的很可能会造成虚拟人的巨大损失，要么被群殴致死，要么被开除公会，要么众叛亲离。不管是哪一种，都会对严重影响现实中人对其虚拟财产的使用，换句话说，就是对虚拟人格的贬损将使物权所有人的虚拟财产受到贬损或毁损。

那么，我们可以得出这样一个结论，在完全与现实脱节的虚拟游戏环境中，以侮辱、诽谤等方式对虚拟人格的侵害在现有侵权法体系内无法得到赔付，但是却可以按照《物权法》主张损害赔偿。当然，如果被侵权人试图这样做的话，那么他将面临极为繁复的大量举证责任，同时也要有足够的信心去说服一个可能从未接触过网络游戏的法官，这无疑是难上加难。

（2）特殊签名贴公告。在绝大多数的电子公告社区、即时聊天工具和邮件服务系统中，用户都有权利进行"电子签名"。这种签名极具个性，体现了签名者当时的心情或者追求。这个签名跟随着签名者在网络的痕迹移动，只要与之接触的网民都可以清晰所见，因此属于公告性质的一种。如果签名存在侵权内容，那么侵权者就可能要承担责任[2]。根据现有的判例来看，特殊签名不能因为其短小而免责，被侵权人在主张权利举证之时，不仅需要证明内容的侵权，而且还要证明相关签名内容被"广为传播"，而不能仅是"点对点"的传播。

第三节　网络侵权司法解释适用的重要问题

党的十八届四中全会明确提出依法治国的基本理念，从我国网络治理现状看，首先要贯彻"立法先行"，突出网络立法的引领和推动效果，只有契合

---

[1]　杨立新、王中合："论虚拟财产的物格属性及其基本规则"，载《国家检察官学院学报》2004 年第 6 期。

[2]　参见全国首例 QQ 签名侵权案，广州市海珠区法院一审，中院二审维持原判［2010］。

网络发展规律和扎根于中国实践的立法，才是"良法"，才能将"依法管网、依法办网和依法上网"原则落到实处。

2014年10月10日，最高人民法院出台了《关于审理利用信息网络侵害人身权益民事纠纷案件适用法律若干问题的规定》，这部旨在维护网民合法权益和促进网络法治化的司法解释，不仅对网络侵权司法实践具有指导意义，而且对维护网络表达权同样具有里程碑意义，是中国传播法体系构成中的重要组成部分。

这部司法解释以我国网络司法实践为落脚点，不仅可以成为网络服务提供者"依法办网"的依据，还可以成为网管部门"依法管网"的依据，其中关于网民表达权利界限的划定也可以成为"依法上网"的标准。本书以网络侵权司法解释规定的网络表达权分析入手，从人格权、技术中立、转载者责任和网民表达权请求权基础几个方面进行论述。

一、以人格权作为网络表达的界限

表达自由的界限一直是传播法的核心问题。联合国制定的《公民权利和政治权利公约》中，将尊重他人的权利、保障国家安全、公共秩序、公共卫生和道德作为公民行使表达自由的界限。其中，人格权既是侵权法的保护核心，也是传播法表达自由的界限。

司法解释在延续侵权法人格权类型基础上，特别强化了对网络个人信息的保护，将其上升至人格权保护高度，以列举的方式彰显了法律所保护"敏感信息"的类型，这对减少"网络暴力"，保障公民"安宁权"都具有重要价值。我国在个人信息保护法律体系中，涉及信息保护的法律、法规、规章多达两百多部，但这些规定过于散乱，有的甚至还自相矛盾。尽管全国人大常委会在2012年出台了《关于加强网络个人信息保护的决定》来统领和解释那些散乱的规定，但《决定》关于网络信息保护过于抽象，也缺少个人信息合理使用基本规则。司法解释第12条的规定不仅详尽列举了个人信息类型，而且明示了合理使用范围，最大程度地协调了个人信息保护的私权与表达自由的公权之间的关系。

个人信息合理使用类型中，公共利益因素首次被司法解释所吸收，完善了现有法律的不足。实践中，网络反腐、微博打拐、网络追逃等涉及公共利益和舆论监督的"人肉搜索"，在广义上属于传播法中表达自由范畴。如果对个人信息采取"一刀切"的保护措施，必将伤害到对个人信息的正当使用。

同时，公共利益和社会公德也可以成为衡量个人信息使用是否适当的标准。这种立法模式具有浓厚的传播法色彩，是司法解释的一大亮点。

二、突出了网站技术中立性对表达的影响

司法解释出台前，按照《侵权责任法》第 36 条第 2 款"避风港规则"，被侵权人向网站发出的侵权"通知"应包含被侵权的初步证明材料。一般认为，侵权"证明材料"性质类似于侵权证据，这对于网络侵权中常见的名誉权侵权，尤其是含沙射影侵权类型来说，"自证无罪"的举证是十分困难的。同时，商业网站作为技术中立者也没有权利和义务去扮演"法院"的角色。因此，法律不宜要求网站承担太多的审核义务，也不应要求被侵权人承担过重的举证责任。司法解释将通知内容中的"证据"变更为"理由"。进一步减轻了被侵权人维权成本，提高了维权效率，改变了网站被迫成为"法院"的窘境。

不过，简化后的通知可能导致网站删帖的随意性，被通知人表达权利就会因此受损。所以，司法解释引入错误通知的条文，增加了错误通知人的侵权责任，以及错误删除网站的恢复义务。如此一来，司法解释改变了网站对表达者的事先监督，变为事后追责，明确了网站技术中立在表达自由领域中应扮演的角色。

值得一提的是，司法解释删除了存在于网络著作权侵权领域中的"反通知"规则。原因在于"反通知"既会造成网站采取必要措施时间的拖延，对网络谣言和网络侵害人身权损害结果造成难以挽回的局面，又会使得网站重新承担起"法院"的角色，被迫在表达者自辩与被侵权人通知之间作出选择。司法解释考虑到著作权保护与人身权保护的不同，前者是可以通过事后赔偿弥补的财产权利，后者则是很难通过赔偿弥补的精神性权利。因此，司法解释将避风港规则作出调整，使之更有利于维护网民人身权益。

司法解释在肯定网站技术中立性基础上，将社会责任理念结合网络发展实践写入其中。网站作为网络服务提供者，一般没有义务对网民发布信息内容进行主动审核。不过，如果出现"发烧帖"，即信息影响程度很大或一定时间内的浏览量暴增的情况，根据网站承担社会责任的内涵与外延，都需要对这些信息进行主动审核。若出现明显侵权特征，网站就应采取必要措施。这并非是对表达权的侵害，网站作为传播者拥有更优越的控制能力，当然有义务利用技术优势履行社会责任。

同样道理，司法解释第 9 条规定的判断"知道"其他规则，也对社会责任多有涉及，将网站"应当具备管理信息的能力""预防侵权措施"等技术性标准作为承担社会责任的基础。这样的立法，既最大限度地避免了网络侵权司法实践中"同案不同判"的发生，也最大限度地明确了网络表达责任界限。

三、强化了信息转载者责任

习总书记在十四届三中全会曾指出，"网络的媒体属性越来越强"。网络作为新媒体而言，与传统媒体最大的区别就是具有互动性。尤其是在自媒体成为传播主体之后，信息的互动性变成网络传播的重要方式。微博、微信、博客、新闻客户端、手机新闻应用、微信公共号等方式已成为公众获取信息和表达信息的途径。

在自媒体时代，转载不仅是传播的方式，而且也是表达的方式，其表现方式不仅包括转发、转载，还包括引文评论、截图转发、链接转发等类型。互联网上的转载性质已经和传统法律上的转载概念相距甚远。近年来几乎所有的网络传谣、网络侵权事件中，无德或恶意的转载已经成为侵害公民权益或公共利益的帮凶。因此，法治化的网络治理不仅要从信息源头抓起，而且更应从严格信息传播方式入手。

司法解释将自媒体转发者承担责任构成分为三个层次：一是转载者性质认定；二是转载信息侵权明显程度认定；三是以是否修改转载内容进行认定。

首先，转载者性质这款规定基于对公共利益的考虑，目的在于规范网络公众人物"大 V""大咖"、新闻客户端、公众关注号等不谨慎转发、转载的传播行为。从法理上讲，表达者的影响范围越大，就越应当谨慎。拥有更多的粉丝意味着表达者要承担更多的社会责任，因为很多人会基于对表达者的认可，从而不经核实的信任其转载信息。正是这个原因，网络上长期存在个别公共号利用粉丝数量去误导舆论和网络公关的不法行为，甚至已经达到"明码实价"，俨然已经成为一个产业。所以，在网络表达中必须强调转发和转载的公共利益问题，强调大 V 们的社会责任，这也是司法解释初衷所在。因此，转载自媒体拥有粉丝量越多，影响范围越大，它在法律上的注意义务就越高。

其次，侵权明显程度也是认定转载者责任的重要砝码。自媒体转载与网媒之间的"自动转载"不同，前者是经过本人了解具体信息后的行为，转发转载具有强烈的个人主观色彩。在民法上，对侵权程度的判断是基于"善意第三人"标准，即是根据一般人的善良判断尺度，去分析被转载信息是否具有侵权可能性存在多少。例如，转载一篇侮辱性文章远比一篇诽谤性文章主观恶性大，转载暴露性黄色图片远比其他隐私信息主观恶性大。因此，自媒体在转发转载之前，应注意网络信息的基本合法性问题，以一般法律常识、道德标准和善良风俗去进行基本合法性判断，对侵权明显的信息不得擅自转发转载。

最后，对转载内容进行实质性修改或更改标题，当足以导致对公众误导之时，转载行为也就变成了侵权行为。实践中广为存在的"标题党"就是这类侵权行为的典型例证。当然，自媒体之间单纯的"评论""点赞"不属于此列范围。

四、提供了网民表达权的请求权基础

司法解释对因"错误通知"导致网民表达被删除的情况，首次以法律的形式作出明确规定："错误通知人"要承担侵权责任，同时，网站也有恢复被错误删除信息的义务。一旦网络表达信息被他人以"通知"的形式要求网站删除，表达者就有权要求网站提供具体的"通知内容"，并可依此向错误通知人提起诉讼，网站有义务向法院提供错误通知者的真实身份信息，经法院审理后，如果确实删除存在错误，网站就应立即恢复被不当删除的信息，错误通知者也要承担包括律师费在内的赔偿责任。

毫无疑问，这种看似民事法律的规定，实际却起到维护宪法权利的效果，客观上对维护网络表达自由起到了非常重要的作用。一方面，网站再也不能利用"莫须有"的名目随意删除网民的合法表达；另一方面，也强化了"网络反腐"等涉及公共利益的合法表达。同时，在客观上对遏制"网络公关""网络水军"的不法活动起到关键性作用。

司法解释出台前，我国表达权并无具体的请求权基础，曾多次出现过网民以"舆论监督"为案由向法院起诉，结果被依法驳回的案例。网民对网站滥用删除权的追责，也只能通过违约责任主张。司法解释出台后，基本解决了网络表达权的请求权基础问题，将《宪法》"空中楼阁"的权利"落地生根"，真正变为具有可操作性的实体权利。这无疑是中国司法的一大进步，法益影响远远超过网络侵权民事领域。

第四节　诉前禁令制度与网络侵害人格权

2013 年 5 月，北京海淀法院对孔庆东在微博对他人"爆粗口"引发的名誉权纠纷一案作出一审判决，孔庆东败诉，他将承担包括精神损害赔偿金和赔礼道歉在内的侵权责任。

这是一起典型的网络侵害名誉权案件，与传统名誉权侵权案件相比，网络侵权的扩散程度更快，转发和转载的频率也远超后者，显而易见，网络侵权的损害程度和影响程度更大。因此，有法官提出在网络侵权领域应该适用"诉前禁令"制度，对此，笔者有着不同的观点。

诉前禁令制度起源于英美法，主要适用于知识产权纠纷领域，一般是指在一些特别紧急的情况下，法院可以在案件审理前责令被告停止相关行为，以免被告损毁证据，或者避免给原告造成无法弥补的损失。诉前禁令制度适用的核心前提是不能违反公共利益。

在网络侵权中，以网络侵害人格权案件居多，这与侵害以财产权为核心的知识产权有着本质不同：前者以表达和言论为主，后者以提供非法资源为主。因言获罪或表达侵权的判定标准，不仅要结合《侵权责任法》规定的系列人格权和侵权构成要件考虑，而且还应考察是否属于表达自由合理范畴。我国至今尚未出台一部《新闻法》，所以对表达自由的界限问题没有具体可执行的标准，对待此类案件，法官需要结合相关司法解释、法理和公共利益进行综合判断，这与"非此即彼"的知识产权案件明显不同。比如，公众人物对批评要有一定程度的"耐受力"，公众知情权需要合理保障，文艺批评可以比一般评论更加"刻薄"等。

如果"诉前禁令"进入到网络侵权领域，这无疑会对网络表达造成不利影响。若允许法官尚未审理案件缘由之前，就依照所谓"禁令"要求网站或网民采取措施，那么，现在的网络反腐，网络批评将不复存在。"房叔"和"表哥"们大可在不利言论刚出来的时候，就立即申请本地法院禁令，试想一下，凭借他们在本地的人脉和实力，申请禁令可谓操纵自如。

虽然，诉前禁令不进到网络侵权领域可能会使一些个体权利暂时受到侵害，不过，这与更好的保障公众知情权和保障网络表达自由来说，也是可以忍受的。绝大多数网站已经为被侵权人提供了 24 小时的"维权服务"，包括在线举报，在线申诉等。比如，新浪微博社区已经成立了社区管理团队，该团队既包括多达数千的网络志愿者，又包括 24 小时值班的全职人员。目前新浪社区委员会自成立一年多以来，已经在线解决了高达 4 万多起的网络侵权纠纷，这种"网络纠纷网络解决"的运行机制，既最大限度地维护了表达自由，又最大限度地减少了对个别网民权利的伤害，这远比诉前禁令更为有效。

同时，从维权成本来看，诉前禁令制度要求申请人必须提供相应可执行的担保，这对于网络侵权当事人来说非常繁琐，复杂的程序和苛刻的责任承担使得诉前禁令制度缺乏在网络侵害人格权纠纷适用的土壤。因此，诉前禁令制度不应该进入网络侵害人格权之中。

第五节　互联网账号行为[1]

尼古拉斯·尼葛洛庞帝（Nicholas Negroponte）在其《数字化生存》中曾这样描述："我觉得我们的法律就仿佛甲板上吧嗒吧嗒挣扎的鱼拼命喘着气，因为数字世界是个截然不同的地方。大多数的法律都是为了原子的世界，而不是比特（bite）的世界而制订的。"[2]

网络诉讼中，因虚拟身份引发的责任主体证明问题，是困扰网络司法实践的重要症结。互联网账号是现实个体网络行为的"表见代理"，本书试图论证互联网账号行为与行为者之间的映射关系。

一、网络行为责任主体的模糊性

（一）网络虚拟性导致网络责任主体难以确定

互联网的产生塑造出了一个超越现实物理世界的虚拟空间，即网络空间。这一空间具有诸多不同于现实物理空间的特点，包括数字化、符号化、隐匿性等。[3]正是由于网络虚拟性，网络行为具有了不同于现实物理空间的主体行为的特征。网络空间的"符号化"和"隐匿性"掩盖了主体的"真实性"，使得行为本身具有一定的可复制性和易消失性，同时，网络传播行为的跨地域性又加剧了传播效果的裂变性扩散。这些互联网特性使得实践中网络行为的责任承担主体确定难度增大。

在现行网络法律体系中，网络侵权的原告在证明侵权成立时，不仅需要

---

[1]　本部分为笔者与研究生薛春雨共同完成。

[2]　［美］尼古拉斯·尼葛洛庞帝：《数字化生存》，胡泳等译，海南出版社 1996 年版，第 278 页。

[3]　兰军："互联网特征的悖论"，载《世纪桥》2010 年第 23 期。

证明侵权行为、损害后果和因果关系，还应证明被告系网络侵权行为的实施人。当原告发现侵权行为时，从账号或者 IP 行为追踪的结果是一个侵权的虚拟账号，再深追踪可能会找到一台侵权的计算机，但不是一个实际的被告。[1]即使通过 ISP 找到了用户的真实信息，证明当时使用这台计算机和这个账号的就是被告本人也是件困难的事情。因此，需要找到一个合理的连接点把互联网侵权行为与本人对应起来。

导演谢某于 2008 年 10 月 18 日因心源性猝死于某酒店客房内。同年 10 月 19 日至 12 月，第一被告宋某德在其新浪博客、搜狐博客、腾讯博客上分别上传了《千万别学谢某这样死！》等多篇文章，称谢某因性猝死而亡、谢某与刘某某在海外育有一个重度脑瘫的私生子等。后第二被告刘某达在其搜狐博客、网易博客也上传了《刘某达愿出庭作证谢某嫖妓死，不良网站何故黑箱操作撤博文？》等文章，称谢某事件是其亲眼所见。2008 年 10 月至 11 月间，齐鲁电视台、成都商报社等媒体记者纷纷通过电话采访了宋某德和刘某达，而两者都作出了同博客文章内容一致的描述。[2]谢某的遗孀徐某雯起诉了宋某德和刘某达，诉称两被告无中生有，连续发表博客文章恶意诽谤诋毁已故著名导演谢某的名誉，请求判令两被告立即停止侵害并撤销侵权文章；向原告赔礼道歉以及共同赔偿原告直接经济损失及精神损害抚慰金。此案经过两审，最终判决两被告（宋某德和某信达）承担侵权责任。本案争议点之一正在于两被告的虚拟主体身份是否和现实主体具有同一性，两被告的账号行为（使用自己账号在博客上发文的行为）能否推定为主体的行为。本案虽然以原告胜诉告终，不过，在举证责任方面，原告耗费了大量时间和精力，甚至需要从技术手段进行特别鉴定才能证明被告的侵权行为。相比较原告花费举证的成本而言，本案获赔金额微乎其微。这个案件再次突出了账号行为责任主体确定的主要问题。

本案中，静安区法院的判决，最后以举证责任倒置的方式解决了案件的责任主体认定问题。这虽然是司法在网络侵权主体举证责任方面的一个进步，不过仍需要一定的法官心证和优势证据原则为基础。因此，这个案件仍属于个案，并不具有代表性。

---

[1] 阎周秦："IP 地址作为民事证据——德国法和中国法的比较"，载《中山大学学报》2004 年第 6 期。

[2] 参见"最高法公布八起利用信息网络侵害人身权益典型案例"，载 http://legal. people. com. cn/n/2014/1009/c42510-25796066. html，2014 年 12 月 2 日访问。

《2013 中国法院知识产权司法保护状况白皮书》[1]显示，2013 年，全国地方人民法院受理的著作权案件中，网络著作权纠纷案件已经高达 50%左右，涉及前沿科技问题的新类型、疑难复杂案件增多，案件审理难度不断加大。以华盖公司为例，该公司在 4 年间打了 2000 场网络著作权官司，几乎每场官司都遭遇了证明账号行为与主体行为的同一性的问题。[2]司法实践中还存在大量因原告无法证明被告是适格当事人而根本无法立案的网络侵权案件。网络责任承担主体的不明确正在造成越来越大的恶劣影响。

（二）最高人民法院网络侵权司法解释的局限性

2014 年 10 月最高人民法院公布实施的《关于审理利用信息网络侵害人身权益民事纠纷案件适用法律若干问题的规定》的第 4 条规定："原告起诉网络服务提供者，网络服务提供者以涉嫌侵权的信息系网络用户发布为由抗辩的，人民法院可以根据原告的请求及案件的具体情况，责令网络服务提供者向人民法院提供能够确定涉嫌侵权的网络用户的姓名（名称）、联系方式、网络地址等信息。网络服务提供者无正当理由拒不提供的，人民法院可以依据民事诉讼法第一百一十四条的规定对网络服务提供者采取处罚等措施。原告根据网络服务提供者提供的信息请求追加网络用户为被告的，人民法院应予准许。"

最高法院的规定实际上是采取了现行民事诉讼程序法框架下的权宜之计，即允许原告先将网络服务商作为名义上的被告，在完成起诉程序并进入审判程序后，在网络服务商提出他人行为抗辩时，通过法院责令的方式让网络服务商披露侵权网络用户的注册信息，以便实现与"无名氏诉讼"程序相似的制度功能。[3]但是这样的"权宜之计"只能作为过渡和辅佐，我国应尽快明确互联网账号行为的定位，以解决当事人面临的证明难题。

二、网络账号行为的推定规则

网络用户的互联网行为可以概括的分为两种模式：一种是不需要身份确认的，另一种是需要客户身份认证的模式，比如邮件服务系统。常见的认证方法包括用户名/密码方式（即我们所提到的账号模式），IC 卡认证方式、动态口

---

〔1〕 中国知识产权局："2013 中国法院知识产权司法保护状况白皮书"，载 http://www. chinacourt. org/ article/detail/2014/04/id/1283299. shtml，2014 年 12 月 2 日访问。

〔2〕 陈发、郑旭："以优势证据规则浅析网络环境下著作权人举证责任"，载《人民司法》2012 年第 6 期。

〔3〕 陈昶屹："遭遇网上匿名侵权起诉谁"，载《北京日报》2014 年 10 月 5 日。

令方式、生物特征认证方式、USB key 认证方式。其中最常见的正是通过账号密码的方式进行认证。[1]《中华人民共和国计算机信息网络国际联网管理暂行规定实施办法》[2]中第 3 条第 4 款规定："个人用户是指具有互联网账号的个人。"这一条文体现了账号与网络用户的紧密联系以及账号行为与主体行为的统一性。从比较法角度来看，联合国贸法会《电子商务示范法》[3]第 13 条作出如下规定：一项数据电文如果由有权代表发送人行事的人发送或由发送人（包括他人代为）设计程序的一个自动操作信息系统发送，应视为发送人的数据电文。美国《统一计算机信息交易法》第 231 条及哥伦比亚 1998 年颁布的《电子商务法》第 16 条都有类似规定[4]。而在我国网信办《微信十条》公布实施后，所有网络服务都需要进行认证，也就是说，除了普通浏览页面的用户外，其余能够在互联网上进行表达的行为，都应通过自己的注册实名账号进行。这就使得账号行为成为现实中的人在网络空间的代理行为，除有证据证明账号异常外，网络虚拟行为的责任主体都应被认作是本人所为。

（一）账号的实名认证信息就是行为人身份信息

根据现有网络实名制的相关规定，行为人必须使用真实身份信息进行账号的实名认证。换句话说，侵权账号的实名认证信息就是侵权行为人的身份信息，账号行为可以通过实名制注册信息归责到具体的行为人。《关于加强网络信息保护的决定》规定网络服务提供商应当"要求用户提供真实身份信息"[5]，"微信十条"进一步加以明确：即时通信工具服务提供者应当按照"后台实名、前台自愿"的原则，要求即时通信工具服务使用者通过真实身份信息认证后注册账号[6]。当然，网络实名制只存在注册阶段，网友发帖时不必使用真实姓名；网民在注册个人信息的时候并不通过商业网站进行，而是通过中国网络协会建立的第三方平台或者公安部信息管理平台进行认证，所有个人身份信息都不在商业网站保存[7]。

---

〔1〕 戴士剑、刘品新：《电子证据调查指南》，中国检察出版社 2014 年版，第 318 页。

〔2〕 参见《中华人民共和国计算机信息网络国际联网管理暂行规定实施办法》第 3 条第 4 款。

〔3〕 参见联合国贸法会《电子商务示范法 UNCITRAL Model law on Electronic Commerce》第 13 条，载 http://baike.baidu.com/link? url=KrVewZYqRLgHQwffX4BznBpMMvAZ SE0Q24OrVlk6P-9GDMCattpQjJXDUi60-GFJbIjOgOQMEyzoOZFgG8T2lq，2014 年 12 月 13 日访问。

〔4〕 转引自邹龙妹："网络金融电子证据问题研究"，载《金融论坛》2008 年第 4 期。

〔5〕 参见《关于加强网络信息保护的规定》第 6 条，2012 年 12 月。

〔6〕 参见《即时通信工具公众信息服务发展管理暂行规定》第 6 条，2014 年 8 月。

〔7〕 朱巍："网络实名制相关争议问题研究（一）——网络实名制无损于个人信息保护"，载《中国广播》2013 年第 2 期。

以真实身份信息为基础的网络实名制与原本虚拟的账号行为相对应，使得账号行为推定为本人行为有了技术上和制度上的可能性。"后台实名，前台自愿"的基本原则，使得账号行为的归属更加明确。网络侵权纠纷发生后，原告可以向网络服务提供商要求提供侵权人实名注册信息，或者根据司法解释的规定起诉网络服务提供商，要求网络服务提供商提供后台实名信息。网络服务商按照实名认证信息提供的被告信息，法院应据此推定，现实被告身份就是网络侵权责任的承担者。

（二）网络服务提供者提供的账号实名制信息发生错误时要承担连带责任

"微信十条"明文规定了即时通信服务提供者"应当"要求使用者通过真实身份信息认证后注册账号，当法院接到起诉责令网络服务提供者提供侵权人账号信息时，网络服务提供者就应当向法院提供准确的账号实名信息。因此，当网络服务提供者向法院提供的账号实名制信息错误的，则说明其未能履行法定义务，应承担连带责任。未能有效提供用户真实注册信息的网站，就不能根据网络侵权司法解释第4条进行抗辩。与此相关，《消费者权益保护法》中也规定了网络交易平台的平台责任，网络交易平台提供者不能提供销售者或者服务者的真实名称、地址和有效联系方式的，消费者也可以向网络交易平台提供者要求赔偿[1]。这说明网络服务提供者应对用户实名认证的信息具有核实义务，若未能履行该项义务的，就应与侵权人承担连带责任。当然，这里的连带责任形式应是不真正连带责任，网站在承担责任后，有权向最终责任人追偿。

（三）网络多重身份的映射关系

通过 ISP 找到的用户的真实注册信息与真实侵权人的身份信息之间会产生对应问题，网络注册信息与实名身份信息不符的，应当以身份信息为准。这里主要分为"一号一人""多号一人"和"多人一号"三种情况进行说明。

第一种情况是最常见的"一号一人"，注册信息与侵权人实际身份信息可以完全对应，如果网络注册信息有误，则以实名身份认证系统的信息为准。

第二种情况是"多号一人"，即一个行为人同时拥有和使用多个账号的行为。此时，按照账号与行为人之间的对应关系，所有账号的行为后果均归属于该行为人本人。如果该用户的多个网络注册信息与身份信息不符的，也应以实名身份认证系统信息为准。

第三种情况是"多人一号"的情况，即当多个行为人共同使用同一账号

---

〔1〕　参见《消费者权益保护法》第 44 条。

的行为。如果能查明具体侵权人的，由实际侵权人来承担侵权责任，其余共有人承担补充责任。如果法院无法查明的，按照现有法律，有两种处理思路。

第一种思路：按照民法中关于共有的原则和规定，不论侵权行为的实施者是谁，账号的所有共有人都应对外承担连带责任，在承担对外责任后，共有人内部可以按照事先约定或按份承担责任。

第二种思路：按照《侵权责任法》关于共同危险行为的原则和规定，能够确定具体侵权人的，由侵权人承担责任；不能确定具体侵权人的，由共用同一账号的多个行为人承担连带责任。共用账号的人能证明损害后果不是由其行为造成的，不承担赔偿责任。

第一种思路的理由是将账号视为一种虚拟不动产，在对外关系上，因账号这一共有的不动产产生的侵权之债，共有人应当承担连带债务。这种思路的法律依据是《物权法》第102条："因共有的不动产或者动产产生的债权债务，在对外关系上，共有人享有连带债权、承担连带债务，但法律另有规定或者第三人知道共有人不具有连带债权债务关系的除外；在共有人内部关系上，除共有人另有约定外，按份共有人按照份额享有债权、承担债务，共同共有人共同享有债权、承担债务。偿还债务超过自己应当承担份额的按份共有人，有权向其他共有人追偿。"这种思路的瑕疵在于互联网账号与现实中的不动产属性上有很大区别，直接适用共有的规定有些牵强。

第二种思路将"多人一号"的侵权行为视为共同危险行为，法律依据《侵权责任法》第10条。虽然实际侵权行为是由特定人造成的，但是每一个人都存在实施侵权行为的技术上的可能，这就是所谓的"共同危险状态"，按照因果关系对应性，由共同危险人承担连带责任符合侵权法基本思路。

（四）网络侵权司法解释在网络账号行为中的适用问题

网络侵权司法解释规定，法院可以责令网络服务提供者提供实际侵权人的实名制信息。实践中，网站能提供实际侵权人的实名注册信息的，原告可以根据其提供的信息请求追加网络用户为被告，现实中的人就是网络侵权案件的被告。

若网站向法院提供的账号实名制信息是错误的，那么，网站就不能以侵权行为系其他网民所为作出有效抗辩，因此，网站将独自承担侵权责任。

若网站无正当理由拒不向法院提供行为人身份信息的，根据司法解释的规定，法院可以依据民事诉讼法第114条的规定，对网站采取处罚等措施。

第六节　P2P 技术中立的例外

必须强调，技术本身并没有过错。在任何时代，若将技术发展可能引发的社会问题都归咎于技术本身的话，这就必然让技术进步成为高危因素，若如此，人类社会就不会进步。

技术本身具有中立性，这一点认识最早被确立在 1984 年美国最高法院的索尼案判决中。"实质性非侵权用途"作为日后美国各级法院反复适用的判断技术发展是与非的标准，也重新构建了现代版权法"间接侵权"的认定标准问题。

快播案的焦点并不在于 P2P 技术和缓存技术的适用合法性问题，而在于网络服务提供者是否存在刑事法律构成上的"间接故意"，即是否对产品传播淫秽信息具有知情和放任的态度。

P2P 技术的出现，基本打乱了网络传播的基本规律。基于该技术，网络受众本身就变成传播者，传播者也基于技术资源的共享，变为受众和再次传播者。这一技术从问世以来就受到包括版权人在内的很多非议。出现 Napster 案之后，美国法院将 Napster 与索尼案进行了明确区分，法院认为 Napster 实际提供的是一种服务，而非产品本身，这与索尼案中索尼公司仅提供摄像机产品性质截然不同。法院这样判断的根源在于划清"可控性"对于网络服务提供者的界限问题。Napster 案中，网络服务提供者对于服务内容是有"持续性控制"的，所以，应该为侵权行为负责。

快播案控辩双方的焦点中，辩方主张快播案就是"索尼案"中的"实质性非侵权用途"，技术本身并不具有侵权或违法用途，控方则主张快播案实际就是 Napster 中的情形，快播本身通过相关技术，主动或在可控环境下间接放任了淫秽信息的传播问题。

所以，快播案本身的争议点就在于快播公司如何使用了这些技术，而不在于这些技术是否违法。如同美国控枪法案中的辩论那样"枪不杀人，是人杀人"，技术本身就是双刃剑，是挥剑锻炼，还是挥剑杀人，不在于剑本身，也不在于剑的生产商，而在于拿剑的人到底要做什么。

从庭审记录和现有证据来看，快播公司利用 P2P 技术为幌子，实际是通过缓存、碎片整合等技术服务，在向用户"暗示"或"鼓励"非法资源。然后，借用庞大的浏览量和用户数，以精准广告等方式牟利。快播本身已经超越了 DVD 播放器，集合资源搜索、推荐等功能为一身，对注册用户、推荐资源、缓存资源、传播信息等相关信息具有明确的控制权。通过相关案件资料可以看出，快播本身仅通过"热门视频"中的浏览量，就将十次以上浏览的信息自动上传到遍布全国的储存器之中，然后不加甄别地再次传播，甚至为再次传播起到鼓励、暗示等效果，这本质就是起到实际传播者的角色。

从世界网络流量总量上看，淫秽和色情信息占据整个流量的一半以上，可以说，确实是一个非常庞大的社会存在。我国网络传播并未分级，互联网上大量淫秽、色情、暴力等不良视频极大危害了未成年人身心健康和社会公共利益。对于网络服务提供者而言，既不能仅发展技术而忽视法律和道德，也不能仅考虑吸引眼球获取广告收益，而忽略社会责任。

最后，快播案应该成为中国互联网技术发展反思的一个契机，网络技术发展的底线都应该得到足够的尊重，法院能够做的就是去平衡技术与道德、技术与法律之间的关系。

第七节　云计算与存储器法律性质辨析

近日，北京石景山区法院一审宣判了我国第一起网络服务器提供者侵权案。一审被告阿里云因为游戏侵权人提供网路服务，在接到权利人侵权通知后，未能及时采取必要措施，一审法院判决阿里云公司承担 26 万元的赔偿责任。"服务器第一案"目前还在二审之中，不论最后结果如何，该案所涉及的法律适用和解释问题都将成为我国互联网法治化的标志性判例。

一、云计算服务器的性质是什么

云服务器就是一种计算服务，相对物理服务器来说，"云端"更高效，也更廉价。云服务器与信息存储服务器不同，前者集中于处理数据能力，后者则是内容存储服务。换句话说，云处理器是计算的 CPU，信息储存则是硬盘。

本案涉案的服务器属于计算性质的服务器，这就好比是计算机的核心处理能力，这与一般网站平台提供的数据存储和网络服务提供者在法律性质上是完全不同的。阿里云公司能够控制的是计算能力，而非存储和服务的内容。

二、我国网络传播相关法律并未对云计算服务器作出具体规定

我国在网络传播领域立法发展比较快，近年来包括《著作权法》《侵权责

任法》《民法总则》《信息网络传播权保护条例》《关于审理侵害信息网络传播权民事纠纷案件适用法律若干问题的规定》等相关法律法规和司法解释层出不穷。但是，在这些法律文件中却没有直接对云服务器性质作出规定。在司法实践中适用的服务器性质认定，一般都认为是信息存储型服务器，即网络服务提供者。例如，在快播案中对快播平台性质的认定就是存储型服务器（缓存）。正是因为法律的空白，导致司法实践对服务器类型认定的混同，将云计算误认为是网络服务提供者，将云服务器误认为是云盘。

本案所涉及的法律均缺乏对云服务器性质的明确规定，判决将云服务与网络服务提供者相提并论的做法值得商榷。立法实践的情形是，目前存储型服务器平台与云计算服务器平台之间的区别，在立法上没有得到解决。这直接反映到司法实践中，云计算平台的法律责任被当作是网络服务提供者的责任，一审判决值得商榷之处就在于，法律文件所规定的"通知删除责任""明知和应知规则"被机械适用到新型云计算的类别之中。

三、服务器标准的异化

要想在现有法律框架下解决本案一审反映出来的立法空缺问题，就需要对现有法律规定作出一定的扩张解释。服务器标准本意就是技术中立标准，即网络服务提供者非内容提供者，仅在明知和应知的情况下承担相应的责任。在通知删除责任中，不能机械适用传统储存器标准，应该在一定程度上加大权利人的举证责任。

在传统存储服务器标准中，避风港规则即通知删除规则，将侵权提示义务交由权利人自己承担，平台仅在"怠于"履行断开连接、删除和屏蔽义务时才承担责任。当权利人发出通知后，平台要尽到合理的审查程序，在确认侵权事实之后，应及时履行法定义务。传统服务器标准中平台接到通知后的基本审核责任比较容易做到，侵权行为是"显而易见"的，只要按照权利人通知的内容作出一般性比对即可实现。但在云计算之类的新型服务中，平台接到通知后的审核责任比较复杂，这是因为平台既不能"偷窥"客户的计算信息，这涉及用户的商业秘密和隐私，也不能仅通过计算内容的表面现象来确定是否存在侵权用途。

反过来讲，若是本案一审判决就为终审判决的话，阿里云等云计算公司再遇到此类事件时，为避免被判侵权，就会立即通过技术介入用户数据内容，窥探用户计算数据等相关高价值信息。毫无疑问，这也就不会再有用户愿意将高价值数据放到第三方云端。在云计算的背景下，这势必就需要每个公司都需要建立自己的计算中心或云端来保证安全，当然这要么是不切实际的，要么是耗费大量社会成本的。

所以，传统服务器的网络服务提供者性质并不适用于云计算的服务器标准，不然就会产生阻碍技术进步的情形发生。不过，若是片面强调云计算服务器标准的特殊性，也可能导致服务器会放任侵权情况的存在。如何找到云计算服务器中立性标准就是考验立法者智慧的事情，特别是在目前法律空白的情况下既能适用正确法律，又能保证公平促进技术进步，这就成为考验司法实践水平的重要课题。就本案情况来看，阿里云公司在接到权利人通知后，若权利人有请求披露服务器使用者真实身份要求的话，在法院的协同下，平台应及时提供相关身份信息。平台公司有配合权利人维权的义务，但这并不代表平台在未能得到法律授权、用户许可或判决之前有权利去阻止使用人的权限，除非这种侵权行为是显而易见的。

四、涉案法律的探讨与展望

一般来说，云计算的法律风险主要是国家安全、用户信息安全和商业秘密方面。随着我国《网络安全法》的实施，云计算作为可能跨境的信息流转方式，将被严格防控在安全港范围。

在民事侵权领域，云计算平台的法律责任应该与存储空间平台的网络服务提供者责任分开。若将二者混为一谈，让云盘服务提供者承担与云计算服务提供者承担一样责任，这就好比让 CPU 承担硬盘责任一样可笑，二者的功能、性质、目的完全都不是一回事。

我国虽然不是判例法国家，法官不能自己造法，理应严格按照现有成文法进行审理和判决。但是，若将新事物性质与旧事物性质混为一谈，这就非常可能引发连锁反应，在互联网市场上必然会引起相当的混乱。特别是分享经济模式下，双创对云计算绿色、高效、低廉的服务需求量很大，过于武断的判决结论很可能影响到各个云计算平台公司的隐私政策，连锁反应到市场中，寒蝉效应可能就此出现。

有法律的依法律，无法律的依习惯，无习惯的依法理。回头想一下，我国互联网时代的法治进步不就是通过一个又一个新型判例总结出来的么。希望这个"服务器第一案"二审判决能够讲清楚云计算服务器与网络服务提供者之间的区别，在现有法律框架下依据法理作出新的判决。

第八节　不雅照中自由底线与责任分担

随着自媒体的发达，特别是移动端的普及，最近几年网络曝光的"不雅照"事件越来越多，传播平台也由社区等公共平台，逐渐拓展到了自媒体平台中。据媒体报道，一组来自网络数位"饮食男女"的"不雅照"事件引起社会广泛关注，事件中的当事人被"人肉搜索"确认后，受到了所在单位处分，据现有信息显示，不能排除对这些人追究进一步责任的可能性。

这一事件值得关注之处在于两点，一是它再次引发了公民行为自由底线的讨论，二是在事件发展的不同阶段承担不同法律责任的问题。

"不雅照"事件中，当事人行为的自由、自拍的自由、拥有不雅照者上传至网站的自由、网民人肉搜索的自由都涵盖在一个事件中，这些自由之间的权利冲突，自由与法律之间的冲突和自由与道德之间的冲突成为评价此事件的焦点。

首先，我们分析一下当事人行为的自由。从法律意义上说，对于发生"亲密关系"的规定主要有两块：一是法律保护当事人意志的自由，这主要体现在《刑法》关于"强奸罪"等类似规定上，以保护公民性自主权为核心理念。二是法律保护社会道德，即保护公序良俗为着眼点，这主要体现在《刑法》和《婚姻法》中关于"聚众淫乱罪""卖淫罪""重婚罪"等类似规定上。除此以外，当事人与谁发生亲密关系，或者何时何地发生亲密关系都是他们的自由。这个事件中，数位当事人应该都属于自愿行为，但是他们的"自由"行为却触犯了法律和道德的底线，一方面从形式上完全符合我国《刑法》关于聚众淫乱罪的相关规定，该罪属于公诉罪范畴，所以，他们的行为可能会受到法律的制裁；另一方面，从《婚姻法》所保护的夫妻忠实义务和我国公序良俗来看，当事人的行为已经触及社会容忍的底线，是对婚姻神圣的一种粗暴践踏，理应受到社会谴责。所以，这个事件看似"以自由始"，却因为行为的反道德性和违法性，必将以受到法律和社会的"制裁终"。

其次，拥有不雅照者是否有上传至网络的权利呢？这个问题稍显复杂，之所以复杂是因为在世界范围内，这仍是一个有截然不同对待标准的问题。从欧洲立法来看，因为在二战中曾受到纳粹蹂躏，所以欧洲至今对公民权利，尤其是隐私保护问题规定仍非常严苛。只要没有当事人明文授权，擅自传至网络或者人肉搜索的行为都是严重的违法行为。相反，美国对隐私的保护更突出体现的是当事人的自由。美国曾有个著名的案例，一个著名主持人当年与男友的"亲密照"被传至网络，当受害人诉请法院之时，法院驳回了诉讼请求，理由很简单：你当年拍摄这些照片之时，就应该考虑到会被拍摄者散布社会的可能性，所以，拍摄照片是你的自由，传至网络是他的自由，彼此互不干涉。可见，美国与欧洲对个人隐私的保护是完全不同的。我国对隐私权的保护在新通过的《侵权责任法》中，第一次以列举的方式加以明文规定。在实践操作过程中，我国长期以来适用欧洲模式加以保护，但随着互联网产业的发展，欧洲式隐私保护模式不利于个人信息网络商业化运用，所以，最近几年美国式保护越来越受到我国司法实践的重视，多以重视个人自由和控制力的角度约束网络隐私保护问题。就本案而言，追究上传至网络之人的法律责任还是很难的。一方面网络实名制尚未普及，很难举证或确定责任人，另一方面，责任人可以用曝光事实为违法事实加以抗辩。

最后，网民是否拥有人肉搜索的自由呢？在我国司法实践中，已经有很多案例确立了有关"人肉搜索"的司法价值取向问题。人肉搜索从本质上看并不是法律所必然排斥的行为，主要还是要从搜索目的加以考量，比如对犯罪分子的搜索，对遗失儿童的搜索等都属于合法价值取向范畴。就不雅照本身而言，如果是单纯涉及不雅照，比如当年轰动一时的"艳照门"事件，那么网民这种人肉搜索的自由将与他人合法权益发生冲突，是法律所排斥的行为。如果对于这种以宣扬聚众淫乱，破坏社会道德底线行为的搜索，那就应该另当别论。从另一个角度说，因为网络的虚拟性，人肉搜索责任主体很难确认，一般都以公开或发布信息的主体和网站作为责任主体，对于大多数网民来说，责任承担似乎尚未有具体判例作为支撑。

从现有证据调查结果来看，庐江县领导和何某某并非"不雅照"主角，根据庐江县政府官方表示，他们保留对网络造谣者追究法律责任的权利。那么，从法律角度看，所谓的"网络造谣者"究竟应不应该承担责任，或者应该承担什么样的责任呢？我们将这个事件分为三个阶段分别进行考察：人肉搜索阶段、有明确指向性阶段和最后确定阶段。

在第一个阶段中，不雅照被传至网络，随之而来的是网民自发进行的人肉搜索。从侵权抗辩事由角度看，此阶段侵害对象不明确，所以，即使网民对这事件中的主角进行攻击，也没有要求其承担侵权责任的可能。同时，网民对某一网络事件进行表态，或者因为好奇而进行的搜索行为，从传播法和言论自由角度看都无可厚非。尤其是针对这种违法和反道德事件的贬损，即便是超过了一般评价标准，也不应苛责网民承担责任。

在第二个阶段中，有部分网民将不雅照主角误传为庐江县某领导和何某某，在客观上确实造成了这两个当事人名誉权的贬损，根据侵权法的责任构成来看，这些网民是否承担责任仍处于不确定状态。之所以这样讲，是因为侵权责任构成的核心要件在于行为人是否有过错，这种过错既包括故意，也包括过失。在这个事件中，有的网民在未经证实的情况下，擅自发布不雅照主角的不实信息，至少存在过失，当然需要承担侵权责任。但是，有的网民根据公布照片的当事人长相与庐江县政府某位领导较像的客观情况，发布了"疑似"县委书记的言论，这种根据信息本身做出的评价，主观上并无侵权的故意，客观上也没有达到"确实是某人"的效果，所以，是否要承担侵权责任就需要区别对待。至于有些别有用心之人，利用网络制造虚假信息，刻意误导网民舆论，达到贬损他人人格的非法目的，对待这类违法行为，不仅可以追究其侵权责任，而且还可以依据我国《刑法》第246条"诽谤罪"来予以制裁。

在第三个阶段中，客观上已经确认了不雅照主角真伪的前提下，网民责任的划分存在几种情况：第一，网民对不雅照主角汪某及其妻子的贬损属于表达自由范畴，当事人的人格权利受到公共利益的限制，这种人格减损是因为其自己的非法行为所致，所以，网民不承担侵权责任。第二，在此之前误认为是庐江县领导的网民，如果曾发表过表达类似观点的帖子，应及时尽到删除和更正的义务，在他们尽到相关善后义务后，不应承担相关法律责任。第三，仍有部分网民对照片鉴定结果存有疑虑，因为该事件具有浓重的社会道德性，引起社会长时间的关注和对调查结果的质疑属于公众监督领域，他们发表质疑的帖子同样属于表达自由范畴。对待不同的声音，相关人员和机构应及时回应，形成良性互动，而非以动辄使用司法手段加以控制。第四，部分网站曾刊登以庐江县领导为标题的照片，应及时采取删除、屏蔽等措施，避免损害后果的扩大，否则应该依照我国《侵权责任法》第36条承担侵权责任。

第九节　人肉搜索的反向思考

福州曾发生一起男子街头对老人施暴事件，施暴视频被路人上传至网络后引起社会极大愤慨。数日后，有微博对所谓"施暴者"小张的电话号码、微信号、身份证号码等个人信息进行了曝光。当记者采访到被曝光者进行调查后才发现，原来是一起张冠李戴的乌龙事件。

这起由人肉搜索引发的乌龙事件对无辜被曝光者造成了极大生活困扰，严重侵害了小张的隐私权、名誉权、生活安宁权等合法权益。该事件再次证明，人肉搜索需要有法律底线，在自媒体发达的当下，是时候将人肉搜索写进法律之中了。

从传播法角度看，人肉搜索作为一种现代网络传播现象是一把双刃剑，属于公众知情权和表达自由权的范围。被搜索者或是特殊事件中的焦点人物，或是公众人物，抑或是具有公共利益影响之人。搜索行为的出发点在于满足公众知情权，合法性在于满足公众的表达权。近年来，网络反腐、网络打拐、网络寻人已经成为人肉搜索的标志性事件，尤其是与社会舆论监督相关的网络反腐，更是将人肉搜索效果发挥到了极致。不过，如影随形由人肉搜索产生的负面效果也屡屡出现，既有国内外不雅视频主角被曝光后多寻短见，也有本次事件中无辜被乌龙曝光者生活造成极大困扰。

近年来，我国司法对人肉搜索引发的判例层出不穷，其中最具代表性的就是有着"人肉搜索第一案"之称的"王菲名誉权纠纷案"。该案原告系因婚外情导致配偶自杀，是典型的道德失德者，不过，判决却支持了该失德者被人肉搜索后，名誉权等合法权益受到不法侵害的诉求。在当时此判例影响极大，至少说明了两个问题：一是包括失德者在内的所有人合法权益都不得受到人肉搜索不法侵害；二是除人肉搜索的始作俑者——直接侵权人外，网站也可以成为人肉搜索侵权法律责任的承担主体。可惜的是，由于当时《侵权责任法》尚未颁布，隐私权尚不是民事请求权基础，所以，"人肉搜索第一案"的案由是名誉权纠纷，而非隐私权纠纷。如果该案放到隐私权被正式写入我国侵权法后，毫无疑问，这是一起典型的侵害隐私权案件。

从民事法律角度看，人肉搜索是对公民隐私权的直接侵害，对名誉权、人格尊严和生活安宁权的间接侵害。显然，这与传播法角度的看法是不尽相同的，这也体现在人肉搜索的比较法之中。以美国为例，因网络人肉搜索引发的侵权事件为数不少，却很难形成对直接侵权人或间接侵权人的有效诉讼，根源在于美国法院更愿意将人肉搜索认为是表达自由的权利，而非单纯民事侵权案件。被搜索者要么具备公众人物身份，要么就是被卷入了公众事件之中，美国法院倾向于衡平公众知情权和个人隐私权之间的关系，在两个利益面前，经常会更倾向于前者的保护。目前，美国法院对人肉搜索侵权"暧昧"

态度已经受到越来越多的批评，出于对"多数人暴政"的担忧，该国司法已经逐渐修正对公众知情权过度保护的错误。

欧洲人权法院对人肉搜索的态度与美国司法截然不同，前者更愿意相信只有在强调人格尊严和个体权利的前提下，才有可能行使正当的表达自由和公众知情权。联合国制定的《公民权利和政治权利公约》中，也将尊重他人的权利或名誉作为公民行使表达自由的界限。如果公众表达自由或知情权建立在肆意践踏个体的合法权益之上，那么，这种权利就不是自由，而是"多数人的暴政"。

可见，多数人的权利——知情权和表达权，与少数人的权利——隐私权，是对立统一的关系。若要做到二者趋利避害，相得益彰，就需要从完善立法上入手。

现阶段我国涉及人肉搜索的法律法规主要集中在民事法律领域，隐私权虽然正式写进了侵权法，不过，个人信息作为隐私权的重要组成部分仍未得到足够的重视。尽管包括《消费者权益保护法》《关于加强网络个人信息保护的决定》《刑法》《侵权责任法》等在内的法律法规修法过程中将个人信息保护写入其中，不过，对个人信息合理使用的范围大都是原则性规定，缺少具体适用规范。同时，我国因《大众传播法》等法律缺位，法院无法在衡量人肉搜索行为时更多考虑公共利益关系。这都使得我国网络存在的人肉搜索现象缺乏必要的法律规制。

目前我国《侵权责任法》网络侵权司法解释正在起草过程中，与人肉搜索相关的个人信息等隐私权法律规制有望写入其中。以民法的扩张解释涵盖公法立法不足是"私法公法化"的主要体现方式，以民事侵权法立法形式解决兼有公法和私法"双重身份"的人肉搜索不失为一个权宜之法。在这部司法解释立法时，可将人肉搜索现象考虑进去，应着重明确两点立法：

第一，明确公共利益可以作为人肉搜索的合法来源。对网络追逃、网络反腐、网络打拐等涉及公共利益的人肉搜索行为，即使对被搜索者人身造成一定损害，从维护公共利益角度出发，也应对搜索行为给予法律豁免。对不涉及公共利益和舆论监督的公民人肉搜索，则不能豁免搜索者的法律责任。

第二，尊重被搜索者的被遗忘权。被卷入公共事件的人不可避免地成为舆论关注的焦点，也可能成为被搜索的对象。法律在保障公众知情权的同时，应充分尊重当事人的个体权利。网站须尊重被搜索者提出撤销相关信息的要求，拒不撤销者应承担侵权责任。被遗忘权不仅是被搜索者的权利，而且也是搜索者和网络等媒体的义务。

至于这起乌龙的人肉搜索事件，被搜索者小张并非真正的当事人，他的名誉权、隐私权都因人肉搜索受到严重侵害，当然拥有向网站主张删除相关信息的权利，其他转载媒体也应充分尊重无辜受害者的被遗忘权。当然，作为这起乌龙事件的受害人，小张也拥有向捏造者主张民事侵权责任的权利。

第十节　网络相约自杀责任反思

北京市昌平区一名男子曾与网友"相约自杀"，虽经其他多名网友规劝，但仍未能阻止悲剧的发生。近年来，在网络相约自杀的事件国内外都有发生，家属事后向法院提起诉讼的对象多为相约自杀者和网站，前者承担帮助侵权的过错责任，后者承担未尽到法定义务的侵权责任。

对于"相约自杀者"来说，他帮助、诱导、甚至唆使自杀者积极追求致人死亡的后果，在民事法律和刑事法律上都有不可推卸的责任。2010年美国明尼苏达州警方曾对一名长期在网络聊天室"相约"他人自杀的男子以"谋杀"罪名进行指控，我国法院也曾在2010年对发生在丽水的类似案件，作出相约者承担民事赔偿的判决。可见，法律对相约自杀者并不会因为他自己的"自杀行为"免除责任，也不会因为他没有直接参与自杀行为而得到豁免。

网站在"相约自杀"中扮演着传递信息平台的角色，是否承担法律责任在司法实践中存在一定争议。从美国法院审理"死亡聊天室"等案件来看，并没有将网站作为法律责任承担主体，主要理由在于强调网络平台的中立性，法院不能要求网站对数以亿计的网络信息具有事先审查的义务。

在我国"QQ相约自杀案"中，一审法院和二审法院对此的看法并不一致，前者认为网站对"自杀"这类有害信息的传播具有一定可责性，后者的观点与美国法院极其相似，并不认为网站在任何有害信息传播中都要负责，只有没尽到法定审核义务之时才承担侵权责任。两者比较，二审法院的观点更为可取。网站作为公共信息传播平台，本身具有技术上的中立性，如果让商业网站承担过多的法律责任——只要存在有害信息就要担责的话，那么，网站为了免责将会设置大量"屏蔽词"，甚至取消大多数交流平台，这样势必会影响网络表达自由，反过来对网民信息获取和表达思想造成不利影响。

不过，这并不是说网站在这类事件中就可以完全置身度外，至少还要承担几方面责任。首先，按照《侵权责任法》第36条第2款的规定，网站在得到"相约自杀"这类有害信息通知之时，应立即采取必要措施避免损害发生。其次，网站需要加强对类似于"贴吧""聊天群""微博"等公共信息交流空间的初步审核。对于直接以违法信息命名的"吧""群"等应该定时清理并设置关键词予以屏蔽，避免此类有害信息的集中传播。最后，网站对一些短时间内点击量超高的"发烧帖"，应该依照《侵权责任法》第36条第3款承担事先审核的义务。

网络"相约自杀"的出现凸现出来"自杀"已经成为社会问题，在明晰法律责任的同时，仍要以强化网络"正能量"传播为核心，强调网民和网站的社会责任，强调建设"人人关爱"的网络人文环境，才能避免此类悲剧再次发生。

第十一节　网络侵权如何应对法不责众

自网络技术问世以来就一直是把"双刃剑"，特别是自媒体兴起的当下，利用网络侵害他人合法权益的情况时有发生。近来网上曝光成都"路怒族"视频后，很多网络"无德者"开始了对受害女司机的"人肉搜索"，并附加大量严重侵犯合法人格权的信息。这不仅违背了善良社会公德，而且已经触犯了《侵权责任法》的相关规定。

尽管我国对网络侵权的规定已经非常详细，但是面对"人肉搜索"等大规模侵权情况，仍遭遇到"法不责众"的执法和司法困境。如何破解这个难题就成为网络法治化的"抓手"所在。

首先，法律应加大对始作俑者的处罚力度。大规模侵权中，可以区分出哪些是属于主观恶意比较大，对侵权信息发布和流传具有重大影响力的侵权人，主要包括：最初发帖人、违法转载的具有一定社会影响力账号，以及事件背后可能存在的"网络公关公司"或"水军"推手。从现有实践上看，几乎每一起大规模"人肉搜索"事件背后都存在利用他人关注，以抓取"眼球"方式进行营销的商业团队。这些"损人利己"的所谓网络营销行为，已经严重侵害到他人合法权益和商业道德伦理，需要法律严惩。

其次，强调网络服务提供者的社会责任。基于网络技术的中立性，法律对网站作为服务提供者时予以一定的责任豁免，这就是所谓的"避风港规则"。我国侵权法将此规定在第36条第2款中。网站只有在受害人有效通知后，没有及时采取必要措施的才承担侵权责任。在该事件中，受害人可以按照避风港规则，先向存留自己侵权信息的网站提出删除通知，如果网站没有及时删除的话，就可以作为侵权责任的连带责任承担者。实践中，大量存在不法网站滥用避风港规则的情况。例如，对侵权信息先以虚拟个人账号方式上传网站，然后再以 P2P 方式加以传播，这种行为可能导致避风港规则成为网络侵权的帮凶。

所以，法律应该强调网站的社会责任，具体来说，就是加强"红旗规则"的适用范围。最高法院的网络侵权司法解释对此进行了明确：对于经过网站人工或自动审核程序的信息、网络"发烧帖"，以及网站未能尽到合理注意义务的情况，都属于红旗规则适用范围。值得一提的是"发烧帖"，就是在短时间内浏览量"暴增"的热门帖，这些被网民"点红"的信息，客观上需要网站管理者进行必要的审核。这样立法目的在于，减少网络侵权的社会危害性，督促网站履行自己的社会责任。该事件中，人肉搜索的侵权信息多来自网络论坛中，如果出现"发烧帖"，而网站却"置若罔闻"的话，受害人就可以直接按照"红旗规则"追究网站责任。

再次，强化转载者责任承担。网络侵权司法解释将转载者的"社会影响力"作为是否承担侵权责任的重要判定标准。拥有大量粉丝的"大号""大V"和"公号"，他们因社会的普遍关注应承担更大的社会责任，当然要承担更高的注意义务。

最后，依法治网与以德治网应有机结合。法律是最低等级的道德，网络空间的文明并非仅依靠法律，更多依靠的是网民自律和道德遵守。以德治网不能仅停留在口头，更应以"自律公约"等形式制度化，长效化。以德治网需要更多的结合网络诚信建设，加快网络征信制度和网络实名制建设步伐。也许，只有将信用与社会更紧密的结合，才能真正减少网络暴力的出现，才能达到"让网络清朗起来"的初衷。

第十二节　群主共犯责任的认定

2015 年 11 月，浙江云和县法院判决了一起利用微信群传播淫秽视频的案件，群主因没有阻止群成员的违法传播行为，被认定为刑事共犯，构成传播淫秽物品罪的共同犯罪。

微博群、QQ 群、微信群等即时通讯工具已经成为自媒体时代的社交"圈子"，用户可以通过不同群作为不同圈子的平台，发表、接受、传播和评论各类信息。同时，此类群又具有云储存、信息漫游和截图等功能，以微信群为代表的"圈子"文化逐渐成为网络传播的主流渠道之一。近年来，利用微信群等圈子进行的网络犯罪并不少见，包括网络诈骗、传销、暴恐、传授犯罪方法、传播谣言以及传播淫秽物品等犯罪类型。不过，最终群主成为共犯的情况却不多见，这是因为，利用微信群的犯罪行为与群主建立和管理群的责任之间并没有直接关系。

一般来说，群主是群的创建者，也是群的日常管理者。微信群主的管理权限主要包括：邀请好友加入、删除群友、更改群名称、设置管理员等。从技术角度讲，微信群主对群友发布的信息，只能选择在自己的屏幕上删除，群主删除信息的行为，不会影响到其他群友的屏幕显示。可见，微信群这样的"圈子"，群主对其他群友表达和传播的控制力是极其微弱的，既不能删除其他人发送的信息，也不能屏蔽他人屏幕上已经发送的信息。微信如此设计目的，应该在于维护其他群友的表达自由权利，在于创建开放自由的讨论空间。因此，从群主对群员表达技术控制力来说，群主是不宜作为犯罪共犯处理的。

当然，群主还可以通过"踢人"的手段，将违法者赶出自己的群。然而，微信群一般属于"熟人圈"，群友大都非朋即友，群内关系也都比较亲近，相互的表达影响也比较封闭，一般很少有群主会主动"清除"那些不守规矩的人。

浙江的这起判例将群主作为共犯的主要依据应该是2010年两高出台的《关于办理利用互联网、移动通讯终端、声讯台制作、复制、出版、贩卖、传播淫秽电子信息刑事案件具体应用法律若干问题的解释（二）》第3条的规定，对利用互联网组建的群，主要用于传播淫秽电子信息的，对建立者、管理者和传播者适用传播淫秽物品罪。必须注意的是，该规定适用前提是"主要用于传播淫秽物品"的群，对偶然传播行为，或个别人的传播行为，不应适用群主共犯的解释。

对利用微信群等"圈子"传播犯罪主体的认定不宜扩大，司法机关既要考虑到群主等管理者在技术上的限制，也要具体区分微信群主要交流内容与非法传播内容的界限。特别是在微信群这类半封闭式的"熟人圈"，过度的司法干预和责任连带可能会产生寒蝉效应，反过来影响法律的公信力。

第八章
网络消费者权益保护

第一节　网络消费中用户权益保护综述

中国已经取代美国成为互联网用户第一大国，与此同时，网络消费纠纷也逐年增多，已经成为增长最快的消费投诉点。[1]在中国互联网从娱乐化向消费商务型转型的过程中，网络消费者权益保护已经成为新世纪消费者权益保护领域最为关键的问题。

一、网络消费的界定

按照现有的网络消费实践来看，网络消费基本可以分为三种类型：第一种类型是利用网络作为支付手段购买商品或服务的消费模式；第二种类型是网民或玩家购买网络增值服务或虚拟财产的消费模式；第三种类型是网民通过与特定的网络服务商订立服务合同免费享受其承诺服务的准消费模式。

第一种类型的实质是电子商务网络化的产物，在消费者与卖方的消费合同中，网站并不直接参与其中，仅提供快捷安全的支付方式。从这个意义讲，网站的中立性和工具性使其独立于买卖或服务合同之外，按照合同相对性原理，消费者因产品或服务产生纠纷的主张对象不能是网站。现有的具有支付平台功能的网站在从事网络买卖中介服务之时，一般要求合同双方必须是该网站的注册用户[2]，按照国家刚出台的有关规定[3]，从事网络支付的买卖双方必须在网站进行实名注册，只有实名注册并同意接受支付网站服务条款的自然人或法人才有享受网络支付的权利。因此，此种类型的网络消费中，在

---

〔1〕 "网络购物消费纠纷明显增加"，载 http://roll. sohu. com/20120315/n337764349. shtml.

〔2〕 参见淘宝网等交易门户网站。

〔3〕 2010 年 7 月 1 日，国家工商总局颁布《网络商品交易及有关服务行为管理暂行办法》，该办法要求通过网络从事商品交易及有关服务行为的自然人，需向提供网络交易平台服务的经营者提交姓名和地址等真实身份信息。

买卖双方交易之前，各方在平台网站已经签订了相关服务合同，只有接受相关服务条款和承认网站免责事由的前提下才可能继续交易。

第二种类型是典型的网络消费模式，网络服务商作为网络消费合同的相对方是消费者主张权利的主体。网民作为消费者在网络购买的相关服务和虚拟财产符合《消费者权益保护法》关于消费者的定义，理应受到该法保护。此种消费模式根据所服务的主体不同可分为两种不同情形：现实模式和虚拟模式。现实模式是指消费者在网络消费中购买产品的服务对象是现实中的人，比如购买 vip 邮箱服务、购买网络新闻短信服务等。虚拟模式是指消费者在网络消费中购买的服务或者虚拟财产服务的对象是网络中虚拟的人，比如玩家购买游戏装备、购买虚拟人物高级别标识等。现实模式与传统意义上的消费模式没有显著区别，不同之处在于网络服务提供者提供服务的领域是存在于网络而已，而这种区别又因服务效果归于现实中的人而可以与传统消费服务并立，比如消费者在网站购买一个大容量邮箱与现实中购买特别服务的邮箱一样，都是服务与金钱的对价。虚拟模式比较复杂，网络服务提供者将服务效果归于虚拟的人，而现行法律很少有将虚拟人格主体化的前例〔1〕，即便是虚拟财产第一案"红月案"的判决也没有将虚拟人作为案件主体审理。那么，在虚拟模式中消费者作为权利主体究竟是现实中的人还是虚拟的人呢？我认为，在虚拟消费模式中权利主张主体是现实中的人，原因有二：其一，玩家在游玩游戏之前必须与运营商签订相关服务合同，这个合同可以被认为是玩家为虚拟人物主张权利的请求权基础所在；其二，虚拟人物是现实中的玩家创造出来的，可以认为是现实中的人格在网络的延伸，那么在网络中虚拟人虽然不具有法定的人格，但是却完全可以具备虚拟人格利益，作为现实人格利益的延伸，权利保护者当然是现实中的人。

第三种类型之所以称其为"准消费模式"，这是因为接受服务的一方没有付出对价。这种类型表面上看好像类似于《合同法》上的单务合同或者无偿合同，或者类似于债法中的自愿债的负担行为。但其实不然。在准消费模式中的网民并不是没有支付任何对价，而是支付的方式比较隐蔽而已。首先，网民在接受网站提供的合同之时必须进行相关注册，网站则会在注册信息中加入各种调查成分，其后网站将匹配的讯息与各种广告服务商连接，随后网

---

〔1〕　参见江西省高级人民法院出台《关于网络侵权纠纷案件适用法律若干问题的指导意见》第9条规定，被侵权人在提起民事诉讼时不能提供被告真实身份的，法院应根据案件实际，告知其可以电子证据中标记的 IP 地址或者网络名称暂作为被告。

站将以各种形式广告"对症下药"地植入网民环境,从这个角度说,网民接受的不是免费的服务,只不过付费方是广告商而已[1];其次,网站的价值在于点击次数和拥有固定客户的数量,网民在这种准消费模式下势必会日常性地增加点击次数和客户数量[2],这在客观上不可否认地提升了网站价值,从这个意义上说,网民不是没有付费,而是付费的方式不同而已;最后,网站将网民注册的特定讯息作为特殊财产出卖给相关机构这已经是行业内部的潜规则[3],尤其是在网络实名制趋势越来越明显的环境下,这些讯息可信性大大提高,早已成了网站盈利的渠道之一,从这个意义上说,网民与网站之间的电子合同不是没有对价,只是对价不是金钱而是相关隐私利益而已。对于这些隐私的侵权认定问题,不管这些秘密的公开对个人造成的影响是积极的还是消极的,无论这些秘密是否具有商业价值,只要这些秘密不属于公共领域,不是法律和社会公共道德所必须要公开的信息,原则上都应当受到隐私权的保护。[4]在现代社会中,个人的信息隐私权不再局限于对私生活秘密的消极保护,而是更加注重对于个人信息的控制和自决。[5]所以,这种"准消费模式"不能因为没有明确的对价就不认为是消法保护的范围,恰恰相反,这正是新时期消法保护范围延伸的重要标志。

二、网络消费责任形态

(一) 网络作为支付手段购买商品或服务的消费模式

在此一类的消费模式中网络消费合同有着双重属性,第一种属性是消费者与卖方之间的购买商品或服务的合同;第二种属性是消费者与网络支付平台之间的前期合同。

---

〔1〕 详见来云鹏诉北京四通利方信息技术有限公司缩减新浪邮箱案,该案中,原告举证被告曾多次向邮箱中发布广告信息。

〔2〕 网站访问量的衡量标准一个是 IP,另一个是 PV。访问数(IP)是独立 IP 数:即 Internet Protocol。综合浏览量(PV)Page View,即页面浏览量或点击量,用户每次刷新即被计算一次。二者的联系与区别:PV 高不一定代表来访者多,PV 与来访者的数量成正比,但是 PV 并不直接决定页面的真实来访者数量。比如一个网站就你一个人进来,通过不断地刷新页面,也可以制造出非常高的 PV。因此,消费者通过注册进入到网络服务中来的行为,在客观上既能增加 IP 数量,也可以增加 PV 数量,从而使得网站价值提升。

〔3〕 参见用户在赶集网上注册信息被泄露案例,载 http://news.cntv.cn/20101206/103534.shtml.

〔4〕 张新宝:《隐私权的法律保护》,群众出版社 2004 年版,第 8 页。

〔5〕 李震山:"论资讯自决权",载李震山:《人性尊严与人权保障》,元照出版社 2000 年版,第 288 页。

消费者与卖方之间的合同适用一般相关法律规制明确双方权利义务关系，对产品责任方面消费者既可以按照《合同法》的相关规定要求其承担违约责任，又可以按照《侵权责任法》的规定要求其承担侵权责任。如果卖方对产品销售确有欺诈行为，那么消费者也可以按照《消费者权益保护法》主张其承担惩罚性赔偿。在消费者主张卖方欺诈事实之时，支付网站有义务提供相关证据，按照相关法律法规的规定，网站没有将相关讯息保存达到一定期限的，应该承担相应的过错责任。[1]在网络实名制背景下，网站无法提供卖方确切信息的，这就说明网站没有尽到相应的记录和审查登记信息的责任，所以具有一定的过失，应该与卖方承担连带责任，消费者可以向网站提出全部索赔请求，在网站承担责任后有权向卖方追偿。

消费者与支付网站的合同属于网络消费的前期合同，一般以格式条款的方式显现，对待因为解释条款发生的纠纷，法院应该按照《合同法》有关格式合同解释相关规定进行，需要作出不利于格式合同制定者一方的解释。对待影响力巨大的支付平台网站的前期合同，消费者协会或相关行业组织有权利进行审核，对待故意隐蔽重要合同内容或排除自己责任承担的条款应该无效。[2]

网络支付平台除法律规定或合同明文规定的责任以外，还应该承担以下责任：

1. 消费隐私保护责任

隐私权是公民享有的私生活安宁与私人信息依法受到保护，不被他人非法侵扰、知悉、搜集、利用和公开等的一种人格权。[3]换句话说，隐私权是公民个人隐瞒纯属个人私事和秘密，未经本人允许不得公开的权利。[4]这些秘密随着社会经济的发展也逐渐与各种方式相结合，演变成丰富多彩的隐私权内容。隐私权作为一种发展中的人格权，在现代消费领域中与消费方式相

---

〔1〕　参见蓝天公司诉搜狐商誉侵权案中，因被告将发布信息者相关记录删除，所以法院判决其承担责任。

〔2〕　各地消协已经开展了否认商家享有对"最终解释权"的行动，例如，上海消费者协会率先公开发布消费提示，对"最终解释权"条款作出明文规定："商家的一切解释，根本不具有法律效力，而一切有损消费者合法权益的解释都是无效的"，国内其他省市的消费者协会也将紧随其后就"最终解释权"条款作出规定。消费者协会的这一举动将对"最终解释权"条款的规制起到促进作用。

〔3〕　张新宝：《隐私权的法律保护》，群众出版社 2004 年版，第 21 页。

〔4〕　王冠："论人格权"，载《政法论坛》1991 年第 3 期。

结合，就产生了新的内容——即消费隐私。[1]消费隐私不仅包括消费者前期合同注册时提供网站的个人讯息记录，而且包括消费记录的保护，后者在新时期消费伦理中尤其重要。诸如消费者消费偏好、消费产品、消费数额、消费频率等相关信息都属于消费隐私范畴。因为这种消费隐私中涵盖了消费者的兴趣倾向、财产情况、身体状况、甚至性取向等重要个人隐私。未经消费者书面同意，任何组织和个人都无权将其公布于众。网络交易网站对这些隐私的保护承担过错责任。

2. 消费知情权保护责任

对于网站而言，对消费者知情权的保障是实现消费者其他权利的前提和基础。[2]这要求网站至少要在三个方面作出卓有成效的努力：其一，对卖方信息的初步审核，这并不是要求网站承担过于繁琐的实质性审查，而是将重点关注在卖方的相关合法证件之上，如果在卖方缺乏相当资格的前提下消费者权利受到损害，那么网站与其承担连带责任[3]；其二，对卖方广告宣传的初步审核，网站需要按照《广告法》《反不正当竞争法》的相关规定对卖方广告进行审核，任何明显夸大或者诋毁他人商誉或者严重引导消费等行为的，网站有责任对此广告进行屏蔽，否则要承担相应的过错责任；其三，将网络交易商誉公布于众并及时更新，网络交易的信誉度显示是网络消费者决定是否购买的关键性因素，网站需对网络商誉造假者及时采取必要的措施，除此以外，网站对卖方交易评价平台承担维护责任，不得擅自删除消费者的公正评论，当网络商家对评论提出异议之时，可以要求其提供担保或证明材料，否则不得擅自屏蔽或删除，网站对此承担过错责任[4]。

3. 社会责任

按照《公司法》的相关规定，网络交易平台应该承担相应的社会责任，结合网络交易实践看，其中具体包括以下几种：①违反法律法规的禁止流通物或限制流通物不得在网站销售，枪械、毒品、淫秽物品等不得销售，这就

---

〔1〕 参见《消费者权益保护法》修订第二次征求意见稿第 14 条规定，在保护消费者的人格尊严、民族风俗习惯得到尊重的权利的同时，新增了对消费者个人信息，包括消费者的姓名、性别、年龄、职业、联系方式、健康状况、家庭状况、财产状况、消费记录等与消费者个人及其家庭密切相关信息的保护。这也是消费隐私权被首次提出。

〔2〕 参见本人拙作"论消费者知情权请求权——以'三鹿门'为视角"，载《判解研究》2009 年第 1 期。

〔3〕 网站按照《侵权责任法》第 36 条第 2 款规定的"避风港"规则进行责任认定。

〔4〕 此时网站承担责任的请求权基础是《侵权责任法》第 36 条第 1 款的规定。

需要网站对注册商家的销售内容进行监管，并保存交易记录和商家住所，如果确实存在事先审查的困难，那么在接到消费者投诉或相关部门提示后，应立即采取必要措施；②对未成年人承担相应注意义务，因为当下网络分级在我国尚未实现，所以按照"儿童诱惑"理论，任何对未成年人产生诱惑却又不适合他们使用的商品，不得在网站首页或者非会员区展现，网站如果需要代理中介此类商品，对待参观者或者消费者必先经过实名注册的方式进行事先过滤，没有应用实名信息注册的网站不得销售不易于儿童保护的商品或服务；③定期公布非法网络卖家的讯息，并将相关讯息移送有关部门处理或者与当地消费者协会取得联系。

（二）虚拟服务或虚拟财产模式

如前所述，消费者购买虚拟财产和服务按照服务主体的不同有两种形式——现实中的人和虚拟中的人：

1. 现实中的人

消费者购买网络服务为现实服务的合同属于《合同法》中的服务合同一种，网络服务提供者应该按照服务合同和相关约定承担义务和行使权利，网络服务提供者对消费者承担过错责任。网站不得擅自更改或解释合同，并应承担因此可能会给消费者造成的损失。网络服务提供者除法定和约定义务之外，还应该承担以下责任：

（1）提示责任。提示责任分两种情形，第一是网站对消费者续费的提示。因为网络的特殊性，消费者可能无法及时得知服务续费的时限，网站在因续费取消消费者权利之前，应该提前通知其续费事宜，否则过于唐突的停止权利类似于对消费者不作为的冒犯，对此可能引起的损害网站负有相应的过错责任；第二是对危险讯息的提示。网络病毒以及不确定讯息的存在是不可避免的，那么，网站对于接受有偿服务的消费者来说，提供基本的"防火墙"是其默示义务的一种，比如对可疑邮件的提醒、对垃圾邮件的过滤、对下载无法判断危险程度讯息的提示等。如果网络服务提供者没有尽到行业内部可以公认的谨慎标准而致使消费者权益受到损害的，应该承担与其过错相当的责任。消费者对网站违反"提示责任"义务主张权利的请求权基础，既可以按照《合同法》要求其承担违约责任，如果造成客观损失的，也可以按照《侵权责任法》主张过错责任。

（2）持续责任。持续责任特指消费者在网络购买杀毒、系统维护等软件消费的情形。按照民法传统理论，买卖合同中一次购物后，双方的权利义务关系就只存在于瑕疵担保责任。但是网络发展的特殊性要求网络消费在特定领域内，网络服务提供者必须提供相当时期的持续性服务。杀毒软件、系统装备等软件系统一经售出，卖方责任并不因此完结，而是持续责任的开始。卖方必须及时更新其软件服务，并利用可能提供的便利为消费者提供下载更新服务。这样的责任根源于《产品责任法》相关规定，当卖方因过失没有及时更新而造成消费者权益受损的情况下，应该承担过错责任。如果网络服务提供者确实及时提供了更新，但是没有将更新及时通知消费者，那么也应该承担相应的过错责任。值得说明的是，网络环境技术发展迅猛，即便是再谨慎的软件服务商也可能无法跟上科技进步的脚步，那么，此时出现因为更新不及时造成的消费者损害，网络服务商可用不可抗力进行抗辩，因为网络中存在的不稳定因素（尤其是病毒）符合不能预见、不能避免、不能克服的基本原则。但这种网络语境下的不可抗力抗辩与传统民法中完全抗辩不同，是不完全抗辩，网络服务提供者应该对消费者进行相应的补偿。这是因为，网络环境的复杂和多变是网络服务提供者在提供服务或者与消费者订立合同之时就可以预见到的，也就是说，网站在出卖服务或商品之时是自愿承担一定风险的，因此，网站在无法完美地提供服务之时，即便是存在不可抗力，也要承担相应的补偿责任。

（3）隐私保护责任。消费者购买服务所填写的个人讯息网站无权泄露，更无权买卖，为此网站应该承担过错责任。消费者在网络接收服务的相关讯息也属于个人隐私范畴，网站有义务对此进行妥善的保护。在消费者进行网络服务过程中，网站有义务对有可能泄露消费者隐私的项目提示，在消费者填写相关密码时，网站不得默认消费者所用计算机为个人私用电脑以自动保存密码，当消费者自己选取保存密码或保存隐私讯息之时，网站有义务提示这样做可能会导致其他使用该计算机的人有机会窥视。如果消费者在进行上述行为时，网络服务提供者没有尽到合理的谨慎义务，那么就可以推定其没有尽到消费者隐私保护的责任，需要承担相应与过错相当的责任。

2. 虚拟中的人

虚拟中的人作为现实中人格的延伸在网络中具有明显的人格利益，这与现行法律规范精神是一致的。消费者以虚拟人为主体购买相关虚拟财产或服务应该受到消法的保护，不同之处就在于主张权利的主体与虚拟主体相分离而已。

按照已有的判例来看，在法律上无法确认虚拟人是虚拟财产的主体，但是这样推论在网络实践中有极容易出现悖论。例如"红月案"中，玩家丢失的财产并不是通过现实货币或者网络货币购买的装备，而是虚拟人物在网络中随机得到的，其所有权在虚拟人。从另一个角度说，虚拟财产存在的可能性就是在特定的网络环境中，在现实中或者其他网络环境下，这些财产就是数字代码，没有实际意义。如果将虚拟财产法律属性定位于物，那么，这种物的权利属性就存在极不稳定的状态，不仅要随着环境的转变而变化，而且也可能随着游戏运营商的停止服务而消灭。迄今为止，玩家因网络游戏运营商停止运营而主张虚拟财产物权返还的尚未出现，如果虚拟财产定位于物的属性，那么这些财产在运营商倒闭之时，玩家是否可以主张别除权而取得该物呢？即便是取得了该物，也将为无法在其他网络环境使用而没有意义。因此，笔者认为，虚拟财产实际属性应该是消费者与游戏运营商之间的服务合同。高级别的虚拟财产将会使得玩家拥有更高级别的或者更为舒畅的服务。从这个意义上说，虚拟人就是现实玩家在网络环境下向服务商购买的一种网络服务，玩家在控制自己创造出来的虚拟人游乐之时，其实就是在享受这种网络服务。根据网络游戏实践来看，越来越多的网游公司已经明确虚拟财产的服务合同属性，比如世纪天成公司旗下的"跑跑卡丁车""csol"等游戏，所有虚拟财产都加以使用时效，过期的财产将无法再使用。

因此，虚拟财产作为网络服务合同的一种特殊情形，原则上适用《合同法》关于服务合同和保管合同的规定。虚拟人消费权益的保护分两种情况：

第一种情况，玩家游戏之时，虚拟财产合同是服务合同性质，游戏运营商必须提供玩家顺畅的游戏环境，如遇到特殊情况无法运营游戏，应该向消费者承担责任。例如，去年大型网游"魔兽世界"在运营商变更之时，因事物交割事由致使游戏停服数个月之久，玩家作为消费者当然有权利要求新旧两个运营商承担过错责任。

第二种情况，玩家下线之时，虚拟财产合同有着保管合同的属性，运营商需要按照《合同法》有关保管合同的规定对虚拟财产进行妥善保管，在此期间出现的虚拟财产灭失情况，运营商应承担过错推定责任，由其自身证明没有过错才可免责。

除此之外，网络游戏运营商还应承担的义务有：

其一，公平网络环境。在网络游戏中多存在"生死竞争"的游戏环境，网络中价值连城的宝物可能在一次敌人袭击中就归为他有，而这种"丛林法则"正是网络游戏火爆之处，在现实中无法想象的行为，在游戏中可能司空见惯。对此，网络游戏运营商为了维护消费者权益就必须维护公平的竞争环境，具体来说就是严厉打击"外挂""私服"、打击网络"黑市"和不断查找和修复游戏 BUG（漏洞）[1]。对待玩家反映的异常情况，要及时处理，对待提供非法下载外挂的网站要及时向有关部门举报。

其二，未成年人保护。根据最新有关规定，网络游戏实名制已经开始普及，其重点防治的就是未成年人沉迷游戏的情况。[2]具体有两种做法：一是实名注册，对于过于血腥、暴力、色情的游戏，网络运营商应该禁止未成年人进入；二是建立"防沉迷系统"，对待未成年人游戏时间控制进行把握，超过规定时间要强制下线。根据网络实践来看，"防沉迷系统"的建立存在较大问题，较多运营商仅规定超过游戏时间后玩家所得经验减少，而还可以继续游戏[3]，这不足以阻止那些缺乏自制力的孩子们，这是对未成年人极不负责的态度，相关未成年人监护人可以以侵害监护权或者公共利益向法院主张权利，这种诉请应该得到法院的支持。

值得注意的是，虚拟人究竟有没有隐私权的问题。虚拟人是现实中的人在网络世界人格的延伸，具有明显的人格利益，但是这种人格利益与现实中的人格利益不一样。在虚拟世界中，虚拟人人格利益可以保护的范围非常小，因为游戏的"丛林法则"，虚拟人随时面临着不断的挑衅乃至死亡，因此其物质性人格利益无法得到保护，因为物质性人格利益的缺乏，精神性人格利益当然也较难保护。但是，对于虚拟人人格利益中有财产属性的某些利益因为关系到现实财产和其他相关问题，所以应该得到保护。其中最主要的就是虚拟人的隐私权，主要是虚拟人相关注册信息、包括"出生"序列号、进入虚拟世界的密码等，这些隐私信息一般可以关系到玩家在游戏接受各种虚拟财产奖励等一系列问题[4]，是现实中消费者权益保护的范畴，所以，对待这些

---

〔1〕 按照国家文化部对"私服"、"外挂"的定义，是指未经许可或授权，破坏合法出版、他人享有著作权的互联网游戏作品的技术保护措施、修改作品数据、私自架设服务器、制作游戏充值卡（点卡），运营或挂接运营合法出版、他人享有著作权的互联网游戏作品，从而谋取利益、侵害他人利益的行为。

〔2〕 2010 年 6 月 22 日文化部正式对外出台《网络游戏管理暂行办法》，其中规定，网游实名制有三个系统：一是注册系统，玩家需提供身份信息；二是面向社会的查询系统，家长可查询到孩子在玩哪些游戏及在线情况；三是认证系统，与公安部门配合对注册信息进行认证。一旦发现使用虚假身份注册的用户，将会对玩家级别、经验值、道具等清零。

〔3〕 参见世纪天成游戏公司出品的"跑跑卡丁车"游戏，该游戏在健康时间外，仍然可以继续游戏，只是获得的游戏金币和经验减少而已。

〔4〕 参见腾讯系列网页游戏的序列号奖励制度。

虚拟隐私网站有义务保密，如因网站原因致使消费者利益受损，网站应承担相应的过错责任。

（三）网络准消费模式

这种消费者没有付出实际金钱而取得服务的模式，实际上是以消费者付出其他对价或者使网站的增值为前提的。因此，对待此种消费模式应该类比前两种消费模式看待。按照现有存在的判例来看，只有前几年北京玄武区法院审理的"搜狐邮箱缩水案"可以比照。该案原告以注册免费邮箱时合同规定为50兆，但是后来搜狐擅自变为5兆为由，将搜狐公司告上法庭。原告在起诉状中将收到搜狐广告作为合同对价主张此合同为双务有偿合同，虽然最终以原告败诉，但是随着新世纪消费者权益保护的发展和网络法律的日趋完善，相信此种"网络准消费模式"将被越来越多的人所承认。

三、网络消费者权益保护修法意见

（一）强化网络交易提供者责任

作为交易平台的网站有着"中立性"作为天然的抗辩事由，因此纵观近年以来消费者诉交易平台众多案件，很少有消费者能在最后胜出，《侵权责任法》的通过有可能使这种情形愈演愈烈[1]。法律是衡平利益的手段，在消费者作为弱势群体的今天，公平正义的杠杆因为法律与生俱来的善良应该更多地倾向于弱者。同时，消费者是构建和谐社会的基础，也是社会经济进步的最终受益者。因此，在《消费者权益保护法》中应该将网络交易提供者责任细化，至少应该强调消费隐私权、网络消费知情权和网络交易提示义务这几种网站基本责任形态。

（二）明确网络交易社会责任

自2005年《公司法》修订后将公司应该承担社会责任写入至今，对社会责任的具体化解释工作一直没有实质性进展。消费者作为社会责任的主要受益者理应首先得到具体化的社会责任请求权基础。修改《消费者权益保护法》是将公司社会责任具体化的一个重要契机。笔者认为，网络消费者权益保护中具体化的社会责任有：未成年人保护、不良网络用户记录的公布和网络商品的合法性审查。

（三）确立有利于消费者的网络诉讼管辖

单纯的"原告就被告"诉讼的选择模式已经与网络消费纠纷不相符合，

---

〔1〕　因为该法在网络专条中过分强调了网站的中立性，即首先适用"避风港原则"。

不仅浪费大量人力、物力和司法资源，而且不利于消费者权益保护。对此美国 1999 年通过的《统一计算机信息交易法》规定，网络消费者合同双方可以协议选择管辖法院；除非协议明确规定，否则协议选择的法院不具有排他性。同时该法又进一步规定，双方不能通过协议改变消费者保护法的强制性规定；又如加拿大工业协会在 1998 年提交的《关于电子商务中的消费者权利保护的报告》中建议网络消费者合同仍适用传统的消费者住所地管辖原则。我建议《消费者权益保护法》关于网络消费纠纷的管辖问题应该作出修改，或者在即将到来的《民事诉讼法》修改中将网络案件管辖作出修改：在网络消费者合同的管辖上应以消费者住所地管辖为原则，在没有管辖选择条款或选择条款无效时由消费者住所地法院管辖。

（四）承认"准网络消费"

准网络消费是网络时代的产物，也是绝大多数人在网络消费的模式，但是在消费者权益受到侵害，或者网站违约之时，法院常以"没有合同对价"作为理由，很可能致使消费者权益受损，因此，我建议将"准网络消费"在《消费者权益保护法》中加以承认。

第二节　被遗忘权

欧盟法院以判例的方式确立了"被遗忘权"，要求搜索引擎网络服务提供者应按照公民意愿，对一些历史网页中使人尴尬的图片和内容履行删除义务。欧盟法院并未对被遗忘权的性质，以及内涵和外延做出进一步解释，仅对构成做出一般性规定，即内容符合"不相关、已过时和不必要"的基本要件。

从欧盟法院的判例可以分析出，被遗忘权的性质应属于人格权性质，是一种发展中的人格权。人格权的确立并非不需要一定的法律基础，被遗忘权的确立基础有两个：一是大陆法系国家人格自由的一般人格权基础和自我决定权基础；二是具体人格权中的隐私权基础。

一般人格权作为被遗忘权的一般性基础源于人格自由，人格自由包括人对自己信息的控制权和处分权，其与自我决定权相结合之后，人格自由不仅是一种基础性权利，而且可以上升为实体权能的实质性权利。隐私权作为具体人格权在一些国家也具有一般人格权的性质，旨在强调私权利与公权力的分离，避免公民安宁权被包括公众和政府在内的其他权利所打扰。

被遗忘权具有明显的私权性质，本质在于避免权利人因历史遗留的污点造成不必要的传播影响，这既符合人格自由和公民对自己信息的自我决定权，也符合隐私权与公众知情权对抗的基本理念。不过，被遗忘权似乎不能成为隐私权的下位概念。因为，在侵权法领域中，隐私侵权的抗辩事由是公共利益或公众知情权。一旦公民个人的信息因公众关注或公共利益而成为已被公开的事实，那么，隐私权就会在公众知情权面前显得无力对抗。正是这个原因，美国人对欧盟法院被遗忘权的判决多半嗤之以鼻，他们认为被遗忘权的确立必将导致公众知情权的弱小，这不符合言论自由和舆论监督。言论自由其实也是一种以人格自由为基础的基本人权，一般认为言论自由属于最高层面的人格权，其他衍生出来的人格权均属于下位概念。美国人对被遗忘权的批评可谓一语中的，如果非得在代表私权力的被遗忘权与代表公权力的知情权或表达自由权之间选择的话，显而易见，选择后者对社会整体发展更具价值。

除此以外，网络法律适用的特殊性在于更多考虑技术中立性。技术发展是中立的，只有在确保技术中立原则基础上，才有可能在网络技术时代保障更长远和更多人的利益。网络时代中技术中立性基础在于，将网络服务提供者看待成中立于所有利益集团的服务者，任何过分的严格责任都将会导致中立性被破坏，必然会导致社会公共利益被侵害。被遗忘权的确立必然导致本无过错的网络服务提供者（谷歌公司）承担更多的责任，这不仅违反了技术中立原则，而且还可能侵害到更多人的表达自由和公众知情权。因此，欧盟法院对被遗忘权的判决确实值得商榷。

虽然如此，被遗忘权的确立仍对人格权保护领域具有很重要的意义，尤其是在网络时代和大数据背景下，被遗忘权应该成为网络用户的一项基本权利。

被遗忘权是保护用户数据的武器。在数据为王的时代，网络公司的竞争已经从直接获利模式转变成为数据获利模式。用户是数据的主要来源，其范围非常广泛，不仅包括基本的注册资料、身份信息，而且还包括网络行为信息。例如，用户上网浏览过的页面、看过的视频、使用软件的种类和频率、网络交易记录、搜索关键词、网络购物品种、所在位置信息，甚至包括输入法习惯和字符频率等都成了大数据分析的对象。正是因为用户在网络上的数据具有强烈的商业价值，网络公司千方百计地吸引更多的用户，保存更详细的数据记录。数据作为一种资源，本身属于无体物，用户很难知晓网络公司占据了自己多少除身份信息以外的数据。同时，网络公司对采集数据的处理大都通过"云技术"、后台加密技术等方式进行，网络用户因技术的原因和信息不对称也无法知道自己的网络行为到底有哪些正被"搜集"。

大数据时代中网络公司对数据的盈利模式，以及隐蔽的网络技术，导致用户与网站之间信息的严重不对称，技术优势本身使得网络服务提供者应具备的技术中立性被自己破坏。如果法律不倾向性保护相对弱势的用户权益，那必将使得大数据时代成为数据掠夺时代。在这个时代中，几乎没有人可以幸免，"隐私之死"时代正在降临。

被遗忘权可以成为约束网络公司进行数据掠夺的有效武器，主要包括三个方面：

第一，软件和服务装卸方面。几乎所有的网络服务提供者都是通过软件或服务的方式获取用户数据。由于受到利益驱使，很多不法商家对软件和服务程序留有"后门"或"恶意程序"，在用户删除、卸载或不再使用该软件和服务之后，仍然以其他方式恶意"残留"在用户的 PC 或移动终端上，仍旧肆意"隐蔽"搜集用户数据。被遗忘权的确立体现在软件和服务卸载方面，就是要求网络商应做到去除恶意程序，遵照用户本人意愿对以任何方式明示不再使用软件和服务后，网络商不得以任何方式，包括"cookies"在内，继续搜集和使用用户数据。

第二，技术公开方面。APP 等应用程序的技术方面属于知识产权保护范围，不过，实践中大量 APP 都含有额外程序。例如，一款手电筒功能的APP，实质功能仅占不到一半大小，另外大部分"隐藏"程序都涉及对用户网络行为的搜集。被遗忘权就是对用户知情权的保护，用户有权知道实质用途有多少，有权拒绝非实质用途的装载。软件等技术公开检测责任应由政府相关部门来承担，对 APP 等应用程序非法程序的筛选和立法势在必行。

第三，个人信息方面。网络平台、网络软件和服务多如牛毛，沙石俱下，网络用户对一些软件或服务的使用具有临时性，并非每个软件或服务对用户都具有长时间的"粘连性"。被遗忘权就是要求网络商在用户不再使用软件或服务时，应主动将用户之前注册信息、身份信息和其他相关数据予以删除。

第四，开放平台方面。网络开放平台是一种网络经济合作模式，一般指网络商家之间以用户群和技术支持为合作方式，以利润分成或广告提成的模式进行商业运作。这种经营模式下，用户在原网络商的相关资料就会被转移平台合作者。开放平台模式导致大量用户信息在用户未知的情况下被挪用，这也是为何用户第一次使用某种软件或服务，却会发现新应用却拥有用户的全部资料原因所在。被遗忘权就是赋予这些被开放平台"挪用"资料的用户请求网络商删除"遗忘"自己数据的权利。必须指出，开放平台经营模式是国内外比较普遍的互联网经济模式，其本身运营符合法律规范，但是也应赋予用户对自己数据的绝对控制权，开放平台使用者和提供者都有义务遵照用户意愿及时履行删除义务。

以上四个方面是被遗忘权在网络时代的适用价值，被遗忘权对于用户来说是一种基于人格权的权利，对于网络商而言则是一种法定义务。按照中国目前的网络法律体系，被遗忘权的来源在于隐私权和个人信息权，其行使可以按照《侵权责任法》第36条第2款规定的"通知删除规则"适用，具体操作程序按照最高人民法院出台的侵权法网络侵权司法解释的规定。

第三节　账户注销权

用户使用互联网服务或产品，注册账号是前提条件，在《网络安全法》规定的实名注册背景下，用户以自己的真实身份信息进行注册，最终生成并获得网络账号。从严格意义上讲，网民的网络行为实际就是账号行为，互联网账号既关联着用户的身份信息、金融信息、注册信息等重要个人信息，也包含着用户的行为信息、使用痕迹信息等数据信息，所以说，账号关乎用户的"身家性命"的提法并不为过。

互联网账号的重要程度可想而知，特别是在手机等移动互联网环境中，网络账号几乎等同于关乎用户人身和财产安全的"命脉"，一旦被窃取或泄露，后果将不堪设想。从常理上讲，用户注册产生的账号，相关权利当然属于用户自己所有，账号注销权理应包含在内。不过，在实践中却广泛存在用户只能注册生成账号，无法彻底注销账号的情况，这又是为什么呢？

一般来说，用户无法彻底注销账号的根源在于网络服务提供者未能提供相关服务。在技术上，注销账号理应与生成账号一样简单，网络服务提供者拒绝提供这种服务的原因有以下几种。

第一，出于市场价值的考虑，网站只愿意"增加"用户，不愿意通过注销程序"减少"用户。在关注度经济和用户为核心的网络经济中，用户数量往往影响一个网站的市值，只能增加不能减少的设置初衷，就是为了避免用户流失。第二，出于用户账户安全角度，网站很难判断发出注销账户之人是否为用户本人。毕竟网络账户内虚拟财产等财产权益和人身权益比较大，一且出现第三人违规注销，真正的用户权益受损后，网站必然要承担连带责任。第三，网站为了保护自己免于诉累，为可能发生的诉讼保存证据。一旦出现网络侵权事件，网站需要依法向法院提交侵权人相关信息和网络行为相关数据，若是允许账号注销，网站就可能因无法提供相关数据而陷于被动。第四，绝大多数网站在网民协议中明确告知，用户注册产生的账号所有权归网站所有，用户只有专属使用权。这样一来，用户生成账号容易，注销账号也就必须得到网站的许可才行。正是因为以上四大原因，绝大多数的网站都会以各种理由拒绝提供注销账号的服务。

其实，网站拒绝提供注销账号的做法是错误的，不仅违反了现行法律规定，严重侵害了用户合法权益，而且对网站自己也是非常不利的。

首先，账号并非独立于用户，而是用户个人信息的重要组成部分。我国《网络安全法》明确了个人信息的保护范围，即"以电子或者其他方式记录的能够单独或者与其他信息结合识别自然人个人身份的各种信息"，包括但不限于自然人的姓名、出生日期、身份证件号码、个人生物识别信息、住址、电话号码等信息。可见，网络账号注册的所有信息均属于法律规定个人信息的保护范围之内。个人信息与网络账号之间的关系，如同我国《物权法》规定的房与地关系一样，"地随房走，房随地走"，二者不可分离。个人信息权是公民基本权利，属于绝对权和对世权，用户才是个人信息权的所有权人。用户通过个人信息注册产生的账号，所有权当然属于用户本人，所有权衍生出来的注销权也就成了用户的法定权利。

其次，账号的被遗忘权是互联网时代用户的核心权利。被遗忘权最早产生于欧盟法院对谷歌的判决，判令搜索引擎有义务删除那些与用户身份信息"不相关""已过时"的链接。欧盟法院的判决是在 1995 年《欧洲信息保护条例》的基础上作出的，确立被遗忘权主要根源于欧盟法院对隐私权在互联网时代的扩张解释。欧盟的这个判例对我国司法实践影响不大，在 2016 年北京市海淀区人民法院对我国第一起被遗忘权的判例中，搜索引擎完胜的结果再次证明欧盟确立的被遗忘权在我国司法实践的影响甚微。

不过，2017 年《网络安全法》实施之后，确立了我国法律意义上的被遗忘权。《网络安全法》第 43 条将用户对自己信息的控制权正式在立法层面交还到用户手中。该法规定，用户对网站违法违规或超出约定使用自己信息的，有权要求网站采取必要措施予以删除。这样一来，依据《网络安全法》对个人信息的严格保护原则，用户要求删除自己账号关联的个人信息也就于法有据。有人说，用户确实有删除自己隐私信息的权利，但这与账户是两回事。这种观点是错误的，按照网信办"账号十条"等相关法规，用户接受网络服务必须实名认证，一旦用户删除了自己的身份信息，账号也就不能独立存在，就应该被依法注销，这与"皮之不存，毛将焉附"的道理是一样的。

再次，用户作为消费者拥有知情权、自由选择权和公平交易的权利。网站之所以能够阻止用户注销账户，重要根源在于网站提供的网民协议，其中大都有对账户权利归属的约定，即用户仅拥有专属使用权，账号所有权归属网站。按照《消费者权益保护法》和《合同法》关于格式条款的规定，网站作为格式条款制定者在最终解释权问题上不占优势，网民协议确立的账号归属问题，在用户权益领域是没有效力的。用户在选择服务时，网站也没有尽到合理的告知义务，在缺乏网站与用户充分合意的基础上形成的账号归属权，属于"霸王条款"而归于无效。同时，《消费者权益保护法》赋予了用户自由选择权和公平交易的权利，用户当然可以"用脚投票"，网站不能设置任何门槛"强制"用户"留住"。

最后，赋予用户注销账号的权利对网站发展也是一件好事。正是因为"僵尸"账号的广泛存在，市场在衡量网站价值时早就采用"活跃度"来衡量，用户绝对数量标准早已过时。大量的"僵尸"账号的存在本身就有巨大风险，网站需要花费大量成本用在没用的地方。至于网站避免的诉累，在网安法中早已明确规定，相关日志保存不得少于 6 个月，早一天注销账户，相关保存工作也就早一天结束，超过法定保存日期的资料，网站没有法定保存义务。可见，注销账户功能不仅不会成为所谓的"诉累"，反倒可能变成网站"解脱"的工具。再说，很多用户注册都是在"账号十条"和《网络安全法》实施之前，那时候还没有全面施行网络实名制，严格按照法律来讲，这些没有实名认证的用户本身就应该注销，不然，网站将面临包括行政处罚在内的各种法律责任。

同时，在隐私权勃兴的当今社会，立法不断完备，用户权利意识不断增强，若网站坚持不予提供注销账号的服务，非常有可能变为下一个"被遗忘权"的被告。因此，强扭的瓜不甜，早已成为"鸡肋"的僵尸用户，网站还是应该当断则断，不然，反倒可能反受其乱了。

前段时间，国家四部委对我国互联网市场十大网站隐私政策等方面做出了全面评估，要求网站应当提供用户在线注销渠道。后经媒体调查，注销账号在实践中履行非常不好。网站要么设置非常繁琐的注销程序，要么根本没有设置相关渠道。当被问到为何注销账号如此之难时，大多数网站的回答都是为"用户安全着想"。这显然是网站"顾左右而言他"的回避，有意在拖延法定的义务。试想一下，注销账户的风险应该不会大过注册账号的风险，也不会大过网络支付和在线认证的风险，显而易见，网站以"为用户着想"的借口是站不住脚的。

在注销账号方面，我国既不缺法律法规的具体规定，也不缺保障安全的技术手段，缺的就是真正夯实依法办网的理念和有道德良心的网站。对于个别网站拒绝提供注销账号服务的情况，网信办、工信部和消协组织应该尽早站出来为用户"撑腰"。也许，是时候提起一场公益诉讼，或是再发起一次"被遗忘权"诉讼了。

第四节　网络安宁权

2013 年 12 月 5 日，北京市第一中级人民法院发布的"网络侵权案件权威调研报告"，针对网络日益猖獗的"垃圾邮件"和"骚扰信息"正式提出"网络安宁权"的概念。这是我国法院第一次将公民生活安宁的权利作为新型人格权在网络上予以保护，标志着网络安宁权将作为网民隐私权、名誉权、肖像权等基本权利一样，同属于司法保护的范畴。

安宁权原本属于一种发展中的人格权，是民事法律理论上的概念，专指公民拥有生活安宁的权利，即公民有权利拒绝接收垃圾邮件、骚扰短信等可能侵害正常生活安宁的行为。从国外比较法来看，国外大多数国家将安宁权保护作为公民人格自由权利的延伸，大都在 20 世纪就通过了旨在保护公民安宁权的"反垃圾邮件法""个人信息保护法"等相关法律文件，德国甚至为此专门成立了反垃圾邮件的政府部门。

相比之下，我国对安宁权的保护一直发展缓慢，直至随着网络技术发展，垃圾邮件已经成为网络"毒瘤"之时，一些网络自律组织和法律概括性规定才开始逐渐出现。我国首先正式提到"网络安宁权"的自律性规范是 2012 年 5 月 28 日正式实施的《新浪微博社区公约》。在该公约中，网络安宁权作为网民基本权利之一，被正式实施到这个涉及 5 亿多微博用户的虚拟社区中。据不完全统计，截至目前，新浪微博社区接到涉及安宁权被侵害的举报已经多达数万起。其主要表现形式为：垃圾邮件、商业广告、恶意不间断@他人或"私信"他人。

在立法层面上，我国首次将网民安宁权正式写进法律，是在 2012 年 12 月 28 日全国人大常委会通过实施的《关于加强网络个人电子信息保护的决定》。该决定将网民拒绝接受垃圾邮件权利明列其中，并强调了责任主体和违法责任承担。

然而，人大常委会出台的决定仅是对保证安宁权原则性的规定，缺乏实际司法操作效果。北京市第一中级人民法院作为司法实践机关将网络安宁权的正式提出，实际上是在司法实践中落实《关于加强网络个人电子信息保护的决定》的体现，同时，也反映出了网民对自己的网络生活不受骚扰渴望的实践总结。

强调网民拥有网络生活的安宁是世界各国司法保护的一致重点，各个国家甚至苛以违法者刑事手段加以保护。在我国，网络安宁权作为一个法律概念已经被写进网络自律公约，写进了常委会决定，这次又进入了法院的调研报告。不过，涉及网络安宁权的司法判例至今仍未出现，网络安宁权能否真正作为法院立案的案由还不得而知。因此，对网络安宁权的保护绝不能仅停留在"纸面"，更应该作为一个独立的案由真正落到司法实践中。

第五节　网络返利模式反思

2012 年 6 月据浙江省金华市政府通报，曾经有着"你消费，我返钱，零成本购物"口号的"万家购物网站"因涉嫌传销罪被依法立案调查。自此，购物返利与电子商务结合在网络上的发展神话被彻底击垮。随着这个已经拥有全国九万多家加盟商，两年营业额高达 290 亿人民币"神话般"网站破灭的，还有无数梦想以"消费创业""零成本消费"的广大网民和消费者。拥有如此之高的营业额，如此之多的参与者，为什么万家购物网却在一夜之间"崩盘"，遭遇灭顶之灾呢？

一、购物返利合法性讨论

购物返利实际上是一种经营模式，最先起源于美国，主要的经营理念在于以"返点"的形式进行促销。网络购物返利模式是最近几年因网站作为销售平台"异军突起"，逐渐形成了电子商务与传统销售模式的结合。随着电子商务的发展和第三方平台的完善，网络购物返利模式已经成为最为常见的促销手段。

从购物返利商业理论与操作模式本身来看，确实可以达到销售者、消费者和网站三方"共赢"的局面。一方面，销售者为了促销，主动让利于网站，后者则通过一定比例将这部分让利分担给消费者；另一方面，消费者通过网络购物中的各种"返点活动"，减少了消费成本。这样一来，三方皆大欢喜，销售商达到了"薄利多销"的促销目的，网站从销售者那里得到相应返利，消费者也得到了实惠。

这种经营模式在理论上是没有问题的，但是在实际操作过程中却经常被"变相""非法"使用，成为滋生传销和非法集资的温床，究其原因就在于实际操作中可能存在"虚假购物"的情况。以本案为例，万家购物网提出消费者可以在消费中提交一定佣金后得到"百分百"返利，在这种高利的诱惑下，很多人已经不把网站作为销售平台来看待，而是作为一种类似于可以收到高利回报的"金融机构"看待，他们并不实际购买商品，而是直接将佣金交给网站，以达到"坐收渔翁之利"的效果。这样一来，网站虽然不能从商家那里得到返利，但是却可以成为非法汇集民间资本的"吸金器"，短时间内积累大量非法所得。同时，随着网站对"虚假购物"行为的默许和纵容，以"返利"为诱饵的网越织越大，风险也越积越多，终于有一天当资金链出现问题的时候，投资人血本无归，网站不是被依法查处，就是携款跑路。

毫无疑问，网站这种"空对空"的销售模式，已经完全符合传销的基本特征。同时，很多此类非法网站还出现了"团队"运作方式。以本案为例，万家购物网建立了"六级代理商"，根据代理的级别不同，分别给予不同的佣金优惠，以鼓励会员以"拉人头"的方式积累资金，用后进入者被骗的钱去堵住前面的"窟窿"，这种行为也与传统传销中常见的犯罪手段相吻合。所以，以万家购物网为代表的经营模式不管从实质上，还是从形式上都符合传销犯罪的基本特征，这种以"购物返利"为幌子的经营模式实际上从事的就是非法传销活动。

二、政府监管需要落实

首先，不能因噎废食将所有的"购物返利"模式全部"一棍子打死"。购物返利本身从民商事法律规定来看，属于商家和消费者合意范围，只要没有侵害他人合法权益，不违反国家相关强制性法律规定，这种经营模式就应该得到法律的保护。调查显示，国内外几乎所有的第三方购物网络平台都存在一定的"购物返利"形式，其中绝大多数的销售模式都不存在"虚假买卖"和"非法集资"的模式，对待这部分合法销售和返利的商家我们应该明确予以保护。

其次，政府相关部门应该加强对"购物返利"经营模式的监管。这种监管并不是要对全部经营者和网站进行行政许可，因为这样做在客观上会阻碍我国本来就已经起步很晚的电子商务发展。监管模式可以参照我国台湾地区关于消费者预付费权益保护的做法，将商家用于现在或将来"返利"的资金存于消费者协会指定的银行账户，以"保证金"的方式控制网站资金源，以达到保障消费者消费安全之目的。

最后，政府应该加强对消费者权益保护工作的宣传力度和教育力度。其实，在本案事发前，已经有"百分百返利网""精彩生活网"等多个类似网站因从事非法传销活动而崩盘，导致大量消费者损失惨重。这些事件出现之后，并没有引起相关部门和媒体的高度重视，他们没有及时进行必要的宣传和对消费者的教育，导致"万家购物网"再次出现类似事件。本案显示，受骗的消费者大都缺乏基本消费安全常识，甚至很多连什么是传销都不清楚，以法律上的"无知"去轻信不良商家的骗局，这无疑是我们不愿意看到的情形。所以，在面对网络经济时代层出不穷的各种消费新模式之时，政府和各地消协应该提高警惕，对已经查明的侵害消费者权益事件要及时通报，媒体也应及时报道并进行相关宣传教育，尽量减少不必要的损失。

三、消费者应提高警惕

第一，不要轻信。在面对"百分百返利""零成本购物"和"消费创业"这样的宣传之时，消费者应该首先保持理性判断，与其去相信"天上会掉馅饼"的好事，还不如用常识去思考下商家到底会不会这样做。一般情形下，商主体存在的意义就在于盈利，而不会去不计成本地迎合消费者。资料显示，近年来，几乎所有的消费陷阱都是与消费者缺乏基本常识"贪小便宜"有关的。本案中，对于网站宣传的"仅缴纳16%的佣金，就可以得到100%的返利"，这种没有实际销售环节的"虚假"销售模式，消费者通过常识就可以判断出来存在问题。因为没有哪种经营模式可以没有风险便在短时间内获得超过5倍的利润。

第二，正常的购物返利不会要求消费者提供票据。消费者在购物返利过程中，如果有商家要求消费者自己提供相应面值发票的话，这就说明商家的行为其实是变相的"虚假销售"，商家将使用消费者提供的票据进行冲账，实现其"空对空"的套现业务。同时，即便是消费者通过购物返利购买的商品，也属于《消费者权益保护法》的保护范畴，消费者应及时索取相应发票，以便日后进行维权。

第三，在网络购物返利中，消费者应及时查看返利记录。通过国内网站进行的购物返利活动，其返利范围一般在 1%～30% 不等，商家明文给出的返利标准在法律上属于自我约束的单方法律行为，不得随意更改。一旦出现返利实际与商家承诺不符的情况，消费者可以随时进行举报维权。值得注意的是，因为交易平台需要确定消费者的交易订单没有被退货才可以返利，所以在一般情况下，购物返利的周期为 1 天～2 天。如果超过 3 天还未收到返利，消费者应该及时进行询问。

第四，消费者应该选择具有可靠保障的大型平台。近年来连续出现的返利网站负责人携款潜逃的事件，给消费者该如何选择交易平台提了个醒。选择这些网站的时候需要注意几点：公司网站要比个人网站信誉高；有固定联系方式和住所的网站要比没有这些的网站信誉高；查询该网站是否有信息产业部颁发的 ICP 认证，因为 ICP 认证是颁发给那些注册资本达到 100 万以上商家的，相对散户而言更有实力和信誉。

第五，消费者要注意"钓鱼网站"。这些网站从外观上看与正规网站完全一样，域名大都近似，但实际上却是转载者"木马""黑客"程序的不法网站。这些网站大都以极高的购物返利比例吸引消费者，然后他们会诱导，或者要求消费者通过其提供的链接进入该网站，一旦消费者被骗点击进入，那么轻则被骗钱财，重则电脑中毒，涉及电子商务的密码、账户等信息全部被盗。这就要求消费者提高警惕，不随意听信"小广告"，不贪图"小便宜"，绝不从任何渠道通过任何人提供的连接方式打开第三方平台。

第六节　消费者海淘权益保护

海淘就是海外代购，从专业的代购网站和 APP，到朋友圈微博圈的微商代购都是海淘经营的集散地。消费者选择海淘无非两点，一是价格相对国内市场便宜一些，二是能够减少转手次数达到保真效果。

2017 年 5 月，网上一段曝光海淘市场快递黑产业链的视频引起了社会的广泛关注。国内一些知名快递公司竟然通过技术和人工手段伪造"异地发货""国际上线"，堂而皇之地将海淘作假市场化运营。异地和国际上线是指快递公司通过伪造发货单等方式，将产自国内的假货伪装成国际发货的"真品"，以达到以假乱真欺诈消费者之目的。快递业的造假仅是海淘侵害消费者权益众多类型中的一种，海淘造假往往是一环套一环，环环相扣，没有一个环节是真实的，最终受损的只是消费者自身。

首先，这种造假方式更难被发现。实践中，快递单号完全可以通过网上追踪到起止点，甚至何时发货和商品所在何地都能即时显示。这样做的初衷是快递业的透明化，满足消费者的知情权。结果却因快递渠道与售假者同流合污，而使网上单号查询沦为了"李鬼"的帮凶，"有图有真相""有单号有真相"让假货堂而皇之地变身"真货"，假货转了一圈，只有消费者被蒙在鼓里。

其次，消费者更难维权。传统电商销售的产品出现问题的话，销售者、生产者和平台按照《产品质量法》和《消费者权益保护法》相关规定都有明确的责任分担。在海淘造假中，这种责任分担被打破了。第一，海淘大部分是通过微商的方式做出的，微商中绝大部分是自然人，相比商家来说缺乏有效的监管。第二，即便出了问题卖家只要推卸责任到所谓的"海外商号"即可，消费者基本不能到海外维权。第三，海淘买东西与购买"水货"一样，在海淘商业的联系中，很多中间商都与消费者约定出了问题由消费者自担风险，即使出了问题，消费者多以吃哑巴亏告终。

最后，海淘的真货也可能侵害到消费者权益。即使消费者买到了真货，不过，一旦商品出现质量问题，海淘的商品便不享受我国消法规定的"三包服务"，甚至这些"洋货"在国内都没有营业点，维修和更换基本是不可能的。就算是海淘商品在国内有营业点，因为缺少国内购物的单据，要么国内店铺不接受"三包服务"，要么消费者需要承担高额费用。最重要的是，海淘来的食品药品等商品都没有国内汉字说明书，消费者使用时极有可能出现安全隐患。更何况国内食药监的食品药品安全标准、电压、网络、环境、水质、土壤、体质、配件、服务等各种标准都与国外不同，海淘的国外商品用得不好，就会反过来危害到消费者的人身安全。

关于海淘的法律问题比较复杂，除关税和检疫规定外，电子商务法领域中的跨境电商和快递物流部分也比较重要。但就目前《电子商务法（草案）》看，没有对海淘领域的快递作假作出具体规定，仅在信用评价领域对"虚构交易"做出了些许规定。在未来电子商务法修缮工作中，我国应该对物流快递业诚信经营和连带责任这部分作出具体规定。《电子商务法（草案）》

关于跨境电商的规定过于局限，缺乏对虚假交易和海淘消费者权益保护的具体规定，这一点在未来电子商务法立法中也要加强。

按照现有的法律，海淘假货产业链已经涉嫌"诈骗罪""非法经营罪""销售假冒伪劣、商品罪"等刑事责任，涉案的快递公司在明知存在虚假下单的情况下仍提供帮助，并因此获利，应该被认作是涉案罪名的共犯，涉案快递公司和相关人员需要承担包括刑事责任、行政责任和民事责任在内的法律责任。

第七节　网络时代的假货应对制度

2014 年 12 月，淘宝发布了《2014 淘宝联动警方打假报告》：截至 2014 年 12 月 12 号，淘宝根据假货网络交易大数据线索与警方联合行动，已经捣毁 200 多个制假窝点，破获 18 个制假集群，淘宝表示打假行动将常态化持续下去。

淘宝作为线上网络交易平台参与到线下打假行为是有重要背景原因的。目前，"线下制假，线上售假"已经成为假货流通市场重要环节，很多"三无"产品在现实中很难"平安"售卖，在线上却可以招摇过市。网络的虚拟性、过低的准入门槛和松散的监管体系使得网络售假大行其道。针对这种情形，立法机关在修订《消费者权益保护法》时增加了网络交易平台责任的特殊规定，淘宝等交易平台应承担提供销售者真实身份的义务，并在"明知"售假时与造假者承担连带责任。

在大数据背景下，交易平台在理论上拥有销售者网络行为的一切数据，很难证明自己对可能出现的售假并不"知情"。所以，网络交易平台存在与售假者承担连带责任的法律风险，与其等到售假侵权后"亡羊补牢"，不如提前行动做到"未雨绸缪"。同时，淘宝全程参与到打假行为中，也可为保证平台信誉，承担企业社会责任做出表率，只有净化网络交易环境，才能吸引更多的用户，达到平台与用户共赢。

我国自《消费者保护法》和《产品质量法》出台，高压打假已有三十余年，屡打不止，屡禁不止，假货似乎已成为消费领域的"顽疾"。淘宝打假报告显示，个别地区的售假制假已经形成"产业链"，甚至出现"区域经济"特色。这充分反映出了我国打假存在制度上的原因，打假监控止于"抽检"，工商执法止于"罚款"，惩罚售假犯罪起于"投诉"，高压打假源于"曝光"。

这些流于形式的打假措施从未真正有效地撼动过制假售假者追求"暴利"的野心。当然，个别地方政府的经济保护主义也为假货开了绿灯，不然不会出现造假区域如此集中的情况。淘宝打假报告更应成为个别造假地区执法者的耻辱标记，希望他们能够知耻后勇，切实履行法律职责，对得起消费者的信任。

网络时代中，制假与售假变成了线上与线下，造假者似乎更加隐蔽，不过，假货流通渠道却更为集中，任何网络售假行为在网络上都会留下痕迹。通过平台发现这些痕迹，利用大数据找到真凶，联合执法部门统一行动，不仅是淘宝作为网络交易平台的责任，也应是包括京东、百度、腾讯在内各大网络服务提供者的社会责任。

希望淘宝打假行为可以作为一个新的开始，在为淘宝打假行为点赞的同时，也期待更多的、有良心的网络服务提供者可以加入进来，让网络经济时代可以成为假货的终结时代。

第八节　XP 停止服务与霸王条款

XP 系统于 2014 年 4 月 8 日"大限已至"，从该日起微软公司将正式停止该系统的更新服务。在服务 12 年后，XP 系统因无法与移动互联技术相互融合以及巨额的维护成本等原因，最终退出了互联网历史舞台。

从民事法律角度看，微软停止 XP 服务的行为属于单方法律行为，是否具有正当性或合法性引起了社会广泛争议，大多数人认为这一行为属于"霸王条款"或没有正当性。其实，从网络技术发展和网络商业习惯角度看，这种认识是片面的。

终止服务事由的正当性一般源自法定或约定。用户购买和使用 XP 系统后，即成为微软的用户，双方权利义务关系由"用户协议"进行规定。不过，微软是否有权终止服务的行为在"协议"中并未明文出现，因此，微软不能依据事先的协议停止服务，也正是因为这个原因，微软停止服务的行为也不属于"霸王条款"。

按照"有法律依法律，无法律依习惯"的原则，在没有法定或约定的情况下，微软单方面停止服务的正当性就需要考察是否符合商业习惯。从目前国内外网路服务提供商的"用户协议"中，大都将"不再具有商业利益"作为"停止服务"的事由之一。这样规定之目的源自网络技术更新和发展速度的考虑，也是将市场行为作为技术创新发展的核心要求。微软停止 XP 系统服务，一方面是因为该系统的兼容性无法适应移动互联时代，另一方面也是基于高额维护费用已经使其丧失商业价值。如果法律依然强制微软不得停止继续服务的话，那么，微软可能会因此丧失新的商业机会，或者出现大家所都不愿意看到的结果：将新的技术隐藏起来，以维护旧的商业利益。毫无疑问，如果真的如此，市场利益不仅不会成为刺激厂商科技进步的理由，反倒会成为阻碍科技进步的绊脚石。

所以，是否具备"商业利益"可以成为网络公司决定停止服务的商业习惯被世界各国所广泛认可。同样，"商业利益"也可以成为网络公司决定继续服务的理由。英国和荷兰两个政府，为解决国内用户来不及更换系统的困境，与微软公司达成继续服务的协议，当然，前提是保障微软公司会得到额外经济利益补偿，仅英国政府就为此支付给微软 2015 年维护费用高达 550 万英镑的"商业利益"。

据调查显示，仍有接近两亿的 XP 系统用户因各种原因仍将继续使用该系统，其中包括大量我国用户。我国并未像英荷两国那样以商业利益为代价要求微软"继续服务"，而是采取了替代服务的形式，即与我国国内互联网企业合作保护用户在更换新系统前不受侵害。腾讯公司与金山、搜狗等网络公司合作以腾讯电脑管家为基础，针对因 XP 停止服务出现的"空窗期"推出了"扎篱笆计划"，在一定程度上缓解了继续使用者更换系统的紧迫性。

微软 XP 事件带给我们的反思，绝不是对"霸王条款"的争论，也不应局限在后续服务支撑的层面，而在于微软公司巨大的影响力，乃至威慑力。我国企业后续服务做得再完善，篱笆扎得再紧，也代替不了别人的核心操作系统，也不能取得别人的源代码。该事件再次反映出了自主产权的重要性，在核心技术上受制于人，必然导致事事都受制于人，别人"打喷嚏"，我们就必须"感冒"。从本事件可以看出，网络强国的验证绝不仅在网民数量上和硬件消费上，更应建立在核心自主产权数量上和技术影响力之上。希望我国政府和互联网企业能以本事件为契机，早日推出拥有自主产权的操作系统。

第九节　社交化电商与用户权益

微信朋友圈是基于熟人社会交流需求而研发的工具，这也是朋友圈区别于微博、空间等平台的重要特点。俗语说"观其人，看其友"，特别是在中国社会，一个人的朋友圈构成，往往决定了这个人的社会层次和价值取向。

近年以来，朋友圈逐渐演变成了"生意圈"，据《南都》调查显示，90%以上的人的朋友圈中都不同程度地存在"做生意"的现象。利用朋友圈做生意主要有两种方式：一是通过关注微店公号注册自己的微店；二是通过朋友圈宣传自己的产品，寻找交易机会。从支付货款角度看，也有两种支付方式：一是通过微信转账支付，还有一种是利用其他付款方式支付。通过微店购买的商品，可以退货退款，但需要卖家同意。在实践中，大多数的朋友圈买卖活动，都是以微信作为广告信息发布平台进行宣传，然后进行线上一对一联系，谈妥条件后，才会进行最终交易。

把生意做到朋友圈中来，本身就值得商榷。因为，朋友圈的价值就在于熟人社会的熟络关系，在于朋友、亲人之间的关注和互动。没有人愿意看到屏幕被各类"代购""广告"所占据，也不会有人以购物的心态去逛朋友圈。可以说，朋友圈演化成生意圈确实是始料未及的事情。不过，朋友圈做生意也有很多优势。首先，朋友圈都是熟人，相比淘宝的评级等级来说，熟人之间的信任是最佳的交易基础。其次，朋友圈相对封闭，里面很神奇，不乏大量民间能人，很多内部交易，或紧俏商品的出炉都是自朋友圈始。最后，朋友圈可以将松散的买卖关系牢固化，变为长期、持久的合作关系。

然而，尽管朋友圈的生意经似乎有很多好处，也无法回避在朋友圈里被骗的情况时有发生，主要有几种类型：第一类型是买到假货。假货也有很多种类型，有的是高仿货，有的是冒牌货，甚至还有的是以次充好的残次品。第二种类型是虚假宣传。朋友圈里的经营者大都是个体私人，他们既没有工商管理部门登记，也没有实体经营店，对所经营产品的"广告词"往往夸大其词，说得天花乱坠，实际结果大都名不副实。第三种类型是缺乏售后服务。朋友圈的卖家进货渠道特殊，很多都是海外代购或特殊渠道，一旦产品出现问题，这些"水货"基本上没有售后保障，更谈不上三包服务。

从消费者权益保护法角度看，朋友圈售卖的商品或服务也属于该法的保护范围。特殊之处在于商业主体大都不是工商登记的法人，又因为商品或服务的特殊性，例如水货，一旦出现问题，消费者也很难向生产者主张权利。即使可以维权，朋友圈的熟人性质也会或多或少地妨碍消费者主张自己的权利，大多数人只能采用默默忍受和下次不再购买的消极办法。

解决朋友圈生意经的消费者权利保护问题，需要从以下几个方面入手：

首先，应选择货到付款或支付宝等方式支付。从实践看，在朋友圈的交易方式中，支付宝等方式占了大多数，这也是为杜绝欺诈返款做的预备。不过，一些基于信任关系的交易，或者一些例如海外代购等形式，都需要提前打款或微信支付。如果是微店的话，消费者可以在不满意时选择申请退款，但是，如果是纯粹个体"地摊"的话，则很难申请退款了。这种情况下，消费者可以选择货到付款方式，或者先预支部分金额。当然，消费者也应在交易过程中保存好截图、聊天记录、商品展示和相关广告宣传信息，以备事后维权所用。

其次，避免轻信宣传。根据工商总局相关规定，公民个人也可以在互联网上发送广告，而且这部分广告内容很难适用事前监管模式，最多只能事后监管。因此，朋友圈里的促销宣传是有很大水分的。如果出现商品与宣传并不相符的情况，消费者也很难通过"差评""投诉"等方式表达出来。这就需要消费者在朋友圈购物更加谨慎：一方面，要基于可靠的信任关系，不能将"摇一摇"得来的好友，或者被人主动加上的好友作为信任之人；另一方面，也不能偏信商家自己所谓的"截屏"宣传，要知道制作好评的截图截屏在技术上是"小儿科"，商家"王婆卖瓜"的自我炒作往往是暴露产品可能存在问题的预警，从经验上看，越是自我宣传离谱的卖家存在的问题也就越大。朋友圈里的广告与现实不同，广告主、广告经营者和发布者都是卖家同一人，缺乏工商管理部门的监管，也缺乏其他买家的评价体系。这样的宣传不言而喻，是非常不靠谱的。那么，从法律上讲能否对这些宣传进行一定制约呢？这也是我国立法部门和执法部门尚在考虑的问题。毕竟自媒体营销也属于表达自由的一部分，也因为主体非工商登记者，执法部门也很难做到有效监管。好在朋友圈相对封闭，口碑在朋友间传递非常重要，只有认准信任基础，才可以进行交易。

最后，产品问题的应对。新《消费者权益保护法》规定了网络购物的7天无理由退货制度，当然也应适用于朋友圈。7日之内，不问原因和理由，只要买家改变主意就应该全额退货退款，运费和其他费用由买家承担。要注意的是，对于一些鲜活商品、电子产品、书刊报纸、专门定做等特殊商品是不适用无理由退货的。

如果购买的商品出现质量原因，按照《消费者权益保护法》的规定，卖家应承担三包服务。不过，对于水货，或者海外代购，一般在买卖之前卖家和消费者之间都有特别约定，很难适用三包服务。因此，朋友圈代购的，或者买非正规渠道水货的消费者，要额外谨慎，出了问题只能自己承担。

值得注意的是，如果朋友圈商品出现致人损害或造成财产损害的，这就属于产品责任了。卖家或生产者都需要承担连带责任，如果生产者难以联系或无法联系，那么，朋友圈里的卖家"朋友"，就会惹上连带责任的风险。所以，朋友圈里生意更应谨慎，因为买卖做得不好，可能连朋友也做不成了。

第十节　网络传销式投票反思

微信朋友圈的投票链接，用户点进去之后，往往都需要以关注某个公众号，或者提供个人信息为前提条件，然后才能进行所谓的"投票"。反观投票举办者，几乎都是商业机构。也就是说，这些商家通过所谓"投票"的方式，用最廉价的噱头，换取了用户最私密的个人信息。

当用户投票结束后，"授权"给商家的这些个人信息就算羊入虎口，轻则是铺天盖地的商业广告，重则就是利用用户个人信息的"精准诈骗"。更有甚者，有的投票还需要关注或下载某款 APP，这些应用也可能存在安全隐患，或是偷跑流量，或是获取个人信息。

投票本来是公众意愿的表达，朋友圈的投票却变了味道，不仅存在安全隐患，而且逐渐演化成彻头彻尾的道德绑架和商业活动，这就更加匪夷所思了。朋友发来的投票链接，碍于情面不得不投，稍有异议，往往就会引发多年交情"毁于一票"的事情。基于人脉的投票，对于公平公正的应然程序来说本来就是毁灭性打击，更何况又被人搞起了商业开发。

朋友圈投票数量可以"买卖"，早就是公开的秘密。一是通过网络刷票的公关公司，以钱换票大行其道；二是通过平台真金白银购买礼物，换取对应票数。无论以上哪种形式，都是在商言商，唯一缺位的就是公平二字。

《新京报》的这次深度调查，再次证明朋友圈投票早已蜕变成传销式商业活动。票数不代表真正意愿，只能代表人脉的宽广程度和烧钱能力的大小。其实，包括被投票人和投票人在内的公众，早就苦不堪言，这类令人厌恶的传销式投票为何还存在呢？

说到底，朋友圈投票已经成为黑产，链条上的组织者、技术开发者和运营者都有巨大利益空间。活动组织者不仅能够通过投票的方式，"透支"参与者的人脉能力，达到广为宣传的效果，而且还能通过设置礼物、抽奖等环节"抽头"获利。技术开发者又伙同网络刷票公关，人为操控投票结果，花多少钱就有多少票早已不是新闻。

从法律层面说，拉票本身确实不违反法律，不过其中几个环节却极有违法可能。

刷礼物换票或奖品环节，非常类似于已经喊停的"一元夺宝"等形式，组织者若有高比例抽头，则有可能构成"赌博罪"或"开设赌场罪"。至于投票中商家获取的公民个人信息和关注公号可能产生的安全隐患，我国《网络安全法》《侵权责任法》《刑法》及其相关司法解释都做出了非常严格的规定，触犯者将得到严惩。

"点赞"本来是一种网络表达方式，在网络社交平台上用"赞"等方式表达对"博主""楼主"的赞许和支持。从网络社交角度看，"点赞"至少有三层含义：一是表示对内容的支持和喜欢；二是表示已经阅读或对发布者的关注；三是表达社交互通化的工具。

"点赞"从社交网络起家，逐渐发展成为一种主流社交方式，甚至还生成了一批"点赞党"。从数据上看，在 2013 年仅在 QQ 空间的日"点赞"数量已经超过 2 亿次。新浪微博、微信、BBS 社区等积累"赞"的数量可能更多。看到"点赞"已经成为社交趋势，很多商家就开始引用这样的营销模式达到推广产品的效果。

商家点赞营销策略基本大同小异：先设置一个商品宣传链接或特定广告信息，然后由网络用户以转发或自发的形式推出，最后根据用户发布内容积累的"赞"的数量设立奖项。这些奖项既包括打折优惠和促销奖励，又包括免费商品或服务，涉及面从电影票、食品到 SPA、健身等日常消费的各个层次。

在点赞促销中，商家得到了广泛的宣传，利用用户做了大量广告吸引客源，用户也可以从中得到实惠。这看似合情合理、双赢的结局岂不很好？可是，这里面的"文章"玄机四伏，点赞营销令人担忧。

首先，点赞之人未必曾亲自检验过宣传的内容，可能承担虚假宣传的法律后果。推广的商家是否有资质、商品是否真如宣传所言，甚至连内容链接的网址是否有风险这样的基本问题用户可能都无法回答。用户在一头雾水的情况下，随意发布广告信息，一旦发生问题很可能会承担虚假宣传的责任。

其次，点赞之人未必能如愿领到商家的奖励。说话算话是诚实商家所为，不过，对于很多言而无信的不良商家来说，未必可以按照约定兑现承诺。这里的玄机就在于商家拥有"最终解释"的权利。虽然新《消费者权益保护法》对格式条款和虚假承诺做出了严格规定，不过，不良商家仍可以用各种借口推诿，比如，活动期限限制、点赞数量变更、点赞人群限制、奖励附带条件等。用户被忽悠后，大都不愿意浪费时间精力去和商家较真，往往到头来成为不良商家的宣传"工具"。

最后，点赞扰乱了正常社交秩序。本来"点赞"是为了表达支持和关注，可是，在点赞促销后，各种商品服务的广告层出不穷，为此刷屏者遍地都是，原本干净和谐的网络社交环境和熟人社交圈子变成了"菜市场"，那些"吆喝"起劲之人却帮着素未谋面者"忽悠"身边的人。这种网络环境不得不令人惋惜，点赞的廉价性和随意性逐渐成了气候，真实交流信息就变了味道。

往深层次讲，点赞行为是一个成年人行使自己权利的一种体现，如果滥用这种权利，一旦给他人造成伤害，那就会成为帮凶。如果轻视这种权利，随意性就代表着用户本身的素质和道德观。所以，请珍惜手中的"赞"，把"赞"用在对的地方。

第十一节　网络游戏与未成年人权益

据媒体报道，深圳11岁的男孩曾盗刷家长银行卡3万余元玩王者荣耀，事后，腾讯公司出于"关怀"角度进行了退款处理。这个事件是我国互联网社会千千万万未成年人沉迷游戏的冰山一角，孩子玩游戏花的钱在有道德感的公司那能退回来，但是他们所浪费的时间和青春，以及身心沉迷游戏的损害后果却很难追的回来。

从法律角度看，对未成年人的充值行为的性质是否有效作出认定比较复杂。一方面，游戏公司应按照《网络安全法》等规定对游戏账号进行实名认证，确定哪些账号属于未成年人所有。另一方面，按照《民法总则》的规定，8岁以下的孩子属于无民事行为能力人，他们的任何充值和开账号的行为均属无效，8岁以上18岁以下的孩子属于限制行为能力人，除了纯获利或与其年龄、智力相适应的行为外，其他民事行为均需要监护人的同意或事后追认。可见，11岁的男孩盗刷父母银行卡3万余元的行为，在监护人事后反对的情况下，游戏公司应该依法进行返还。

既然法律有明确规定，为何实践中很多家长很难要回"熊孩子"盗刷的钱呢？这是因为，游戏公司的实名认证只能确定真实的身份证号码，却无法将注册人与注册身份进行对应，实践中大量存在孩子利用他人身份证件开设账号的事情。同时，同一账号有多人在使用的情况很多，在多人一号的情况下，很难证明登录注册和充值行为就是未成年人所为。说到底，监护责任归根到底还是家长法定责任，孩子的过失家长也应承担相应责任。通过对未成年人账号行为的分析，我们发现防止未成年人沉迷网络游戏的责任是多层次的。

首先，游戏公司除了要遵守文化部门和网信部门关于游戏内容规范责任外，还应在技术上建立针对未成年人的防沉迷系统，必要时可以建立家长与孩子之间的关联账户，在技术上协助家长履行监护职责。这一点腾讯做得不错，不过在针对未成年人的游戏充值方面，是否还应增加家长特别授权的关口？

其次，在智能手机使用方面，学校和家长需要达成共识。智能手机等移动端到底能否进校园曾经引发过热议，在未成年人身心发展尚不健全和网络空间内容尚不清朗的时候，保守一点的措施或许更符合未成年人的长远利益。

再次，在家庭陪伴方面，家长要做好自我检讨。孩子沉迷于游戏的心理因素有很多，缺乏陪伴和孤独感是引发游戏沉迷的重要因素。越是家长与孩子互动良好的家庭，越是不会出现孩子沉迷游戏的事件，反之，孩子就要在虚拟世界中寻求安慰。归根到底，这都是家长的陪伴责任没有履行到位。

最后，在立法上要完善"账号制度"。在账号行为与当事人关联举证方面，因为游戏平台能够通过技术手段获取更多的信息，举证责任应由互联网公司承担。互联网账号的所有行为均应推定为账号注册人所为，除非网络平台或他人能够举证出相反的证明。"谁主张，谁举证"的传统举证责任分担在互联网账号行为中水土不服，这是司法实践中普遍存在的问题。如何平衡平台与账号使用人之间的举证关系，也可以更多地交给法院来平衡，既要符合技术中性原则，也要保障好未成年人监护人的合法权益。

网络游戏进入中国市场已有二十多年，这个行业一直在经济效益与社会效益之间反复纠缠。即便是当下已经有二十多个高校开设了电子竞技专业，游戏沉迷依然是家长最为担心孩子的事情之一。

据媒体报道，北京大学新开设了一门电子游戏的选修课，据称选课结果"爆掉了"，场场爆满。很多媒体称，北京大学作为学科风向标，设立这种课程在一定程度上是为电竞游戏"正名"——电子游戏并非是洪水猛兽。就在2016年，教育部曾在新增设的13个专业中，将电子竞技运动与管理作为新学科，列在体育大类之中。

从游戏市场规模看，2017年中国游戏市场全年收入在2000多亿人民币，约为全国个人所得税总数的 1/6，电子游戏似乎成了重要的增长点。既然有这么大的市场，就需要更多的人去从事这种行业。

不过，网络游戏巨大市场的背后，是无数家长和老师彻夜的焦虑，是大量因沉迷游戏而失去自控能力导致前途尽毁的孩子，是宅男宅女醉生梦死的麻醉。因沉迷游戏毁掉的家庭、人生和前途的故事数不胜数，而这些就是2000 亿游戏收入背后的成本。

就在家长和老师苦口婆心地劝孩子的时候，一些高校竟然开设了电子游戏这种课程，这无疑将让风向标发生大逆转。一定会有孩子会以高校开设课程，未来就业方向等理由，拒绝放下游戏好好学习的规劝。或者误认为玩游戏就是学习，电子竞技就是体育，变本加厉地更加沉迷其中。更有甚者，模仿游戏竞技选手，沉迷游戏直播，荒废学业到头来变成一事无成的社会弃子。

不可否认，高校开设游戏课程并非是鼓励学生玩游戏，对游戏文化、产业、设计和开发等方面的讲授也没有问题。但是，这类课程的风向标搞错了，北京大学的"兼容并包"不能以可能牺牲青少年身心健康为代价。孩子的理解力无法上升到北京大学设立课程的初衷，家长的监督力却可能就此毁于一旦。

从产业文化角度看，二次元生态日益昌盛，这对于未成年人成长恐非吉兆。互联网音视频和游戏至今尚未分级，网络实名制也才刚刚开始全面落实，网络游戏和内容的家长监护系统刚刚上线。二次元的昌盛，受到产业的热捧，动漫游戏竟然成为所谓的文化支柱类产业。可见，滞后的立法与治理相比于昌盛的产业发展来说相差甚远。在没有安全阀的互联网世界中，政府、社会和企业必须真正关心孩子，不能以"垮掉一代"的代价换取杀鸡取卵般的商业利益。

从法律角度讲，从《未成年人保护法》到《网络安全法》专门设立的保护未成年人专条，实际都在反复重申孩子才是网络发展的目标和未来，总结出来最基本的认知应该是——未成年人永远应该是全社会关爱的对象，永远不能成为获利的工具。

因此，即便是北京大学等高校开设电子游戏课程有一万条所谓的理由和意义，我们依然坚决反对，因为这可能伤害到万分之一的家庭，千千万万的家长和懵懂无知的孩子。若是商业活动都讲成本的话，在网络游戏领域，请将这些家庭、孩子和年青一代的未来都考虑进去，孰轻孰重，也就一目了然了。

第十二节　手游分级制度的讨论

随着手机等移动端的普及，越来越多的孩子们开始迷恋上手游，沉迷游戏甚至到了废寝忘食的地步，已经严重影响学习和生活，如同当年鸦片毒害国人一样，手游逐渐变成了毒害孩子们的精神鸦片。2017 年 6 月，杭州一名中学老师发表了一篇《怼天怼地怼王者荣耀》的文章开始在网络上流传，这篇文章道出了家长和老师们的一致担忧——不能让手游成为新时代的黑网吧。

在 PC 端游戏年代，很多家长都有过禁止孩子进网吧的经历，文化部等部门也多次发文要求网吧进行实名登记，严禁未成年人进入网吧，并向社会公布了 12318 的黑网吧举报电话。正是国家有关部门、全社会和家长的通力配合，才打掉了不少赚未成年人黑心钱的黑网吧，挽救了很多沉迷游戏的孩子。

现在到了移动互联网时代，手机早已超出了通信工具功能范畴，植根于手机的网络游戏逐渐变成了孩子们的新宠。以往去网吧打游戏需要实名登记，现在只要有手机和网络，就可以不分时间、地点地进行游戏。如此一来，手游的春天到来了，仅王者荣耀这一款游戏在 2016 年的收入就超过了 68 亿。可是，家长们的担心又开始了，从游戏内容的血腥色情，到孩子们荒废学业颓废身体，从盗刷家长银行卡充值，到模仿游戏情节伤害同伴。在手游暴利的另一面，孩子们身心健康作为牺牲品被遗忘，家长和学校的监管在互联网移动端时代被边缘化。

当然，手游作为产业发展本身并没有问题，既能丰富社会娱乐环境，又能促进动漫游戏市场等产业链，带动经济发展。不过，现在家长和社会最担心的就是孩子身心健康受到手游的不良影响。忽视孩子身心健康追求游戏暴利的行为是缺乏道德和社会责任的，政府必须尽早规定游戏分级制度，游戏公司也应及早完善防沉迷系统和家长监控系统。

首先，应尽早引入类似于北美的 ESRB （Entertainment Software Rating Board）游戏分级系统。游戏分级系统既可以是由国家主导建立标准，也可以由行业协会自己制定。美国的 ESRB 就是由企业自发建立的分级标准，目的就在于保护未成年人身心健康。有了分级标准，家长才能做好孩子游戏监管。确定哪些游戏可以玩，哪些不能让孩子玩，可以让家长心里有数。

其次，网络游戏应尽早全面落实实名制。我国《网络安全法》再次重申了网络实名制，但在实践中却存在大量以手机实名制为基础的"间接实名制"。很多孩子的手机都是家长办理的，孩子用手机注册账号的行为家长很难监控。游戏领域涉及充值支付等金融渠道，也涉及未成年人权益保护等敏感问题，理应进行身份证和本人比对的全面实名制。

再次，游戏平台要建立和完善防沉迷系统和家长监控系统。《网络安全法》鼓励网络经营者开发保障未成年人身心健康的系统，防沉迷和家长关联账号监控就应该是其中重要组成环节。防沉迷应该与家长监控进行关联，未成年人的登录允许、游戏时间、游戏花费等均应事先得到家长的同意。

最后，针对未成年人的游戏充值必须谨慎。按照《民法总则》的规定，8岁以下的孩子属于无民事行为能力人，他们建立账号、充值、交易等行为均属无效。8岁以上的未成年人在处分超过自己经济能力以外时，应该事先得到监护人许可或事后得到追认，否则，家长也应能够向游戏公司追回充值花费。因此，未成年人的游戏充值的法律结果处在非常不确定状态，若是游戏公司为了减少事后退款的麻烦，还不如开始就建立好家长监控系统。

第九章
网络平台的竞争秩序

第一节　反商业诋毁自律

商业诋毁又称商业诽谤，是指利用捏造、发布、传播或教唆他人等手段，编造虚假事实对竞争对手的商誉进行毁谤的行为。在法律适用方面，商业诋毁既侵害了合法企业商誉权，违反了竞争法，而且也严重损害了消费者知情权，破坏了市场规则。

我国反不正当竞争法实施二十多年了，从去年年底开始该法开始进行大修，修正案在互联网竞争方面做出了特别的竞争规则，重点打击商业诋毁成为竞争法修法的重要方面。立法者之所以要在互联网行业竞争方面作出特别专条规定，主要原因有两个：第一，互联网产业竞争激烈，用户选择权成为互联网规模效应和生态经济的基础，影响了商品的口碑，也就影响了企业的竞争力。第二，关注度经济是互联网传播的主要形态，打着曝光、揭秘、小道消息、负面信息为标题就会吸引更多的关注度，网络传播已经成为商业诋毁的集散地。

一般来说，互联网企业占的市场份额越大，竞争力也就越强。扩大市场份额的做法有两个：一是企业通过技术创新和提高品质等方面加强核心竞争力。二是企业通过打击竞争对手，削弱对方市场份额来达到将竞品用户引流到自己旗下之目的。前者的目的是绝对份额的增加，后者的目的则是相对份额的增加。特别是在一些互联网新产业竞争中，规模经济需要快速积累用户，依靠企业自身核心竞争力的提升费时费力，所以，很多企业就更倾向于通过各种商业诋毁的方式打击竞争对手，削弱对手的市场份额来相对扩大自己的地盘。

在这种竞争逻辑上，就会出现"竞争死结"：①打击竞品扩大相对份额成本相比提升自己竞争实力更少；②在他人先采用商业诋毁削弱自己时，守法企业也需按照对等原则进行"还击"；③当竞品有可能或存在诋毁风险时，企业更倾向于主动出击；④企业因频繁的诋毁与反诋毁拉锯，逐渐形成媒体同盟。

"竞争死结"的结果就是：①市场竞争从比拼核心竞争力转化成诋毁大战；②防守与反制成为互联网企业 PR 的主要工作 KPI，各种网络公关、水军、黑稿写手成为爪牙；③消费者沦为诋毁拉锯的工具和最终损害者；④越来越多的企守法企业被迫应战，攻击与反制成为竞争主要手段，我国互联网产业因畸形的市场竞争或就此沦落。

从法律角度看，死结式竞争行为当然已经触动到法律底线，《刑法》及其修正案、新《消费者权益保护法》《网络安全法》《竞争法（修正案）》《民法总则》等一系列新法新规都将打击商业诋毁作为重要规制方面。不过，为何当下的法律规定已无死角，却在商业诋毁的黑稿领域鲜有作为呢？原因有几个：

首先，违法成本太低。近年来涉及商业诋毁的不正当竞争案中，原告诉请动辄几千万，但法院最终判决绝不会超过几十万且过程太久。一方面，法院会考虑到绝大多数被告的自媒体身份，不愿意苛责太多赔偿数额；另一方面，原告也很难证明自己的损害及与侵权行为的关联性，更难证明的、原告甚至都无法找到的是隐藏在黑稿自媒体背后的竞品到底是谁。

其次，被告的身份成谜。从侵权人是否"隐身"角度看，商业诋毁主体分为显性和隐性两类：显性主体就是竞品所为，隐性主体则深不可测。很多商业诋毁的案件，本质上是典型的不正当竞争性质，但是绝大部分的幕后黑手都隐身幕后，他们通过黑色产业链去雇佣黑稿写手，再通过各类自媒体进行传播。一旦发生诉讼问题，这也就是民事纠纷，无法上升到竞争法角度，然后，幕后黑手们再通过关联媒体以媒体监督权和舆论监督权的名义扩大侵权影响。即便是最后判定黑稿写手承担侵权责任，直接被告也不必担心，因为自有人为其买单。这种明暗结合、前后配合、借树开花的做法早已是行业公开的秘密。

最后，法律维权效果不好。效果在于时效性和针对性，一个案件动辄拖一年，等到真的宣判后，侵权结果早就发酵完毕。当然，大量引入诉前禁令制度倒是不错的做法，最近"腾讯诉 OPPO 不正当竞争案"，就是通过诉前禁令的方式避免损害扩大。在针对性方面，法律能够做到的反制效果不甚好，远不比攻防双方在媒体场直接"刺刀见红"的效果来的直接。

因此，尽管我国从公法和私法都对商业诋毁行为做了非常全面的规定，但要真正杜绝这种不正当竞争行为，最终还要靠自律，靠守规矩的企业越来越多，更多靠的是没出问题前的未雨绸缪，而非出了问题后的亡羊补牢。虽然绝大多数的互联网企业都曾经主动或被动地采用过"黑稿"竞争方式，但是这些企业大多本身也是"人在江湖，身不由己"。如何结束互联网市场的竞争江湖，重新以企业自身的核心竞争力为市场竞争的王牌，这都需要有远见的企业联合起来，在行业协会和国家相关部门的指导之下，重申诚信经营和商业伦理道德，做到自我约束，承诺依法竞争，依法维权，依法经营。

任何人都无法回避，商业诋毁的黑稿泛滥是我国目前互联网竞争市场中的现状。畸形的竞争形态必然会毁掉我们已经领跑全球的互联网产业经济，这是任何一个消费者或是企业都不想看到的。同时，商业诋毁的反伤很大，靠黑稿获得的市场绝不会持久，"小赢靠智，大赢靠德"，缺德的企业怎么可能走得远？

因此，为净化互联网竞争市场，践行企业社会责任和道德责任，夯实《网络安全法》等相关法律法规，维护消费者合法权益，打击不法自媒体黑稿产业链，美团点评、京东、360、新浪、搜狐、快手等企业在北京市网信管理部门和协会的指导下，在中国政法大学传播法研究中心推动下正式公布了《反商业诋毁自律公约》，全文如下：

习总书记在 2016 年 4 月 19 日《网络安全与信息化工作座谈会上的讲话》中明确指出"我国互联网市场存在一些恶性竞争"的情况，进而提出对互联网企业的鼓励支持和规范发展并行中，"要规范市场秩序，鼓励进行良性竞争。这既有利于激发企业创新活力、提升竞争能力、扩大市场空间，又有利于平衡各方利益、维护国家利益、更好地服务百姓。要加大知识产权保护力度，提高侵权代价和违法成本，震慑违法侵权行为"。

商业诋毁是不正当竞争的重要表现方式，既严重侵扰社会经济秩序，又严重侵害企业合法商誉和消费者知情权。目前，我国的互联网企业竞争中大量存在利用"黑稿"进行商业诋毁的行为，由此造成的市场混乱和消费者权益损害已经危害到了我国互联网相关市场的健康有序发展。

以下是公约的全文：

一、遵守法律和商业道德，不捏造和散布虚假信息、恶意评价信息。不散布不完整、无法证实、缺乏权威信息源的信息损害他人合法商誉。

二、不虚构、歪曲、夸大、片面和恶意宣传他人的负面信息。

三、不篡改或者选择性披露他人合法信用评价记录。不发布、篡改、捏造他人不实商业信息或未经证实的传言信息。不以技术手段、产品优势、用户数量优势阻碍他人正当商业信息传播。

四、不雇佣、参与、勾连、资助"黑稿产业链"。不利用自己相关平台发布、参与、散布没有权威信息源或无法证实的商业信息。

五、积极曝光"黑稿产业链"的组织者、写手、交易平台和发布媒体平台信息。积极配合被侵权企业、诉讼法院、政府管理部门的相关工作。

六、建立打击"黑稿"的制度，对已经被确认涉及侵害商誉权、涉及不正当竞争、滥用市场支配地位、滥用话语权的个人、自媒体、媒体平台及相关企业建立失信名单，并向社会公布。

七、本公约自全体成员代表签字后生效。

第二节　水军与网络传播法治化

据媒体报道，《孤芳不自赏》官微遭遇水军集体公开刷屏"讨薪"，刷屏内容整齐划一，声称该剧在"豆瓣买水军刷好评，做完赖账不付账"。这不是一起简单的讨薪事件，水军与雇主之间"煮豆燃豆萁"的互撕，把网络传播中的"黑稿"与"刷信"等黑幕第一次曝光于众。

商家在互联网上的营销主要依靠网民"口碑"，网民去买一个产品或服务，都会事先参阅之前其他用户的评价，先前用户的口碑直接影响到网民的购买欲。网民口碑是互联网商业信用的基石，也是消费者知情权的基础，更直接决定了商家的市场占有率。

既然口碑如此重要，商家在营销中所能做的无非就是两点：一是增加自己口碑信誉，直接增加自己市场份额；二是减少对手口碑信用，间接增加自己的市场占有率。按常理，信用增加的基础应该是"实打实"质量与品质的真功夫，而非"口水"的堆积。不过，实践中"真功夫"存在成本太高、见效太慢、竞争对手不按"套路出牌"等情况，特别是一些"短平快"的电影、热播剧、外卖、购物等行业，市场窗口期太快，个别商家就开始打起了歪主意。

水军的刷信是增加口碑的捷径，付给水军的钱，走的都是广告营销的帐。说得极端一点，目前几乎所有"短平快"产业都不同程度地被水军"攻陷"了。以电影为例，在豆瓣网站上，某些电影还没有公映，大量整齐划一的水军口碑就纷纷出现，剪辑不好的说成是意识流，编剧不好的说成艺术体，演技不好的说成奥斯卡。一旦水军够大，舆论的漩涡形成，按照"沉默的螺旋"

规则，没有人会愿意出来提出反面意见，于是，众口铄金，大局已定，影片回报颇丰，水军居功第一。

黑稿是减少对手口碑的大杀器，特别是在自媒体时代，个别自媒体打着PGC的头衔，肆意攻击雇主的竞争对手，指鹿为马，信口雌黄，用口水淹没真正努力做事的商家。目前的自媒体黑稿市场已经形成固定产业，所谓"公关稿"的需求方与提供方平台都有专业对接渠道，雇主隐名幕后，黑稿打着消费者权益、舆论监督与言论自由等旗帜也是畅通无阻。

水军的刷信和黑稿相得益彰，相互补充，一套组合拳下来，基本物超所值。同时，水军产业也引发了网络平台的乱象，花钱发帖与花钱不发帖、花钱删帖与花钱不删帖已经成了个别平台的副业。这些乱象最大的受害者，就是全社会的消费者和守法经营的好商家。

其实，不论是我国《侵权责任法》及其司法解释，还是国家网信办和工信部等部位出台的相关法律文件，都已经反复强调了水军的危害性和违法性。然而，水军依然泛滥，究其原因还在于法治精神没有落实到位。出了问题，受害人想到的也是"以暴制暴"，不是组织自己的水军反击，就是花钱托关系违规办事。这种畸形的互联网传播现象竟然成为主流，上不了台面的水军都能集体讨薪。水军讨薪所曝光出来的黑色链条必须引起网络平台和国家有关部门的重视，尽早根除水军乱象，才能将互联网传播与市场竞争早日引入正轨。

第三节　新经济背景下适用竞争法的争议

1993 年《反不正当竞争法》（以下简称《竞争法》）通过之时，我国互联网产业尚未起步，在随后的二十多年的网络勃兴期，互联网新型不正当竞争案件不断涌现，实践中出现的很多法律适用的问题倒逼着《竞争法》的修改。2017 年全国人大常委会最终通过的《竞争法（修正案）》，在网络竞争领域新设了互联网专条，结合一般性规定将最大限度地涵盖网络竞争案件各个方面。在新经济背景下，网络竞争案件将成为未来竞争法的重要适用领域。

一、新经济时代的竞争关系与行为认定

互联网产业与其他产业最大的不同之处，就在于产业边界的模糊性。在新经济背景下，互联网企业竞争已经从简单的"垂直"领域，延伸到了"立

体"领域。在互联网生态发展中，主体经营范围的上下游业务拓展已经成为构建生态经济的必经之路。此阶段经营主体竞争关系的判断，不能仅依靠二者是否属于同一垂直行业进行判断，广义上的业务交叉或者生态层面的交叉也应该作为竞争主体衡量的重要标准。

经营者竞争关系主体的认定并非是判断构成不正当竞争的唯一标准，更重要的是判断竞争行为是否具有正当性，以及案件原告是否具有合法的利益。《竞争法（修正案）》第 2 条引入了消费者作为判断竞争合法性的一方，这样的立法是非常有进步意义的。一方面，立法者回应了"3Q 大战""顺丰菜鸟大战"中将消费者权益作为竞争砝码的乱象，再次在立法中确立了任何时候都不能以牺牲消费者利益为手段获取竞争优势的方式。另一方面，消费者的自由选择权和知情权也在《竞争法》上得到了充分尊重和保障。例如，在爱奇艺诉 UC 浏览器案件中，浏览器的小窗播放行为增加了消费者选择机会，提高了浏览效率，在没有损害爱奇艺实质利益的情况下，不属于不正当竞争行为。不过，在其他案件中多次出现的"嵌入式"插件，打着为消费者屏蔽广告的旗号，实质以剪断竞争对手广告获利为手段，削弱对方竞争力，违反了公认的商业惯例，这种情况就属于典型的不正当竞争。

特别需要注意的是，《竞争法》的核心不是限制竞争，而是鼓励竞争和制止不正当竞争行为。互联网竞争实践中，《竞争法》存在着被滥用的趋势，进入市场早的经营者在面对新经营者进入市场，双方业务发生碰撞时，更倾向于利用竞争法来制约或干扰对手正当的市场行为。在大众点评诉爱帮网的案件中，爱帮网通过垂直搜索等技术手段，将大众点评用户评价和商户介绍等信息挪用至自己网站，相关内容符合"实质性替代"原则，这种"搭便车"和"不劳而获"的行为属于竞争法的调整范围。不过，该案背景相对简单，不存在用户行为和新经济形态因素影响。此类案件若在更为复杂的竞争背景下，加入知识产权和用户数据权等影响因子的话，法院适用竞争法时就应该格外谨慎。

在微信与华为的用户数据权之争事件中，对于华为能否可以直接通过手机使用者授权，跳过微信授权直接获取用户微信数据，《竞争法（修正案）》没有做出具体规定。因此，用户数据权的控制力就成了判断华为是否构成不正当竞争的基础，而数据权归属的问题需要《个人数据保护法》来明确，在我国尚未出台相关法律，又不存在行业标准的情况下，此类案件的判决就显得特别困难。

在"奋韩网诉 58 同城案"中，奋韩网作为在韩国知名的综合类网站，用户在该网站发布的租房、找工作等相关信息目的在于更快促成交易。58 同城网站在进入韩国市场后，作为国内知名综合类网站吸引了大批在韩生活的中国用户使用，该网站存在一些与奋韩网重合的用户发布信息，因此，奋韩网以著作权侵权和不正当竞争为案由将 58 同城诉至北京市海淀区人民法院。原告以网民协议规定用户在该网发布信息著作权专属奋韩网为由主张的著作权侵权，法院没有支持，但以被告违反《竞争法》第 2 条诚信原则为依据，判定 58 同城赔偿涉案 175 个帖子共计赔偿超过 600 万元。该案的判决与大众点评诉爱帮网非常类似，都以"搭便车""不劳而获"等情形描述被告的行为。不过，两案的不同之处却是显而易见的，海淀法院的这个判决值得商榷。

第一，判断竞争关系合法性基础不仅在于"竞争法"，更在于其他相关法律基础。在"奋韩网诉 58 同城案"中，网站属于网络服务提供者，不同于爱帮网的内容提供者身份。前者的信息发布主体属于用户，后者的发布主体则属于网站，前者所涉及的技术中立性原则没有在案件判决中得到充分表现，甚至缺乏对侵权法与著作权法中通知删除规则适用的描述。

第二，网站是否获取商业利益应该得到充分认定。爱帮网与大众点评都是以获取用户关注方式，引流至商家进行包括垂直搜索、导流等方式的直接商业利益。58 同城与奋韩网则属于综合类网站，并不从用户发布帖子、撮合交易中获取直接商业利益。对此类并不获取商业利益，仅影响市场份额的做法，法律没有作出具体规定。

第三，用户权益需要得到充分保障。爱帮网与大众点评中的用户需求，是通过网站搜索和评价选择更好的服务。奋韩网与 58 同城用户的需求，则是通过发帖行为达到尽快交易或获取相关信息之目的，对于后者的用户来说，越多的传播意味着越快的交易速度，符合用户发帖的初衷。但在法院的判决中，却仅以被告没有尽到合理避让义务，恶意导致原告市场份额受损为由，否认了 58 同城进入韩国市场的努力。这是比较机械地参考在先判决，忽略了竞争法实质是为了保护消费者权益与促进竞争的目的。

第四，关于搭便车与不劳而获的理解，不能简单地以"在先权利"或"合理避让"加以判定。在先权利本来是指商标权中的权利，后来在竞争法判例中逐渐出现，进而被误认为是市场先入者的权利，这种认识是错误的。市场进入有先有后，充分的市场竞争需要更为激烈的开放、公平和平等的竞争环境，在竞争法中引入在先权利的概念是对市场既得利益者的特殊保护，不利于市场开放和公平竞争。"合理避让原则"实质不是让后进入市场者必须避让在先者的知名度或份额，若是如此，则不会存在市场竞争，而指的是经营者应避免让用户出现混淆服务者的后果。特别是搭便车与不劳而获已经成为近年来网络竞争法判决书中的常见词，甚至衍生出了"出搭便车原则"。搭便车原则本起源于经济学，指的是行为人在未付出成本或以较小成本获取他人已经付出较大成本的行为。《竞争法》之所以反对搭便车，主要目的在于放纵这种行为，将会导致前期投入者的不公平，长此以往将不会有人再进行投入。不过，在互联网领域中的开放信息资源更类似于公共资源，其著作权归属首发网站的问题已经被很多既判力所否认，因此，对公共资源的再次利用在没有版权法正当性的前提下，是否依旧存在竞争合法性问题，司法实践仍需谨慎对待。非常可惜的是，本次《竞争法》修法没有将搭便车行为作出具体规范，也许这也是立法者的一种立法姿态，对于互联网领域中的类公共资源信息，不宜更多地适用搭便车原则。

二、新经济背景下的竞争法一般条款适用

作为一般条款的《竞争法》第 2 条，贯穿我国二十年多年的竞争法司法实践，特别是在网络竞争判例中几乎无处不在。因此，业内很多人将《竞争法》一般条款称为"霸王条款"。这种"向一般条款逃逸"的竞争法判例现象原因很简单，该法起草时间与互联网发展现状相差较远，司法不得不将新型缺乏明文立法的不正当竞争行为统归到一般条款之中。这样做的好处是避免了无法可依，做到依法判案，坏处也是显而易见，即审理和判案太过依靠法官的能动判断，当事人往往依靠对具体法院或法官的主观判断作出评估，而非对具体法律适用作出预测，这必然导致司法腐败或判例结果的不一致。

如同侵权法与人格权的一般条款一样，《竞争法》一般条款是相对于可类型化条款而言的，若是案件属于具体条款的范围，则不应该单独适用一般条款。此次竞争法修正中，更多的采纳了类型化的立法模式，在互联网竞争方面也加入了网络竞争类型化专条，以后的司法实践将会大幅减少单独适用一般条款的情况出现。最高法院曾在 2009 年民事裁判书中对《竞争法》一般条款做出了解释，该条款适用的条件为：第一，法律对该种竞争行为未作出特别规定；第二，其他经营者的合法权益确因该竞争行为而受到了实际损害；第三，该种竞争行为因确属违反诚实信用原则和公认的商业道德而具有不正当性或者可责性。

现实的问题是，对竞争行为的法律规定判断是否仅依靠《竞争法》？以互联网竞争为例，《竞争法》仅以专条方式作出的类型化太过狭窄，若仅以竞争法规定作为判断标准，在网络技术和新发展理念背景下，将不可避免地再次陷入缺乏具体类型化规定的困境中。在《竞争法》司法适用中，判决依据不应仅限于竞争法律规定，对竞争行为合法性的判断需要结合诚信原则、商业道德和其他法律规定综合考虑。

诚实信用原则、商业道德、竞争法律规定和其他法律规定在适用时应有优先顺序。在竞争法案件中，最先适用的应该是竞争法律类型化具体条文，例如在互联网竞争中优先适用《竞争法（修正案）》互联网专条。第二顺位适用的应该是其他法律规定，竞争行为若存在违反其他法律的情况，《竞争法》所要保护的利益就显而易见了。在没有《竞争法》专门条款，其他法律也没有规定的情况下，第三顺位应考虑商业道德，判断何为商业道德不能将其等同于诚信原则，商业道德的基础是商业惯例，对其判断依据是商业公认或定型的规范。在既无法律规定，也无商业惯例的情况下，最后才是法院依靠诚信原则来做出判断。

例如，在"百度诉360不正当竞争案"中，在当时缺乏法律法规明确规定情况下，法院最后采纳了行业协会《互联网搜索引擎服务自律公约》，依据该公约做出了商业惯例的认定。若该案发生在当下，法院判决采纳和参考的依据就要发生变化，包括工信部20号令、网信办的搜索新规、工商总局的《互联网广告暂行管理办法》等在内的规章，商业惯例应该优先被法院参考。在互联网竞争法律领域，即便条例以下各部委出台的规章层面文件无法被写入判决，但完全不影响这些规章或红头文件可以作为法院的参考。

必须注意的是，互联网竞争司法实践中适用一般条款的前提应该是确实无法可依的情况，对于其他法律确有规定的，法院不宜片面单独适用一般条款作出判决。在"奋韩网诉58同城案"中，从形式上看涉案的175条信息均由用户在被告网站发布，按照民事法律体系现有规定，只有在原告依法履行"通知删除规则"，或者有证据证明被告符合"知道规则"时，被告网站行为才具有可责性。该案中，法院在对原告著作权不认可的基础上，以保护原告在先权利为由，要求被告提交确由用户上传信息的后台数据，这种跳过著作权与民事现有规则的判决值得商榷。

对于类似"奋韩网诉58同城案"中，法院能否按照自己的想法构建业内尚未存在的商业规范，这一点在《竞争法（修正案）》中也没有具体明确。

奋韩网与 58 同城均属于综合类服务网站，集合租房、招聘、咨询、生活等方面信息，网站帖子均由网民自行发布，网站并不抽取交易佣金。这种开放类信息的平台网站最大的特点就是：信息的即时性，发帖用户需要尽早完成交易服务，浏览用户希望尽早找到所需信息。此类综合类网站性质与其他媒体类平台不同，所载信息属于开放类信息，时效一般几天就过期，用户都希望最大限度地传播散布，此类平台实践中尚未形成行业规则。在行业尚未形成商业惯例的情况下，法院依据一般条款做出的裁判应该非常谨慎，不然将会导致行业市场竞争秩序的混乱。

在"百度诉奇虎公司 Robots 协议不正当竞争案"中，北京市第一中级人民法院针对 Robots 协议纠纷处理实践缺乏商业惯例的情况下，在判决中提出"协商-通知"的解决措施，该规则已经成为业内普遍认可的制度之一。"协商-通知"值得称赞之处就在于，法院充分考虑到行业规范缺失的情况下，应该强调企业之间的协商，将诉讼置于解决途径的最末端。这样做的好处就是避免司法的过于强势，影响正在发展的互联网技术进步，谦逊的司法态度是保障社会整体利益的重要方面。同理，在奋韩网与 58 同城的纠纷中，法院的判决很可能成为此类行业纠纷的重要参考，过于保护所谓"在先权利"和"合理避让"，不考虑用户需求和网站性质的强硬判决不利于相关产业的发展和进步。

三、互联网竞争专条的法律价值判断

我国《反不正当竞争法（修正案）》第 12 条将互联网不正当竞争作出了具体类型化，从非法跳转、误导用户、恶意不兼容等多个方面做出了明确规定。竞争法的互联网专条是立法对近年来涉网竞争案判例和其他部门立法的总结，将会覆盖大部分网络竞争行为。

很多观点对互联网专条提出了批评，认为该条类型化不够，没有跟上技术发展的脚步，可能会导致《反不正当竞争法（修正案）》第 12 条最后的兜底条款成为新的《互联网竞争法》"一般条款"。其实，这是对立法目的的误读，恰恰是比较简单的规定才能真正保障我国互联网产业的迅速发展，这需要从整体法律价值方面进行判断。

第一，竞争法的核心价值是为了促进竞争。我国互联网行业激烈竞争程度远超世界其他国家，这才造就了我们最近二十年互联网产业的崛起。竞争法的核心价值判断是通过惩罚不正当竞争行为来促进竞争，落脚点在增强市

场竞争性上。《反不正当竞争法（修正案）》互联网专条是对近年来已经发生，且得到司法实践普遍认可不正当竞争的类型，对于一些还处于争议的行为，或者尚未得到广泛认可定论的行为，为了保护互联网产业发展，避免过强的立法阻碍技术的进步，立法仍旧保持谦逊，有待时日，有步骤地进行不断修缮。

第二，互联网技术创新与市场行为是竞争法需要保证的核心。从 20 世纪美国"索尼案"中确立的"实质性非侵权用途"开启了司法保护技术中立性的开端，到互联网通知删除规则与红旗规则写入立法，再到本次《反不正当竞争法》修法工作，都是为了平衡技术进步与市场秩序之间的关系。从现有互联网竞争案件看，大多与新技术、新产业进入到老市场有关：一方面，司法需要灵活把握市场竞争秩序，平衡新旧市场进入者的矛盾冲突；另一方面，司法要坚持开放、自由市场的基本理念，在适用合理避让原则、在先利益原则时需要额外谨慎，避免判决的强硬性造成对产业发展的非理性伤害。

第三，保护用户权益是竞争法的重要法律价值。用户权益源于消费者权益保护法体系，是竞争法重要立法理由之一，包括用户知情权、选择权、公平交易和人格尊严等基本权益。互联网实践中，根据网站提供服务的不同，用户权益保护理念也不尽相同。著作权法律保护体系下，保护版权和遏制盗版实质就是鼓励创新，让用户有机会获取更多产品。商业引流平台下的用户权益，就是保护用户知情权和自由选择权，避免平台之间的搭便车行为，让诚信经营的网站能够获取更多的商业回报。在用户信息发布领域，就是要增加用户交易机会。因此，竞争法在互联网各个产业中保护市场秩序的侧重点也不尽相同。在"奋韩网诉 58 同城案"中，若是允许用户原发网站享有独占权，对用户来说无异于被限制了信息传播权，就等同于以著作权或竞争法限制用户交易机会，一旦如此，竞争法判例反倒成了市场竞争的障碍，这离《反不正当竞争法（修正案）》所追求的法律价值就越差越远了。

第四节　腾讯诉 oppo 竞争案反思

自我国 1993 年实施《反不正当竞争法》以来，《反不正当竞争法》在规范市场行为和促进法治竞争中一直在发挥中流砥柱的作用。我国市场经过二十多年的发展，已经进入到互联网经济时代，《反不正当竞争法》规制的主要对象也从线下逐渐转换到线上。因此，2016 年底正式开始的竞争法修法也把互联网竞争作为本次修法的重要环节。

《反不正当竞争法（修正案草案）》（以下简称"草案"）新增加了互联网竞争专条，将"以技术手段影响用户选择，干扰其他经营者的行为"作为新增规制范畴。按照草案的规定，以技术手段影响干扰互联网竞争秩序的类型有四大类。第一，非法插入链接或强行跳转的；第二，误导、欺骗、强制用户修改、关闭、卸载合法网络服务的；第三，干扰或破坏他人合法网络服务的；第四，恶意不兼容的。

以上四种不正当竞争行为的类型，是对近十几年来我国互联网市场竞争实践的总结，是近年来"安智诉华为""小米诉奇虎""奇虎诉小米""应用宝诉 vivo"，以及"3Q 大战"和"3B 大战"等案件在立法上的反应。同时，草案也是工信部 20 号令《规范互联网信息服务市场秩序若干规定》第 5 条的立法确立。从《消费者权利保护法》角度看，草案网络竞争专条是用户知情权、自由选择权、公平交易权在竞争法上的延伸。

最近，腾讯将 oppo 以不正当竞争案由诉上法院并申请了诉前禁令。本案涉及的法律问题既涉及互联网竞争，也涉及消费者权益保护，有以下几点重要的法律问题需要特别注意。

按照现有媒体报道的信息来看，oppo 利用手机自带的商店，在用户试图下载腾讯手机管家时出现了四次弹窗提示。第一次弹窗出现在用户下载腾讯手机管家之时，以"病毒、广告、手机损害、数据丢失"等词语向用户展示；第二次弹窗出现在安全扫描之时，吸引用户放弃安装，跳转到 oppo 自己的软件商店；第三次弹窗出现在用户下载完成后，oppo 增加了登录自己的账号为门槛，强制要求用户在使用腾讯产品前登录注册 oppo 账号；第四次弹窗发生在用户登录 oppo 账号之后，引诱用户重新回到 oppo 自己的软件商店重新下载应用。

以上四种弹窗行为，均发生在用户通过 oppo 手机下载使用腾讯手机管家 APP 之时，可以说是贯穿始终，从下载刚开始的"恐吓性"词语，到下载完成后的误导性引诱，再到强制用户登录 oppo 账户，最后是"软硬兼施"的拦截导流。弹窗的过程环环相扣，足以让用户对腾讯产品产生怀疑、恐惧，最后达到引诱、拦截用户导流至自己商店之目的。本书认为，oppo 的弹窗行为符合互联网不正当竞争构成要件。

第一，弹窗行为已经构成《反不正当竞争法（修正案草案）》所称的误导、欺骗、强迫用户修改、关闭、卸载合法网络服务或产品的规定。普通用户俗称"小白"，他们对网络安全和隐患常识性知识并不多，往往会通过所信赖的手机品牌端来判断某一互联网产品的安全性。四次违反常理的弹窗"拦截",足以让"小白"用户对他人合法产品产生恐惧和抵触,再通过导流方式"抢夺"本属于他人的用户群,这是典型的不正当竞争行为。"择肥而噬"行为必然导致合法竞争萎缩,从口碑经济衰退至移动终端的截流经济。

第二,弹窗行为的用词已经涉嫌商业诋毁。商业诋毁既是典型的不正当竞争行为,也是侵害商誉的侵权行为,甚至还是涉嫌刑事犯罪的犯罪行为。尽管我国对商业诋毁在竞争法、民法、刑法等方面都做出了较为详细的规定,但在互联网竞争中商业诋毁却以各种方式存在着。本案中 oppo 的提示行为,看似是对用户网络安全的保障义务,其实则不然,这种"病毒、广告、手机损害、数据丢失"等形容他人合法产品的词语与安全保障义务不是一个范围。尤其是对用户下载网络产品的全过程中,都充满了缺乏真实性的恶意评价,其目的就是为了拦截用户使用,将消费者引导至自己的软件商店。这种缺乏事实根据,为了商业竞争目的之商业用语不属于言论自由和公正评论范围,是基于商业竞争目的做出的,诋毁的目的也不是安全提醒,而是将消费者引诱至自家软件商店。所以,不论从目的性还是表现性上,本案中 oppo 的弹窗表达均涉嫌商业诋毁行为。

第三,诋毁、拦截和引导行为侵害了消费者知情权和公平交易的权利。网络商店下载的产品,虽然大量都是免费产品,但就其互联网免费经济时代的特点看,免费下载的用户也受《消费者权益保护法》保护。本案中的用户既是 oppo 手机产品的消费者,也是腾讯等其他第三方应用的潜在消费者。作为 oppo 的消费者受到平台的误导和引诱后,极有可能改变初衷,换做使用 oppo 产品。消费者的这种选择并非是基于自己意愿,而是在 oppo 一系列引诱行为后的误导。消费者因误导选择了其他产品,或者已经安装腾讯产品的消费者因 oppo 的错误弹窗指示更换了目标产品,这在本质上讲就是欺诈。新《消费者权益保护法》对于这类欺诈行为也赋予了消费者维权的权利,4 倍赔偿和不低于 500 元的赔偿额是消费者维护自己权利的直接法律依据。此事件中,当地消协和中消协也可以依据新《消费者权益保护法》赋予的权利,对涉案企业进行约谈,举一反三,杜绝此类侵害消费者权益的违法行为。

第四,不法弹窗违反了国家关于 APP 管理的强制法。国家网信办在 2016 年发布了《互联网应用程序信息服务管理规定》。该规定第 6 条明文规定平台不得"侵害他人合法权益"。工信部在《移动智能终端应用软件预置和分发管理暂行规定》中将"公平竞争""尊重用户知情权和选择权""不得实施破坏市场竞争秩序"等规定明确做出了规定。无论是 APP 新政还是暂行规定，都无一例外地强调了不得损害他人合法权益。在本案中，商业诋毁、损害消费者权益等不正当竞争行为除了权利人诉请至法院之外，国家网信管理部门和工信部门也有权依法对此进行调查，并及时将调查结果公之于众。

最后，《反不正当竞争法》的意义在于保护守法经营者的合法权益，在于促进竞争，确保市场竞争秩序在公平、公开和公正的环境中进行。择肥而噬的不正当竞争行为看似会在短时间内获得较大的市场份额，但这对于整个行业发展而言却是非常有害的。"小赢靠智，大赢靠德"，商业道德并非是机械地适用法律条文，而是将诚信作为企业的行为底线，越大的用户群体就意味着越多的社会责任。在任何情况下也不能以牺牲消费者权益为代价，舍本逐末、杀鸡取卵地获取商业利益。希望我国正在修订的《反不正当竞争法》能够充分考虑到互联网生态竞争的新局面，既做到鼓励竞争，促进产业健康有序发展，也要做到严格执法，加大对违反竞争法和商业道德行为的处罚力度。只有违法成本高过违法收益，互联网竞争市场才会真正清朗起来。

第五节　菜鸟顺丰之战反思

巴尔扎克曾经讲过"一有野心就会失去天真的感情"。六一儿童节这个本属于天真的节日，却被菜鸟顺丰之间的野心之战所毁。在这场大战中，菜鸟指责顺丰数据不安全，顺丰则指责菜鸟想占有超过淘宝系部分的所有快递数据。然后，双方互相关闭数据端口，百万用户查询物流情况受到影响，顺丰自然也无法承接淘宝的单货，再然后，双方互相指责升级，互联网企业开始站队，最后，邮政部门出面"吹哨"终止了这场"比赛"。

相比其他商战而言，菜顺之战是一场神奇的战争。

（1）这是一场数据之战。撇开互联网生态链不谈，仅从双方主营业务来说，淘宝平台和快递业务本是上下游关系，双方开战的理由千千万万，但却都集中在数据这块。由此看来，互联网经济格局中的用户经济已经开始转向数据经济，用户量与粘连性沦为二流资源，变为生产数据的基础，大数据与精准数据才是大战之根本。

（2）这是一场野心之战。淘宝与顺丰的上下游业务关系，丝毫不能影响到双方一统天下的野心。阿里生态布局有目共睹，顺丰的电商之梦也由来已久。当双方将用户与流量作为军备竞赛砝码的那一刻起，野心就已经笼罩在合作之上。

（3）这是一场站队之战。大战中的站队与互联网公司的表态，丝毫没有任何出乎人意料之处，这也是意料之中。表态建立在资本的基础之上，话语权建立在双方多年积累的阵地之上。说到底，这是一场阵地战，双方的疆界是明确的，目的是明确的，当然，友军也是明确的。

（4）这是一场演习之战。必须强调，这不是一场突发之战，连刘强东都能看清楚并预见到这样的事情，难道双方当事人想不到么。可以说，这是一次双方的既定演习，演习科目很多，从用户反映情况到政府介入时间和部门，从抛开对手独立运营到损失预判的可能性，从自身受损抗击打能力到打击对方的效果，等等，都在双方的沙盘之上一一展现。

（5）这是一场趋势之战。数据经济当然是大势所趋的最大背景，此外，电子商务发展的新零售趋势已经非常明朗，这也是菜顺大战的背景之一。传统意义上的电商已经被分享经济中的新零售所代替，全国三千万微商的庞大队伍正逐渐蚕食传统电商行业。在新零售趋势下，快递行业的话语权逐渐升高，快递从平台指定逐渐转向消费者选择，也就是说，电商快递中强势的甲方将不复存在。可以讲，在未来消费者意愿经济模式下，电商与物流之间的关系会发生微妙变化，消费者不会再因为电商来选择物流，非常可能出现因物流来选择电商。这种假设并非传说，淘宝早就料到了这点，所以才会努力扩展下游，甚至愿意赔本赚吆喝地建立菜鸟，以实现马云的第三个梦。当然，顺丰也早已料到，口碑变流量，下游变身上游，乙方变甲方的野心也在水涨船高。

所以说，这是一场神奇的战争，双方都在自己擅长的领域打着不擅长的战争。本应作为双方服务的终极上帝——消费者——却被无限度地忽视掉了。仿佛又回到了当年互联网的那场大战，二选一的"艰难选择"说到底也不能规避掉消费者所受到的伤害。强迫消费者作出选择本来就不是一件值得称赞的事情，不过，好在消费者还有的选。政府在市场竞争这种事情中作为与不作为的底线，就是要保障消费者"还有的选"。上次是工信部，这次是邮政部门，唯独缺席的就是消费者权益保护部门。若消费者的娘家人不硬，这种大战依旧还会再次出现。

不过，菜顺大战最核心的地方，不在于开战的根源，甚至与战争结束的原因也没有关系，这场大战中最核心的问题是网络安全。2017年6月1日0点，并非仅是六一儿童节，而是我国《网络安全法》正式实施的第一天，也是两高《关于办理侵犯公民个人信息刑事案件适用法律若干问题的解释》实施的第一天。

可以说，双方敢在这一天发动一场旨在数据争夺之战的勇气还是令人佩服的。特别是在各个企业和站队企业之中被屡屡曝光出信息安全事件之后，这种精神值得赞叹。一方面，敢在这一天自我曝光出来数据战，是不是可以理解为企业作为《网络安全法》的重要信息保有人和责任人，已经完全做好了信息安全的各种措施？是不是可以理解为电商和快递行业的个人数据商业化使用完全没有问题？是不是可以理解为企业有权代替用户选择信息交给谁或不交给谁？笔者倒是觉得，没有哪个企业敢做出统统肯定性的回答。

《网络安全法》和司法解释不是纸老虎，公民个人信息安全就是电商和快递业发展的那块"短板"，在互联网经济的"木桶理论"中，没有了信息安全，任何技术和效率都是零。没有信息安全的发展就是与虎谋皮，发展得越快，对用户损害也就越大。

说到底，《网络安全法》与《消费者权益保护法》才是电子商务和快递业的王道，网络信息安全是发展的前提，消费者权益保护是发展的基础，这才是电子商务和快递业发展的两个关键核心。这两个核心与梦想没有关系，更与野心没有关系。这样一场大战裹挟着各路企业大咖，最终竟然由邮政部门吹哨喊停？对于大战曝光出来的数据流转问题，消费者权益问题，相应的主管部门应该及时进行调查，查缺补漏，在这两个核心面前，不应该存在任何妥协。从问题论的角度看，这场大战来得好，至少曝光出来了一些问题。选择2017年6月1日的日子也很好，至少让整个事件多了作为衡量标准的两部法律性文件。

最后，这场大战远未结束，甚至还没有到结束的开始。大战双方及相关表态或没表态的企业，应在指责对方之前先做到自查自纠，政府也应该在喊停之前做好应对《网络安全法》落实的准备。我们的数据到底安不安全？到底放到哪里才更安全？安全的标准是什么？安不安全到底由谁说了算？这些问题都是亟待《网络安全法》落地解决的重要课题。至于网络生态等竞争问题，还是先等海淘假单等问题解决后再考虑也不迟。

第六节　商业秘密与科技企业核心价值

2017年冬至这天，百度将老员工王某与其担任CEO的美国景驰公司诉至北京市知识产权法院，要求两被告承担包括停止侵害原告商业秘密、赔礼道歉及经济损害赔偿 5000 万元人民币等法律责任。

王某自 2010 年起加入百度麾下，职务工作期间在大数据和人工智能领域曾作出较大成果，并联合创立了百度研究院专注于人工智能的发展。其中，百度自动驾驶事业部是王某履行职务工作中的重要领域。可以说，王某是百度近年来人工智能及无人车产业发展中的核心人物，2013 年他因此晋升百度高级副总裁，其团队和本人所掌握的百度无人车等相关领域的商业秘密之重要程度可想而知。

百度将王某诉至法院，应该是穷尽了所有其他救济措施后不得已而为之的办法。将这种"家丑"甚至于"家贼"公之于众应是谨慎考虑后的结果。百度此次之所以要将"家丑"诉至法院，根本原因在于王某团队实质侵害了百度公司核心商业秘密，"借树开花"的行为从法律和情理上都必须受到谴责。

众所周知，无人车是未来工业 4.0 时代最核心的技术之一，无人车作为百度新时代的核心战略对公司未来定位、市值、影响和布局具有关键性意义。百度作为中国最先进入无人车领域研究的企业，科技拓荒成本之高可想而知，巨大的成本投入不会容许任何"搭便车"行为。在技术已经成熟之时，作为核心职务行为的王某，却"身在曹营心在汉"，无视竞业禁止和保密合同、商业道德和法律规定，在尚未离职期间就开创新公司，从事与老公司完全重合的商业领域，这种行为是典型的违反职业伦理和侵害商业秘密的违法行为。

值得注意的是，在景驰公司高管人员的构成方面，相关高管人员大都是源自包括百度、滴滴、神州等无人车研究团队的核心人员。与其说景驰公司是一家新公司，不如说是"新瓶装老酒"，新的瓶子就是扯掉了老东家们标签而已。

创业是互联网产业的核心价值，鼓励创业是社会进步的基础。不过，若是法律对基本的商业道德和商业秘密不加以严格保护，不惩罚"搭便车"的"釜底抽薪"的话，那么公司对员工的信任成本就会加大，势必会阻碍公司对新科技研发投入，使其丧失创新热情，进而影响到经济社会创新能力。

众所周知，无人车研发是一个巨大的工程，从概念提出到程序设定，从大数据学习到人工智能，从地图测绘到上路测试等，都需要大量投入。不会存在在新技术领域的"跨越式"发展，没有一步一个脚印地不断前行，是无法攀登有着人工智能桂冠之称的"无人车"技术的。然而，于 2017 年在美国新成立的景驰公司，却可以在公司成立几个礼拜后就完成封闭场地的无人车测试，不到 2 个月就完成了美国加州开放道路的测试，甚至与安庆市签署了 2018 年 50 辆无人车上路的协议。但这些所谓的"技术奇迹"，不应建立在损人利己的侵害他人商业秘密和违反商业道德的基础上。

从竞业禁止和保密协议角度看，百度公司与王某之间的劳动合同中明确了竞业禁止、保密义务和禁止招揽百度团队员工等协议，王某离职后也一直足额接受百度的竞业禁止补偿金。然而事实上，王某却无视契约规定，带着拒不上交存满了商业秘密的电脑和打印机，以及相关团队和无数商业秘密开办了与老东家从事同样领域的公司。这种行为无论从道义上，还是从法律上，都是具有可责性的。

特别是景驰公司在早先时候已经收到司法禁令，神州优车在百度之前已经开启了诉讼程序，其公司在硅谷实验室工作负责无人驾驶技术研究的 4 名离职员工，被老东家怀疑携带商业秘密加入到了景驰公司。为此，美国加州联邦法院对这 4 名前神州员工下发了禁令，在法院正式判决出来前，不得以任何方式侵害老东家的知识产权和商业秘密。

"互联网+"的新时代中，技术为王没有问题，"快鱼吃慢鱼"的观点也没有问题，不过，技术和发展必须建立在法治和伦理基础之上，在任何时代，保护好人，惩罚坏人的观念不会变，公序良俗和职业道德的理念不会变。互联网产业是个江湖，获得口碑和资本的重中之重，不仅在于技术和速度，更在于人品和道德。

第七节　新时期网络平台垄断的认定

2016 年 9 月 2 日，商务部发言人在例行新闻发布会上表示，正在对滴滴优步中国合并案进行调查。社会对国内两家最大的网约车平台合并的讨论一直热烈持续，随着商务部的正式介入调查，相信调查结果将很快问世。当然，商务部的调查结论也并非是最终结果，当事公司后续也可以通过行政复议或行政诉讼的方式，依法维护自己的合法权益。

业内认为滴滴合并案属于依法申报情况和涉嫌垄断的观点，主要分为几类：一是两家当事公司在网约车中国市场份额超过 90%；二是公司营业额达到了《经营者集中申报标准的规定》中的数额标准；三是合并后网约车价格上涨，对消费者不利；四是合并后可能产生不利于竞争的情况。

从《反垄断法》的立法目的来说，反垄断的根本目标不是限制公司"做大做强"，而是为了促进竞争，立法目的在于规制滥用垄断地位限制竞争的行为，而非单纯的限制垄断份额，对正常的市场行为不能动辄适用"有罪推定"。同时，不管是滴滴还是优步中国，刚过"烧钱"阶段，营业额并未到法律规定的申报标准。更何况，网约车的"相关市场"应定性为城市出行，包括出租车、公交车和地铁在内，网约车份额尚不足总量的1%，离"垄断地位"还差得远。

从消费者权益保护角度看，滴滴合并后的网约车价格有所上涨，这并非是侵害消费者权益的坏事。一方面，资本补贴不可能持久，应尽早终结"唯资本论"，让市场竞争回归到安全、科技、绿色和高效之中。另一方面，交通运输部的"专车新政"中强调了网约车与出租车的"差异化"经营，反映在价格上，势必会使得出租车价格有所上涨，这也符合不同用户差异化出行的实际。

从互联网经济发展趋势看，滴滴和优步中国的平台合并符合互联网+和大数据的发展方向，更有利于市场秩序和用户权益。

首先，"大平台"是互联网"免费时代"的前提。目前，我国主流互联网服务都是免费的，网络平台的盈利渠道主要是依靠增值服务和大数据广告。以网约车为代表的新一代"互联网+"平台模式，仍主要依靠线上线下提成的盈利模式。可以说，作为工业4.0产业革命代表的网约车平台，在盈利模式上仍处于较为落后的3.0时代，这种盈利模式的进化势在必行。滴滴合并后产生的统一平台，将形成更大的大数据商业化基础，这就为精准营销、开放性平台、大数据运营等互联网生态圈做好了准备。未来的网约车平台将不再以"抽成"的方式实现盈利，最终划清与传统出租车"份子钱"的界限。

其次，"大平台"是制定产业标准的前提。越大的平台，承担的社会责任也就越大，形成的标准也应该更严格。有了更高的产业标准，将会提高整体行业门槛，有利于消费者权益保护。

最后，从经济学角度看，"大平台"会减少制度和重复建设成本，使经营变得更有效率。若商务部最终否认滴滴与优步中国的合并，人为引入其他市场主体，这既不符合市场竞争秩序，也会增加社会经济成本，必然再次引起资本混战，降低我国互联网+平台的竞争效率。

第八节 新浪微博胜诉脉脉案的反思

康德曾经指出，人是目的，而不是达到某种目的之手段。康德二百多年前关于人之所以为人的哲学论述，用在现在的互联网时代实在再恰当不过。

现在互联网经济模式是以用户和流量为基础的规模经济和生态经济时代。网络公司的经营必须以"用户"为核心，抓住用户也就抓住了流量和商机。归根到底，大数据也是基于用户的信息和用户行为产生的不可识别数据信息。所以，从逻辑上讲，用户是所有流量、数据信息、大数据、商业行为的产生基础，用户是整个互联网时代的核心。特别是在意愿经济时代和"互联网+"的分享经济时代，用户是所有互联网创新的最终产生者、落脚点和承担者。用户就是康德哲学中所称的"人"，围绕着"人"，所有技术、法律甚至哲学都是手段或工具。不过，随着互联网用户经济时代的扩张，本应成为基础核心的用户，却发生了位移，慢慢变为实现商业目的之手段，而且这种趋势伴随着不正当竞争和资本逐利愈演愈烈，本末倒置的发展思维必将导致商业目标与人的发展目的相冲突。人变成了互联网的工具，人的数据变为资本逐利的手段，人的隐私变为不法商人的财富。

最近发生的新浪微博诉脉脉不正当竞争一案就充分反映出，用户的基本权利，以及数据信息作为企业的核心财富被不法侵害时，法律、道德和社会应该如何看待的问题。这起案例最终以新浪微博胜诉告终，超级长篇的判决书反映出司法对互联网环境下的竞争秩序与用户权利之间的平衡和思考，彰显出司法对行业行规、用户权益及经营模式的保护模式和纠错能力，值得全部用户和网络服务提供者深思。

一、必须摆正用户在市场竞争中的主体地位

以往一直有错误观点认为，市场竞争的主体是企业，用户并非《反不正当竞争法》等市场秩序法的保护主体。本案中，当事企业之间的争议集中在脉脉是否非法抓取微博用户信息之上。表面上看，用户信息抓取的合法性问题在于微博和脉脉之间的协议，从深层次角度看，开放平台的数据共享合法性不仅需要开放平台企业的合法授权，而且也需要将用户的自由选择权、知情权和隐私权放到首位。

用户的职业信息、教育信息等相关信息属于用户隐私范畴，隐私权作为

民事权利，属于用户自我决定权的范畴，用户当然可以按照自己意愿将个人信息等隐私处分给能够遵守隐私法律规则的网络服务提供者。在用户一次授权给微博之后，微博作为网络服务提供者在法律允许范围内就取得了相关信息的使用权利和保管义务。开放平台模式合法性的前提，就是应当事先征求用户意愿，用户应当知晓并有权拒绝开放平台的二次开放行为。

在本案中，新浪微博在网民协议中事先与用户有过约定，在保证隐私权和其他合法权益不被侵害的前提下可以进行商业化数据共享使用。不过，此时微博也就有义务去保证用户信息数据的安全。脉脉作为商业平台，在与微博合作之初就没有"高级权限"，不能也不应该超过授权去抓取和使用不属于自己，也没有经过用户授权的隐私信息。脉脉的非法抓取行为对于微博来说属于违约和不正当竞争的行为，但对于用户而言就是典型的侵权行为。

用户本来就是发展市场和创新技术的最终目的，在市场竞争中的所有规则，最终落脚点都应该是保护用户基本福祉和长远发展。因此，在判断竞争行为是否符合《反不正当竞争法》第2条时，用户权益理应成为最核心的考虑因素。用户权益与市场秩序是一个辩证法，反不正当竞争的最终目的并非是恢复市场竞争秩序，而是保护用户更长远的发展福祉。当用户权益与市场竞争规则发生冲突时，用户长远利益和发展福祉应该高于所谓的"行业行规"。不存在侵害用户权益的合法竞争，也不可能存在维护用户长远利益的不正当竞争。本案的判决就很好地体现出了用户合法权益在竞争法中的核心地位，制止脉脉的不正当竞争行为，就是保护用户权益，也是鼓励微博应该为开放平台的数据共享建立更好的保护规则。

二、数据合法保有人就是用户数据权益的保护人

不论是2012年全国人大常委会出台的《关于加强网络信息保护的决定》，还是今年要正式实施的《网络安全法》，都将网络服务提供者作为用户数据信息保有人的责任明确化了。网络平台作为用户数据信息的保有人要承担主体责任，不仅要保证自己不滥用用户信息，也要保证互联网生态链中的其他合作方不侵害到用户的合法权益。

数据信息权在去年民法典草案的二次讨论中被从知识产权客体中删除。这体现出了两点意义：一是数据信息与大数据并非是一个概念，大数据应属于知识产权范畴，而数据信息仍与人格权有千丝万缕的关系，不宜一并归类到知识产权领域；二是数据信息权作为人格权的一部分，仍应遵循人格权法

律基本规则，相关保护法律制度还属于传统民事法律调整范围，而非知识产权法或商业法律调整范围。用户的数据信息以及用户行为信息产生的数据信息，所有权是双重客体，既包括用户本身，也包括合法信息保有者。前者属于人格权法范畴，后者则属于合同法范畴。网络服务提供者作为用户数据信息的合法保有者是按照用户意愿进行的，使用和采集应该符合"合法性、正当性和必要性"三原则。同时，数据信息保有者应该承担善良管理者的责任，在保护用户合法权益的基础上，履行法定的保护职责。

本案中，脉脉以非法抓取微博用户数据信息的形式扩展用户和业务量级，已经损害到用户的知情权、选择权和隐私权。尽管脉脉的侵权行为损害对象是用户权益，不过，在客观上也造成了微博对用户数据信息的失控，损害了用户对微博的信任，这也涉及商誉问题。本案判决中对"商业诋毁"进行了认定，主要是依据反不正当竞争法范畴。若按照《侵权责任法》第2条的相关规定，商业诋毁属于损害他人信用权，同时，非法使用用户数据信息也造成了社会对微博信任度的降低。所以，脉脉在本案的行为属于侵权上的竞合，法院是可以酌情增加赔偿额度的。

值得注意的是，本案判决中将"用户信息"作为企业的"商业资源"和"竞争优势"，认为微博作为用户数据信息合法保有者的身份，可以向其他非法侵害数据信息的企业主张权利。这种判定是比较先进的，考虑到了互联网数据时代的数字财富特征性质，这也与我国民法典草案中民法总则部分将数字信息权作为民事权益的立法相吻合。

其实，数据信息权作为法律所保护的权益并非没有直接法律规定，我国《侵权责任法》第2条所称的民事"权益"，就是权利+利益。侵权法能够用列举的方式存在的请求权基础就是权利，没有列举出来的，那就是法律应当保护的利益。数据信息权虽然没有直接写入侵权责任法，但是，依旧可以通过对隐私权的扩张解释，或者对法律应当保护利益的理解，适用《侵权责任法》第2条来解决。

再扩展一下，脉脉非法使用微博用户数据，从侵害微博对用户隐私的安全保障义务角度，也完全可以构成侵权责任，从而构成对诉讼主体的法律认可。对于此类案件，不能单纯指望《消费者权益保护法》规定的公益诉讼或《民事诉讼法》规定的集团诉讼制度，消费者众多，而且诉讼成本巨大，更多的还是应依靠用户数据合法保有者的身份来组织诉讼为好。首先，数据信息也属于企业无形资本，属于市场竞争优势，企业诉讼会更为尽心。其次，数据信息保有者权利与义务是并列存在的，《网络安全法》和《消费者权益保护法》等法律规定已经将数据信息的安保责任加到了网站主体责任之上，信息保有者主张权利本身就有双重属性，既包括维护自身合法权益，也包括众多用户的私权利。最后，信息保有者维权更高效，也更能节约成本。

三、明确了开放平台数据共享模式

开放平台 open API 模式是互联网新型经营形态，是基于用户数据共享的商业模式。开放平台的优势在于在先资源位置，成熟庞大的用户数量和数据、大数据的量级。合作的第三方应用可以通过与开放平台的战略合作，跨阶段地完成用户数量累计和数据完善，跳过推广环节，直接上升为成熟应用。开放平台合作模式对互联网市场发展和技术应用普及好处颇多，不过，也存在权属不清，侵犯知识产权和损害用户权益等诸多问题。

本案涉及的是用户权益保护问题，包括用户知情权、选择权和数据权等多种类型。以往开放平台的模式大都秉承平台之间基于信任的合同合作关系，忽略了平台用户作为基础和核心的地位，现有法律法规对此也没有具体针对性的规定，依靠的往往是一些忽视用户权益的"行业行规"。本案判决将开放平台模式做出了明确的司法定义，即包括"用户授权"+"平台授权"+"用户授权"三个缺一不可的程序。

首先，网络公司进行开放平台经营的，应事先征得原开放平台用户的同意。网络公司既可以通过用户接受服务的网民协议保障用户知情权，也可以通过事后——告知的方式向用户明示。用户可以选择接受或退出，网络公司不得强制或欺诈用户做出选择。同时，网络公司还应如实告知用户数据信息可能被共享的渠道、方式、内容、用途以及退出方法。这些明示规则需要在网民协议中重点强化提示。

其次，开放平台应该依法依规与合作企业签署协议，明确权利义务关系，特别是明确数据共享后，第三方应用所应秉承的隐私保护政策不得低于原授权企业。合作方不能超过授权获取用户信息，也不得再次授权其他人使用。本案中，脉脉超越了合同约定范畴，超范围的获取相关信息的行为涉嫌违反事先约定。

最后，第三方应用获取权限后，需要获取用户信息数据时，还应向用户获取权限。用户之前与原平台之间的协议具有相对性，只能约定用户与原平台之间的权利义务关系，新的第三方平台获取用户数据是一个新行为，必须经过用户的再次确认。

必须强调的是，以脉脉为代表的一些网络服务中，存在获取用户好友、通讯录等信息的情况，这是存在问题的。这是因为，用户自己的信息属于个人权利处分范畴，但在用户终端中别人的诸如电话号码、微信号码、邮箱、信息记录、通信记录等其他信息，不属于用户权利能够处分的范畴。即便是用户同意应用获取自己的通讯录，应用平台也没有权利获取非用户本人以外的信息数据。举个例子，A 手机中有 B 的电话号码等信息，A 成为脉脉用户后，只能分享自己的电话号码等信息，绝没有权利处分 B 等人电话号码。脉脉通过用户分享通讯录、关联好友等方式获取信息的做法在法律上值得商榷，至少应该得到被获取人的事先同意，否则就可能涉及侵害他人隐私等问题。

总结：互联网经济就是用户经济。这并不是说谁的用户越多谁就越有竞争力，而是谁能更好地保护用户权益，谁才能最终赢得用户，赢得市场。我国互联网产业发展已经超过二十年，丛林时代已经过去，法治年代已经到来。希望潜规则少一点，明规则多一点，立法进程更快一点，司法裁判更科学一点。不管产业和法律怎么发展，人都是目的而非手段，用户权益才是所有一切的核心点。

第九节　IACC 中止阿里资格的反思

2016 年 5 月 13 日，国际反假联盟（IACC）向外宣布，基于一系列奢侈品牌的压力，中止了阿里的会员资格。于是，以 C2C 为主的阿里相关平台结束了刚满一个月的 IACC 会员生涯，阿里这次与权威反假第三方的合作告一段落。

阿里作为中国市场最大的电商平台，面对全球权威的第三方反假联盟再次碰壁，似乎又是一个悲伤的故事。回味阿里的打假历程，再看看所谓世界大品牌的傲慢程度，值得反思的地方确实很多。

首先，C2C 的电商模式到底是否应该存在？以淘宝为代表的 C2C 电商平台，买卖双方不以是否有工商资格为标准，品种和数量都以千万计，如此大的体量，就如同水中存在杂质一样，难免有假货存在。从平台性质上看，平台是网络服务提供者，既不是买方也非卖方，网络服务的性质属于一种技术中立。美国曾经发生过类似的"索尼案"，该案确立起了"实质性非侵权用途"原则。这个原则的本质就是将那些不具有侵权主要功能的新技术作为社会经济发展的豁免。如同不能因为录像机可能作为盗版使用就不准生产一样，像 P2P 技术、云存储、网约车、复印打印、大数据等新技术的产生，在很大程度上就是一把双刃剑，在合法用途给社会带来便捷和高效的同时，也无法回避一些诸如版权、隐私权、安全性等问题。

问题的重点不在于是否发展这些技术，而在于我们该如何看待和解决这些问题。以汽车与交通事故为例，汽车速度太快就可能引发事故，而且很多数据表明汽车行驶在每小时 20 公里以下时，几乎不会出现事故。难道现代社会真的为了保证交通的绝对安全而拒绝汽车的提速和高速公路的出现么？答案当然不是。现代社会与法律需要解决的是如何避免汽车的事故问题，而非拒绝人们使用汽车。如同现代交通规则为汽车行驶制定交通规则，加入商业保险，甚至酒驾入刑等措施，已经在很大限度上保障了汽车社会的道路安全。同理，现代社会，特别是工业 4.0 时代之后的 C2C 的电商模式属于分享经济的一种，数以千万计的商家和数以亿万计的买家已经用行动明确了产业发展的方向，这就是一个风向标，消费市场和消费者已经做出选择，这种选择绝不会因为几个品牌的不喜爱就受到否认。

值得注意的是，现在已经到来的"意愿经济"时代更加强化了以用户为核心的消费市场模式。用户既有可能是消费者，也有可能是商家，还有可能同时是消费者和商家。用户的意愿成了消费市场的主导性力量，这与 C2C 的模式恰好契合。因此，未来的电商并非是否认 C2C 模式的时代，而是该如何让传统品牌和商家适应这个时代的问题。

其次，C2C 的电商模式平台到底要如何应对假货问题。习总书记在 419 讲话中指出，电商平台不能卖假货，可见，中国政府对电商平台的打假责任是很重视的。我国最近正在对电子商务法进行着紧锣密鼓的筹划，结合新修改的《消费者权益保护法》《食品安全法》《侵权责任法》《广告法》，以及即将出台的《互联网广告暂行管理办法》等相关立法和文件，都说明了中国政府对电商打假的基本态度。

然而，线上问题是线下问题的反映，打假问题是一个综合治理的体系，不能仅靠线上，也不能仅依靠一个阿里。马云曾经讲过，斗倒了地主，农民也不一定能翻身。因为，斗倒了这个地主，可能还有别的地主在。电商平台不止阿里一个，若是仅强调阿里打假，那么，过分强化主体审核的阿里，或许会将用户流推向了其他电商平台，打来打去，自己先打没了，这种打假就是自掘坟墓。

因此，假货问题，归根到底还是市场监管和诚信的问题，是一个社会问题，应该放到全社会共同对待。所有的平台，应该制定同样的规则。假货问题不仅中国有，世界其他国家也有。从另一个角度讲，C2C 平台作为电子商务的聚合体，也应该承担相应的法律责任。平台责任应该结合避风港规则和红旗规则来综合考虑，这些在中国的现行法律中都有所规定。现在的问题是出在两个地方：一是平台过分强调自己的技术中立，强调避风港规则的认定，红旗规则适用情形还应再进一步明确。二是平台打假的避风港规则，通知规则的适用程序不仅需要明确，而且更需要权利人的配合。

前一个问题属于法律适用的问题，本书暂不详述。后一个问题不单是法律问题，而且也是实践问题。按照避风港规则程序，当有人举报假货或权利人提出打假需求时，平台作为第三方必须首先确定这个"通知"是否为有效通知。能够证明通知的有效性至少有三点：一是通知人身份的确认；二是网络定位的确定；三是通知理由的确定。这三点中，第三点特别难确认。通知者的身份，有时候就是权利人本人，有的时候则是除了权利人之外的第三人。按照民事权利的基本规范，行使自己的权利，要么是本人，要么需要得到本人的授权，或者确实证明侵权行为是显而易见的。平台作为网络服务提供者，对于品牌的授权以及真假的辨别应该处于中立位置，不能仅依靠一方的说辞，或者朴素的品牌观念就做出结论。若仓促地下架相关商家的话，万一出现问题，一方面可能造成错误删除，平台也要承担侵权责任。另一方面，也可能对商家本人的信誉造成损害，而且这种损害有时候是很难弥补的。若仓促地作出驳回决定，则可能伤害到权利人的合法权益，或者侵害到网络表达的权利。所以，这时候的平台就需要比较权威的鉴定，这种鉴定往往源自权利人本人才显得最为真实。

可见，平台打假不会也不能是孤军奋战，至少在避风港规则的行使中，最需要权利品牌的入住，或者权威第三方打假机构的协助。这可能就是阿里千方百计想要加入 IACC 的理由，结果却碰了一鼻子灰。阿里的委屈自不言说，但是，那些傲慢的大品牌却错过了一个绝好的合作打假机会。也许，凭借阿里的实力重建一个 IACC 也非不可能，至少在中国境内这种可能是非常巨大的，毕竟中国市场才是世界奢侈品第一大市场，脱离了中国市场的 IACC，应该是不应冠以"世界"名义的。

最后，个别大品牌的傲慢注定要被时代所淘汰。其实，从世界奢侈品的发展史来看，其完全是工业 2.0 和工业 3.0 时代的产物，世界上绝大多数的奢侈品都诞生于一百年或一百多年前的工业时代，资本主义的黄金时期让资本有能力演变成身份。权贵阶级身份的特征随着工业的第一次革命逐渐消亡后，资本新贵们开始青睐奢侈品牌来作为自己区别于平民百姓的手段。从这个角度讲，奢侈品也是时代的产物，这与历史、文化、经济和社会的变迁有着千丝万缕的关系。

人们对奢侈品，特别是欧洲的奢侈品的热衷大都源自对身份的向往，在很大程度上无关生活的品质。多年以来，中国人一直是奢侈品牌的最忠实的消费者，很多人维持着与自己收入不相称的生活标准，沦为奢侈品的奴隶。国人对奢侈品的理解多与炫富、比较、身份和社会评价相提并论，这也造就了中国这个世界奢侈品消费的第一大国。据资料显示，一个奢侈品的原料成本连5%都不到，算上加工费和人工成本也不会超过价格的1/4，更多的价格都是税率、高额的利润率和大品牌对中国国民的傲慢所致。

从国民对奢侈品的观念变化看，消费的理性也许尚待时日。不管从何种角度讲，奢侈品都不是优质生活的代名词，反倒是不理性和骄奢淫逸的代名词。正是因为国民缺乏理性消费的社会环境，才会导致每年大量消费经济外流，可以说，欧洲的大品牌在很大程度上都是依靠国民的"面子工程"来维系的。电商平台出来后，海淘、二手、特价、直销甚至高仿品都成为很多奢侈品的商家的噩梦，越来越多的人开始注意到奢侈品的"水分"到底有多大，促使消费回归理性。正因为此，大陆的一些大牌子实体店开始关闭，表面上看，是因为假货冲击了市场，而实际上则是国民理性消费的自然选择。

最后，还是借用那句话来送给坐了冷板凳的阿里，"今天你对我爱答不理，明天我让你高攀不起"。自己的路，还需要自己走。阿里到底行不行，不是那些老牌奢侈品说了算，也不是IACC的某些大佬说了算，归根到底还是消费者说了算。就算是世界市场，缺少了中国市场的世界，也就谈不上世界了。

第十章
网络著作权的新问题

第一节　媒体融合背景下新闻作品版权保护

从互联网传播发展阶段看，媒体融合中的新媒体和自媒体发展符合互联网+分享经济的模式，新媒体内容制作的开放性和传播渠道的多样性，已经使自媒体成为社会获取新闻信息的主要渠道。不过，新媒体中的新闻作品侵权事件时有发生，已经严重影响到媒体融合的健康有序发展。

一、新闻作品并非没有版权

现在有一种比较流行的观点认为，新闻作品本身没有版权可言。这种观点的依据主要有两个：一是我国《著作权法》关于时政类新闻合理使用的规定；二是关于社会知情权和舆论监督权的理论基础，时政类新闻属于公众知情权范畴，不应予以版权保护。

首先，从立法目的来看，著作权法体系中的"时政新闻"应该指的是事实类新闻，主要是对新闻事件时间、地点、人物、活动等纯粹事实性质的描述。实践中，这类纯粹事实性描述的新闻信息所占时政新闻类比例并不大。在新媒体传播过程中，社会更关注的是事实类新闻背后的信息，诸如事件背景调查、深度访谈报道、人物报道、事件评论、专家观点等。这些新闻作品的类别成分比较复杂，大都是基于新闻事实性描述的深入加工，不能按照著作权法体系时政类新闻划分标准"一刀切"式地进行判断。

我国现有的《著作权法》对新闻作品的分类还不够科学，没有体现出新闻作品事实部分和创造性创作部分的本质区别，这也造成了新媒体传播中对新闻作品侵权的主要原因。从理论上讲，新闻作品与时政类事实新闻不是一个概念，前者是统称，既包括后者也包括衍生类作品。著作权法体系提及的时政类新闻不能作扩大解释，必须限定在事实类新闻信息之上。从比较法上看，《意大利版权法》规定时政类新闻作品"在注明出处和不违背新闻业惯例的前提下可以复制新闻报道"。新闻行业惯例作为著作权合理使用规则的前提，业务惯例本身就可以将事实类报道和创造性报道作出区分，更有利于以版权的方式鼓励新闻作品深化创造。

其次，从新闻作品本身看，大多数作品都是在事实类信息基础上的二次创作，本身就具有著作权法体系中所称的"独创性"，当然应该具有独立的版权。需要额外说明的有两点：第一，评论性新闻作品中对时事类新闻的引用，属于著作权法合理使用的范畴，评论作品不属于汇编作品，是具有独创性的单独作品。第二，职务作品中，著作权人的判断应以是否为职务行为作标准，不能仅以作者身份作为单一判断标准。实践中存在记者、通讯员、评论员等以个人名义对一些事件的评论，或以个人自媒体发布的作品，这些作品著作权人除非有相反证明或职务单位事先有约定的，应该认定是作者本人。因此，一旦新闻作品的著作权被侵害，权利人就可能会有两个：作者本人或职务作品中的单位。

最后，从公众知情权角度看，强化新闻作品版权更有利于新闻传播的发展。在新闻信息传播中，新闻作品的制作成本无疑是最高的，对作品的前期投入和媒介素养的要求极高。新媒体时代中，传播渠道的优势越来越明显，大量平台类传播集中涌现，流量与渠道的变现能力远比创作快得多。不过，忽视内容创作的传播就会变成无源之水，若创造性内容没有了保护，新媒体传播也就变成了"标题党"和"口水党"，缺乏内容的公众知情权更是无从谈起。因此，保护和鼓励内容创作的基础就是加强新闻作品的版权保护，版权保护得越好，内容创作就会越多，公众知情权也就会得到满足。

二、媒体融合背景下新闻作品财产权保护的新渠道

按照《著作权法》的规定，新闻作品著作权的保护分为两大类：一是著作权人身权的保护，即修改权、署名权、保持作品完整性等权利；二是著作权财产权的保护，即使用者向版权人支付费用的义务。不过，在媒体融合背景下，著作权保护理念发生了重要变化，网络传播环境中的新闻作品保护观念必须予以调整。

第一，直接支付报酬转换成流量为王。在互联网+时代到来之前，流量变现是不可能的事情，随着"互联网+"和平台经济的出现，流量变现通过精准广告、广告联盟、打赏等方式逐渐变为现实。新闻作品的传播最终受众是用

户，用户也是互联网经济体中的核心构成，特别是在关注度经济和围观效应的背景下，足够大的流量就意味着传播者通过大数据获利的可能性增强。

流量为王的基础是大数据商业化使用，目前主要是通过 cookies 的精准营销完成的。新闻作品的版权报酬支付方式，完全可以通过作品权利人与传播平台之间的合作完成，用间接流量广告分成方式，代替直接给付报酬。以门户网站为例，按照《互联网新闻信息服务管理规定》的要求，门户网站属于"二类网站"，本身不具备采编发布时政类新闻的资质，但却拥有大量用户，用户也大多以门户网站新闻端为获取信息的主要渠道。所以，拥有时政类新闻采编权的"一类网站"与仅拥有转载权的"二类网站"之间是优势互补关系。互联网广告是门户网站的主要变现渠道，若能够以转载新闻作品点击量所获得的广告流量分成的话，原创作品权利人可获得的收益远比直接给付报酬可观得多。

第二，广告联盟的支付模式。媒体融合背景下的传统媒体转型，大多采用公众号、客户端等"三微一端"的方式进行。新闻作品的权利人获利渠道完全可以按照"转载流量+广告联盟"的方式进行。工商总局《互联网广告暂行管理办法》第 14 条将广告联盟的主体分为"需求方平台""信息交换平台"和"媒介方平台"三大类，其中新闻端就属于"媒介方平台成员"。媒介方平台成员就是广告联盟中向用户展示广告的最终场所，影响客户端收益的就是流量的多少，一般而言，点击量越高，越能增加获取广告联盟商业信息的收益。可见，在新闻作品传播中，转发和转载客户端或公号的内容，也就是间接增加了作品的商业价值。

必须强调的是，广告联盟的版权获利方式仅限于版权人用自己客户端或公众号发布新闻作品的情况。以微信公号为例，微信原创的申请保障了著作权中的人身权，转发或转载并不会损害作品引流问题。转载越多，客户端的用户数量也就会越高，点击量越高意味着广告联盟的获利就会越大。同时，按照工商总局《互联网广告暂行管理办法》的规定，媒体客户端作为广告联盟对广告法上的责任很低，不承担广告发布者责任，这对于客户端的运营成本和广告审核成本都非常有利。

再深入一下，广告联盟若与大数据 cookies 采集用户偏好相结合，衍生出针对不同受众精准营销的话，互联网广告联盟就是完美的新闻作品版权获益模式。然而，精准营销对媒体平台的技术限制和隐私法要求比较多，并非每个新闻客户端都有这样的数据处理能力。

第三，嵌入式广告的可行性。嵌入式广告是指，在新闻作品中加入广告文字、图片、视频或链接。对于缺乏客户端和广告联盟的新闻作品权利人，在新闻作品中嵌入式的加入广告有利有弊。有利之处在于公号原创保护技术条件下，转载者是不能人工去掉嵌入式广告的，这就决定了转发必须是包括广告在内的传播，会增大权利人的广告收益。当然，弊端也同样存在，在新闻作品中的嵌入式广告会影响到美观和作品的严肃性，在媒介素养和新闻伦理上会引发批评争议。

嵌入式广告也可以通过协议等方式与传播平台事先约定，广告展现在传播过程中可以针对不同类型作出调整。然而，媒体对嵌入式广告发布的广告法责任风险比较大，属于广告发布者责任，需要承担对广告内容的审核，出现问题也要依法承担相应责任。

三、储存空间服务对新闻作品版权保护的影响

新媒体传播实践中，网络平台从发布者的身份逐渐变成仅提供存储空间服务的服务者身份，诸如，"三微一端"的传播方式，网络服务平台并不直接提供内容，所有网络信息内容均由自媒体自行发布。司法实践中对利用网络储存空间侵害版权的情形，主要适用著作权法相关司法解释以及最高人民法院 2013 年实施的《关于审理信息网络传播权民事纠纷案件适用法律若干问题的规定》（以下简称《司法解释》）。尽管这些法律法规已经比较完备，但在实践中存在很多问题。

其一，侵权内容的上传者、传播者和管理者主体分离。对于侵权人并非单一主体的情形，权利人维权时应以平台管理者为"通知"主体，要求其履行法定的断开链接、屏蔽或删除的义务，并同时要求平台提供上传者和发布者的真实身份。若平台没有及时采取必要措施，就应为扩大的版权损害承担连带责任，同时，平台不能提供上传者和传播者真实身份信息的，也要承担侵权责任。因此，在侵权多主体的情况下，新闻作品权利人主张权利的对象既可以是上传者、传播者或平台管理者，也可以将上述主体作为连带责任承担者主张权利。

其二，平台滥用 P2P 技术侵害新闻作品版权的。个别网络平台以私开"小号"等方式，滥用避风港规则，以"网民"的名义上传他人作品。此时，权利人可以不经"通知"，直接按照司法解释规定的"应知"情形，要求平台承担侵权责任。以往在网络实名制没有落实时，判断平台是否以"小号"

自我上传的情况比较困难，现在则不同，从全国人大常委会通过实施的《关于加强网络信息保护的决定》到国家网信办出台的"账号十条"，再到刚出台的《网络安全法》都强化了平台落实网络实名制的义务。在网络实名制背景下，网站滥用避风港规则侵害新闻作品版权的情况将会大大减少。

其三，"今日头条"推荐模式的维权类型。新媒体传播中，平台除了提供存储空间外，还会针对用户平时网络行为的大数据分析，以"非人工"的方式推荐用户可能感兴趣的新闻热点信息，"今日头条"是最典型的一种类别。这种模式下，平台仅提供储存空间服务，所有内容均为其他媒体或网民"头条号"所刊载，从法律性质上讲平台仍属于服务提供者，而非内容提供者。不过，"今日头条"模式下的阅读方式仍是以平台推荐为主，按照《司法解释》第9条的规定，存在"推荐"的行为就应该属于"红旗规则"，即"应知"作品是否侵权的类别。因此，在这种模式下的新闻作品权利人可以不经过"通知删除"程序，直接要求平台承担侵权责任。

然而，"今日头条"模式在传播中的优势在于，平台提供的是点击"跳转服务"，即用户的点击会直接跳转到目标页面，而非"复制粘贴"的"克隆模式"。在这种模式下的平台性质就是用户阅读的"引流"模式，这对于网络信息传播，特别是新闻作品突出实效性的快速传播具有巨大优势。因此，在媒介融合的"点击为王"背景下，新闻作品权利人应善用这种"导流模式"，以流量优势换取收益。当然，这应该在新闻作品权利人本身的授权范围下进行，若有侵权人非法传播行为，权利人即可以向平台主张权利，也可以向侵权人直接主张权利。

其四，以深度链接的方式侵害版权。深度链接是指"绕过"网站首页，直接链接到网站分页的方式。近年来，国内外关于"深度链接"的版权纠纷案屡见不鲜，绝大部分的判例都认定，提供深度链接者就是版权直接侵权人。新闻作品中最常见的侵权方式，就是侵权人以深度链接的方式，在用户对跳转页面不知情的情况下侵害他人合法版权。

实践中，很多作品内容里以文字附带其他文章链接、内容附带音视频链接、附带图片信息链接等方式设置深度链接。从技术角度看，深度链接会简化浏览程序，方便用户使用，另一方面，从法律角度看，深度链接也可能会侵害到他人的合法权益。网络传播中，并非所有的新闻作品深度链接都是侵权行为：①为介绍作品和评论作品附带的原文链接；②链接的内容本身属于时政类事实性描述新闻；③链接目的在于为报道其他时政类新闻，不可避免地引用他人已经发表的作品；④点击连接时，提供链接的平台有相应的"跳转"提示。前三项行为性质属于我国《著作权法》规定的合理使用范围，第四项则属于商业惯例。

第二节　媒体的转载审核义务

2013 年 5 月 7 日，国家新闻出版广播电影电视总局针对"深圳女孩当街给残疾乞丐喂饭""天然气将大幅涨价""流浪汉因拆迁变富翁"三起媒体虚假失实报道的事件下发了通告。[1]通告强调指出："各新闻媒体不得刊发、转载未经核实的社会自由来稿和网络信息，除出于国家安全、保密等特殊原因外不得使用权威人士、有关人士、消息人士等概念模糊新闻消息来源。"这是针对媒体在报道中关于转载审核义务的首次规范，这个通告的基础既在于媒体侵权法律构成，又在于新闻伦理审核义务。从本质上说这是一个正确的提示。

这个通告强调了媒体在转载消息源时应尽的审核义务，对避免虚假报道和不实信息传播起到了重要的防范作用。不过，该通告过于简单，媒体在转载审核的实施过程中缺乏可资适用的具体规则。其实，转载对于媒体来说，既是一个责任抗辩事由，又是一个责任承担事由。在国家新闻出版广播电影电视总局出台这个通告之前，理论界和实践界大都关注的是转载作为抗辩事由的适用，而忽视了其作为责任承担的依据。

一、媒体转载抗辩审核要件构成

从侵权法上讲，转载是媒体侵权责任的一种特殊抗辩事由，能够对抗部分侵权责任请求，是减轻责任的抗辩，具体构成要件是：

（一）有合理的转载源

转载作为抗辩事由的核心基础在于媒体对转载源的"合理"信任。"合理"主要表现在转载源的可靠性、消息的可信性和对消息可能产生社会影响的评估性。

转载源的可靠性是针对消息源本身资质来说的，一般来讲，越是权威的消息源越值得信任。比如，政府部门作为信息源在新闻理论中被称为"权威消息源"，转载政府部门发布的消息即便事后证明该信息为虚假，转载媒体也

---

〔1〕《新闻出版总署办公厅关于中国新闻网等媒体虚假失实报道查处情况的通报》（新出厅字〔2013〕121 号）。

不承担责任。值得注意的是，权威消息作为媒体抗辩事由的前提是以"权威部门"名义所发布的消息，而非"权威媒体""权威人士"或者权威机关人员以个人名义或其他非机关名义发布的消息。所以，媒体在转载引用政府官员的表达之前，首先要考察其表达之时的身份，即是作为政府发言人，还是以个人身份表达，对于后者言论的性质，不能适用"权威消息"。

消息的可信性说的是从新闻从业者基本素养对该消息的可信程度进行的判断。新闻真实是基本判断标准，新闻真实不等于事实真实或法律真实。前者可以存在客观上因为时空原因造成的瑕疵，后者则不允许存在偏差，否则相关人员和部门需要承担法律责任。[1]消息的可信程度客观上决定了媒体的审核义务，对于那些越是从专业角度值得深究真实程度的消息，媒体审核义务也就越大。

消息可能产生社会影响的评估是决定转载媒体审核义务大小的关键所在。对待那些一经公布就可能会诱发社会不稳定因素从而引起重大社会动荡、经济动荡等的消息发布，不仅需要严控把关，而且还需在转载发布前依法向上级主管部门报批。

值得注意的是，媒体转载抗辩只针对媒体对媒体的转载，对于媒体对个人消息源的转载，在本质上属于采访报道，属于主动发布而非转载，因此不能以转载作为抗辩事由免责。同时，媒体对来自网络、网民或非法出版物的转载，也不能进行有效抗辩，此类转载行为因缺乏可靠消息源而丧失了转载作为抗辩事由的核心基础。

（二）转载信息与原发信息一致

转载作为抗辩的必要条件之一就是转载信息保持原发信息的"完整性"。这种"完整性"不仅包括原文一致，而且包括配图、标题和评论一致。在网络转载侵权中最常见的类型就是，转载媒体擅自更改标题，这就是所谓的"标题党"，以更改标题"吸引眼球"的代价就是，该转载行为在法律上不能成为减轻责任的抗辩理由。在近来发生的"中石化女处长牛郎门"事件中，该虚假消息被很多网站转载，有的网站擅自更改标题，更有甚者竟然移花接木地随意配图引人误导，这些都是典型的侵权行为，事后也不能因为转载而免责。

至于转载后加评论是否侵权的问题，需要从转载媒体的过错程度进行考虑，如果转载媒体缺乏对虚假信息的基本判断，评论目的在于传播该虚假消

---

〔1〕　党君："新闻真实的法律'底线'——试论新闻真实与法律真实的矛盾与统一"，载《新闻世界》2012 年第 4 期。

息的，当然不能免责。反之，如果评价是基于客观判断而非主观臆断或妄加揣测，则可以用转载进行抗辩。

（三）转载内容形式合法

转载内容形式合法主要是指，一个具有基本媒体职业素养的人，从表面上看不出存在侵权内容的可能性。如果从转载内容形式上就可以判断出可能存在法律和事实上的瑕疵，那么转载者也不能因此免责。比如，在"艳照门事件"中，有些媒体不仅对该事件进行评论和报道，而且对相关侵权帖子进行转载。按照国家相关法律规定，"艳照"既侵害了他人合法隐私权和肖像权，同时也属于淫秽物禁止传播，所以，那些非法转载的网媒当然不能以自己不是侵权帖子的原发者进行抗辩。

媒体转载时只有具备以上构成要件的，才可以用"转载"进行减轻责任的抗辩，同时，如果媒体在转载时没有构成上述要件的，转载不仅不能成为抗辩事由，而且还会成为媒体承担责任的事由。

二、媒体转载侵权的特殊类型

（一）利用虚拟身份转载

网络世界的最特别之处在于其虚拟性，在网络实名制没有普及之前，虚拟身份仍然是网络世界的主要组成部分。虚拟人格由于在一定程度上无法与现实对接，被很多不法媒体利用从事非法活动。

首先，虚拟身份可以被"创造"成为所谓的消息源，甚至是虚假的"权威消息源"。利用虚拟人的话语作为消息源进行转载，实际上是滥用转载作为抗辩事由的一种特殊表现。如果法律对转载媒体的审核义务完全豁免，仅追究原发消息源责任，显而易见，不法媒体利用虚拟人完全可以逃避现实法律的约束。尤其是在网络论坛空间这样的地方，发帖人可以将自己编造成为任何一个"想成为的人"，对这样的信息如果缺乏必要审核，媒体的基本常识就无从谈起。从近年来屡屡爆出的虚假新闻出处分析，原发性信息在网络的虚假消息中占了几乎百分之百，其中原发于虚拟人的转载又占了绝大部分比例。所以，国家新闻出版广电总局对这次缘于虚拟网络虚假信息转载进行的相关治理工作非常必要和及时。

其次，利用虚拟身份和"避风港规则"侵害著作权。"避风港规则"是网站承担责任的主要形式，按照这个规则，网站只有在收到被侵权人通知后仍未采取必要措施的才承担法律责任。这就使得网站为自己的侵权行为上了一道"保险",可以先行非法使用,在得到权利人通知后再删除也不迟。这样一来,不仅给权利人增加了时刻警惕的维权成本,而且在客观上造成了非法网站有恃无恐的侵权态度。尤其是在网络实名制没有全面实施的阶段,很多不法网站利用网络虚拟性,以虚拟人的身份上传剽窃文章,然后再以转载者身份进行抗辩,这就更加使得权利人维权雪上加霜。

(二)网络自动转载

网络自动转载是指,转载网站与其他网络内容提供者或传统媒体事先签订"转载合同",依据转载协议,转载网站利用网络技术进行非人工的转载行为。之所以将自动转载与普通网络转载进行区分,主要原因在于自动转载的法律适用选择性问题。

网络自动转载的法律适用性质的区别来源于网站作为侵权法责任承担主体的双重属性。网络侵权较之传统侵权最大特点就是主体的双重化,网站在民事活动中本身就具有双重身份:一是作为传统媒体发布者身份(icp),二是作为网络服务提供者身份(isp)。当网站作为传统媒体身份从事民事活动时,因其资讯发布是主观主动之行为,所以在侵权责任承担上与传统媒体没有本质区别,按照侵权责任一般构成要件承担自己责任。当网站作为网络服务提供者之时,因其仅为网民提供上传空间和相关技术工具与手段,对可能发生的利用网络服务的侵权行为无法控制或者事先预测,因此法律在一般情况下否认网络服务提供者的责任。[1]这种责任的否认在侵权法上是基于对网站过错的考察而定,在更高层次的法律上,则是基于对言论自由和信息快速传播的因素考虑而定。但是一旦网络服务提供者滥用这种责任的否定,在明知侵权行为发生或者在被有证据的提示之后仍然放任侵权发生和扩大的话。那么,基于网站本身的故意或者过失以及对民事主体合法权益的保护,网站就要承担相应的民事责任。所以,我国《侵权责任法》第36条区别对待了网站的两种身份:当网站作为 isp 时,承担的是第 2 款"避风港规则"的责任,即网站在得到侵权通知后,如果怠于采取必要措施的,才承担侵权责任;当网站作为 icp 时,承担的是第 1 款和第 3 款责任,即网站自身发布侵权信息,当然要自己直接承担责任。

从技术角度说,网站在自动转载过程中并没有事先审核内容的可能,所以,此时网站实际是作为 isp 的性质,应该适用《侵权责任法》第 36 条第 2 款关于"避风港责任"的规定。此时,如果自动转载的内容涉嫌侵权或为虚

---

〔1〕 吴汉东:"论网络服务提供者的著作权侵权责任",载《中国法学》2011 年第 2 期。

假消息的，在得到权利人的通知，或得到确为虚假消息证明后，应该立即采取诸如断开链接、屏蔽、删除、更正、道歉等必要补救措施，若网站在必要期间内怠于采取这些措施的，才应承担相关责任，否则，网站不应该承担法律责任。但从现有判例来看，我国法院目前对于自动转载侵权的法律适用，仍没有突破传统转载区别对待的界限，判决趋于保守，客观上造成了自动转载网站责任的加大，从长远上不利于我国互联网表达自由发展。

（三）微博或博客转载者责任

微博或博客转载资讯侵权的，转载博主不能一概免责，应区分情况而定：其一，被转载的侵权资讯具有显著侵权特征，例如艳照门图片、恶意攻击被侵权人人格的文章[1]等，说明转载人具有显著恶意，并以自己的转载行为客观上扩大了侵权后果的传播，因此应与原创侵权人就损害扩大部分承担连带责任。其二，被转载的资讯不具有侵权显著特征，例如转载诽谤他人的文章[2]等，因其不具有主观侵权故意，所以一般不承担侵权责任，但是当接到侵权通告后，转载者应尽快撤下资讯或采取相关措施，否则将与原创人据侵权结果扩大部分承担责任。如果被侵权人仅以博客转载者为被告起诉的，根据最高法于1998年颁布的《关于审理名誉权纠纷案件若干问题的解释》，人民法院应当受理。

博客或微博对侵权资讯进行转载链接内容侵权的，转载链接者是否承担责任呢？我国相关法律没有明文规定，德国最新判例"BMG Records 诉 HEISE 杂志社案"显示，对待链接侵权要区分对待：对于普通链接，链接者不承担责任；而对于深层链接（deep link）链接者则要承担侵权责任。[3]深层链接是指转载者为点击者提供了一个可以不经过上层途径而直接进入根目录的入口。换句话说，如果提供链接者的链接导向是一个包含较多下级目录的大网页，那么不论在这个大网页下是否存在侵权内容，提供链接者都不承担责任，但是，如果转载的链接指向是根目录下的单一讯息，如果这个讯息是侵权的，那么转载链接者就要承担相应的责任。这就是德国近期判例所确立的"深度链接侵权"原则。虽然德国国内有很多人认为这种做法是不合理的，因为，访问者使用 Google 等大众搜索工具的话，只要点击几下就可以找到侵权文章，

---

〔1〕 "死亡博客名誉权侵权纠纷案"，朝阳区人民法院［2008］。

〔2〕 参见无锡首例博客侵权案［2008］、武汉首例博客侵权案［2007］。

〔3〕 普通链接，又称"外链"，即链接到其他网站首页的链接；而深度链接，又称"内链"，即绕过被链网站首页直接链接到分页的链接方式。

此时的搜索工具不承担责任,但是通过转引链接点击一下就要承担侵权责任,这样看上去确实不太公平。对此,德国法院称,尽管在互联网上我们通过简单的检索就可以轻易获取非法资源,但是这对于责任的承担而言是无关紧要的,而且法官认为对超链接的禁令并不影响基本法所规定的言论自由的原则。本书认为,对深度链接追究侵权责任是防止侵权扩大传播的有效手段,而对于普通链接追究侵权责任则有可能伤害到《宪法》所规定的言论自由等权利,法律在衡平利弊之时,选择前者无疑是明智之举。

三、媒体转载法律责任豁免类型

媒体转载责任承担的理论基础是媒体具有过错,同时,又因为媒体本身具有公共利益的属性,所以,在一定程度上可以对过错进行一定程度的抗辩。我们在强调媒体转载审核义务的同时,也应该避免侵害到媒体在表达自由领域的属性。

(一) 转载者已经尽到合理审核义务

有证据证明媒体对转载的信息已经尽到合理的审查义务,但因其他无法预料的原因,致使转载报道失实的,媒体不承担法律责任。已尽合理审查义务的构成要件是:

(1) 媒体内部存在健全采访、编辑、审核、刊发制度和强化终审责任制度;

(2) 媒体及其工作人员已经按照相关制度对转载内容进行过必要的审查和核实;

(3) 由于媒体意志以外的原因无法核实被转载内容的事实真实性;

(4) 转载报道的同时存在其他多个可确信的消息源。

(二) 转载内容基本真实

媒体转载的内容基本真实,指的是新闻真实而不是客观真实,要求转载媒体在对转载内容判断上达到了法律规定的高度盖然性的标准。判断转载是否真实,并不要求其转载的事实"全部"真实,而是转载的事实"基本"真实即可。尤其是在涉及社会利益的事件转载中,不能以媒体存在少量过失就作为判断是否需要承担法律责任的依据,而应该以转载者在主观上是否存在故意或重大过失综合进行衡量判断。

值得注意的是,转载内容基本真实的豁免理由不适用于涉及信用权和隐私权的事件之中,因为此类转载内容越是真实,损害结果越是巨大。

（三）对权威消息的转载

媒体对国家机关依职权制作的公开文书、职权行为或国家机关公开发布的消息进行转载的，只要其报道客观准确，没有增减、歪曲、片面和臆想，就不承担转载责任。权威消息来源的构成要件是：

（1）消息源是国家机关等权威机关；

（2）消息的真实性由发布消息的权威机关负责，转载媒体不必进行调查核实；

（3）媒体转载时未添加其他不实信息、诽谤侮辱性文字，没有使用引人误解的不当标题，也没有对内容进行删减。[1]

（四）转载时注明了内容属于推测的事实和传闻

为保证媒体报道的即时性，其转载时真实性在一定程度上必然会受到影响。一般认为，出于对保障言论自由通畅的考虑，在转载者存在微小过失的情况下，不宜对其苛以法律责任。推测事实和传闻作为豁免事由应具备严格的构成条件：

（1）转载时注明该转载消息未经核实；

（2）转载的消息不会产生可能导致社会经济巨大震动的影响；

（3）转载时未经审核是因为新闻的时效性，客观上存在无法准确核实的困难；

（4）媒体对转载内容已尽到基本审核义务。

（五）转载的肖像和姓名具有新闻性

自然人处于具有新闻性的事件中，媒体为转载该新闻，没有经过权利人的同意而使用其肖像或者姓名的，不承担侵害肖像权或者姓名权的侵权责任。但是，涉及未成年人合法权益的和自然人隐私的除外。

第三节　网络版权侵权认定与法律适用

从版权法角度看，发表在网络的作品，或者以网络为传播手段的作品与传统作品一样，都受版权法保护，网络不是版权的"法外之地"。不过，网络传播因存在一定的特殊性，其认定和法律适用在实践中存在很多难点和困境。

"今日头条"手机 APP 客户端与众多媒体之间的版权纠纷将网络版权保护问题推上风口浪尖，该事件再次说明网络版权的特殊性和复杂性。"今日头

---

〔1〕 杨立新："新闻侵权抗辩 22 个关键词"，载《检察日报》2008 年 7 月 23 日。

条"作为手机 APP 客户端软件，本身并非是作品内容的创造者，却能以及时整理和转发当日的"头条新闻"闻名于世。在版权法领域中，转发他人作品理应付费，这是人尽皆知的法律常识，不过，为什么这款软件却因忽视版权人的权利，屡屡遭到他人诟病呢？

原来"今日头条"内容发布形式与其他客户端相比存在一定的特殊性，该 APP 新闻发布方式多以链接其他网站内容的形式做出，而非直接转载他人作品。"今日头条"忽视版权的抗辩也正是因为自己属于"链接搜索"的方式，而非"复制粘贴"的方式。不过，这种通过链接发布新闻信息的方式不仅不能形成有效抗辩，而且还是典型的侵权行为。

一、网络"搬运"作品等同于侵害版权

在"今日头条"版权纠纷案中，今日头条客户端的对外宣传和抗辩事由是"我们不生产新闻，我们是新闻的搬运工"。"搬运"的法律实质是版权法中的"转载"，转载本身是一个中性词，如果经过授权或事先许可，转载就不会产生法律问题，不过，如果是未经授权非法转载的话，转载本身就是侵害版权。

（一）"二次加工"是典型侵害版权的行为

"今日头条"所展现的新闻并非是用户直接使用搜索引擎精准搜索得来的，该款 APP 事先通过对信息的整理、归类、排行和大数据算法之后，得到"二次加工"的新闻。

在版权法领域，再次加工的作品本身也会产生版权问题，二次加工后产生新的作品与原作品之间既有区别又有联系，这种编辑作品产生版权的依据是存在"再次创作"的行为。不过，"今日头条"的二次加工针对的并非是新闻内容上的"二次创新"，而是在强调用户需求特殊性基础上，对传播新闻类型的"拣选"。拣选本身是基于大数据技术计算，对新闻类型化的特殊传播手段，即针对不同的用户潜在需求，推送不同的新闻类型。可见，这种传播技术上的二次加工与实质二次创作或编撰有着本质区别，不会产生新的版权问题。

同时，二次加工后的传播并非基于原作者、版权人的授权或法律的允许，属于典型的侵权行为。尽管时政类新闻本身属于版权法合理使用范围，[1] 不

---

〔1〕　参见《著作权法》第 22 条。

过，今日头条所转载引用的大都属于非时政类信息。时事新闻是指通过报纸、期刊、广播电台、电视台等媒体报道的单纯事实消息，仅指为报道日常新闻而描述简单事实的单纯文字消息。[1]新闻报道作品受到著作权保护，不属于时政类信息。今日头条转载涉及的新闻大都属于新闻报道类型，而非单纯的时政类事实消息，所以，该款 APP 不能以合理使用作为抗辩事由。

(二) 深度链接是典型的侵害版权行为

通过"今日头条"搜索展现给用户的信息，在网络版权法中被称为"深度链接"，即链接对象并非是对方主页，而直接达到二、三级路径以下的最终目标，虽然省去了用户反复查找新闻的烦恼，不过也触及了版权法的底线。目前，搜狐网已经以"深度链接"侵权模式向法院提起对"今日头条"APP的侵权诉讼。[2]

从版权法角度看，提供深度链接的网络服务提供者并不一定承担侵权责任。"提供搜索服务的网络服务提供者，无论链接的类型是普通链接还是深度链接，都不构成直接侵犯著作权，而只是为侵权内容的传播提供便利。只有在搜索服务提供者明知或应知被链接的内容侵权而不及时断开链接的情况下，才构成帮助侵权，并应和侵权内容的直接提供者承担共同侵权责任。"[3]可见，深度链接承担责任的前提是深度链接提供者"明知或应知"内容侵权的事实，或者按照《侵权责任法》第 36 条第 2 款的通知删除规则，经通知后，提供链接者仍不删除的应承担侵权责任。

"今日头条"APP 提供深度链接的责任构成方式与其他链接提供者不同。一般提供链接者指向的内容具有不确定性，即网络服务提供者对指向内容无法核实，或无法及时履行审核义务，所以，法律对这些链接提供者给予一定的"抗辩"基础，只要证明事先并不知情或无法履行核实义务，就可以免于承担侵权责任。不过，"今日头条"客户端深度链接的所有内容，均来自未事先授权的第三方版权人。这些既无事先授权和契约约定，也无法律许可的链接内容，实际上正是典型的以深度链接侵害版权的行为。因此，"今日头条"客户端不能以"未经事先通知"，或"对侵权内容事先不知情"进行抗辩。

"今日头条"客户端深度链接侵权行为与普通搜索引擎链接行为有着本质区别。从内容提供上分析，前者属于主动提供，后者属于被动提供。"今日头

---

〔1〕 杨立新主编：《中国媒体侵权责任案件法律适用指引》，人民法院出版社 2013 年版。

〔2〕 参见比特网（China Byte）2014 年 6 月 24 日的相关报道。

〔3〕 杨立新主编：《中国媒体侵权责任案件法律适用指引》，人民法院出版社 2013 年版。

条"通过大数据技术，针对客户个体对新闻的需求推送类型化信息链接，对于链接内容的发送具有主观性和主动性，用户是经推送后"被动"阅读信息。相反，普通搜索行为是由用户主动发起，由用户自主选择搜索内容，经过搜索引擎展现后，主动通过链接阅读信息，对网络服务提供者来说具有被动性。所以，"今日头条"客户端的深度链接行为其实已经完全脱离了搜索引擎被动性和中立性的特点，已经演变成了对内容进行特殊推送服务的ICP，即内容提供者。因此，"今日头条"APP不能以普通搜索引擎免责事由进行抗辩。

二、"今日头条"客户端侵权行为的构成

在网络侵权法律体系中，判断一个行为是否构成侵权行为需要从以下几方面综合判断：

（一）网络服务提供者的性质

网络侵权中网络服务提供者性质具有"双重身份"：ICP和ISP。前者适用过错责任构成要件，[1] 后者则使用避风港规则或红旗规则。[2]

网络服务提供者自产生那一天起就扮演着双重角色：一方面它扮演着发布者的角色（ICP）——通过网络主动发布信息，比如，网络新闻、网络杂志等；另一方面它又扮演着传播者的角色（ISP）——为接受网络服务的人提供网络交流平台和上传的空间，为网民提供自由意志表达的舞台，比如BBS论坛、博客空间等。[3] 网站的这两种身份之间是有本质区别的：

网站作为ICP发布者，如同现实中为自己的言行负责一样，网站当然要为自己发布的信息承担自己责任，如果相关信息侵害到他人的合法权益，就应当依法承担相应的责任。网站作为ICP发布者通过筛选、组织材料将其置于网上，其作用很类似于现实中的出版者，相对于仅提供网络服务的ISP而言，ICP对于上传的网络信息是有完全控制权的。换言之，其发布的信息是出于自己的意志范畴，因此很多国家的立法都将ICP承担的责任规定得与出版者责任类似。比如，美国在《知识产权与国家信息基础设施：知识产权工作组的报告》中规定，网络中的基于其履行中介服务所必需的自动、暂时性复

---

〔1〕《侵权责任法》第36条第1款。

〔2〕《侵权责任法》第36条第2款和第3款。

〔3〕 朱巍："网络侵权双重身份论"，载《新闻法制传播》（第2辑），中国检察出版社2012年版。

制与传输，属于版权法上的复制，网络服务提供商应对此负严格责任。[1]之后，美国又针对知识产权保护的《通信正当行为法》规定，网络服务提供商有权出于善意对其认为是侵权、违法的信息进行遮拦、屏蔽，而不管这些信息是否受宪法保护，均不承担责任；如在网络中出现侵权或违法信息，不论其是否有过错均应负责。[2]

网站作为 ISP 传播者的法律性质与发布者大不相同：首先，中立性是提供网络平台的传播者最根本的特征，即使网民利用网络侵害他人权益，只要传播者没有与侵权人共谋，那么就可以中立性适当免责，这是世界各国通行的做法。其次，网络传播者作为新时代舆论的前沿阵地，在很大程度上是《宪法》赋予言论自由权利的具体体现，即使出现了因网络传播者过错导致他人合法利益受损的情形，"投鼠忌器"，传播者承担责任也因此会局限于个案之中，不宜存在于普遍立法之上。再次，传播者的责任承担方式与作为发布者是不同的，只要传播者不存在主观上的故意，那么它与侵权人对损害的发生仅存在间接结合，因此只承担与过错相关的中间责任。如果网络传播者存在主观上的故意，或与其他侵权人合谋，此时网络传播者的中立态度就发生了性质变化，其身份也就相应地从传播者变成网络发布者了，法律就会要求网络服务提供者承担连带责任。正因为网站作为传播者和发布者性质的不同，世界各国立法模式大都将 ISP 传播者责任进行适当豁免。比如，美国在1996年通过的《通信法》第230条规定："任何一个互联网服务的提供者或者使用者都不应被看作他人提供的信息的公布者或者发言人。"这就基本上豁免了网络服务商的直接侵权责任，其立法依据是《宪法（修正案）》第1条，即舆论自由。

"今日头条"客户端的性质问题较为复杂，存在争议。从表面上看，该客户端因其本身不是内容提供者，仅提供信息来源的深度链接，所以，在这种情况下客户端被认为是 ICP 存在一定疑惑性。然而，法律对网络服务提供者作为 ISP 责任立法目的在于：①避免网站承担本不属于自己的责任；②避免网站过度审查侵害言论自由。今日头条客户端的所设置的链接内容事先都主动拣选，不存在承担"不属于自己责任"的范畴。同时，表达自由的界限是其他权利人的合法权益，版权属于法律规定的合法权益，"今日头条"客户端

---

〔1〕 参见美国1995年《知识产权与国家信息基础设施：知识产权工作组的报告》，第114~124页。

〔2〕 马秋枫：《计算机网络法律问题》，人民邮电出版社1998年版。

没有侵害版权的特权。因此，从立法目的解释，"今日头条"客户端性质应该属于内容提供者 ICP，而非单纯的服务提供者 ISP。

（二）"今日头条"在侵权法上的适用

如前所述，"今日头条"客户端的性质为 ICP，所以，在侵权法上并不适用 ISP 的避风港规则和红旗规则。换句话说，"今日头条"侵害版权的行为不因事先未得到权利人的"侵权通知"而免责，被侵权人也无需证明"今日头条"客户端对所推送的信息侵权是否"知道"。

按照《侵权责任法》第 6 条第 1 款的规定和第 36 条第 1 款的规定，"今日头条"客户端侵害版权行为归责原则为过错责任。侵权法上的过错包括故意和过失，"今日头条"客户端侵权过错表现在：推送信息前是否与被侵权人有版权协议、事后是否有支付报酬的行为、侵权发生后事后是否积极采取必要措施、是否对链接原网页进行页面屏蔽等方面。

对被侵权人损害的认定较为复杂，因为这关系到"今日头条"赔偿范围的重要问题。损害的应按照"今日头条"客户端因此获利状况进行认定，结合侵权信息版权价值以及其他转载者支付报酬情况等综合判定。

三、网络版权保护的新趋势

（一）链接侵权

"链接"原属于搜索引擎使用范畴，深度链接在网络版权上的适用已经超出了搜索引擎服务提供者责任范畴。"今日头条"客户端的侵权模式是典型的主要利用链接侵权的方式，这种模式很容易将其在性质认定和法律请求权基础选择上造成混淆。如前文所述，搜索引擎的链接侵权责任一般属于 ISP 责任，即适用《侵权责任法》第 36 条第 2、3 款规定，"今日头条"等利用链接为主要侵权方式的行为实质是 ICP 行为，应使用《侵权责任法》第 36 条第 1 款规定。

既然"今日头条"主要从事的是 ICP，即内容发布者角色，那么就应该懂得"内容为王"的新闻定律。网络产品做得再好，如果没有好的新闻内容作为支撑，那也是无源之水。版权法要求尊重作者的权益，并非单纯为了作者的经济利益，而是在于鼓励创新，鼓励更好的作品出现。如果所有人都用"今日头条"的新闻发布模式规避自己应尽的法律责任，那么，长此以往将无人再做内容，毕竟，没有人愿意只为别人做嫁衣服。长久以来，"窃书不算偷"的思想一直误导着中国版权保护之路，从影视剧到文学作品，从新闻剽窃到科研抄袭，我国因版权保护乏力造成的"软实力"弱化的苦果直至今日都未消除。[1]

（二）网络版权人的认定

网络版权与传统版权不同之处在于版权方不明，或者版权授权方不明确。网络上作品的来源多种多样，既存在传统媒体在网络发布的作品，也存在网民在自媒体上发布的作品，同时还存在直接发布者和转载者混淆的情况，这就给网络版权保护造成了困境。

首先，传统媒体版权和授权的范围。传统媒体作品的性质有直接版权人和间接版权人两种：前者是媒体工作人员直接编写的作品，以及通讯员、评论员等职务作品，这些作品的版权归属是媒体本身；后者是媒体接受社会投稿、转载等作品。此时，媒体版权范围要依靠与实际作者之间的协议或行业惯例来判定，一般情况下，作者本人拥有著作权中的人身权，即署名权、修改权等，媒体拥有著作权中的财产权利。不管媒体拥有以上两种版权的何种类型，都拥有维护自身版权不受侵害的权利，也拥有授权他人使用作品和获益的权利。

其次，网民在自媒体上发布的作品。这些作品版权人属于网民本人，不管是网络服务提供者，还是论坛管理者，都没有代替网民行使版权收益和处分的权利。此时，网络版权的合理使用必须以支付报酬为标准，网媒对这些作品使用后不支付报酬，或者侵害到作品人身权的应承担侵权责任。

最后，对于那些自媒体互相匿名转载，或网民转载其他媒体作品，或无法找到确实出处或无法联系实际作者的作品，网络版权的使用应强调事后的财产弥补。版权法的主旨不仅在于保护版权和鼓励创新，更在于鼓励传播。"已在报刊上或网络上传播的作品，除著作权人声明不得转载、摘编的以外，网络服务提供者可以进行转载或作为文摘、资料摘编刊登，但应当按照规定向著作权人支付报酬，并注明作者和出处。未按规定向著作权人支付报酬的，构成侵权责任。"[2]可见，对这些已经公开发表作品的传播是第一性的，只要没有侵害版权人的人身权并支付报酬，这些传播是可以被法律所允许的。因此，"今日头条"客户端承担版权侵权责任的基础，并不在于其扩大了作品的传播途径，而在于其事先没有与版权人达成协议，事后也没有支付报酬。

---

[1] 《新京报·社论》2014年6月5日。

[2] 杨立新主编：《中国媒体侵权责任案件法律适用指引》，人民法院出版社2013年版。

第四节　直播短视频版权的三大问题

从互联网+的角度看，短视频属于分享经济的重要组成部分，特别是产生于用户的自创短视频，已经支撑起互联网直播行业，成为新时期版权关注的焦点。

相比用户自制短视频的 UGC，专业产出的 PGC 受关注程度比较大，很多制作团队早已开始版权保护措施。不过，从分享经济角度看，PGC 的专业制作程度是普通用户所不能比拟的，受到团队、技术和规模等限制，PGC 不可能成为互联网+时代的大 IP。分享经济在短视频的表现，就是普通用户通过分享的方式将自己制作的音视频通过平台传播出去，相比专业团队来说，UGC 基数更大，内容更广泛，也更接地气。在互联网直播领域，UGC 更是成为衔接着直播与关注的抓手，用户需要生产好的短视频吸引关注度，通过关注度再获取直播流量和打赏。所以，在互联网直播中的短视频版权问题，往往会成为用户和平台最为关心的重点。

一、短视频的版权归谁

用户通过直播平台的录制和直播功能拍摄短视频，按照著作权法的规定，用户是短视频的著作权人。平台对短视频的法律位置争议较大，主要集中点在于平台能否成为著作权人，这个问题要分层次来看。

首先，著作权作为知识产权也是民事权利的一种，既然是民事权利，当事人就有合法处分的权利。用户作为接受平台网络服务的自然人，在享受到平台提供互联网服务的时候，也应该让渡出一定的权利。所以，在网民协议中关于短视频产出版权归属问题上，法律应该充分尊重网民协议关于短视频版权权利分配方面的规定。

其次，用户作为短视频著作权人的人身权利不能让渡，只能独立享有。著作权中的人身权包括保持作品完整权利、署名权、发表权、改编权等，这些涉及人身方面的权利具有相对独立于财产权的属性，其他人不能未经用户同意进行改动。此外，短视频的财产权利则属于平台共享范畴，平台通过网民协议的约定与用户共享短视频著作权中的财产权。值得注意的是，关于平台对用户作品汇编整理的权利，理论上讲也属于人身权范畴，不过，平台可以通过与用户的单独协商获取权利的让渡。

最后，平台可以用自己的名义向侵权人发起维权行为。短视频侵权现象严重扰乱了短视频市场秩序，侵害了用户著作权，仅由用户自己维权，则费时费力，若平台依据版权协议代替用户维权，则事半功倍，既减少了用户维权成本，又维护了市场竞争秩序。

二、剪辑的短视频是否侵权

就目前短视频市场实践看，很多直播平台上的短视频都是由用户私下剪辑他人作品完成的，例如，电影片段、游戏片段、演唱会片段等。此类剪辑是否侵权要分情况看。

第一种情况，对于版权明确的影视、音频等作品，原创作者具有保持作品完整性权利等人身权利，任何人不得非法剪辑，此类的短视频剪辑是侵权行为。

第二种情况，对于游戏的片段展现，则属于游戏直播分享范畴，可以按照游戏者的意愿进行分享，此时作品分享的并非是游戏本身，而是游戏者的游戏行为，按照著作权法合理使用的相关规定，可以认定为合理引用的范畴，因此是合法的。

第三种情况，对于演唱会、表演现场、展览等情况的短视频，属于用户自身分享经历的行为，这是分享经济的核心组成部分，是展现自身经历分享过程的行为，当然属于合法行为。

最后一种情况，剪辑他人短视频的合集行为，此类行为属于汇编作品，若是事先征求当事人同意授权的话，剪辑改编后的作品享有新的著作权，但若是缺乏他人实现授权，则是明确的侵权行为。

三、短视频版权保护的平台责任

按照著作权法等法律法规和最高人民法院的相关司法解释，平台在 UGC 作品中扮演的角色是 ISP 网络服务提供者。ISP 是否为侵权行为承担责任有两个重要原则：一是避风港规则，二是红旗规则。

避风港规则比较好理解，平台在接到侵权通知后若没有及时采取必要措施，则要与侵权行为承担连带责任。这里的"通知"不能被简单地理解成书面通知，按照最高法院司法解释"书信、传真、电子邮件等方式"的规定，通常理解成为只要能够到达平台的通知方式即可。通知的内容既要包括权利人名称、联系方式及通知理由，也要包括侵权作品的具体位置信息（链接）。

必须强调的是，平台没有超出通知范围链接自行排查的权利和义务。

红旗规则的认定比较复杂，按照司法解释的规定至少分为以下几个方面：

第一，平台是否有"教唆"或"帮助"用户侵权的行为。帮助侵权属于间接侵权的一种，教唆指的是平台是否存在用"言语、推介技术支持、奖励积分等方式诱导、鼓励"用户侵害版权的行为；帮助则是应知或明知侵权行为存在，却执意提供网络服务或仍提供网络服务。

第二，平台是否采取了"合理有效"的技术措施来避免侵权行为的发生。尽管法律和司法解释将平台的审核义务放到了次要位置，但若平台没有办法证明已经健全避免侵权的制度和技术的话，例如，缺乏 24 小时的值班制度和畅通的通知删除渠道，此时的平台承担责任的可能性还是很大的。

第三，需要综合平台服务性质、作品知名度和热度、平台是否有主观行为、预防措施是否足够、针对重复侵权是否采取必要措施等方面综合衡量平台的责任问题。必须强调的是黑名单制度，在侵权人反复侵权之后，平台应将其纳入黑名单，不得再向其提供网络服务，否则，该侵权用户以后的侵权行为都避免不了与平台之间的连带关系。

第四，从平台是否从侵权作品中获利角度看，获利越高的平台，责任就越大，包括广告收入在内的所有收入，都是衡量平台责任大小的重要依据。实践中，确实存在高点击量的侵权作品，个别平台为了获取广告收益或流量，将未经审核的作品顶入"热门"或设置榜单，这些行为都将被认为是平台对侵权作品进行了主观审核，万一作品出现问题，平台责任就免不掉了。

四、短视频侵权与版权关系

对于短视频网站平台来说，一般都以用户协议的方式与视频制作者对视频的版权做了划分，平台取得视频的财产权利和合理使用的权利。不过，一旦用户上传的短视频出现侵权情况，平台作为版权人是否承担责任的问题就比较复杂。

其一，制作人是第一侵权责任人。在没有平台协助的情况下，制作人独立完成了视频并上传至网络，对视频的取材、编辑和发布具有完全控制力。按照《侵权责任法》第 36 条第 1 款的规定，制作人发布的视频侵害了他人合法权益，其本人应该依照过错程度承担侵权责任。短视频平台具有技术中立性，其性质为网络服务提供者，对视频仅做形式审核，没有能力和义务对视频涉及的内容做实质审核，只要遵循了我国《侵权责任法》第 36 条第 2 款和第 3 款规定的"避风港规则"和"红旗规则",平台就不承担侵权责任。

其二,在特殊情况下,短视频平台要承担侵权连带责任。根据最高人民法院在 2014 年发布的《关于审理利用信息网络侵害人身权益民事纠纷案件适用法律若干问题的规定》(以下简称"司法解释"),平台在对视频进行了编辑、排名、选择、整理和推荐等情况下,就要对视频的侵权结果承担连带责任。除此之外,司法解释还特别强调了"发烧帖"和"黑名单"等特殊规定。"发烧帖"指的是那些在一定时间内浏览量激增的情况,此时的平台有责任对点击量过高的短视频进行内容审核,否则,就可能"跳跃"过避风港规则,直接承担侵权连带责任。"黑名单"制度则是强调,对那些已经被证明过反复侵权的用户应该采取停止服务等措施,若是没有及时将其列入黑名单,那么,在该用户继续发布侵权视频后,平台就要承担连带责任。

其三,在平台没有履行法律强制性义务时,要对侵权视频承担连带责任。按照我国《网络安全法》的相关规定:一方面,平台应该建立网络信息安全制度,畅通举报和投诉渠道,对所有发布的数据信息日志至少保存 6 个月,若是没有尽到相关强制性义务,平台除了民事责任之外,还应承担公法上的责任;另一方面,平台应该依据《网络安全法》履行网络实名制要求,对视频上传者进行有效的实名认证,若是平台无法提供短视频上传用户真实身份信息,那么,按照司法解释第 4 条的规定就可能要承担侵权责任。

第五节　数字版权技术与法律适用

一、网络技术和数字技术对传统版权法的挑战

传统版权领域中,侵权行为和侵权类型非常明显,按照侵害版权的构成要件,责任主体和侵权责任构成都比较清晰。在网络技术时代和版权数字化时代,传统版权保护从理念上和侵权模式上都出现了重大变化,直接影响到了版权法律规制的适用问题。

(一) 网络时代版权在保护理念上的变化

从严格意义上讲,版权属于英美法的称谓,著作权属于大陆法的称谓,前者更侧重于财产权的保护,后者则侧重于人身权的保护。美国最初将版权法侵权与隐私权放在一起,认为对版权的侵害就是侵害了权利人对自己作品的处分权,属于侵害自由范畴。后来,随着美国版权法的发展,越来越偏重于版权财产权方面。该国立法原因在于,版权保护根源在于鼓励创作,鼓励

传播。因此，美国版权法宗旨在于鼓励作品的传播，强调有偿传播模式，强调尊重合同契约的传播形态。然而，欧洲大陆法国家则认为，著作权属于人身权的成分更大，作者本人拥有控制出版和传播的权利，这种权利因具有浓厚的人身性而不能被"推定许可"，或者被事后金钱补偿。

这两种立法模式对中国的影响都很大，在互联网时代背景下，美国式版权模式更具有得天独厚的优越性。主要原因在于，网络使得传播更自由，自媒体的本质就是传播的交互性，版权法如果限制传播自由，可能造成表达方面的不利后果。因此，我国实践上对网络传播权的认识偏向于版权契约，既包括事先的，也包括事后支付报酬的认可。这也为我国自媒体传播发展创造出了好的平台环境。

传统版权收益问题比较简单，即使用收费模式。这种模式毫无疑问是解决版权收益问题最行之有效的办法。不过，在网络时代却发生了新的矛盾。现今网络经济模式是典型的免费模式，用户并不向网站交纳任何服务费用。网络公司的盈利渠道从直接收费经营转化成以广告收入和精准营销为主的盈利模式。在版权付费领域，如果继续强调直接付费模式不仅不会保障版权人的合法权益，而且还会伤害到版权人应有的利益。在互联网免费模式背景下，现阶段广泛存在的网络版权模式也由收费模式转变为提成广告收益模式。依据用户观看、使用作品时间和期限，对所产生的广告收益进行利益分成，由网络传播者与版权方同时分享广告收益。这样做的好处是，版权人更加注重传播效果，作品更有利于传播和分享，同时，网站也不用事先支付版权费用，二者权益兼顾，适应了网络传播方式。

（二）网络时代侵权模式的复杂性

随着互联网产业的发展，尤其是近几年移动互联网络技术的革命，网络出版物逐渐在传统出版领域异军突起，成为新时代文化产业传播的主力军。平板电脑、移动手机、各类电子书和 pad 已经成为网络传播的新载体，从而催生了纸质出版物的数字化演变过程。数字化的出版物绝大多数都来源于网络出版商，相比传统图书有着很多天然的优势：比如携带方便、更新快捷、检索查询简易、阅读效率更高、共享评论即时等。同时，网络出版物又存在很多与生俱来的法律瑕疵，需要额外立法加以解决：

第一，网络出版成了侵害版权的重灾区。按照《著作权法》的规定，版权人享有包括发表权、复制权、署名权、修改权、汇编权、保持作品完整权等多项财产权和人身权。在传统出版领域中，对这些权利的保障和监督是可以预期的，因为只要控制了出版源头和传播市场就可以完成防范工作。网络出版则不同，因为载体的数字化和网络的虚拟化，版权人无法控制作品的传播和复制，甚至在自己被侵权后，都无法查清侵权作品的真正源头。这就给很多不法网络出版商提供了可乘之机：一方面，他们擅自将没有获得版权许可的作品作为资源放到客户端上，以供网民下载或在线使用；另一方面，他们将作品随意署名，擅自修改和汇编，用"换汤不换药"的方式达到非法侵害版权牟利的效果。这些比较传统出版"非典型"的侵权做法，已经充斥着正在发展的网络出版市场，严重影响了我国版权市场的合法秩序。从1999年"陈卫华诉《电脑商情报》"的中国第一起网络出版侵权案开始，到现在网络版权纠纷已经代替传统版权纠纷，成为知识产权庭审理的主要案件，这都说明中国网络版权侵权事件已经到了非下大力气整改不可的严峻形势。

第二，现行法律存在缺口造成了侵权频发。我国《侵权责任法》第36条规定了"避风港规则"，现行《著作权法》法律法规也有类似的规定。避风港规则源自《美国千禧年版权法案》，说的是网站在被侵权人"提示"之前，不承担侵权责任，只有在网站接到权利人的侵权"提示"之后仍不采取必要措施的，才承担责任。这个规则的主旨在于鼓励互联网产业发展，为网站规避不必要的责任。然而，避风港规则发展到现在却"走了样"。很多不法网站，利用"热心用户"上传没有经过任何审核和缺乏版权的资源达到无偿利用的非法目的。更有甚者，网站自己利用网络虚拟人格大肆窃取他人版权资源，然后通过汇编、排行等形式发布给网民，赚取其中的广告费用。这种情况在利用pad为终端的网络服务中更为常见。不法网站的"如意算盘"是：首先利用"他人"上传的非法资源获利，然后，再利用"避风港规则"进行免责抗辩，逃避法律责任。被侵权人在事后很难举证，既无法查清那些没有实名注册的"上传人"究竟是谁，侵权后果又因为网络的可复制性永远无法得到完好的复原。虽然立法者设立了"红旗规则"来尽量避免"避风港规则"所带来的弊端，但是，现行法律规定的"红旗规则"适用过于狭窄，按照法律规定，只有在证明网站原本"知道"这些资源本身的侵权性之时，才可能承担侵权责任，这些所谓"知道"的证据实在难寻。

此外，现行法律对侵害网络出版秩序的惩罚力度不够。在责任主体认定方面，没有将搜索引擎、推广网站、链接网站和广告收益者等其他互联网服务提供者作为责任主体。在客观上人为造成了维权力度不够，侵权损害得不到完全弥补的结果。

第三，对网络出版主体审查缺乏有效手段。在我国任何从事出版业的主体都需要政府的批准和审核，但是对于网络出版者来说，实际却起不到有效审查效果。主要是因为：其一，很多综合性的网站的主业并非专业网络出版者，他们往往利用"兼职"的身份从事这项业务，这对审查起到了蒙蔽作用。其二，很多不法网站利用"P2P"技术作为"幌子"，宣扬这些资源都来源于网民本身，网站并没有存储这些数据的专门数据系统，以此逃避责任。其实，现有的 P2P 技术完全达不到涉猎资源的广泛性、即时性和高效性，何况这些网站人为的对资源进行了整理、汇编和推荐，这种行为就已经构成了对版权的侵害。其三，不法网站将服务器设在北美、俄罗斯等境外地区以逃避检查。正是这些原因使得我国网络出版行业主体资格混乱，入门门槛较低在客观上已经影响了正常的市场秩序，所以，守法者和版权人对新法强化主体资格审查的做法呼之欲出。

第四，网络出版缺乏社会责任感。较传统出版业而言，网络出版缺乏行之有效的内容审核机制，很多不法网络出版商为了牟取暴利或其他非法企图，将充斥着不实信息、侵害他人人格权和商誉的信息、危害国家安全和社会稳定的信息、违反社会善良风俗的信息、侵害未成年人权益的信息肆意传向网络。这些有害信息不仅扰乱了正常的出版秩序，而且侵害了其他人合法权益，危害了国家安全和稳定，这都必须得到有力的法律制止。

实践中很多网站滥用避风港规则来免责。表现方式主要有：

第一，注册小号，以虚拟人上传资源的方式，避免网站自己承担 ICP 的责任。

第二，以鼓励、奖励、唆使等方式教唆网民上传非法资源，网站利用避风港规则抗辩直接责任。

第三，以虚假的 P2P 模式，利用自建域外网站为非法资源提供深度链接侵害版权。

对此，最高人民法院专门出台了《关于审理侵害信息网络传播权民事纠纷案件适用法律若干问题的规定》，该规定最大程度地弥补了传统版权保护法律空缺。不过，随着网络技术的发展，各类侵权形态仍然层出不穷，这就需要法院运用互联网思维方式结合法律现有规定来灵活应对。

二、互联网背景下如何正确适用侵害版权法律规则

如前所述，网络侵害版权相比传统版权法而言，具有相当的复杂性和特

殊性，对网络侵害版权认定需要有两个层次：

第一个层次，需要判断是否属于合理使用范畴。

首先，版权法中合理使用的前提是已经公开发表。网络背景下的公开发表既包括在媒体发表、发表后的转发，也包括在自媒体平台上的发表，以及由权利人上传至自己的公开网络空间，当然不包括电子邮件、点对点的文件传送，或者由权利人注明不得转载或使用的字样。

其次，合理使用不得侵害版权人的人身权。网络技术和电子技术的发展，使得作品被篡改的可能大大增加，包括标题的修改、内容的歪曲删减、作者署名的篡改、配图等歪曲修改等情况。值得注意的是，版权法中所称的"作品完整性"，不仅指内容，还应包括标题等可能影响作品品质和性质的主要部分。

最后，网络点评、评论、转发等情况应属于合理使用范围。转引与转载不同，转引是典型版权法规定的合理使用的范围。我国《著作权法》明文规定，为介绍评论某一作品或者说明某一问题，在作品中可以适当引用他人已经发表的作品。可见，网络点评原文而转引的法律性质源自法律的明文授权，而转载则更多地来自网民相互分享的精神。

值得注意的是，转载既然没有法律的明文授权，那么该行为就要承担更多的注意义务。转载必须注明原出处，并不得侵害版权人的其他合法权益，比如不得擅自篡改作者名字、不得擅自变更作品内容等。转载行为须是无偿行为，如果擅自将版权人作品拿来换取其他经济利益，那么这个行为就要受到法律的制裁，比如某些纸媒将微博整理发表的行为，必须得到版权人的授权，而且需要支付相应的报酬，否则就不是善意的转载行为，而是侵害版权的盗窃行为。如果博主在作品中注有"不得转载"的标记，那么其他网民就不得转载，否则版权人有权诉请法律维护自己的合法权益。

第二个层次，是判断网络侵害版权主体是谁。

网络版权侵权中，网站有"双重身份"。网站作为内容提供者（ICP）之时，例如，网站发布的信息、推送的信息、转载的信息、提供深度链接的信息等情况，网站就是版权侵权主体，承担与传统媒体一样的责任。

当网站作为服务提供者（ISP）之时，网站是否承担责任需要确定网站是否尽到法律规定的义务，以及版权人是否经过"通知删除"程序。一般来说，避风港规则是网站承担责任的前置性规则，即版权人是否履行了通知删除的过程。只有在法律明文规定的情况下，才考虑网站是否适用红旗规则。

　　网络版权领域对红旗规则的规定主要体现在《关于审理侵害信息网络传播权民事纠纷案件适用法律若干问题的规定》之中，该司法解释将七种情形作为网站可以"不经通知"直接承担侵权责任的类型：

　　（1）基于网络服务提供者提供服务的性质、方式及其引发侵权的可能性大小，应当具备的管理信息的能力；

　　（2）传播的作品、表演、录音录像制品的类型、知名度及侵权信息的明显程度；

　　（3）网络服务提供者是否主动对作品、表演、录音录像制品进行了选择、编辑、修改、推荐等；

　　（4）网络服务提供者是否积极采取了预防侵权的合理措施；

　　（5）网络服务提供者是否设置便捷程序接收侵权通知并及时对侵权通知作出合理的反应；

　　（6）网络服务提供者是否针对同一网络用户的重复侵权行为采取了相应的合理措施；

　　（7）其他相关因素。

　　其中第一和第二种类型需要法院结合案情综合判断，其余种类型可以根据原被告提供的证据进行裁判。第七种类型主要包括该司法解释第 10 条、第 11 条和第 12 条情况。法院辨别标准主要依据网站是否对侵权内容有过干涉、编辑、推荐，并结合网站是否对侵权作品获利的情况综合判断网站在侵害版权行为中的过错程度。

三、如何应对网络新技术产生的版权问题

（一）网络电视盒子与电视回看功能

　　回看技术在法律上的纠纷并非现今社会特有，早在几十年前，美国著名的"索尼案"的争论焦点就是索尼录像机的回看功能是否违法。当时的美国法院认为，录像机本身并不具有"实质性侵权用途"，其回看功能也不是典型的侵害版权行为。根据这个案子总结的"非实质性侵权用途"规则，已经成为世界范围内公认的版权规则。

　　目前，我国的电视回看功能较之几十年前变化较大，但实质上并没有改变"非实质性侵权用途"性质，不应属于侵害版权的行为。如前所述，互联网免费时代的特点在于广告收益，电视回看和网络电视盒子功能并不会必然导致广告收益的减少，反倒会增加客户流量和广告播放次数，因此，对网络

电视盒子和电视回看功能不宜认定为侵害版权。当然，如果在回看过程中恶意屏蔽他人广告，增加自己广告的话，那就是破坏了网络免费模式，当然属于侵害版权的行为。

（二）网络自制剧

互联网免费模式开启了版权全新的发展空间，版权人不需要作品被直接"买走"获利，通过点击次数和观看次数达到的广告收益往往更为丰厚。蜻蜓fm、喜马拉雅电台等网络广播节目集成平台大获成功的原因就在于此。合理借助互联网交互平台，以及版权收益方式的多种形态足可以支撑起网络版权新的发展模式。在这种模式下，其他网站的转载并非一定要支付报酬，完全可以广告分成的方式做出，网民观看也无需付费，点击观看和接受广告本身就是变相的付费。可见，新的版权模式下版权人、传播者和网民三方可以达到多赢局面。

（三）"今日头条"模式属于侵害版权

"今日头条"客户端从表面上看虽然不是内容提供者，仅提供信息来源的深度链接，但是深度链接依然属于内容提供者。"今日头条"客户端所设置的链接内容事先都主动拣选，所以，"今日头条"客户端的性质为ICP。在侵权法上并不适用ISP的避风港规则和红旗规则。换句话说，"今日头条"侵害版权的行为不因事先未得到权利人的"侵权通知"而免责，被侵权人也无需证明"今日头条"客户端对所推送的信息侵权是否"知道"。

按照《侵权责任法》第6条第1款的规定和第36条第1款的规定，"今日头条"客户端侵害版权行为归责原则为过错责任。侵权法上的过错包括故意和过失，"今日头条"客户端侵权过错表现在：推送信息前是否与被侵权人有版权协议、事后是否有支付报酬的行为、侵权发生后事后是否积极采取必要措施、是否对链接原网页进行页面屏蔽等方面。可见，互联网背景下版权发展模式虽然多种多样，但也不是法律的无疆地带。

（四）传统媒体如何应对互联网版权模式

首先，传统媒体应转变经营思路。互联网模式开启了信息互动和免费服务时代，如果仍以传统版权盈利模式，可能无法适应。传统媒体的转型应立足互联网模式，积极开发网络客户端等新媒体平台。同时，传统媒体在与其他网媒签署版权协议时，应从付费转载模式转逐渐变为广告收益分成模式。

其次，面对网络侵害版权的情况，传统媒体要敢于维权和正确维权。如前所述，网络侵权有着特殊性，网站并非在所有的情况下都需要承担侵权责任。传统媒体在主张版权时要充分行使好"通知删除规则",保存好相关证据。同时,应区别网站侵权属于红旗规则的具体适用类型,做到及时发现、及时维权。

最后,传统媒体需要适应新媒体时代发展趋势,应创建媒体自己的微信公号、微博和新闻客户端,有条件的还应设立手机 APP 应用平台,以新技术改变传播习惯。尽管"今日头条"侵害版权的行为不值得称赞,但是,该客户端根据大数据算法推送出的,为每个用户"量身制作"的新闻模式确实值得借鉴。新闻已经不单纯是一个行业,而是一个产业。在互联网时代背景下,传统媒体的转型势在必行,借助大数据和互联互通技术,完全可以将传统领域信息变为灵活多变的新闻产品。

第六节　司法应对网络著作权的建议

2015 年 3 月,财新传媒为维护自身合法的网络著作权,将搜狐、和讯、新浪和凤凰四家网站诉至法院。包括四被告在内的多家网络媒体,在未经著作权人许可的情况下,非法转载了大量财新首发的信息,其中不乏重大独家报道。

众所周知,重大题材的独家报道费时费力,历经艰辛,但相关侵权却易如反掌,在网络时代只要点几下鼠标即可完成。同样的传播环境,同样的传播内容,如果非法转载不能得到有效禁止的话,网络传播就会变成无源之水和无本之木。长此以往,新闻创作就会枯萎,毕竟,没有人愿意去为别人做嫁衣。

共享、互联和创新是互联网时代的主要标志,其中,创新是共享和互联的基础,没有了创新,再多的共享也没有任何价值。尊重互联网版权,就是尊重和保护创新。特别是在新闻领域,尊重他人版权既是尊重新闻价值的表现,也是保护新闻传播的方式。前些日子的"今日头条"版权侵权事件尚未落下帷幕,日前财新传媒版权保护事件又再起波澜。令人奇怪的是,"今日头条"事件中的"受害者",这回又变成了侵权人。已所不欲勿施于人。新闻的"搬运工"尚且涉嫌侵权,更何况是新闻的"偷取者"呢。

互联网版权侵权如此频繁,原因到底出在何处?从立法上看,我国互联网版权领域相关立法已经相对完善,特别是在 2013 年开始实施的《最高人民法院关于审理侵害信息网络传播权民事纠纷案件适用法律若干问题的规定》

（简称《规定》），几乎完全涵盖了网络侵害著作权的所有类型和特殊方式。因此，网络版权保护领域并非无法可依，也并非无章可循。从行政监管和执法情况看，"剑网行动"仍余音绕梁，国家层面早已特别重视网络版权保护问题，这也是我国依法治国和遵守国际公约的积极态度。

说到底，问题还是出在司法领域。一方面，网络版权诉讼成本过高，在很多情况下，维权成本还不及所得收益，换句话说，就是违法成本太低了。对于侵权人而言，与其与版权人长期合作合法经营，倒不如"生米做成熟饭"，反正也赔不了多少钱。从法经济学的角度看，当违法成本远低于守法成本，这个法律也就"行将就木"了。在版权侵权领域，我国司法机关似乎总是被"举证损失"束缚手脚，既不敢采用惩罚性赔偿，也不敢将纯粹经济损害和间接损失加进去。即便是最高人民法院的《规定》，也在强调要兼顾"权利人、网络服务提供者和公共利益"。其实，这里说的"网络服务提供者"是特指在侵权中仅作为网络服务提供者的网站，并非指作为发布者的网站。实践中，一些法院混淆了网站作为版权侵权的"双重身份"，将网站作为网络内容提供者（ICP）侵权的情形，错当成网络服务提供者（ISP）的情况。从财新传媒这起案件看，几个被告大都是作为内容提供者（ICP），主动发布这些侵权信息。因此，几个被告既不能以"避风港规则"来免责，也不属于法院"兼顾"利益的考虑范围。

另一方面，网络版权诉讼案件忽视了实质正义问题。的确，司法的程序性是保证司法公正的前提，但是，将程序性规则作为侵权的挡箭牌就另当别论了。记得数年前，新京报曾起诉浙江在线，结果被法院要求"分案处理"，即分成"7706"起案件单独起诉。稍有法律常识的人都看得出来，整个浙江省一年的知识产权案件也没有这么多，法院做出如此要求有违常理和法律常识。因此，刻板的追求程序和形式有时候会事与愿违，司法还应以效率和公正为先。网络时代信息流传得非常之快，尤其是新闻领域，今天的新闻，明天就是旧闻。很多版权案件，侵权人的策略就是一个字"拖"。用程序拖，用管辖异议拖，用举证时间拖，用二审拖。等拖到偷来的新闻变得毫无意义，拖到自己点击量得到的广告费早已数倍于侵权赔偿之时，再进行删除，再进行赔偿。这套所谓的版权"侵权战略"确实比较低级。因此，在版权侵权领域，著作权人应更多地尝试诉前禁令制度，避免自己损害扩大。我国施行诉前禁令制度时间还较短，个别法院还对此不甚明晰，这就更需要知识产权法律保护方面宣传的普及。

当然，诉前禁令是向法院申请，被侵权人也可以通过律师函等方式直接向网络服务提供者发送侵权通知。如同财新传媒在本案中做的那样，在诉请法院之前，已经向侵权网站发出通知。不过，律师函的效果相比禁令而言是非常局限的：在侵权网站作为网络服务提供者（ISP）时，起到通知删除的效果，但在网站作为网络内容提供者（ICP）时，如前所述，网站大可对此不屑一顾，毕竟律师函没有任何法律效力。

从网络本身来说，这是最好的时代，网络使新闻"飞起来"，用户可以随时随地获取到自己喜欢的新闻。同时，这也是最坏的时代，网络让侵权变得更加廉价，经济利益成为行为准则，法律程序沦为帮凶，新闻理想变为一场又一场的诉讼。

第七节　微博版权的讨论

对微博版权的怀疑主要是微博诸多与生俱来的特殊属性所致。其一，微博篇幅短小，最多不超过 140 个字，如此短小的东西会有版权么？其二，微博信息的传播主要是通过博友之间的"金字塔形"放射性转载实现的，既然转载都是随意性的，那么怎么会有版权呢？其三，有的微博记录的仅是"流水账"，或者仅有几个表情，难道这些没有创意的表达也有版权？

根据相关法律的规定，版权所保护的作品核心判断标准——是否具有独创性。只要具有作者的独创性思维表达，而且这种表达是"有形并可复制的"智力成果，那么就应该享有版权。可见，法律并没有对版权保护作品的文字数量做出限制性规定，所以，微博虽小，确有版权。

从另一个角度说，既然法律要求微博作为作品保护的主要标准在于"独创性"，那么一些仅有单个"感叹词""表情"或者"流水账"的简单文字表达，从性质上看并不具有独创性意义，从内容上看也不具有任何传播的价值，所以，那些过于简单的文字或符号不是版权保护的范围。此外，相互转载的特殊形式是微博表达的一种重要方式，不能以转载的默许来判断权利人对版权的放弃，换句话说，允许并参与互相微博转载不仅不是否认微博版权的理由，恰恰相反，这正是权利人行使版权的一种特殊方式。

转载和转引是微博传播的两种重要形式，但二者在法律性质上却截然不同。从传统意义上说，未经权利人许可的转载是典型的侵犯版权的行为。但是为什么在微博中转载却可以不承担责任呢？这是因为，微博传播途径就是博友的互相转载，这是具有微博常识的人都知道的事情，在一般情况下，互相转载也是每一个微博使用者所期待和支持的行为。从法律角度上讲，《侵权责任法》规定："损害是由受害人故意造成的，行为人不承担责任"，既然转载这种行为是博主所愿意见到的事情，那么即便是存在有侵权的性质，也是权利人故意或积极追求的行为，因此在法律上并没有可责性。说的俗一点，就是"周瑜打黄盖"——一个愿打，一个愿挨。既然使用微博，那么就要遵守这里面的"游戏规则"。这种互相转载的传播方式从社会学理解就是——人人为我，我为人人，资源的分享与共享是微博勃兴的重要原因之一。

转引与转载不同，转引是典型版权法规定的合理使用的范围。我国《著作权法》明文规定，为介绍评论某一作品或者说明某一问题，在作品中可以适当引用他人已经发表的作品。可见，微博为点评原文而转引的法律性质源自法律的明文授权，而转载则更多地来自博友相互分享的精神。

值得注意的是，转载既然没有法律的明文授权，那么该行为就要承担更多的注意义务。首先，转载必须注明原出处，并不得侵害版权人的其他合法权益，比如不得擅自篡改作者名字、不得擅自变更作品内容等。其次，转载行为须是无偿行为，如果擅自将版权人作品拿来换取其他经济利益，那么这个行为就要受到法律的制裁，比如某些纸媒将微博整理发表的行为，必须得到版权人的授权，而且需要支付相应的报酬，否则就不是善意的转载行为，而是侵害版权的盗窃行为。最后，如果博主在作品中注有"不得转载"的标记，那么其他博友就不得转载，否则版权人有权诉请法律维护自己的合法权益。

这个问题较为复杂，我们分为几个层次来看：第一，网络服务提供者责任者（网站）不是微博版权人。这是因为网站仅提供信息存储空间和上传服务，对作品创造性活动没有实质性作用，因此网站不是版权人。第二，转载者不是微博版权人。微博转载仅是一种传播手段，转载内容没有发生任何改变，因此微博版权仍归原始博主所有。第三，转引人具有部分版权。微博转引的目的在于评论，评论部分是转引人创造性智力成果的体现，因此转引人对自己的评论部分享有版权，对转引原文部分则不享有版权。第四，现实中的人是版权所有人。实践中多存在一种网络虚拟特别现象——一个现实中的人可能拥有多个"马甲"，即网络上的多个身份。这些"马甲"用学术语言来说就是虚拟人格，我国现行法律并不将虚拟人格作为诉讼主体对待，因此虚拟人并不是合法的版权人。所以，那些在网络上以各种虚拟人名义所发的作品，其权利归属仍属于现实中的人所有，在诉讼中也以现实人作为一方的当事人对待。

第八节　琼瑶诉于正案的反思

2014 年 4 月 15 日，台湾著名作家琼瑶致中国广电总局的公开信引起了社会的广泛关注，琼瑶在信中反映了内地编剧于正涉嫌抄袭她作品的情况，并请求广电总局停止涉嫌抄袭节目的播出。

"琼瑶告于正"事件再次曝光出我国编剧行业中广泛存在的"剽窃"之风。按照《著作权法》的规定，权利人的作品一经完成即取得版权，任何人不得非法抄袭和剽窃。既然法律早已有规定，为什么剽窃之风依旧流行呢？

首先，编剧行业中抄袭和模仿是两个不同性质的行为，前者被法律所禁止，后者则被法律所允许。如何确定抄袭和模仿，在法律中没有明文确定的规定条文，版权法保护的是作品而非思想，抄袭是机械化的复制行为，而模仿则是在原作品基础上的再创作。在同一题材编剧中，后剧对前剧情节、主题、背景等素材的模仿，在实践中都不宜认定为抄袭。

传统版权领域中，剽窃最典型的特征是原封不动地照搬照抄，这一点在编剧行业中却可以轻易回避掉。编剧可以通过改变人物名字、作品名字、作品时代、背景或叙事方式等方式来模糊剽窃与模仿之间的界限。这也是为何编剧市场中多有剽窃之风，却很难追究抄袭者责任的原因之一。

然而，作品的主线却是作品的灵魂，一旦前剧的主线被高度"模仿"，那么，后剧就可能无法以"雷同巧合"或"模仿"做出抗辩。琼瑶公开信列举出来的证据显示，于正的编剧因主线高度吻合，因此，他可能无法使用"模仿"或"巧合"进行抗辩。

其次，版权维权成本过高，过程过于复杂也是编剧行业剽窃"蔚然成风"的根源。版权官司难打的理由就是证据难以确定，尤其是对编剧这种特殊行业。权利人一般只有到剽窃者编剧作品拍摄成影视剧"生米煮成熟饭"后才有可能发觉。

编剧剧本并不会对外发表，与之前作品缺乏"点对点"的比较，证据确定的难度非常之大，即使可以确定下来，也会因为影视剧已经播出而丧失了最佳维权时间。所以，我国版权维权过程太过漫长也是琼瑶选择直接致信行政管理部门，而非诉求法院的原因之一。不过，琼瑶向广电总局投诉是否找对了主体呢？广电总局在 2013 年已与国家出版总局合并，称为国家新闻出版广电总局，对著作权的管理和监督是改组后的总局主要职责之一。如果该局查证属实，有权依法停止涉嫌剽窃剧集的播出，或依法对有关责任人进行罚款。但是，出版广电总局的行政权属性，不能支持对琼瑶本人的民事赔偿。所以，琼瑶如果想要得到进一步民事赔偿的话，或许最后还是要走诉讼的道路。

相比英美法国家，在版权维权领域中，诉前禁令是维权者经常请求法院采取的一种行为，这种方式要比我国法院审理后裁判生效的效果好得多。只要维权者有足够的证据并提供一定保证，法院就可以下达禁令，阻止涉嫌剽窃的作品的一切发行渠道。在编剧行业中，一旦禁令下来，涉嫌剽窃的影视剧不管事先花了多少钱拍戏，也不管制片方是否知情，都需要在法院查明或当事人之间达成和解后才可以继续播出。如此一来，剽窃的违法成本就会变得很高，这也是英美法国家编剧剽窃行为很少的原因所在，也是美剧、英剧傲居世界前列的根本原因。

申请禁令的做法可能对制片方太过不利，不过，从长远看，只有从根本上杜绝剽窃，才会真正鼓励创新，编剧行业才会真正成为提高电视剧质量的顶梁柱。

第十一章
互联网广告治理

第一节　新《广告法》的代言禁区

新《广告法》在 2015 年 9 月 1 号正式实施，该法强化了对广告代言的限制性规定，这可以称得上是史上最严格的广告代言"禁区"。结合广告法和其他现行法律规定，这些广告代言禁区主要包括以下几种情形。

一、明星代言禁区

我国法律从 2010 年的《食品安全法》修订开始，逐渐加强了演员代言部分广告的法律责任，该法第 55 条规定，社会团体或者其他组织、个人在虚假广告中向消费者推荐食品，使消费者的合法权益受到损害的，与食品生产经营者承担连带责任。2013 年我国《消费者权益保护法》修订后，该法第 45 条规定，社会团体或者其他组织、个人在关系消费者生命健康的商品或者服务的虚假广告或者其他虚假宣传中向消费者推荐商品或者服务，造成消费者损害的，应当与提供该商品或者服务的经营者承担连带责任。由此可见，《消费者权益保护法》将演员代言者责任范围，由《食品安全法》中的"食品"扩大到"关系到消费者生命健康的商品或服务"，由原来的"推荐"责任，提升至"虚假宣传或推荐"。

从我国对明星代言的立法趋势看，具有明显的加强监管的倾向。新《广告法》继续强化了这一监管理念，该法第 38 条将明星"未使用过的商品或者未接受过的服务"也作为推荐和证明的禁区。这是典型的强化广告伦理责任的立法形式，事实上，将明星代言产品或服务的诚信伦理标准上升为法律层面。这类广告伦理责任上升为法律的立法形式，既符合商业伦理和明星作为公众人物的社会责任，同时也符合比较法的立法趋势。其实，在欧美等很多国家，早已将代言者诚信作为广告合法与非法的重要衡量标尺，立法目的就在于强化代言者的社会责任，保障消费者的知情权。

不过，实践中的大量明星虚假代言案例，多存在演员被黑心商家欺骗的情形。很多演员在拍摄时甚至没有说过的话，在播出时经过非法剪辑、拼接、虚假配音等形式，让大众误以为是演员所说。因此，演员在代言合同中和实际拍摄、播出过程中，必须对所代言的广告进行全程监控，并保留相关存证。在代言合同中应明确规定所有播出的代言行为，必须经过演员及其律师的事先审核。

二、医疗、药品和医疗器械的代言禁区

根据新《广告法》第16条规定，医疗、药品和医疗器械不能被代言。这里讲的"代言"，需要结合该法第2条对广告代言人的解释来一同认定。代言者并非仅指的是"明星"等自然人，还可能包括法人或其他组织。新《广告法》实施以后，类似于某某机构、协会、组织所谓的"指定""信得过""专用"产品等药品等广告宣传，应该就会从我们的媒体中消失了。

医疗和医疗器械是代言广告禁区，说到底，这还是根源于医疗相关的产品或服务效果会因人而异，每个人的体质或基因并不一致，从药理上看，对一个人有效的医疗产品并不一定会对他人产生同样的效果。因此，医疗方面的代言实际在学理上属于"伪代言"的一种。同时，医疗相关产品与病患生命健康密切相关，选择药品等医疗手段本应取决于医嘱及患者本身意志，不能以广告代言的形式干扰病患自由选择的权利。

与此类似，新《广告法》也将"农药、兽药、饲料和饲料添加剂广告"列为不得"利用科研单位、学术机构、技术推广机构、行业协会或者专业人士、用户的名义或者形象作推荐、证明"。这样的规定与药品广告代言立法目的相似，农牧业药品等产品是否有效，也会取决于耕地、家畜和具体农业产品本身的特质，并不一定会影响产品本身的固有效能。所以，排除所谓"专家"代言，目的在于避免消费者盲目选用，保护用户知情权。

三、教育与投资广告的代言禁区

教育的核心在于因材施教，不会存在千篇一律的教育产品。教育培训目的大都基于某类资格考试，如果放任某些所谓"科研机构""学术机构"的代言行为，就有给学员造成盲目求教的可能，从而忽视了自身特质和教育培训目的。新《广告法》第24条将"科研单位、学术机构、教育机构、行业协

会、专业人士、受益者的名义或者形象作推荐、证明"排除在教育和培训广告代言之外，就是为了避免学员因迷信"高大上"的代言行为，进行盲目求学。同时，这也还原了教育市场本身应有的"单纯"，避免个别教育机构过分追求广告代言者效果，忽视了自身教育能力的提高，这也是净化教育市场和避免不正当竞争的重要手段。

具有预期回报的投资行为属于商事投资行为，本身一定具有商业风险。实践中，大量存在各类机构、专家、组织等进行代言或证明的商业性广告。这些广告的弊端在于，抹杀了商事投资风险性，客观上可能造成投资者的冲动与错觉。在这类广告中，很多投资人出于对代言者的崇拜或信任，忽视了投资行为的风险，忽略了投资项目本身的优劣。所以，新《广告法》第25条将"学术机构、行业协会、专业人士、受益者的名义或者形象作推荐、证明"的行为作为投资广告代言的禁区。

四、不满 10 周岁未成年人广告代言禁区

根据新《广告法》规定，并非所有未成年人都不得代言广告，仅规定"不满十周岁"的未成年人不得代言广告。

根据《民法通则》相关规定，18 周岁以上公民为具有完全民事行为能力的成年人，10 周岁以上到 18 周岁以下的公民为限制行为能力人。16 周岁至 18 周岁之间的未成年人，如果可以以自己劳动收入为生活主要来源的，可以在法律上视为具有完全民事行为能力的成年人。

那么，根据新《广告法》规定，未成年人可以代言的岁数区间应该为 10 周岁以上到 18 周岁以下。如果 16 周岁到 18 周岁的代言者可以以自己劳动收入为主要生活来源的，也可以被视为成年人。不过，在岁数上可以代言的未成年人在代言前，应先书面取得其监护人的同意。

法律禁止 10 周岁以下未成年人代言广告，主要原因在于两点：一是 10 周岁以下的孩子缺乏对事物基本认知能力，他们代言产品，一方面仅是出于监护人的商业利益考虑，另一方面，他们也不可能具备对所代言产品的基本认知能力。二是未成年人肖像权、隐私权等人格权需要法律的额外保护，商业性代言与《未成年人保护法》核心利益相冲突。因此，新《广告法》也设立了针对孩子的代言禁区。

第二节　网络广告发布者责任构成的特殊性分析

近年来，随着网络的普及和网络经济的发展，网络广告发布者逐渐成为广告发布者的主要组成部分，成为未来广告产业发展的主要趋势。但是，因为网络的虚拟性、网络发布平台的中立性和网络发布者能力的有限性等原因，网络广告发布者责任构成与传统媒体广告发布者责任却并不相同。

我国法律在广告责任体系中有三个责任主体：广告主、广告经营者和广告发布者。这三个主体的责任构成在包括《广告法》《反不正当竞争法》《消费者权益保护法》《侵权责任法》《刑法》《食品安全法》《药品管理法》《广告活动道德规范》《药品广告审查发布标准》《医疗广告管理办法》以及《保健食品广告审查暂行规定》等相关法律法规中都有所涉及。

广告主是广告宣传的发起者和相关证明材料的唯一提供者，它对于广告经营者和发布者的选择有决定权利，对发布广告内容、形式和设计策划都有最终决定权。所以，广告主不仅要为宣传的产品和服务本身负责，也要承担虚假宣传的直接法律责任，是虚假广告责任最终的责任主体。

广告经营者是接受广告主委托进行广告制作、设计、宣传和代理服务的法人、组织或个人。因为广告活动涉及公众知情权和消费者权益保护，所以，法律对广告经营着的要求有别于其他商主体，赋予了广告经营者更多的审核义务。按照《广告法》第24、26、27、28条的规定，广告经营者不仅要具备商主体资格，而且还要具备对广告内容和形式基本审核的义务和能力。

广告发布者在性质上与广告经营者一样，法律也对其进行了主体资格规定和审核义务规定。经营广告业务的媒体需要到相关部门进行登记，广告发布者应对广告内容真实性和主体真实性进行基本核实。

从侵权法角度看，广告发布者承担责任的原因是与广告主、广告经营者一并承担虚假广告的共同侵权责任。共同侵权行为的主要特征是具有共同的故意或过失，所以，我国《广告法》等法律法规将"明知"或"应知"作为广告发布者承担虚假广告连带责任的构成要件。

虽然我国法律对广告发布者明知或应知的理解没有做出明确规定，但是，按照过错责任一般构成来看，"明知"指的是广告发布者在发布广告前已经知道所发布的内容在内容、形式或设计上存在瑕疵或者在对广告主和广告经营者资质审核上存在瑕疵；"应知"是指广告发布者在一些特殊情况下承担过错责任的情形，比如，网络广告发布者在得到权利人虚假广告的"通知"后，仍然怠于行使删除义务的。在责任形态方面，"明知"适用一般过错责任规则，"应知"适用过错推定规则。

具体而言，网络广告发布者责任构成的特殊性主要表现在以下三个方面：

第一，网络虚拟性使得网络广告发布者没有能力做实质性审查。网络的虚拟性是网络社会最大的特点，主要表现在网络主体的虚拟性、网络信息的不可控性和网络受众的不确定性。

从实践看，网络广告发布者在广告发布前对广告主和广告经营者资质审核是通过电子信息进行的。在现有技术条件下，网络广告发布者无法对提交的相关资质文件扫描件或电子版做出行之有效的真实性判断。一方面，因为我国工商登记系统尚不完善，广告主的资质信息并不可能从官方网站上全部得到核实；另一方面，网络经济和电子商务并不要求所有经营者都需要具备工商资质证明或登记，比如网民自己开办的"网店"，仍有权进行网络宣传和广告，对这部分资质信息网络广告发布者不可能进行有效核实。

网络信息的不可控性表现在网络广告做出后，可能会存在包括"盗用""病毒攻击""跳转域名""更改内容"等不可控风险。网络广告发布者对这些情形只能做到最大限度的防范，或者在接到异常通知后采取必要措施，而不能完全保证广告内容的品质。

第二，网络技术中立性决定网络广告发布者不能做到对广告内容的完全审核。网络技术的中立性是网络广告发布者责任特殊性的根源所在。网络服务提供者在性质上可以分成两类：一是传播者，即网络信息储存者和网络技术平台；二是发布者，即网络信息的直接生产者。对于后者来说，法律责任与传统信息传播并无区别，但是，对于前者来说，其在技术上具有中立性，对他人传播的信息缺乏事先审核的权利和能力，所以，法律将网络服务提供者作为传播者身份之时，给予"避风港"的责任豁免。这主要体现在我国《侵权责任法》第36条第2款中，只有在网络服务提供者怠于对"通知"采取必要措施之时，才承担相关责任。

网络广告发布有多种类型，其中涉及网络平台和技术中立的情况很多，比如，BBS中的广告发布，微博平台中的广告发布和即时通信工具、微信中的广告发布等。如果法律在所有形式的网络广告责任中都将网络广告发布者连带在内的话，就会在我国关于网络系列法律整体上造成混乱和矛盾，客观上造成网络经济和网络表达的阻力。

举例说明，新浪微博拥有 5 亿用户，其中不乏拥有大量粉丝的知名商业账号。如果某商业账号在新浪微博发布的广告信息，事后被证明该信息为虚假广告，那么，在追究广告责任的时候新浪公司是否要承担责任呢？从《侵权责任法》等现行法律来看，新浪公司作为信息发布平台承担责任的前提在于是否符合该法第 36 条第 2 款和第 3 款的构成，只有新浪公司在得到"通知"后仍怠于采取必要措施，或者有证据表明它对虚假广告有"明知"情形的，新浪才会承担侵权责任。

在本质上讲，在微博信息中新浪作为网络服务平台属于广义上的"网络广告发布者"范畴，如果以"无过错原则"承担所有微博虚假广告法律责任的话，那么，新浪微博社区将不复存在，因为它既没有权利去事先审核网民发布的信息，又没有能力去核准这些信息的真实性问题。所以，网络广告发布者责任必须遵循《侵权责任法》对网络服务提供者责任构成的规定，适用过错规则。

第三，网络广告发布者能力限制是承担过错责任的直接原因。在网络经济时代，大多数产品和服务都拥有自己的网站，这些拥有独立 ICP 资质的网站控制权都在于厂商，即广告主手中。网络广告发布之时，很多情况下会采取"链接"的形式进行推广或推荐。

网络广告发布者对广告发布的审核具有时限性，实践中存在一些不法厂商在发布者审核结束后，私自篡改链接内容。在网络广告中，链接的指向是广告主提供的，由广告发布者审核后发布，但链接指向的网站内容却是瞬息万变，网络发布者不可能时刻都要"监视"和"核实"链接内容的变化。网络广告发布者既不是国家机关，又不是消费者权益保护组织，缺乏对内容进行监控的权利和义务。

同时，在技术上网络广告发布者也没有能力对广告主身份进行"彻底"核实。虽然网络实名制在我国部分网络区域已经开始适用，国家机关对实名认证系统建设尚在完善中，在实践中存在大量技术缺陷，网络广告发布者只能通过现有技术达到形式上的审核。所以，在我国网络实名制技术系统和网络市场信用等级制度完全建立前，网络广告发布者缺乏对广告主身份进行"彻底"核实的"技术性"能力。

第三节 付费搜索法律性质反思

一、百度推广性质的既有判例大总结

问题：中国法院对百度推广之前有多少判例？都是怎么判的？

先上一张相关既有判例的总结表格，附带案号，感兴趣的同学可以用百度搜索下。

国内付费搜索案件司法定性

类别	司法定性	案号	诉讼主体	审理法院	判决时间
类别一（共计13件，占比14.13%）	明确认定提供付费搜索推广属于技术服务	[2006] 海民初字第18071号	陈茂蓬 VS. 百度	北京市海淀区人民法院	2006年9月25日
		[2007] 沪二中民五（知）初字第147号	大众搬场 VS. 百度	上海市第二中级人民法院	2008年6月24日
		[2009] 海民初字第26988号	沃力森 VS. 百度	北京市海淀区人民法院	2009年11月16日
		[2011] 深中法知产终字第652号	深圳捷顺 VS. 百度	深圳市中级人民法院	2012年1月16日
		[2011] 深中法知产终字第651号	深圳捷顺 VS. 百度	深圳市中级人民法院	2012年2月1日
		[2012] 海民初字第6112号	武汉开目 VS. 百度	北京市海淀区人民法院	2012年4月20日
		[2013] 一中民终字第3106号	四通搬家 VS. 百度	北京市第一中级人民法院	2013年5月7日
		[2013] 高民终字第1620号	费希尔厂 VS. 百度	北京市高级人民法院	2014年5月14日
		[2014] 一中民（知）终字第9728号	深圳万国思迅 VS. 百度	北京市第一中级人民法院	2014年12月19日
		[2014] 杭余知初字第227号	广州博冠 VS. 百度	杭州市余杭区人民法院	2015年1月7日

续表

类别	司法定性	案号	诉讼主体	审理法院	判决时间
		[2014] 一中民五终字第 0020 号	天津华夏未来 VS. 百度	天津市第一中级人民法院	2015 年 3 月 13 日
		[2014] 浙杭知初字第 1250 号	浙江核新同花顺 VS. 百度	杭州市中级人民法院	2015 年 9 月 18 日
		[2015] 普民三（知）初字第 36 号	深圳合信 VS. 百度	上海市普陀区人民法院	2016 年 2 月 26 日
类别二（共计 77 件，占比 83.70%）（列举几个，剩下的请恕纸贵，文多不载）	明确认定付费搜索服务提供商不承担事前审核义务（即认定其不同于"广告发布者"）	[2007] 海民初字第 22956 号	武汉回归 VS. 百度	北京市海淀区人民法院	2007 年 9 月 27 日
		[2007] 海民初字第 7134 号	全脑教育 VS. 百度	北京市海淀区人民法院	2007 年 12 月 7 日
		[2011] 朝民初字第 2299 号	海泰斯 VS. 百度	北京市朝阳区人民法院	2011 年 3 月 17 日
		[2011] 海民初字第 10473 号	美丽漂漂 VS. 百度	北京市海淀区人民法院	2011 年 5 月 19 日
		[2011] 一中民终字第 11137 号	华盖创意 VS. 百度	北京市第一中级人民法院	2011 年 10 月 13 日
		[2011] 杭滨知初字第 11 号	杭州盘古 VS. 百度	浙江省杭州市滨江区人民法院	2011 年 11 月 11 日
		[2014] 莆民初字第 406 号	罗浮宫 VS. 百度	福建省莆田市中级人民法院	2015 年 4 月 30 日
		[2015] 京 73 民终第 69 号	快恋网 VS. 百度	北京市海淀区人民法院	2015 年 12 月 30 日
		[2016] 京 73 民终第 69 号	山东鲍尔浦 VS. 百度	北京知识产权法院	2016 年 3 月 30 日
类别三（共计 2 件，占比 2.17%）	认定提供付费搜索推广具有广告性质	[2013] 一中民终第 9625 号	田军伟 VS. 百度	北京市第一中级人民法院	2013 年 9 月 18 日
		[2014] 一中民（知）终第 8599 号	奇虎 360 VS. 百度	北京市第一中级人民法院	2014 年 12 月 16 日

以上 90 多起判例中，认定百度推广属于搜索技术服务的有 13 件；认定百度推广性质不是广告发布者的有 77 件；认定百度推广具有广告性质的有两件。

让我们总结一下：不认为百度推广属于广告活动的判例占到总体数量的 97%以上，认为百度推广属于广告性质的判例占到总体数量的 2%多点。认为百度推广不属于广告活动的法院十几个，认定百度推广有广告性质的仅有一家法院——北京市中级人民法院，而北京一中院在其余的判例中，也认为百度推广不具有广告活动性质。

值得一提的是，即便是那个被称为"消失了"的判决书（2013 一中民终字第 9625 号判决书）对百度推广属于广告性质的认定，也没有让原告最终胜诉，法院依旧认为"根据日常生活经验和公众的通常认识"，都"不足以引人误解"，依法驳回了上诉人（田某某）对百度的诉讼请求。一中院这个判决的思路，与"澳大利亚竞争和消费者委员会（ACCC）诉 Google 案"中澳洲高等法院很接近，都是以搜索引擎的技术和公众对搜索信息的理解为出发点的，最终也都是以搜索引擎胜诉告终，不同之处就是澳洲法院并没有对付费排行性质认定为属于广告。

问题：百度推广为何不是广告

那么，问题来了，为什么绝大多数的法院都认为百度推广不具有广告活动性质呢？难道这些法院都是给百度洗地的吗？答案当然不是，百度推广法律性质不是广告的主要原因有三点：

第一，百度推广符合实质性非侵权用途。实质性非侵权用途是美国最高法院在"索尼案"中确立的基本原则，美国最高法院认为"如果产品的用途被广泛用于合法的、不侵权的目的，那么就不构成侵权"。这个原则被确立的三十年里，美国的复印机、刻录机、光盘、打印机、互联网、搜索引擎、P2P技术等新技术应运而生，极大地降低了创新的风险，促进了美国在工业 3.0革命的跨越式发展。

百度推广也是如此，百度作为网络服务提供者，其推广的产品和服务能够满足社会经济发展需求，即便可能存在隐患和问题，这也如同"录像机不单能盗版，也能录制自己的生活"一样，不能，也不应被可能的隐患一概抹杀。当然，仅靠非实质性侵权用途作为抗辩还不够，还需要协同"避风港规则"和"红旗规则"来平衡效率与公平之间的关系。百度推广是否要为链接内容的真实性负责，还要看其是否事先知道，或是否经过合法有效的通知程序。

在"魏则西事件"中，百度推广通过关键词链接的方式向涉事医院的网站进行了引流，事先依法审核过相关资质，在事发之前也没有得到相关人员或部门的通知删除要求，这对于每天抓取成千上万的搜索引擎来说，义务已经履行完毕，不可能要求搜索引擎变身为"侦探社"，深挖每一条链接的真实性，这符合实质性非侵权用途的适用条件。从这个意义上讲，百度在"魏则西事件"中不具有法律上的过错。

第二，百度推广不具有对信息的有效控制力。百度推广的原理，是基于关键词的选择，对用户的搜索需求进行引流。引流显示的链接页面，既不是百度制作的广告内容，也不是百度能控制的信息内容。传统广告发布者，例如传统纸媒、电视和广播，它们可以对广告内容进行审核，因为发布平台就是自己，内容发与不发、发什么样的广告，或者什么时间发都是发布者自己说了算。百度推广则不是，所有内容均来自引流网站自身内容，什么人选择、什么时候选择、广告内容是否变化，都不在百度控制之内。因此，百度推广与一般广告发布者的性质是截然不同的。

"魏则西事件"中，广告发布者是涉事医院自己的网站，其内容的制定和选择都是广告主自己说了算，百度推广将选择的关键词用户引流至该网站，在审核完相关资质真实性后，引流至这个具有三甲资质的医院网站。该涉事医院网站的所有信息，均由广告主，即医院自己决定，百度既不能删减，也无法核实信息的真实性，而只能做到形式审核。或者，也没有必要实质核实，这是为何呢？连三甲医院都不信的话，那还能信什么医院呢？

这非常类似新闻真实性的问题。新闻报道中，因为及时性的要求，新闻机构往往没有办法做到百分百的接近事实真相。难道没法最终核实就不发新闻了么？还是等新闻变成旧闻再报道呢？当然不是。只要报道符合新闻真实的一般认识，不具有实质恶意或重大过失，即便事后发现新闻报道与事实真实有差距，也不能追究当时报道者的责任。这就是法律在新闻报道对真实与效率的平衡。

同理，百度推广作为一种搜索技术，具有中立性原则，百度不具有对引流信息的实质性审核能力，只要尽到形式审查和遵守通知删除规则、红旗规则，那么，也就不能因噎废食，去阻碍正常的商业模式。实践中，若是要求搜索引擎对所有网站链接的内容真实性负责的话，那实际上就是抹杀掉搜索的效率性。

问题：谷歌到底有没有竞价排名

有人会说，谷歌也没有这样做，为何也能活得很好呢？其实，那是因为其对谷歌业务不了解，谷歌的 AD words 和 AD sense 对应的就是百度的推广和联盟两种服务，性质都是一样的。不同之处就在于，包括欧洲、美国、澳洲在内的其他地方，一般不会将谷歌作为广告发布者看待，谷歌上面出现的虚假广告等情况，承担责任者都是广告主本身。当然，谷歌在 2011 年被美国监管机构以非法医药广告为名处罚了 5 亿美金，但这绝非是因为谷歌单纯地提供了在线排行服务，而是这起案件中，涉案人几乎没有任何"掩盖非法性的手段"便去违法卖药，谷歌没有尽到形式审核义务，同时，谷歌也被法院认为是"实际帮助涉案人利用信息来售卖药物"。

"魏则西事件"中，注册的涉事医院是三甲医院，这与谷歌这唯一一起罚款案涉事对象是截然不同的。若你有理由去怀疑一个三甲医院，那么，你应该就有理由怀疑任何信息源，好吧，你也就别做生意了。

第三，百度推广不符合广告活动主体资格。按照《广告法》的规定，将广告活动分成广告主、广告经营者、广告发布者和代言人四种类型。简言之，广告主就是为推销商品或服务的受益者、广告经营者就是做广告的人、广告发布者就是发广告的人、代言人就是为广告"背书"的人。

百度推广不可能是广告活动中的广告主和经营者，前者是客户，后者则是链接网页的内容制作者，百度也不可能是代言人，那么，最接近的可能就是广告发布者了。百度推广到底是不是发布者，就要看推广中百度能否决定引流页面的内容、发布时间和发布方式了。

问题：百度为何不能事先固定引流广告页面？

如前所述，百度没有办法决定几乎所有的推广广告内容。即便百度在推广时先设定一个程序——先对引流页面进行实质性审核——在确定没有问题后提供链接的话，也没有办法控制实际传播途径。因为百度审核后的页面修改权和修改时间还在被引流页面控制者手中，百度没有办法做到实时监控。那么，能否要求百度做到实时监控呢？那就必须要求推广页面在做出任何改动前，都需要得到百度的首肯。毫无疑问，这是不现实的，即便百度能做到，那也是侵害了表达自由权利，没有人有权在别人讲话前先审核讲话内容，即便是有人有权，这个人也不应该是百度。

"魏则西事件"中，百度仅做到了对涉事医院的形式审核，若要做到实质审核，就必须结合对引流页面的实质性控制，即没有百度同意，涉事医院的所有宣传都不得更改。这当然是不可能做到的事情，也是违反表达自由的事情。

二、国外法院对搜索引擎付费推广是怎么判的

问题：谷歌有没有付费搜索和医疗付费搜索

首先，必须澄清一件事——谷歌也不是"纯绿色"搜索服务。若谷歌是不赚钱的，那么其可能也没法研究出阿尔法狗来打败李世石了。谷歌的广告业务主要包括 Ad Words 和 Ad Sense 两大部分。Ad Words 是在谷歌自己的网页上提供广告位。当用户在使用谷歌输入某一关键词时，谷歌会结合用户的地理位置以及广告商的出价高低，向用户推送契合度最高的广告，一般来讲被推送的广告为相关广告中出价最高的广告，有点像是百度推广。Ad Sense 则是由第三方在其自己的网页上提供广告位，谷歌将契合度最高的广告投放到第三方提供的广告位上。广告业主会将一定比例的收益分给谷歌，有点类似于百度联盟。

根据美国互动广告局（Interactive Advertising Bureau，IAB）于 2015 年 4 月发布的《互动广告局 2014 年在线广告营收报告》，2014 年，搜索引擎类广告盈利达 190 亿美元，在各类广告模式中排名第一，占全年总盈利的 38%。在广告内容的投放上，医疗或者健康类广告占 2014 年全年总赢利的 5%。可见，美国搜索引擎的广告收益还是不错的，特别是医疗健康类方面。

美国对互联网广告的司法态度是一个对新事物认知过程。在互联网发展初期，美国法院更倾向于强调网络服务提供者不生产内容，仅是广告活动的传播者，因其不具有对广告信息的控制力而免除责任。在"Cubby v. CompuServe 案"中，"CompuServe"是一个开发和提供计算机技术相关商品与服务的公司，其中包括"CompuServe"信息服务系统，其功能在于面向用户提供在线信息发布平台。法院认为网络服务提供商地位不是一个发布者而是传播者。作为传播者，只有明知或应知违法广告的情况下才承担责任。法院认为，"作为网络服务提供商，其作用相当于传统意义上的报刊亭或者书店"，其承担的法律责任应当低于传统信息传播主体，以促进信息互联互通。特别是在结合《宪法第一修正案》的精神后，法院认为若强制网络服务提供者承担无法控制信息的责任，那么可能会导致对网络言论自由的损害。

但是在随后的"Stratton Oakmont v. Prodigy Serves. Co. 案"中，法院认为作为网络服务提供商的"Prodigy"有一定控制信息的能力，所以要求网络服

务提供者承担法律责任。案件核心问题依然是如何界定网络服务提供者到底是信息的发布者还是传播者。法院认为，该案网站对内容拥有一定控制内容和编辑的能力，因此，"更像是一个报纸而非报刊亭"，网络服务提供者最终承担了责任。但业内普遍认为法院让网络承担过多责任，不利于产业发展，质疑之声不断涌现。

问题：美国判断付费搜索过错的标准是什么

后来，为矫正"Prodigy 案"对互联网产业发展的不利影响，美国国会在《通信规范法》第 230 条规定了交互式计算机服务免责条款。《通信规范法》第 230 条（c）项规定："如果信息是由第三方发布，则计算机服务提供商不应被认定为信息的发布者。"在第 230 条（c）（e）中进一步规定，任何州或者地区都不能另行规定与第 230 条不一致的法律，从而确保了第 230 条所规定的交互式网络服务提供商在联邦与州的层面对于第三方发布的信息都不承担法律责任。只有当网络服务提供商同时也是内容提供商时其才对内容承担相应的责任。

可见，在确定谷歌这类网络服务提供者是否承担引流广告内容的责任时，美国法院考虑的主要有三点：一是谷歌到底是内容提供者（ICP）还是服务提供者（ISP）；二是是否完成了基本的审核义务，例如，是否有虚假资质、商业性诽谤或其他不正当竞争行为；三是谷歌是否事先应知或明知违法广告的存在。

后两点比较好理解，但是第一点谷歌作为搜索引擎怎么可能成为 ICP 呢？这其实说的是《通信规范法》"只有当网络服务提供商同时也是内容提供商时其才对内容承担相应的责任"的相关规定。以谷歌为例，若相关广告内容就是谷歌自己制作的话，那就不是 ISP 了，而应该承担自己的责任。

总之，美国法律和监管并没有任何对谷歌等相关公司对所引流的广告内容事先审核的义务，这一方面是因为《宪法第一修正案》的原因，另一方面则是由于考虑到技术抓取的中立性和实质性非侵权用途等因素。

说完了美国，再来看看法国和澳大利亚的相关判决。

问题：欧盟对付费搜索是怎么判决的？

"法国 LV 公司诉 Google 案"

裁判法院：欧盟法院

从 2003 年开始，法国有好几起与谷歌有关的付费搜索结果排名案件，分别为第 C-236/08 号案件、第 C-237/08 号案件、第 C-238/08 号案件，均上诉到法国最高法院，最高法院申请欧盟法院做出预先裁决。这些案件中，"LV公司诉 Google 公司案"最为典型，即 Google 公司允许客户使用 LV、LV 仿冒等关键词展示客户的付费搜索结果，但在某些付费搜索结果中会展现 LV 商标，有些则不会。

欧盟法院审理此案的主要法律依据是《电子商务指令》第 14 条的规定：

1. 若提供的信息社会服务包括存储由服务接受者提供的信息，成员方应当确保服务提供者不因根据接受服务者的要求存储信息而承担责任，条件是：①提供者对违法活动或违法信息不知情，并且就损害赔偿而言，提供者对显然存在违法活动或违法信息的事实或者情况毫不知情；或者②提供者一旦获得或者知晓相关信息，就马上移除了信息或者阻止他人获得此种信息。

2. 如果服务接受者是在提供者的授权或控制之下进行活动，则本条第 1 款不适用。

3. 本条不应当影响法院或行政机关根据成员方的法律制度，要求服务提供者终止或者预防侵权行为的可能性。本条也不影响成员国制定管理移除信息或者阻止他人获得信息的规定的可能性。

欧盟法院对谷歌版"百度推广"的判决结果是：不认为谷歌付费搜索属于广告，不认为谷歌应对虚假信息承担事先审核义务。欧盟法院的观点是：

（1）网络服务供应商在对广告商违法行为不知情的情况下不需要为此承担责任。

（2）LV 等权利人认为，谷歌的付费搜索服务（Ad words）不属于"信息社会服务"，而应属于广告。欧洲法院对此观点并不认可，因为"信息社会服务"的定义为通过电子设备处理和存储数据，应个人对接收服务的要求，提供一定距离以内的服务，并因此获取报酬；涉案的付费搜索服务符合信息社会服务定义中的所有要素，因此，付费搜索服务属于信息社会服务，而非广告。

（3）所谓中立是指该服务供应商的行为是纯技术，是被动和消极的，并且对其存储的数据不知情和无控制。谷歌付费搜索符合中立性原则。

（4）虽然谷歌公司的排名服务受制于报酬给付，由谷歌决定给付条件，或是谷歌提供主要信息给它的客户，这些都无法剥夺谷歌根据《电子商务指令》所获得的免责权利。同样，"选择的关键字与网络用户输入的搜索条目的一致性本身，并不足以证明谷歌明知或控制由广告商输入其系统并且储存在其服务器上的数据"。所以，欧盟法院判决谷歌胜诉。

问题：澳洲对付费搜索是怎么判决的

"澳大利亚竞争和消费者委员会（ACCC）诉 Google 案"，判决理由更加详尽。

裁判法院：澳大利亚联邦高等法院

澳大利亚联邦高等法院认为，谷歌公司没有制造涉诉广告链接中的"虚假陈述内容"，为得出上述结论，法院重点阐述了以下事实和法律问题：

（1）谷歌公司无法控制用户的搜索关键词和互联网中的内容；

（2）广告链接是由第三方客户创建或控制的；

（3）广告链接的内容以及触发广告链接的关键词都是由广告客户决定而非谷歌本身；

（4）谷歌在用户输入搜索请求时所自动匹配的广告链接，完全由广告客户选择的关键词和选用的广告内容决定；

（5）谷歌的搜索算法仅仅是整合用户和广告客户输入的信息；

（6）要求谷歌判断哪些广告是误导和欺骗性的是有困难的；

（7）尽管有证据表明，谷歌公司的部分员工在客户选择关键词时扮演十分积极的角色，但这些证据不足以证明谷歌公司员工实际创建、背书或认可广告链接。

所以，澳大利亚联邦高等法院认为，普通的理性用户应当不会认为广告链接中的内容是得到谷歌公司背书和认可的。而且用户应当能够理解，广告链接仅仅是广告主通过谷歌的表达而已。因此，谷歌付费搜索也没有被认定需要承担审核责任或其他义务。

三、"魏则西事件"的网络搜索引擎法律反思

如前所述，不管是我国现有法律、判例、技术实践或是比较法研究，都缺乏将搜索推广定性为广告活动或发布者的基础和渊源。因此，从法律性质上讲，百度推广不是广告，而应该是搜索信息服务。

问题：百度推广应该如何改进

不过，法律上没有责任，不等于搜索引擎推广行为不需要改进，结合"魏则西事件"，包括政府、搜索引擎、行业组织、各级消协在内，应该深刻反思新形势下互联网信息，特别是搜索引擎推广信息的实践问题，主要有以下几点法律建议：

第一，虽然搜索引擎的推广法律性质不是广告，但具有一定的广告特征，

应予以一定的监管和规制。主要包括四个方面：（1）加强用户的资格审核力度，保证形式审核的真实性；（2）在制度上建立畅通的投诉渠道，缩短对通知删除的审核时间，对医疗等影响到公众生命健康的重大推广不适用"反通知"规则，应在接到投诉和通知后，"先下架，后核实"并及时上报有关管理部门；（3）在技术上加快基于大数据的"雷达系统"，进行主动监测，目前百度雷达系统能够检测到超过95%的信息，但这还不够，余下的5%空白地点仍需要加强技术开发来严肃对待；（4）加强线上线下协同配合，以线上带动线下，线下配合线上，形成联动机制，并制定黑名单与白名单制度，与相关企业信用体系相连。

第二，对于有证据证明搜索引擎的推广的信息中，搜索引擎应该知道或明知违法广告存在的，应追究其法律责任。

第三，对于搜索引擎直接提供内容 ICP 的广告信息，应承担广告发布者责任。

第四，搜索引擎的推广等付费搜索结果，应该以更明显的方式加以明示，以便于消费者知晓引流页面的广告性质。

第五，包括政府、网络服务提供者、各级消协和其他组织在内，应加强对消费者的消费安全教育，学习基本的消费常识性知识，特别是对互联网广告、自媒体广告、付费搜索等新型广告形态加强宣传教育。

第六，应尽快建立贯通线上线下的信用评价系统。

第四节　互联网广告新规解读

2016 年 7 月 8 日，国家工商总局正式颁布了《互联网广告管理暂行办法》（以下简称《办法》），该法以 29 条的篇幅，从互联网广告主体、行为、责任等多个方面详细规定了互联网+背景下网络广告行为的规范，成为确立新时代互联网广告法律规则的"基本法"。

一、付费搜索、自媒体广告等新型商业形式都成为互联网广告的约束范围

（一）付费搜索性质第一次被明确为互联网广告

《办法》第 3 条明文将"付费搜索广告"作为互联网广告的组成部分。从这个角度说，付费搜索的广告行为要符合《办法》的所有相关规定，包括对

烟草、处方药等特殊产品的禁止性规定，也包括广告活动的一般性规定，还包括广告违法行为的一般性管辖等。我们注意到，前几日国家网信办发布的《互联网信息搜索服务管理规定》（以下简称《规定》）并没有对付费搜索定性为广告，这是因为立法分工和层级等原因，作为网络信息主管部门的网信办，不宜将广告法进行扩大化解释。国家工商总局作为广告行为的主要管理者，以部门规章的方式将付费搜索涵盖在互联网广告，这既是对互联网广告乱象治理的重要举措，也符合权限的客观要求。至于如何处理好网络广告的执法权限问题，"魏则西事件"的联合调查组形式可能会成为未来网络广告治理的模式，联合执法权可能会变成常态。

结合工商总局的《办法》、国家网信办的《规定》与"5.9"调查结论综合来看，付费搜索广告行为除了要符合互联网广告的一般规定外，还需承担额外的法律义务。

第一，付费搜索结果应该与自然搜索结果明显区分。如何理解"显著区分"，《办法》并没有做出明文规定。从谷歌等境外搜索付费实践看，所谓"显著区分"应从结果标记、颜色、篇幅、字体和合理提示等多方面入手。目前，我国互联网广告更多标记的是"推广"而非"广告"，从严格意义上讲，这不符合"显著区分"的规定，容易引起用户误解。

第二，付费搜索经营者要承担包括查验客户资质、明确付费页面比例等方面的法定义务。这就把付费搜索经营者的审核义务基本等同于广告发布者的注意义务，审核范围既包括客户资质、产品和服务资质和基本证明材料，也包括客户真实身份信息的认证制度。同时，鉴于搜索服务的公共服务性质，在不否认付费搜索商业性的同时，也针对页面显示比例做出了明确，即不超过30%。

第三，付费搜索经营者还需建立完善"平台先行赔付的制度"。平台的先行赔付类似于无过错赔付，但平台不是最终责任人，平台向受害者赔偿后即取得追偿权，再通过向最终责任人追偿来弥补自己的损失。

必须注意的是，付费搜索主体与广告法上的主体有所区别。不管是工商总局的《办法》，还是国家网信办的《规定》，抑或是"5·9"调查结论，都没有明确付费搜索主体到底是不是广告发布者。对广告发布者的认定还需谨慎，这可能涉及商业言论自由的问题。传统意义上讲的广告发布者必须能够控制发布的内容与时间，这与付费搜索的关键词引流，以及无法控制链接网页内容修改等情况存在本质区别。因此，目前相关的法规和政策性文件将从行为、规范和责任角度对付费搜索作出规范性调整,至于付费搜索广告主体性质的最终认定,还需要提请全国人大以修改《广告法》的时候作出结论。

（二）自媒体将承担互联网广告发布者责任

《办法》第11条将能够"推送或者展示互联网广告,并能够核对广告内容、决定广告发布的自然人、法人或者其他组织"认定为"互联网广告的发布者"。此处的规定将自然人也列为"发布者"范畴之中,实际上就是把包括自然人在内的自媒体也作为广告发布者看待。

《办法》起草之时曾对没有工商登记的自然人发布者是否入法进行了大讨论。一方观点认为,从主体上看,自然人没有工商登记,不属于工商管理部门管辖范围;另一方观点认为,从行为上看,即便是自然人没有工商登记,但自媒体发布的行为已经构成为市场行为,应该属于工商管理范畴。最终,鉴于我国自媒体广告乱象的现状,《办法》还是力排众议将自然人的自媒体也放到了法规规制范畴。这是非常正确的做法。一方面,自媒体已经成为公众获取信息的重要来源,将其"孤悬"法外,不利于广告市场法治秩序;另一方面,从行为和影响力上看,很多没有登记的自然人的自媒体影响力比传统广告发布平台还要大,特别是一些大V、公众号都拥有巨大的影响力,商业广告所带来巨大收益理应让其承担广告发布者的基本义务。

二、用户权益保障成为立法保护的核心

《办法》使用了重要篇幅将网络用户权利进行了具体类型化,成为保护用户权益的网络广告基本法。

首先,用户知情权得到了充分保障。《办法》第7条明确了网络广告的"可识别性",广告经营者和发布者必须以消费者能够"识别"为广告的形式发布商业信息,这将有望终结网络上广泛存在的"软广告"和"引诱性广告"。

其次,保障消费者的安宁权。《办法》第8条明确了"弹窗广告"的合法性,不过,弹窗也要遵守两个条件,一是不能影响互联网正常使用;二是必须能够一键关闭。显而易见,这一条应该是工商总局在做出充分调研后加上去的,网民最为反感的就是那些总也"关不掉"的广告,本条的规定比较接地气。

再次,保障了消费者的自由选择权。《办法》第8条规定,不得以"欺骗方式"诱导消费者点击广告,未经允许,不得在电子邮件中附带广告内容。

"欺骗方式"的表现方式有伪装成好友通信信息、伪装成中奖信息、伪装成客户服务等等，用户点进去后实际就触发了广告信息。这种欺骗方式让很多用户深恶痛绝，相信《办法》将会杜绝这种侵害用户自由选择权的行为。至于电子邮件中的附带广告，《办法》没有一刀切式地杜绝，原因在于用户才是决定商业信息是否接收的主体，《办法》将选择权交给了用户，这无疑是尊重用户自由选择权的最好选择。

最后，保障了消费者的投诉权和举报权。任何人都有对违法广告的举报权利，不过，举报之后确定管辖权却比较麻烦。很多消费者在举报违法广告时，经常会遇到管辖不明的问题，无法确认广告主的真实身份，让举报和维权成本加大。《办法》第18条将违法广告处罚的管辖权变得更为灵活，广告发布者所在地工商管理部门作为主要管辖部门，发布者多为媒体，相比广告主和经营者而言具有较强的可识别性，减少了投诉成本。当然，广告主和经营者所在地工商管理部门也有权管辖，只要投诉到了相关工商管理部门，它们都可以按照《办法》的规定进行管辖。

三、遏制了互联网产业的不正当竞争

本次《办法》的出台正值《反不正当竞争法》修法之际，互联网广告作为目前互联网免费时代的商业核心，一直就是竞争法所重点关注领域，近年来，大量互联网不正当竞争也都与商业广告有直接或间接的关系。

《办法》第16条明确了互联网广告竞争的基本规范：

第一，广告活动不得对他人合法广告进行限制。目前，互联网免费时代中广告收益是商业利益的核心，断绝了他人的合法广告收益，就等于侵害了市场正常竞争秩序。实践中，大量存在利用技术优势、硬件条件、软件地位、市场份额等手段"掐断"其他竞争者广告收益的情形。特别是，个别企业擅自打着消费者权益的旗帜，违法拦截、阻断和屏蔽他人合法广告，谋取不正当利益。《办法》是工信部20号令的具体化和延伸，有望能够促进互联网竞争的法治化。

第二，不得违法篡改、遮拦他人正常经营的广告，不得违法加载广告。实践中存在个别网络公司利用"插件""外挂""捆绑"等方式违法阻拦他人正常经营的广告，更有甚者会篡改他人广告或加载自己的广告，这种"借树开花""借鸡下蛋"的做法不仅违反了《竞争法》相关规定，而且也给用户体验造成不利影响，危害到了互联网安全。《办法》的出台，将重申互联网法治

竞争环境，维护合法企业的正常经营秩序。

第三，不得利用虚假数据等行为诱导错误出价，损人利己。第三方平台或发布者平台的数据统计应该是真实有效的，互联网广告信息的流量、点击和数据直接决定了出价方的成本，间接决定了消费市场的购买成本。所以，利用虚假信息误导出价的行为既是欺诈行为，也属于不正当竞争的行为，《办法》将其作为竞争秩序重要规则，这是有的放矢，很有必要。

四、将广告联盟作为约束对象

广告联盟算不上是一个新事物，从 20 世纪 90 年代后期发展至今已有二十年历程。广告联盟在广告法体系中却是一个新事物，广告法罕有涉及，特别是互联网广告联盟这块，相关具体规定并不多见。

《办法》第 14 条将广告联盟主体进行了分类：广告需求方平台、媒介方平台和信息交换平台三大类。广告需求方平台是广告的发布者和经营者，其他两方则是相关信息服务者。《办法》第 15 条明确了广告联盟的具体规则：

第一，三方平台必须查验相对方的真实信息，并建立档案随时更新。

第二，广告需求方平台应承担发布者和经营者的一般性责任。

第三，媒介平台、信息交换平台和相关成员，对"明知和应知"违法广告的行为，应立即采取删除、断开链接或屏蔽等技术和管理措施。

这是我国法律首次对广告联盟三方责任作出具体明确规定，除了需求方平台责任外，其余各方，包括广告联盟成员都应遵守"明知和应知"规则，积极主动地面对违法广告，而非避而不见"坐等通知"。

第五节　新规背景下付费搜索性质变化

2016 年 7 月 8 日，国家工商总局正式颁布了《互联网广告管理暂行办法》，该法以 29 条的篇幅，从互联网广告主体、行为、责任等多个方面详细规定了互联网+背景下广告行为的法律规范。其中最引人关注的就是付费搜索的法律定性和规则适用问题。

付费搜索的法律规范问题需要结合日前国家网信办颁布的《互联网信息搜索服务管理规定》综合来看，主要分为三个层次：

首先，付费搜索性质应是互联网广告。《暂行办法》第 3 条明文将"付费搜索广告"作为互联网广告的组成部分。从这个角度说，付费搜索的广告行为要符合《暂行办法》的所有相关规定，包括对烟草、处方药等特殊产品的禁止性规定，也包括广告活动的一般性规定，还包括广告违法行为的一般性管辖等。

我们注意到，国家网信办发布的《规定》并没有将付费搜索定性为广告，这是因为立法分工和层级等原因，作为网络信息主管部门的网信办，不宜将广告法进行扩大化解释。国家工商总局作为广告行为的主要管理者，以部门规章的方式将付费搜索涵盖在互联网广告，这既是对互联网广告乱象治理的重要举措，也符合权限的客观要求。至于如何处理好网络广告的执法权限问题，"魏则西事件"的联合调查组形式可能会成为未来网络广告治理的模式，联合执法权可能会变成常态。

其次，付费搜索广告具有特殊性。《暂行办法》规定，"付费搜索应该与自然搜索结果明显区分"。《规定》则从查验客户资质、明确付费页面比例、醒目的方式区分自然搜索与付费搜索信息，和对付费搜索信息逐条加以显著标示等四个方面更加具体的明确了付费搜索行为规范。

必须强调的是，付费搜索还应遵循"5·9"联合调查组的结论，付费搜索经营者还需建立完善"平台先行赔付的制度"。可见，付费搜索与一般广告的适用规则是不同的，特别是"魏则西事件"后，我国将是世界上第一个明确将付费搜索认定为广告性质的国家。

最后，付费搜索主体与广告法上的主体有所区别。不管是工商总局的《暂行办法》，还是国家网信办的《规定》，抑或是"5·9"调查结论，都没有明确付费搜索主体到底是不是广告发布者。对广告发布者的认定还需谨慎，这可能涉及商业言论自由的问题。传统意义上讲的广告发布者必须能够控制发布的内容与时间，这与付费搜索的关键词引流，以及无法控制链接网页内容修改等情况存在本质区别。

因此，目前相关的法规和政策性文件将从行为、规范和责任角度对付费搜索作出规范性调整，至于付费搜索广告主体性质的最终认定，还需要提请全国人大以修改《广告法》的时候作出结论。

第六节　网络违法广告的处罚

有一篇题为《惩戒力度不到位＝纵容更多违法》的文章受到了社会的广泛关注，该文以"惩戒"力度为着眼点，认为2016年出台的《互联网广告管理暂行办法》起不到对互联网广告违法行为的"震慑作用"，达不到"沉疴用猛药"的"立法目的"。尽管该文行文流畅，气势磅礴，不过，却明显存在对我国互联网广告相关立法的误读之处，论证与立论均值得商榷。

（一）我国互联网广告处罚并不存在所谓的"两百万元"的上线

必须明确，国家工商总局出台的《暂行办法》是依据《广告法》第50条的授权制定实施的，其性质属于部门规章，上位法是《广告法》。换句话说，《暂行办法》不是单独的一部规章，而是广告法体系中的一部分。我国广告法是一个复杂的体系，包括《广告法》《暂行规定》《互联网信息搜索服务管理规定》《消费者权益保护法》《反不正当竞争法》《行政处罚法》，以及《刑法》在内的很多法律法规和政策性文件。违法广告的罚则也大致包括三大类：民事责任、行政责任和刑事责任。

从刑事责任来看，《广告法》明文规定了广告主、广告经营者、广告发布者以及广告监管部门的刑事责任。民事法律体系中，《消费者权益保护法》和《民法》也明确了因虚假宣传的侵权责任。值得注意的是，对违法广告的行政责任体系比较复杂，既包括罚款、撤销广告资质，也包括吊销营业执照等行政措施。

单从行政罚款一项来看，《广告法》明文规定将"广告费用"作为计算行政处罚金额基准的，绝不存在罚款存在"上线"的问题。以虚假广告法律责任为例，单次违法行为，处广告费用"三倍以上五倍以下的罚款；两年内有三次以上违法行为或者有其他严重情节的，处广告费用五倍以上十倍以下的罚款"。若真如那篇文章所言，存在上千万的违法广告的话，那么，工商管理部门对网站的处罚将是数千万乃至上亿元的力度，更何况还配有"吊销资质"的"大招"，这对于任何企业来说都不应被算作是"毛毛雨"。对于那篇文章中所称的"两百万元以下"的称谓，《广告法》明文规定，那是"只有在广告费用无法计算或明显偏低"的情况下，才适用法定赔偿限额，而且还可能同时适用吊销营业执照等其他行政处罚手段。可见，"两百万元封顶"的说法是典型的断章取义，属于对法律的误读。

（二）我国互联网广告法律责任体系严格程度已属世界前列

以最近被推上风口浪尖的付费搜索广告的比较法来说，不管是美国的"Cubby诉CompuServe"案，还是欧盟法院的"LV公司诉Google案"，或是"澳大利亚竞争和消费者委员会（ACCC）诉Google案"，都没有网站被认定为广告发布者性质的判决。之所以如此，主要是因为若认为付费搜索平台属于广告发布者性质，那么，相关引流网站的任何内容修改，都必须经过搜索平台的首肯，这是与商业表达自由的原则相违背的。同时，各国法院普遍认为，按照搜索平台"应知或明知"原则约束付费搜索行为完全可以达到预期法律效果。

因此，美国国会在《通信规范法》第 230 条规定了交互式计算机服务免责条款。《通信规范法》第 230 条（c）项规定："如果信息是由第三方发布，则计算机服务提供商不应被认定为信息的发布者。"在第 230 条（c）（e）中进一步规定，任何州或者地区都不能另行规定与第 230 条不一致的法律，从而确保了第 230 条所规定的交互式网络服务提供商在联邦与州的层面对于第三方发布的信息都不承担法律责任。只有当网络服务提供商同时也是内容提供商时其才对内容承担相应的责任。

可见，对于谷歌这类网络服务提供者是否承担引流广告内容的责任，美国法院考虑的主要有三点：一是谷歌到底是内容提供者 ICP 还是服务提供者 ISP；二是是否完成了基本的审核义务，例如，是否有虚假资质、商业性诽谤或其他不正当竞争行为；三是谷歌是否事先应知或明知违法广告的存在。

对于付费搜索互联网广告违法性的认定问题，欧盟法院所依据的《电子商务指令》第 14 条的规定方向性更为明显。该条规定："若提供的信息社会服务包括存储由服务接受者提供的信息，成员方应当确保服务提供者不因根据接受服务者的要求存储信息而承担责任，条件是：①提供者对违法活动或违法信息不知情，并且就损害赔偿而言，提供者对显然存在违法活动或违法信息的事实或者情况毫不知情；或者②提供者一旦获得或者知晓相关信息，就马上移除了信息或者阻止他人获得此种信息"。我们发现，欧盟法院也是按照"避风港规则"和"红旗规则"来做出裁判的，而非直接适用广告法律体系。

谷歌在 2011 年被美国监管机构以非法医药广告为名处罚了 5 亿美金，但这绝非是因为谷歌单纯地提供了付费搜索服务。谷歌之所以承担责任是因为，这个案件中，谷歌几乎没有任何"掩盖非法性的手段"去违法卖药，完全没有尽到形式审核义务。换句话说，谷歌明知他人利用付费排行卖假药，却拒不采取任何措施。同时，谷歌也被法院认为是"实际帮助涉案人利用信息来售卖药物"，这就使谷歌从平台责任变为卖假药的实际参与者性质。如此一来，谷歌实际就违反了"明知或应知"规则，当然要承担违法广告责任。

相比之下，我国互联网广告法律体系相对更为健全，特别是付费搜索相关规定，从国家网信办的《互联网信息搜索服务管理规定》，到国家工商总局的《互联网广告管理暂行办法》，再到 5.9 联合调查结论，这些极具可操作性、具体性和针对性的互联网广告实施细则都说明了我国立法和执法者对互联网广告的重视程度。在此基础上的罚款、吊销执照、取缔资格等行政处罚，以及民事和刑事责任都构成了我国严格的互联网广告管理体系。特别是具体规则中还包括搜索页面商业广告所占比例、网站的先予赔付机制、广告联盟三方责任等规定在世界范围内都尚属首次。毫无疑问，这绝非是那篇文章中所言的，我国立法与执法对互联网违法广告的"宽容"。

（三）必须警惕"乱世重典"思维

亚里士多德说过，"法律即秩序"，立法之目的在于明确秩序，而非一味追求"惩戒"的快感。乱世重典，沉疴猛药等思维则过于强调执法的"威慑力"，执法的手段偏向于简单粗暴，侧重于事后严惩，热衷于杀一儆百。殊不知，现代法治理念更强调秩序的建立，良好的秩序才是一切的基础，法律是手段，绝不是最终的目的。如同国家工商总局《互联网广告暂行管理办法》第 1 条说的那样，该法的立法目的是"规范互联网广告活动，保护消费者合法权益，促进互联网广告业的健康发展，维护公平竞争的市场秩序"。可见，建立秩序和保护权益，同时也要促进行业的发展。若一味地追求沉疴猛药，为猛而治，或以猛立威，那么就会形成"刑不可知，则威不可测"的效果，失去建立秩序和促进发展的初衷，也与法治精神搭不上边，反过来也会伤害到消费者权益。

在互联网时代，很多事物都是新的，尤其是"互联网+"背景下的新产业，这些新产业生猛而活泼，遍地生长，有可能会良莠不齐，沙石俱下。不过，无论如何也不能将这个时代一并视为"乱世"，更不是所谓的"沉疴"。投鼠忌器的情况确实应该多加考虑，但也要首先分清什么是"鼠"，什么是"器"，至少也要先搞懂法律的真正目的与含义，才能真正明白立法是为了什么，秩序到底该如何建立。

第七节　自媒体广告反思

网络环境下，微博、微信等社交媒体已经成为社会公众传播和交互信息的重要方式，尤其是随着移动客户端的普及，社交媒体平台逐渐形成了"连接一切"的新媒体发展模式。互联网广告作为目前"免费+增值服务"的网络经营方式，在社交媒体"连接一切"的背景下，对网络经济和技术发展，消费者权益保护和企业正常竞争秩序都具有至关重要的作用。

从广告发布者主体角度看，网络广告可以分为网络服务提供者作为广告经营者发布的广告、社交媒体等自媒体发布的广告，以及广告主自设网站和电子商务网站发布的广告几大类别。传统法律也是按照广告主、广告经营者和广告发布者身份区别对待广告传播中的法律责任。不过，社交媒体等自媒体广告发布者法律责任性质比较复杂，实践对此缺乏统一认识，导致我国现阶段的社交媒体广告发布比较混乱。

从社交媒体现有广告类型看，转发转载式的广告居多。自媒体用户通过对广告链接在社交圈内的转发转载，达到广告宣传的效果。在这种广告类型中，自媒体用户既不是广告主，也不是广告内容的制作者，当然也没有对广告内容进行过任何审核，从法律性质上讲，应属于广告发布者。一般来说，用户主动转发转载广告的目的大都为了获取相关奖励，例如，抢红包活动中，转发红包的行为可以大大提高中奖率；再比如，在朋友圈内转发广告，也通常是用户享受某些商家促销打折活动的前置性条件。

这种看似自愿的广告发布行为，背后都隐藏着一定的商业目的，传统商家利用用户来做广告的模式逐渐变成区别于传统营销模式的新方式。法律对此类广告行为的监管，重点应放在广告主，即商家本身，由做广告的商家承担广告真伪的责任。自媒体平台具有中立性，也没有从广告中获取直接的经济利益，甚至大部分做广告的商家都没有在该平台注册，因此，这种类型下的社交平台不是广告责任主体。用户转发或转载的方式，客观上成了广告的发布者。对发布者的广告责任，仍以发布信息时是否知道该广告虚假为判断标准，如果有证据证明用户在发布广告时明知该信息为虚假的，用户就应承担广告责任，反之，则不宜将用户作为责任主体。

在社交平台广告实践中，还广泛存在一种特殊类型，用户既是广告主，也是广告经营者，同时还是广告发布者。例如，自己开办电商的用户，为自己宣传时编发了广告，在自己的社交平台上进行传播。此种类别的社交广告责任，与传统广告责任没有区别，用户应承担《广告法》和《消费者权益保护法》关于广告的法律责任。值得注意的是，社交平台法律责任需要分两个层次来分析：一是在网络实名制背景下，社交平台无法提供广告发布者真实联系方式的，需要承担责任；二是平台在接到他人"通知删除"或"虚假宣传"提示后，如果没有履行删除、断开链接和屏蔽的义务，也需要承担连带责任。

目前的社交媒体广告中，最值得争议的一种类型就是平台自己发布广告的行为。最近微信团队在朋友圈中推送了几款广告，引起了用户的广泛讨论。绝大多数人认为，网络服务平台应恪守服务底线，不应利用技术优势在本属于"熟人"的圈子中发布无法屏蔽的广告，还有人对此很担心，认为朋友圈可能会因各类广告的频发而变质。对待平台自己在用户朋友圈中发广告的行为，应该区分对待。一方面，发布广告信息是社交平台的权利，在保障广告内容真实性和维持用户体验感的基础上，平台商以广告盈利的方式没有问题。另一方面，平台发布广告的方式应该额外注意，熟人圈、朋友圈是用户之间的内部圈子，外来广告生硬切入会显得格格不入，如同房东突然进到租户房间坐下吃饭一般，这样做会极大地损害用户体验感。这并非是否认平台广告发布行为的正当性或合理性，而是希望平台可以更多地选择浮窗、点对点推送、嵌入等其他方式进行广告营销，避免在熟人圈里"蹚浑水"，毕竟，平台服务提供者并非是用户的"熟人圈"。

随着社交媒体的崛起，微信、微博等社交平台，已经不单纯是用户之间交流渠道，而且还是信息交互的重要平台，更是网络电商、网络交易和网络交付的主要方式。正是这种集成式的平台方式，使得社交平台广告成为互联网产业新宠。很多平台广告模式已经不单纯是广告，其中设置的各类前置性条件还涉及市场竞争份额和产品推广领域。这更加混乱了社交平台广告市场秩序，也是引发近期各类"封杀门"的重要市场因素。

从产业模式看，社交媒体广告属于互联网广告的一种，自社交媒体诞生之日起，广告一直就是平台重要的盈利渠道，也是保证用户享受免费互联网服务的主要基础。社交广告表现方式，从最开始屏幕浮窗广告，到内嵌式广告；从按区域划分的投放形式，到大数据分析的精准营销，社交平台广告一直都伴随着各种新应用的发展。

目前，我国法律并没有将社交平台自媒体广告作为特别方式对待，法律对新技术的空白，较易引起实践中的混乱。首先，非法诈骗广告频发。特别是节日前后，以各类"红包"为代表的自媒体个别广告存在诈骗陷阱。用户基于熟人圈的信任，对他人转发的广告真假掉以轻心，盲目地输入账号密码，可能引起绑定账户的资金危险。其次，非法侵害个人信息。社交广告的最大特点是交互性，很多广告点击后，会出现采集用户信息的情况。个别厂商本身没有保存大量用户资料的资质，甚至有的就是以盗取用户信息为目的，进而盗取用户账号，或向用户发送商业广告，再或假冒用户身份信息进行诈骗。这种广告实际就是侵害用户权利的炸弹，而且此类广告大都通过熟人圈发布，或者假冒熟人圈发布，客观上对用户损害最大。最后，侵害安宁权的广告。发散性是社交媒体广告的重要特征，指的是将传统广告的定向传播模式，经过社交平台的人际传播，变为循环传播模式。这种"病毒式"的社交媒体广告，如果再配合转发奖励的话，很容易产生熟人圈"刷屏"现象，这就侵害到了熟人圈里其他人免受商业广告打扰的权利，也就是安宁权。

第八节　网络广告噱头的法治化思考

2015年5月，成都"路怒族"当街打人施暴的视频传遍网络。当公众关注的焦点集中在对"路怒族"的谴责，以及违规行驶的危害之时，淘宝网等电商平台上竟然出现了以此为噱头的商品广告。这种广告营销行为，不仅违反了我国《广告法》等相关法律规定，而且也严重违反了商业基本伦理和商业道德，已经侵害到当事人合法权益和社会公共利益。

以成都路怒打人事件为噱头的广告主要分为几类：一是推销售卖"成都挨打女司机"的同款现代轿车，并宣称"操控灵活""超车别车强行变道毫无压力"；二是服装销售商宣传打人者穿着的同款短裤，表明"连续暴击装备"；三是宣传销售录像所用的行车记录仪等情况。

毫无疑问，打人事件进入广告是违反我国相关法律规定的违法行为。按照我国《广告法》第9条的规定，广告内容中不得出现：损害社会公共利益的内容、泄露个人隐私的内容、妨碍社会公共秩序或者违背社会良好风尚的内容，以及含有暴力的内容。

路怒打人事件充满戾气，对他人的当街暴打已经涉嫌构成包括故意伤害、寻衅滋事等在内的相关罪名，是典型的负面暴力信息。商家以违法的暴力犯罪为工具进行商业性宣传已经违反了《广告法》的相关规定。同时，我国《道路交通安全法》也明文强调机动车要遵守交通规则，强行变道、超车和别车的行为都是法律所不允许的。商家以违法行车和道路陋习为噱头来营销自己的车辆，这也是严重侵害了社会秩序和良好风尚。

成都"路怒族"事件在网络上曝光后，社会舆情从同情被打者，到支持打人者发生了逆转。逆转的原因，一是在于对打人者行车记录仪的曝光，显现出被打者曾多次别车，导致打人者"戾气"的暴增；二是通过违法的人肉搜索，曝光了被打者的所谓"开房记录"，导致公众对被打者的人品出现质疑。如果说行车记录仪的曝光涉及公众知情权和公共利益的话，那么，对被打者开房记录等个人隐私信息的曝光则是严重侵害到当事人隐私的违法行为。

互联网自媒体的发展速度过快，网络法治化和道德化进程稍显落后已是我国的实际情况。实践中不少网民缺乏法治观念，网络戾气和网络暴力层出不穷。成都打人事件社会舆情的逆转再次说明，我国网络法治化和道德化建设还有很长的路要走。这个打人事件本应是违法性质，被打者已经遭受到了身体上的损害，网络曝光后，非但没有得到应有的安慰，反倒遭受了人肉搜索的二次伤害，甚至还出现了淘宝售卖被打者同款穿着、同款座驾的噱头营销。缺乏法治观念和基本同情心的网络舆论，再加上丝毫没有商业道德的网络广告，这一切确实令人感到遗憾，值得我们进行反思。

法律是最低等级的道德，网络广告，特别是一些自媒体广告，不仅应该以《广告法》等相关法律规定来约束自己，更应该以更高的道德标准来规范自己。网络广告中的商业伦理道德应该是社会公共利益，与《广告法》中规定的公共利益相比，前者范围更广，既包括广告是否存在宣传违法违规的内容，也包括广告内容的价值取向问题，更加应该体现出以人为本的人文主义情怀。

广告商业伦理道德的界限应该以社会主义核心价值观来定位。广告内容和基本精神应该本着"富强、民主、文明、和谐，自由、平等、公正、法治，爱国、敬业、诚信、友善"这 24 个字的核心价值观为道德基本标志。成都"路怒族"打人事件后，一些自媒体电商以宣扬"戾气"为噱头的广告行为，既没有遵循文明、和谐、法治的精神，也违背了诚信、友善的基本原则。这种违反道德标准的宣传广告，突破了社会道德可以接受的底线，反映出了这些商家的冷漠和对正义的漠视。也正是因为这样的宣传，间接导致了被打者隐私权、名誉权等相关权利的二次侵害，这与我国正在建设的网络法治文明和道德文明是相违背的。

值得注意的是，《广告法》约束的对象是在工商管理部门登记商家的广告行为，对那些利用自媒体营销的个体商家来说，还属于法律模糊地带。自媒体广告的监管是一个非常困难的问题：一方面，自媒体发布者的行为属于宪法规定的表达自由范围，如果对其实施事先监管，可能导致侵害到表达自由问题。另一方面，如果不对其进行有效监管，像是微信营销、微博炒作、淘宝商家违规宣传等情况就很难得到制止。因自媒体虚假宣传导致的消费者权益受损事件，甚至是传销事件时有发生，这就给立法者和执法者提了醒，是时候对自媒体广告进行有效监管了。

这个事件也给国家工商总局正在制定的《互联网广告管理办法》立法工作提了个醒，即是否应该考虑加强对网络自媒体广告的监管，是否应该更加强调广告伦理建设。当然，自媒体广告还可以通过自律的方式来进行约束，不过，这种自律并非仅停留在道德层面，还应落实在纸面上，是否可以通过网络协会、消费者协会等实际组织制定切实可行的具体公约细则来夯实落实基础。

网络自媒体广告道德体系和法治体系建设，必须特别强调与网络诚信制度建设相结合。虚假宣传、违法违规宣传、违反商业伦理的宣传等也应被纳入到商家和自媒体的诚信评级中来。如果在自媒体发布者平台中建立征信机制，具体化信用标准，将广告商业伦理也纳入到这个标准中的话，才有可能真正建立符合社会主义核心价值观的网络广告环境，才能真正避免网络冷漠与戾气的非法传播。

第九节　互联网广告联盟法律责任类型化

目前，正值以大数据和互联网+为标志的第四次产业革命时期，随着移动互联网及客户端的普及，大数据、云计算等先进互联网技术的发展，互联网产业的性质正在甚至已经发生根本转变。新旧产业融合之际，互联网本身已经不再是产业的"工具"，而正在成为产业的主体与核心。[1]传统广告业态与其他产业一样，在互联网+的过程中都在经历着转型和变革。互联网广告作为第三次产业革命的产物，在大数据背景下衍生出的广告联盟是新时期互联网广告的重要表现方式，预计到 2018 年，我国以大数据为基础的新型广告联盟收入将达到整体展示广告市场的 34.7%。[2]然而，我国对广告联盟的立法和监管却长期处于空白状态。直至 2016 年 7 月 8 日，国家工商行政管理总局对外发布于同年 9 月 1 日正式施行的《互联网广告管理暂行办法》（以下称《暂行办法》）。该法第 13、14 条和第 15 条分别从程序化购买、广告联盟主体界定和主体责任等三个方面系统地对互联网广告联盟形式做出了具体规定。

---

〔1〕　朱巍："互联网+对民法典编撰的影响"，载《国家检察官学院学报》2016 年第 3 期。

〔2〕　参见"2015 年中国 DSP 行业发展趋势报告"，载 http://www.iresearch.com.cn/report/2543.html.

尽管互联网广告联盟已被《暂行办法》正式纳入立法和监管体系之中，但是，实践中的广告联盟有很多形式，互联网广告联盟与大数据精准营销、付费搜索、自媒体、UGC等新型网络技术结合后，往往会呈现出比较复杂的性质认定问题。特别是在媒体融合的大趋势下，媒体融合已经从终端融合、渠道融合，进入到了业态融合和商业融合的阶段。[1]

一、广告联盟的法律性质

广告联盟是指集合中小网络媒体资源，通过平台帮助广告主投放广告，并进行数据监测统计，广告主则按照网络广告的实际效果向联盟会员支付广告费用的网络广告组织投放形式。广告联盟模式最早是1996年亚马逊推出的"亚马逊联盟"（AMAZON ASSOCIATES）[2]，发展至今已有超过二十年历史，国内比较有名的广告联盟有百度联盟、淘宝联盟（阿里妈妈）、京东联盟、搜狗联盟等。

广告联盟主要由"广告需求方平台"（Demand-side platform，下文简称"DSP"）、"媒介方平台"（Sell-side platform，下文简称"SSP"）和"广告信息交换平台"（Ad-exchange，下文简称"ADX"），以及"媒介方平台成员"（下文称"SSP成员"）构成。我国工商总局新颁布的《暂行办法》第14条对广告联盟各主体分别做出了明确规定。[3]从广告活动程序来看，广告主将广告需求提供给DSP，DSP整合所有广告主的需求，通过ADX的交易平台去寻找合适的发布平台。SSP平台则整合所拥有的媒介方资源，链接DSP与ADX，将发布广告的行为传递给SSP成员。SSP成员就会通过自己能控制的广告位，使用包括弹窗广告、九宫格广告、嵌入式广告、信息流广告等形式，为DSP提供展现广告的场所。

可见，广告联盟这种新型广告模式与传统广告大相径庭，有很多特殊之处。第一，SSP成员作为广告直接发布者并不与广告主发生业务往来，所有

---

〔1〕 梅宁华、宋建武主编：《中国媒体融合发展报告2015》，社会科学文献出版社2015年版，第2页。

〔2〕 郭文霞、孟韬："互联网环境下广告联盟新发展——以阿里妈妈联盟为例"，载《现代营销旬刊》2014年第8期。

〔3〕 国家工商总局《互联网广告管理暂行办法》第14条，广告需求方平台是指整合广告主需求，为广告主提供发布服务的广告主服务平台。广告需求方平台的经营者是互联网广告发布者、广告经营者。媒介方平台是指整合媒介方资源，为媒介所有者或者管理者提供程序化的广告分配和筛选的媒介服务平台。广告信息交换平台是提供数据交换、分析匹配、交易结算等服务的数据处理平台。

广告需求均来自 ADX 的交易平台和 DSP 的需求。第二，广告联盟活动中唯一与广告主直接存在业务关系的是 DSP，DSP 成了广告联盟活动的中枢，但却不直接发布广告业务。第三，ADX 既是 DSP 和 SSP 的交易中枢，也提供广告活动的数据交换、报价结算等服务。第四，SSP 平台是广告发布供给方资源与需求方资源的链接者。通过这些分析，可以得出以下结论。

（一）DSP 是广告联盟活动的核心，承担广告发布者与经营者责任

按照《暂行办法》的规定，在整个广告联盟活动中，只有 DSP 承担的是广告法上的发布者与经营者责任，ADX、SSP 和 SSP 成员仅在"明知或应知"存在违法广告而不作为时才承担责任。[1]这是因为，ADX、SSP 和 SSP 成员并不直接接触广告主，无法有效审核广告资质，同时，这三方也不参与广告内容和形式的制作、设计、代理，所以按照技术中立原则，它们并不承担广告发布者与经营者的法律责任。

（二）ADX、SSP 和 SSP 成员属于技术中立性质，承担"明知或应知"的
　　　特殊法律责任

《暂行办法》中规定的"明知或应知"不同于传统侵权法上的"红旗规则"。我国侵权法与知识产权法体系都规定了"红旗规则"，指的是有证据证明网络服务提供者"知道"侵权情况，却不采取必要措施的才承担侵权责任。《广告法》上的"明知或应知"则有两层含义：一是适用传统侵权法上的红旗规则，二是在得到权利人通知或他人举报后，没有采取必要措施的，也要承担法律责任。《暂行办法》特别之处就是仅规定了"红旗规则"，而没有规定避风港规则。不过，若是结合《广告法》关于"任何人都可以举报"违法广告的规定来看，广告法体系中的避风港规则"通知人"范围更大，通知发生的效果已经被"明知或应知"所涵盖。

（三）广告联盟各主体不是互联网信息服务提供者性质，而是广告经营活
　　　动参与者

《暂行办法》第 17 条是针对"互联网信息服务提供者"这一主体的特殊规定，明确该主体在互联网广告中仅是提供信息服务，并不参与互联网广告的经营。有观点认为，广告联盟中的 ADX、SSP 和 SSP 成员属于这条规制范

---

〔1〕　国家工商总局《互联网广告管理暂行办法》第 15 条，广告需求方平台经营者、媒介方平台经营者、广告信息交换平台经营者以及媒介方平台的成员，在订立互联网广告合同时，应当查验合同相对方的主体身份证明文件、真实名称、地址和有效联系方式等信息，建立登记档案并定期核实更新。媒介方平台经营者、广告信息交换平台经营者以及媒介方平台成员，对其明知或者应知的违法广告，应当采取删除、屏蔽、断开链接等技术措施和管理措施，予以制止。

畴，这种观点值得商榷。《暂行办法》第 17 条[1]的适用范围，应该是针对 UGC（用户原创内容）中的网络服务提供者而言的，主要规制的是自媒体广告中的互联网平台责任性质问题，这与广告联盟各主体性质不尽相同，后者应适用《暂行办法》第 13 条至第 15 条的规定。尽管未参与互联网广告经营活动的主体责任与 ADX、SSP 和 SSP 成员责任大体一样，都是在"明知或应知"违法广告存在不作为时才承担责任，不过，这二者主体性质差异会影响到收益的税费、监管、社会责任等问题。

二、广告联盟的精准营销形式

（一）大数据精准营销

精准营销早在 1999 年就由美国的"直效行销之父"莱斯特·伟门提出，互联网时代使得精准营销更加智能化，更充分体现其 4R 核心法则，即在正确的时刻（right time）将正确的信息（right message）通过正确的渠道（right channel）传递到正确的顾客（right customer）手中。大数据精准营销亦称"定向广告"，它通过 cookies 收集用户日常网络行为数据，例如搜索浏览网页、使用在线服务或应用等，并基于对数据的深度挖掘、分析，测算出用户目前以及潜在的消费趋势，从而实现对用户群体和用户需求的精准定位，然后再通过互联网对特定计算机或移动设备投放广告。[2]网络平台通过 cookies 获取信息的直接目的，就类似于网站在用户"背上轻轻贴了便利贴"，将用户分门别类加以标记。一方面，可以在"用户离开网站后依然向用户展示广告"，[3]另一方面，则可以根据用户的潜在需求提供精准广告。

目前精准营销广告已经成为现代互联网平台推送广告的主要形式之一，随着云计算、云存储和物联网技术的发展，精准广告或将有全面取代其他广告类型。我国《广告法》《暂行办法》等现有法律法规并没有对精准营销做出明文规定：一方面，精准营销是基于大数据、云计算和云存储等技术，目前理论界和实践中对此还没有较统一的认识；另一方面，精准营销的数据使用与人格权保护问题尚可以借助《侵权责任法》《消费者权益保护法》等相关法

---

[1] 国家工商总局《互联网广告管理暂行办法》第 17 条，未参与互联网广告经营活动，仅为互联网广告提供信息服务的互联网信息服务提供者，对其明知或者应知利用其信息服务发布违法广告的，应当予以制止。

[2] 朱巍："网络精准营销与隐私权保护分析"，载《人民法院报》2014 年 7 月 30 日。

[3] 参见 [美] 杰瑞·卡普兰：《人工智能时代》，李盼译，浙江人民出版社 2016 年版，第 65 页。

律规定加以部分解决，并不具有特别立法的迫切性。但是，我国尚未有统一的个人数据保护法，精准营销就可能触及用户隐私权的问题。

（二）广告联盟是大数据精准营销的主要展示渠道

实践中，精准营销是一个数据采集、大数据整合、对接广告需求和发布的过程，广告联盟就是精准营销的主要承担者。一般来说，网络平台通过cookies采集用户行为信息，经过数据处理后，这些信息被转换成大数据，随后，ADX会以大数据算法的形式配合广告主的特殊需求，最后通过DSP整合的广告主需求，在SSP上寻找合适的SSP成员进行发布活动。由此可见，精准营销与广告联盟是大数据背景下广告的新模式，二者是相互依存，互为里表的关系。

SSP成员既是广告投放平台，也是用户数据的搜集者。SSP成员作为网络服务终端在展现广告位的同时，也通过网络平台设置的cookies搜集用户行为数据、广告流量数据等信息，这部分信息数据会回传反馈给ADX。一方面，ADX会将广告流量向DSP兑现；另一方面，ADX也会通过搜集的数据形成新的广告供给机会，这些新的广告供给方机会，也会通过ADX转换成广告市场的新产能，投入到新的广告投放市场中去。

广告联盟是大数据精准营销的主要表现形式，广告的最终受众与传统模式"点对面"不尽相同，更多的是通过大数据搜集，为用户量身定制的"点对点"式服务。用户收取广告的终端，或是PC端，或是移动端，这两端都属于用户私生活范围。

（三）我国首起精准营销广告联盟侵权案的讨论

对于精准营销和隐私权之间的关系问题，各国司法判例结果基本保持一致，即基于大数据的精准营销，只要网络服务提供者采集的信息无法直接或间接识别到用户本身，就不承担侵权法上的责任。近年来，美国法院多次以判决的方式重申了精准营销合法化的认知，其中最典型的就是"Kevin Low 诉 Linkedin Corporation"案。[1]原告在该案中声称，被告公司在其经营中存在将"cookies"与用户IDs及唯一识别码相联系的操作，导致用户的浏览记录能够与个人信息形成对应关系，并且将这种能够识别到个人的浏览记录进行商业交易，这一行为构成了对原告隐私权的侵害。该案一审加州法院认为，原告并不能对其主张的这种联系加以证明，在浏览记录无法与特定人产生联系的情况下，应认定数据具有"不可识别性"，那么被告公司对数据的商业使用即

属合法，不构成隐私权侵权。二审法院仍然坚持了这一观点，认为被告公司搜集和使用的数据单独或者结合均无法指向任何特定人，这种不具备可识别性的信息即使交与他人使用，也不会造成对被搜集者的影响或伤害。[1]

我国精准营销隐私权纠纷的第一案是南京法院的"朱某诉百度隐私权侵权案"。[2]该案中，原告使用百度搜索时输入了"减肥""人工流产""丰胸"等词汇，进行搜索后，原告发现在其他网站上的广告栏中，出现了与原告之前搜索关键词相关联的内容。故此，原告认为百度侵害了自己的隐私权。这个案件表面是隐私权侵权纠纷，实际上却是大数据广告联盟性质的新型案例，非常具有代表性意义。该案最终判决百度胜诉，从而正式明确了我国司法对大数据与隐私权之间关系的认定问题。

1. DSP 是互联网广告侵权的责任方

该案中，原告获取的商业广告信息并非是通过百度直接得到的，而是通过浏览其他页面和使用视频服务时获取的。这种数据采集方、整合方、展出方相分离的新型互联网广告模式，正是大数据广告联盟的典型代表。在大数据广告联盟中，百度作为 DSP 通过 cookies 搜集用户网络行为数据，然后，再以 ADX 进行数据处理和整合，最后，以与百度合作 SSP 平台的广告位进行广告展示。

按照传统侵权法或广告法的规定，本案的直接侵权人实际是 SSP 成员，即用户最终使用网络服务的终端项目，这些网络服务或项目不是百度所有，此时要求百度承担隐私权侵权似乎有点问题。不过，若是按照《暂行办法》的规定，百度作为 DSP 应承担广告发布者和经营者的责任，若广告真的出现问题，DSP 就要承担相关责任。

2. SSP 成员只有在明知或应知广告违法的情况下才承担侵权责任

SSP 成员是大数据精准广告的最终发布平台，但 SSP 成员既没有参与设计、制作广告，也没有直接决定广告向谁发送。在精准广告投放过程中，SSP 成员符合技术中立性标准，只要能够证明自己对侵权广告没有明知或应知，也就不承担广告法上的责任。

不过，此时 SSP 成员承担的是一种责任竞合状态，一方面，按照广告法上的广告联盟责任来说，SSP 成员不是广告发布者，因此不能承担发布者责

---

[1] 朱巍："网络精准营销与隐私权保护分析"，载《人民法院报》2014 年 7 月 30 日。

[2] 参见南京市鼓楼区人民法院［2013］鼓民初字第 3031 号民事判决书，南京市中级人民法院［2014］宁民终字第 5028 号民事判决书。

任，也不能作为适格被告。另一方面，按照侵权责任法的相关规定，SSP 成员也是网络服务提供者，适用避风港原则和红旗规则，在一定程度上可以作为本案的适格被告。因此，在广告联盟中的 SSP 成员作为广告发布的最终平台属于责任竞合，类似于不真正连带责任形态。原告既可以选择侵权法作为请求权基础，要求其承担侵权法上的责任，也可以选择广告法作为请求权基础，要求其承担广告法上的责任。当然，按照不真正连带责任基本法则，原告此时只能选择其一作为被告。若原告选择侵权法作为起诉基础，被告 SSP 成员可以按照最高人民法院《关于审理利用信息网络侵害人身权益民事纠纷案件适用法律若干问题的规定》（以下简称《网络侵权司法解释》）第 3 条的规定，要求法院追加 DSP 作为共同被告或第三人参与诉讼。在具体审理过程中，SSP 成员也可以使用《暂行办法》中关于广告联盟的相关规定做出抗辩。

3. 精准广告的存在是用户成为消保法保护对象的前提

从《合同法》角度分析，绝大多数用户作为合同一方在享受网络服务的同时却并未支付相应的对价，这种缺乏对价的合同在执行力上显得较为薄弱；站在《消费者权益保护法》的角度，因为用户并不支付费用，就不满足本法第 2 条中对消费者"购买"商品和使用服务的定性，无法进入《消费者权益保护法》的特殊保护范围。如此，既不能适用《合同法》进行保护，也无法依据《消费者权益保护法》进行维权，这不利于网络用户权益保障。

然而在精准广告存在的前提下，网络服务提供者通过收集用户的网络行为信息，进行大数据分析，向其发送更有针对性的精准广告赚取商业利益。用户在这一过程中虽仍未实际向网络服务提供者支付货币，但其以"数据提供者和精准广告接受者"的身份间接履行了支付对价的义务。用户支付了网民协议的"对价"之后，网民协议就有了执行力，如若网络服务提供者违约，"免费"使用的用户也有权要求其承担违约责任。与此同时，网络用户也得以因特殊的支付对价方式，进入《消费者权益保护法》的范畴，这无疑对于网络用户权益保护是非常有利的。

4. 精准营销广告联盟符合我国隐私权相关法律规定

我国目前没有统一的个人数据保护法，法律对隐私权的规定集中在《侵权责任法》及其司法解释和 2012 年全国人大常委会出台的《关于加强网络信息保护的决定》中。《关于加强网络信息保护的决定》明确了国家保护"可识别的"个人信息和个人隐私，网络服务提供者搜集使用信息应遵守的"合法性、正当性和必要性"三个基本原则。对于个人信息的具体界定范围，工信部在 2013 年颁布实施的《电信和互联网用户个人信息保护规定》中予以申明，该规定第 4 条明确"个人信息"包括用户姓名、住址、电话号码、出生日期、身份证件号码、账号和密码等能够单独或者与其他信息结合识别用户的信息以及用户使用服务的时间、地点等信息。因此，可以得出结论，个人信息合法性使用的界限在于是否具有"可识别性"。值得强调的是，这种"可识别性"不是主观臆断的，是针对现实社会的，通过公众认知、第三人或被侵权人身边熟人，以常识和基本认知作为判断标准。"朱某诉百度案"的涉案信息是行为人的搜索词，这些搜索词在搜索引擎上比比皆是，实践中不可能与其他信息结合产生出任何"可识别性"。

从《网络侵权司法解释》来分析，该解释第 12 条对网络服务提供者搜集利用用户个人信息侵权的界限做出明确规定，强调了"公开"和"造成损害"是侵害隐私的必要构成要件。百度基于合作关系的广告联盟，仅是针对大数据形成的特殊广告方式，并非在彼此之间，或向社会公众有任何"公开"的成分。同时，在该案中既没有任何证据证明原告的隐私受到了实质性损害，也没有证据证明原告的可识别性身份遭到了任何程度的"公开"。[1]

5. 精准营销广告联盟符合数据使用的基本原则

全国人大常委会《关于加强网络信息保护的决定》第 2 条明确了个人信息使用的"合法性、正当性和必要性"基本原则。

本案中，首先，百度在网民协议中事先公示了搜集用户信息的行为，并同时提供了关闭 cookies 的渠道，尊重了用户的知情权和选择权，符合信息收集"合法性"的基本原则。其次，百度搜集、使用用户行为信息的目的是为了提供更精准的服务。美国联邦贸易委员会在 2009 年发布的《在线行为广告自我监管原则》中就曾突出强调精准营销追踪用户线上活动的目的是为了"向用户提供更加符合其利益的广告"，因此，基于用户需求提供精准广告投放，也是符合"正当性"原则的。最后，在互联网免费时代背景下，精准广告是网络服务提供者对用户提供"免费"服务的必要条件，因此，百度为实现对用户免费服务而进行的精准营销符合"必要性"原则。

通过以上分析，精准营销与广告联盟的结合并不一定能构成对用户隐私权的侵害。南京法院对我国首起精准营销广告联盟侵权案的最终判决，也是

---

〔1〕 于莹、石浩男："Cookie 跟踪中的隐私权保护——美国经验与中国选择"，载《求是学刊》2015 年第 1 期。

我国司法机关首次以判决的方式正式认可了精准营销广告联盟的经营模式，这为新时期大数据+广告的发展具有极大促进作用。"对于大众传播媒体来说，广告是它的血液，没有广告，大众传播媒体根本不可能生存。"[1]

三、广告联盟与自媒体广告

《暂行办法》第11条界定了互联网广告发布者的范围，包括任何"为广告主或者广告经营者推送或者展示互联网广告，并能够核对广告内容、决定广告发布的自然人、法人或者其他组织"。可见，除了在工商部门登记注册的广告发布者外，自媒体也是广告发布者的一种特殊类型。实践中，网络自媒体用户以转发或转载广告信息的方式，客观上已经成为广告的发布者。[2]即使自媒体并非工商登记的商家或传统意义上的广告发布者，按照《暂行办法》的规定，也应承担广告发布者责任。

（一）自媒体广告的类型

1. 广告主体重合的自媒体广告类型

按照《暂行办法》第10条的规定："广告主可以通过自设网站或者拥有合法使用权的互联网媒介自行发布广告。"这里"拥有合法使用权"的互联网媒介指的就是自媒体。此时，自媒体广告活动中的广告主、广告经营者和广告发布者是同一主体。这种广告主体重合的自媒体广告类型，因主体的同一性，就不存在不同广告活动主体之间相互审核的义务，对外统一承担所有广告法上的责任。

2. 广告主体分离的自媒体广告类型

广告主若使用非"拥有合法使用权"的其他自媒体发布广告时，就会发生广告主与广告发布者主体的分离情况。自媒体作为广告发布者需要承担广告内容审核和广告主资质审核的责任。

3. 广告联盟中的自媒体

随着大数据和广告联盟的发展，自媒体本身能够提供的广告位也成了广告联盟中的 SSP 成员，例如，微信公号自媒体下端的广告位。广告联盟中自媒体的广告位出现在自媒体篇幅附属范围内，但广告位中具体内容的发布、编辑和营销都与自媒体所有人没有直接关系，自媒体所有权人和使用者都无

---

[1] 尤英夫：《大众传播法》，新学林出版股份有限公司 2008 年版，第 269 页。

[2] 朱巍："自媒体广告发布比较混乱，应尽早入法"，载澎湃《法治中国》：http://www.thepaper.cn/newsDetail_ forward_ 1426734.

法控制广告位发布的内容，相关广告活动均来自网络平台作为 DSP 和 ADX 双重身份的分配。在这种模式下，提供广告位的自媒体所有者，通过加入广告联盟，分享自媒体 SSP 成员广告位的方式，从 DSP 的广告收益中获取利益。

以上三种自媒体广告类型，前两种属于传统广告法约束范围，第三种比较特殊，是广告联盟与自媒体的融合，是新媒体广告的特殊形式，在促进广告市场繁荣发展和自媒体实现自我盈利的同时，也给规范广告市场的法治化带来了不少挑战。

（二）自媒体广告联盟的主体性质

自媒体加入广告联盟后，相关主体性质发生了本质变化。

1. 自媒体网络平台的双重性质

自媒体网络平台的法律性质是网络服务提供者（ISP），该主体在互联网广告中仅是提供信息服务，并不参与互联网广告的经营，一般情况下，属于《暂行办法》第 17 条规范的范畴。换句话说，ISP 本身只提供网络信息服务和存储空间，不是广告活动的主体，仅在"明知或应知"违法广告存在却不制止时才承担责任，一般不承担广告法上的法律义务。

然而，实践中的自媒体网络平台有时会拥有两重身份：一是作为网络服务提供者的 ISP；二是集 ISP 与 DSP、ADX 和 SSP 平台于一身。第一种情况，自媒体网络平台的性质属于单纯的 ISP，承担网络信息服务提供者的责任。第二种情况，自媒体网络平台身份就变成了广告经营者和广告发布者，需要承担广告法上的义务和责任。

2. 广告联盟中的自媒体责任变化

按照《暂行办法》第 11 条的规定，能够"推送或者展示互联网广告，并能够核对广告内容、决定广告发布"的属于广告发布者。自媒体能够决定自己推送或展示并能够控制信息内容之时，其发布商业性广告的身份为广告发布者。自媒体发布广告的行为应符合广告法相关规定，自媒体发布者所在地的工商管理部门对其进行监管和处罚。

自媒体本身没有参与设计和发布，单纯与广告联盟共享广告位的性质，属于广告联盟性质。自媒体作为广告联盟中 SSP 成员，本身不承担对广告内容和资质的审核责任。此时，对自媒体广告位的监管和处罚，由 SSP 平台，即自媒体平台所在地工商管理部门管辖。自媒体广告联盟中，DSP 与自媒体平台主体分离时，发布者身份也就随之分离，工商管理的属地管辖应以 DSP 所在地为准。

四、POI、UGC、OGC 与广告联盟的关系

（一）POI 模式中的广告性质

POI 是"POINT OF INTEREST"的英文缩写，特指的是线上线下的信息图表，一般由类别、名称、介绍、位置、特色等相关信息构成。在 O2O 行业中，POI 属于基础性信息，构建起来线下商业主体在线上的基本信息蓝图。O2O 网络平台中，POI 部分既可以由网络平台提供内容，也可以由入驻商户自行编写内容。从广告类型上看，POI 广告类似于分类广告，与其他广告不同的是，分类广告是一种按需广告，[1]更符合用户查找自己需要信息的习惯。

（1）POI 内容由网络平台提供的，网络平台属于内容提供者（ICP），相关信息应符合互联网内容管理的相关规范，也要承担广告法上的广告经营者和发布者责任。

（2）POI 内容由商户编写，网络平台属于网络信息服务提供者，网络平台应承担《暂行办法》第 17 条规定的"明知或应知"责任范畴。这种类型中网络平台的过错形态，还应结合网络平台是否从提供信息服务、储存服务中获取商业利益来综合判断。

（3）POI 内容的展现方式，实践中多存在竞价排名的形式。[2]由网络平台通过付费多少进行排行的，网络平台应承担付费搜索的法律责任。网络平台除了要遵守《暂行办法》关于付费搜索"应该与自然搜索结果明显区分"的相关规定外，还应遵守国家网信办颁布的《互联网信息搜索服务管理规定》中，关于搜索平台的其他法律义务：查验客户资质、明确付费页面比例、醒目的方式区分自然搜索与付费搜索信息、对付费搜索信息逐条加以显著标示。[3]

（4）POI 内容也可以与广告联盟相匹配。广告信息流量引入分类，POI 结合广告联盟主要分为两大类：一是 POI 内容是广告联盟的被引流页面的，POI 内容就是广告内容，POI 的合法使用权人是广告主，应对广告真实性负责；二是 POI 页面成为广告联盟 SSP 成员，提供其他展示广告位的，POI 本

---

〔1〕 北京市互联网信息办公室：《互联网赢利模式研究》，中国社会科学出版社 2014 年版，第 178 页。

〔2〕 北京市互联网信息办公室：《互联网赢利模式研究》，中国社会科学出版社 2014 年版，第 178 页。

〔3〕 参见国家网信办《互联网信息搜索服务管理规定》第 11 条。

身不是广告发布者，该广告联盟中的 DSP 才是广告发布者性质，POI 合法使用权人承担《暂行办法》规定的明知或应知的法律责任。

(二) UGC 和 OGC 模式中的广告性质

UGC 是 "User-generated Content" 的英文缩写，指的是用户生产内容，也称 UCC (User-created Content)。UGC 广告与自媒体广告性质有些类似，但也并非是一回事。UGC 并不局限于 "三微一端" 的自媒体，还包括弹幕、评论、评价、口碑等情况。UGC 发展到一定规模之后，PUC (Professionally-generated Content) (专家或专业身份产生的内容) 也开始大力发展，例如，一些权威人士自媒体、政务自媒体、网络大 V 和意见领袖等。UGC 与 PGC 在性质上都属于用户自己产生内容的方式，在广告法上可以作为同一类认定。

UGC 模式可以产生广告内容，既包括显而易见的广告，诸如，推广信息、代言产品等，也可能产生不明显的广告，比如 "软文" 广告。这些广告形式都属于互联网广告管理范围，可以参见本文关于自媒体广告的相关论述。

OGC 是 "Occupationally-generated Content" 的英文缩写，指的是职业生产内容，例如，网站编辑和特约作者等。OGC 与 UGC 的不同之处在于，网络平台的性质基于前者是内容提供者 (ICP)，后者则是信息服务提供者 (ISP)。从广告法上看，OGC 广告活动中的网络平台应承担广告经营者和发布者的责任，UGC 广告活动中的网络平台则承担信息服务提供者的责任。

不管是 OGC，还是 UGC，都可以作为广告联盟中的组成部分。二者的不同之处在于 SSP 成员主体的异同。在 OGC 页面广告联盟活动中，广告位的所有权人是网络平台，所以，网络平台本身就是 SSP 成员性质。在 UGC 页面广告联盟活动中，广告位的合法使用人既可能是 UGC 本人。例如，"三微一端" 等自媒体，也可能是网络平台，例如，论坛热门帖等情况。因此，在 UGC 广告联盟活动中 SSP 平台和 SSP 成员身份性质并不固定，需要结合具体情况进行分析。